西学文库

波兰通史

刘祖熙 著

商务印书馆

2016年·北京

图书在版编目(CIP)数据

波兰通史/刘祖熙著. —北京:商务印书馆,2006(2016.8 重印)
(西学文库)
ISBN 978-7-100-04490-5

I.波… II.刘… III.波兰—通史 IV.K513.0

中国版本图书馆 CIP 数据核字(2006)第 053277 号

**承希腊友人瓦西利斯·C.
康斯坦达科普洛斯船长及其家人资助出版。**

BŌ LÁN TŌNG SHǏ

波 兰 通 史

刘祖熙 著

商 务 印 书 馆 出 版
(北京王府井大街36号 邮政编码100710)
商 务 印 书 馆 发 行
北京市白帆印务有限公司印刷
ISBN 978-7-100-04490-5

2006年12月第1版 开本880×1230 1/32
2016年8月北京第2次印刷 印张20⅝

定价:49.00元

目　　录

序　　言

波兰位于欧洲中部的东北部，北濒波罗的海，东与立陶宛、白俄罗斯、乌克兰接壤，南与捷克、斯洛伐克相连，西与德国毗邻，面积 312677 平方公里，人口 3860 万。波兰是一个山川秀丽、气候宜人、物产丰富、人才荟萃的国家。在这片文化沃土上，孕育了千年波兰文明史，哺育出像哥白尼（1473—1543）、密茨凯维奇（1798—1855）、萧邦（1810—1849）、玛丽·斯克沃多夫斯卡—居里（1867—1934）那样伟大的科学家、诗人、作曲家和钢琴家。在 20 世纪，有四位杰出的波兰作家荣获诺贝尔文学奖，他们是显克微奇（1905）、莱蒙特（1924）、米沃什（1980）、希姆博尔斯卡（1996）。波兰人民对欧洲文明和人类文明作出的贡献是巨大的。

波兰建国于 10 世纪中叶，是一个早期封建国家，绝大多数居民信奉天主教。建国伊始，波兰人民就不得不进行反对德意志封建主的侵略，为捍卫国家主权和民族独立而斗争。12 世纪中叶，波兰进入了延续近 200 年的封建分裂时期。14 世纪中叶，波兰重新统一，建立了等级君主制的波兰王国。但是，西波莫瑞和东波莫瑞分别为勃兰登堡和条顿骑士团占领。波兰还丧失了西里西亚。直到 1466 年才收复东波莫瑞。

从 16 世纪初到 18 世纪末是波兰贵族共和国时期，也是波兰封建社会的晚期。以格但斯克为中心的东波莫瑞的收复，刺激了波兰粮食的出口。贵族纷纷建立劳役制庄园，从事商品粮食的生产。贵族从国王那里获得种种特权，限制了城市的发展。1505年，议会通过宪法，规定未经议会同意，国王无权颁布法律。1572年，贵族获得了自由选举国王的权利。1652年，议会规定任何法令必须在议会一致通过的情况下方为有效，只要有一票反对就不能生效，这就是自由否决权。波兰形成了独特的贵族民主制。1569年，波兰王国和立陶宛大公国合并成为波兰共和国。16世纪末，首都从克拉科夫迁到华沙。当时波兰是一个多民族的农奴制国家，面积达81万平方公里。16世纪是波兰国力鼎盛时期。17世纪中叶以后，农奴制度发生危机，波兰渐趋衰落。连绵不断的外国入侵和战争使波兰经济濒于崩溃。18世纪末，波兰终于被三个邻国——俄国、普鲁士和奥地利——三次瓜分，从此波兰在欧洲政治地图上消失达123年。

1795到1918年是异族统治时期。在国家沦亡的黑暗岁月里，波兰人民不怕牺牲，前仆后继，为推翻异族统治而举行了无数次民族起义，沉重地打击了以沙皇俄国为首的欧洲反动势力。其中最大的有1830年波兰王国的十一月起义、1846年的克拉科夫起义、1848年的波兹南起义和1863年波兰王国的一月起义。这些起义虽然被镇压下去，但迫使普奥和沙俄政府通过自上而下的改革废除了农奴制度。在1764到1864年的100年里，波兰社会完成了由封建主义向资本主义的转变。资本主义工业在俄属波兰王国和普属西里西亚迅速发展起来。随着工业的发展，无产阶级开始登上历史舞台。1882年，无产阶级的第一个政党——“无产阶级党”成立。19世纪90年代，又成立了波兰王国社会民主党和波兰社会党。资产阶级也建立了自己的政党——国家民主党。在

1905—1907年的俄国革命中，波兰无产阶级同俄国无产阶级为推翻沙皇专制制度而共同战斗。德奥两国在第一次世界大战中的失败和俄国十月革命的胜利为波兰的复兴创造了条件。1918年11月，波兰人民重建了国家，实现了梦寐以求的夙愿。

1939年9月，波兰又遭到德苏两国的瓜分。波兰资产阶级共和国，即波兰第二共和国(1918—1939)灭亡了。波兰人民进行了五年艰苦卓绝的民族解放战争，在苏军的帮助下，驱走了德寇，解放了祖国，建立了人民共和国，走上了社会主义的发展道路。

在人民共和国的45年里，波兰人民在波兰统一工人党和政府的领导下，基本上实现了社会主义工业化，工业生产比战前增加了20多倍，波兰由一个农业—工业国变成了工业—农业国，工人阶级成长为人数最多的阶级。由于被迫推行与波兰国情相悖的前苏联模式和改革的失败，波兰的社会主义建设几经挫折，在1956、1970和1980年出现了三次危机。广大人民丧失了对党和政府的信任。反对派团结工会乘机崛起。在1989年6月的议会选举中，波兰统一工人党惨遭失败，团结工会获得胜利，政权易手，波兰历史进入了新的发展时期。

波兰在由计划经济向市场经济转轨的前苏联和中东欧国家中是比较成功的一个。激进的转轨方式("休克疗法")只持续了两年(1990—1991)，损失不大。从1992年起，采用渐进的转轨方式，取得了国内生产总值持续上升的良好效果。1996年恢复到1989年的水平，2002年达到1989年的150%。波兰人均国内生产总值达3811美元。市场经济和议会民主已成为波兰共和国的根本制度。波兰正在"回归欧洲"。

奉献给读者的这本《波兰通史》是在1988年人民出版社出版

的《波兰通史简编》的基础上修改、补充而成，增加了第十九章波兰第三共和国（1989—2001）。波兰共和国驻华大使馆一等秘书约阿娜·马尔凯维奇女士为本书提供了地图、照片和有关文献资料，波兰科学院非欧洲国家研究中心罗曼·斯瓦文斯基（施乐文）教授提供了一批专著和资料，在此表示深切的谢意。

刘祖熙

2003年12月7日于

北京大学蓝旗营小区

第一章

波兰国家的建立和早期封建社会

（从远古到1138年）

第一节　波兰土地上的原始公社制度

波兰境内的早期人类社会

大约在公元前25万年到前1万年左右，欧洲大陆经历了漫长的冰河时期。冰河从北向南曾四次侵袭波兰土地。生活在冰河时期的原始人被称为尼安德人（因在莱茵河附近的尼安德山谷发现，故名尼安德人），其体形与现代人有很大差别。波兰考古学家在波兰南部克拉科夫附近的奥伊佐夫附近，发现了第三冰河时期尼安德人的遗址。他们使用简陋的石器工具，学会了取火，以采集和狩猎为生。人们生活在为数不多的、漂流不定的社会组织——原始群里。到冰河时期结束的时候（公元前2万年到前8000年），人们逐渐有了比较稳定的原始社会组织——氏族公社。氏族公社按母系亲属组成，叫母系氏族公社。在原始公社制度下，由于生产力水平极端低下，人们只能依靠集体的力量才能求得生存。这种情况决定了生产资料的公有制。这时期人的体形发生了与现代人相近的变化。尼安德人演变为克罗马努人(因在法国克罗马努最先发现,故名克罗马努人)。克罗马努人的生产工具仍旧是石制的,不过有了更完善的加工。他们开始过定居的生活。上述时期在考古学上是旧石器时代。

公元前 8000 到前 4500 年是中石器时代。由于冰河消退,气候转暖,波兰的地貌最终形成,出现了许多河流、湖泊和森林。当时石器工具有了很大改进,出现了弓和箭。人们普遍使用燧石的标枪头和各种骨制和角制的猎具和渔具。除了采集和狩猎外,人们还饲养牲畜,畜牧业开始出现。

从公元前 4500 到前 1800 年是新石器时代。畜牧业获得了广泛的发展,出现了原始农业,狩猎和采集退居次要地位。大约在公元前 2500 年左右,从多瑙河流域向波兰迁来了经营农业和畜牧业的新居民。他们在波兰肥沃的土地上种植大麦、小麦、亚麻和豆类作物,饲养羊、猪、牛、马等牲畜,还带来了陶器制作技术。

从公元前 1800 到前 700 年是青铜器时代。人们已掌握了冶炼金属的技术,用青铜制作生产工具和武器。在青铜器时代,生产力,首先是农业,有了较大发展,人口不断增加。由于男子在社会经济生活中的作用不断增加,父系氏族公社逐渐代替母系氏族公社。这时期,在波兰境内形成了两支新的文化:西部的前乌日茨文化和东部的奇齐涅茨文化。这两支文化互相融合,形成了乌日茨文化。

古代斯拉夫人

乌日茨文化(公元前 1300 到前 400 年)形成于青铜器时代中期,由最初发现于波兰西部乌日茨的墓葬而得名。乌日茨文化逐渐传播到波兰各地,而且传播到波兰疆域以外的西部、南部和东南部。根据波兰和一部分苏联历史学家的意见,乌日茨文化是古代斯拉夫人的摇篮。在长期的历史过程中，形成了西起奥得河，东到第聂伯河的古代斯拉夫人共同体。乌日茨文化的特征是带有棱角的绳纹的陶器。乌日茨文化的部落有把死人烧掉，将骨灰装进尸灰瓮，然后埋入墓中的习惯。乌日茨文化繁荣的顶峰是在公元前700年，当时铁器时代已经开始。

铁器时代起于公元前700年。铁器的使用大大促进了生产力的发展，推动了社会的进步。随着铁器工具的普遍使用和社会财富的增加，原始公社进入了它的衰亡阶段。在铁器时代，斯拉夫人各部落之间、斯拉夫人同异族间的战争频繁发生。公元前5世纪，同一文化的波莫瑞人从波莫瑞侵入大波兰、库雅维、玛佐夫舍等地。公元前4世纪到前3世纪，凯尔特人从捷克侵入波兰西南部。人数不多的凯尔特人带来了地中海的先进文化。他们是出色的冶金家和陶器制作者。凯尔特人在进入波兰和中欧其他地区后，就被当地居民同化了。到公元前3世纪，凯尔特人开始销声匿迹。斯拉夫人经常抵抗来自西部日耳曼人和来自东南部西徐亚人的入侵。与此同时，斯拉夫人也经常侵入东北部的立陶宛各部落和向南侵入多瑙河流域。

在公元前的最后几个世纪里，斯拉夫人明显地分为东西两大集团。居住在第聂伯河中游的属于东方斯拉夫人，居住在奥得河和维斯瓦河流域的属于西方斯拉夫人。公元1至2世纪的罗马作家普里尼、历史学家塔西佗和地理学家托勒密都把斯拉夫人（主要是西方斯拉夫人）称为凡涅特人。他们所指的凡涅特人就是古代波兰人的祖先。

斯拉夫人同罗马帝国有着频繁的贸易往来。罗马人从斯拉夫人那里获得毛皮、琥珀和奴隶（俘虏），斯拉夫人则从罗马人那里得到青铜和玻璃器皿、纺织品。但是，罗马的商品往往为部落首领所占有。同罗马的经济联系，加速了斯拉夫人社会财富分配的不均和原始社会的瓦解。

波兰境内的斯拉夫人除从事农业（种植小麦、大麦、黍、豆类和饲料）和饲养家畜（绵羊、牛、猪、山羊、马）外，还发展了手工业生产。斯拉夫人大批生产铁器工具和武器。在波兰各地出现了许多手工业和商业的中心，如波兹南、卡利什、克拉科夫、弗罗茨瓦夫等。在社会组织方面也发生了很大变化，即由以血缘为基础的氏族公社向以地域为基础的农村公社过渡。由于战争的需要，出现了更大的社会组织——部落联盟。

根据哥特历史学家约丹尼斯（公元 6 世纪）的记载，从公元 1 世纪起，日耳曼各部落开始入侵西斯拉夫人的土地。最先侵入波兰的是哥特人，接着是盖必特人。他们从斯堪的纳维亚半岛侵入波兰，占领了维斯瓦河下游波莫瑞地区。日耳曼人的侵入遭到凡涅特人的抵抗。公元 2 到 3 世纪初，哥特人被迫迁往黑海沿岸。不久，盖必特人也迁往黑海沿岸。此外，居住在易北河和奥得河之间的汪达尔人和勃艮第人暂时占领了波兰的某些地区。日耳曼人在波兰土地上的出现只是历史长河中的一个插曲，没有对波兰历史发生重大影响。

公元 4 到 6 世纪，斯拉夫人参加了欧洲民族大迁徙。当日耳曼人离开他们原来居住的易北河和奥得河之间的地域向罗马帝国进军时，西斯拉夫人占据了易北河地区。西斯拉夫人还大批越过喀尔巴阡山，向捷克、摩拉维亚和斯洛伐克迁徙。一部分西斯拉夫人还到达巴尔干半岛。与此同时，一部分东斯拉夫人（安特人）也来到多瑙河流域和巴尔干半岛。这样，除了原来的东西两支斯拉夫人外，又出现了第三支斯拉夫人——南方斯拉夫人。在南方斯拉夫中，保加利亚人是由东方斯拉夫人同保加尔人融合而成，塞尔维亚人、克罗地亚人和斯洛文尼亚人则主要由西方斯拉夫人演变而来。原来的西方斯拉夫人又分成西南支和西北支，前者是捷克人和斯洛伐克人的祖先，后者是波兰人和易北河斯拉夫人的祖先。

第二节　封建关系的产生和国家雏形的出现

生产力的发展和封建关系的产生

波兰斯拉夫人在公元 6 到 10 世纪期间，已经有了较发达的农业。波兰的农业起源于新石器时代。农业最先从多瑙河流域传入小波兰，然后向库雅维、大波兰和玛佐夫舍等地传播。最初出现的农业，耕作简单。人们借助于木犁或木镐来松土，然后播上种子。这样年复一年，当地力耗尽，不能长出庄稼的时候，就扔了这块土地并在新的土地上耕种。青铜器时代，当人们使用牛和马来拉犁的时候，农业有了较大进步。铁器时代，人们开始使用铁犁头来耕地。公元 4 世纪，波兰人已普遍使用铁制农具：犁、铧、镰刀等，并且学会了用家畜的粪来肥田。随着耕作技术的进步，农业逐渐由流动转向固定。斯拉夫人究竟在什么时候实现了从流动农业向固定农业的转变，对这一问题历史学家们众说纷纭，意见不一，但多数人认为在公元 6、7 世纪之间，即在民族大迁徙之后。固定农业的耕作制度是二区轮耕制，或称二圃制，即把耕地分成两大部分，每年轮流播种一部分土地，而把另一部分土地休闲着。到 12 世纪才出现了三区轮耕制，或称三圃制，即把耕地分成三大部分：一部分用于春播，一部分用于秋播，一部分休闲。这三块土地每年轮流使用。种植的谷物除大麦、小麦和黍外，还有黑麦和燕麦。同时，还种植亚麻和大麻。

畜牧业是仅次于农业的生产部门。人们大量饲养猪、牛、马、绵羊和山羊。猪提供肉食和油脂，母牛和山羊提供奶品和肉食，公牛和马用来耕种，绵羊提供羊毛。此外，马和牛还用作运输工具。家畜的粪可以肥田。畜牧业的发展促进了农业的发展。

手工业生产的各个部门在公元6到10世纪间由于农业的需要而获得了相当发展。制陶业的中心是克拉科夫附近的伊戈沃米。冶铁业、凿石业（如打磨盘）和首饰业的中心在西里西亚希伦扎河（奥得河支流）上游。木材加工业制造车轮、木桶、筛子、织布机等。由于饲养绵羊，纺织业迅速发展起来。皮革加工业随着畜牧业的发展而发展起来。此外，武器的生产也获得进一步发展，生产了大批的盔、剑、弓、箭、盾等武器。但是，武器的生产仍不敷需要，还须从法兰克国家进口武器。

经济的发展带来了交换的发展。在斯拉夫人社会出现了货币。最早的货币是亚麻布和貂皮、鼠皮。拜占庭、阿拉伯、德意志和英吉利的钱币不断流入波兰境内。波兰的出口商品有毛皮、奴隶、陶器、首饰、蜂蜜等。进口的商品有武器、奢侈品、钱币和金银制品。

公元6到10世纪，波兰境内的人口增加了1倍多，即从4万增加到10万左右。每平方公里的人口密度为4人[①]。这时期，波兰生产力的发展和人口增长的一个重要原因，是民族大迁徙以后出现的安定局面。

---

① 耶日·托波尔斯基：《波兰史纲》，1982年华沙版，第18页。

生产力的发展引起了生产关系的变化，从而导致了原始公社的彻底瓦解和阶级社会的产生。

生产力的发展，使人们所获得的产品除了维持劳动力的需要之外，还有剩余，这就给私有制的产生创造了条件。

斯拉夫人原来生活在农村公社里。波兰人把农村公社称为“奥波莱”(opole)，罗斯人把农村公社称为“米尔”(mir)或“维尔弗”(wierw)，捷克人把农村公社称为“奥布奇嫩”(občiny)，而南方斯拉夫人和另一部分西方斯拉夫人则把农村公社称为“茹帕”(żupa)。农村公社的成员是直接的农业生产者，在波兰叫“斯马尔德”(smard)，在罗斯叫“斯美尔德”(smerd)。他们都是自由的劳动者。农村公社的面积一般是几十到几百平方公里。农村公社是以公有制为基础的氏族社会向以私有制为基础的阶级社会过渡的社会组织形式。它具有二重性。一方面，每个家庭都有自己的私有经济、房屋、农具、牲畜和宅旁园地；另一方面，土地归公有，定期分配给各家庭使用；草地、牧场、森林和水源也都归公有，由各家庭共同使用。

固定农业的发展，在农村公社内只要少数人劳动就能生产必需的生活资料，而且剩余产品越来越多。以一夫一妻制为基础的家庭成为生产的主要单位。在农村公社内部，各个家庭之间经济状况的差异越来越大，贫富的分化越来越剧烈。村社长老和部落首领在掠夺战争中致富。他们使用奴隶(战俘)劳动，拥有大量的种子、牲畜和劳动工具，并且不断把村社土地转为私有。一部分村社社员因天灾人祸或经营不善而日益贫困。他们不得不向富有者借债，为此必须给后者服劳役并使自己处于依附的地位。后来，依附的社员逐渐增加，他们渐渐丧失了自由。这样，就使农村公社开始解体，新的封建土地所有制开始产生。阶级出现了：一方面是富者、剥削者，另一方面是穷者、被剥削者。波兰的社会经济关系开始了封建化的过程。

波兰社会同其他斯拉夫社会一样，在原始公社瓦解后没有进入奴隶社会发展阶段，即进入了封建社会。6至10世纪，乃是封建关系形成的时期。

在斯拉夫人的社会中，曾经存在过家庭奴隶制。奴隶的使用范围十分有限，在生产中只起辅助作用。这种奴隶制也没有得到充分发展。斯拉夫人往往把战俘转化为奴隶，卖到国外，或者允其赎身，以自由人的身份侨居下来。斯拉夫人社会没有发展奴隶制的主要原因是奴隶劳动不适宜于面积大、人口密度低的森林草原地带。分散的一家一户的农业生产也不需要大批的奴隶劳动。其次，就国际环境而言，公元9、10世纪的时候，西欧和亚洲大部分地区，奴隶制度已经崩溃，封建制度已经普遍建立起来，奴隶的来源已告断绝，而保持大量原始公社残余的斯拉夫人是不愿奴役本族成员的。

根据波兰历史学家耶日·奥赫曼斯基的研究，当9、10世纪斯拉夫人建立国家的时候，在斯拉夫社会中，奴隶只占9%左右，而自由民占88%，富有的王公、贵族占2.5%。[①]

国家雏形的出现

根据公元9世纪中叶法兰克王国一个自称为巴伐利亚地理学家的记载，在法兰克附近的西里西亚和波莫瑞有一批国家组织，并载有这些国家内部的主要城堡的名字。

---

① 耶日·奥赫曼斯基：《俄国史(1861年前)》，1980年华沙版，第41页。

这些国家在西里西亚的有奥得河左岸格沃古夫附近的齐多沙国家，在布勃尔河（奥得河支流）中上游的有博布扎国家，在希伦扎河（奥得河支流）畔弗罗茨瓦夫附近的有希伦扎国家，在奥得河上游奥波莱附近的有奥波莱国家，在奥尔扎河（奥得河支流）畔切欣附近的有戈温希策国家，在奥得河中游累格尼察附近的有切博维亚国家。在波莫瑞的有沃林岛的沃林国家，在米耶德维耶湖和佩日策之间的有佩日策国家等。

这位巴伐利亚人在他的笔记中没有列出西里西亚和波莫瑞以外的波兰境内其他国家的名称，可见他没有到过大波兰、小波兰和玛佐夫舍等地区。

在小波兰境内维斯瓦河上游克拉科夫附近，有一个比较强大的维斯瓦国家。英吉利国王阿尔弗列德（871—899）在他的《日耳曼尼亚志》中曾提到这个国家。维斯瓦国家把散多梅希和卢布林等地置于自己的统治下，并力图统一全波兰。但是，它的统一过程被另一支西方斯拉夫人的国家摩拉维亚所中断。大摩拉维亚国家衰败（906）后，维斯瓦国家的土地被并入古捷克国家的版图内。

在大波兰有波兰国家，它的主要城堡有格涅兹诺和波兹南等。这里土地肥沃，农业发达。波兰国家的名称就来源于“田地”（polc）一词。10世纪中叶，彼雅斯特家族的梅什科一世是波兰国家的君主。但他不是这个国家的第一代君主。在他之前有他的先王齐莫维特、莱谢克、齐莫美斯乌。后来，波兰国家统一了全波兰。统一后建立的新国家的名字也叫波兰。

此外，在库雅维的戈普瓦湖附近有戈普兰国家。它的主要城堡有克鲁什维查。在维斯瓦河中游的玛佐夫舍有玛佐夫舍国家。

上述国家都是在部落联盟的基础上形成的国家雏形组织。部落联盟的首领成为国家的君主——王公，农村公社的人民大会(卫彻)原来是体现人民意志的工具，后逐渐为富有者贵族所掌握，变成压迫人民的工具。而原来防止外敌入侵的城堡则成为国家的政治军事中心。据估计，在10世纪中叶，波兰有将近2500座城堡。王公还建立了自己的武装组织——亲兵队。

波兰斯拉夫人在组成统一的波兰国家之前，就已有共同的地域、共同的经济文化和共同的语言——古波兰语。

波兰斯拉夫人信仰火神，特别信仰太阳神。此外，还信仰雷神、风神。他们崇拜祖先，认为人死后灵魂不灭。他们在固定的时间和地点祭祀神灵和祖先，希望保佑他们来年五谷丰登，人畜平安。

共同的地域、共同的语言和共同的经济文化，为统一的早期封建国家的建立奠定了基础。抵抗外族的入侵更加速了统一国家的建立。

第三节　波兰国家的建立

梅什科一世统一波兰

当维斯瓦国家先后遭到摩拉维亚和捷克国家侵略而被灭亡后，统一波兰的中心转移到波兰国家。波兰国家地处瓦尔塔河中游，位置适中，首都格涅兹诺有坚固的防御设施，较少受到德意志和捷克封建主的侵略，而且境内土地肥沃，物产丰富，遂成为统一波兰的根据地。波兰国家的王公梅什科一世(约960—992)顺应历史潮流，统一了波兰，成为波兰国家的缔造者。

梅什科一世首先兼并了大波兰和库雅维。不久，兼并了玛佐夫舍。在965—966年访问过波兰的阿拉伯作家易卜拉欣·伊本·雅库布称梅什科一世为“北方之王”,认为梅什科的国家是他知道的奥博得日(易北河斯拉夫人建立的一个国家)、捷克、保加利亚和波兰四个斯拉夫国家中地域最为辽阔的国家。当时还不包括处于捷克统治下的维斯瓦河上游的小波兰和奥得河上游的西里西亚,以及遭到德意志王国侵略的波莫瑞。

梅什科一世把统一波莫瑞、获得奥得河下游的出海口作为首要任务。10世纪时,在奥得河下游和易北河下游之间,有两个易北河斯拉夫人建立的国家雏形:奥博得日国家和维雅莱特国家。当时德意志王国积极向斯拉夫人的地区侵略扩张,遭到易北河斯拉夫人的积极抵抗。易北河斯拉夫人在抗击德意志封建主的侵略扩张时,也反对梅什科一世取得波莫瑞。955年,德意志国王奥托一世打败了奥博得日人和维雅莱特人。但是,梅什科一世却在963年被维雅莱特人打败。972年,梅什科一世在打败了维雅莱特人后又打败了德意志领主的军队,终于占领了包括沃林和科沃布热克在内的西波莫瑞。在此之前,梅什科一世已经获得了东波莫瑞。11到12世纪,易北河斯拉夫人完全被德意志领主征服,其领土被并入德意志国家。

990年,梅什科一世打败了捷克人公鲍莱斯拉夫二世,占领了西里西亚。992年,梅什科一世病故,所以,他来不及从捷克人手里收复小波兰。999年,他的儿子鲍莱斯瓦夫一世继承父亲遗志,收复了包括克拉科夫和散多梅希在内的小波兰地区。至此,梅什科一世统一波兰的事业乃告完成。

10世纪末,波兰的面积为25万平方公里,人口约110万,是仅次于罗斯的第二个斯拉夫国家,每平方公里的人口密度为4至

5 人。①

波兰位于欧洲中部，北临波罗的海，长达 400 公里的海岸线和玛佐夫舍星罗棋布的湖泊是波兰的北界，横亘南方的苏台德山脉和喀尔巴阡山脉的崇山峻岭以蜿蜒的弧圈形成了南疆的天然屏障，奥得河和乌日茨—尼斯河沿岸遮天蔽日的原始森林构成了它的西陲，布格河和维耶普日河一带的葱郁森林是它的东界。纵贯全国的维斯瓦河和奥得河两大河流及其支流，给人们以舟楫交通之便，四周土地肥沃，物产丰富。波兰的气候介于东欧的大陆性气候和西欧的海洋性气候之间，全年平均气温为摄氏 6 度至 8 度。由于自然条件和社会经济的发展，波兰形成了互相联系的几个地区。这些地区是西北部的波莫瑞、西南部的西里西亚、中部的大波兰和库雅维、南部的小波兰、东部的玛佐夫舍。勤劳勇敢的波兰人民就劳动、生息、繁衍在这块土地上，为欧洲文明和世界文明作出了贡献。

接受基督教

梅什科一世为了适应新兴封建主阶级的利益和提高波兰的国际地位，在 966 年采取了一个重大的政治行动，这就是接受基督教。

在 962 年加冕为神圣罗马帝国皇帝的奥托一世，力图利用基督教向东方扩张。他妄图使波兰的基督教隶属于马格德堡主教区（968 年改为大主教区）。为了维护波兰的主权和独立，梅什科一世于 965 年娶捷克大公鲍莱斯瓦夫一世的女儿杜布拉娃为妻。当时，捷克已经按拉丁仪式接受了基督教，但还没有建立自己的主教

① 耶日·韦罗祖姆斯基：《波兰史（至 1505 年）》，1979 年华沙版，第 119 页。

区，而隶属于设在兰次胡特的巴伐利亚主教区，该主教区又从属于美因兹大主教区。966年，梅什科一世和他的宫廷人员接受了来自捷克的神职人员的洗礼。接着，全国接受了基督教。波兰从此进入了基督教文明世界。968年，梅什科一世在波兹南建立了主教区，没有使它隶属于德意志大主教区，而是直接隶属于罗马教廷，并为建立波兰的大主教区而斗争。

皈依基督教加速了封建化的进程，提高了波兰的民族文化。与此同时，罗马教廷对波兰的影响和干涉越来越大，使用拉丁语也妨碍了本国语言和文字的发展。

鲍莱斯瓦夫一世

鲍莱斯瓦夫一世统治时期(992—1025)是早期封建波兰的极盛时期。

他同德意志皇帝奥托三世保持了友好的平等关系。1000年，两位君主在波兰首都格涅兹诺相会。奥托三世同意鲍莱斯瓦夫一世在格涅兹诺建立大主教区，另在克拉科夫、弗罗茨瓦夫、科沃布热克设立三个主教区。奥托三世称鲍莱斯瓦夫一世为“兄弟和帝国的同事”、“罗马人民的朋友和同盟者”。奥托三世还同意鲍莱斯瓦夫一世加冕为国王。但是，鲍莱斯瓦夫一世在罗马争取王位的努力没有成功。

德意志东部的封建主激烈反对奥托三世对波兰的睦邻政策。1002年，奥托三世病故，亨利二世继位。他对波兰推行赤裸裸的侵略政策。在波兰同德意志帝国之间发生了频繁的战争。鲍莱斯瓦夫一世在同德意志皇帝的战争中经常获胜，因而被称为勇敢的鲍莱斯瓦夫。

1002年，鲍莱斯瓦夫在斯拉夫居民的支持下，占领了易北河斯拉夫人的两个地区:乌日茨和米尔斯科。这一年,勇敢的鲍莱斯瓦夫还同亨利二世展开了争夺捷克王位的斗争。他赶走了由他自己扶植起来而后又投靠亨利二世的弗拉迪沃依。1003 年,他自己当上了捷克大公。亨利二世要求捷克成为帝国的藩属,遭鲍莱斯瓦夫拒绝。1004 年,亨利二世出兵讨伐鲍莱斯瓦夫,并在捷克封建主的帮助下把他赶出捷克。

从 1004 年开始的战争一直延续到 1018 年。战争分三个阶段进行,1004 到 1005 年为第一阶段,1007 到 1013 年为第二阶段,1015 到 1018 年为第三阶段。1004 年,亨利二世从布拉格率兵占领了乌日茨和米尔斯科。次年,亨利二世的军队侵入大波兰。同年,双方在波兹南缔结和约,乌日茨和米尔斯科仍归属德意志。1007 年,鲍莱斯瓦夫一世收复了乌日茨和米尔斯科。1010 年,亨利二世率兵侵入波兰境内奥得河畔的格沃古夫。鲍莱斯瓦夫一世率军民英勇抵抗,把敌人赶出国境。1013 年,双方在麦森堡签订了和约,鲍莱斯瓦夫一世仍占有乌日茨和米尔斯科,但成为德意志皇帝的藩臣。1015 年,亨利二世以鲍莱斯瓦夫一世不履行藩臣义务,没有派兵参加他对意大利的讨伐为由,又率兵侵入波兰,被鲍莱斯瓦夫一世打败。1018 年,双方在布齐申(德累斯顿附近)签订了和约。乌日茨和米尔斯科仍归波兰。经过长期的战争,鲍莱斯瓦夫一世勇敢地捍卫了波兰的独立和主权。

鲍莱斯瓦夫一世统治初期,波兰同罗斯保持着睦邻关系。鲍莱斯瓦夫一世的女儿嫁给基辅王公弗拉基米尔一世的儿子斯维亚托波尔克。后来,由于斯维亚托波尔克反对父亲弗拉基米尔一世,两国关系开始恶化。鲍莱斯瓦夫一世帮助女婿争夺基辅王位,以扩大波兰在罗斯的影响。1015 年,弗拉基米尔一世死后,斯维亚托波尔克成为基辅王公。斯维亚托波尔克杀死了他的三个兄弟，但被第四个弟弟雅罗斯拉夫打败，逃亡到波兰。1018 年，鲍莱斯瓦夫一世出征基辅，恢复了斯维亚托波尔克的王位，迫使雅罗斯拉夫逃到诺夫哥罗德。鲍莱斯瓦夫一世在返回波兰的途中，派兵占领了有争议的契尔文城堡。不久，雅罗斯拉夫赶走了斯维亚托波尔克，恢复了自己的基辅王位。

鲍莱斯瓦夫一世晚年的最大成就就是实现了他梦寐以求的愿望：1025 年，他在格涅兹诺被加冕为波兰国王。但在加冕两个月后，他就不幸病逝。他的儿子梅什科二世（1025—1034）加冕为国王。

梅什科二世统治时期，早期封建君主制的波兰渐趋衰落。1031 年，德意志皇帝康拉德二世夺走了乌日茨和米尔斯科。同年，基辅王公雅罗斯拉夫夺走了契尔文城堡。

梅什科二世死后，由于封建关系的发展，封建分裂势力渐渐强大。他的儿子卡齐米日一世（1034—1058）在 1037 年被逐出波兰，中央政权消失，波兰开始出现封建分裂的混乱局面。

第四节　封建早期的波兰国家

经济的发展

10 到 12 世纪，波兰境内的生产力继续发展。农业生产仍以家庭为单位来进行，每户拥有一到二把带铁犁头的犁，可耕地 10 到 20 多公顷。耕作制度仍以二圃制为主，但是随着秋播作物的增加，三圃制不断发展。黑麦逐渐成为主要谷物。农产品的产量和种类随着耕地面积的扩大而增加。油料和纤维作物有罂粟、亚麻和大麻，具有更大食用价值的荚类作物有豌豆、豆荚，蔬菜有胡萝卜、黄瓜、大葱、芜青（饲料），水果有苹果、樱桃、李、梨等。畜牧业的发展使肉类、奶类、蛋类和羊毛、毛皮的生产不断增加。广大农民以食用谷物为主，封建主越来越多地食用奶类、肉类和蛋类。

生产力的发展导致了封建大土地所有制的扩大。最大的封建主是王公（建国后为大公或国王）。普天之下莫非王土。王公把全国的土地视为己有，把其中一部划归王室所有，并且不断把土地赐给守卫边疆和城堡的骑士和自己的亲兵。他们获得土地是以服军役为条件的；后来逐渐把土地变为世袭。这些获得土地的骑士和亲兵，脱离了农业生产，他们的人数越来越多，逐渐成为大土地所有者和封建主阶级的主要组成部分。

波兰在966年接受基督教后，特别是11世纪下半期以后，教会的大土地所有制迅速发展。教会的地产主要由大公和各地封建主赠送的土地构成。大主教区、主教区、教区和修道院都有大量的地产。

早期封建社会的大土地所有制，不能与封建社会的中晚期相提并论。在波兰国家形成的时期，一般只拥有几个村庄。到11和12世纪，扩大到十几个和二三十个村庄。根据史料记载，在1136年，格涅兹诺大主教区拥有1000户农户和6000名依附农民。封建大土地所有制最发达的地区是小波兰和大波兰，其次是西里西亚和库雅维。

封建大土地所有制的发展，使农民的状况发生了变化。原来农村公社的自由农民——斯马尔德进一步分化。更多的斯马尔德随同赏赐和赠送的土地成为教俗封建主的依附农民，他们只有土地的使用权而无所有权，必须向封建主服劳役并缴纳各种实物。

还有相当多的自由农民，耕种自己的土地，他们只需向王公（或大公）缴纳贡赋。随着一部分农民的贫困化，出现了少地和无地的农民。此外，还有为数不多的地位同依附农民相差不远的奴隶，他们或在主人的田间劳动，或替主人饲养家畜和马匹，或从事手工业劳动。

封建剥削的加强，引起了依附农民和奴隶的反抗。自由农民鉴于自己的经济地位极不稳定，随时有沦为依附农民的可能性，所以也积极地参加了依附农民和奴隶的反封建斗争。

在手工业从农业分离出来的过程中，出现了城市。城市是在城堡的基础上扩建起来的。为了向王公、贵族和骑士供应手工业品和农产品，手工业者、商人和农民不断来到城市。在城市的中心设有市场，定期举行集市，一般是每周一次，有的城市（如什切青）每周二次。波兰的主要城市，在波莫瑞的有沃林、什切青、格但斯克，在大波兰的有格涅兹诺、波兹南，在小波兰的有克拉科夫，在西里西亚的有弗罗茨瓦夫、奥波莱、比托姆。城市最初出现的时候，居民人数不多，一般是一两千人。当克拉科夫在11世纪后半期成为首都的时候，也只有1万人。

最早的农民起义

1037—1038年，爆发了波兰历史上最早的农民反封建起义。据波兰最早的史书《加尔编年史》记载：起义者“举行暴动，反对主教和神职人员，有的被剑刺死，有的被乱石砸死”①。罗斯编年史写道：“在波兰的土地上发生了巨大的骚乱，起义者杀死了主教和

① 亨·沃夫米安斯基：《波兰通史》第1卷第1分册，1957年华沙版，第205页。

牧师以及自己的主人……”[①]这次起义主要反对日益加重的封建剥削。教会的什一税，使基督教臣民越来越难以忍受。反对基督教会，恢复多神教是这次起义的重要特点。参加起义的主要是封建依附农民和自由农民，还有少量的奴隶。起义席卷了大波兰，并且波及西里西亚。大波兰的封建主纷纷逃往封建关系还没有获得充分发展的玛佐夫舍。

正当波兰处于混乱的时候，捷克大公布热蒂斯拉夫一世乘机于1039年率兵侵入波兰。捷克军队由西里西亚进入大波兰，占领了波兹南和格涅兹诺等重要城市，妄图征服波兰。

德意志皇帝亨利三世害怕波兰起义蔓延到易北河和波罗的海沿岸的斯拉夫人地区，不愿意看到捷克的过于强大，于是帮助波兰封建主镇压了起义，并迫使布热蒂斯拉夫一世从波兰撤兵。但是捷克军队却占领了西里西亚。

封建割据局面的形成

1039年，卡齐米日一世从匈牙利回到波兰。鉴于格涅兹诺遭到严重破坏，他把首都和大主教区迁到克拉科夫（在卡齐米日一世死后，大主教区又迁回格涅兹诺）。当时，他只占有小波兰和大波兰。卡齐米日一世求助于基辅大公雅罗斯拉夫，娶他的妹妹为妻，在他的帮助下，于1047年打败了自称为玛佐夫舍王公的马斯瓦夫，使玛佐夫舍回归波兰。接着，又收复了波莫瑞。1054年，在亨利三世的干预下，卡齐米日一世用重金从捷克人手里收回了西里西亚。这样，波兰重新获得统一。卡齐米日一世因此获得中兴者的称号。

---

① 亨·沃夫米安斯基：《波兰通史》第1卷第1分册，第204页。

卡齐米日一世死于1058年，他的儿子鲍莱斯瓦夫二世(1058—1079)继位。他面临着两个重大政治问题：摆脱德意志皇帝的控制，维护波兰的独立和镇压国内大封建主的叛乱，制止分裂局面的发展。他在罗马教皇格里哥里七世和德意志皇帝亨利四世的斗争中，始终站在教皇一边，向教皇进贡什一税和所谓圣彼得银币，并且联合匈牙利和罗斯以及维雅莱特人共同反抗德意志封建主的侵略。1076年，鲍莱斯瓦夫二世经教皇的同意，在格涅兹诺加冕为国王。鲍莱斯瓦夫二世在国内遇到强大的反对派。他严厉地镇压了克拉科夫主教斯塔尼斯瓦夫为首的密谋集团，处死了这个主教。他遇事大胆机智，被称为大胆的鲍莱斯瓦夫。

但是，鲍莱斯瓦夫二世未能制止分裂局面的发展。大封建主公开发动叛乱反对国王。1079年，鲍莱斯瓦夫二世被迫逃亡到匈牙利。1081年，他死于匈牙利。大封建主拥戴国王的弟弟瓦迪斯瓦夫为君主，称瓦迪斯瓦夫一世(1079—1102)。

瓦迪斯瓦夫一世统治时期，封建割据局面进一步发展。1098年，全国分裂为三部分：长子兹比格涅夫占有大波兰、库雅维；幼子绰号歪嘴的鲍莱斯瓦夫，占有小波兰、西里西亚；瓦迪斯瓦夫一世本人占有玛佐夫舍、克拉科夫、散多梅希、弗罗茨瓦夫等几个城市。这种状况保持到1102年瓦迪斯瓦夫一世去世。这一年，玛佐夫舍为兹比格涅夫所占，克拉科夫等城市归鲍莱斯瓦夫所有。

鲍莱斯瓦夫依靠广大骑士，在封建分裂局面日益严重的情况下，为统一波兰作了最后一次努力。1106年，鲍莱斯瓦夫同反对统一、坚持分裂的兹比格涅夫发生冲突，占领了大波兰，迫使兹比格涅夫逃到玛佐夫舍。1107年，兹比格涅夫被赶出玛佐夫舍，投奔德意志皇帝亨利五世。1109年，亨利五世率兵侵入西里西亚，包围了比托姆和格沃古夫。鲍莱斯瓦夫在匈牙利国王科尔曼的帮助下，率波兰军民奋勇抵抗，迫使亨利五世从西里西亚撤退，从而捍卫了波兰的独立。歪嘴的鲍莱斯瓦夫从1102年起称鲍莱斯瓦夫三世(1102—1138)。

自从勇敢的鲍莱斯瓦夫一世死后，波莫瑞逐渐脱离波兰而独立。为了统一波兰，歪嘴的鲍莱斯瓦夫在1119年派兵占领了东波莫瑞。1124年，又迫使西波莫瑞王公瓦尔齐斯瓦夫承认波兰对西波莫瑞的最高权力。这样，波兰又暂时统一在鲍莱斯瓦夫三世的统治之下。

但是，鲍莱斯瓦夫三世没有能使波兰恢复到像鲍莱斯瓦夫一世和鲍莱斯瓦夫二世时候那样强大，也没有能使自己加冕为波兰国王。大公鲍莱斯瓦夫三世在临终前还不得不承认封建割据局面的存在。他立下遗嘱，把国家分给自己的四个儿子；为了避免国家的彻底分裂，他确定了长子继承制的原则，让长子享有对全国的最高统治权并拥有大公的称号。

根据1138年鲍莱斯瓦夫三世的遗嘱，长子瓦迪斯瓦夫二世(1138—1146)继承大公称号，拥有克拉科夫地区、温奇察—谢拉兹地区、部分库雅维和以卡利什、格涅兹诺为中心的东部大波兰以及西里西亚，还享有对波莫瑞的宗主权；次子卷发的鲍莱斯瓦夫分到玛佐夫舍和一小部分库雅维；三子年老的梅什科分到以波兹南为中心的西部大波兰和部分库雅维；四子亨里克分到散多梅希地区。鲍莱斯瓦夫三世死于1138年，在他死后，又生下五子卡什米日，后来被称为正义的卡什米日。他没有分到封地。

这样，历时近二个世纪的封建割据局面终于形成。这是各地区封建关系进一步发展的结果。由于各地区间缺乏经济联系，城市还不发达，保证早期封建君主制稳固性的经济基础极为薄弱。原来由大公政权扶植起来的封建主对中央政权不感兴趣而热衷于加强地方政权。封建割据是当时欧洲普遍的现象。在波兰的邻国也不断发生这种现象。1054 年，基辅大公雅罗斯拉夫在临终前不得不把罗斯领土分封给五个儿子。1055 年，布热蒂斯拉夫一世死后，捷克也发生了封建分裂。

鲍莱斯瓦夫三世死后，他的儿子们没有执行他的遗嘱。1146 年，兄弟之间爆发了内战，长兄瓦迪斯瓦夫二世被赶出波兰。二兄鲍莱斯瓦夫四世在克拉科夫继任大公(1146—1173)。1157 年，德意志皇帝红胡子腓特烈利用波兰内战，侵入大波兰。波兰的王公们不战而降，被迫承认皇帝的最高权力。鲍莱斯瓦夫四世宣誓效忠皇帝并缴纳大量贡金。1173 年，鲍莱斯瓦夫四世病故，梅什科三世继任大公(1173—1177)。1177 年，克拉科夫的封建主赶走了梅什科三世，推他的幼弟卡什米日二世(1177—1194)为大公。到 12 世纪末 13 世纪初，鲍莱斯瓦夫三世遗嘱中关于由彼雅斯特家族中年长者担任大公的原则被彻底破坏。争夺克拉科夫王位的战争频繁发生。由于彼雅斯特家族各支系的繁衍，在原来各个公国的基础上又分成更小的许多公国。封建割据的局面愈演愈烈，一直延续到 14 世纪初。

早期封建君主制

波兰国家的元首是大公。大公行使最高司法权，战时统率军队。从 10 世纪起，大公按长子继承的原则实行世袭制。大公加冕为国王表示国家的独立和强大。10 到 12 世纪，先后有三个大公加冕为国王。他们是鲍莱斯瓦夫一世、梅什科二世和鲍莱斯瓦夫二世。波兰国家因此就叫波兰王国。

波兰国家的主要职能对内是镇压人民的反抗，对外是反对侵略。国家大事由大公或国王任命的御前会议决定。据《加尔编年史》记载，鲍莱斯瓦夫一世“有12名朋友和顾问，同他们举行秘密会议，商讨国家大事”。[①] 御前会议的成员由大贵族代表（包括省长、市长和督军）、亲兵队的领导人和高级僧侣（大主教和主教）组成。当时全国分7个省20个城市。省长、市长由大公任命。大公任命的督军，统率地方武装力量，向当地臣民征收赋税，并行使司法权。

军队是国家的重要组成部分，由大公的亲兵队和贵族民团（骑士）组成。梅什科一世的亲兵队为3000人，鲍莱斯瓦夫一世的亲兵队约4000—5000人。根据加尔的记载，鲍莱斯瓦夫一世时，波兰有3900名骑兵，13000名步兵。[②] 彼雅斯特王朝的最早几个君主，就是依靠上述两支为数不多的军队，多次打败了强大的德意志封建主的入侵，保卫了国家的统一和独立。从鲍莱斯瓦夫三世时起，由于大封建主经济力量的加强，他们也不断建立自己的亲兵队。随着封建化过程的发展，骑士人数渐渐增加，而亲兵队的作用则渐渐削弱。

早期封建君主制是封建国家的最早形式。它是在全国臣民都隶属于君主的条件下形成的。封建国家所得的贡品、税收都归国库。从12世纪开始，各地的封建主越来越多地直接剥削依附农民和自由农民。他们从君主那里获得经济豁免权（受其所辖的居民免向国家纳税）和司法豁免权（受其所辖的居民不受国家司法机关

---

① 亨·沃夫米安斯基：《波兰通史》第1卷第1分册，第233页。

② 同上，第234页。

审判),可以任意剥削和压迫居民。这样,中央政府的财政收入不断减少,中央政权的力量不断削弱,而地方分权的力量则不断加强。各地的王公不得不依靠当地的教俗封建主。到12世纪末,波兰王国分裂为许多公国,地方分权制最后取代了早期封建君主制。

10—12世纪的波兰文化

10世纪后半期波兰皈依基督教后,西欧的基督教文化传入波兰。但是最初接受基督教的只是统治阶级的上层。广大人民在相当长的时期内仍保留多神教的习俗。1000年,曾经在科沃布热克建立了主教区,由于当地人民的反对,这个主教区很快就衰落了。直到12世纪上半期,波莫瑞才接受基督教。玛佐夫舍则在11世纪后半期接受基督教,当时在普洛次克建立了主教区。

梅什科一世是按拉丁仪式接受基督教的。所以,彼雅斯特王室首先学习拉丁语。梅什科二世不只能用拉丁语祈祷,而且能用希腊语祈祷。他的女儿盖尔特鲁达是罗斯王公伊兹雅斯拉夫的妻子,也熟悉拉丁语。教会和修道院是文化教育的中心,教会创办学校的目的是培养神职人员。波兰的大公和国王向西欧派遣留学生,培养自己的大主教和主教,并且让西欧各国的神职人员来波兰传教。西欧文化不断传入波兰。波兰王室和外国王室的通婚,更促进了波兰和外国的文化交流。鲍莱斯瓦大一世、梅什科二世、瓦迪斯瓦夫一世的妻子是德意志皇室的女子,梅什科一世的妻子和瓦迪斯瓦夫一世的第一个妻子是捷克女子,卡什米日一世和鲍莱斯瓦夫三世的妻子则是罗斯女子。同罗斯王室联姻,给波兰带来了罗斯和拜占庭文化。与此同时,波兰文化也传到外国。

西欧的建筑、雕刻和绘画随着基督教传入波兰。波兰的建筑物原来是木结构的,受拜占庭建筑形式的影响。从11世纪开始,波兰的教堂和修道院以及王室的宫殿都按当时西欧盛行的罗马式建成。罗马式的建筑物大多用坚实的大石块砌成，外表朴实、宏伟。教堂大多呈长方形，也有呈正方形，前方呈半圆形。教堂内部的装饰豪华、壮丽，天花板、大门、圆柱都有几何图案和其他奇异图案的雕刻和绘画。12 世纪著名的罗马式建筑物有克拉科夫的瓦韦尔宫，克拉科夫、格涅兹诺和波兹南等城市的大教堂。

12 世纪初，在波兰出现了第一部编年史，即《加尔编年史》，作者是鲍莱斯瓦夫三世时期的一名神职人员，真实姓名不详。《加尔编年史》用拉丁文书写，也是波兰第一部文学作品。它记叙了彼雅斯特王朝最早几个君主的历史，特别歌颂了鲍莱斯瓦夫一世和鲍莱斯瓦夫三世保卫祖国的爱国主义业绩，寄托了对祖国波兰的热爱。作者称鲍莱斯瓦夫三世"坚守在保卫祖国的岗位上，为了祖国的荣誉而竭尽一切"。作者呼吁建立强有力的中央政权，反对封建割据，维护祖国的统一，反映了一部分彼雅斯特王室成员和一部分封建主对祖国命运的忧虑。

第二章

封建割据时期的波兰

(1138—1333)

第一节　社会经济的变化

移民运动和封建大土地所有制的发展

封建割据时期，波兰的农业生产获得较大的发展。更大的普乌格犁逐步代替了原先的拉德沃犁(相当于罗斯的拉罗犁)，生产效率提高了三倍。拉德沃犁在两头牛或一匹马的曳引下，只能耕15至17公顷的土地，而普乌格犁则能耕50公顷的土地。耕作制度开始由二圃制过渡到三圃制。三圃制的实行使耕地面积增加了1/3。自由农民和依附农民为了摆脱封建剥削，纷纷来到南部山区和森林地带，向大自然索取新的耕地。

国内移民运动始于12世纪后半期，最早出现在西里西亚和小波兰。封建主很快看到移民运动的经济价值，用贪婪的眼光注视着农民收入的增加。他们逐步把农民开垦的新土地据为己有，并且鼓励自己的农民和奴隶去开发新土地。封建主给移殖的农民以一定年限的"免租期"。在免租期内，农民停止向封建主服劳役和缴纳地租。在免租期过后，农民必须向封建主缴纳一定数量的实物地租或货币地租，并向教会缴纳什一税。这种剥削制度逐渐被固定下来，在历史上称为“波兰法”，以区别于13世纪出现的“德意志法”。

封建主为了增加收入，从13世纪开始，不断从外国(主要是德意志)农民中招收移民。西欧农民不堪封建主的剥削和压迫，纷纷来到波兰。13世纪后半期，外国移民运动进入高潮。外国移民主要在西里西亚、波莫瑞和大波兰等地开垦土地。波兰封建主一般给外国移民以8至24年的免租期。免租期的长短根据土质的好坏和耕种的难易程度而定。在免租期过后，移民者根据份地大小(一般为1至2畹)[①]向封建主缴纳货币地租。实物地租已退居次要地位。此外，农民还必须向教会缴纳什一税。农民向封建主和教会缴纳的代役租和什一税，一般都在每年的秋收以后进行。这种剥削制度称为“德意志法”。根据德意志法建立的农村，由封建主任命的村长管理。村长对农民行使行政权和司法权，代表封建主向农民征收代役租。村长的职务是世袭的。村长从封建主那里领到2至5畹的耕地，雇佣农民耕种，不必向封建主缴纳代役租，但必须向教会缴纳什一税。如遇战争，村长必须自备马匹，随同封建主出征。

封建大土地所有制随着移民运动而不断发展。在王公、世俗封建主和教会封建主三种封建大土地所有制中，发展得最快的是教会封建主的大土地所有制。有些主教区占有几百个村庄，而一般骑士只有一二个村庄，约10多个畹的土地。教会封建主大地产的形成还来源于王公和世俗封建主的土地赠与。世俗封建主的地

① 1畹＝16.8公顷。

产也不断扩大，但其增长速度远不及教会封建主的大地产。与此同时，王公的土地却不断减少。为了维持国家政权，王公还不得不把土地继续分配给服役的骑士和政府官员。

教俗封建主为了在经济上和法律上摆脱国家政权的控制，竞向王公要求豁免权。豁免权的出现是早期封建国家衰落的重要标志。13 世纪，波兰教俗封建主的豁免权发展到顶点。1215 年，波兰的 4 个王公：克拉科夫大公莱谢克（号称白色的）、玛佐夫舍王公康拉德、奥波莱王公卡什米日和大波兰王公瓦迪斯瓦夫，同时向教会发布豁免权，使 4 个王公统治下的所有教会土地，完全摆脱了国家政权的控制。豁免权加强了封建主的经济政治地位，削弱了君主的政权，这是封建割据局面造成的必然结果。

移民运动曾经使农民暂时摆脱了苛捐杂税和繁重的劳役，改善了物质生活条件。但是，随着免租期的过去，农民又重新陷于封建依附状态，原来的自由农民也不能幸免。尽管如此，自由农民在完成对封建主的义务，即缴纳代役租（一般为收获物的 15%）和什一税后，他们的行动是自由的。由于封建混战和自然灾害，自由农民不断破产，他们的土地被封建主吞并，沦为封建依附农民。只有少数自由农民因服军役而上升为骑士。封建依附农民被固着于土地，没有出走权。其中一部分因债务而丧失自由，称为债务农。13 世纪，奴隶的人数越来越少，他们渐渐与依附农民合流而不再见于史籍了。

城市的发展

农业的发展推动了手工业生产和商品交换。手工业者和商人不断涌向城市，使城市的人口不断增加。首都克拉科夫的人口达到 14000 人。而一般城市只有几千人。旧的城市是在城堡的基础上扩建起来的，其集市广场和手工业者、商人的住宅区都建筑在城郊。13 世纪，波兰出现了近 100 座新的城市。

波兰城市发展的一个重要原因，是大批德意志和西欧各国的手工业者的流入。他们在西里西亚、大波兰、波莫瑞和小波兰的主要城市定居下来。他们有着较高的手工技术，从而促进了波兰手工业的发展。当时，西欧的城市已经从封建政权那里获得了自治的权利。波兰王公和封建主像赋予农村移民一样，赋予城市移民以德意志法。波兰城市的移民法规是仿照马格德堡的法规而确立起来的，所以，德意志法又称马格德堡法。

按照德意志法建立起来的波兰城市行使自治权利。城市的行政首长是市长。市长是世袭的，一般由封建主或城市贵族担任。市长行使司法权，主持由 3 至 11 人组成的法庭。城市权力机构是由各阶层选举产生的 6 至 8 人组成的市议会。市议会选举议长，行使行政权和立法权。市议会经常与充当市长的封建主发生冲突。他们或赶走市长或由议长代行市长职务。城市自治制度的建立是发达的封建社会的进步现象，它标志着中世纪市民等级的产生。

城市居民主要由三部分人组成。第一部分是城市贵族，由大商人和最富裕的手工业者组成。第二部分是城市平民，由中小商人和独立的手工业者组成。上述两部分人称为市民。他们享有城市权利，负有向国家纳税的义务。第三部分人是城市贫民，由雇工、家庭仆役、破产的手工业者、游民等组成，他们没有城市权利。在波莫瑞、西里西亚的城市和小波兰、大波兰的大城市里，富商和独立的手工业者大多是德意志人，而城市贫民则是波兰人。在小波兰、大波兰的一般城市里；无论富商、独立的手工业者，还是城市贫民，都是波兰人。德意志族的城市移民，加速了波兰经济的发展，但是他们没有把波兰当作自己的祖国，而与德意志封建主相勾结，成为侵略波兰的内部敌人。他们的分裂行动，大大削弱了波兰市民等级在国家政治生活中的作用。

城市手工业的发展，导致了手工业者的组织——行会的建立。行会由一个或几个行业的作坊主组成。行会禁止会员以外的手工业者在本城开设作坊或出售产品。只有独立开设作坊的手工业者（师匠）才能加入行会。每一个师匠在几个学徒和帮工的帮助下开设作坊。学徒向作坊主交纳一定的款项，从师期间，由作坊主供给衣食住宿，一面学艺，一面为作坊主做家务。帮工有一定的收入，但是工作时间长，工作艰苦，也受作坊主剥削。学徒经过一定年限才可升为帮工，帮工必须工作几年，才能独立开设作坊，成为师匠。1245 年，什切青最先获得建立行会的权利。13 世纪后半期，弗罗茨瓦夫、累格尼察、克拉科夫、波兹南等城市也相继建立行会。14 世纪初，弗罗茨瓦夫的行会达 29 个。

行会集体购买原料，规定产品数量，监督质量和销售价格，促进了手工业生产的发展。

城市贵族力图控制行会，不准手工业者出售自己的产品，力图垄断产品价格，引起了手工业者的激烈反抗。此外，在分摊国家税收和参与城市管理等问题上，城市贵族与一般手工业者也进行着激烈的阶级斗争。14 世纪初，在西里西亚的一些城市，不断发生手工业者和城市贫民的起义。

城市手工业从农村获得谷物、肉类和原料（木材、树脂、地蜡、毛皮、皮革、羊毛等），为农村生产生产资料（各种犁、耙、镰刀、斧）和生活资料（砖、瓦、呢绒、鞋、衣服等）。城市手工业还为骑士生产各种武器(盔甲、剑等)。随着冶炼、金属和木料加工技术的发展,手工业的分工越来越细,有铁匠、钳工、剑工、盔甲工、锅炉工、铸工、铜匠、白铁工、造币工等。手工业生产主要靠手工技术,但有些部门已采用水力和风力(如水磨、漂呢作坊、通风机)。采矿业有克拉科夫东南部博赫尼亚和维亚利奇卡的石盐矿,克拉科夫北部奥尔库什的铅银矿、西里西亚的铁矿、硫磺矿和金矿。采矿业由封建国家经营,大多由依附农民来劳动。德意志和意大利的自由矿工和师匠进入波兰,促进了波兰采矿业的发展。

波兰的主要城市克拉科夫、弗罗茨瓦夫、波兹南、托伦、格但斯克是国内商业中心。13 世纪最重要的商品是呢绒和食盐。一般城市每星期举行 1 至 2 次集市。集市贸易加强了各地区间的经济联系,为日后国家的统一创造了物质前提。克拉科夫、弗罗茨瓦夫和格但斯克还是对外贸易的中心。克拉科夫是东欧东西、南北贸易的枢纽。匈牙利的铜、葡萄酒和马匹都经过这里运往波罗的海各国,罗斯的商品也经过这里和弗罗茨瓦夫运往西欧各国。格但斯克是海外贸易的中心,波兰的商品和经波兰的东欧各国商品都由这里运往西欧和北欧。上述三城市同汉萨同盟的各城市保持着频繁的贸易往来。卢卑克的航船直通格但斯克。对外贸易的活跃也促进了波兰各地区的联系和生产的发展。

等级社会的开始形成

13 世纪波兰社会结构的一个重要变化,是等级社会开始形成。等级是封建社会特有的现象。一个社会集团不只以其经济和政治地位,而且以其法律地位区别于其他社会集团。等级与阶级有着密切的关系,它在阶级出现以后产生。当封建社会的某个阶级或这个阶级的一个社会集团获得了独立的法律地位后,等级也就产生了。13 世纪,波兰封建主阶级分裂成两个等级——骑士(贵族)和僧侣,开始出现新的市民等级,农民形成单独的等级。波兰的等级社会开始形成。

13 世纪初,僧侣最先形成一个等级。格涅兹诺大主教亨里克·凯特利奇确立了主教不再由封建君主任命而由宗教会议选举的原则。他使教会和修道院获得豁免权和独立的司法权。在僧侣等级中享有最高地位的是大主教和主教。由格涅兹诺大主教召集的有主教和高级僧侣参加的全国宗教会议,行使这个等级的最高权力。由主教召集的主教区的宗教会议行使一个主教区的权力。大主教和主教大多出身于封建权贵家庭。僧侣和贵族两个等级在维护封建制度方面有着共同的利益,它们是封建社会的特权等级,但在争夺土地、劳动力和特权方面,彼此进行着激烈的斗争。

贵族等级是根据 13 世纪前半期各封建王公授予的骑士法而形成。骑士因服军役而获得的土地享有经济和司法豁免权。骑士向教会缴纳的什一税由骑士自行规定,叫"自由的什一税"。战争时期,骑士自备马匹,携带武器,随同王公出征。骑士等级中在政府中任职的一般是富有的骑士,是封建主阶级中的权贵。他们是骑士等级中的少数。服军役的一般骑士是骑士等级中的多数。还有少数受权贵雇佣的贫穷骑士。骑士等级是封建主阶级统治农民的工具,也是维护王权的支柱。法律规定,杀死一个骑士要罚 15 格日夫那,而杀死一个农民只要罚 6 格日夫那。骑士出身的家族拥有贵族称号和纹章。为了禁止外人进入贵族等级,法律规定:只有贵族出身的人才是贵族。但是,君主可以授予非贵族出身的人以贵族称号。这样,市民等级中的富有者不断进入贵族等级。

13 世纪中叶,市民等级开始形成。它是在根据德意志法而建立的城市自治制度的基础上形成的。市民等级的出现是发达的封建社会的重要因素。市民等级由商人、独立的手工业者和自由职业者组成。城市贫民(雇工、佣人、游民)不享受城市公民的权利。市民等级在经济上和法律上有相对的独立性。

农民等级是封建社会人数最多的等级。由于普遍实行代役租制度,不论在实行德意志法还是波兰法的农村,农民都拥有土地的使用权和自由的出走权。他们在法律地位上形成一个独立的等级。但是,丧失了土地和出走权的贫苦农民被排斥在农民等级之外。

第二节　政治分裂局面的加深和外敌的入侵

国家制度的变化

由于封建割据局面的出现,统一的波兰国家分裂成为许多独立的公国。各公国建立了十分相似的政治制度。

克拉科夫大公的权力在1194年卡齐米日二世死后已经消失。莱谢克(外号白色的)自称波兰大公,实际上只是克拉科夫公国的王公。各公国王公的权力不断削弱,而教俗封建主的权力却不断膨胀。封建的大会(“卫彻”)是公国的最高权力机关,由王公主持,通常一年召开一次,决定公国大事。没有大会的同意,王公无权决定宣战、媾和和通过法律等重大国事。在王公无嗣的情况下,大会有权选举新的王公。大会的权力掌握在教俗权贵手里。

每个公国都设宰相,辅佐王公治理国家;设督军,统率军队;设财相,掌管财务;设最高法官,负责审判。

在封建割据的条件下,统一的波兰国家政权虽然消失,但是由于各公国的人民同属一个民族，各公国的王公同属彼雅斯特家族，而且处于同一地域内，有着共同的经济利益和政治利益，各王公经常召开会议，共商全波兰的大事，每当外敌入侵，他们就联合起来，一致对外。随着各地区经济联系的加强，统一的政治力量逐渐战胜分裂的政治力量。14 世纪，波兰重又统一在一个君主的政权之下。

争夺克拉科夫王位的斗争

卡齐米日二世死后，小波兰的权贵成为王位的主管人。克拉科夫主教佩乌卡主张由卡齐米日二世的幼儿莱谢克继承大公位，而以督军米柯瓦伊为首的世俗封建主则主张拥立梅什科三世为大公。教会的候选人获得了胜利。莱谢克成为大公(1194—1202)，由他的母亲海莱娜和佩乌卡摄政。不久，发生了争夺克拉科夫王位的战争。梅什科的军队在西里西亚王公的帮助下同得到罗斯加里奇王公罗曼帮助的摄政会议的军队在 1195 年发生激战。双方未分胜负。梅什科被迫返回大波兰。接着，克拉科夫的世俗封建主战胜了教会势力，使梅什科入主克拉科夫。梅什科在 1202 年病逝。米柯瓦伊没有让莱谢克继承大公位，而由梅什科的儿子外号细腿的瓦迪斯瓦夫继承。同年，米柯瓦伊暴卒，瓦迪斯瓦夫被赶回大波兰。教会又拥立莱谢克(1202—1227)。

13 世纪初，波兰形成了如下的割据局面：白色的莱谢克统治小波兰，他的弟弟康拉德占有玛佐夫舍，细腿的瓦迪斯瓦夫占据大波兰，瓦迪斯瓦夫二世的后代分割着西里西亚。

莱谢克的主要敌人是大波兰王公细腿的瓦迪斯瓦夫。莱谢克利用细腿的瓦迪斯瓦夫的侄子瓦迪斯瓦夫·奥多尼茨来反对他的叔父。瓦迪斯瓦夫·奥多尼茨依靠教会势力，占有大波兰的北部，而且同格但斯克王公希文托佩乌克结盟，遭到大波兰和小波兰世俗封建主的反对。1227年，莱谢克和细腿的瓦迪斯瓦夫达成妥协。同年，莱谢克、细腿的瓦迪斯瓦夫联合西里西亚王公大胡子亨里克，同瓦迪斯瓦夫·奥多尼茨和希文托佩乌克发生激战。莱谢克阵亡。亨里克受伤。

莱谢克死后，在封建权贵之间继续进行着争夺克拉科夫王位的斗争。

莱谢克留下只有一岁半的儿子鲍莱斯瓦夫（后来被称为腼腆的鲍莱斯瓦夫）。克拉科夫的封建主希望建立一个摄政会议。细腿的瓦迪斯瓦夫、大胡子亨里克和玛佐夫舍王公康拉德争相充当摄政。克拉科夫的权贵把细腿的瓦迪斯瓦夫立为克拉科夫王公（1227—1229），保留鲍莱斯瓦夫在长大后的王位。但是，康拉德在罗斯军队的帮助下，赶走了瓦迪斯瓦夫，成为克拉科夫大公（1229—1232）。但他又不得不把王位让给大胡子亨里克一世（1232—1238）。亨里克一世死后，他的儿子虔诚的亨里克二世继任克拉科夫大公（1238—1241）。1241年，亨里克二世在同鞑靼蒙古进行的累格尼察战役中牺牲，王位又转归康拉德（1241—1243）。1243年，康拉德被赶出克拉科夫。他死于1247年。克拉科夫权贵正式拥立鲍莱斯瓦夫五世为大公（1243—1279）。

政治分裂局面的加深

在封建主各集团进行着争夺克拉科夫王位的激烈斗争的时候，各地区的政治分裂局面加深了。

在大波兰，格涅兹诺大主教亨里克·凯特利奇奉罗马教皇英诺森三世的旨意，使教会完全摆脱世俗政权而独立，与王公细腿的瓦迪斯瓦夫发生冲突。1206年，瓦迪斯瓦夫任命波兹南主教一事引起了大主教的抗议。最后，大主教开除了这位王公的教籍。这时候，王公的侄子瓦迪斯瓦夫·奥多尼茨乘机要求建立独立的公国。细腿的瓦迪斯瓦夫把大主教和侄子都赶出大波兰。1216 年，奥多尼茨在西里西亚王公大胡子亨里克的帮助下，迫使大波兰王公细腿的瓦迪斯瓦夫把卡利什公国划归给他。1217 年，亨里克同奥多尼茨因争夺卡利什发生冲突。瓦迪斯瓦夫乘机把奥多尼茨赶出卡利什。奥多尼茨逃往匈牙利。1227 年，奥多尼茨在内兄格但斯克王公希文托佩乌克的帮助下发动了内战。1229 年，奥多尼茨把他的叔父瓦迪斯瓦夫赶出大波兰。奥多尼茨死于 1239 年。他死后，大波兰由他的两个儿子普热梅斯乌和鲍莱斯瓦夫（外号虔诚的）共同统治。1247 年，大波兰公国一分为二：西部的波兹南公国由普热梅斯乌一世统治，东部的卡利什—格涅兹诺公国由虔诚的鲍莱斯瓦夫统治。1257 年，普热梅斯乌一世病故。大波兰重新统一在鲍莱斯瓦夫的统治之下。1279 年，鲍莱斯瓦夫死后，大波兰由普热梅斯乌一世的儿子普热梅斯乌二世统治。

在虔诚的亨里克二世死后，西里西亚公国分为三个公国，分别由他的三个儿子统治：长子鲍莱斯瓦夫（外号长角的）占有累格尼察公国，次子亨里克三世统治弗罗茨瓦夫公国，三子康拉德掌管格沃古夫公国。由于三个王公之间长期进行内战，教会乘机扩大势力，吞并王公的土地，凌驾于各王公之上。1266 年，亨里克四世在他父亲亨里克三世去世后，继任弗罗茨瓦夫王公，同弗罗茨瓦夫主教托玛什一世、托玛什二世进行了激烈的斗争，收回了大批地产。托玛什二世在教皇的支持下，把亨里克四世开除教籍。亨里克四世在骑士和城市市民的支持下，迫使托玛什二世承认他的权力（1287）。亨里克四世还力图统一西里西亚，为加冕国王而斗争。

在玛佐夫舍—库雅维公国,康拉德一世于1233年就把自己的公国分给两个儿子:玛佐夫舍公国归鲍莱斯瓦夫一世,库雅维公国归卡齐米日一世。他自己统治着脱离克拉科夫大公而独立的温奇察—谢拉兹地区。1247年,康拉德死后,温奇察—谢拉兹地区并入库雅维公国。1248年,鲍莱斯瓦夫一世暴卒,他的幼弟齐莫维特一世继任玛佐夫舍王公。1262年齐莫维特一世死后,玛佐夫舍公国分裂为切尔斯克公国和波洛次克公国,分别由他的两个儿子康拉德二世和鲍莱斯瓦夫二世统治。1294年,康拉德二世死后,玛佐夫舍公国重新统一在鲍莱斯瓦夫二世的统治之下。但是,库雅维—温奇察—谢拉兹公国仍处于分裂状态。卡齐米日一世把温奇察—谢拉兹公国归长子黑色的莱谢克统治,自己管理库雅维公国。1267年,卡齐米日一世死后,他的次子齐莫美斯乌是库雅维公国的王公。当卡齐米日一世三个年幼的儿子:瓦迪斯瓦夫·沃凯塔克(即矮子瓦迪斯瓦夫)、卡齐米日二世和齐莫维特长大后,库雅维公国又分出三个公国:沃凯塔克统治着布列斯特,卡齐米日二世占有温奇察,齐莫维特管理多布任。莱谢克死后,沃凯塔克又占领了谢拉兹。

条顿骑士团的引进和鞑靼蒙古的入侵

13世纪是波兰多事之秋。德意志封建主的侵略和鞑靼蒙古的入侵,使波兰的安全受到严重威胁。

在波兰的东北部、在维斯瓦河下游和涅曼河之间定居着信奉多神教的普鲁士人。从12世纪起,玛佐夫舍王公不断袭击普鲁士人,强迫他们纳贡称臣。1216年,玛佐夫舍王公康拉德在克拉科夫王公莱谢克和西里西亚王公亨里克的参与下,在赫翁诺建立了普鲁士主教区,强迫普鲁士人接受基督教。

普鲁士人分为9个大部落。他们的名字是波梅扎尼亚、波盖扎尼亚、瓦尔米亚、纳坦贾、巴尔恰、萨姆比亚、纳德罗维亚、斯卡洛维亚、亚奇维耶日。他们正处在形成阶级和建立早期封建国家的发展阶段，还没有建立统一的国家组织。1222年和1223年，波兰的王公们在教皇的支持下，对普鲁士发动了两次大规模的征讨。普鲁士人英勇善战，先后打败了波兰王公的进攻，并不断袭击玛佐夫舍和东波莫瑞的村镇，甚至深入波洛次克。波兰的王公无力制服普鲁士人，于是决定邀请十字军东侵时在耶路撒冷建立的德意志条顿骑士团来征服普鲁士人。从1226年起，身穿白衣，胸佩黑十字的骑士应康拉德的邀请不断来到波兰。他们从康拉德那里得到赫翁诺地区作为封地。1233年，条顿骑士团开始了征服普鲁士人的军事行动。1234年，罗马教皇颁布诏书，宣布普鲁士为骑士团私产。1237年，根据罗马教皇的旨意，波罗的海东岸立沃尼亚的持剑骑士团同条顿骑士团合并，组成了一个强大的骑士团国家，定都马耳博克。普鲁士人对于骑士团的侵略进行了英勇的抵抗，举行了多次起义。但是，他们的抵抗和起义都遭到血腥的镇压。1260年左右，西部的波梅扎尼亚、波盖扎尼亚、瓦尔米亚、纳坦贾、巴尔恰、萨姆比亚先后被征服。1283年，东部的纳德罗维亚、斯卡洛维亚、亚奇维耶日也被征服。至此，条顿骑士团完全征服了普鲁士。骑士团国家得到德意志皇帝的支持，摆脱了波兰王公的领导，不断侵占波兰领土，不但威胁着波兰的安全，而且也威胁着立陶宛、罗斯等波罗的海国家的安全。

当条顿骑士团从北方威胁着波兰安全的时候，勃兰登堡侯国正在波兰的西部崛起。德意志封建主利用波兰内战，不断蚕食波兰西部领土。西里西亚的王公们为了削弱对方，请求德意志封建主帮助,为他们的东侵敞开了方便之门。累格尼察王公鲍莱斯瓦夫求助于马格德堡大主教韦利勃兰特,把位于奥得河中游和瓦尔塔河下游的波兰领土卢布什的一半土地送给他。1253 年,马格德堡大主教把这块土地转送给勃兰登堡侯国。不久,勃兰登堡侯国占领了全部卢布什。这样,在西波莫瑞和大波兰之间打进了一个楔子,为进一步侵略波兰创造了条件。

13 世纪,波兰的东南部遭到鞑靼蒙古的三次入侵,生命财产受到严重损失。1241 年,鞑靼蒙古在拔都统率下侵入波兰。小波兰的骑士和人民奋勇抵抗入侵的敌人。封建割据的局面削弱了波兰的防御力量。在图尔斯克和赫米尔尼克两次战役中,波兰军队失利。蒙古军队长驱直入克拉科夫,放火烧城。不久占领了奥波莱。西里西亚各王公联合抗敌。1241 年 4 月 9 日,亨里克二世指挥的波兰军队同蒙古军队在累格尼察城郊发生激战。双方死伤甚众。亨里克二世英勇阵亡。蒙古军队经摩拉维亚侵入匈牙利。后由匈牙利返回罗斯。1259 年和 1287 年,鞑靼蒙古又两次入侵波兰。由于波兰人民的抵抗,蒙古人始终未能确立在波兰的统治。

走向统一

社会经济的发展,特别是商品货币经济的发展,要求打破封建割据的局面,重新建立统一的波兰国家。外敌的入侵则加速了统一的过程。

各个不同阶级和等级,从自己的利益出发,或者支持统一,或者反对统一。

市民等级为了发展生产和交换,希望建立全国统一政权,保持国家的安定,所以支持封建王公的统一行动。但是,波兰大城市的上层多数是德意志人,他们主要从事过境贸易,同勃兰登堡侯国和捷克的德意志族城市贵族有着密切的经济和血缘联系，而对国家利益很少关心，甚至使国家利益服从外国的利益。他们同波兰广大贵族和中小城市市民处于敌对状态，严重地削弱了市民等级在统一事业中的作用，给波兰的发展造成了极其有害的影响。

骑士等级是支持统一的主要社会力量。一般骑士在争夺土地和劳动力方面斗不过教俗大封建主，所以反对教俗大封建主的专横跋扈和封建割据，支持封建王公的统一行动和反对外部敌人的侵略。

教会，特别是格涅兹诺大主教，十分关心国家的统一事业。由于主教区的增加和各地区、各公国之间的封建内战，大大降低了大主教的威信。教会的土地往往分散在两个或两个以上的公国里，管理十分不便，在经济上受到损失。所以，以大主教为首的教会势力主张恢复国家的统一。

一部分大封建主，由于得到了大片地产和特权，希望保持既得利益，赞成国家统一和社会安定，特别是那些接近领导统一事业的王公的大封建主，力图扩大和巩固自己的特权。

农民在封建割据时期备受内战和外患的痛苦，希望有一个“好国王”来维护他们的利益。农民积极地参加反对封建割据和外敌入侵的斗争，在统一事业中发挥了举足轻重的作用。

反对统一事业的是一些力量较小的王公和他们周围的大封建主。他们唯恐在国家统一后会丧失独立和特权。克拉科夫和弗罗茨瓦夫的主教，力图摆脱世俗政权和格涅兹诺大主教的控制，也反对国家的统一。

最先进行统一尝试的是谢拉兹王公黑色的莱谢克。在他被克拉科夫和散多梅希的权贵推上克拉科夫王座期间(1279—1288)利用克拉科夫作为政治、商业和文化中心的有利地位，依靠骑士和市民，试图以小波兰为基地，进行统一国家的尝试，以克拉科夫主教帕韦乌和散多梅希督军亚努什为首的教俗权贵在 1282 年和 1285 年先后发动叛乱，反对莱谢克的统一行动。莱谢克在匈牙利军队的帮助下平定了叛乱。1288 年，莱谢克暴卒。克拉科夫市民不顾封建主的反对，拥立弗罗茨瓦夫王公亨里克四世为克拉科夫王公。亨里克四世计划先统一西里西亚，然后以西里西亚为基地来统一全波兰。他试图依靠同德意志和捷克的同盟来达到统一的目的。他的计划遭到小波兰权贵和骑士的反对。他们害怕德意志贵族的力量过分强大，提出波洛次克王公鲍莱斯瓦夫为克拉科夫王公的候选人，后来又提出库雅维—布列斯特王公沃凯塔克，即矮子瓦迪斯瓦夫为候选人。双方进行了激战。瓦迪斯瓦夫在罗斯军队的帮助下在 1289 年占领了克拉科夫，但不久就被亨里克四世赶出，退居散多梅希。1290 年，亨里克四世被毒死。他在临死前立下遗嘱，把克拉科夫公国交给大波兰王公普热梅斯乌二世，并把弗罗茨瓦夫公国交给西里西亚最强大的格沃古夫王公亨里克，希望以此推动统一事业。

当普热梅斯尔二世准备来克拉科夫接受王位的时候，捷克国王、普热梅斯尔家族的瓦茨拉夫二世派兵占领了克拉科夫而成为克拉科夫—散多梅希王公(1291)。当时矮子瓦迪斯瓦夫还占领着散多梅希。13 世纪后半期，捷克处于盛世，瓦茨拉夫二世野心勃勃，觊觎波兰和匈牙利的王位。他的侵略扩张得到西里西亚和小波兰德意志族城市贵族的支持，却遭到骑士和广大人民的反对。1292 年，他出兵讨伐瓦迪斯瓦夫，把后者赶出散多梅希，迫使他放弃小波兰并纳贡称臣。1295 年，当瓦茨拉夫二世请求教皇卜尼法斯八世加冕为波兰国王的时候，被迫放弃克拉科夫王位的普热梅斯乌二世，经教皇同意在格涅兹诺由大主教耶古布·希文卡加冕为波兰国王。普热梅斯乌二世只占有大波兰和保持臣属关系的东波莫瑞，即位不到一年，就被勃兰登堡侯国收买的大波兰权贵刺死。

1300年，瓦茨拉夫二世出兵占领大波兰、谢拉兹、库雅维—布列斯特和东波莫瑞。同年，在格涅兹诺加冕为波兰国王。他无视波兰的国家利益，把东波莫瑞让与勃兰登堡，激起了波兰社会的强烈抗议。1301年，他又与法国的安茄家族争夺匈牙利王位，引起了教皇的不满。他死于1305年，他的儿子瓦茨拉夫三世继承波兰王位。1306年，瓦茨拉夫三世在讨伐矮子瓦迪斯瓦夫的战争中被人刺杀。这样才结束了捷克普热梅斯尔王朝对波兰的统治。

第三节　波兰王国的建立

波兰王国的建立

矮子瓦迪斯瓦夫被瓦茨拉夫二世打败后，于1300年被迫离开波兰来到匈牙利。1304年，瓦迪斯瓦夫在匈牙利国王安茄家族的卡罗尔·罗伯特的帮助下回到波兰，继续统一国家的斗争。参加瓦迪斯瓦夫军队的除骑士外，还有大量的农民。在结束了捷克国王瓦茨拉夫二世、瓦茨拉夫三世对波兰的统治后，波兰社会要求统一的愿望更加强烈了，瓦迪斯瓦夫得到社会上越来越多人的支持。

但是，瓦迪斯瓦夫面临的形势是十分严峻的。在国内，教俗权贵和城市贵族竭力反对统一；在国外，西部的勃兰登堡和北部的条顿骑士团不断蚕食波兰领土，南部的捷克由德意志的卢森堡家族统治着，国王约翰贪婪地追求着波兰的王位。这三个敌人的力量都十分强大，而同波兰结盟的匈牙利，却是一个经济落后、力量薄弱的国家。

为了在极为不利的形势下保住在克拉科夫的地位，瓦迪斯瓦夫不得不与小波兰的权贵和克拉科夫城市贵族妥协。1306 年，瓦迪斯瓦夫授予克拉科夫城以更广泛的城市权利，但是仍遭到同捷克宫廷有密切关系的克拉科夫主教杨·穆斯卡塔的反对。1307 年，瓦迪斯瓦夫把穆斯卡塔赶到西里西亚。

当瓦迪斯瓦夫巩固其在小波兰的统治时，勃兰登堡的封建主于 1308 年派兵进攻格但斯克。忠于瓦迪斯瓦夫的波莫瑞骑士奋勇抵抗，寡不敌众，请求瓦迪斯瓦夫火速驰援。瓦迪斯瓦夫处境艰难，无力驰援。波莫瑞法官鲍古什无计可施，经瓦迪斯瓦夫同意，请条顿骑士团给予军事援助，以重金酬谢。1309 年，骑士团在赶走勃兰登堡的军队后，背信弃义地占领了全部东波莫瑞，并且残酷地镇压了波兰骑士的反抗。东波莫瑞的沦陷，使波兰丧失了出海口，在社会中引起了强烈的反应。大波兰的骑士主动出击骑士团，同仇敌忾的爱国主义热潮遍及全国，推动了波兰各地区在瓦迪斯瓦夫领导下的统一。

杨·穆斯卡塔乘国家之危，卷土重来，同克拉科夫市长阿尔贝特为首的德意志族城市贵族勾结起来，妄图推翻瓦迪斯瓦夫，拥立捷克国王约翰·卢森堡。1311 年 5 月，他们策动了叛乱。瓦迪斯瓦夫平定了叛乱，严惩了首恶分子，并且取消了 1306 年授予的城市特权，给予分裂分子以致命打击，从而巩固了在小波兰的统治。

瓦迪斯瓦夫在大波兰依靠骑士、波兰族的城市市民和格涅兹诺大主教耶古布·希文卡来推行统一事业。14 世纪初，统治大波兰的是格沃古夫王公亨里克的几个儿子。他们同波兹南的德意志族城市贵族勾结起来，反对瓦迪斯瓦夫。1314 年，瓦迪斯瓦夫粉碎了他们的反抗，控制了全部大波兰。

这样，瓦迪斯瓦夫把波兰的两个主要部分——小波兰和大波兰以及库雅维的一部分和温奇察、谢拉兹统一在自己的政权之下，为波兰的统一事业奠定了基础。但是，西里西亚和波莫瑞以及玛佐夫舍等地还处在波兰版图之外。为了继承鲍莱斯瓦夫一世时期的光荣传统，瓦迪斯瓦夫把统一的国家重新定名为“波兰王国”，并自称“全波兰的王公”。1320 年 1 月 20 日，瓦迪斯瓦夫由格涅兹诺大主教雅尼斯瓦夫在克拉科夫瓦韦尔宫的大教堂加冕为波兰王国国王，称瓦迪斯瓦夫一世（1320—1333）。

从波兰王国建立的过程中，我们看到像克拉科夫、波兹南那样的大城市不但没有像莫斯科那样，在统一俄罗斯国家的过程中发挥主导作用，而且在统一波兰的事业中起了消极作用。这主要是由于德意志族封建主和城市贵族在波兰的大城市里占有绝对优势。而这又是 12—13 世纪德意志移民的直接后果。

瓦迪斯瓦夫一世继续为统一事业而斗争

瓦迪斯瓦夫一世在极为不利的国际环境下继续为波兰的统一而斗争。当时波兰的主要敌人是已经占领了东波莫瑞并且继续蚕食波兰领土的骑士团国家。骑士团国家同觊觎波兰王位的捷克国王约翰·卢森堡结成同盟，从南北两方威胁着波兰的独立。同样受到捷克侵略的匈牙利是波兰的天然盟国。为了加强同匈牙利的关系，瓦迪斯瓦夫一世的女儿埃尔日别塔同匈牙利国王、法国安茹家族的卡罗尔·罗伯特在 1320 年结婚，并以此缔结了正式同盟。波兰的第二个盟国是同样遭受骑士团侵略的立陶宛。1325 年，瓦迪斯瓦夫一世的儿子卡齐米日(因为身体魁梧,后来称他为伟大的卡齐米日)娶立陶宛大公格底敏的女儿阿尔多娜为妻,并以此缔结了波兰—立陶宛同盟。

瓦迪斯瓦夫把收复东波莫瑞作为统一国家的首要任务。他向教皇提出申诉,试图通过外交途径解决这个问题。1321 年,教皇法庭作出裁决:骑士团交出东波莫瑞,而波兰则交付 3 万格日夫那的赎金。但是,骑士团不服裁决,拒不交出东波莫瑞。1326 年,瓦迪斯瓦夫一世在立陶宛的帮助下开始了军事行动。波兰军队占领了赫翁诺,骑士团军队则袭击库雅维,占领了多布任地区。1328 年,捷克国王约翰·卢森堡率军队进攻立陶宛,并迫使波洛次克王公纳贡称臣。1330 年,波兰—立陶宛联军的进攻受挫。1331 年,波兰军队在普沃夫策取得胜利,但不久骑士团军队侵入大波兰,威胁库雅维,瓦迪斯瓦夫一世请匈牙利军队驰援库雅维。但是骑士团已抢先占领了库雅维。1332 年,经教皇代表的调停,双方签订了停战协定,骑士团仍占有库雅维和多布任地区。

当瓦迪斯瓦夫一世致力于收复东波莫瑞的时候,在 13 世纪中叶占领了波兰领土卢布什的勃兰登堡,发生王统中断,陷于混乱状态。1326 年,瓦迪斯瓦夫一世统率波兰—立陶宛联军,进入卢布什,直逼法兰克福城下。波兰军队受到当地波兰居民的欢迎,但遭到德意志族城市居民的反对。波兰同勃兰登堡的战争,延续到 1329 年。由于骑士团的进攻,瓦迪斯瓦夫一世只好从卢布什撤军。

捷克国王约翰·卢森堡利用波兰同骑士团战争的时候,把侵略矛头指向西里西亚。上西里西亚的城市同小波兰有密切的经济联系,但下西里西亚的城市则向往捷克。西里西亚最强大的弗罗茨瓦夫王公亨里克六世力图摆脱波兰投靠捷克。1329 年，约翰·卢森堡迫使上西里西亚的王公们向捷克国王纳贡称臣。尽管瓦迪斯瓦夫一世想使西里西亚归属波兰，但是心有余而力不足。波兰经济最发达的地区——西里西亚就这样脱离了波兰。

瓦迪斯瓦夫一世尚未完成他的统一大业，就在 1333 年 4 月 23 日与世长辞，享年 73 岁。

第四节 13 世纪的波兰文化

在封建割据时期，基督教的思想和文化在波兰各地获得广泛发展，接受教育和懂拉丁语的僧侣和富家子弟逐渐增多。13 世纪 20 年代，教会开始创办学校。13 世纪末，教会办的学校增加到 30 所。教会要求教徒绝对服从教规和现存的封建制度。但异教徒时有出现，教会通过宗教法庭宣判异教徒死刑。严酷的宗教纪律没有能阻止反封建思想在人民群众中传播。

13 世纪，波兰的史学有了明显的进步，产生了卓越的历史文献——四卷本的《卡德乌贝克编年史》。文采蒂·卡德乌贝克（约 1150—1223）是克拉科夫主教，同时也是政治家、法学家，曾做过卡齐米日二世的宰相。他在青年时期曾在巴黎大学和波伦亚大学（在意大利）深造，熟悉欧洲历史，继承了《加尔编年史》的传统，记叙了从神话时代到 1202 年的波兰历史。作者论证了封建割据制度的合理性，受到封建统治集团的欢迎。作者还歌颂了人民在同外敌斗争中的勇敢精神，字里行间充满了爱国主义精神。编年史的著作还有不知名作者写的《大波兰编年史》、《西里西亚波兰编年史》和《亨里克书简》。

13世纪的波兰艺术发生了重大变化。教俗封建主的房屋建筑显得更为宏伟壮丽，反映了经济的发展和技术的进步。建筑的式样正由罗马式向哥特式过渡。13世纪初，经济发达的西部地区（西里西亚、波莫瑞、大波兰）开始用砖建造房屋。巍峨高耸、结构复杂的哥特式教堂成批地出现在波兰各大城市。主要的哥特式建筑物有弗罗茨瓦夫的大教堂、克拉科夫的玛丽亚教堂、弗罗茨瓦夫的圣十字教堂。散多梅希的圣耶古布教堂基本上按罗马式样建筑，但由砖砌成，兼有哥特式的风格。教堂内部的天花板、大门、圆柱上的雕刻和绘画更加丰富多彩、美丽动人。

随着宏伟的建筑艺术的发展，雕刻艺术也达到新的高度。在弗罗茨瓦夫等西部城市的大教堂里，可以到处看到雕有人物和动物像的石刻艺术。在那里还有精致美丽的图案雕刻。13世纪雕刻艺术的最高成就是格涅兹诺大教堂的著名的“格涅兹诺门”。这个门是由青铜铸成的雕像。它再现了圣沃伊切赫生与死的生动场面，栩栩如生，令人敬畏。997年4月23日，这位原布拉格主教在普鲁士人中间传教被害，其遗骸由鲍莱斯瓦夫一世赎回，沃伊切赫成为波兰第一位圣徒。

第三章

波兰的等级君主制

(1333—1505)

第一节　波兰王国的国际环境和对外政策

波兰王国的版图

在封建割据基础上建立的波兰王国只包括小波兰、大波兰和库雅维，并享有对玛佐夫舍的宗主权。西波莫瑞和卢布什地区处于勃兰登堡的统治之下，东波莫瑞被条顿骑士团占领。经济发达、人口稠密的西里西亚，被并入卢森堡王朝统治下的捷克王国。由于西部和北部领土的丧失，波兰失去了所有的波罗的海出海口。卡齐米日三世时期，波兰王国的面积为244000平方公里，人口超过120万[①]。在波兰版图之外的波兰人也在100万以上。14世纪中叶，西里西亚就有近50万波兰居民。

14世纪时，波兰地处欧洲两条贸易通道（地中海和大西洋）的边陲，同西欧经济发达的国家比较，有很大差距，但又高于罗斯和

---

① 耶日·韦罗祖姆斯基：《波兰史（至1505年）》，第235页。

立陶宛。这种差距可以用人口密度和城市人口来说明。意大利和尼德兰每平方公里人口密度为35人,法国北部——32人,英国——30人,莱茵、威斯特法伦——18至20人,捷克——14人,匈牙利——8人,波兰——7人,罗斯——2至3人,立陶宛——2人。14世纪初,欧洲各国主要城市人口如下:巴黎——20万,佛罗伦萨、热那亚、威尼斯——8万,克拉科夫——1万①。

14世纪波兰王国几乎被敌视它的国家所包围。北部的条顿骑士团和南部的捷克互相勾结,从南北两翼威胁着波兰的独立和安全。条顿骑士团占据了维斯瓦河下游波罗的海出海口,是波兰的主要敌人。占领了西波莫瑞和卢布什地区的勃兰登堡侯国也是波兰的敌人。14世纪末,波兰的东邻莫斯科罗斯正在摆脱鞑靼蒙古的统治,走上了统一罗斯的道路,与小波兰封建主向东方扩张的愿望发生冲突。莫斯科又成为波兰的潜在敌人。此外 ,在欧洲的东南部,崛起了奥斯曼土耳其。他们相继征服了保加利亚和塞尔维亚,于1453年攻陷君士坦丁堡,威胁着包括波兰在内的欧洲国家,也成为波兰的潜在敌人。波兰的君主无法依靠自己的力量战胜众多而强大的敌人,不得不同匈牙利和立陶宛结成同盟,对付主要的敌人。

卡齐米日三世的对外政策

瓦迪斯瓦夫一世死后,他的儿子、23岁的伟大的卡齐米日继位,在克拉科夫加冕为波兰国王,称卡齐米日三世(1333—1370)。

卡齐米日三世接受了一个远未统一的波兰。当时的波兰王国只有大波兰和小波兰两个部分。库雅维、多布任和东波莫瑞由骑

---

① 亨里克·萨姆索诺维奇:《14和15世纪欧洲经济中的波兰》,载亚历山大·盖什托尔主编:《割据和统一的波兰》,1972年华沙版,第371页。

士团占领着。波洛次克公国臣属捷克的卢森堡王朝，玛佐夫舍的两个公国还没有承认波兰的最高权力。西里西亚已臣属卢森堡王朝统治下的捷克。

鉴于当时的力量对比，波兰无法用战争手段来实现国家的统一，卡齐米日三世采用迂回妥协的办法来缓和同骑士团和捷克的矛盾。1335 年，在卡齐米日三世的姐夫、匈牙利国王卡罗尔·罗伯特的参与下，卡齐米日同捷克国王约翰在匈牙利的维谢格拉德举行了会谈。约翰同意永远放弃对波兰王位的要求，但要卡齐米日承认捷克对西里西亚的主权，遭卡齐米日拒绝。双方最后达成协议：约翰永远放弃波兰王位，波兰则付给 2 万捷克格罗什作为补偿。

在维谢格拉德会议上，还讨论了波兰同骑士团的争端。卡罗尔·罗伯特和约翰·卢森堡作出仲裁：东波莫瑞和赫翁诺归骑士团，库雅维和多布任交还波兰。

为了加强波匈两国的同盟关系，卡齐米日三世同卡罗尔·罗伯特于 1339 年 7 月在维谢格拉德缔结了条约。根据这个条约，如果在卡齐米日三世死后无男嗣，将由安茹家族继承波兰王位，匈牙利将帮助波兰反对骑士团的侵略。

1343 年，卡齐米日三世同骑士团在卡利什缔结了“永久和约”。骑士团将库雅维和多布任交还波兰，但仍占有东波莫瑞和赫翁诺。如果骑士团破坏“永久和约”，波兰国王有权索还被侵占的全部波兰领土。

1355 年，玛佐夫舍的王公们承认波兰国王的宗主权，这是朝着统一波兰方向前进的一个步骤。

卡齐米日三世同骑士团和捷克的妥协，同他对加里奇—沃伦罗斯的政策是分不开的。

小波兰封建主和克拉科夫的城市贵族鉴于克拉科夫在国际贸易中的重要地位，力图控制从西欧经加里奇—沃伦到黑海沿岸热那亚殖民地的商道。匈牙利的城市也参与黑海贸易，所以支持波兰封建主和城市贵族对加里奇—沃伦的扩张政策。卡齐米日三世为了增加国家的财政收入，决定利用时机，向东扩张。在 1339 年维谢格拉德会议上，卡齐米日三世同卡罗尔·罗伯特就占领加里奇—沃伦达成了协议。加里奇—沃伦的王公尤里二世为了战胜波雅尔反对派，曾于 1338 年向波兰和匈牙利求援，答应在他死后由卡齐米日继承加里奇—沃伦公国的王位。1340 年 4 月 7 日，尤里二世被波雅尔毒死。卡齐米日三世立即派兵讨伐加里奇罗斯；与此同时，立陶宛大公卢巴特(格底敏的儿子)占领了沃伦罗斯。

波兰军队的入侵遭到当地波雅尔和居民的激烈反抗，而且引起了同立陶宛军队的摩擦。1343 年波兰同骑士团缔结了卡利什和约后，卡齐米日三世发动了新的侵略战争。到 1366 年，波兰军队占领了包括利沃夫、加里奇、弗拉基米尔、赫尔姆、别尔兹在内的加里奇罗斯和一部分沃伦罗斯。立陶宛军队仍占领着沃伦罗斯的大部分。1350 年，卡齐米日三世同他的外甥、匈牙利国王路易达成协议，在他死后，匈牙利用 10 万弗罗伦(意大利金币)向波兰购买加里奇罗斯。

卡齐米日三世对加里奇—沃伦罗斯的侵略行动，损害了波兰的统一事业。波兰国王在统一事业中主要依靠骑士，没有得到城市的强有力支持，而对东方的侵略又削弱了有限的军事力量，从而使统一事业半途而废。

波兰和匈牙利的王朝联合

1370年11月5日，无男嗣的卡齐米日三世病逝，彼雅斯特王朝的王统中断。根据1339年维谢格拉德条约的规定，波兰王位将由安茹王朝的路易继承。11月7日，路易来到克拉科夫；11月17日，加冕为波兰国王，开始了为期12年的波兰和匈牙利的王朝联合(1370—1382)。

路易忙于安茹王朝的扩张政策，力图永久控制那不勒斯王国；为了争夺达尔马提亚，同威尼斯共和国展开了长期的斗争。他无暇顾及波兰的国家利益，即位一个月就离开了克拉科夫。他把管理波兰的大权交给他的母亲、卡齐米日三世的姐姐埃尔日别塔。1380年，埃尔日别塔死后，政权转到一小部分小波兰权贵手里。路易把波兰的统一事业置诸度外。1372年，为了巩固匈牙利对加里奇罗斯的统治，路易同德意志皇帝查理四世达成协议，放弃收回西里西亚和西波莫瑞。路易在波兰的统治主要依靠小波兰的封建主和关心黑海贸易的克拉科夫等主要城市。即使在首都，也有不少反对者。1376年，在首都发生了一起密谋事件，王太后埃尔日别塔身边的许多匈牙利贵族被波兰人杀害。

路易为了维护安茹王朝对波兰的统治并使他的女儿继承波兰王位，授予波兰贵族以广泛的权利。1374年，路易在科希策(今斯洛伐克境内)颁布法令，把贵族的土地税从每畹12格罗什减到2格罗什，今后增加税收，必须经全体贵族同意；法令还规定贵族只在国内服义务兵役，如到国外服兵役，则须给予特殊的报酬。1381年，教会也获得了减税的特权。这在历史上称为科希策特权。科希策特权提高了贵族等级的社会地位，限制了王权，对波兰历史的发展产生了消极影响。

路易死于1382年9月11日。他有三个女儿:长女叶卡特琳娜早逝;次女玛丽亚,其丈夫是勃兰登堡侯爵、卢森堡家族的齐格蒙特;幼女雅德薇嘉,其未婚夫是哈布斯堡家族的威廉。路易临终前指定玛丽亚继承波兰王位。但是这个方案遭到波兰贵族的一致反对,因为他们坚决不让德意志封建主接近波兰王位。大波兰的贵族备受条顿骑士团和勃兰登堡侵略之苦,要求中断同匈牙利的联合,而同立陶宛结成巩固的同盟。他们还提出同立陶宛有着密切关系的玛佐夫舍王公齐莫维特四世为波兰王位继承人。在这种情况下,小波兰的贵族开始同立陶宛大公雅盖洛就路易的幼女雅德薇嘉嫁给雅盖洛问题进行谈判。1384年10月15日,11岁的雅德薇嘉来到克拉科夫,加冕为波兰国王。

第二节　波兰和立陶宛的王朝联合

联合前的立陶宛

立陶宛人同普鲁士人、爱沙尼亚人、拉脱维亚人、立沃人、库尔人一样,同属印欧族的波罗的海语系。立陶宛(Lietuva)的名字来源于立塔河(Lieta),意为立塔河畔的国家。立塔河早已干涸消失。有的历史学家认为涅曼河就是古代的立塔河。立陶宛分为两个部分,涅曼河上游部分为本部,称奥克什托塔,涅曼河下游濒临波罗的海部分称日姆兹。立陶宛北界拉脱维亚,东南与罗斯(后来的白俄罗斯)毗邻,西南与普鲁士、波兰接壤。

公元6至9世纪,立陶宛的氏族公社逐步解体,出现了许多部落组织,但还没有形成统一的国家组织。10至11世纪,基辅罗斯的大公不断讨伐立陶宛各部落,迫使他们纳贡称臣。弗拉基米尔大公在位时期(980—1015),每三年派人来立陶宛征收贡品一次。12世纪中叶以后,立陶宛人利用罗斯的封建分裂,不断袭击邻近的罗斯各公国,占领了德维纳河中游波洛次克一带的土地。1187年,波洛次克王公夫塞斯拉夫的孙子伊兹雅斯拉夫·瓦西里科维奇在同立陶宛人的战争中阵亡。立陶宛人也利用波兰的封建分裂,经常袭扰波兰的边境地区。

13世纪,立陶宛的生产力有了较大发展,逐步由弃荒耕作制向固定的犁耕制过渡。剩余产品的增加导致了阶级和国家的出现。13世纪中叶,在立陶宛形成了早期封建国家。立陶宛国家的第一个君主是门多格(卒于1263年)。格底敏统治时期(1315—1341),立陶宛发展成为东欧最强大的国家之一,除立陶宛本部外,还包括西南罗斯(以后的白俄罗斯和乌克兰),面积80万平方公里,其中立陶宛本部只有8万平方公里。立陶宛对罗斯的扩张不是用军事征服,而是用和平的、联姻的途径来实现的。1318年,格底敏的儿子奥尔盖德娶维帖布斯克王公的女儿安娜为妻。立陶宛大公派军队驻守罗斯各重要城堡,防止鞑靼蒙古的入侵。西南罗斯归并于立陶宛,避免了像东北罗斯那样遭受鞑靼蒙古野蛮统治的厄运。立陶宛大公对罗斯人民进行极为温和的统治,除征收贡赋外,保持着东正教和原有的风俗习惯。

立陶宛建国伊始,就受到条顿骑士团的侵略。格底敏死后,条顿骑士团的侵略愈演愈烈。1343年骑士团在同波兰缔结卡利什和约后,把侵略矛头集中指向立陶宛。1362年,骑士团占领了立陶宛的重要城市科夫诺。1366年,立陶宛同波兰缔结了和约,把沃伦的一部分让给波兰。奥尔盖德和他的弟弟凯伊斯图特团结立陶宛的王公贵族和人民,对骑士团的侵略进行了英勇反抗。1377年奥尔盖德死后，凯伊斯图特继任大公，骑士团对立陶宛的侵略发展到顶点，它的军队经常深入立陶宛腹地，威胁着首都维尔诺的安全。

1382 年，奥尔盖德的儿子雅盖洛继任大公，除了面临骑士团的威胁外又受到来自莫斯科的威胁。1380 年，莫斯科大公季米特里在顿河附近的库里科沃原野，大败马迈汗统率的鞑靼军队，声威大振。莫斯科大公以统一全罗斯的土地为己任，要求收复立陶宛统治下的罗斯。雅盖洛为了维护立陶宛对西南罗斯的统治，决定把日姆兹让给骑士团。雅盖洛的决定遭到他的叔父凯伊斯图特的反对。他被赶出首都，逃到克列沃。不久，雅盖洛反败为胜，回到首都。凯伊斯图特被囚禁在克列沃，不久死于狱中。1383 年，雅盖洛被迫把日姆兹割让给骑士团。为了抗击共同的敌人骑士团，雅盖洛决定实现波兰和立陶宛的联合。

波兰和立陶宛的联合

1385 年 1 月，波兰和立陶宛的代表在克拉科夫就实行王朝联合问题达成了协议。同年 8 月 14 日在克列沃签订了条约。雅盖洛将成为雅德薇嘉的丈夫和波兰国王。立陶宛大公国将按拉丁仪式接受基督教。1386 年 2 月 12 日，雅盖洛来到克拉科夫，3 天以后，接受了洗礼，取名瓦迪斯瓦夫。2 月 18 日，同 12 岁的雅德薇嘉举行了婚礼。3 月 4 日，瓦迪斯瓦夫·雅盖洛加冕为波兰国王，称瓦迪斯瓦夫二世（1386—1434）。这样，在波兰历史上开始了雅盖洛王朝统治的时期。

1387 年初，雅盖洛回到维尔诺，命令立陶宛臣民放弃多神教，接受洗礼，并在维尔诺建立了主教区，受格涅兹诺大主教区领导。立陶宛的贵族乐于接受天主教，因为教会可以帮助他们统治农民。但是，农民群众以不同形式拒绝接受天主教。这年 2 月 17 日，雅盖洛颁布敕令，把五六十个村庄600多户农民划归主教区，给予教会以免税的特权。不久，维尔诺主教发展成为最大的封建主。

波兰的贵族（主要是小波兰贵族）把控制黑海贸易要道和收复加里奇罗斯看作当务之急。1387年初，波兰和立陶宛军队在王后雅德薇嘉的统率下，利用匈牙利的内部动乱，赶走了加里奇罗斯的匈牙利官员和驻军，把它置于波兰的统治之下。波兰—立陶宛军队对罗斯的讨伐，第一次显示了两国联合的力量。遭受土耳其侵略威胁的摩尔多瓦大公彼得·穆沙特，为了寻求波兰的帮助，同波兰签订了利沃夫条约，向波兰纳贡称臣。1389年，瓦拉几亚大公老米尔恰和雅盖洛缔结了反对匈牙利国王齐格蒙特·卢森堡的短暂的同盟，并为共同反对土耳其的侵略奠定了基础。

波兰和立陶宛的联合，在东欧形成了一股强大的政治力量，使条顿骑士团妄图建立一个从德意志帝国到芬兰湾的大帝国的计划难以实现，使波兰和立陶宛有可能收复失地，这是两国联合的积极方面。两国的联合助长了小波兰贵族向罗斯扩张的野心，从而放松了对收复西部失地的努力，这是两国联合的消极方面。

立陶宛的大贵族害怕丧失特权和国家的独立，竭力反对联合。雅盖洛的堂弟、凯伊斯图特的儿子维托尔德在1389年底发动了反对雅盖洛的叛乱。维托尔德在骑士团军队的帮助下，占领了格罗德诺、诺夫哥罗德克等城市。内战持续到1392年初。1392年8月，雅盖洛和维托尔德在奥斯特罗夫达成了妥协：雅盖洛把立陶宛大公国的管理权全部交给维托尔德，维托尔德以波兰国王总督的名义统治立陶宛。骑士团竭力破坏波兰和立陶宛的联合，于1398年10月在萨林岛同维托尔德缔结了和约，把一部分日姆兹归还立陶宛。立陶宛大贵族拥立维托尔德为立陶宛国王，中断了同波兰的联合。1399年8月12日,维托尔德统率的立陶宛军队同鞑靼军队在南部沃尔斯克拉河附近发生激战,几乎全军覆没。失败教训了维托尔德,使他认识到联合的重要性。1400和1401年,雅盖洛和维托尔德签订了两个协定,恢复了两国的联合,维托尔德成为立陶宛的终身大公,在他死后,立陶宛将并入波兰。1401年,在日姆兹爆发了反对骑士团统治的人民起义。1402—1403年,在骑士团同波兰—立陶宛之间爆发了战争。战争不分胜负,双方于1404年在拉齐翁日(波兹南附近)签订了和约,日姆兹仍由骑士团占领。双方开始酝酿一场新的大规模战争。

格伦瓦尔德战役

1409年春,在日姆兹爆发了反骑士团的总起义。维托尔德积极备战。波兰国王瓦迪斯瓦夫二世向骑士团团长乌尔里希·冯·容根发出警告:"我们认为立陶宛的敌人就是我们的敌人,如果你们攻击立陶宛,我们就要攻击你们。"1409年8月,骑士团军队越过国界,占领了波兰多布任地区。波兰—立陶宛同骑士团的战争终于爆发。波兰军队和立陶宛—罗斯军队在维斯瓦河北岸的契尔文斯克会师后,向普鲁士进发。1410年7月9日,波兰—立陶宛—罗斯军队从维斯瓦河右岸进入普鲁士作战。联军分两路,共5万多人,由雅盖洛亲自指挥,维托尔德指挥联军的右路,即立陶宛—罗斯军队。参加联军的还有以杨·日兹卡为首的捷克志愿部队。骑士团军队约32000人。站在骑士团一边的有德意志和匈牙利国王齐格蒙特·卢森堡①以及西波莫瑞一些日耳曼化了的波兰

① 匈牙利国王路易在1382年去世后,安茹王朝告终,卢森堡家族的齐格蒙特成为匈牙利国王(1387—1437)。

王公。1410 年 7 月 15 日，在格伦瓦尔德村附近的田野上进行了决战。骑士团军队几乎全军覆没。乌尔里希·冯·容根被击毙。残部退入马耳博克。联军包围了骑士团的首都，但是没有攻下。维托尔德首先撤兵。接着，雅盖洛也解除了对马耳博克的包围。

1411 年 2 月 1 日，波兰和立陶宛接受了齐格蒙特·卢森堡的调停，同骑士团在托伦签订了和约。根据托伦和约，在雅盖洛和维托尔德死后，立陶宛将收回日姆兹，波兰则收回多布任地区，东波莫瑞仍处在骑士团占领之下。此外，骑士团还向波兰—立陶宛赔偿 10 万布拉格格罗什的战争损失。和约的宽容条件同战争的伟大胜利相比是很不相称的。这主要是以齐格蒙特·卢森堡为代表的德意志封建主干涉和威胁的结果。

格伦瓦尔德战役是波兰—立陶宛同骑士团关系史上的最大一次战役，也是中世纪欧洲的一次重要战役。它的伟大胜利，打击了德意志封建主侵略东欧各国的反动气焰，鼓舞了东欧各国人民反抗侵略、捍卫独立的斗争，提高了波兰在欧洲的国际地位。格伦瓦尔德战役有着不可磨灭的历史意义。

尽管托伦和约的条款是非常宽容的，但骑士团仍不履行和约条款，拒绝偿付赔款，并且不断制造边境事件，新的战争有随时爆发的可能。在这种形势下，波兰和立陶宛于 1413 年 10 月在赫罗德洛签订了新的条约，重申了两国联合的原则：立陶宛仍将是由大公统治的独立国家，但是承认波兰的宗主权。为了使立陶宛社会接近波兰社会，雅盖洛和维托尔德使信奉天主教的立陶宛贵族享有同波兰贵族一样的特权。此外，还有近 50 个立陶宛大贵族的家族获得了波兰贵族的纹章。立陶宛贵族逐步波兰化。

随着波兰—立陶宛同骑士团关系的恶化，波兰—立陶宛方面提出了收复东波莫瑞、赫翁诺等波兰失地和立即把日姆兹归还立陶宛的要求。1414和1419年，雅盖洛对骑士团发动了两次战争。1422年9月27日，双方在梅尔诺湖畔签订了和约，波兰没有取得重大的领土收获，而立陶宛却收复了日姆兹。梅尔诺和约结束了近200年的波兰—立陶宛同骑士团的冲突，制止了骑士团的侵略扩张。

第三节 波兰和捷克的胡斯运动

波兰和胡斯运动

15世纪初，在捷克掀起了一场规模巨大的具有全欧意义的反对封建压迫、反对德国卢森堡王朝统治的社会和民族解放运动。领导这次革命运动的是天主教会的反对派领袖布拉格大学校长杨·胡斯(约1371—1415)。1412年，胡斯在布拉格伯利恒教堂当众揭露教会的腐化堕落和贪赃枉法，要求没收教会财产。他告诉人们说，当教会的财产没有被剥夺以前，不论教会本身或整个社会内部的任何改革都是不可能的，因为“狗打架是为了争骨头，把骨头拿走，它们就打不起来了”。[①] 他被开除教籍并赶出布拉格。1415年7月6日，在康斯坦茨召开的宗教会议上，胡斯以异端罪名被处火刑。1419年7月，在布拉格爆发了革命战争。捷克国王、卢森堡王朝的瓦茨拉夫四世暴卒。捷克陷于内战之中。

胡斯革命运动在波兰引起了强烈的反响。中小贵族不满意教

---

① 罗曼·海茨克、马利安·奥若霍夫斯基：《捷克斯洛伐克史》，1969年华沙版，第88页。

俗大封建主的专横，拥护胡斯运动中的温和派——圣杯派的改良纲领。城市贫民和农民则拥护激进派——塔波尔派关于取消一切封建特权、实行公产制度、建立无阶级社会的纲领。大批农民和城市贫民进入捷克国境，参加胡斯革命军。胡斯战争的主要战役多马日利策战役(1431)和利潘战役(1434)都有大量波兰骑士、农民和城市贫民参加。1427 年，当塔波尔派在塔霍夫战役中遭到失败向边境撤退时，西里西亚的农民和城市贫民举行起义。他们要求推翻卢森堡王朝的统治，使西里西亚回归波兰。西里西亚起义具有反封建和民族解放的性质。这次起义同整个胡斯革命运动一样虽然被反动派镇压下去，但它在波兰的历史上产生了重要影响。

波兰和捷克、匈牙利的王朝联合

在捷克国王瓦茨拉夫四世死后，胡斯运动中的圣杯派为了不让德意志皇帝齐格蒙特·卢森堡继任捷克国王，提出了由波兰国王瓦迪斯瓦夫·雅盖洛任捷克国王、实行波兰—捷克王朝联合的主张，并于 1420 年派代表团去波兰谈判。这一主张符合捷克和波兰反对德意志封建主的共同利益，而且使波兰有可能收复西里西亚，进一步实现国家的统一。塔波尔派领袖杨·日兹卡毫无保留地支持这个主张。波兰的多数贵族和市民也支持这个主张。但是以兹比格涅夫·奥莱希尼茨基为首的波兰大主教会的上层和大封建主，害怕胡斯革命思想在波兰进一步传播，坚决反对波兰和捷克的联合。雅盖洛屈服于教皇和国内教俗大封建主的压力，拒绝了捷克方面的建议。但是，维托尔德接受了捷克方面的建议，愿意担任捷克国王。1422 年，维托尔德派雅盖洛的侄子齐格蒙特·科雷布特去捷克进一步谈判联合问题。这时候，齐格蒙特·卢森堡煽动骑士团在波兰—立陶宛的边境挑起冲突。根据齐格蒙特·卢森堡的要求，教皇命令雅盖洛和维托尔德立即从捷克召回齐格蒙特·科雷布特。1423年，齐格蒙特·科雷布特回到立陶宛。波兰和捷克的王朝联合计划就这样被破坏了。同年，雅盖洛同齐格蒙特·卢森堡会晤于凯日马尔克。波兰开始加入反对胡斯革命运动的反革命行列，在国内开始了对胡斯运动的疯狂镇压。

齐格蒙特·卢森堡不只破坏波兰和捷克的联合，而且千方百计离间波兰和立陶宛的关系。1429年1月，他在卢茨克同雅盖洛和维托尔德会晤中，提出给维托尔德加冕为立陶宛国王的建议，以此使立陶宛完全脱离波兰。这个建议遭到从胡斯派到克拉科夫主教兹比格涅夫·奥莱希尼茨基的一致反对。1430年10月27日维托尔德的突然亡故，使这位德意志皇帝的阴谋暂时未能得逞。

维托尔德死后，雅盖洛指定他的弟弟希维德雷盖洛为立陶宛大公。希维德雷盖洛就任大公后，依靠信奉东正教的罗斯贵族，违背波兰和立陶宛之间签订的协定，使立陶宛脱离波兰，遭到信奉天主教的立陶宛贵族的反对。1432年，立陶宛爆发了内战。1440年，希维德雷盖洛在内战中被击毙。立陶宛贵族拥立维托尔德的弟弟齐格蒙特·凯伊斯图托维奇为立陶宛大公。同年，这位大公被暗杀。雅盖洛的幼子卡齐米日被选为大公。卡齐米日以独立的君主统治立陶宛，中断了波兰和立陶宛的联合。

1434年6月1日，经过48年的统治，波兰国王瓦迪斯瓦夫二世与世长辞。他的年仅10岁的长子瓦迪斯瓦夫在7月25日加冕为国王，称瓦迪斯瓦夫三世(1434—1444)。国家大权落在大贵族、克拉科夫主教兹比格涅夫·奥莱希尼茨基手里。

兹比格涅夫·奥莱希尼茨基积极投靠德意志皇帝、匈牙利和捷克国王齐格蒙特·卢森堡，竭力反对胡斯革命运动。1437年，为东欧各国人民所痛恨的齐格蒙特·卢森堡病危。他死前指定由他的女婿艾伯特·哈布斯堡继承捷克和匈牙利王位。尽管捷克议会选举艾伯特·哈布斯堡为捷克国王，但是胡斯派的贵族和市民却在库特诺山召开大会，通过决定邀请雅盖洛的幼子卡齐米日为捷克国王。这个方案得到多数波兰贵族的支持。但是，兹比格涅夫·奥莱希尼茨基仍然反对波兰和捷克联合，阻挠派军队去捷克。而当波兰军队开往捷克时，艾伯特·哈布斯堡已经登上捷克的王座。艾伯特·哈布斯堡还登上匈牙利的王位。但即位不久，就在1439年秋去世。

兹比格涅夫·奥莱希尼茨基反对波兰和捷克联合，却主张波兰和匈牙利联合。1437年，在匈牙利东南部的埃尔代伊爆发了农民起义。匈牙利和波兰一样，深受胡斯革命运动的影响，有一股反对哈布斯堡王朝和反对教皇的强大政治力量。1440年3月，匈牙利贵族派代表团到克拉科夫同波兰国王瓦迪斯瓦夫三世谈判关于波兰国王接受匈牙利王位的条件问题。双方达成如下协议：瓦迪斯瓦夫三世娶艾伯特·哈布斯堡的遗孀伊丽莎白为妻，在他们没有生子的情况下，由艾伯特的遗腹子弗拉迪斯拉大继承王位。但是，伊丽莎白不接受波兰和匈牙利的协定，在亲哈布斯堡的贵族的支持下，使她的婴儿弗拉迪斯拉夫加冕为匈牙利国王。当波兰国王来到布达的时候，反哈布斯堡的贵族宣布上述加冕礼无效，又选举波兰国王为匈牙利国王。1440年7月，波兰国王瓦迪斯瓦夫三世加冕为匈牙利国王，称乌拉斯洛一世（1440—1444）。匈牙利爆发了内战。内战持续了两年。经过教皇的调停，乌拉斯洛一世娶伊丽莎白的长女安娜为妻。

当匈牙利贵族忙于内战的时候，土耳其军队不断侵犯匈牙利南部边境。1443年秋，年轻的国王和匈牙利贵族、民族英雄胡尼奥迪·亚诺什在波兰军队的帮助下，勇敢迎战来犯的敌人，打退了土军的进攻。他们同巴尔干各国的军队一起，攻占了尼什和索非亚。1444年夏，匈牙利和土耳其在塞格德签订了和约。但是不久，在教皇使者的劝告下，国王破坏了和约，冒险向黑海沿岸进军，期待教皇许诺的威尼斯援军的到来。11月10日，匈军和土军在保加利亚的瓦尔纳港发生激战。匈军几乎全部被歼，20岁的国王阵亡，只有胡尼奥迪死里逃生，回到匈牙利。随着瓦尔纳战役的失败，兹比格涅夫·奥莱希尼茨基苦心经营的波兰和匈牙利的联合也就结束了。

第四节　13年战争和东波莫瑞的收复

卡齐米日四世加强王权的努力

瓦迪斯瓦夫三世（乌拉斯洛一世）在瓦尔纳战役中阵亡后，波兰贵族于1445年4月在谢拉兹召开大会，决定请求雅盖洛的次子、立陶宛大公卡齐米日·雅盖洛契克接受波兰王位，想以此恢复波兰和立陶宛的联合。卡齐米日坚决主张保持立陶宛的独立地位，希望波兰和立陶宛两个平等的国家结成“兄弟的联盟”。1447年5月2日，卡齐米日在离开立陶宛前颁布敕令，授予立陶宛全体教俗封建主以波兰贵族享有的同样特权，保证立陶宛的领土完整（包括同波兰有争端的沃伦和波多利亚）。同年6月25日，卡齐米日在克拉科夫瓦韦尔宫加冕为波兰国王，称卡齐米日四世（1447—1492）。

卡齐米日四世依靠中等贵族（首先是大波兰的贵族），抑制以奥莱希尼茨基为首的教俗大封建主的权力，企图建立强大的中央政权，收复东波莫瑞，进一步实现国家的统一。

加强以王权为核心的中央政权，对于15世纪后半期的波兰具有重要意义。在西欧（法国和英国）和东欧（莫斯科）都建立了强大的中央集权国家，它们在发展社会经济和维护国家独立方面都发挥了积极作用。王权无疑是进步的因素。在波兰的具体社会经济和政治条件下，卡齐米日四世只能首先依靠中等贵族，然后才依靠城市。为了同教俗大封建主斗争，国王必须满足贵族的要求，授予它以特权，这样又必然会削弱王权和限制市民的权利，而贵族等级则上升为波兰社会中的特殊等级。这是波兰历史上未能形成强大的中央政权的主要原因。

卡齐米日四世加强王权的一个重要步骤是确立了由国王任命主教、使教会服从王权的原则。在雅盖洛王朝的前两任国王在位时期，王权旁落，以奥莱希尼茨基为首的小波兰大封建主控制了御前会议，决定波兰的内外政策。他们的反民族政策引起了广大贵族和市民的反对。卡齐米日四世依靠大波兰贵族和市民，从教会那里收回了任命主教的权力，使御前会议成为国王的权力机构，使教会丧失了干预国家政治的权力。卡齐米日四世的这个步骤还减少了罗马教皇对波兰内政的干涉。

卡齐米日四世还改革了财政和军队，为打败骑士团和收复东波莫瑞创造了条件。

十三年战争（1454—1466）

格伦瓦尔德战役以后，骑士团财政破产，经历着深刻的内部危机。为了转嫁危机，骑士团对普鲁士贵族、市民和农民进行横征暴敛，不断激起他们的反抗。1440年，普鲁士贵族和市民建立了反骑士团的“普鲁士联盟”，反抗运动席卷全国。骑士团请求教皇和德意志皇帝的帮助。1453 年底，皇帝腓特烈三世命令解散普鲁士联盟，宣布处死 300 名联盟的成员，1454 年 1 月，普鲁士联盟请求波兰国王卡齐米日四世给予援助，并把普鲁士置于国王的统治之下。1454 年 2 月 4 日，在普鲁士爆发了反骑士团的起义。起义者占领了普鲁士的大部分地区，解放了格但斯克、托伦和埃尔布拉格等城市，并派代表团同波兰国王谈判。1454 年 3 月 6 日，卡齐米日四世宣布普鲁士并入波兰并向骑士团宣战。波兰和骑士团的战争延续了 13 年(1454—1466)，史称十三年战争。

卡齐米日四世首先征召大波兰的贵族民团参战。应大波兰贵族的要求，国王于 1454 年 9 月 15 日在策雷克维策附近的军营给他们授予特权。国王答应今后征召民团必须经地方议会的同意。大波兰民团于是开赴霍伊尼策前线。霍伊尼策是骑士团国家连接勃兰登堡侯国等德意志国家的战略重镇。占领霍伊尼策可以切断德意志国家对骑士团的援助。但是 9 月 18 日进行的霍伊尼策会战，却以波兰方面的失败而告终。这次战役暴露了贵族民团的缺乏组织纪律性和缺乏训练。卡齐米日四世于是又征召全波兰的民团参战。1454 年 11 月，卡齐米日四世在涅沙瓦发布两个条令，给大波兰和小波兰的贵族授予特权。国王答应今后征召民团和征收赋税都必须由地方议会通过。涅沙瓦条令进一步扩大了贵族的特权，限制了国王的权力。

卡齐米日四世还动员波兰和普鲁士的人力、物力、财力支援前线。前线城市格但斯克和托伦在战争中作出了重大贡献。1457 年 6 月，波兰方面通过收买骑士团的雇佣军而一举占领了骑士团的首都马耳博克。马耳博克得而复失，1460 年又落入波军之手。

战争形势逐渐朝着有利于波兰的方向发展。战场移向波罗的海沿岸。1462年9月17日，波军在彼得·杜宁的指挥下，在希维齐诺(在托日诺维茨湖附近)战役中彻底击溃了骑士团军队的主力。波军继续在陆上和水上取得胜利，控制了维斯瓦河下游的主要城市。1465年，骑士团国家被分割成东西两部分。1466年9月28日，波军攻克霍伊尼策。骑士团的败局已定，不得不请求议和。

托伦和约和东波莫瑞的收复

1466年10月19日，波兰和骑士团双方在托伦签订了和约，东波莫瑞和赫翁诺等地区交还波兰，马耳博克、埃尔布拉格和瓦尔米亚主教区划归波兰，这一部分普鲁士地区从此称王国普鲁士。骑士团国家的首都迁到东北部的哥尼斯堡(今俄罗斯加里宁格勒)。骑士团团长必须向波兰国王纳贡称臣。这样，波兰收复了沦陷150多年的东波莫瑞和赫翁诺地区，重新有了波罗的海出海口。这对于波兰的经济发展，特别是日益增长的粮食出口具有特别重要的意义。到这时为止，还有西波莫瑞和西里西亚处在波兰王国的版图之外。十三年战争使波兰的主要敌人骑士团国家一蹶不振，不再为患，从而对波罗的海沿岸各国的和平和安全作出了贡献。

卡齐米日四世的王朝政策

同骑士团缔结的托伦和约，提高了波兰的国际地位，助长了卡齐米日四世对捷克和匈牙利的王朝野心。1457年，捷克和匈牙利国王艾伯特·哈布斯堡的儿子弗拉迪斯拉夫病故。他没有男嗣，引起了捷克和匈牙利王位的空缺。卡齐米日四世以他的妻子伊丽莎白·哈布斯堡是弗拉迪斯拉夫的姐姐为理由，要求由他的儿子继承捷克和匈牙利的王位。但是，这两国的议会分别选举本国人为国王:与胡斯运动有联系的波迭布拉迪的耶日当选为捷克国王,马提亚·科尔温(胡尼奥迪之子)当选为匈牙利国王。耶日因为与胡斯运动的关系遭到罗马教皇和德意志皇帝的反对,捷克的一部分天主教徒也不承认这个“异端”国王。耶日决定放弃王位,甘愿把它让给雅盖洛家族,而不让捷克的王位落入对捷克有领土野心的马提亚·科尔温手里。1469年6月,卡齐米日四世的长子瓦迪斯瓦夫·雅盖洛契克被捷克议会选举为王位继承人。

1471年3月22日,耶日病故。8月21日,瓦迪斯瓦夫·雅盖洛契克在1万名波兰骑士的护送下来到布拉格,加冕为捷克国王。雅盖洛王朝统治捷克为波兰收复西里西亚创造了条件。但是,卡齐米日四世根据王朝利益确定对捷克的政策,而没有把波兰的民族利益置于首位。他没有乘机收复西里西亚,进一步实现波兰的统一。这一年,他为了让他的次子卡齐米日·雅盖洛契克夺取匈牙利王位,发兵讨伐马提亚·科尔温。但是,马提亚·科尔温已经占领了西里西亚、乌日茨和摩拉维亚。1474年,波兰和匈牙利继续交战。

1490年4月5日,马提亚·科尔温死于维也纳,而卡齐米日·雅盖洛契克已经在1484年3月去世。匈牙利大贵族选举瓦迪斯瓦夫·雅盖洛契克为国王,但中等贵族却支持他的另一个弟弟杨·奥尔布拉赫特。兄弟两人为了争夺匈牙利王位进行了激烈的斗争。最后,瓦迪斯瓦夫取得了胜利,称乌拉斯洛二世(1490—1516)。这样,雅盖洛王朝统治着波兰、立陶宛、捷克和匈牙利4个国家。

1492年6月7日,卡齐米日四世病逝。他的三子杨·奥尔布拉赫特继任波兰国王,称杨一世·奥尔布拉赫特(1492—1501)。

卡齐米日四世的幼子亚历山大·雅盖洛契克继任立陶宛大公。杨一世·奥尔布拉赫特死后，亚历山大·雅盖洛契克继任波兰国王(1501—1506)并兼任立陶宛大公。由于莫斯科大公国对立陶宛边境的不断侵犯，立陶宛贵族越来越感到同波兰恢复联合的必要。在亚历山大在位期间，波兰和立陶宛恢复了联合。

波兰王国的首都仍设在克拉科夫。从14世纪起，波兰国王的加冕典礼均在克拉科夫举行。波兰王国的国徽是红底上的白鹰，象征着力量和权力。

第五节　等级君主制

等级君主制

新建立的波兰王国是等级君主制国家。等级君主制是封建社会特定阶段的一种国家形式。它是在城市和商品货币关系发展的基础上产生的，是加强集权的工具。波兰的等级君主制保持了一个半多世纪的时间。在这段时间里，波兰的经济和文化获得全面的发展。

在等级君主制的形式下，国王依靠贵族、僧侣和市民三个等级实行统治。在三个等级中，贵族的权力最大。为了保持贵族特权，法律规定：只有贵族出身的人才能成为贵族。除国王授予拥有土地的富有市民以贵族称号外，其他人一概不准进入贵族等级。

1370年彼雅斯特王统中断后，王位世袭的原则遭到破坏，由贵族选举国王的原则获得胜利。1384年统治匈牙利的安茹家族的雅德薇嘉加冕为波兰国王，完全是波兰贵族选举的结果。波兰贵族乐于外国人担任波兰国王，因为可以从国王那里获得更多的特权。

市民等级由于民族因素，在政治上不是一个团结统一的等级，力量软弱，不能与贵族等级抗衡，也不可能成为王权的支柱。所以，波兰的等级君主制从一开始就不是强固的，它无力彻底铲除各地的割据势力，使国家趋于完全的统一。尽管如此，波兰王国的建立，毕竟是历史上的进步现象。

国王的权力虽然受到贵族特权的限制，他仍然是国家权力的体现。由国王任命的总督（省长）行使地方权力。国王是最高法官，是军队的最高统帅，独立执行对外政策。

御前会议是辅佐国王行使中央政权的常设机构。它由最高的国家官员（宰相、副宰相、财相、副财相、法官）、地方长官（省长和大城市的市长）和大主教、主教组成。凡制订法律、任免官员、宣战、媾和等重大国家事务，均由御前会议讨论通过。

波兰王国建立后，原各公国的封建主代表大会不再召开，它为全国性的大会所代替。此外，经常召开地区性的大会（小波兰的或大波兰和库雅维的大会）。全国性的大会逐渐演变成全国议会，地区性的大会则逐渐演变为地方议会。到15世纪，全国议会和地方议会成为固定的立法机构。

卡齐米日三世在统一全国货币、税收制度和法律方面做了许多工作，为加强中央政权、巩固国家独立作出了贡献。

波兰的货币很不统一，有捷克的格罗什，有意大利的弗罗伦，有勃兰登堡和骑士团的钱币。经过卡齐米日三世的改革，建立了统一的货币制度。1格日夫那等于48格罗什，1格罗什等于12第纳尔。每格罗什含纯银2.6克。统一货币促进了物价的稳定和商业、对外贸易的发展。

卡齐米日三世规定了全国的赋税标准。1 畹贵族或教会的土地纳税 12 格罗什,1 畹修道院的土地纳税 24 格罗什。如遇战争,还可以临时加税。卡齐米日三世还规定了盐税、关税等的标准。统一税收后,国家每年的财政收入达 85000 格日夫那,有时甚至达到 11 万格日夫那。1374 年以后,由于贵族等级获得了减税特权,国家财政收入大大减少。1381 年,僧侣等级也获得了减税特权,国家财政收入进一步减少。

卡齐米日三世在习惯法的基础上编制了两部法典,称为卡齐米日法典。这两部法典是在 1346 和 1347 年分别在皮沃特勒库夫和维希利查大会上为大波兰和小波兰两个地区制订的,所以又称皮沃特勒库夫法典和维希利查法典。卡齐米日法典反映了 14 世纪波兰社会的阶级、等级关系,确认了贵族的特权地位,在巩固王权和中央集权方面起了重要作用。

第一部法典是在格涅兹诺大主教、主教、权贵和贵族的参与下制定的,共 50 个条款。第二部法典包括 100 个条款,内容比较新颖,更能反映贵族的利益。这两个法典的同时存在,反映了两个地区的经济和政治差别。直到 15 世纪,才形成统一的波兰法典。

卡齐米日法典开始限制农民的人身自由。在此之前,在实行德意志法和波兰法的农村,农民只要履行封建义务,可以自由地从一个村到另一个村,或由农村进入城市。农民也可以脱离一个封建主到另一个封建主那里租种土地。法典规定,农民只有在缴纳"免租年"期间的代役租后才能离开农村。在一般的情况下,每户农民每年可以有 2 人有一次出走权。出走的时间是圣诞节前后。只有在下列三种情况下,农民可以不经主人的同意而离开农村:第一,主人奸污了农民的妻女;第二,主人因犯罪而被处死;第三,主人因负债而破产。卡齐米日三世用法律限制封建主对农民的剥削和压迫，遭到一部分教俗封建主的反对，被称为“农民的国王”。

卡齐米日法典确定贵族民团是波兰王国武装力量的基础。凡按骑士法而获得土地的贵族都必须服兵役。法典写道：“国王的荣誉和对全王国的保卫全系于武装的骑士。”骑士服役一般限于国土之内。外出征战，必须征得骑士的同意而且付给5格日夫那的报酬。村长和镇长同贵族一样有服兵役的义务。凡逃避服兵役的贵族和村长、镇长，将被没收土地和财产。如遇外敌入侵，农民和市民也将应征入伍。

卡齐米日法典规定按等级建立法院，每个等级根据法律，独自进行审判。农民没有自己的法院，农村司法权掌握在村长手里，村长根据封建主的意志对农民进行审判。法律规定杀害和伤害案件要根据被害者的社会地位来判刑。

两院制议会的形成

波兰的等级君主制有其重要的特点，这种特点严重地影响到波兰历史的发展。第一个特点是城市的商人和手工业者逐渐被排斥在等级代表机构之外。第二个特点是波兰的等级君主制没有形成强大的中央政权，它没有像西欧各国和俄国那样演变为绝对君主制，而是朝着独特的贵族民主制发展。15世纪末，两院制议会的形成，正是这种演变的表现。

在14世纪，御前会议是国家的唯一立法机构。大权主要掌握在教俗大封建主手里。随着中等贵族特权的扩大，逐渐形成了第二个政权机构。1454年的涅沙瓦条令，使中等贵族的地方议会获得了立法权。各地区的地方议会开始商讨全国的税收等重大国事，成为第二个权力中心。在杨一世·奥尔布拉赫特在位期间，终于形成了由两院组成的全国议会制度。原来的御前会议演变为参议院，仍由最高政府官员和大主教、主教组成。众议院则由地方议会的代表组成，它是中等贵族的代表机构。市民和农民被剥夺了参加全国议会的权力。两院制全国议会的建立是中等贵族权力进一步增长的标志。

贵族利用手中的特权进一步压迫农民和排挤市民。1496 年在皮沃特勒库夫举行的议会，除了重申贵族已经享有的特权外，进一步限制了农民的出走权。皮沃特勒库夫条令则规定只允许 1 个农民每年有一次离开农村的权利。此外，还规定只允许农民中的一个孩子进入城市学习或做学徒。皮沃特勒库夫法令还禁止市民占有和购买土地，而贵族进口商品和出口粮食则免予缴纳进出口税。皮沃特勒库夫条令使农民更加附着于土地，严重限制了城市的发展。

1505 年宪法

波兰大贵族对于中等贵族扩大特权和接近国王深感不安。1501 年，他们趁新王亚历山大登基的时候，迫使他在米耶尔尼克授予特权。根据米耶尔尼克条令，波兰国王由波兰和立陶宛两国高级官员选举，亚历山大把管理国家的大权交给以国王为主席的参议院，国王必须服从参议院的决定。米耶尔尼克条令把国家权力从中等贵族手里转移到大贵族手里，自然激起了中等贵族的反对。由于莫斯科国家对立陶宛的侵略愈演愈烈，波兰越来越卷入同莫斯科的纠纷，为了准备战争，亚历山大不得不考虑中等贵族的要求：撤销了米耶尔尼克条令。

1505 年，在腊多姆举行的议会上，中等贵族取得了对大贵族的决定性胜利。这次议会通过了一部宪法，叫“毫无新内容的”宪法(Nihil novi)。宪法确认了由两院组成的议会制度,结束了波兰议会制度的形成过程。宪法最主要的内容是未经参议院和众议院的一致同意,国王不能颁布新宪法、新法律。宪法写道:“没有顾问和地方议会代表的一致同意,国王和他的继承人在今后不能作出任何新的决定。”[①]1505 年宪法结束了等级君主制,揭开了贵族民主制的新时期。

第六节 商品经济的发展

农村商品生产的发展

14 和 15 世纪是波兰移民运动继续发展的时期。农业和手工业生产以及商品交换进一步扩大。

移民运动的一个特点是向南部和东南部的森林地带发展。小波兰南部的喀尔巴阡山和基埃尔策附近的圣十字山是当时移民运动的主要方向。14 世纪中叶,波兰的森林覆盖面积为 50%,到 15 世纪末减少到 40%。卡齐米日三世一面鼓励移民,一面制订制止滥伐森林的法律。

由于耕地面积的扩大和生产工具的改进,农业生产逐渐增加。14 世纪中叶,1 畹耕地的谷物年产量一般为 60 公担(1 公担合 100 公斤),扣除来年的种子 15 公担、向教会缴纳的什一税和出售一部分谷物向地主缴纳货币代役租外,维持一家数口人的生活绰绰有余,余额部分可在市场上出售。在谷物生产中,黑麦和燕麦占 80%,小麦占 10%,大麦占 5%。农民还普遍种植各种蔬菜、葱头、

① 亨·沃夫米安斯基:《波兰通史》第 1 卷第 2 分册,第 173 页。

罂粟、黄瓜、胡萝卜、南瓜、香芹菜、甜菜、韭菜、辣姜等。农民还饲养牲口(牛、马、猪、羊等)兼营手工业和捕鱼。14世纪后半期和15世纪是波兰农村代役租经济最发达的时期,也是农村商品经济最发达的时期。由于当时货币贬值,直接生产者大受其利。总之,这一时期农业生产和手工业生产蒸蒸日上,人民安居乐业,生活不断改善。

城市和工商业的发展

卡齐米日三世和雅盖洛王朝最初几个君主统治时期,波兰城市像雨后春笋般地发展起来。14世纪,大波兰增加了60座城市,到15世纪中叶,又增加了10多座。卡齐米日三世在位时,仅克拉科夫省就增加了40座城市,散多梅希省增加了27座城市;15世纪,这两个省又分别增加了26座和56座城市。15世纪末,波兰王国约有500座城市。①

随着城市的发展,城市人口不断增加。15世纪末,首都克拉科夫的人口达2万,港口城市格但斯克的人口达3万,超过1万人口的城市有弗罗茨瓦夫、托伦、埃尔布拉格和利沃夫。华沙、波兹南、卢布林等城市的人口接近1万。② 从全欧洲的范围来看,波兰城市具有中等城市的规模。同巴黎、伦敦、弗兰德尔、莱茵、意大利的大城市比较,相距甚远。

14、15世纪是波兰呢绒工业、冶金工业发展的时期。大波兰和西里西亚城市生产的呢绒,不只供应国内市场,而且出口到西欧城市。西里西亚、大波兰南部和圣十字山一带的采矿业(银矿、铅

① 耶日·托波尔斯基:《波兰史纲》,第216页。

② 同上,第217页。

矿、锌矿、铜矿)和冶金业,由于吸收了商业资本有了很大发展,不只满足了国内迅速增长着的对生产工具和生活用具的需要,而且输往国外市场。

大多数商品是在国内市场和集市上销售的。但对波兰经济发展有深远影响的却是国际贸易和过境贸易。

当波兰、匈牙利、立陶宛和莫斯科等中东欧国家走上政治统一和经济繁荣的道路的时候,14 世纪的西欧封建社会却由于连绵不断的战争、瘟疫(黑死病)和饥荒而发生了危机。意大利、法国、英国和德国西部的经济受到严重破坏,人口锐减。15 世纪,西欧各国封建主为了摆脱危机、增加收入,通过圈地运动、发展养羊业和寻找海外殖民地等办法,实行经济变革,使西欧各国逐步走上早期资本主义的发展道路。

随着西欧各国纺织工业、航海业和城市的发展,他们的木材和粮食远远不敷需要,而波兰等中东欧国家的经济发展,正好能满足西欧各国对木材和粮食的需要。在这个基础上发展起来的东西欧贸易,把远离欧洲经济中心的波兰等国纳入了全欧洲市场。

波兰的木材、粮食、肉类、鱼、毛皮、亚麻、大麻等通过格但斯克经由波罗的海源源不断运往尼德兰、英国等西欧国家。经营波罗的海贸易的汉萨同盟获得新的发展。14 世纪末,汉萨同盟扩大到 60 个城市,其中有格但斯克、克拉科夫、弗罗茨瓦夫、托伦、埃尔布拉格、哥尼斯堡、里加、列瓦尔等城市。汉萨商人从弗兰德尔、英国等地运进昂贵的呢绒,以供大贵族的消费。呢绒的进口,打击了波兰的毛织业。

参加对外贸易的有贵族、商人和农民。15 世纪末 16 世纪初,农民和商人不断被贵族排挤出对外贸易。只有格但斯克商人保持了在对外贸易中的领先地位。

波兰还是东西方过境贸易的国家。罗斯的毛皮、皮革和匈牙利的牛经过波兰运往西欧。中国的蚕丝、印度的纺织品和调味品也经过波兰运往西欧。西欧的呢绒和奢侈品经过罗斯、波兰运往东方各国。

波兰和西欧的贸易，促进了西欧各国资本主义的发展，但却阻碍了本国工业的发展。这种消极影响到16世纪末和17世纪产生了越来越严重的后果。

第七节　14至15世纪的波兰文化

14至15世纪波兰社会经济和商品交换的发展，引起了全社会生活水平的提高，促进了文化教育的繁荣。

国家的相对统一和政府机构的建立，需要更多的人学习文化、掌握知识。除僧侣外，有很多贵族和市民学习拉丁语。这时期，全国有3000所学校。在学校里除了用拉丁语进行教学外，还使用德语（主要在西部城市）和波兰语。在政府机构和法院，也使用波兰语和德语。学校虽然仍掌握在教会手里，但教学水平有很大提高，除讲授拉丁语外，还讲授算术、几何学、天文学、音乐和哲学等课程。

1364年创办的克拉科夫大学是波兰文化发达的重要标志。这所大学是布拉格大学（建于1348年）之后中东欧最早的大学。中世纪欧洲有两种类型的大学。一类以意大利的大学为代表，由学生选举校长和招聘教授。另一类以法国的大学为代表，由教授会选举校长，确定课程和招收学生的办法。卡齐米日三世按照意大利大学的模式创办克拉科夫大学。大学的主要任务是培养法律人才。大学设3个系:法学系、医学系和艺术系。法学系设8个教研室,其中5个罗马法教研室、3个教会法规教研室。卡齐米日三世试图利用罗马法来建立波兰的司法制度。14世纪末,增设了神学系。克拉科夫大学在卡齐米日三世死后曾一度衰落。1400年,在王后雅德薇嘉的支持下由国王雅盖洛拨款重建。15世纪克拉科夫大学共培养了18000名学生,其中40%是外国留学生。他们来自匈牙利、立陶宛、捷克、德意志等国。

克拉科夫大学的教授有不少是全欧洲的第一流科学家。其中有天文学家、占星学家马尔钦·贝利策(奥尔库什人),天文学家、教育家——哥白尼的老师沃伊切赫(布鲁泽夫人),哲学家、天文学家和地理学家杨·东布罗夫卡。克拉科夫大学积极参与国家政治生活和外交活动,捍卫了波兰的民族利益。1414—1415年任校长的帕韦尔·弗沃德科维兹(?—1435)是一个著名的法学家和作家,曾经在布拉格大学和帕多瓦大学深造,深受意大利人文主义的影响。他是胡斯的朋友,曾经作为波兰代表团的成员参加1415—1418年在康斯坦茨举行的宗教会议。他向会议提交了题为《论教皇和皇帝的权力》的论文,为异教徒的生存权利而大声疾呼,坚决抗议判处胡斯死刑。克拉科夫大学在传播英国宗教改革家威克里夫和胡斯的学说方面起了重要作用。

在西欧人文主义和文艺复兴的影响下,波兰语获得更为广泛的发展。1440年,克拉科夫大学校长、语言学教授雅库布·帕尔科什写了第一部波兰语的著作《关于波兰语的正字法》,对于波兰语的规范起了重要作用。在拉丁语继续占支配地位的情况下,用波兰语书写的诗歌越来越多,其中有赞美格伦瓦尔德战役的诗歌和记叙瓦尔纳战役的诗歌。胡斯的译作在城乡居民中广为传播。许多西欧的书籍被译成波兰语。15世纪末在波兰出现的第一批印刷所，使书籍的发行量成倍地增加，大大推动了波兰文化的发展。

波兰的历史编纂学获得了新的成就，其代表作是杨·德乌戈什(1415—1480)的《波兰通史》。该书分3卷12册，根据波兰和国外的史料，详细地叙述了从远古到1480年的波兰历史。作者毕业于克拉科夫大学，是克拉科夫神甫，曾做过卡齐米日四世的家庭教师。他博学多才，试图以世界历史为背景，阐明波兰历史的发展。他是波兰史学史上第一个重视经济问题的历史学家。他对祖国的统一满怀希望，关心西里西亚和波莫瑞的命运。他说："上帝保佑，弗罗茨瓦夫终将同王国统一在一起。"《波兰通史》写于1445—1480年，是当时欧洲最伟大的历史著作之一，语言生动，文字精练，炽烈的爱国主义精神跃然纸上，哺育了数代波兰青年，对波兰的史学发生了极其重大的影响。杨·奥斯特洛罗格的著作《治国记事(约1455—1460年)》也有重要意义。奥斯特洛罗格的活动是同卡齐米日四世反对大贵族的政策相联系的。他在统一国家法律、争取国家脱离教廷而独立的斗争中作出了重大贡献。

14世纪，在造型艺术方面发生了很大变化，主要表现在更加高耸、更加坚实的哥特式拱型建筑代替了半圆形的罗马式建筑，砖代替石成为主要的建筑材料。建筑物内部的装饰、雕刻、版画、绘画更加丰富多彩、鲜艳夺目。最有代表性的建筑物有克拉科夫瓦韦尔宫的大教堂，波兹南、格涅兹诺、符沃次瓦维克的大教堂。雕刻有石雕和木雕。安放在瓦韦尔大教堂的瓦迪斯瓦夫一世和卡齐米日三世的石墓上的雕刻，栩栩如生，再现了这两个国王在世时的宫廷生活。教堂内部的雕刻多木雕，在雅德薇嘉王后的石墓上，嵌有木刻的耶稣受难像的十字架，图像逼真，令人生畏。此外，首饰艺术也有很大进步。由金银制造的礼拜用具、餐具和各种装饰品，精致美丽，具有民族风格。

从15世纪起，城市建筑渐占重要地位。用砖砌成的城墙坚实美观。但农村建筑物还以木材为主要材料。建筑的式样仍以哥特式为主。绘画走出了教堂，开始满足市民和贵族的需要，除了宗教主题外，还出现了世俗主题。绘画有色彩画、壁画、画架画等。最有名的哥特式雕刻是克拉科夫玛丽亚教堂的祭坛，它是优秀雕刻家维特·斯特沃什的作品。维特·斯特沃什对中世纪晚期波兰的雕刻产生过重大影响。腊多姆的米科瓦伊是15世纪前半期波兰最杰出的音乐家。他又是著名诗人，既作词又作曲。他的作品大多创于1424年以后，其代表作有《赞美诗》和《荣誉和信仰》。他经常应邀参加国王和王后的生日晚会。他的多声部的宗教作品和用乐器伴奏的世俗作品受到瓦迪斯瓦夫二世雅盖洛和王后雅德薇嘉的赞扬。

第四章

波兰贵族共和国

(1505—1618)

第一节　16世纪的欧洲和波兰

16世纪欧洲经济政治发展的趋势

16世纪是欧洲经济迅速发展和人口迅速增长的时期。这个时期的重要特点是欧洲同世界的其他部分、欧洲各地区和各国之间的经济联系日益频繁，形成了各地区间的经济分工。

据波兰历史学家兹比格涅夫·沃伊齐克估计，16世纪欧洲人口的增长不只超过14、15世纪，而且也超过17世纪和18世纪前半期。16世纪前半期欧洲的人口为8500万到9000万，平均每年增长8‰—10‰。[①] 生产力发展的重要标志是生产技术的进步。纺织业中从13世纪出现的手摇纺车为自动纺车所代替，纺线和卷线的过程合而为一。采矿和冶金工业中有了各种机械装置，用人力、风力、兽力或水力牵引。生产力的增长导致了劳动分工的发

① 兹比格涅夫·沃伊齐克：《世界通史(16—17世纪)》，1979年华沙版，第10页。

展，出现了资本主义的手工工场。手工工场最先出现于弗兰德尔和意大利，然后传播到欧洲其他国家，成为 16 世纪到 18 世纪 70 年代工业生产组织的基本形式。

16 世纪欧洲农业发展的一个主要表现是出现了欧洲农业发展的二重性。在易北河以西的西欧各国(首先是尼德兰和英国)，建立了自由的农民经济。西欧的农民经济生产城市需要的粮食，促进了城乡资本主义经济的发展。在易北河以东的东欧各国，贵族利用农民的无偿劳动，建立劳役制庄园经济，生产向西欧和国内市场出售的粮食，使农民重新丧失了自由，阻碍了资本主义关系的发展，出现了再封建化和"再版农奴制"的过程。欧洲两部分经济发展道路的分道扬镳规定了 16 至 18 世纪欧洲两部分经济发展的不同方向。

在 16 世纪欧洲的政治生活中也出现了新的变化。这些变化是:第一，前一时期，罗马教皇和德意志皇帝争夺欧洲统治权的斗争渐渐为法国和哈布斯堡之间的斗争所代替。第二，哈布斯堡家族和雅盖洛家族争夺中欧(匈牙利和捷克)统治权的斗争以前者的胜利而告终。第三，奥斯曼帝国对欧洲的侵略，促成了欧洲基督教国家的联合。但是，这种联合不是铁板一块。法国国王为了同哈布斯堡作斗争不惜同土耳其苏丹结成同盟。第四，随着波罗的海经济价值的增加，波罗的海沿岸各国争夺波罗的海统治权的斗争日益加剧，终于导致了一场国际战争——立沃尼亚战争。

从思想、文化和宗教方面来说，16 世纪是文艺复兴和宗教改革的时期。文艺复兴最先出现于意大利，然后扩大到欧洲其他国家。宗教改革是 15 世纪胡斯运动的继续，其目的是反对天主教会力量的增长和它对社会生活的干预。文艺复兴和宗教改革促进了人的思想的解放和科学的发展。

“黄金时代”的波兰

上述在欧洲发生的历史变化无一不影响着波兰。波兰历史学家把16世纪称为“黄金时代”是很有道理的。因为这是波兰政治、经济、文化全面发展、空前繁荣的时期。波兰成为欧洲文艺复兴的文化中心之一。16世纪是波兰人才辈出的时代，出现了像哥白尼(1473—1543)这样伟大的天文学家，科哈诺夫斯基(1530—1584)这样著名的诗人和作家，安·弗里茨·莫哲夫斯基(1503—1572)这样杰出的政论家。

同欧洲其他国家一样，中等贵族在社会经济、政治和文化生活中起着决定性的作用。16世纪可以说是中等贵族的世纪，是中等贵族的“黄金时代”。劳役制庄园经济是中等贵族赖以生存和发财致富的经济基础。在建立和发展劳役制庄园经济的过程中，中等贵族排挤市民，剥夺了他们占有土地的权利，对农民实行超经济剥削，使农民固着于土地。在政治上，中等贵族把市民排挤出议会，在同大贵族的斗争中，创造和发展了欧洲独特的政治制度——贵族民主制。贵族民主制使全体贵族享有平等的权利，拥有从事农业生产和对外贸易的完全自由。由贵族控制的议会决定国家大事。国王没有像欧洲许多国家正在形成的君主专制那样，拥有无限权力，却如近代议会制下的终身总统。波兰的贵族民主制是欧洲最民主的政治制度。约有占全国人口10%的居民(全体贵族)参与国家政权。而在君主立宪制的英国，到了1876年实行第二次议会改革时，参加选举的公民仅为全体居民的3%。在1831—1848年的法国，有选举权的公民为20万，不到全体居民总数3000万的1%。① 贵族波兰一方面保持国内安宁，一方面反对对外战

① 耶日·托波尔斯基：《波兰史纲》，第257页。

争，把军队限制在最低的限额上。但是，贵族民主制很快暴露出它的消极一面。由于王权的削弱，中央政权没有足够的财政和军事力量，在周围邻国形成强大的中央政权的情况下，波兰就成为弱肉强食的对象。但这是17世纪以后的事了。

波兰的领土和人口

1569年波兰和立陶宛合并成立波兰共和国后，波兰成为东欧泱泱大国。乌克兰和白俄罗斯成为波兰领土的组成部分。全国面积为55万平方公里，仅次于俄国，居欧洲第二位。全国人口为750万，人口密度为每平方公里9至10人。[①] 从1596年起，首都从克拉科夫迁到华沙。1582年同俄国签订扎波尔斯基—雅姆停战协定后，波兰的领土面积为815000平方公里。在对俄国进行武装干涉期间(1609—1618)，又扩大了领土。1634年，波兰和俄国签订了波良诺夫和约，波兰的领土面积增加到99万平方公里。拥有42000平方公里的西里西亚和3万平方公里的西波莫瑞还处在波兰版图之外。当时西里西亚的人口为125万，西波莫瑞的人口为25万。17世纪前半期，波兰人口增加到1000万，其中40%是波兰人。按职业划分，80%的居民从事农业，20%的居民从事手工业、商业和交通运输业。[②]

第二节　贵族民主制的发展

贵族权力的增长和“执行法律”运动

1505年宪法，奠定了波兰贵族民主制的基础。宪法规定两院

---

① 耶日·托波尔斯基:《波兰史纲》，第258页。

② 亨·沃夫米安斯基:《波兰通史》第1卷第2分册，第416—417页。

制全国议会是波兰最高的权力机关。全国议会由国王、参议院和众议院三个权力中心组成。国王的权力受到两院的限制，但还有相当权力。他有权召集和解散议会、确立议会会议的程序，还有立法的创议权和政府高级官员的任命权，未经他的同意和签署，议会通过的宪法、法律一概无效。他统率军队、号令全国，对外代表国家，仍不失为一国之君主。参议院由御前会议演变而来，由大主教、主教、宰相、议长、省长、市长等组成，是大贵族的权力机关。16世纪初，参议院由87人组成，1569年波兰和立陶宛合并后，增加到140人。众议院由各地的地方议会选举的代表组成，是中等贵族的权力机关。1528年，众议院由88人组成，1569年后，增加到170人。[①] 16世纪，上述3个权力中心进行着长期的权力斗争。斗争的结果是王权进一步削弱，中等贵族的权力进一步扩大，大贵族的权力也受到削弱。这是16世纪贵族民主制发展的主要特点。

1506年12月8日，齐格蒙特一世（1506—1548）继承他兄长亚历山大的王位时，已经39岁，人们称他为老齐格蒙特。他在位42年，几乎占雅盖洛王朝的1/4，是波兰历史上的重要时期。

齐格蒙特一世即位伊始，国家财政匮乏，债台高筑（债务达10万兹罗提），无法供养一支起码数量的军队。他计划通过改革货币、增加财政收入来建立一支常备军。1526—1528年间，建立了以兹罗提为本位的货币制度，1兹罗提合30格罗什，废除了格日夫那。1569年后，波兰和立陶宛实行统一的货币制度。王后博娜，是意大利米兰王公的公主，受过良好的教育，有政治远见，辅佐国王加强王权。为了增加财政收入，她不断扩大王室地产，其中包

① 亨·沃夫米安斯基：《波兰通史》第1卷第2分册，第294、297—298页。

括用从意大利带来的钱购买土地。1529 年,她成功地使她 9 岁的儿子奥古斯特在皮沃特勒库夫召开的议会上当选为王位继承人。但是,这次议会为全体贵族参加的自由选举国王创造了先例。

国王和王后加强王权的努力遭到中等贵族和一部分大贵族的反对。1537 年,齐格蒙特一世征召贵族民团讨伐摩尔多瓦,引起了贵族的哗变。贵族要求王后停止购买土地,把王室土地收归国有,实行财政改革,减少贵族负担。国王无奈,只好答应要求,宣布遵守 1505 年宪法的原则,保证在他的儿子死后,由全体贵族选举国王。齐格蒙特一世加强王权的努力遭到失败。

1548 年 4 月 1 日,老齐格蒙特在克拉科夫病逝,他的儿子奥古斯特即位,称齐格蒙特二世(1548—1572)。这是雅盖洛王朝的最后一个国王。

齐格蒙特二世即位不久,就因与立陶宛大贵族拉齐维尔的女儿巴尔巴拉的婚事,同贵族发生冲突。博娜鉴于这桩婚事会损害自己的地位和雅盖洛王朝的威信,不同意儿子的决定。齐格蒙特二世不顾母后的劝阻和贵族的反对,同巴尔巴拉结了婚。博娜一怒之下,离开波兰返回意大利故乡,不久就死在那里。

1558 年,波兰—立陶宛同俄国的立沃尼亚战争爆发。齐格蒙特二世认识到只有大贵族的支持是无法战胜俄国的,决定改变对中等贵族的态度。在 1562—1563 年皮沃特勒库夫议会上,国王接受中等贵族“执行法律”的纲领,这就是凡在 1504 年以后被大贵族非法侵占的王室土地全部退还。议会还通过禁止大贵族在中央和地方的兼职,决定建立一支 4000 人的常备军,其费用由王室地产收入的 1/4 来支出,把王室地产同国有地产合并。1590 年,从国有地产中分出一小部分拨归宫廷管理。“执行法律”运动使大贵族的经济地位和政治地位受到严重打击。

但是，国王和贵族的同盟没有维持很久。贵族不同意继续旷日持久的立沃尼亚战争，国王也不愿继续执行反对大贵族的政策。"执行法律"运动随着国王的去世而宣告结束。

自由选王制的确立

齐格蒙特二世死于1572年7月7日。由于他无子嗣，延续了180多年的雅盖洛王朝从此中断。在波兰的历史上开始了短暂的王位空缺时期(1572年7月7日—1573年5月15日)。当时波兰的形势是紧张的，中等贵族和大贵族的权力斗争仍在继续，同俄国的战争尚未结束。全体贵族在国王死后面临着3个必须解决的问题：谁将临时执政？用什么方式选举国王？谁将当选为国王？大贵族提出由大主教耶古布·乌汉斯基行使国王权力，中等贵族则提名议长杨·菲尔莱伊。结果是大贵族的候选人获得了胜利。大贵族最初主张由参议院选举国王，后来同意多数贵族的意见，由全体贵族在全国议会上选举国王。国王的候选人有3个：大贵族提名哈布斯堡家族的恩纳斯特，中等贵族的候选人是法国国王查理九世的弟弟、瓦洛亚家族的亨利，立陶宛中等贵族则提出俄国的伊凡四世。

1573年4月，5万名贵族齐集在华沙附近的卡敏村选举国王。法国的亨利当选为波兰国王。波兰贵族为了保持在国内的统治地位，不让国王把法国的君主专制制度引入波兰，迫使亨利接受波兰政治制度的原则，这些原则称为"亨利条例"。其主要内容如下：国王均由贵族自由选举产生；国王每2年召集一次全国议会，会期为6周；未经议会同意，国王不得擅自征召民团、征税、决定重大外交政策，特别是宣战、媾和的决定必须经参议院同意，为此设立一个由16名参议员组成的常设机构来研究和监督外交政策的执行;如果国王不遵守上述原则,贵族可以不服从国王的命令。

中等贵族限制了国王的权力,却扩大了参议院的权限。随着大贵族经济力量的上升,他们在同中等贵族的权力斗争中不断取得优势。到了17世纪后半期,波兰贵族共和国的政权终于为大贵族所控制。

自由选王制的确立,标志着贵族民主制发展的新阶段。从1573年到1795年,共选举了11个国王,其中7个是外国人。贵族为了保持自己的特权,宁愿选举外国人当国王。外国人当国王也往往是为了外国或本家族的利益。随着岁月的消逝,贵族民主制的落后性和消极性日益暴露。

1573年5月15日,亨利来到克拉科夫。但即位一年多,就传来了他的长兄、法国国王查理九世去世的消息。1574年6月18日夜,亨利悄悄离开波兰返回法国,即位后称亨利三世。波兰又出现了短暂的王位空缺时期(1574年6月18日—1575年12月15日)。

1575年12月,又举行了国王的选举。大贵族仍提出哈布斯堡家族的马克西米伦二世皇帝为候选人,中等贵族则提出匈牙利特兰西瓦尼亚大公、齐格蒙特二世的妹夫斯蒂凡·巴托雷为候选人。当时匈牙利贵族正在进行着反哈布斯堡和亲哈布斯堡两派的斗争。巴托雷是反哈布斯堡派的领袖。选举结果,巴托雷获胜。1575年12月15日,巴托雷来到克拉科夫,加冕为波兰国王(1575—1586)。

巴托雷在中等贵族和大贵族之间周旋,他既反对大贵族的专横,也限制议会作用的增长,力图建立强大的中央政权。但是他又不得不对贵族作出让步，允许大贵族兼任宫廷和国家的高级职务。1578 年，他允许成立王国最高法院，由地方议会选出的贵族担任审判官。这是“执行法律”运动的余波，也是司法机关摆脱行政机关执行独立审判的尝试。1581 年，在立陶宛也建立了这样的司法机关。

从 1587 年开始，瑞典瓦萨家族出身的 3 名国王统治波兰达 80 年之久。他们是齐格蒙特三世(1587—1632)、瓦迪斯瓦夫四世(1632—1648)、杨二世·卡齐米日(1648—1668)。

齐格蒙特三世奉行亲哈布斯堡和罗马教廷的政策，而且是反对宗教改革的狂热者。他依靠大贵族，幻想在波兰建立君主专制制度。他的政策违背了“亨利条例”，引起了中等贵族的反对。“保卫黄金般的自由”成为中等贵族反对国王和大贵族的政治口号。由于大贵族势力的膨胀，议会渐渐由大贵族和中等贵族的角逐场所转变为大贵族各集团之间权力斗争的场所。中等贵族采取了议会外的斗争策略。1606 年 8 月 6 日，以米柯瓦伊·泽布日多夫斯基为首的中等贵族，在散多梅希召开大会，宣布废黜国王。内战持续了 3 年。泽布日多夫斯基叛乱被斯坦尼斯瓦夫·茹凯夫斯基统率的国王军队平定。大贵族取得更大的优势。贵族民主制呈现出大贵族寡头政治的色彩。齐格蒙特三世建立君主专制的幻想乃告破灭。

第三节　宗教改革

宗教改革的原因

16 世纪不只是波兰社会经济和政治发展的时期，而且也是宗教改革运动和人文主义兴起的时期。商品货币关系的发展推动了文化的发展和思想意识的变化。人们越来越要求打破中世纪的支柱——罗马天主教会对社会生活的控制和垄断，从中世纪神学的统治下获得解放，恢复自由、平等和简朴的早期基督教会，建立廉价的、民族的教会。

波兰的天主教会同德国的天主教会一样，玩忽职守、纪律松弛、贪污舞弊和淫荡等现象随处可见。高级僧侣和低级僧侣之间的生活条件相差悬殊。教会的高级职务由大贵族垄断。由市民和农民充任的低级僧侣，被扣除和剥夺了神职委任费，生活十分困难。天主教会内部的斗争十分尖锐。天主教会拥有大量的地产和经济政治特权，限制了中等贵族的发展。在克拉科夫地区，克拉科夫主教占有 240 个村庄，而大贵族只有 30 个村庄。议会曾在 1510 和 1519 年通过决议，禁止向教会赠送土地并禁止教会购买土地。但是，教会的地产仍不断扩大。教会还以什一税、节日礼物等形式剥削教徒。从贵族、市民到城市贫民和农民，形成了一个强大的反对天主教会的宗教改革运动。

宗教改革运动具有极大的进步意义。它动摇了作为封建制度重要支柱的天主教会的地位，提高了波兰人民的爱国主义精神和民族意识。15 世纪后半期波兰杰出的政论家杨·奥斯特洛罗格在其《关于共和国制度记事》一书中提出教会服从王权和制止罗马教廷对波兰内政的干涉的要求，受到举国上下的拥护。卢布林的贝尔纳特提出了反映市民要求的反封建、反天主教会的改革纲领。他们为宗教改革运动奠定了思想理论基础。

波兰的宗教改革有其自己的特点。由于城市经济和政治力量的薄弱，宗教改革虽然最初由城市市民和贫民发动，但世俗封建主很快成为宗教改革运动的领导力量。在16世纪第二个25年，中等贵族是宗教改革运动最积极的力量。随着庄园经济的发展，中等贵族的力量渐趋强大。他们利用宗教改革和文艺复兴的进步口号，为反对教会封建主和大贵族而斗争。与西欧的宗教改革运动比较，波兰的宗教改革运动在农民中间的影响比较小。农民没有积极投入宗教改革运动，是波兰宗教改革失败的重要原因之一。

路德宗

胡斯运动在波兰的影响，为路德宗传入波兰准备了条件。路德宗是从德国东部路德宗的中心维滕堡、莱比锡和法兰克福等城市传入波兰西部各城市的。普鲁士在传播路德宗方面也起了重要作用。16世纪前半期，路德宗成为普鲁士公国的国教。1544年建立的哥尼斯堡大学是路德宗的中心。许多波兰青年在这所大学学习，用波兰文印刷了大量路德宗教义的书籍。第一部用波兰文出版的圣经也是在这里印刷的。这些书籍在波兰和立陶宛广为传播，扩大了路德宗在全波兰的影响。

路德宗主要为波莫瑞、大波兰和西里西亚的城市平民和贫民所接受。格但斯克和弗罗茨瓦夫成为路德宗的中心。1525年，受到德国农民战争鼓舞的格但斯克平民和贫民推翻了由城市贵族把持的市政会议，建立了新的市政会议，宣布路德宗为正式宗教。领导宗教改革的平民没有勇气武装人民，没有采取保护新政权的有效措施。1526年4月，波兰国王齐格蒙特一世派军队进入格但斯克，推翻了新教政权，恢复了旧政权，15名宗教领袖被判处死刑，但格但斯克居民信奉路德宗的状况仍没有改变。在西波莫瑞，路德宗的传播没有受到较大的阻碍。1534年，地方议会通过了路德宗为正式宗教的决议。在西里西亚，由于哈布斯堡政权的阻挠，只有一部分波兰居民接受了路德宗，而其余一部分仍信奉天主教。

波兰国王齐格蒙特一世十分仇视宗教改革运动。1520 年，他就颁布敕令反对"宗教革新"，禁止路德学说在波兰传播，禁止波兰青年到路德宗传布的德国城市去。天主教会被授权查禁进口的异端书籍。此后，齐格蒙特一世又颁布了许多反对新教的敕令。尽管如此，路德宗仍为波兰西部城市的居民所接受。齐格蒙特二世对新教采取宽容态度，承认人民有宗教信仰的自由。路德宗在波兰西部站稳了脚跟。

加尔文宗

路德宗主要为西部各城市的市民所接受，但在贵族中的影响却很小。加尔文宗则是波兰贵族在宗教改革时期接受的最重要的宗教。路德宗限制教皇的权力，有助于王权的巩固。路德宗在普鲁士的传播，加强了普鲁士的王权，引起了波兰贵族的不安。加尔文宗的教会组织要比路德教会民主得多，它的所有神职人员都由选举产生，主张社会成员有参加国家政权的权利，国王要为等级代表服务。加尔文宗的民主精神和教义符合贵族的利益，在贵族中获得了许多拥护者。加尔文宗在日内瓦成为新兴资产阶级的旗帜，在波兰则成为贵族的旗帜。

16 世纪中叶，加尔文宗已经成为小波兰的克拉科夫、散多梅希、卢布林等省和立陶宛的主要宗教。

信仰加尔文宗的贵族强迫自己的农民和城镇居民加入加尔文宗，引起了广大群众的反对。农民把加尔文宗贵族和天主教贵族同等看待，使宗教改革失去了人数最多阶级的支持者。

1550 年，加尔文教徒在克拉科夫北部的平丘夫召开了第一次代表大会，建立了严密的教会组织。1552 年，加尔文宗提出了建立波兰民族教会的建议，企图把包括东正教在内的所有基督教统一起来，摆脱罗马教皇的控制，由国王担任民族教会的首脑。1555年，加尔文宗的代表在议会上提出了消除宗教分裂、召开全国宗教会议的倡议，受到国王齐格蒙特二世的支持。国王派代表到罗马，请求教皇同意召开全国宗教会议和在宗教仪式上使用波兰语。但是这些合理建议遭到教皇的断然拒绝。全国宗教会议虽然没有召开，但建立民族宗教的倡议激发了波兰人民爱国主义的热忱。波兰天主教会对罗马教皇的从属关系大大削弱了。在1563—1565年期间，取消了天主教会对贵族的审判。贵族暂时获得了信仰宗教的自由。与西欧各国不同，宗教改革运动没有给天主教会带来经济上的损失，在波兰没有出现一个没收天主教会的土地和财产的群众运动。这是由波兰宗教改革运动缺乏群众性所造成的结果。

阿里安宗(波兰兄弟会)

加尔文宗是波兰宗教改革时期信徒最多的新教，它的社会成分极为复杂，除贵族在教会中占有优势外，还有中小城市的平民、贫民和农民。由于阶级利益的不同，在对教义的解释上发生分歧，导致了加尔文宗的分裂。

加尔文宗中代表劳动人民利益的激进派称阿里安宗。由4世纪意大利人阿里安建立的基督教流派而得名。该派反对上帝三位一体(即圣父、圣子和圣灵一体)的学说，主张建立早期基督教的原始公社。阿里安宗又与流行于德国、捷克、匈牙利、意大利等国的再洗礼派有着密切的联系。再洗礼派不承认婴儿时受过的洗礼，主张在成年时接受再洗礼。再洗礼派反对强制接受宗教，主张自由选择宗教，认为再洗礼派的信徒都是自由平等的兄弟。1553

年，再洗礼派的领袖米哈尔·塞尔维特在日内瓦被烧死在火刑柱上。大批再洗礼派的信徒逃入波兰，受到波兰市民和农民的保护。

阿里安宗的原则是：人人皆兄弟，所以又称波兰兄弟会；任何人不得使用别人的劳动，占有别人的劳动果实；反对农奴制度，主张土地公有。阿里安宗还主张实现波兰的完全独立和领土完整，反对罗马教皇对波兰内政的任何干涉。

1562 年，加尔文宗最终发生分裂。贵族多数派仍称加尔文宗，反封建的少数派建立了独立的阿里安宗。参加阿里安宗的有农民，还有贵族和市民。1569 年，阿里安宗在克拉科夫建立了阿里安公社，并在那里兴办学校，为普及民族文化作出了贡献。

1570 年，加尔文宗、路德宗和捷克兄弟会等新教在散多梅希召开代表大会，实行了新教的联合，加强了反对天主教会的力量。但是散多梅希大会把阿里安宗排斥在外。1573 年 1 月，各新教代表又在华沙召开大会，宣布宗教信仰的完全自由，包括阿里安宗在内的所有新教均有同等发展的机会。华沙宗教大会的决议为波兰国王所接受。波兰成为宗教信仰最自由的欧洲国家。受迫害的反三位一体派、再洗礼派的信徒在波兰找到了宗教避难所。

反宗教改革的胜利

16 世纪末，宗教改革运动发展到顶点，新建立的新教教堂将近 1000 所，其中一半属加尔文宗。经过半个世纪，到了 17 世纪中叶，新教教堂减少了一半，损失最大的是贵族的加尔文宗和阿里安宗，路德宗保持了原先的阵地。上述情况的变化，反映了宗教改革运动的失败和反宗教改革的胜利。

波兰和欧洲宗教改革的浪潮，猛烈地冲击着罗马天主教对欧洲的统治。16 世纪，封建制度还在欧洲占统治地位，资本主义关系还只在少数西欧国家形成。封建统治阶级需要天主教这个思想上和政治上的力量,来帮助它巩固对劳动人民的统治。天主教会要想恢复自己的统治地位,也必须对封建君主和贵族地主作出很多让步。为了同新教作斗争,天主教会还必须实行内部改革,加强内部的纪律。

1545—1563 年期间在德国南部边境城市特列登特召开的宗教会议,是反宗教改革的开端。特列登特宗教会议拒绝对新教的一切妥协政策,宣布所有新教徒为“异端”,重申教皇是宗教事务上的最高权威,确定保留过去的教理和仪式。特列登特宗教会议禁止一个主教兼任几个教区的职务。为了提高神职人员的宗教和文化知识水平,创办了专门训练牧师的神学校。此外,还建立了严格的书报审查制度,严禁一切“异端”出版物(如新的天文学著作)的传播。1564 年,波兰国王齐格蒙特二世在卢布林东南的帕尔切夫举行的议会上接受了特列登特宗教会议的决议。同年 8 月 7 日,国王颁布敕令,把一切外国的新教徒驱逐出境。

罗马天主教会把反对宗教改革的责任交给新建立的耶稣教团(或称耶稣会)。耶稣会的创始人是西班牙贵族格罗提·罗耀拉。1540 年,教皇批准了耶稣会章程。耶稣会会员积极地参加了特列登特宗教会议。耶稣会为了天主教的胜利不惜采取一切卑鄙手段,它的会员打入欧洲各个宫廷,充当宫廷牧师,为国王和王妃忏悔,在欧洲政治中起了重要作用。

1564 年,耶稣会在波兰建立第一个分支组织。次年,齐格蒙特二世把耶稣会置于自己的保护之下。17 世纪初,波兰已有 16 个耶稣会分支组织,拥有近 400 名会员。17 世纪中叶,耶稣会组织达 40 个,会员近 1000 名。波兰耶稣会会员不只有贵族,而且也有市民。为了争取农民,耶稣会要求把农民服劳役的天数限制在每周3或4天,允许农民有离开农村的自由。耶稣会在波兰办了许多学校,在普及和提高民族文化方面起了积极作用。在齐格蒙特三世统治时期,反宗教改革运动取得了胜利。大批贵族退出加尔文宗和阿里安宗,重新加入天主教。

罗马天主教会为了加强对波兰的控制,强迫东部地区的东正教徒接受罗马教廷的领导。齐格蒙特三世为了巩固自己在波兰的地位,支持罗马教皇的上述行动。1596年10月,在布列斯特举行的宗教会议上,实行了天主教和东正教的合并。合并的原则是东正教会接受罗马教皇的领导,但保持原有的礼仪。天主教和东正教在布列斯特会议上的合并,引起了乌克兰和白俄罗斯居民的激烈反抗。波兰东部地区的阶级矛盾和民族矛盾因宗教矛盾的加深而更加尖锐。以哥萨克为核心的乌克兰农民起义此伏彼起,预示着大规模的革命风暴即将到来。乌克兰和白俄罗斯的东正教最终分裂为两派:接受罗马教皇的称联合教派,反对合并的称分裂教派。两个教派都在基辅建立自己的总主教区,彼此进行着激烈的斗争。

反宗教改革的胜利,没有给波兰带来宗教上的统一。17世纪初形成的宗教分裂一直保持到波兰亡国。绝大多数的波兰人和立陶宛人信仰天主教,波莫瑞、大波兰和西里西亚的城市居民信仰路德宗,而乌克兰和白俄罗斯的居民则分别信仰东正教的两个派别。

第四节　劳役制庄园经济的形成和发展

劳役制庄园的产生及其实质

从15世纪中叶起,在波兰的社会经济生活中出现了一种新的封建土地制度——贵族的劳役制庄园。在16世纪文艺复兴时期，劳役制庄园已经成为农业生产的主要形式。这种土地制度一直延续到18世纪中叶，对波兰的历史发展发生了重大影响。

劳役制庄园不只在波兰—立陶宛国家出现，而且也在波兰版图以外的西里西亚、西波莫瑞和德国东部、捷克、匈牙利、罗马尼亚各公国、波罗的海各国、俄国等国出现。在劳役制庄园占统治地位的国家，农民重新丧失了自由。恩格斯把易北河以东各国土地制度的这种变化，称为"再版农奴制"。他说："农奴制重新复活了，再版了"。[①] 但是，在易北河以西的西欧各国，货币地租继续发展，资本主义因素不断加强，农民逐步获得完全的人身自由，农业迅速朝着资本主义方向发展。历史学家和经济学家把15世纪中叶以后欧洲两部分经济的不同发展称为欧洲经济发展的二重性。欧洲经济发展的二重性，加速了西欧的经济发展，并使东欧一些国家的经济从属于西欧。

在15世纪中叶以前，波兰农村存在着两种庄园。一种是13世纪根据德意志法而建立的村长庄园。村长庄园主要依靠雇佣劳动，生产的粮食主要供应城市。另一种是教会和修道院的庄园，这种庄园主要依靠农民的劳役进行生产。农民每周必须为庄园劳动1至3天。庄园生产的粮食主要满足教会和修道院自身的需要。

16世纪，由于西欧城市人口的增长和工业的发展，对粮食的需求越来越大，粮食的价格沿着直线上升。而"价格革命"更刺激了粮价的上升。据估计，从16世纪中叶到16世纪末，粮食价格增

---

① 《恩格斯致马克思(1882年12月16日)》，《马克思恩格斯全集》第35卷，第124页。

加了1倍到1倍半，而手工业品的价格却上升不多。通过格但斯克等波罗的海港口向尼德兰、英国等西欧国家出口粮食的村长和富裕农民因而发财致富，而以货币地租为主要经济来源的贵族则因货币贬值而减少收入。波兰贵族为了增加收入纷纷兼并村长庄园和农民的土地，建立越来越多的庄园，强迫农民为他们服劳役。劳役制庄园最先在维斯瓦河、瓦尔塔河、纳勒夫河和布格河沿岸建立起来。因为这些河流直通波罗的海，波兰的粮食和农产品可以经由格但斯克等港口运往西欧各国。16世纪前半期，劳役制庄园扩大到沃伦和波多利亚、白俄罗斯，成为农业生产的主要形式。贵族一般拥有一个至几个村庄，庄园的耕地约60至80公顷，主要生产黑麦、燕麦、小麦和大麦等4种谷物，其中黑麦和小麦主要用来出口。随着出口量的增加，波兰成为西欧最大的粮食供应国。

贵族庄园的大规模发展是同贵族享有的特权分不开的。早在1423年，波兰贵族就获得了强购"桀骜不驯的"村长的庄园的权利。1496年，波兰议会通过法令，禁止城市市民有购买和拥有农村土地和农村劳动力的权利，使贵族享有对土地和农奴的垄断权。贵族还获得了免税出口粮食和进口外国商品的权利，而市民却被剥夺了进出口贸易的权利。贵族在国家经济和政治生活中的特殊地位，是由波兰特定的阶级力量的对比所造成的，是由市民等级的软弱所决定的。

在以劳役制为基础的再版农奴制下，农民对封建主的依附关系加强了。农民对封建主的依附关系有3种，即人身依附、司法依附和土地依附。在封建早期的西欧各国，3种依附形式使农民同3个封建主发生依附关系。例如，一个农民受一个封建主的审判，但人身上却属于另一个封建主并向第三个封建主缴纳代役租。在波兰,农民同一个封建主发生三种依附关系。波兰农民要比西欧农民受到更多的剥削和更野蛮的压迫。

早在卡齐米日三世在位时期,波兰农民的人身自由就开始受到限制。1347 年的维希利查条令,规定了农民离开农村的条件。15 到 16 世纪,农民的出走权进一步受到限制,法律规定了农民任意离开农村应受的刑罚。1496 年皮沃特勒库夫宪法规定每户农民只有一年一次的出走权,只有一个孩子可以进城学习手艺和上学。1510、1511、1532 和 1543 年的宪法进一步规定,农民离开农村,必须经过封建主同意。这样使农民进一步固着于土地。

自从封建主可以购买村长庄园以后,农村的自治权不断受到限制。农村自治制度逐步转变为封建主压迫农民的工具。农民原来有权向乡村法院告发封建主。1518 年,国王齐格蒙特一世把审理农民和封建主的案件全部交给当地贵族。农民被剥夺了控告封建主的权利,在法律上完全处于依附于封建主的状态。教俗封建主用各种酷刑和死刑来镇压农民的反抗。农民孤立无援,在阶级斗争中不断遭到失败。

农民对封建主的土地依附关系表现在农民在使用封建主的土地后,必须为封建主服劳役。服劳役的天数随着庄园的发展而不断增加。15 世纪末 16 世纪初为每周 1 天,16 世纪前半期增加到每周 2 天,16 世纪后半期增加到每周 3 天。17 世纪前半期增加到每周 4 至 5 天。此外,农民还必须向国家缴纳赋税(一般为每畹两格罗什),向教会缴纳什一税。封建主对农民超经济剥削的加重,引起了农民经济的破产。

劳役制庄园经济的发展

16 世纪末和 17 世纪前半期,贵族的劳役制庄园经济在维斯瓦河流域、布格河流域、涅曼河流域、德维纳河流域各产粮区(东波莫瑞、伊诺弗罗茨瓦夫、布列斯特—库雅维、波洛次克、腊瓦—玛佐夫舍、温奇察、卡利什、谢拉兹、散多梅希、卢布林、克拉科夫、波德拉谢、布列斯特—立托夫斯克、赫尔姆、沃伦西部和白俄罗斯西北部)获得了充分发展。大批粮食、木材、毛皮、灰、蜡、亚麻、大麻等农林产品源源不断地经由格但斯克、哥尼斯堡和里加等波罗的海港口运往西欧各国。封建主还力图在远离河流或土壤贫瘠的白俄罗斯东南部、沃伦、波多利亚和南部山区建立庄园。他们在那里饲养牲畜或生产供酿酒用的粮食。

发展最快的是中等贵族的劳役制庄园经济。发展较慢的是教俗大封建主的庄园经济,他们不像中等贵族那样亲自经营庄园生产,而是依靠行政管理人员来经营生产。发展最慢的是国有庄园。

这时期贵族庄园的规模已比1世纪前要大得多,一般庄园的耕地达到100至200公顷,个别超过500公顷。小贵族的庄园只有50公顷的耕地。扩大贵族庄园的主要途径是驱赶农民。大批农民从土地肥沃、交通方便的地区被赶走,被迫转移到偏僻和土地贫瘠的地区继续从事农业生产。贵族有时还通过兼并公有的草场和牧地来扩大庄园的面积。由于庄园的扩大,贵族深感劳动力的不足,除了使用农民的劳役外,还不得不雇用无地和少地的农民(如长工、季节工和日工)进行生产。在东波莫瑞,贵族越来越多地使用雇佣劳动;使用农民的劳役渐渐减少。在16世纪到17世纪初,贵族的劳役制庄园经济已经成为封建制波兰农业生产的主要形式,只有南部喀尔巴阡山区和东北部库尔皮奥夫等森林地带以及白俄罗斯和乌克兰的若干地区还保持着代役租经济。

劳役制庄园经济的发展在波兰本部和立陶宛—白俄罗斯—乌

克兰之间表现出明显的差别。在波兰本部,中等贵族的庄园(以一个村庄组成一个庄园为主)占有优势,而在立陶宛—白俄罗斯—乌克兰,则出现了大贵族的大地产。例如:在大波兰,中等贵族的庄园占有80%的土地,最大的贵族也只拥有30多个村庄;在小波兰,中等贵族的庄园占有76%的土地,8家大贵族各有20多个村庄;而在立陶宛—白俄罗斯—乌克兰,中等贵族的庄园都由3至5个村庄组成,一般大贵族都拥有50多个村庄,奥斯特罗格斯基、查尔托雷斯基等少数几家大贵族占有60%的沃伦土地。大贵族的大地产在土地肥沃的乌克兰发展得特别快。他们利用在政府中担任的军政要职和国王的赏赐,蜂拥来到乌克兰,抢占土地,建立庄园。其中最著名的有扎莫伊斯基、卡利诺夫斯基、波托茨基、科涅茨波尔斯基以及波兰化的乌克兰大贵族奥斯特罗格斯基、扎斯瓦夫斯基、维希涅夫斯基等。杨·扎莫伊斯基原来是只有几个村庄的中等贵族,由于他担任军队统领和宰相职务而迅速上升为全国少有的大贵族,拥有11座城市和200多个村庄,庄园面积达6445平方公里。瓦西里·奥斯特罗格斯基公爵拥有100座城市和1300个村庄,年收入达120万兹罗提,超过了国家的财政收入。[①]

大贵族大地产的发展,在波兰共和国境内形成了"国中国"。大贵族雇佣小贵族管理庄园,建立私人的军队和法庭,经常与国王和全国议会分庭抗礼。他们通过收买小贵族控制地方议会,影响全国政治,进一步削弱以国王为代表的中央政权,对波兰的历史发展产生了极为有害的影响。

随着贵族庄园的扩大,农民的土地不断缩小,拥有1畹或1畹

① 约瑟夫·盖洛夫斯基:《波兰史(1505—1764)》,1979年华沙版,第270页。

以上土地的农户日益减少，而只有1/2甚至1/4畹土地的农户则渐渐增多。出现了许多缺少土地（不到1/4畹）和无地的农户。17世纪上半期，上述农民占农村人口的1/3。贫苦农民为了维持生活，除了服劳役外不得不外出当长工或短工。农民的贫困化，使他们无力改良生产工具，并使他们的牲畜头数不断减少，由此引起了农民劳动生产率的下降。农民的贫困化还使农民的购买力不断降低，渐渐失去了同城市的联系，导致了城市手工业生产的衰落。

随着贵族庄园的扩大，封建主对农民的压迫也不断加强。农村自治成为贵族庄园的辅助机构和压迫农民的工具。农民经常被罚款和鞭笞，致残致死者屡见不鲜。农民遭受封建主的压迫无处申诉。他们反抗封建主压迫的主要形式是逃亡。一些不堪封建压迫的农民，纷纷从中部逃到南部山区和国境以外的西里西亚。他们还以拒绝服劳役和怠工等形式反抗封建主的压迫。阶级斗争的最高形式是武装起义。在乌克兰和白俄罗斯，由于阶级矛盾和民族矛盾交织在一起，农民起义连绵不断。在波兰本部，起义的规模比较小，组织性比较差，所以比较容易被贵族镇压。17世纪前半期，在南部的波德哈莱爆发了农民反抗新塔尔克省省长米柯瓦伊·科莫罗夫斯基统治的起义，起义延续了近10年（1624—1633），最后被政府军队镇压下去。

劳役制庄园经济发展时期的城市、手工业和商业

城市　劳役制庄园经济的发展曾经引起城市和工商业的发展。这与16世纪（当时农奴制的压迫还比较温和）农业生产的发展和人口的增长有着不可分割的联系。16世纪末，波兰的人口为750万，而在14世纪中叶只有530万。城市的增长特别快。当时

波兰有 1000 座城市。西里西亚和西波莫瑞有 250 座城市。16 世纪末，波兰境内 1 万居民以上的城市有 8 个。格但斯克是全国最大的城市，有 4 万人，首都克拉科夫有 28000 人，波兹南和华沙各有 2 万人，埃尔布拉格、托伦、比得哥煦、卢布林均有 1 万以上的居民。此外，弗罗茨瓦夫、格沃古夫、里加、哥尼斯堡、利沃夫、维尔诺的居民都在 1 万人以上。有 3000 居民的中等城市有 100 个。城市居民占全国人口的 23%，其中将近一半仍从事农业生产。这是波兰经济落后的反映。其中一些城市完全是大封建主的私人城市。卢布林东南的扎莫什奇建于 1580 年，有居民 3000 多人，是统领和宰相杨·扎莫伊斯基的私人城市。

这时期波兰城市的社会结构大致相同。以托伦为例，城市贵族占 8%，享有城市权利的平民占 20%强，没有城市权利的贫民占 50%。控制市政会议的城市贵族把大部分税收负担转嫁给平民，引起了他们的激烈反抗。在克拉科夫(1585)和利沃夫(1577)等城市都曾掀起了城市管理的民主化运动。行会内部的阶级斗争也很激烈，帮工为了获得工匠的称号，不得不与雇主的限制进行斗争。行会禁止自己的成员在市集上出售产品，妨害了生产的发展。城市的阶级斗争往往与农村的阶级斗争交织在一起。在 1631 年新塔尔克农民反对米·科莫罗夫斯基的起义中，市政会议帮助这个臭名昭著的大封建主镇压农民起义，而城市贫民则积极参加了这次起义。

到了 17 世纪中叶，随着农奴制压迫的加强，城市逐渐显露出衰退的迹象。由于农民的贫困化，他们同市场的联系逐渐削弱。呢绒、酒类等大宗商品找不到销路。以农民为主要销售对象的中小城市因而渐趋衰落。这种现象在东部地区表现得特别明显。像卢布林这样的较大城市,也未能避免衰退的命运,从 1620 年以后就开始呈现出萧条的景象。

只有格但斯克、托伦、埃尔布拉格等维斯瓦河下游的重要城市获得继续发展。这些城市在全国议会和地方议会都有自己的代表。格但斯克在全国城市中占有特殊地位。它因位于维斯瓦河通过波罗的海的出海口而控制着全国的对外贸易,拥有巨大的商业资本。它有自己的军队、警察,甚至执行独立的外交政策,经常与王权发生冲突,像大贵族的大地产一样,俨如独立王国。德维纳河下游的里加也起着同格但斯克类似的作用。

手工业　从 15 世纪后半期到 17 世纪初,波兰的工业生产获得了进一步的发展。工业的发展不只表现在生产规模上,而且也表现在产品的质量和品种上。手工业者和行会的数量在增加,出现了一些新的产品,如锦缎、精制山羊皮等。17 世纪中叶,托伦有 53 个行会,克拉科夫有 60 个行会。克拉科夫的工匠有 700 人。来自西里西亚的手工业者,发展了大波兰的呢绒生产。格但斯克是全国最大的手工业城市,呢绒工业、木材工业、皮革工业和食品工业都很发达,工匠达 3000 人。行业的分工更细了:制靴业和马具业同皮革业相分离,发酵业同酿酒业相分离。手工业产品满足了农民、市民和贵族的需要。

城市和行会组织以外的采矿业和冶金业在工业生产中占有重要地位。克拉科夫东南维利奇卡和博赫尼亚的盐矿是瓜分前波兰的最大采矿基地。这两个盐矿主要依靠雇佣劳动进行生产,仅维利奇卡就有 1000 多名雇佣工人。盐矿有严密的行政管理系统和内部分工,具有资本主义企业的特点。较小规模的采矿业除使用农奴劳动外,一般有 10 多个至 30 个雇佣工人,如克拉科夫北部奥尔库什和塔尔诺夫山的铅银矿。16世纪后半期，波兰的冶金业非常发达，仅波兰本部就有300多个打铁坊，主要集中在圣十字山的旧波兰矿区和琴希托霍瓦矿区。由市民经营的打铁坊依靠雇佣工人（主要是贫穷的手工业者和帮工）进行生产，由贵族经营的打铁坊则由农奴进行生产。一部分富裕商人开始组织具有早期资本主义企业特点的手工工场。

为了适应战争的需要，波兰的两个国王斯蒂凡·巴托雷和齐格蒙特三世很重视武器的生产。大炮、火枪、子弹、军刀的制作需要有较高的冶炼技术。这时候，波兰已开始生产钢。但是，武器的生产不论在数量上或在质量上都不能满足需要，所以不断从西欧进口武器和钢。

17世纪前半期，波兰的工业生产朝着不利的方向转变。封建主根据全国议会的法律不断从商人和手工业者手里购买工业企业。他们用农奴劳动来代替雇佣劳动，造成许多企业的倒闭和生产的下降。到17世纪后半期，工业生产的停滞和倒退现象已经十分明显。只有维利奇卡和博赫尼亚的盐矿仍然保持着昔日的繁荣景象。

商业和对外贸易　16世纪不只是波兰农业生产和手工业生产的发展时期，而且也是商业和对外贸易的兴旺时期。粮食贸易在国内外贸易中具有举足轻重的作用。国内城乡之间的商品交流主要通过集市来进行。外国商人带着商品来波兰参加克拉科夫、格但斯克、卢布林、波兹南等大城市的集市。业已形成的各地区市场正在朝统一的全国市场发展。17世纪中叶以后，由于劳役制庄园经济的发展和频繁的战争，形成全国市场的过程被中断了。

波兰出口的大宗商品是粮食。15 世纪末，波兰经格但斯克出口的粮食，每年为数千瓦什特[①]。到 16 世纪末，每年增加到46000瓦什特。17 世纪前半期，每年增加到 58000 瓦什特。1618 年是波兰粮食出口的最高年份，出口额达 12 万瓦什特。[②] 波兰出口的粮食开始以黑麦为主，后来小麦的出口渐渐增多，占出口粮食的1/3。波兰的粮食和木材、树脂、灰等商品，主要通过荷兰商人的船只运往西欧各国。阿姆斯特丹是波兰粮食在西欧的集散地，每年囤积在阿姆斯特丹的波兰粮食可供 50 万到 100 万的西欧居民吃一年。

通过格但斯克进口的商品有鱼、酒类、金属制品和各种工业品（特别是质量较高的英国和荷兰的呢绒）。波兰的主要贸易伙伴是英国和荷兰，其次是法国和瑞典。

通过陆路经来比锡和纽伦堡输往西欧各国的波兰商品有毛皮、羊毛、亚麻、大麻、蜂蜜、石蜡等。波兰每年还从小波兰南部和波多利亚向西欧输出 4 万至 6 万头牛。波兰还同东方各国（波斯、土耳其和中国）进行广泛的贸易，进口丝绸、纺织品和茶叶，出口呢绒和毛皮。

在 17 世纪初以前，波兰的对外贸易一直保持着顺差，波兰的贵族和商人大获暴利。从 17 世纪 50 年代起，对外贸易状况逐步转坏，到 17 世纪后半期，波兰的对外贸易已经由顺差变为逆差。

---

① 1 瓦什特等于 2.25 吨。

② 约瑟夫·盖洛夫斯基：《波兰史（1505—1764）》，第 41 页。

第五节　波兰的对外政策和多民族的波兰贵族共和国的建立

16世纪初波兰的国际环境和对外政策

16世纪初，雅盖洛家族统治着从德维纳河到多瑙河的辽阔土地。卡齐米日四世·雅盖洛契克的三个儿子：瓦迪斯瓦夫、杨·奥尔布拉赫特和亚历山大分别是捷克和匈牙利国王、波兰国王、立陶宛大公。波兰显然是中东欧的大国。但是，波兰的国际环境却是很坏的，几乎为所有敌视她的国家所包围。哈布斯堡家族觊觎着捷克和匈牙利的王位，企图恢复昔日德意志皇帝对欧洲的绝对统治。奥斯曼土耳其及其藩属克里木汗国从东南方向威胁着波兰的安全。条顿骑士团虽然被击败，但仍然是波兰的隐患。勃兰登堡则从西部威胁着波兰。莫斯科对立陶宛的侵犯和蚕食愈演愈烈，使波兰深深地卷入了同莫斯科的战争。

同莫斯科的战争进行了3个阶段：第一阶段从1507—1508年，第二阶段从1512—1522年，第三阶段从1534—1537年。在第二阶段的战争中，莫斯科军队于1514年收复了一直被立陶宛占领的斯摩棱斯克。同年，波兰—立陶宛军队在奥尔沙战役中获胜。莫斯科大公瓦西里三世同德意志皇帝马克西米伦一世结成了同盟。形势对波兰不利。1522年，双方签订了停战协定。在第三阶段的战争中，双方互有胜负。1537年签订的停战协定，使双方保持了20多年的和平。

同莫斯科的战争，削弱了雅盖洛家族在同哈布斯堡家族斗争中的地位。为了拆散皇帝同莫斯科大公的同盟和全力对莫斯科作战,波兰国王齐格蒙特一世和捷克—匈牙利国王瓦迪斯瓦夫弟兄俩决定同马克西米伦一世妥协。1515 年,他们同马克西米伦会晤于维也纳,双方缔结了双重的婚约:瓦迪斯瓦夫的儿子路德维克娶马克西米伦的孙女玛丽亚为妻,马克西米伦的孙子斐迪南娶瓦迪斯瓦夫的女儿安娜为妻。在雅盖洛家族的支系断嗣的情况下,将由哈布斯堡家族接管捷克和匈牙利王位。

瓦迪斯瓦夫死于 1516 年 3 月 15 日。路德维克继任捷克和匈牙利国王,称路易二世。土耳其的入侵给雅盖洛家族以致命打击。1521 年,贝尔格莱德落入苏丹之手。匈牙利面临入侵威胁,路易二世向叔父齐格蒙特一世求援。1526 年,苏里曼苏丹率 8 万大军入侵匈牙利。齐格蒙特一世派 1500 名骑兵前往驰援。8 月 26 日,在莫哈奇战役中,土军大胜,近 3 万名匈军全军覆没,年轻的匈牙利国王路易二世阵亡。根据 1515 年维也纳条约,斐迪南继任匈牙利和捷克国王。

不久,匈牙利发生了内战。匈牙利贵族选举大贵族扎波利亚·亚诺什为国王。他得到波兰王后博娜和一部分贵族的支持。波兰志愿人员进入匈牙利帮助扎波利亚。一部分波兰大贵族却支持哈布斯堡。齐格蒙特一世动摇于反哈布斯堡和亲哈布斯堡两派之间。为了同哈布斯堡作斗争,扎波利亚同土耳其苏丹结成了同盟。1540 年,扎波利亚去世。土耳其占领了匈牙利东部(特兰西瓦尼亚),斐迪南则保留匈牙利西部。波兰从此失去了在捷克和匈牙利的地位。

调整同条顿骑士团的关系,是 16 世纪初波兰外交政策的一个重要问题。1466 年托伦和约以后,骑士团力图摆脱波兰而独立,拒不向波兰纳贡。1511 年,霍亨索伦家族的阿尔布列赫特当选为团长，把普鲁士纳入勃兰登堡的势力范围，并且寻求皇帝和莫斯科大公的援助，进行反波兰的活动。1519 年，齐格蒙特一世发动了对骑士团的战争，骑士团战败。波兰军队直逼哥尼斯堡。由于皇帝查理五世的干预，双方在 1521 年签订了停战协定。阿尔布列赫特决定使骑士团还俗，建立普鲁士公国，附属于波兰。1525 年 4 月 8 日，普鲁士大公阿尔布列赫特在克拉科夫向波兰国王宣誓效忠。从表面上看，普鲁士大公对波兰国王的效忠，是波兰对外政策的胜利。但是，霍亨索伦家族统治的勃兰登堡仍占领着波兰的西波莫瑞，不停地向波罗的海东南沿岸扩张。一旦勃兰登堡和普鲁士合并，将成为波兰的致命危险。

波兰和立陶宛的合并

随着波兰和立陶宛劳役制庄园经济的发展和粮食出口的增加，波罗的海的经济价值急速上升。齐格蒙特二世从雅盖洛家族和波兰—立陶宛贵族的利益出发，把争夺波罗的海统治权的斗争作为波兰外交政策的重心。面对咄咄逼人的莫斯科的扩张势头和克里木鞑靼人的频繁袭扰，加强波兰和立陶宛两国在军事上和外交上的统一行动越来越显得重要。1558 年开始的立沃尼亚战争，加速了两国的合并过程。

早在 1538 年，波兰中等贵族在发动“执行法律”运动的时候，就提出了波兰和立陶宛合并的口号。立陶宛中等贵族力图在本公国争得像波兰王国那样的特权地位，所以支持两国合并的口号。以拉齐维尔家族为代表的大贵族害怕丧失特权，竭力反对两国合并。立陶宛在 1563—1570 年立沃尼亚战争中的失败表明，没有波兰的帮助，单凭立陶宛的力量是无法战胜俄国的。不论在波兰还是在立陶宛，合并的主张占了上风。齐格蒙特二世从 1562—1563

年起就支持合并的主张。他决定于1568—1569年在卢布林召开两国的联合议会，就合并问题作出最后决定。

在卢布林举行的两国联合议会从1568年底开始到1569年7月结束。两国与会的多数代表赞成合并，以红胡子米柯瓦伊·拉齐维尔为首的小部分立陶宛大贵族反对合并。3月6日，他们擅离卢布林。3月30日联合议会在立陶宛首席代表米·拉齐维尔缺席的情况下通过了合并的法令。6月，米·拉齐维尔等人回到卢布林。他们见大势已去，不得不同意合并。6月28日，双方代表正式签订合并法令。7月1日，举行了宣誓仪式。

根据合并法令，合并后新成立的国家叫波兰共和国。波兰和立陶宛拥有共同的议会，共同选举国王，执行共同的外交政策，使用统一的货币，但立陶宛保持自己的政府、军队、财政和法院。原来是立陶宛大公国组成部分的乌克兰直接并入波兰。波兰共和国是一个包括波兰、立陶宛、白俄罗斯、乌克兰和一小部分俄罗斯的多民族贵族共和国。

立沃尼亚战争

13世纪由德意志封建主在立沃尼亚（今爱沙尼亚和拉脱维亚）建立的持剑骑士团（也叫立沃尼亚骑士团）到16世纪初由于内部矛盾逐渐分崩离析，分裂为若干不同的领地，其中最大的是骑士团领地，还有里加大主教区、三个主教区和一些独立城市。在普鲁士的条顿骑士团的还俗和宗教改革的影响下，持剑骑士团经历着严重的内部危机。立沃尼亚的贵族和市民展开了反骑士团政权的斗争并努力寻求外部的帮助。立沃尼亚土地肥沃，盛产粮食，里加、列维尔、纳尔瓦等港口城市是东西欧贸易的枢纽。围绕着争夺骑士团遗产的斗争，演变成为一场国际性的争夺波罗的海统治权的战争——立沃尼亚战争。波兰历史学家称它为第一次北方战争。战争的一方是立陶宛—波兰，另一方是俄国。波罗的海其他两个国家——瑞典和丹麦也卷入了战争。

立沃尼亚战争爆发的直接原因是里加大主教霍亨索伦家族的威廉(普鲁士大公阿尔布列赫特的弟弟)同骑士团团长威廉·菲尔斯滕堡之间的冲突。1553 年，俄国第一代沙皇伊凡四世同骑士团团长缔结了条约，规定立沃尼亚在莫斯科和立陶宛的冲突中严守中立。这条约引起了立沃尼亚内部以威廉·霍亨索伦为首的亲立陶宛—波兰力量的反对。威廉·霍亨索伦因此被解除了大主教职务并被捕。1557 年，波兰国王齐格蒙特二世发兵讨伐骑士团。骑士团被迫同立陶宛缔结了反莫斯科的军事同盟。威廉恢复了大主教职务。1558 年 1 月，伊凡四世发动了对骑士团的战争。

俄军初战胜利，占领了杰尔普特和纳尔瓦，打开了通向西方的门户。1560 年 8 月，又击败骑士团主力，俘菲尔斯滕堡，占领马林堡和费林。同年，丹麦占领了厄塞尔主教区。次年，瑞典占领了列维尔和爱沙尼亚北部。1561 年 11 月 28 日，骑士团团长戈塔尔德·克特莱尔同齐格蒙特二世在维尔诺立约，把立沃尼亚交给立陶宛，骑士团还俗，在库尔兰和塞米加利亚建立公国，从属波兰和立陶宛。

从 1563 年起，战争规模扩大。伊凡四世亲率俄军进攻立陶宛，占领了西德维纳河上的波洛次克。1564 年，俄军在乌拉河畔和奥尔沙附近被波兰—立陶宛军队打败。在这一阶段，瑞典同俄国结成同盟，丹麦则站在波兰—立陶宛一边作战。瑞典想占领里加。丹麦要控制纳尔瓦航道，以便通过松德海峡获得更多的关税。1568 年，瑞典国王艾立克去世，约翰三世(齐格蒙特二世的妹夫)

即位，放弃了联俄的政策。波兰同瑞典的接近，引起了丹麦向俄国靠拢。伊凡四世同意在丹麦占领的立沃尼亚建立一个公国，由丹麦王子马格努斯任大公。1570 年，伊凡四世忙于国内事务(特辖制)，同波兰—立陶宛订立了为期三年的停战协定。与此同时，瑞典和丹麦也达成了停战协定。由于波兰发生两次王位空缺，停战基本上保持到 1577 年。

由于俄国在 1575—1577 年间的不断进攻，立沃尼亚战争在 1577 年重新爆发。俄军占领了立沃尼亚的大部分地区，只有里加和列维尔仍在波兰和瑞典手中。波兰国王巴托雷积极组织反攻，夺回了包括季纳堡在内的里夫兰东南部。1579 年，巴托雷率大军攻下波洛次克。次年，又攻克大卢基、霍耳姆、沃罗涅次。1581 年，开始包围普斯科夫。俄军全线崩溃，无力再战，多次求和。经罗马教皇调停，波俄两国于 1582 年初在扎波尔斯基—雅姆签订了停战协定。俄军从立沃尼亚占领的地方全部撤退，大部分立沃尼亚归波兰所有，波洛次克仍归立陶宛。1583 年，瑞典也同俄国订立了和约，瑞典保有纳尔瓦和爱沙尼亚北部。丹麦占有厄塞尔岛和达哥岛。

立沃尼亚战争显示了波兰和立陶宛的联合力量，是波兰和俄国的第一次实力较量，结果是波胜俄败。

齐格蒙特三世的对外政策

巴托雷死于 1586 年 12 月 12 日。他死后无嗣。王后安娜(齐格蒙特二世的妹妹)提名她的外甥、瑞典国王约翰三世的儿子齐格蒙特为国王候选人。1587 年 8 月 19 日，齐格蒙特当选为国王，称齐格蒙特三世(1587—1632)。

齐格蒙特三世从瓦萨家族的利益出发，力图保持和瑞典的王朝联合。在他父亲于 1592 年去世后，他既是波兰国王又是瑞典国王。1598 年，他为新教贵族占优势的瑞典议会所废黜。为了报复，波兰议会在 1600 年宣布爱沙尼亚北部并入波兰。波兰和瑞典处于战争状态。瑞典军队包围了里加。1605 年 9 月，杨·霍德凯维奇率领的波军在里加附近的基尔霍尔姆打败了瑞军。次年，在立沃尼亚战争期间建立的波兰海军在黑耳取得了对瑞典海军的胜利。由于准备对俄国的武装干涉，齐格蒙特三世在 1608 年结束了同瑞典的战争。双方保持战前的边界。

齐格蒙特三世没有从对瑞典的战争中捞到好处，而利用一部分大贵族向东方扩张的愿望，发动了对俄国的战争。他觊觎俄国的皇位，妄图占领俄国的领土。战争的借口是帮助伪季米特里恢复皇位。1604 年，武装干涉开始。1605 年 4 月，沙皇鲍里斯·戈杜诺夫的突然死亡，使伪季米特里在波兰军队的支持下登上克里姆林宫的皇位。1606 年 5 月，伪季米特里同波兰散多梅希督军耶日·姆尼什克的女儿玛琳娜·姆尼什克举行婚礼。波兰贵族以征服者自居，引起了莫斯科居民的不满。在 5 月 17 日的骚乱中，伪季米特里和 500 名波兰人被杀。俄国缙绅会议选举大贵族瓦西里·舒伊斯基为沙皇。

波兰贵族反对国王发动的冒险战争。大波兰贵族甚至拒绝纳税。但是齐格蒙特三世不顾国家的利益，继续进行对俄国的武装干涉。1608 年，他又支持第二个伪季米特里。6 月，兵临莫斯科城下，但这一次没有能占领俄国首都，而在近郊图希诺村安营扎寨。1610 年 7 月 4 日，波兰统领斯坦尼斯瓦夫·茹凯夫斯基率军从斯摩棱斯克进击莫斯科，在克卢希诺村附近击败俄军，打开了通向莫斯科的道路。8 月，俄国大贵族和茹凯夫斯基达成协议，承认波兰王子瓦迪斯瓦夫为沙皇。9 月,波军进入莫斯科。这时候,瑞典军队也占领了俄国的东北部并且提出了自己的沙皇候选人。俄国大难临头,全国掀起了反对外国武装干涉和解放祖国的爱国主义高潮。1612 年 10 月底,克里姆林宫的波兰守军投降。1613 年 2 月,俄国缙绅会议选举米哈伊尔·罗曼诺夫为沙皇。齐格蒙特三世对俄国的武装干涉遭到失败。

根据 1619 年 1 月 3 日在德乌林诺签订的停战协定,斯摩棱斯克、契尔尼哥夫和塞维尔斯克 3 个地方归波兰所有,瓦迪斯瓦夫放弃了俄国的皇位。

第六节 16 世纪的波兰文化

16 世纪是波兰文化和科学的“黄金时代”。文化和科学的发展达到封建时期的最高水平。波兰成为欧洲文艺复兴时期文化的中心之一。

随着经济的发展,贵族和市民越来越感觉到知识的重要。教育事业迅速发展。每个教区都有小学,全国约有 3000 至 4000 所小学,为前一时期的 2 倍多。约有 1/4 的男子获得了受教育的机会,文盲的数量大大减少。加尔文教会、路德教会、阿里安教会都创办了中学。克拉科夫大学仍然是波兰的唯一大学。从 16 世纪 40 年代起,克拉科夫大学逐渐为教会的保守势力所控制。1578 年在维尔诺创办了另一所大学,学生有 600 人。富裕家庭的子弟纷纷到西欧的大学求学,特别是到意大利大学(帕多瓦、波伦亚)深造。他们带来了意大利和西欧文艺复兴的文化。许多意大利人文主义作家和思想家来到波兰,传播意大利文化。阿里安宗就是在意大利人的帮助下建立的。

16 世纪，人文主义的文学、各科学团体及其出版物如雨后春笋般地出现。这些团体和出版物大多集中在克拉科夫。克拉科夫有 9 家印刷所，维尔诺有 5 家。据估计，16 世纪共出版了 4000 部书籍，约 400 万册书。①

在文化教育发展的基础上，波兰的自然科学达到了欧洲的最高水平，产生了天才人物尼古拉·哥白尼(1473—1543)。他出身于托伦市的一个商人家庭，先后在克拉科夫大学和意大利大学学习天文、数学、医学和神学。1506 年回国后，写出了"日心说"的提纲，公开向占统治地位的托勒密的"地心说"挑战。他经过反复的观测认定，包括地球在内的所有天体都围绕着太阳运转。他的不朽著作《天体运行论》，沉重地打击了封建教会的神学世界观，使自然科学从神学中解放出来，为近代天文学建立了基础。

尼古拉·哥白尼

波兰语言和文学获得了辉煌的发展。用波兰语代替拉丁语，使文学作品为更多的读者所接受，越来越受到作家的重视。贵族出身的米柯瓦伊·赖伊(1505—1569)是用波兰语写作的杰出作家。他有一句名言为后世所传颂："波兰人不是鹅，有自己的语言。"《地主、村长和神父的简

① 耶日·托波尔斯基：《波兰史纲》，第 85 页。

短对话》是他的代表作。他的作品反映贵族庄园中农民和贵族的关系，鞭挞了贵族对农民的残酷剥削，对农民寄予深切的同情。他的大量文学创作丰富了波兰社会的文化生活，推动了波兰语言和文学的发展。

杨·科哈诺夫斯基(1530—1584)是16世纪波兰最伟大的诗人和作家。他出身于富裕贵族家庭，周游过意大利、法国和德国，当过国王的秘书，具有渊博的学识。在他的作品中，波兰语成为表达人们思想感情的有力工具。他的诗歌形式丰富多彩，有抒情诗、史诗，剧作有滑稽剧和悲剧。他的代表作《哀歌》，寄托了对死去的爱女的哀思，是欧洲文艺复兴时期一部划时代的作品，被译成意大利语、法语和英语。其他著作有《送别希腊使者》、《圣约翰节前夜之歌》、《短诗》等。

安德烈·弗里茨·莫哲夫斯基(1503—1572)是16世纪波兰最伟大的政论家。他出身于小贵族家庭，目睹社会的不平等，主张建立理想的社会和国家。他的社会、政治、法律、宗教、道德观点集中包含在《论共和国的改革》一书中。他在这部著作中，猛烈抨击对农民的剥削和压迫、对市民的排挤，提出了在法律面前人人平等的口号。他反对劳役制度，主张实行代役租经济，使农民有人身自由。他反对大贵族专横，主张建立强大的集中的王权，国王必须依靠中等贵族和市民，实行宗教信仰自由，摆脱罗马教廷的影响。他反对侵略战争，主张自卫战争。这部著作在欧洲发生了深刻影响，被译成多种欧洲文字。

波兰的建筑、雕刻和绘画受到意大利文艺复兴的直接影响。应王后博娜的邀请，大批意大利艺术家来到波兰。国王和大贵族的宫殿和府邸，是在他们直接帮助下兴建的。克拉科夫瓦韦尔宫在 16 世纪初进行了改建、扩建。议会大厅的天花板由 194 个木刻人头雕像装饰而成。齐格蒙特二世还专门从布鲁塞尔订购了近 200 幅精致美丽的壁毯。奥尔布拉赫特的石墓上的雕刻和绘画是两名佛罗伦萨艺术家的杰作。齐格蒙特的祭坛也是意大利艺术家贝雷奇的杰作,是文艺复兴时期建筑的典范。

第五章

大贵族统治下的波兰贵族共和国

(1618—1733)

第一节　17世纪的欧洲和波兰

17世纪的欧洲形势

由于生产力的迅速发展，西欧的封建社会进入了危机阶段。17世纪是西欧各国由封建社会向资本主义社会过渡的重要阶段。三十年战争(1618—1648)就是在西欧封建社会危机的基础上爆发的大规模的国际性战争。战争的双方是哈布斯堡、天主教会为代表的封建势力和捷克、德意志的新教同盟和法国为代表的新兴的资本主义力量。16世纪末爆发的尼德兰革命，推翻了西班牙的君主专制统治，在欧洲建立了第一个资产阶级共和国。17世纪中叶爆发的英国资产阶级革命和由它建立的君主立宪制度，使资产阶级再一次在欧洲成为统治阶级。在法国和其他一些西欧国家，形成了强大的君主专制政权，资产阶级与封建贵族平分政权。三十年战争以后，法国成为西欧第一强国。德国分裂为300多个邦国。哈布斯堡家族统治的奥地利(包括捷克和匈牙利)则巩固了在中欧的地位。

当西欧的资本主义经济在迅猛发展的时候，劳役制庄园经济还在东欧各国占统治地位。欧洲两部分的经济差距拉大了。

17 世纪后半期是俄国经济发展的重要时期，在地方市场发展的基础上，正在形成全俄市场。俄国的政治制度也从等级君主制向君主专制演变。18 世纪初彼得一世在位时期，俄国跃居为欧洲强国。俄国的侵略扩张，从东部威胁着波兰的独立和安全。

横跨欧亚非三洲的奥斯曼帝国，从 16 世纪中叶以后渐渐由盛而衰。由于对农民剥削的加重，农民起义和民族起义此伏彼起。政治的腐败导致宫廷政变迭起和无政府状态的蔓延。土耳其经历着深刻的危机。17 世纪中叶吉普里利父子的军事改革，暂时恢复了土耳其的扩张势头。土耳其以巴尔干半岛为据点，不断向北扩张，在藩属克里木汗国的配合下，不断侵犯乌克兰，袭扰波兰和俄国的南疆，经常同波兰和俄国处于交战状态。

瑞典只有 250 万人口，却有一支强大的陆军和海军，是东北欧强国。它的目标一直是波罗的海的统治权。它要从波兰手中夺取里夫兰和维斯瓦河的出海口，阻止俄国获得波罗的海出海口，因而一直同波兰和俄国发生冲突。瑞典在 1655 年发动了对波兰的战争，波兰历史学家称之为第二次北方战争(1655—1660)。瑞典军队几乎占领了全波兰。瑞典在第三次北方战争(1700—1721)中被俄国打败后，迅速衰落，失去了欧洲强国的地位。

勃兰登堡侯国是德国的一个邦国，同西欧有更多关系，因其有普鲁士领地而不断参与东欧政治。它位于德国各商道和东西欧贸易的中心，经济力量迅速增长。霍亨索伦家族使勃兰登堡和普鲁士合并为一个国家。勃兰登堡—普鲁士国家于是成为波兰的潜在敌人，从北面威胁着波兰的安全。

波兰国际地位的削弱

雅盖洛王朝时期的波兰(1386—1572),曾经是欧洲强国。到了17世纪中叶,波兰失去了强国的地位,国际地位一落千丈。它遭到所有邻国(瑞典、俄国、土耳其、勃兰登堡和奥地利)的侵略,成为他们瓜分的对象,到了18世纪末,竟从欧洲的政治地图上消失。波兰的衰落有内部和外部两方面原因。劳役制庄园经济经过16世纪的发展,到了17世纪中叶,进入了危机阶段。1648年爆发的乌克兰哥萨克起义是危机的信号。与此同时,波兰的贵族民主制由于自由否决权的确立(1652),逐渐形成了全国性的无政府状态,使国家丧失了防御能力。这是波兰衰落的内部原因。波兰衰落的外部原因,是它的3个邻国(俄国、勃兰登堡和奥地利)的强大和它们对波兰的侵略野心。在这里外部因素几乎起着比内部因素更为重要的作用。18世纪末的西班牙和土耳其,也经历着同波兰一样的内部危机,由于周围没有强大邻国,所以尚能苟延残喘,维持积弱的局面,而没有像波兰那样从政治地图上消失。

第二节　波兰的对外战争

乌克兰问题和波俄战争(1654—1667)

17世纪,乌克兰哥萨克问题成为波兰国内的严重政治问题,并且发展为大规模的波俄战争。

从15世纪末起,在第聂伯河下游草原,开始形成以捕鱼、狩猎、畜牧和农业为生的自由流民,号称哥萨克。他们是乌克兰、白俄罗斯和波兰的逃亡农民和城市贫民。16世纪末,他们在著名险滩扎波罗热的托马科夫卡岛上安营扎寨,建立了哥萨克中心营地——谢契。为了防御土耳其和克里木鞑靼人的侵犯，他们建立了军事政治组织——团队，民主选举统领和其他军事首领。由于他们骁勇善战，波兰国王巴托雷把他们登记入册，(先为 500 人后扩大到 1000 人)委以戍边的任务，发给固定的薪饷。波兰议会给上层哥萨克授予贵族称号。随着逃亡农奴人数的增加，哥萨克队伍激增。哥萨克要求增加在册人员的数目，而波兰政府不但不予增加，而且由于财政匮乏，发不出在册哥萨克的薪饷，并且不断限制哥萨克的自由。1591 年，爆发了由贵族哥萨克克日什托夫·科辛斯基领导的第一次哥萨克起义。此后，在 1594、1630 和 1637 年，又相继爆发了哥萨克起义。波兰政府对起义进行了血腥的镇压。

1648 年是贵族波兰历史上灾难性的一年。这一年 5 月初，爆发了波兰历史上规模最大的哥萨克起义。领导起义的是哥萨克文书鲍格丹·赫麦尔尼茨基。他和波兰大贵族亚历山大·科涅茨波尔斯基的役吏达尼尔·恰普林斯基有个人恩怨。他在家乡契季林的庄园被霸占，年轻的妻子被抢走，幼儿被击毙。在他向政府申诉无效后聚众起义。哥萨克起义很快演变为有农民、市民和贵族参加的乌克兰民族大起义。起义军在黄水河畔和科尔松(5 月 16 日和 26 日)连连获胜。5 月 20 日，波兰国王瓦迪斯瓦夫四世病故。国内出现了主战派和主和派的斗争。以亚·科涅茨波尔斯基为代表的东部大贵族主张采取坚决的镇压措施。以宰相耶日·奥索林斯基为代表的贵族则主张用妥协让步的方法解决乌克兰问题。9 月 23 日，波军又在庇瓦夫策战败。刚即位的国王杨二世·卡齐米日(1648—1668)采纳奥索林斯基的意见，同赫麦尔尼茨基在兹博罗夫达成了妥协(1649 年 8 月)，允许在基辅省、契尔尼哥夫省、勃拉茨拉夫省建立乌克兰统领国，由赫麦尔尼茨基任统领，在册哥萨克增加到4万名。兹博罗夫条约满足了哥萨克上层的要求，使贵族得以返回家园，而农民则继续处于被奴役的地位。

1651年6月，在波兰南部波德哈莱爆发了亚·科斯特卡—纳皮尔斯基领导的农民起义。接着，在大波兰也爆发了农民起义。赫麦尔尼茨基联合鞑靼军队，再度进攻波兰军队。6月底，波兰军队和哥萨克军队在贝雷斯泰奇科发生激战。5万多波兰军队彻底粉碎了哥萨克和鞑靼10万军队的进攻，迫使赫麦尔尼茨基在白教堂签订新的条约(9月28日)。乌克兰统领国缩小到基辅一个省，在册哥萨克减少到2万名。赫麦尔尼茨基走投无路，决定投靠俄国。

沙皇俄国对波兰怀有敌意，在1632年发动了斯摩棱斯克战争。这次战争以俄国的失败告终。根据1634年签订的波良诺夫和约，波兰仍占领着斯摩棱斯克、契尔尼哥夫、塞维尔斯克。俄国在等待时机，准备再战。

哥萨克起义爆发之初，沙皇阿列克塞·米哈伊洛维奇鉴于国内不断发生农民起义和市民起义，对乌克兰问题采取静观态度，不敢贸然发动对波战争。1654年1月，沙皇鉴于国内起义已经平息，又见波兰和乌克兰两败俱伤，决定插手乌克兰问题。1月8日，一个庞大的俄国使团来到彼列雅斯拉夫，同哥萨克代表签订了协定，乌克兰成为俄国的藩属，并向沙皇效忠。在“解放”被波兰贵族统治的同族同教的乌克兰和白俄罗斯兄弟的幌子下，俄军侵入立陶宛和乌克兰，开始了长达13年的波俄战争。

1655年，当俄军长驱直入立陶宛，进逼维尔诺，赫麦尔尼茨基的军队占领卢布林继续向西推进时，查理十世统率的瑞典军队从东西两侧进攻立陶宛和波兰。瑞军的行动阻止了俄军和哥萨克军的前进。俄国为了对付主要敌人瑞典，在 1656 年 11 月 3 日同波兰签订了停战协定。1657 年 8 月 6 日，赫麦尔尼茨基病死。1658 年 9 月，新统领杨·威霍夫斯基不愿俄国吞并乌克兰，废弃了彼列雅斯拉夫协定，同波兰订立新约，决定以“罗斯公国”的名义加入波兰一立陶宛国家。这个计划因哥萨克上层意见分歧而未能实现。鲍格丹的儿子尤里·赫麦尔尼茨基从 1659 年起接任统领，恢复了彼列雅斯拉夫协定。1660 年在结束了同瑞典的战争以后，波俄战争重新爆发。

在新的波俄战争中，波军得到鞑靼军队的帮助。1660 年 11 月 3 日，在楚德诺夫战役中，波兰鞑靼联军获得全胜，迫使俄军投降。尤里·赫麦尔尼茨基被迫承认杨·卡齐米日的宗主权。1560—1561 年，波兰军队在立陶宛战场也取得了胜利。由于双方均已疲惫，从 1664 年起开始了和平谈判。1667 年 1 月 31 日，波俄两国代表在安德鲁索沃签订了为期 13 年半的停战协定。俄国收回斯摩棱斯克、契尔尼哥夫和塞维尔斯克，乌克兰一分为二，第聂伯河左岸和基辅(开始规定 2 年，实际上永远归俄国)以及扎波罗热归俄国，第聂伯河右岸归波兰。1688 年，两国签订了“永久和约”，确认 1667 年的停战协定条款。

安德鲁索沃停战协定反映了波俄力量的消长。俄国的力量开始占上风，但是两国基本上还保持着均势。18 世纪初，俄国完全占压倒优势，波兰开始处于从属地位。

波瑞战争(1655—1660)

在三十年战争中，瑞典起着非常重要的作用。瑞典国王古斯塔夫·阿道尔夫野心勃勃，他不只要统治波罗的海，而且要打败哈布斯堡帝国，消除来自南部的威胁。波兰同瑞典的战争是三十年战争的组成部分。

1621 年 8 月，古斯塔夫・阿道尔夫统率陆海军进攻立沃尼亚，包围里加。这时候，波兰南部受到土耳其攻击，无力驰援里加守军。9 月 28 日，波兰守军弹尽粮绝，被迫投降。里加落入瑞军手中。经过 2 年休战，瑞军于 1625 年恢复军事行动，相继占领了除格但斯克、哥尼斯堡、利耶帕亚、普洛次克以外的普鲁士和立沃尼亚和德维纳河以北的立沃尼亚。经过法国等国的斡旋，瑞典和波兰在 1629 年签订了停战协定。古斯塔夫・阿道尔夫挥师南下，进入德国作战，1634 年 11 月 6 日在萨克森境内的吕岑战役中阵亡。1635 年，瑞典和波兰签订了新的停战协定。

三十年战争结束后，瑞典封建主继续为实现波罗的海统治权而斗争。1655 年，正当立陶宛和乌克兰分别为俄军和哥萨克军队占领，波兰共和国到了生死存亡关头的时候，瑞典国王查理十世统率的 4 万瑞军从立沃尼亚和波莫瑞进攻波兰，开始了波兰历史学家称为第二次北方战争的波瑞战争(1655—1660)。

瑞军的入侵没有遭到波军的严重抵抗。一部分波兰贵族妄想借助瑞典的帮助来收复立陶宛和乌克兰。立陶宛大贵族甚至主张立陶宛同瑞典合并。大波兰贵族民团在 1655 年 7 月 25 日，战败投降。波兹南和首都华沙相继陷落。只有在克拉科夫遇到顽强抵抗。10 月 19 日，克拉科夫沦陷。波兰国王杨・卡齐米日逃往西里西亚。侵略军的烧杀、抢劫，激起了广大人民的爱国主义抗战热潮。全国上下同仇敌忾，波兰的形势大变。

广大农民、市民和贵族自发地组织游击队，到处袭击侵略军。1655 年 11 月，波兰军民在琴希托霍瓦天主教圣地明山保卫战争中获得了胜利。国王在奥波莱号召全国人民奋起抗战,赶走侵略者。1656 年初,国王回到波兰。他在利沃夫任命在抗战中建立奇功的斯蒂凡·查尔涅茨基为副统领,全权指挥抗战,进一步动员全国人民抗战,许诺免除农民的封建义务。查尔涅茨基把正规战和游击战结合起来,不断战胜敌人,解放了祖国大片土地。1656 年 6 月 30 日,光复了首都华沙。查理十世勾结勃兰登堡选帝侯腓特烈·威廉,许诺把大波兰送给勃兰登堡。经过 3 天激战,首都被瑞典勃兰登堡联军攻陷。

查理十世知道不能征服波兰,于是提出了瓜分波兰的计划。1656 年 12 月 6 日,瑞典、勃兰登堡等国在特兰西瓦尼亚的拉德诺特签订了瓜分波兰的条约。王国普鲁士(东波莫瑞)、库雅维、玛佐夫舍北部、日姆兹和立沃尼亚归瑞典。勃兰登堡将获得大波兰,普鲁士公国成为独立国家。乌克兰由赫麦尔尼茨基统治。波兰的东南部归特兰西瓦尼亚大公拉科奇。立陶宛大贵族鲍古斯瓦夫·拉齐维尔将得到诺沃格罗德省。由于俄国、德意志皇帝和丹麦、荷兰的反对,该条约未能实现。这时候,俄国、丹麦和荷兰都已加入了同瑞典的战争。

1657 年初,特兰西瓦尼亚军队侵入波兰,大肆破坏掠夺。波兰军队在奥地利军队的帮助下,把拉科奇赶出国门。在奥地利外交的干预下,勃兰登堡停止了同瑞典的合作。1657 年 9 月,波兰同勃兰登堡订立了韦拉瓦—比得哥煦条约,普鲁士公国摆脱了同波兰的臣属关系,成为独立国家。

1658 年,勃兰登堡站在波兰和奥地利一边同瑞典作战。1660 年初瑞典寡不敌众,在法国的斡旋下,开始同波兰在格但斯克附近的奥利瓦进行和平谈判。5 月 3 日,签订了和约。和约恢复了原先两国的边界，波兰仍据有库尔兰和里夫兰的东南部，瑞典承担义务保证波罗的海的贸易自由，波兰则保证王国普鲁士新教徒的宗教自由。波瑞战争结束了半个世纪的波瑞冲突。波兰丧失了大部分立沃尼亚和对普鲁士的宗主权，领土受到严重破坏，人口大减。这次战争以“洪水”载入波兰史册。

波土战争(1672—1699)

17 世纪初，波土关系日益紧张，导致波土战争的原因有三：第一，克里木鞑靼人和扎波罗热哥萨克对对方边境城镇的袭击愈演愈烈，在 1613—1620 年间达到顶点，造成了双方生命财产的巨大损失；第二，波兰大贵族对摩尔多瓦和瓦拉几亚两公国的干涉，引起了土耳其苏丹的不满，为了巩固奥斯曼帝国在摩尔多瓦的统治，必须排除波兰的干涉；第三，波兰在三十年战争中站在哈布斯堡帝国一边，促成了波土战争的爆发。

1620 年，波土爆发战争。10 月，波军在策佐拉(摩尔多瓦境内)战役中战败，统领斯坦尼斯瓦夫·茹凯夫斯基阵亡。1621 年 10 月，波军在霍奇姆获胜，双方签订了和约。

1669 年，米哈乌·科雷布特·维希尼奥维茨基当选为波兰国王(1669—1673)。他娶哈布斯堡王朝的公主为妻，进一步靠拢奥地利。1672 年 10 月，土耳其利用右岸乌克兰混乱，乘机入侵波兰。波兰南部要塞卡敏涅茨—波多利亚被土军攻陷。土军继续向波兰南部推进。根据 10 月 18 日在布恰奇订立的和约，波兰承认土耳其在乌克兰占领的土地。1673 年，波兰议会决定增加赋税，把军队扩大到 5 万名。同年 11 月 11 日，波军在杨·索别斯基的统率下在霍奇姆战役中取得辉煌胜利。不久，国王米哈乌病死。杨·索别斯基当选为国王，称杨三世(1674—1696)。1676 年，杨三世在德涅斯特河畔的茹拉夫诺又战胜土军。他鉴于波兰财政困难,同土耳其签订了停战协定。由于大贵族不愿放弃乌克兰的失地,战端重起。

1682年,匈牙利爆发了特克利领导的反哈布斯堡起义,土耳其苏丹派10万大军来援,维也纳告急。1683年4月1日,波兰和奥地利订立了防御同盟,组成了一支7万人的联军(其中波军25000人),由杨三世指挥。9月12日,两军在维也纳近郊进行决战。联军大捷,土军死1万余,维也纳之围遂解。

1684年3月5日,波兰同奥地利、威尼斯、罗马教廷缔结了反土耳其的"神圣同盟"。战争又延长了15年。1686年,波兰又同俄国结成反土同盟,俄国加入了军事行动。1699年1月26日,在英国和荷兰的斡旋下,交战双方在卡尔洛瓦茨签订了和约。波兰收复了卡敏涅茨—波多利亚和基辅省、布拉茨拉夫省等全部失地。经过长期战争,土耳其元气大伤,失去了北上扩张的能力。波兰在对土战争中作出了重大牺牲,保卫了中欧各国的安全,鼓舞了巴尔干各族人民摆脱土耳其统治的民族解放斗争。

波兰和第三次北方战争(1700—1721)

1697年,萨克森选帝侯韦丁家族的奥古斯特当选为波兰国王,称奥古斯特二世(1697—1733),在波兰历史上开始了为期67年的萨克森时期。

奥古斯特二世力图巩固韦丁家族在波兰的统治,并以此来扩大在德国的影响。他希望通过从瑞典手中夺回立沃尼亚失地的办法来加强波兰和萨克森的联合。这时候,丹麦国王(与奥古斯特二世有姻亲关系)同瑞典在霍尔施坦归属问题上发生争端并且感受到瑞典包围的威胁,急于建立一个反瑞典的同盟。丹麦国王的要求正好符合俄国沙皇彼得一世欲求打开波罗的海出海口而同瑞典开战的愿望。1698年初，萨克森、丹麦和俄国就建立反瑞典的北方同盟进行了谈判。1699年，北方同盟正式成立。

1700年初，丹麦军队进攻霍尔施坦，萨克森军队进攻里加；8月，俄军包围纳尔瓦。长达21年的第三次北方战争爆发。丹麦进攻失败，在荷兰和英国的压力下，被迫同瑞典议和。年仅18岁的瑞典国王查理十二世率军队击溃了萨克森军队和彼得一世指挥的俄军，长驱直入波兰境内，占领了华沙、波兹南和克拉科夫等主要城市。

奥古斯特二世发动这场战争不符合波兰国家的利益，遭到许多贵族的反对。东部大贵族在签订了卡尔洛瓦茨和约后，认为俄国是波兰的主要敌人，而西部贵族则日益感到勃兰登堡—普鲁士的威胁。1704年7月12日，在查理十二世的指挥下，一部分贵族在华沙结成同盟，废黜了奥古斯特二世，选举波兹南督军斯坦尼斯瓦夫·列什琴斯基为国王。受到俄国支持的忠于奥古斯特二世的贵族则在散多梅希结成同盟。不久，奥古斯特二世离开波兰回到萨克森。在瑞军主力进入波兰国土的时候，彼得一世改组了军队，占领了立沃尼亚许多重要港口。1703年，在涅瓦河三角洲开始建造新都，名叫圣彼得堡。1704年8月30日，彼得一世和波兰贵族代表在纳尔瓦签订条约。波兰正式加入战争，俄军可以进入波兰作战。彼得一世许诺波兰在战后将获得里夫兰。波兰贵族分裂为两个对立的阵营，外战和内战交织在一起，中央政权瘫痪，无政府状态发展到顶点。

正当波兰处于战争和混乱状态的时候，迅速强大的勃兰登堡—普鲁士向波兰提出了领土要求。1701年，勃兰登堡选帝侯、普鲁士大公腓特烈利用奥地利忙于准备西班牙王位战争(1702—1713)无暇干涉之机,在哥尼斯堡加冕为普鲁士国王,称腓特烈一世。普鲁士国王垂涎东波莫瑞和库尔兰,从1709年起不断向俄国沙皇和瑞典国王提出瓜分波兰的建议。

1707年夏,查理十二世统率4万大军从萨克森经波兰向俄国进发。1708年6月,查理十二世的军队突破俄国西部边界进入乌克兰,试图同反叛俄国的左岸乌克兰的统领伊凡·马泽帕会师。1709年6月,彼得一世率俄军同查理十二世的军队在波尔塔瓦进行决战。查理大败,同马泽帕率残部逃入土耳其境内。波尔塔瓦战役是欧洲国际关系史的转折点。瑞典从此从欧洲列强的名单中勾销,俄国进入了欧洲强国的行列,波兰则成为俄国的附庸。

波尔塔瓦战役后,奥古斯特二世重新登上波兰王位。列什琴斯基逃往什切青。1713年,普鲁士乘机占领什切青。1729年,在什切青市长奥古斯特·安纳尔特—策尔布斯特的家里,降生了一名女婴,名叫索菲娅,这就是后来的俄国女皇叶卡特琳娜二世。

奥古斯特二世力图巩固王权,企图建立君主专制制度,遭到3个邻国(俄国、普鲁士和奥地利)和贵族的反对。1713年,他把萨克森军队开入波兰,企图强行建立萨克森专制制度,引起了波兰贵族的反抗。1715年,内战爆发。在彼得一世的干预下,结束了国内战争。1716年11月,奥古斯特二世和波兰贵族在华沙召开的会议上签订了条约,重申萨克森和波兰的关系只是王朝联合,限制了萨克森大臣的权力。奥古斯特二世加强王权的努力彻底失败。彼得一世是华沙条约的仲裁人和保证人。从这时起,俄国以“保护人”的身份,不断干涉波兰内政。为了保持波兰腐朽的政治制度,俄国勾结普鲁士于1720年在波茨坦签订协定,共同保证波兰的政治制度不变。1726 年,奥地利也加入这个协定。

1720 年,北方战争结束。1721 年,俄国和瑞典在芬兰的尼什塔特签订了和约。波兰代表被拒绝参加和会。俄国背信弃义,独占了全部胜利果实,拒不把里夫兰交给波兰。这次战争使经过几十年恢复的波兰经济又遭到严重破坏。波兰已经积弱不堪,成为强大邻国任意摆布、任意宰割的对象。波兰的灭亡已经为期不远了。

第三节　大贵族统治下的波兰

自由否决权

随着大贵族经济力量的增长,中等贵族逐渐被排挤出政治舞台。17 世纪后半期,争夺政权的斗争主要在国王和大贵族之间展开。斗争的结果是大贵族获得胜利,建立了大贵族寡头统治。

乌克兰起义、农民起义、俄国的侵略和瑞典的入侵,威胁着波兰封建贵族地主阶级的统治。大贵族和国王面临着抉择:是整顿、改革国家政治制度还是让贵族民主制恶性发展使中央政权瘫痪?

国王杨二世·卡齐米日不满波兰的贵族民主制,力图改革,消除弊端。但是他的计划由于大贵族的反对而未能实现。后来的国王杨三世·索别斯基也进行了这种尝试,奥古斯特二世甚至想建立君主专制制度,但均告失败。

1652 年,当全国议会在华沙召开的时候,立陶宛大贵族雅努什·拉齐维尔的代理人瓦·西青斯基反对多数议员通过的关于延长议会会期的决议。他的反对遭到许多议员的谴责,但被认为是合法的。这样,开创了波兰历史上只要一个议员反对,议案就无法成立的先例，这就是自由否决权。自由否决权使波兰最重要的权力中心议会处于瘫痪。自由否决权反映了大贵族在政治上的保守和反动。大贵族为了维持自己的特权，反对一切改革，经常使用自由否决权。从 1652 到 1764 年的 100 多年里，召开了 71 次议会，中断了 42 次，约占 60%。[①]

杨二世曾提出取消自由否决权和加强王权的具体措施。为了避免王位空缺和在王位空缺时引起的政治混乱，王后路易·玛丽亚（出身于法国王室）还提出在国王在世时选举王位继承人。1661 年，国王和王后的建议被提交议会讨论。杨二世向议员们发出警告：如果波兰不解决王位继承问题而且保持王位空缺，有朝一日，俄国将夺走立陶宛和罗斯（乌克兰），勃兰登堡和奥地利将瓜分波兰。[②] 大贵族们不听国王的忠告，否决了国王和王后的提案。

这一年，大贵族卢博米尔斯基等人拉党结派，公然在华沙组织反对国王的军事政治同盟。接着，在立陶宛也组织了同样的同盟。1662 年，卢博米尔斯基被逐出波兰。1665 年，他从西里西亚进入波兰，发动了反对国王的叛乱。许多大贵族站在卢博米尔斯基一边反对国王。内战进行了 3 年。1668 年，杨二世被迫退位，偕王后离开波兰前往法国。大贵族控制了波兰。

地方议会权力的增长

全国议会是波兰政权的中心，它的权限非常广泛，除立法权（包括纳税、确定军队员额）外，还有权监督国王和政府官员、授予本国和外国公民贵族称号。17 世纪末，国王还被剥夺了派遣驻外

---

① 约·盖洛夫斯基：《波兰史（1505—1764）》，第 352 页。

② 同上，第 354 页。

使节和接受外国使节的权利。17 世纪波兰议会的权力是任何其他欧洲国家所没有的。尽管这样,波兰的权力中心却很奇怪地从全国议会转向地方议会(省议会和县议会)。

地方议会和全国议会一样,逐步为大贵族控制。地方议会选出参加全国议会的议员都带有该地方议会的指示书。议员必须根据指示书进行活动而不能有任何违背。所以国家的重大事务不是由全国议会而是由地方议会决定。全国议会的议员(主要是众议员)不是一个独立的统一体,而是各地方议会的总和。波兰议会制度的这种畸形发展加上全体一致的表决原则,使国家机器处于瘫痪。

大贵族在同国王的斗争中获得胜利后,开始了各集团之间的斗争。各集团纷纷寻找外国的帮助,为外国势力的干涉扫清了道路。1669 年的国王选举,是一场法国和哈布斯堡争夺波兰的斗争。米哈乌·科雷布特·维希尼奥维斯基的当选,意味着哈布斯堡的胜利。这个国王是历代波兰国王中最无能的。他成为亲奥派大贵族的傀儡。1674 年,杨·索别斯基当选为国王则是法国的胜利。1697 年,萨克森韦丁家族的奥古斯特当选为波兰国王则是俄国的胜利。

第四节　波兰经济的衰退

农业生产的下降

17 世纪后半期,波兰经济出现了欧洲国家少有的衰退现象,经济衰退延续到下一个世纪的头 20 年。这是由多方面原因造成的。最主要的原因是劳役制庄园经济引起的农民的贫困化和劳动生产率的降低。战争的严重破坏和人口的减少以及农产品价格的下降，则加速了封建经济瓦解的过程。

从 1648 到 1720 年，在波兰的国土上一直进行着战争，特别是 1655 到 1660 年和 1700 到 1720 年的两次北方战争，对波兰经济的破坏尤为严重。经过 1655—1660 年的战争，大波兰城市的房屋被焚毁 60%，玛佐夫舍城市人口减少了 70%，东波莫瑞有 1/3 农村被彻底破坏，全国人口减少了 1/3，降到 600 万到 700 万。到 17 世纪末，人口逐渐上升，经过新的战争，到 1725 年，人口又降到 700 万。①

战争的破坏和农民的贫困化引起了农业生产的急剧下降。战后农业产量仅为战前的 40%。16 世纪后半期，四种谷物的平均产量为种子的 4 倍，到 17 世纪后半期和 18 世纪前半期，下降到 3.3 倍，直到 18 世纪中叶以后，农业生产才逐渐回升，达到 4.3 倍。17 世纪的农业衰退，扩大了波兰同西欧国家的差距。18 世纪中叶尼德兰、英国和法国谷物的产量分别为种子的 7.5—13 倍、4.6—9.8 倍、6.7 倍。②

由于欧洲许多国家农业生产的发展，粮食价格不断下降。以格但斯克的黑麦价格为例：如果 1641—1650 年的价格为 100，则以后每隔 10 年的价格为 118、97、80、61、102。③ 与此同时，进口的纺织品、奢侈品的价格则远远高于出口农产品的价格。这对于波兰贵族是严重的打击。

波兰的粮食还受到俄国和英国粮食的竞争。从阿尔汉格尔斯

---

① 约·盖洛夫斯基：《波兰史(1505—1764)》，第 267—269 页。

② 雅·塔齐比尔主编：《17 世纪的波兰》，1977 年华沙版，第 93—94 页。

③ 耶日·托波尔斯基：《波兰史纲》，第 343 页。

克运到阿姆斯特丹的俄国粮食不断增加。17 世纪和 18 世纪之交，英国的小麦成为波兰谷物的主要竞争者，而在 18 世纪第二个 25 年，英国的粮食出口超过了经格但斯克出口的波兰粮食。波兰的粮食出口不断下降。17 世纪前半期每年平均为 58000 瓦什特，17 世纪后半期下降到每年 32000 瓦什特，18 世纪初又下降到 10000 瓦什特。[①] 波兰粮食出口的锐减也反映了波兰农业的衰退。

贵族为了增加收入不断增加农民的劳役时间。农民贫困潦倒，失去了对生产的兴趣，引起了农业生产的恶性循环。一部分贵族开始放弃劳役，转而使用雇佣劳动或施行代役租经济。在西部地区，贵族大规模饲养家畜，建造羊舍，发展毛织业。大波兰的毛织品，不只供应本地，而且行销西里西亚、波莫瑞和荷兰、英国、法国。

城市的衰落

17 世纪波兰经济衰退的另一个表现是城市的衰落和 16 世纪建立的具有资本主义因素的手工工场的消失。这种现象是欧洲特有的，它大大推迟了资本主义关系的形成过程，扩大了同西欧国家的差距。

是什么原因促成这种现象的产生？毫无疑问，这也是劳役制庄园经济产生的恶果。农民因贫困而减少甚至中断了同市场的联系。贵族因使用进口商品也很少同市场发生联系。国内市场的萎缩是手工工场和城市手工业倒闭的重要原因。城市手工业者和工匠无以为生，不得不到郊区或农村务农，出现了城市农业化的反常现象。这种现象在小波兰和东部地区尤为突出。除格但斯克和首

---

① 约·盖洛夫斯基：《波兰史(1505—1764)》，第 275 页。

都华沙较快地恢复了手工业生产外，其他城市（如克拉科夫）久久不能恢复。

只有采矿业和冶金业由于战争的需要而没有衰落。杨三世在位时期，在基埃尔策修建了大型的炼铁炉。波兰的大炮是当时欧洲比较先进的武器。盐矿经过改建，扩大了生产，除供应本国需要外，还大量运销西里西亚。

城市恢复缓慢的一个重要原因是缺乏一个鼓励工商业发展的稳定政策。在17世纪的历届议会上，国王曾多次提出重商主义的原则。奥古斯特二世几乎在每次议会上提出保护工商业、实行保护关税的建议。但是传统的优先考虑贵族利益的保守主义政策使重商主义政策无法实现。

第五节　17世纪的波兰文化

社会经济的衰退也反映在文化方面。17世纪和18世纪前半期是波兰文化走下坡路的时期。文艺复兴时期的文化繁荣景象荡然无存。

由于城市的衰落，在文艺复兴时期起过积极作用的市民退出了文化阵地。大贵族和天主教会垄断了文化。17世纪和18世纪初在西欧文化史上是巴洛克时期。巴洛克艺术的故乡是意大利，它的特点是追求形式的多样性，给人以幻想和神秘的感觉，脱离理性和现实，同文艺复兴时期艺术的和谐风格适成鲜明的对照。巴洛克文化和波兰传统的、保守的贵族文化结合在一起，形成了萨尔马特巴洛克文化。萨尔马特文化是17世纪波兰大贵族的生活方式、风俗习惯和思想意识的总称，其特点是保守、排外、宗教狂热，其政治内容是保卫贵族民主制和贵族的“黄金自由”。

萨尔马特人是古代从亚洲迁移到波罗的海南岸的游牧民族，酷爱自由，骁勇善战。法国编年史家弗洛多阿尔德(卒于966年)最早提出斯拉夫人的祖先是萨尔马特人。17世纪，波兰历史学家马切依·梅霍维塔和马尔钦·克罗梅尔认为斯拉夫人的祖先是萨尔马特人，而且只有波兰贵族继承了萨尔马特的民族性。萨尔马特主义成为波兰贵族向东方扩张的理论。马尔钦·帕什科夫斯基在《萨尔马特人的援兵》一书中论证了波兰人对奥卡河、伏尔加河和顿河一带领土的继承权，因为俄罗斯人是萨尔马特人的旁支，无权继承古代萨尔马特人的领土，为波兰贵族和齐格蒙特三世帮助伪季米特里、武装干涉俄国制造历史根据。

萨尔马特主义宣传波兰人是上帝的选民，鼓吹笃信上帝、反对国王、反对改革、保卫波兰共和国和基督教文明是波兰人的神圣使命，为反对国王的贵族叛乱辩护。贵族作家瓦兹瓦夫·波托茨基等人在他们的作品里歌颂霍奇姆战役和维也纳战役的伟大胜利，表彰杨三世·索别斯基的不朽功绩，宣称波兰是基督教世界的中流砥柱和新的罗马。由于外国入侵频繁，国土屡遭蹂躏，一部分贵族产生了排外情绪，主张拒绝一切外国的东西，把一切外国人赶出波兰。这种主张遭到国王的许多贵族的反对。

17世纪和18世纪初，波兰的宗教生活发生了很大变化。欧洲反宗教改革的胜利，在不同的国家有不同的表现。在西班牙，天主教会和国家紧密合作，通过强硬的手段，恢复了天主教的绝对统治。在法国，暂时容许其他宗教同天主教并存，通过比较温和的手段，恢复天主教会的绝对统治。波兰的情况同法国相近。17世纪后半期，伴随着经济衰退、军事失败和政治紊乱，在波兰贵族中出现了宗教狂热。天主教会和贵族把国家的不幸归咎于“异端”，把非天主教徒看作“内部敌人”，鼓吹天主教是波兰民族的标志，凡波兰公民必须信仰天主教。1658年，波兰议会通过了把阿里安教徒驱逐出国的决定。除少数皈依天主教外，有数百名阿里安教徒被赶出波兰，流亡到特兰西瓦尼亚和普鲁士。1673年，议会决定，不再授予非天主教徒以贵族称号。1689年，贵族卡齐米日·韦什琴斯基因坚持无神论被处死。1724年，以市长杨·哥特弗列德·罗斯纳尔为首的10名托伦新教徒因破坏耶稣会寺院被处死。加尔文教徒和路德教徒受歧视，俨如二等公民。同西欧一些国家相比，异教徒所受的迫害还算是轻的，在波兰没有设立宗教裁判所，更没有发生大规模处死异教徒的暴行。但17世纪后半期波兰天主教会迫害异教徒的行径毕竟是波兰历史上黑暗的一页。

17世纪和18世纪前半期是天主教势力迅速膨胀的时期。从下表[①]天主教寺院和修士、修女数量的激增可以看到这种膨胀。

年　份	1600	1650	1700	1772
寺院数	258	565	785	1036
修士数	3600	7500	10000	14500
修女数	840	2760	2865	3211

17世纪和18世纪前半期也是教堂建筑的繁荣时期。巴洛克式的建筑物在克拉科夫、华沙和其他各地大量出现。1605年在克拉科夫建造的耶稣会教堂是巴洛克建筑艺术的楷模。它是由波兰最著名的建筑家杨·特列瓦诺设计建造的。教堂的外形宏伟壮

① 约·盖洛夫斯基：《波兰史(1505—1764)》，第403页。

丽，内部的装饰五彩缤纷，其中有油画和雕有安琪儿和鲜花的石膏像，就建筑技巧而言，堪与罗马的巴洛克教堂建筑相媲美。波兰宰相兼统领杨·扎莫伊斯基仿照这个教堂的建筑式样，聘请威尼斯建筑师贝纳特·莫兰多在自己的家乡扎莫什奇修建了豪华的教堂。这些巴洛克式的教堂，具有一种新奇的、变幻的、动态很大的建筑艺术，造成强烈的光影变化和明暗对比，用断折的檐口和畸形的山墙、扭曲的柱子、摇摇欲坠的雕像非理性地破坏建筑的构造逻辑，以造成虚幻的、令人吃惊的意外效果。这种效果把人带到远离现实生活境界中去，便于神甫们在教徒中燃起对天国的向往。

瓦萨王朝的两个国王齐格蒙特三世和瓦迪斯瓦夫四世是虔诚的天主教徒，对华沙的王宫和教堂建筑作出了很大贡献。1595年，克拉科夫的瓦韦尔宫发生两次火灾。1596年，齐格蒙特三世为了使首都接近立陶宛，决定迁都华沙。华沙原来是玛佐夫舍王公的都城。宫廷的建筑是哥特式和文艺复兴式的。齐格蒙特三世不惜巨资，按巴洛克建筑艺术在华沙扩建王宫并增建教堂。他从罗马、那不勒斯、威尼斯、佛罗伦萨购买了大批名画，聘请了许多意大利名画家，在王宫建立了画廊，使王宫成为全国的艺术中心。但是这些艺术珍品大多在瑞典入侵时被战火焚毁，保留下来的在18世纪初被彼得一世运往俄国。瓦迪斯瓦夫继续扩建王宫，在王宫广场建造了宏伟的齐格蒙特三世的圆柱。圆柱高30米，国王的全身像用青铜铸成，气势轩昂，令人肃然起敬。

由于反宗教改革的胜利，教育事业受到严重破坏。学校几乎为天主教会，特别为耶稣会所控制。小学的数量减少了一半。在克拉科夫主教区有375所小学，约有40%的乡村教堂有自己的学校。中学的数量锐减，只有华沙、克拉科夫、波兹南等少数城市有中学。大学除克拉科夫大学外，在扎莫什奇、维尔诺和利沃夫各有一个学院，后两个是耶稣会办的。在校青年追求教会官职，学习经院哲学，教学水平大大降低。这个时期，文盲人数增加了。据估计，18世纪初在波兰东南部会用波兰文写字的占大贵族的72%，占中等贵族的60%，占市民的56%，占小贵族和农民的8%。[①] 广大群众把日历当作读物，因为日历上有生活上和自然界各种现象的说明，其中颇多迷信和偏见。

由于天主教会和耶稣会的灌输，群众变得愚昧无知。宗教狂热猖獗一时，许多现象被解释为"上帝的安排"和"魔鬼的活动"，如果女人被认为与魔鬼有联系，就会被毒打，甚至处死。

---

① 耶日·托波尔斯基：《波兰史纲》，第357页。

第六章

启蒙和改革时期的波兰

(1733—1795)

第一节　18世纪的欧洲和波兰

18世纪的欧洲形势

西班牙王位战争(1702—1713)和北方战争(1700—1721)结束以后,欧洲形势发生了很大变化。俄国、普鲁士和英国的作用大大增加,法国在欧洲的绝对地位动摇了。如果18世纪初欧洲强国的排列次序是法国、奥地利、英国、荷兰和瑞典,那么18世纪后半期的排列次序应为俄国、奥地利、普鲁士、法国和英国。英法两国争夺海上交通和殖民地的斗争成为西欧的主要矛盾,16、17世纪法国同哈布斯堡的冲突降居次要地位。法国停止了联合瑞典、波兰和土耳其的反奥地利政策。英法两国是欧洲最富裕的国家,为了争夺海上霸权,不惜耗费巨资,进行着旷日持久的战争,无暇顾及俄国和普鲁士力量的迅速膨胀。在奥地利王位战争(1740—1748)中,普鲁士打败了奥地利,夺得了西里西亚,开始向德意志霸权进军。奥地利巩固了在中欧的统治,把全部匈牙利纳入自己版图,不断向巴尔干扩张。但是,经济力量并不始终同军事力量伴随在一起。经济落后的俄国在七年战争(1756—1763)中一举击败普鲁士,成为欧洲第一军事大国。

18 世纪中叶,欧洲五强的军事实力如下:俄国和奥地利各拥有陆军 30 万;普鲁士拥有陆军 20 万;法国在西班牙王位战争期间,总兵力达到 40 万,此后兵力不断减少,到 1789 年大革命爆发,兵力一直在 15 万到 18 万之间;英国的陆军约 2 万到 4 万人,战时可动员到 10 万至 15 万人。[①] 此外,英国和法国还拥有强大的海军。上述五强决定着欧洲的命运。18 世纪中叶形成的这种政治格局,一直保持到第一次世界大战。

受三个强国包围的波兰

18 世纪中叶,波兰受到三个邻国俄国、普鲁士和奥地利的包围。这三个国家的总兵力为 80 万,而波兰只有 1 万人的军队,随时有被邻国瓜分和灭亡的危险。

普鲁士最主要的领土要求是吞并介于普鲁士和勃兰登堡之间的格但斯克波莫瑞,在占领西里西亚以后,又要求获得大波兰。在三个邻国中,普鲁士最关心保持波兰的无政府状态。普鲁士国王腓特烈二世(1712—1768)深知,就领土、人口、财富而言,波兰都比普鲁士强大,如果波兰革新强大,普鲁士将不能成为东欧的强国。这个昔日波兰的附属国最先提出瓜分波兰的建议。

但是,普鲁士不是最强大、最有发言权的波兰邻国。在波兰问题上最有发言权的是最强大的东方邻国——俄国。波俄两国长期

---

① 鲍古斯瓦夫·莱什诺多尔斯基主编:《启蒙时期的波兰》,1971 年华沙版,第 20—22 页。

处于交战状态，其力量对比有一个消长过程。1686 年和约以后，两国处于和平和均势状态。18 世纪初的北方战争，使波兰沦为俄国的附庸。论实力，俄国可以在“解放”的幌子下，像 1654 年那样发动侵波战争，蚕食波兰的东部领土。但是，俄国拒绝了普鲁士瓜分波兰的建议。因为，俄国当时扩张的方向是波罗的海和黑海。俄国对库尔兰感兴趣，但并不想立即占有它，而是使它处于俄国的保护之下，在名义上仍然是波兰的属国。俄国决心使俄国人成为库尔兰大公，使俄国的军队能在库尔兰自由通行。从彼得一世(1682—1725)到叶卡特琳娜二世(1762—1796)，瓜分不是俄国的政策，对波兰实行“保护”才是俄国的政策。

波兰的第三个邻国奥地利，较少侵略野心。它既不想瓜分，也没有想当保护人的野心。它为西部、南部和东部的事情而操心，希望在北部保持和平，而波兰的混乱正好保证了北部的安宁。奥地利不愿意俄国过分强大，不喜欢波兰过于库尔兰化。它为失去西里西亚而耿耿于怀，希望得到某种补偿。而当瓜分波兰已经不可避免的时候，奥地利这个最少侵略野心的波兰邻国一变而为最先动手瓜分波兰的侵略者。

除了俄普奥三个邻国外，波兰还有一个邻国，这就是东南部的土耳其。北方战争是波土关系的转折点。土耳其不只放弃了对波兰的侵略野心，而且对波兰的处境深表同情，对俄国的强大深感害怕。当 1711 年彼得一世在普鲁特河被土军团团围困而被迫签订条约时，被迫接受不干涉波兰内政和俄军从波兰撤退的承诺。每当波兰国内出现反俄力量时，土耳其总是支持反俄力量。

法国力图使它的候选人登上波兰王位，把原来用来对付奥地利的同瑞典、波兰和土耳其的结盟政策，用来抑制俄国的扩张。但是它的努力不断被俄国挫败。

18世纪，由于英波贸易额的减少，英国对波兰越来越不感兴趣。只有在俄英关系紧张时，英国才对波兰问题发生兴趣。

总之，在欧洲五大国中，只有三个邻国决定着波兰的命运。当三个邻国彼此发生冲突时，法国会对波兰问题发生一定影响。但是没有任何外部力量能够阻止三个邻国在波兰问题上的共同行动。

第二节　第一次瓜分(1772)

波兰王位继承战争(1733—1735)

奥古斯特二世在晚年的时候，曾经为了把王位传给儿子和加强韦丁家族对波兰的统治，不惜把一部分波兰领土让与三个邻国，宫廷上下、大贵族权贵无不为了个人或小集团的利益而尔虞我诈。奥古斯特二世晚年和奥古斯特三世在位时期，被历史学家们认为是波兰历史上最黑暗的时期。

奥古斯特二世死于1733年。他生前希望把王位传给他的儿子腓特烈·奥古斯特。鉴于韦丁王室的腐败，波兰大多数贵族在法国军队的保护下，于9月12日齐集华沙郊区沃拉，选举在北方战争时期反对奥古斯特二世的斯坦尼斯瓦夫·列什琴斯基为国王。列什琴斯基是法王路易十五的岳父，法国大使馆全力促成他的当选。德累斯顿宫廷为了使小奥古斯特成为波兰国王，乃求助于彼得堡和维也纳，同意把库尔兰交给俄国女皇安娜·伊凡诺芙娜的宠臣比隆。10月5日，在俄国军队的保护下，一部分贵族也在沃拉选举小奥古斯特为国王，并在克拉科夫举行了加冕礼，称奥古斯特三世(1733—1763)。这样，在波兰又出现了(第一次在北方战争期间)两个国王,开始了争夺王位的战争。

在俄军占优势的情况下,斯·列什琴斯基退到格但斯克,等候法国的援军。法国只派来一支小部队。格但斯克居民勇敢地保卫合法选举的国王。在俄军和萨克森军队的联合攻击下,格但斯克于1734年5月29日陷落。斯·列什琴斯基逃往普鲁士。法国知道敌不过强大的俄军,把主力用来对付俄国的盟国奥地利,希望在莱茵和意大利得到好处。1735年,双方在维也纳签订了和约,列什琴斯基正式放弃波兰王位。波兰王位继承战争结束。1737年,奥古斯特三世为了酬谢俄国的帮助,把库尔兰公国送给女皇安娜·伊凡诺芙娜的宠臣比隆。

奥古斯特三世在位时期,宫廷宦官篡权,政治更加黑暗腐败。行贿受贿,里通外国成为司空见惯的现象。七年战争期间,外国军队在波兰通行无阻,波兰成为他们的旅店。“波兰靠混乱维持着”,这句话反映了当时波兰政治形势的特点。

最初的革新运动

1763年10月5日,奥古斯特三世病故。亲俄国的大贵族奥古斯特·查尔托雷斯基及其家族希望叶卡特琳娜二世同意他的儿子阿达姆继承波兰王位。但是俄国女皇却选中她的情夫、查尔托雷斯基的外甥、32岁的斯坦尼斯瓦夫·波尼亚托大斯基为国王候选人。1764年9月6日,在俄国军队的包围下,波兰议会在华沙召开,斯坦尼斯瓦夫·波尼亚托夫斯基当选为波兰国王并在华沙举行了加冕典礼,称斯坦尼斯瓦夫·奥古斯特·波尼亚托夫斯基(1764—1795)。

新的国王有高度的文化素养和广泛的社会知识,但遇事优柔寡断,缺乏坚强的意志和恒心。在1755—1758年间,他曾作为波兰驻彼得堡使节，结识了当时的大公主叶卡特琳娜，与她有一段罗曼史，并生有一女。叶卡特琳娜二世选中自己的前情夫为波兰国王，满以为可以如意指挥他。但波尼亚托夫斯基是一个爱国者，在欧洲启蒙思想的影响下，他希望在女皇和查尔托雷斯基家族的支持下，实行改革，消除弊政，仿照邻国“开明专制”的榜样，在波兰建立“开明共和国”。他任用革新派安德烈·扎莫伊斯基为宰相，开始了最初的革新运动。

波兰国王斯坦尼斯瓦夫·奥古斯特·波尼亚托夫斯基

在 1764—1766 年间，根据扎莫伊斯基的革新纲领，进行了若干改革：限制了自由否决权，开始实行多数通过的表决原则；整顿财政，废除了私人关税，实行统一的关税；扩充军队，建立骑士学校，以培养军事人才；发展工商业，改善城市地位等。国王和宰相的改革，引起了大贵族保守派的反对。1767 年 6 月，大贵族保守派在腊多姆结成同盟，向叶卡特琳娜二世告状，请求她出面制止波兰的改革，以保持贵族的“黄金自由”。

1767 年秋，叶卡特琳娜二世伙同腓特烈二世，通过他们驻华沙大使，要求波兰议会通过异教徒权利平等法案。波兰是一个多民族国家，宗教问题比较复杂。波兰人和立陶宛人信奉天主教，居住在东部的白俄罗斯人和乌克兰人信奉东正教，居住在西北部的波兰市民和少数德意志人信奉路德宗。同欧洲其他国家比较，波兰在宗教问题上是比较自由的。当犹太教徒在欧洲所有其他国家遭到迫害时,他们在这里找到了避难所。18 世纪中叶,波兰有 75 万犹太人,他们信奉犹太教,有 3/4 居住在城市。但在萨克森时期,异教徒的权利受到限制,他们在政府中不能担任公职,不能参与议会政治。异教徒的权利平等问题本来也是革新派改革的一个内容。国王打算在解决了自由否决权等重大问题后再解决这个问题。但是,俄国和普鲁士利用宗教问题却是别有用心的。恩格斯指出:"信教自由——这就是为了消灭波兰所需要的字眼"。[①] 俄国和普鲁士的粗暴干涉,引起了许多议员的激烈反抗。俄国大使莱普宁逮捕了几个为首的反对者并把他们流放到俄国内地。安·扎莫伊斯基辞去宰相职务以示反抗。1768 年 3 月,波兰议会在俄军的包围下,通过了异教徒权利平等法案和更为重要的"基本法"(包括自由否决权和自由选王制等)。这样,由于俄普两国的干涉,最初的革新运动被破坏了。

第一次瓜分(1772)

1768 年议会的决议一方面使自上而下的改革暂时受挫,另一方面也引起了广大贵族的不满。同年 2 月 29 日,在与土耳其毗邻的波多利亚的巴尔建立了一个由天主教贵族组成的同盟。巴尔党人希望得到土耳其和法国的帮助。土耳其不满俄国对波兰的干涉,在法国的怂恿下,以俄国破坏 1711 年俄土普鲁特条约为借口,决定帮助巴尔党人。巴尔党人的政治纲领非常保守反动,既反对俄国,也反对国王和异教徒。巴尔党人只拥有 2 万军队,经不起强

① 恩格斯:《工人阶级同波兰有什么关系?》,《马克思恩格斯全集》第 16 卷,第 181 页。

大俄军的攻击，在法国教官的指导下，企图坚守维斯瓦河上游。这时候，在乌克兰爆发了大规模的农民起义。波兰贵族受到内外夹攻。但是，俄国军队和波兰军队共同镇压了农民起义。1768 年 6 月，俄国军队打败了巴尔军队，在追赶巴尔党人时，侵犯了土耳其边境，焚烧了巴尔塔城。土耳其要求俄国从波兰撤军，取消异教徒权利平等法案，遭俄国拒绝。1768 年 10 月 6 日，俄土战争(1768—1774)爆发。1772 年 8 月，巴尔军队被俄军彻底击溃，领导人逃亡国外。

俄国在波兰的得手和对土耳其的胜利(陆军占领摩尔多瓦和瓦拉几亚，海军在切斯马湾击毁土耳其舰队)，引起了奥地利的不安。俄军的胜利会危及奥地利在巴尔干的利益，俄国利用宗教问题对波兰进行干涉，也会引起奥地利东正教徒的反应。如何对付俄国的侵略扩张？在维也纳宫廷形成了主战派和主和派之争。约瑟夫二世主张站在土耳其一边对俄宣战。女皇玛丽亚·特莱莎则主张通过外交途径解决同俄国的冲突。普鲁士也不愿俄国过分强大，更不愿承担 1764 年俄普同盟条约中关于每年向俄国付款的义务，并且急欲兼并将东普鲁士和它本土隔开的波兰领土。在这样的形势下，普王腓特烈二世在 1769 年 2 月提出了三国瓜分波兰的建议。

1769 年夏和 1770 年秋，腓特烈二世和约瑟夫二世举行了两次会晤，就瓜分波兰问题达成了默契。两国君主决定迫使俄国放弃在巴尔干的领土要求并接受瓜分波兰的建议。1771 年 7 月，奥地利同土耳其在伊斯坦布尔缔结了同盟条约。奥地利的参战迫在眉睫。叶卡特琳娜二世和主持外交事务的潘宁大臣，不得不放弃传统的对波兰实行保护的政策，接受了普鲁士的瓜分建议。1769

年，奥地利抢先占领斯皮什，而后又占领了新塔尔克、乔尔什滕、松德克等县。1772 年 8 月 5 日，俄普奥三国在彼得堡签订了瓜分波兰的条约。

根据条约规定，普鲁士占领了格但斯克以外的波莫瑞地区、托伦市以外的赫翁诺省和马耳博克省、瓦尔米亚等波罗的海沿岸地区及一部分大波兰地区和库雅维地区，共计面积 36000 平方公里，人口 58 万；俄国占领了西德维纳河、德鲁齐河和第聂伯河之间的白俄罗斯地区（包括里夫兰省、波洛次克省的北部、维帖布斯克省、姆什切斯拉夫省和明斯克省的东南部）和拉脱维亚的一部分，面积共达 92000 平方公里，人口 130 万；奥地利占领了维斯瓦河和桑河以南地区（包括克拉科夫省、散多梅希省的南部）、加里西亚的大部分（包括利沃夫和波多利亚、沃伦的一部分），共计面积83000平方公里，人口 265 万。[①]

对波兰的瓜分是赤裸裸的侵略行径。但叶卡特琳娜二世在 1772 年 9 月 18 日以三个瓜分国的名义发表宣言，声称这次瓜分是为“恢复波兰的和平与秩序”，[②]充分暴露了侵略者的虚伪面目。

在第一次瓜分波兰中，普鲁士是倡议者、急先锋。但没有俄国的同意，波兰是不可能被瓜分的。波兰历史学家艾·罗斯特沃罗夫斯基说得好，“从 1764 年以来，沙皇俄国在波兰问题上是一个具有决定性发言权的大国，要对瓜分承担全部责任”。[③] 但是苏联历

① 斯蒂凡·凯涅维奇、维托尔德·库拉主编:《波兰通史》第 2 卷第 1 分册，1958 年华沙版，第 76 页。

② 索非亚·索比晓夫斯卡:《17—18 世纪波兰国际影响的衰落》，1960 年华沙版，第 30 页。

③ 斯·凯涅维奇、维·库拉主编:《波兰通史》第 2 卷第 1 分册，第 77 页。

史学家却不这样评价瓜分波兰的历史。他们说:"普鲁士和奥地利是瓜分的倡议者、主要当事人。……俄国在第一次瓜分中没有得到波兰的原有土地,应当把拉脱维亚和白俄罗斯土地转归俄国,同把波兰和乌克兰土地转归普鲁士和奥地利作完全不同的评价。前者具有进步意义,符合白俄罗斯和拉脱维亚人民的期望"。① 作为社会主义国家的历史学家,这样为沙皇俄国开脱罪责进行辩护,实在令人吃惊!

瓜分前,波兰的领土为73万平方公里,人口1150万。第一次瓜分后,波兰丧失了30%领土,减少了35%人口,全国只有领土52万平方公里,人口750万。就领土面积和人口而言,波兰仍然是个欧洲大国,领土接近于法国,人口则多于英国(不包括苏格兰和爱尔兰)。由于丧失了北方出海口和南方土地肥沃、人口稠密的地区,波兰的经济发展受到严重限制,而且更加处于三个邻国的包围之中。

1773年5月,俄普奥三个瓜分国强迫波兰议会批准瓜分条约。1775年,三国分别同波兰订立了不平等的通商条约。

第三节　波兰经济的发展

农业生产的发展

18世纪,波兰的农业经过了17世纪的停滞和衰退时期,进入了新的发展时期。建立在劳役庄园制度基础之上的封建农奴制度

---

① 弗·德·科罗柳克等主编:《波兰通史》第1卷,1956年莫斯科版,第382—383页。

到了山穷水尽的境地。随着劳役庄园制度的开始瓦解，在农业中出现了具有资本主义因素的新现象。生产关系的变革带来了生产力的发展。

波兰是东欧典型的封建农奴制国家。农业人口占全国居民的70％以上。封建庄园仍然是农业生产的主要形式。广大农民没有人身自由，备受封建剥削，绝大部分时间用来为封建主服劳役。农民的份地是封建庄园的必要补充，仅够糊口。根据波兰经济史专家杨·路特科夫斯基的统计，在斯坦尼斯瓦夫·波尼亚托夫斯基时期，每100个农户中，20个农户的份地7至8公顷，62个农户的份地在5公顷以下，16个农户根本没有土地。[①] 这就是说，每100户农民只有20户能够维持温饱生活。

农民分别为封建贵族、封建国家和教会所有，各占64％、19％、14％。其余3％为自由农民。[②] 人数最多的贵族农民处境最坏，可以被封建主任意买卖。每周要为封建主服5至6天的劳役，农忙时节根本没有时间经营自己的土地。18世纪中叶以后，农民的逃亡现象逐渐增多。聚众起义屡见不鲜。教会农民的处境同贵族农民相差不远。国家农民的境况稍好，每周服劳役的时间一般为3天，还有向法院控告不法官员的权利。教俗封建主为了增加收入，越来越多地放弃劳役制，改行代役租和雇佣劳动。

早在奥古斯特三世时期，在大波兰和波莫瑞就出现了所谓荷兰移民。这是16世纪从荷兰迁入普鲁士公国的移民。封建主向他们征收货币代役租，并赋予人身自由。18世纪中叶以后，教俗

① 引自鲍古斯瓦夫·莱什诺多尔斯基主编:《启蒙时期的波兰》,第184页。

② 约·盖洛夫斯基:《波兰史(1764—1864)》,第53页。

封建主对德国和国内移民也照此办理。在1750—1772年间,大波兰增加了200多个移民村,包括3000多农户。在整个18世纪,大波兰增加了800个移民村,包括13000个农户。不断增加的移民和封建主实行的代役租制度,使代役租农民的人数迅速增加。代役租农民享有人身自由,并有自由使用土地的权利,生产积极性大大提高,推动了农业生产的发展,促进了国内市场的发展。18世纪后半期,代役租经济成为大波兰和波莫瑞的主要经济形式。但从全国范围内说,劳役庄园经济仍占统治地位。特别是小波兰、乌克兰、白俄罗斯和立陶宛,大贵族的大庄园仍占绝对优势。

随着代役租经济和商品货币经济的发展,农民的两极分化过程加速了。中农的人数不断减少。更多的无地农民成为雇佣劳动者。他们或在贵族的庄园里劳动,或受雇于富裕农民,靠出卖劳动力为生。18世纪后半期,波兰农村的劳动力市场出现了。一部分代役租农民发财致富,上升为资产者。资本主义的社会结构在封建社会内部开始孕育、成长。

同17世纪相比较,18世纪的农业生产有明显的增长。农业生产每年平均增长0.3%到0.4%,整个世纪增加了30%到40%。在第二次瓜分前(1793),四种谷物(黑麦、小麦、大麦、燕麦)的产量为160万吨。如果加上在第一次瓜分时失去的30%土地的产量,全国产量应为200万吨。其中100万吨是在波兰本土生产的,还没有达到16、17世纪之交波兰本土的产量,当时的产量为130万吨。①

农业生产的发展是由多种因素造成的。由于移民运动的继

① 耶日·托波尔斯基:《波兰史纲》,第394页。

续，使耕地面积扩大，劳动生产率提高。农业工具的改善也促进了农业生产的发展。18世纪后半期，由于铁的生产的增加，有更多的铁制农具投入生产。当时波兰人均铁的消费为1.8公斤(法国为2.8公斤，英国为3.7公斤，德国为1.2公斤)。[1] 生产技术的进步引起了耕作技术的改变。轮种制开始代替三圃制，但是三圃制仍然是主要的耕作制度。

手工工场的发展

如果说波兰在农业生产方面的状况同俄普奥三国相差不远的话，那么在手工业—工业生产方面要比它的3个邻国落后。俄国在17、18世纪之交，手工工场的生产和制铁工业已经初具规模。普奥两国在18世纪初开始了较大规模的手工工场生产。

波兰手工工场的生产开始于18世纪前半期，到18世纪后半期获得进一步发展。波兰的手工工场分3类：大贵族手工工场、国家手工工场和市民手工工场。

大贵族为了增加收入，从国外招聘技师，使用农权劳动，最先建立手工工场。许多手工工场生产各种消费品：玻璃制品、陶瓷、呢绒、丝绸、麻布、皮带、帽子、袜子、地毯、墙毡。立陶宛大贵族拉齐维尔家族的手工工场是同类手工工场中规模最大、产品最多的工场。克拉科夫主教在旧波兰矿区(在基埃尔策省)建立了3个大型的炼铁炉、20个精炼炉、5个锻工场、2个铅厂、1个硅酸锌厂。3个炼铁炉生产1350吨生铁、800吨锻铁制品和许多铸造品。宰相杨·马瓦霍夫斯基也有私人的手工工场(4个大型炼铁炉)。许多大贵族还建立了酿酒厂、啤酒厂、磨坊、油坊、锯木厂、砖厂、碱厂、

---

① 耶日·托波尔斯基：《波兰史纲》，第394页。

焦馏厂。

大贵族的手工工场曾经推动了生产的发展，但是它是建立在农奴劳动的基础上的，生产关系仍然是旧的。由于经营管理不善，技术低劣和市场狭窄而造成的销路困难，因而大批手工工场不断倒闭。

国家手工工场是在国王斯坦尼斯瓦夫·波尼亚托夫斯基亲自主持下建立和发展起来的。格罗德诺是国家手工工场的中心。1777年，共建立了15个手工工场，生产纽扣、别针、领带、头巾、绣品、衣服、呢绒、地毯、麻布、鞋子、袜子、帽子、扑克牌、马车、武器等。国王把格罗德诺手工工场交副财相安托尼·蒂增霍斯管理。手工工场有3000工人，大多是当地农民，技术人员几乎全部是由国外招聘来的。国王还在华沙建立铸币局、铸造厂和呢绒工场、麻布工场、陶瓷工场。由于博赫尼亚和维利乞卡盐井在第一次瓜分中被奥地利占领，国王派人在布斯克找到新盐矿，同时在那里开采铅矿、锌矿和铜矿。国王还在科齐亚尼策建立了武器厂，每年生产1000支步枪。

为了扩大生产和集中资本，在国王的倡议下，成立了12个股份公司。最早成立的是“毛织品手工工场股份公司”(1767—1771)。该公司集资778000兹罗提，其中商业资本占1/3，由宰相安德烈·扎莫伊斯基任经理，经理处由12人组成，有商人代表4人。国家手工工场和股份公司是自上而下实行国家工业化的初步尝试，因经营管理不善等原因，建立不久就出现了大量赤字，遭到同大贵族手工工场一样的命运，到第二次瓜分时，大多破产倒闭。

市民手工工场是由商人和手工业师匠建立的。这类工场使用雇佣劳动，实行经济核算，精心管理，具有比较强大的生命力，是资本主义企业。它主要集中在工业发展程度最高的大波兰，而以呢绒工业为主。但是，大波兰的呢绒工场大多还是分散的，集中的手工工场只占4%至5%。拉维奇是大波兰最大的呢绒工业的中心，产量占15%。第二次瓜分前，大波兰共生产了200万米呢绒，占全国产量的70%，并以每年递增3%至4%的速度增加生产。在大波兰的城市和农村还建立了1600个和2600个食品工业和农产品的手工工场。手工工场的大量出现，推动了这个地区城市化的过程。18世纪末，城市居民占30%。在一个世纪内，在大波兰共出现了25座新的城市。[①]

除大波兰外，市民手工工场集中于首都华沙和小波兰。华沙有4个呢绒工场、2个制帽工场、几个马车工场和啤酒厂、皮革厂等。小波兰的手工工场主要生产麻布。克拉科夫有几个呢绒工场。旧波兰矿区集中了全国70%的大型炼铁炉，向全国提供80%的铁。

商业和对外贸易的发展

农业生产的发展和城市人口的增加，促进了商业和对外贸易的发展。

代役租经济和商品货币交换的发展，推动了国内商业的发展。私人关卡的废除和关税度量衡的统一，为商业的发展铲除了障碍。1784年，连接涅曼河和第聂伯河的奥京运河和连接普列比亚特河和布格河的国王运河的凿通，进一步刺激了商业的发展。东部的粮食可以通过这两条运河运往首都华沙和波罗的海、黑海港口。18世纪70、80年代，商业资本有了很大积聚，在华沙、克拉科夫、

---

① 鲍古斯瓦夫·莱什诺多尔斯基主编：《启蒙时期的波兰》，第191页。

波兹南、卢布林等城市建立了许多商业银行，其中以大商人兼实业家彼得·泰佩尔的首都银行为最大。1783 年，他拥有 750 万兹罗提的流动产。各地的地方市场非常活跃。在地方市场的基础上，正在形成全国市场。

1764 年，波兰政府取消了贵族对对外贸易的垄断权。广大市民开始获得对外贸易的权利。波兰的主要出口商品仍然是粮食和木材。18 世纪后半期，波兰已不再是“欧洲的粮仓”，俄国在欧洲市场上出售越来越多的粮食，西欧各国也在增加自己的粮食生产。由于资本主义迅速发展，西欧各国的粮食还是供不应求，粮价不断上升。下表[①]以波兰三个城市黑麦的价格为例，说明 18 世纪粮价的上涨。

城　　市	1700—1710	1750—1770	1780—1790
格但斯克	100	108	132
华　沙	100	122	168
克拉科夫	100	120	155

1764—1772 年间，每年平均的出口额为 1800 万兹罗提，其中粮食（主要是黑麦）出口额占一半。每年经过格但斯克出口的粮食约 46000 瓦什特，[②]没有达到 16 世纪末 17 世纪初的出口额。第一次瓜分后，粮食的输出减少了一半。根据 1775 年波兰和普鲁士签订的通商条约，经过维斯瓦河、瓦尔塔河和奥得河运往格但斯克等波罗的海港口的波兰商品，要征收 12％到 30％的税。普鲁士每年可由此获得 1700 万兹罗提的收入。为了避免损失，波兰另找商

① 鲍·莱什诺多尔斯基主编：《启蒙时期的波兰》，第 199 页。

② 1 瓦什特等于 2.25 吨。

道，想经赫尔松通过黑海出口粮食。1782 年在华沙成立了黑海贸易股份公司，集资 200 万兹罗提。但是俄国从不放弃收重税。每年粮食出口额仅为 4 千瓦什特。1787 年俄土战争爆发后，通过黑海的粮食出口暂时中断，不得不恢复波罗的海的贸易，除了海上贸易外，波兰不得不扩大陆上贸易。大波兰的呢绒、乌克兰的牛，经过西里西亚运往捷克和奥地利。大波兰的呢绒还运销俄国。

波兰从国外进口金属和金属制品、棉花、丝绸、高级呢绒、香料、葡萄酒等高级消费品。

18 世纪后半期，波兰的对外贸易出现了严重的逆差。1776—1777 年，外贸逆差达 4400 万兹罗提。巨额的外贸逆差严重地影响着波兰经济的发展。

第四节　革新运动和第二次瓜分(1793)

革新运动

18 世纪 60 年代的改革由于缺乏广泛的支持，像昙花一现似地消失了。在西欧启蒙运动的影响下，中等贵族、市民和开明大贵族的代表继续为革除弊政、救亡图存而实行新的改革。他们组成了爱国党，提出了新的改革方案。

1780 年的议会是革新派和保守派的又一次搏斗。在这次议会上，前宰相安德烈·扎莫伊斯基奉国王斯坦尼斯瓦夫·波尼亚托夫斯基的旨意，提出了由他制定的法典草案。该草案没有破坏贵族的基本特权，只是允许大城市(华沙、克拉科夫、波兹南、格但斯克、卢布林)市民有权选举代表参加议会，允许市民有权购买土地和获得贵族称号，允许自由农民及其子女自由进入城市，从事工商业活动，农民和贵族可以自由通婚。这个草案还没有涉及国家制度的根本改变，就遭到贵族保守派的反对。他们在俄国大使的支持下否决了扎莫伊斯基的法典草案。

斯坦尼斯瓦夫·斯塔希茨

这是第二次从上而下的改革尝试，比60年代的改革已经前进了一步。它反映了社会关系的新变化。提高市民的政治地位，把农民纳入商品货币领域，会促进资本主义关系的发展，具有进步意义。

革新派毫不气馁，一边积聚力量，一边利用有利的国际环境，在“四年议会”(1788—1792)期间，把革新运动推向高潮。

在革新派中，两个人物起了非常重要的作用。他们是斯坦尼斯瓦夫·斯塔希茨(1755—1826)和胡果·科翁泰(1750—1812)。斯塔希茨出身于市民家庭，曾留学巴黎，当过安·扎莫伊斯基的家庭教师，是一个赤诚的爱国主义者，深切关怀祖国的命运。他主张加强王权，实行王位世袭制，废除自由否决权，实

胡果·科翁泰

行多数通过的表决原则。他主张市民与贵族平等，建立共同的议会。他要求扩大军队，保护工商业，实行保护关税政策。他是一个重农学派，认为波兰之所以积弱不振，最主要的原因是农民受到大贵族的残酷压迫，因此要求改善农民的地位，废除劳役制、实行代役租制。科翁泰出身于中等贵族家庭，曾留学罗马，是一个杰出的政治家。他曾任克拉科夫大学校长，对该大学进行了改革。“四年议会”期间，是爱国党的领袖和《五·三宪法》的起草者之一。他团结作家、记者，组织了一个俱乐部，叫“熔炉”。这个俱乐部在制造舆论、推动革新运动方面起了重要作用。他主张农民应有人身自由，“当人还是奴隶的时候，这个国家不可能是自由的。”[①]科翁泰和斯塔希茨两人的政治观点十分相近，反映了中等贵族和市民的共同利益。中等贵族和市民的联盟是革新运动的政治基础。

革新派力图利用有利的国际形势达到改革的目的。他们把希望寄托在 3 个瓜分国的冲突上。普鲁士和奥地利因争夺巴伐利亚王位，进行了一次战争（1778—1779）。1786 年，普鲁士同英国和荷兰结成了同盟，不只与奥地利而且与俄国分道扬镳。1787 年，因俄国占领克里木而爆发了新的俄土战争。1788 年，瑞典在英国的怂恿下，发动了对俄国的战争。俄国处于南北两线作战，形势不利。在爱国党内部出现了亲普鲁士的倾向，认为俄国是波兰独立的主要敌人。他们希望在普鲁士的帮助下收复被奥地利瓜分的波兰领土。在这样的形势下，波兰议会在 1788 年 9 月在华沙召开。这次议会延续了 4 年，故称“四年议会”。

“四年议会”在爱国党人斯坦尼斯瓦夫·马瓦霍夫斯基的主持

① 引自约瑟夫·盖洛夫斯基：《波兰史（1764—1864）》，第 108 页。

下进行各项议案的讨论。国王斯坦尼斯瓦夫·波尼亚托夫斯基对俄国抱有幻想,希望在俄国的支持下进行温和的改革,要求俄国对波兰的独立和领土完整作出保证。但是俄国大使斯塔克尔贝格拒绝了国王的要求。以大贵族克萨韦雷·勃兰尼茨基、什岑斯纳·波托茨基和塞韦雷·热武茨基为首的反动派反对任何改革,他们想在俄国的帮助下,废黜国王。爱国党团结了以国王为中心的王党,孤立了大贵族反动派,形成了议会的多数。

与此同时,科翁泰在议会外通过"熔炉"制造舆论,发动群众。1789 年爆发的法国革命,犹如春雷,震撼了波兰大地。波兰全国 141 座城市的市民代表,响应华沙市长杨·德凯特的号召,于 1789 年 11 月齐集华沙,穿着黑衣,在王宫和议会大厦前举行"黑衣游行",呈递了全国市民的政治要求。议会内外,气氛热烈,爱国主义口号响彻云霄。

议会期间,普鲁士大使布霍尔茨向波兰议会提出缔结防御同盟和修改 1775 年通商条约的建议,作为补偿,波兰应把格但斯克和托伦交给普鲁士。1790 年 3 月,波兰和普鲁士签订了防御同盟条约。但波兰不同意割让两个城市。9 月 6 日,议会通过了"波兰领土不可分割"的议案。普鲁士见贪婪的领土欲望不能用和平的方式实现,遂与奥地利达成了妥协,并且重新与俄国接近,准备以武力实现新的瓜分。

1790 年 4 月,议会通过了把军队扩大到 10 万(比现有军队多 5 倍)人的决议。为了维持 10 万人的军队,议会还通过了增加税收的决议,对贵族课 10%的所得税,对教会课 20%的所得税,同时也增加了城市的所得税。

1791 年 3 月 24 日,议会通过了关于地方议会权利的议案,剥夺了无地贵族参加地方议会的权利。由于无地贵族往往为大贵族所收买,成为他们破坏议会的工具,所以该议案减少了大贵族的影响。

1791年4月18日,议会通过了关于城市权利的议案,满足了"黑衣游行"所提出的要求。这些要求是:市民人身不可侵犯,有购买土地、担任政府公职、参加议会政治、接受贵族称号等权利。这个议案使市民获得了同贵族一样的政治地位,无疑是革新派的重大胜利。

《五·三宪法》

1791年5月3日,波兰议会经过激烈辩论,通过了由胡果·科翁泰等起草的著名的《五·三宪法》(以通过的日期而得名)。《五·三宪法》首先改变了农民的地位,国家再也不能容忍封建主任意剥削农民。宪法宣称:"农民将受到法律和国家政府的保护",农民的人身自由将得到保证。其次,把1791年4月18日关于城市权利的议案纳入了宪法的条文。但是,确认贵族在国家中的领导地位。第三,对国家制度作如下规定:废除自由否决权,实行多数表决制;废除自由选王制,实行王位世袭制;实行三权分立制:立法权归由两院组成的议会,行政权归国王及其任命的内阁,司法权归法院。国工有指挥全国军队及任命文武大臣的权力,没有议会的同意,不得制定法律或与外国缔结条约。国王颁布的法令必须由有关大臣的签署。第四,天主教被宣布为国教,但宪法保证信仰自由,允许其他宗教的存在。

《五·三宪法》得到了全国人民的热烈拥护。宪法通过那天,华沙市民举行游行示威,张灯结彩,高悬国旗,庆祝宪法的诞生。5月3日成为波兰人民的盛大节日。当国王宣誓效忠宪法的时候,会上会下出现了异常热烈的场面，欢呼声和掌声连成一片。《五·三宪法》反映了波兰人民不甘心忍受邻国的瓜分，力求实现波兰独立和免遭亡国厄运的强烈愿望。

《五·三宪法》的实施可以消除封建无政府状态，加强中央集权，有利于国家的独立和统一。它提高了市民的政治地位，使农民获得人身自由，为发展资本主义创造了条件。《五·三宪法》是以贵族和市民的联盟为基础的，它为波兰的贵族—资产阶级君主立宪制奠定了基础。

恩格斯高度评价这部宪法，指出："当法国爆发革命的时候，波兰正处于生死存亡的关头，它已经被第一次瓜分弄得支离破碎……虽然如此，它仍然勇敢地以1791年5月3日的宪法在维斯瓦河两岸竖起了法国革命的旗帜——它以这一举动使自己大大高出所有的邻居。波兰的旧秩序由此而被消除；经过几十年平稳的、没有外来破坏的发展，波兰就会成为莱茵河东岸最先进最强大的国家。但是，瓜分波兰的列强是不喜欢波兰重新站起来的，尤其是不喜欢它由于把革命引进到东北欧的结果而站了起来。"①

第二次瓜分(1793)

《五·三宪法》引起了沙皇政府的仇恨和恐惧。叶卡特琳娜二世害怕"法兰西瘟疫"的传布。1792年，她在俄土战争结束以后，准备发兵镇压革命，为此必须首先消灭华沙的"革命瘟疫"。在叶卡特琳娜二世及其外交大臣波将金的策划下，一个武装干涉和颠覆波兰合法政府的阴谋在彼得堡出笼了。

1792年4月，克·勃兰尼茨基、什·波托茨基和塞·热武茨

---

① 恩格斯:《流亡者文献》,《马克思恩格斯选集》第2卷,第582—583页。

基来到彼得堡,受到叶卡特琳娜二世的接见。1792 年 4 月 27 日,这些大贵族叛国分子在靠近俄国的东南小城塔尔果维策拼凑了一个同盟,发表了卖国宣言,发动了反对中央政权的反革命叛乱。同年 5 月 18 日,沙皇政府应这一小撮卖国贼的“邀请”,派出 10 万军队,开始对波兰进行直接的武装干涉。

当时,波兰政府还没有来得及根据“四年议会”的决议组织起 10 万军队。1792 年初,军队的总数只有 6 万左右。根据宪法规定,波兰国王斯坦尼斯瓦夫·波尼亚托夫斯基任军队总司令,由他的侄儿约瑟夫·波尼亚托夫斯基等爱国将领分头指挥。波兰军队装备简陋、缺乏军火,在敌我力量悬殊的情况下,英勇奋战,依靠广大人民的支持,在 1792 年 6 月 18 日由约瑟夫·波尼亚托夫斯基指挥下的齐亚伦采(在乌克兰)战役和 7 月 18 日由塔代乌什·科希秋什科指挥下的杜宾卡(在卢布林省)战役中给予侵略者以迎头痛击,表现了波兰人民反抗外来侵略的不屈精神。

1792 年 7 月底,俄国侵略军在普鲁士军队的配合下,突破了布格河防线,波军被迫向卢布林方向撤退。在波军连遭失败的关键时刻,国王斯坦尼斯瓦夫·波尼亚托夫斯基不是积极领导人民进行抗战,却同叶卡特琳娜二世谈判,同意在他死后,由她的第二个孙子康斯坦丁大公继承波兰王位,以换取在波兰实行《五·三宪法》。但是,他的建议被拒绝了。软弱无能的波兰国王屈服于俄国女皇的压力,下令波军停止抵抗。爱国将领约瑟夫·波尼亚托夫斯基和塔代乌什·科希秋什科被迫辞职。科希秋什科悲愤地离开波兰,侨居于德累斯顿。以胡果·科翁泰为首的议会领袖也逃亡国外。侵略军占领了首都华沙,并很快地占领了全国。接着,建立了由塔尔果维策分子组成的傀儡政府。“四年议会”的成果化为乌有,《五·三宪法》被废除,"基本法"死灰复燃。波兰人民的爱国革新运动就这样失败了。

当1792年波俄战争还在进行的时候,普鲁士和俄国就开始了第二次瓜分波兰的谈判。这年春天,由叶卡特琳娜二世策动的奥普反法联盟遭到失败。奥地利忙于对法国作战而且想夺取巴伐利亚,无暇顾及波兰问题。普鲁士因参加反法战争,要求俄国满足它对波兰领土的要求。

1793年1月23日,俄普两国在彼得堡签订了第二次瓜分波兰的条约。奥地利没有参加这次瓜分。根据这个条约,普鲁士攫取了垂涎已久的格但斯克和托伦两个城市和大波兰的几个省(波兹南省、格涅兹诺省、卡利什省、塞拉兹省、伊诺弗罗兹瓦夫省、库雅维—布列斯特省、普洛次克省、多布任地区、拉维奇省的一部分)和玛佐夫舍地区的一部分,共计面积58000平方公里,人口110万;俄国占领了德鲁亚—平斯克—兹布鲁齐一线以东的乌克兰和白俄罗斯地区以及立陶宛的一部分,即明斯克省、维尔诺省、基辅省、勃拉茨拉夫省、波多利亚省、沃伦省的东部和立托夫斯克—布列斯特省的一部分,共计面积25万平方公里,人口300万。①

1793年6月17日,在远离革命中心的格罗德诺,在俄军的包围下,召开了波兰贵族共和国的最后一次议会。俄国大使西维尔斯用刺刀威逼、用金钱引诱,强迫议员通过关于第二次瓜分的法令;在议会没有批准这个法令前,俄国军队不放议员外出。波兰议员拒绝俄国大使的威逼和利诱,大义凛然,以沉默抗议沙皇政府的暴行,其中有20名议员公开反对批准第二次瓜分的法令。他们立

① 斯·凯涅维奇、维·库拉主编:《波兰通史》第2卷第1分册,第309页。

即遭到俄国军队的逮捕。最后，在 8 月 17 日，俄国大使以沉默即表示同意为由，使第二次瓜分波兰合法化。

经过两次瓜分，波兰成为一个只剩下 20 万平方公里土地和 400 万人口的小国。近 2/3 的波兰领土被吞并。正在形成的全国市场被彻底破坏。正在发展中的波兰经济濒于崩溃。俄普两国不准波兰军队超过 15000 人。未经俄国沙皇许可，波兰国王不得与外国宣战或媾和。波兰名存实亡。残存的波兰政府变成了俄国的傀儡。

第五节　科希秋什科起义和第三次瓜分(1795)

科希秋什科起义

第二次瓜分后，大批波兰爱国志士流亡到萨克森。他们决定发动大规模的武装起义，以挽救垂危的祖国，并一致推举塔代乌什·科希秋什科为武装起义的领袖。所以，历史上把 1794 年波兰人民的抗俄战争称为科希秋什科起义。

当时欧洲的形势是不利于波兰起义的。俄普奥三个瓜分国结成了反法联盟。英国也因参加反法联盟而同俄国沆瀣一气。土耳其战败，被迫同俄国签订了雅西和约(1791)，它在欧洲的领土被兼并，力量大为削弱，无法帮助波兰。瑞典也卷入了反法战争。波兰人民从这些国家得不到任何援助，把希望寄托在革命的法国身上。1793 年初，科希秋什科来到巴黎，请求援助。雅各宾派和吉伦特派都希望波兰人民发动起义，以牵制俄国和普鲁士的力量，但是科希秋什科却没有从他们那里得到任何具体的帮助。波兰爱国者只得依靠自己的力量，同俄国作战。他们利用三个瓜分国的矛盾，力图使奥地利，甚至普鲁士保持中立。

塔代乌什·科希秋什科

塔代乌什·科希秋什科(1746—1817)出身于中等贵族家庭。1768年，毕业于当时波兰唯一的军官学校——华沙骑士学校。后去巴黎留学，攻读军事学。在那里，他深受启蒙思想的影响，立志要为祖国服务。1774年，科希秋什科游历了欧洲各国后回到波兰。看到祖国被瓜分，他忧心如焚，但是报国无门，没有在军队里找到一个职位。1776年，他来到美国，参加独立战争，转战于纽约、卡罗来纳等地，战功卓著，得到美国公民的荣誉称号，后晋升为将军。1784年，回到阔别10年的祖国。“四年议会”期间，他应征入伍，投入了紧张的练兵和备战工作。在1792年保卫《五·三宪法》的波俄战争中，他以少胜多，多次打退优势俄军的进攻，表现了一个将军的非凡才能。战争失败后，同科翁泰等爱国党人一起流亡到萨克森，后又来到巴黎。1794年2月，科希秋什科秘密回到克拉科夫，决心为祖国的独立事业献身。他说：“我不能只为贵族而战，我希望整个民族获得自由，也只有为了整个民族我才献出自己的生命。”[①]他履行了自己的誓言，成为世代

① 弗·德·科罗柳克等主编：《波兰通史》第1卷，第407页。

人民崇敬的民族英雄。

科希秋什科起义是波兰历史的转折点。它揭开了18至19世纪民族起义的新篇章。在此以前，不论是巴尔党人的战争，还是1792年的战争，都具有民族解放战争的特点，但是缺乏进步的社会纲领。科希秋什科起义开始把民族起义和社会解放结合起来。从全欧洲范围来说，科希秋什科起义又是全欧洲最早的民族起义。

1794年3月24日，在波兰古都克拉科夫爆发了起义。科希秋什科利用俄军撤出古都去镇压由安托尼·马达林斯基旅长率领的另一支1200人的起义军之机，率领起义军在市政厅广场举行誓师仪式，要为"恢复民族独立、保卫领土完整和奠定普遍自由"而战，号召18岁到28岁的男性公民拿起武器，赶走外国侵略者。科希秋什科自任起义军总司令。3天之内，起义军达9000人。城郊农民踊跃参军参战，他们用镰刀、梭镖打击敌人，组成了一支又一支的"镰刀军"。起义迅速向周围地区扩展，发展成为民族起义。

4月1日，科希秋什科率部向华沙进发，在腊茨瓦维采附近与俄军相遇。4月4日，两军发生激战。俄军以优势兵力妄图包围起义军。起义军奋起反击，主力部队向敌军发起猛烈进攻，战斗非常激烈，双方相持不下。在这关键时刻，农民"镰刀军"从侧翼向敌军猛扑。他们冒着俄军密集的炮火，手举镰刀，奋勇冲杀，一举攻占了敌炮兵阵地。在"镰刀军"的猛攻下，俄军阵脚大乱，死伤甚众，仓皇逃窜。起义军首战告捷，消息传开，人心振奋，起义的烈火很快燃遍全国。为了嘉奖作战有功的"镰刀军"，科希秋什科授予"镰刀军"领导人沃伊切赫·巴尔托什(格沃瓦茨基)以军官和贵族称号，免除所有参战的"镰刀军"战士的全部封建义务。科希秋什科想以此进一步动员农民参战，把起义引向胜利。

4月17日，华沙劳动人民和爱国官兵响应科希秋什科的号召，在鞋匠杨·基林斯基领导下，发动了声势浩大的武装起义。起义军攻占了武器库。经过两天的激战，消灭俄军4000人。俄国大使伊格尔斯特罗姆逃出华沙。首都落入起义者的手里。

4月23日，在爱国军官耶古布·雅辛斯基上校的领导下，维尔诺的爱国军民举行起义，击溃3000俄军，解放了维尔诺。

5月7日，为了继续动员农民参战，科希秋什科在离克拉科夫不远的波瓦涅茨军营颁布法令，宣布改革国家的土地制度。法令规定："农民受政府保护(第1款)；农民有人身自由，在偿付地主的债务和国家的税款后可以离开地主的庄园(第2款)；减轻农民的劳役：从每周5或6天的减少到每周2天，从每周3或4天的减少到每周1天，每周1天的减少到每两周1天(第3款)；参加起义的农民，完全免除劳役并受到政府的照顾(第4款)；违反法令者将受到法律的制裁(第7款、第8款)。"[①]这些改革虽然没有废除封建的土地所有制，但仍受到广大爱国军民的欢迎和拥护，在改革实施的地区，大批农民踊跃参军参战，壮大了起义力量。由于许多贵族地主的抵制和破坏，这一法令没有能够全部执行，科希秋什科也未能对这种破坏活动进行有效的斗争。这是导致起义失败的一个重要原因。

从1794年5月起，战争逐渐朝着不利于波兰起义者的方向发展。这时，叶卡特琳娜二世同腓特烈二世，签署了"联合行动"的秘密协定。6月6日，波兰军队在华沙以南基埃尔策省的什切科齐内附近被优势的俄普联军打败。接着，发生了一连串的军事失利。

---

① 瓦·鲍尔特洛夫斯基：《科希秋什科起义》，1959年华沙版，第18—19页。

6 月 15 日，普鲁士军队占领克拉科夫。科希秋什科率部向华沙方向撤退。

随着军事形势的恶化，起义队伍内部的矛盾也跟着激化。6 月 28 日，华沙贫民冲入监狱，处死了一批被囚的罪大恶极的卖国贼(塔尔果维策分子)，表示要与沙俄侵略军决战到底。但是，窃取了起义领导权的贵族分子却逮捕并惩办了一批所谓“肇事者”，引起了起义阵营的分裂，导致了起义的失败。

1794 年 7 月，俄、普军队从东西两方开始包围华沙。奥地利也从南部攻入波兰，占领了散多梅希等地。当时，波兰的总兵力只有 55000 人和 250 门大炮。守卫华沙的只有 23000 正规军和 140 门大炮，而俄普两国的兵力为 4 万人和 253 门大炮。首都军民在领袖科希秋什科领导下，开始了英勇的华沙保卫战。经过一个半月的浴血奋战，敌人损失惨重，华沙巍然不动。8 月 20 日，被普鲁士第二次瓜分的大波兰地区爆发武装起义。起义军缴获了敌人大量装备，切断了普军供应线。首尾难顾的普军被迫从华沙撤退。俄国军队也不得不后撤。对华沙的包围暂时解除。但是，整个形势没有好转。8 月 12 日，俄军攻占维尔诺。叶卡特琳娜二世为了结束对波兰的战争，派遣苏沃洛夫统率增援部队开赴波兰。

科希秋什科分析了敌我形势，决定不让俄军会师，于是在 1794 年 10 月初亲率军队出击，与进抵马切约维策附近的俄军遭遇。10 月 10 日，俄军抢先进攻。经过一天的激战，波兰起义军伤亡殆尽。科希秋什科三处负伤，鲜血迸流，不省人事，坠马被俘。

马切约维策战役后，苏沃洛夫率俄军猛扑华沙。11 月 4 日，俄军攻入华沙的布拉格区。华沙军民坚强不屈，誓死抵抗，在爱国将领耶·雅辛斯基指挥下，进行了气壮山河的肉搏战。雅辛斯基在战斗中壮烈牺牲。11 月 6 日，华沙失陷。沙俄侵略军在华沙城内大肆抢劫和屠杀。一天内，仅布拉格区就有 8000 军民被屠杀，2000 波兰人被投入维斯瓦河活活淹死。布拉格区变成了一片火海。波兰爱国军民的鲜血染红了维斯瓦河的河水。

科希秋什科领导的民族起义虽然被俄国侵略军血腥地镇压下去了，但是，它沉重地打击了侵略者，在波兰人民反对外国侵略的历史上写下了光辉的篇章。起义者不怕流血牺牲、宁死不屈的革命精神永远激励着波兰人民为争取国家独立和民族解放而英勇斗争。这次起义还具有重大的国际意义，它牵制了以沙皇俄国为首的欧洲反动势力，减轻了对法国革命的压力，援助了国际革命运动。正因为如此，恩格斯高度评价这次起义。他说："波兰倒下了，但是它的反抗拯救了法国革命，而随着法国革命开始了连沙皇政府也无力对付的运动。波兰人的这一作用，我们西方人永远也不会忘记。"①

第三次瓜分(1795)

早在 1794 年 7 月，当战争还在进行的时候，俄奥普三国就开始了瓜分波兰的谈判。这一次，奥地利是瓜分的创议者，而且表现出最大的领土野心。奥地利没有参与第二次瓜分，而且也没有从巴伐利亚获得领土，所以希望在第三次瓜分波兰中得到补偿。普鲁士在华沙城下的失败和俄军的胜利，打击了普鲁士的侵略欲望。普鲁士还退出了反法联盟，并同法国签订了巴塞尔和约。在普鲁士占领克拉科夫以后，普奥两国为了争夺克拉科夫达到了剑拔弩张的程度。叶卡特琳娜二世成为两国的仲裁者，她因奥地利在反

---

① 恩格斯：《俄国沙皇政府的对外政策》，《马克思恩格斯全集》第 22 卷，第 28 页。

法战争中有功，并且利用它共同反对土耳其，所以支持奥地利对克拉科夫的要求。普鲁士陷于孤立，在波兰问题上只好听任俄国的摆布。奥地利还要求占领沃伦，而沃伦却是俄国所需要的，奥地利只好放弃沃伦。

1795 年 1 月 3 日，俄国同奥地利签订了第三次瓜分波兰的协定。普鲁士只好承认既成事实，并在 10 月 24 日签订协定。根据协定，俄国吞并了立陶宛、库尔兰、西白俄罗斯和沃伦西部，把边界推进到涅曼河—布格河一线，共 12 万平方公里，人口 120 万；奥地利占领了包括克拉科夫、卢布林在内的全部小波兰和一部分玛佐夫舍地区，共 47000 平方公里，人口 150 万；普鲁士夺得其余的西部地区、华沙、其余部分的玛佐夫舍地区，共 48000 平方公里，人口 100 万。[①] 至此，波兰被瓜分完毕。存在了 800 多年的波兰国家灭亡了。波兰的灭亡增加了欧洲的反动力量。俄普奥三国在瓜分波兰的基础上结成反动的神圣同盟，成为欧洲革命运动和进步事业的严重障碍。所以，波兰的问题，即恢复波兰的独立问题，就成为 19 世纪欧洲的最重要问题之一。

第六节　18 世纪的波兰文化

18 世纪是波兰文化史上的启蒙时期。但启蒙时期究竟始于何时？历史学家们的意见并不一致。耶日·托波尔斯基认为奥古斯特三世即位那一年(1733)是启蒙时期的开端，策林娜·鲍宾斯卡则认为斯坦尼斯瓦夫·波尼亚托夫斯基即位(1764)才开始启蒙

① 塔代乌士·韦普科夫斯基：《波兰历史小辞典》，1959 年华沙版，第 174 页。

时期。[①] 多数历史学家认为随着贵族波兰的灭亡(1795),启蒙时期也就结束了。

启蒙思想是资产阶级意识形态,根据资产阶级的哲学和社会标准来批判封建制度。波兰的资产阶级尚未形成,封建社会的市民等级正在成长为早期的资产阶级。在波兰,启蒙思想成为市民、中等贵族和一部分开明大贵族改革国家制度、维护国家独立的思想武器。

波兰的启蒙思想主要由法国传入。斯塔希茨和科翁泰把孟德斯鸠的三权分立学说作为未来波兰政治制度的基础。革新派从卢梭的《对波兰政体的考察》和马布里的《波兰的政体和法律》中汲取力量。卢梭作为被压迫人民的保卫者、人人皆平等的拥护者和封建特权的敌人,使革新派受到启迪和鼓舞。但是,他著作中关于美化波兰议会制度(包括自由否决权等)的部分却为贵族保守派所利用。马布里在其著作中抨击了波兰贵族对农民的残酷剥削,建议实行王位世袭制,消灭无政府状态、自由选王制和王位虚缺现象。甚至保守的巴尔同盟的成员也从卢梭和马布里的书中寻求教益。波兰的贵族和市民仿照西欧的榜样,建立政治文化活动的中心(沙龙)。法国启蒙学者的著作还通过共济会传入波兰。在斯坦尼斯瓦夫·波尼亚托夫斯基在位时期,从西欧传入的共济会组织遍布全国各地。国王也参加了共济会。

启蒙思想的传播,引起了思想的解放和教育、科学的发展。保守的萨尔马特主义和蒙昧主义逐渐销声匿迹,为启蒙文化所代替。

---

① 参见耶日·托波尔斯基:《波兰史纲》,第400页;斯·凯涅维奇、维·库拉主编:《波兰通史》第2卷第1分册,第365页。

首都华沙成为政治、经济和文化的中心。这里有许多印刷所、图书馆、沙龙。在华沙的书店里可以买到新出版的法国书籍。斯坦尼斯瓦夫·波尼亚托夫斯基对文学艺术怀有极大的兴趣，有意识把首都建设成一个巨大的文化中心，拨出巨款用于作家、艺术家的报酬和奖金。每星期四，国王邀请作家、艺术家和学者来王宫讨论文学艺术和国家大事，请他们吃丰盛的午餐，所以叫“星期四午餐会”。著名作家阿达姆·纳罗谢维奇、斯坦尼斯瓦夫·特雷姆贝茨基和伊格纳采·克拉西茨基是国王的常客。从1765年起，在华沙开设了国家剧院。18世纪80到90年代，剧院院长是沃伊切赫·鲍古斯瓦夫斯基。他是个演员兼导演，也是一个爱国者。他的哥剧《克拉科夫人和山民》反映了农民的生活和爱国主义精神。这个剧目一直保持到现在。华沙剧院在活跃首都居民文化生活和进行爱国主义教育方面起了重要作用。

波兰的教育事业获得很大进步。1773年耶稣会解散，在它的基础上建立了国民教育委员会。这是近代欧洲的第一个教育部。革新派人士安德烈·扎莫伊斯基和胡果·科翁泰都曾领导过该委员会的工作。国民教育委员会使教育事业摆脱了教会的控制，使它具有世俗性质，把全国高等、中等、初等学校置于自己的直接领导下。1777—1783年间，科翁泰作为克拉科夫大学校长，限制了该大学的神学教学，扩建了数学、物理、化学和医学等教研室，建立了天文台、化学实验室、医院、植物园等，使理论和实践一致，把教学和科学研究结合起来。维尔诺大学也作了同样的改革。大学领导中学，兼有培养中学师资的任务。当时全国有74所中学，学生30000至35000人。中学设语文、历史、地理和自然科学等课程，取消了神学。全国有1600所小学。各级学校的教材都进行了重新编写，使教学水平大为提高。国民教育委员会在发展波兰教育事业中作出了重要贡献，使波兰的教育居欧洲领先地位。

波兰的科学也有很大发展。维尔诺的马尔钦·波乔布特和克拉科夫的杨·希尼亚德茨基，提高了波兰的天文学水平。波乔布特经过34年的观察，对恒星和水星的现象有新的发现。希尼亚德茨基对不久前发现的介于火星和木星之间的小行星有新的研究。杰出的数学家米哈乌·胡贝发展了微分学。克拉科夫大学教授杨·雅希凯维奇首先支持新发明的量子理论。克日什多夫·克鲁克调查了波兰的植物群和动物群，编写了《植物志》和《动物志》。在人文科学方面，阿达姆·纳罗谢维奇在他的《关于写作人民历史的备忘录》一书(1775)里，冲破了传统的、把历史归结为上帝的安排的神学理论，提出了用理性原则处理历史的新的历史方法论，认为历史是人民的历史。他把经济的发展和政治制度的演变作为重要的研究对象。1780年，他的《波兰人民史》问世，该书批判地继承前人成果，修正了许多错误的结论。他收集的大量史料，成为后人研究历史的重要根据。

18世纪后半期，出现了更多的世俗建筑物——宫殿、府邸、别墅和教堂。除保持巴洛克风格外，出现了古典主义风格。这种建筑模仿古代罗马和古代希腊的建筑，具有简洁、古朴、庄严的特点。最重要的建筑物有华沙的瓦金基宫，宫内有精致的绘画和雕刻，是国王的夏宫。国王斯坦尼斯瓦夫·波尼亚托夫斯基聘请了许多杰出的画家，其中最著名的是意大利人马尔策拉·巴恰雷利。他以画肖像画闻名欧洲。根据国王的建议，他从波兰历史题材中画了许多历史画和一套波兰国王和大公的画像。他培养了一大批画家，在波兰艺术生活中起了重要作用。

第七章

拿破仑时期的波兰

(1795—1815)

第一节　瓜分国的政策

瓜分的后果

由于三次瓜分波兰，普鲁士获得20%领土和23%人口，奥地利获得18%领土和32%人口，俄国获得62%领土和45%人口。俄国获得的波兰领土，面积最大，经济最落后，主要是乌克兰人、白俄罗斯人和立陶宛人居住的地区，在那里波兰人占少数。面积不到俄国占领区1/3的普鲁士占领区，经济最发达，主要是波兰人居住的地区。奥地利占领区的人口最稠密，南部是波兰人居住的地区，东部是乌克兰人居住的地区。

波兰的灭亡给波兰人民在经济上、政治上和文化上造成严重后果。启蒙时期在文化、教育、科学上的成果遭到严重破坏。正在形成的资本主义关系和全国市场被打断了。国有的和大贵族的手工工场，甚至一部分市民的手工工场，由于失去了市场而纷纷倒闭。华沙从拥有10万多人口的首都转变为普鲁士的边境城市，人口在 1800 年锐减至 65000 人。贵族和市民大批离开城市，出现了城市和生产衰微的凄凉景象。

三个瓜分国对 1794 年起义的领导人和参加者实行报复。在俄国的监狱里有塔代乌什·科希秋什科，在奥地利的监狱里有胡果·科翁泰，在普鲁士的监狱里有安托尼·马达林斯基。俄国政府没收了起义参加者的财产。普鲁士政府没收了逃亡者的财产，对未逃亡的起义参加者罚以重金。叶卡特琳娜二世把没收的财产分发给自己的宠臣和官员。普鲁士政府把它卖给容克和商人。三个瓜分国还把原国有财产和大量教会财产占为己有。

1797 年，三个瓜分国又签订条约，不准波兰人在两个或三个占领区拥有财产，必须选择一国国籍，出售在其他占领区的财产。这样，又有大批财产转归瓜分国。

瓜分国的政策

普鲁士政府把并入普鲁士的原波兰领土划分为三个省，均冠以普鲁士的称号，以实现它的日耳曼化政策。西普鲁士省包括格但斯克、波莫瑞。南普鲁士省包括大波兰和玛佐夫舍的大部分。新东普鲁士省包括大波兰东部和维斯瓦河右岸地区。在第三次瓜分中得到的小波兰的一部分称新西里西亚。

普鲁士政府把波兰贵族全部赶出政府机构，代之以普鲁士官员。德语成为官方语言。在政府和法庭里只准使用德语。在华沙和波兹南开设了德语中学，波兰语学校受到歧视。波兰青年被迫学习德语。为了使波兰贵族青年为普鲁士服务，在赫翁诺和卡利什办了两所士官学校。这两所学校全部用德语进行教学。

普鲁士政府为了推行日耳曼化政策，从德国内地招来许多移民。移民从政府领到交通费用，携带一切动产，来到波兰土地安家落户。一户移民可分到 5 至 8 公顷土地。三年内免缴赋税。据估计，在腓德烈二世(1740—1786)时期，从德国内地来到西里西亚、什切青波莫瑞、东普鲁士和西普鲁士(即格但斯克波莫瑞)等地的移民达 30 万①。

普鲁士政府把波兰土地当作原料产地、商品市场和劳动力市场。大批德国工业品进入波兰土地，大波兰的呢绒工业经不起竞争，纷纷倒闭。只有上西里西亚的采矿业和冶铁业由于军事需要而获得继续发展的机会。

奥地利政府把瓜分来的波兰土地称为"加里西亚和洛多美里亚王国"(由基辅罗斯时期加里奇公国和弗拉基米尔公国的拉丁文名字而来)。把第三次瓜分来的克拉科夫省的西部称为新加里西亚。1803 年，这两部分合为一个加里西亚省，省府设在利沃夫。

女皇玛丽亚・特莱莎(1740—1780)和约瑟夫二世(1780—1790)在位时期，是奥地利历史上的"开明专制"时期。为了提高农业生产，两位君主实行了一些减轻农民负担、改善农民地位的改革。1772 年，女皇颁布诏书，赋予农民有向国家法院控告主人的权利。1775 年，女皇剥夺了贵族任意鞭笞农民和向农民罚款的权利。1782 年，皇帝颁布诏书，允许农民自由结婚，农民子弟可以进城读书或学艺。1786 年，农民服劳役的时间限为每周 3 天。皇帝还在全国实行使货币代役租代替劳役租的尝试。但是在 1790 年约瑟夫二世去世后，这些进步改革就中止了。农民的状况重新恶化。加里西亚逐渐成为三个占领区中最落后的地区。

---

① 伊・科斯特罗维茨卡、兹・兰达乌、耶・托玛舍夫斯基:《十九和二十世纪波兰经济史》,1979 年华沙版,第 51 页。

自从1792年以来，奥地利一直与法国处于战争状态。由于战局不稳，奥地利政府把加里西亚当作暂时的战利品和经济掠夺的对象。加里西亚成为奥地利税收和兵员的重要来源。从18世纪70年代到18世纪末，每年从加里西亚的财政收入从160万弗罗伦增加到450万弗罗伦。在同法国战争期间，从加里西亚征集了10万名兵员。①

奥地利政府也实行移民政策，但规模远不及普鲁士。约瑟夫二世时期，来到加里西亚的移民约14000人，主要是农村移民。约瑟夫二世死后，移民运动也就结束了。

奥地利政府也实行日耳曼化政策。德语是官方语言，在政府机构、法院都使用德语。在中学里强迫推行德语，并强迫克拉科夫大学用德语进行教学。

俄国政府把瓜分来的波兰土地划分为三个省：维尔诺省、科夫诺省和格罗德诺省。俄国是三个瓜分国中经济最落后的国家，农民的状况最坏。封建主可以不连同土地出卖农奴。这种现象在波兰是罕见的。波兰东部被并入俄国后，那里的农民也陷入了同俄国农民一样的悲惨境地。

叶卡特琳娜二世对波兰起义的参加者实行残酷的报复政策。大批起义的参加者被捕入狱或被流放到西伯利亚。在她死后，保罗一世(1796—1801)和亚历山大一世(1801—1825)实行比较开明的自由主义政策，竭力拉拢波兰贵族。保罗一世释放了所有政治犯和流放者，使波兰民族英雄科希秋什科得以离开俄国，前往美国，后定居巴黎。波兰大贵族阿·查尔托雷斯基成为亚历山大一

① 约·盖洛夫斯基:《波兰史(1764—1864)》,第170页。

世的亲密朋友。他被任命为维尔诺学区的督学。在他的领导下，维尔诺大学和波兰中小学获得很好的发展。

第二节 波兰人民恢复独立的尝试

最早的秘密组织

1795年以后，中等贵族、市民、知识分子和原起义军官，继续为恢复波兰独立而斗争。他们中的右翼希望恢复《五·三宪法》所确定的国家制度，左翼则希望仿照法国建立共和国。他们大多忽视依靠农民和城市平民，把希望寄托在资产阶级法国的帮助上。由于缺乏人民群众的支持，为数不多的秘密组织很快被占领当局镇压下去。

第一个秘密组织是1794年起义的参加者、大贵族出身的瓦莱里安·杰杜宣茨基于1796年1月在利沃夫建立的“中央会议”。该组织同俄普两个占领区的秘密组织建立了联系，计划在法国打败奥地利后在三个占领区同时发动起义，恢复瓜分前的波兰。1797年6月，“中央会议”的组织被奥地利当局侦破，主要成员被逮捕。

1797年底，上校约希姆·德尼斯科在土耳其属地摩尔多瓦，率数百名前起义士兵向布科维纳进发，宣布废除农民的封建义务，号召波兰人举行起义，为祖国的独立而战。起义队伍行至多布罗诺夫策时，被奥军包围歼灭。

以弗兰齐舍克·戈什科夫斯基为首的秘密小组在波德利亚西耶地区活动。他是1794年起义的参加者，也是“中央会议”的成员，贵族出身，却在农民中间进行反封建贵族的宣传，主张把民族起义同社会革命结合起来。他主张建立共和制度，废除等级特权，农民将获得土地。由于叛徒告密,戈什科夫斯基在1797年被奥地利当局逮捕,他的组织被破坏。

这一年,普鲁士当局在格但斯克侦破了以戈德弗里德·巴多尔德为首的秘密小组。

1798年在华沙建立了"波兰共和者协会"。协会的宗旨是:恢复独立,建立共和政府,按1795年法国宪法的原则组织国家。协会把科希秋什科作为自己的精神领袖。当时科希秋什科侨居巴黎,主张立即在国内组织起义。但国际形势不利于波兰起义。1801年,法国同奥地利签订了和约。起义被迫延期。协会主要在普鲁士占领区活动,但在加里西亚也有会员。协会的活动坚持到华沙公国的建立。

波兰军团

1794年起义失败以后,大批爱国志士和起义官兵流亡到欧洲各地,而以法国最为集中。汉堡、德累斯顿、威尼斯、伊斯坦布尔和摩尔多瓦都是波兰流亡者的集中地。由于政治主张不同,波兰的流亡者同国内的秘密组织一样,分为温和派和雅各宾派。温和派即右派,主张在法国的外交和军事干涉下,恢复《五·三宪法》时期的波兰。1795年,他们在巴黎建立了"代办处",领导人是弗兰齐舍克·巴尔斯和约瑟夫·维比茨基。雅各宾派即左派,由原科翁泰的拥护者组成。他们主张在法国的帮助下建立波兰民主共和国实行深刻的社会变革。他们在巴黎建立了"代表团",领导人是弗兰齐舍克·德莫霍夫斯基、约瑟夫·苏乌科夫斯基。两派都要求法国督政府允许在法国建立波兰军队,但没有被批准。

法国的对外战争从1794年热月政变以后,由正义的自卫战争转变为侵略战争和争夺欧洲霸权的战争。法国资产阶级对欧洲的进步事业毫不关心，除了利用波兰人作为法国侵略政策的工具外，绝不会为波兰的独立而操心。1795年，法国同普鲁士缔结了巴塞尔和约，把主要兵力用来同奥地利作战。而要解放波兰，必须同普鲁士作战，因为大部分波兰本土是处于普鲁士的占领之下。这个条约出卖了波兰。所以，波兰流亡者的两个派别对法国的希望只能以失望而告终。

1796年，军事形势发生了变化。拿破仑·波拿巴的法国军队在意大利连败奥军，俘虏了3万名奥军士兵，其中近1万名是来自加里西亚的农民。当时，拿破仑在北意大利建立了隶属于法国的伦巴第共和国。为了控制意大利，他决定利用波兰人。1796年秋，曾经参加1794年起义的杨·亨里克·东布罗夫斯基将军(1775—1818)从波兰来到巴黎，在同"代办处"磋商后，向督政府提出了在意大利建立波兰军团的建议。1797年1月初，督政府派他到米兰同伦巴第政府就建立波兰军团问题进行谈判。在拿破仑的主持下，双方于1797年1月9日签订了协定。

根据协定，波兰军团作为伦巴第共和国的"辅助军团"，获得伦巴第的公民权。"在必要时开赴本国战场"。东布罗夫斯基经拿破仑同意，可以穿过克罗地亚和匈牙利，进入加里西亚。但是，拿破仑从不想履行协定，他这样做只是为了威吓奥地利。军团战士身穿波兰军服，衣袖上别着"自由的人们皆兄弟"的袖章。军服的花边同意大利一样，领带同法国一样。东布罗夫斯基将军号召国内外青年踊跃参军，很快组成了两个团，约6000多人。1797年7月，约·维比茨基(1747—1822)在军团的所在地勒佐(艾米利亚)用民间流传的曲调"玛祖卡"谱写了军团的战歌。歌词共分六段。第一段歌词如下：

波兰还没有亡，
只要我们还活着。
列强用暴力抢去的一切，
我们要用武力夺回。
前进！前进！东布罗夫斯基！
从意大利打回波兰去。
在您的领导下，
同人民团结在一起。[①]

《波兰还没有亡》表达了军团战士为祖国的独立而战的坚强决心和信心。这首洋溢着爱国主义激情的歌很快传到国内，传遍波兰流亡者足迹所到的一切地方。在以后的历次起义和解放祖国的斗争中，波兰人民高唱《波兰还没有亡》的战歌，前仆后继，同强大的敌人搏斗。这首战歌永远鼓舞着波兰人民为恢复国家独立而斗争。1918 年，波兰恢复独立。1926 年，波兰政府把它定为国歌，一直沿用到今天。

正当波兰军团战士同奥地利军队浴血奋战，准备杀回加里西亚的时候，法国同奥地利于 1797 年 4 月在列欧本签订了停战协定。1797 年 10 月，法奥两国在坎坡福米奥签订了和约。奥地利承认法国占领比利时和意大利北部。拿破仑在意大利北部建立了内阿尔卑斯共和国（由伦巴第共和国扩大而成）。波兰军团成为内阿尔卑斯共和国的“辅助军团”。波兰人在这个条约里，就像过去在巴塞尔条约里一样，又成了牺牲品。1798 年，一个团被派到罗

---

① 斯坦尼斯瓦夫·罗索茨基等编：《波兰的国徽、国旗和国歌》，1963 年华沙版，第 196 页。

马，推翻了罗马的教皇政府。波兰军团还把波旁家族赶出那不勒斯。由于法奥之间缔结了和约，波兰军团解放祖国的愿望落空了。失望情绪开始在波兰军团蔓延滋长。

法国军队在意大利起着双重作用。它推翻了奥地利和当地贵族的封建政府，废除了等级特权，为资本主义关系扫清了道路。但是它没有支持真正的意大利民族解放运动，只不过使法国的压迫代替奥地利的压迫。波兰军团也只能起这两种作用。1797 年，波兰军团镇压了发罗那和罗马附近的农民起义。波兰流亡者中的左派对波兰军团的这种作用深为不满。"代表团"多次抨击东布罗夫斯基，要求解除他的军团司令职务。

坎坡福米奥和约签订以后，英国成为法国的主要敌人。1798 年 3 月，拿破仑奉命出征埃及。一部分波兰军团官兵随拿破仑出征。苏乌科夫斯基等在同阿拉伯人的战争中阵亡。对埃及的征讨，加速了第二次反法联盟的形成。欧洲战争重新爆发。1799 年春，苏沃洛夫统率的俄奥联军侵入北意大利。在马格纳诺和特列比战役中，波兰军团遭到惨败，几乎全军覆没。法国丧失了伦巴第。东布罗夫斯基重建军团，人数约 9000。1799 年 11 月 9 日，拿破仑发动政变，称第一执政。1800 年，拿破仑在伦巴第打败奥军；波兰将军卡罗尔·克尼亚杰维奇在多瑙河建立了另一个波兰团并进入奥地利作战，逼近维也纳，但是没有能继续前进。

拿破仑为了巩固内部，于 1801 年 2 月在吕内维尔同奥地利缔结了和约。接着，又同俄国和英国缔结了和约。波兰军团战士的鲜血帮助拿破仑巩固了在西欧的统治。根据法国同奥地利和俄国的和约，每一方都不得支持对方的"内部敌人"，也就是说法国不能帮助波兰流亡者和波兰军团。这时候，东布罗夫斯基的波兰军团有1万人,克尼亚杰维奇的一个团有3000人。在和平时期,拿破仑把波兰军团当作累赘,又要它为内阿尔卑斯共和国服务。克尼亚杰维奇抗议拿破仑把波兰军团当作一般的雇佣军,毅然辞去军队职务。一部分官兵也跟着离开军团。东布罗夫斯基则想断绝同法国的关系,前往伯罗奔尼撒,准备为希腊的独立而战。还有一部分军团战士参加了意大利的秘密组织,同意大利革命者一起,为反对法国的侵略而战。波兰军团瓦解了。目睹这一情况,拿破仑在1802年把军团战士装上船,运往中美洲圣多明各镇压黑人起义,把另一部分赠送给那不勒斯国王。1803年,运往圣多明各的6000名军团战士,生还者仅300人。在华沙公国建立前,留在意大利的军团战士约4000人。直到1807年拿破仑打败普鲁士后,才有一部分军团战士回到祖国。

波兰军团没有给波兰带来解放,但是波兰军团战士的鲜血没有白流。它向全世界宣告:波兰人民是绝不会容忍自己的祖国被人瓜分的。波兰军团为波兰的民族解放运动提供了宝贵的经验教训。1800年夏,科希秋什科请他的秘书约瑟夫·帕夫利科夫斯基写了一本小册子,书名叫《波兰人能赢得独立吗?》。该书强调,波兰人只有依靠自己的力量,动员各阶层人民(包括农民)进行斗争,才能争得独立。

第三节 华沙公国

华沙公国的建立

1804年5日,法国由共和国变为帝国。拿破仑·波拿巴成为世袭皇帝,称拿破仑一世,开始了法兰西第一帝国(1804—1814)的统治。1805 年,英国组成第三次反法联盟,俄国和奥地利加入了同盟。

1805 年,拿破仑取得了一系列胜利。在奥斯特里茨战役(12 月 2 日)中彻底击溃了俄奥联军。第三次反法联盟瓦解。当时普鲁士还保持中立。拿破仑故意回避波兰问题。1806 年,普鲁士加入了第四次反法联盟。10 月 14 日,法军在耶拿和奥尔施塔特战役中击败普军。拿破仑进入柏林。法军占领了普鲁士大部分地区。波兰的土地唾手可得。

拿破仑的胜利进军,引起了波兰社会的极大热情,燃起了复国的火焰。拿破仑决定再一次利用波兰人。1806 年 11 月初,他在柏林召见侨居在巴黎的深孚众望的科希秋什科,请求他合作。科希秋什科不信任法国和拿破仑,他提出了恢复波兰独立的几个条件:恢复 1772 年波兰边界,建立议会君主制度和解放农奴。拿破仑不敢得罪三个瓜分国和波兰贵族,拒绝了科希秋什科的要求。11 月 3 日,他又召见东布罗夫斯基和维比茨基。东布罗夫斯基奉命组建波兰军队,并号召大波兰居民发动起义,赶走普鲁士占领者,但是,他没有从拿破仑那里得到任何许诺。大波兰居民欢欣鼓舞,夹道欢迎法军的到来。他们自动武装起来,赶走普鲁士官员,停止服劳役,为法军进抵华沙扫清了道路。12 月 18 日,拿破仑亲临华沙。

拿破仑来到华沙后,波兰贵族斯·马瓦霍夫斯基建议恢复波兰王国,雅各宾派约·扎容契克将军则要求废除贵族特权,起用科希秋什科和科翁泰。拿破仑既不想恢复旧波兰,也不想建立新波兰,只是要更有效地利用波兰。1806 年 12 月 19 日,他在第二次接见波兰行政官员时说:“先生们,我今天需要 20 万瓶酒,以及同样份数的大米、肉和蔬菜。绝不许推托；否则我就把你们留给俄国人去鞭挞……我需要证明你们的忠诚；我需要你们的鲜血。”[①]拿破仑招募了一支3万人的波兰军队，由达乌元帅管辖，分别由杨·亨里克·东布罗夫斯基、约瑟夫·扎容契克和约瑟夫·波尼亚托夫斯基指挥。这三名将军分别代表三种不同的政治派别：军团派、雅各宾派和保守派。1807年初，东布罗夫斯基的波兰军团清除了维斯瓦河下游左岸的普军，占领了格但斯克。其他两个军团在西波莫瑞追赶普军。在意大利的残余波兰军团进入上西里西亚。

1807年6月14日，拿破仑亲率法军主力同俄军在东普鲁士的弗里德兰德进行决战。法军大获全胜，进驻哥尼斯堡。接着，法军直奔涅曼河。俄军残部渡河逃回俄国。拿破仑在俄国的边境提尔西特停了下来。双方都不愿继续战争，决定签订和约。

1807年6月25日和26日，拿破仑和亚历山大在涅曼河畔的提尔西特会见。拿破仑决定肢解普鲁士，想使普占波兰脱离普鲁士。但他不想占有普占波兰，因为这样会使自己处于三个瓜分国的对立面。所以建议把华沙送给沙皇。沙皇则建议把华沙送给拿破仑的弟弟热罗姆·波拿巴。最后达成妥协，把它交给萨克森国王。1807年7月7日，两位皇帝签订了和约。7月9日，拿破仑又同普鲁士国王腓特烈·威廉签订了和约。提尔西特和约宣布成立“华沙公国”，由萨克森国王腓特烈·奥古斯特充任大公，“并依据这样的宪法进行治理：在保障公国的自由与特权的同时，应符合邻国之安宁”[②]。华沙公国由第二次和第三次瓜分的普鲁士占领的

① 马克思：《关于波兰问题的历史》，1979年人民出版社版，第142页。

② 同上。

波兰组成。其东部波德利亚西耶的一部分作为比亚威斯托克区让给俄国，该地区“应永远并入俄罗斯帝国，以确立俄国与华沙公国之间的自然疆界”。[①] 格但斯克成为自由市，由法国军队控制。由于萨克森是莱茵同盟的成员，而拿破仑是莱茵同盟的保护者。所以，华沙公国实际上处于拿破仑的直接统治之下。

华沙公国的面积为104000平方公里，居民260万。1809年，由于对奥战争的胜利，一部分奥占波兰领土被并入华沙公国。华沙公国的面积扩大到151000平方公里，人口增加到433万。[②]

1807年7月22日，拿破仑在德累斯顿签署了华沙公国宪法。宪法共有89条。它的特点是行政权高于立法权。行政权归大公和由他任命的大臣会议。大公有立法创议权。立法权归由参议院和众议院组成的议会。议会的权限是通过法律、征收赋税。宪法使市民处于同贵族平等的地位。选举议员以资产阶级的财产为标准，而不再以门第出身为标准。由于市民力量薄弱，贵族仍占众议院的80%左右。

宪法第4条称：“废除人身依附。全体公民在法律面前一律平等。”[③]这一条特别重要，它废除了农民的人身依附关系，为雇佣劳动的产生创造了前提，促进了资本主义关系的发展。1807年12月21日，又颁布了补充法令，进一步确认农民的人身自由。但是，农民一旦离开农村，他的土地和财产就归封建主所有。封建主还有权任意驱赶农民。农民的处境更坏，或被迫增加服劳役的时间，或被迫沦为雇佣劳动者。

---

① 马克思：《关于波兰问题的历史》，第143页。

② 斯·凯涅维奇、维·库拉主编：《波兰通史》第2卷第2分册，第108页。

③ 同上，第106页。

宪法第69条把资产阶级的拿破仑法典引入华沙公国。法典保证私有财产神圣不可侵犯，有利于市民等级和工商业的发展。在封建的华沙公国，这个原则也有利于封建贵族。法典没有涉及封建主和农民的关系，实际上是听任封建主任意摆布农民。宪法剥夺了犹太人的公民权。1801年，公国有30万犹太人，占全国人口的7%。他们集中在城市，占城市人口的28%。他们被迫集中居住，与波兰社会隔绝。

华沙公国的经济状况

如何评价处于战争环境和大陆封锁条件下的华沙公国的经济状况，这是一个困难而复杂的问题。

由于大陆封锁，粮食出口下降了。1805年，出口的粮食为54000瓦什特，1809年，降至8000瓦什特。随着粮食出口的锐减，粮食价格也不断下降。1806—1811年间，华沙小麦价格下降了40%，黑麦价格下降了48%。[①] 贵族因粮价不断下降而减少了收入。加之战争环境，赋税繁重，大批农民出走，农业经济的发展非常困难。

据估计，华沙公国有剩余粮食30万吨，占粮食总产量的20%。贵族为了增加收入，把一部分粮食用来发展食品工业。伏特加和啤酒的产量大大增加。在西部地区，贵族大力发展养羊业，使日趋衰落的呢绒工业获得了新生。公国每年生产300万米呢绒，其中70%是在波兹南和比得哥煦两个省生产的。呢绒生产保证了军队的需要。为了发展工业，政府还从国外招来手工业者和企业家，给他们以优惠的条件（如6年内免税）。由于战争环境，进

---

① 斯·凯涅维奇、维·库拉主编：《波兰通史》第2卷第2分册，第114页。

入华沙公国的手工业移民不多。此外，萨克森的工业品通行无阻地进入华沙公国市场，给公国的工业发展带来了不良影响。

除了呢绒工业因供应军队需要而获得发展外，采矿业和冶金业也获得发展。华沙公国有 48 个大型炼铁炉、120 个炼铁炉、6 个炼钢炉和 12 个轧板车间。主要集中在基埃尔策省和克拉科夫省。每年生产 9000 公担的生铁，制造了大量枪支和大炮。

华沙公国的财政非常困难。由于军费浩大（占财政收入的 70%），公国一直保持着巨额的财政赤字。建国初期，公国有 3 万军队，1809 年增到 6 万，1812 年又增加到 10 万。1807 年，财政收入为 1300 万兹罗提，财政支出为 3000 万兹罗提，其中 2100 万兹罗提是军费支出。[①] 为了弥补财政赤字，拿破仑把国有财产拍卖给法国元帅、将军和波兰军官，累计达 4600 万兹罗提。此外，还向普鲁士政府索取抵押贷款 4300 万法郎，其中 2100 万法郎由华沙公国在 4 年内偿还。为了偿还债务，华沙公国又向巴黎资本家借高利贷。1812 年同俄国发生战争时，华沙公国的财政濒于破产。

尽管困难重重，华沙公国时期（1807—1815）仍然是波兰资本主义发展的重要时期。农民人身依附关系的废除和可以强迫农民离开土地，为自由劳动力和资本主义农场的产生奠定了基础。市民和贵族在法律上的平等地位，促进了工商业的发展。城市又获得了发展。华沙的人口增加到 85000。被瓜分中断了的国内市场的形成过程又在较小的范围内重新开始。原始积累过程加速了。一部分大商人利用国家订货，组织工业生产，积累了货币资本。所以，波兰社会形成了两个极端，一端是正在形成的无产阶级，另一

① 斯·凯涅维奇、维·库拉主编：《波兰通史》第 2 卷第 2 分册，第 123 页。

端是正在形成的资产阶级。这两个新阶级的形成是在封建的农业生产占支配地位和没有独立国家的特殊条件下发生的。而这正是波兰资本主义形成的特点。

1809年对奥战争

从华沙公国成立那一天起，它的命运就紧紧地同拿破仑帝国的命运结合在一起。1808年，在西班牙各地城乡爆发了大规模的反抗法国侵略的民族解放起义。华沙公国的军队参与了对西班牙起义的镇压。从1808年6月起，波兰的一个团协同法军包围萨拉戈萨城，遭到西班牙军民的坚强抵抗，最后攻下了这个城市。波兰人应为祖国的独立而战，却帮助法国侵略军夺去了西班牙人的祖国。这是一个悲剧。波兰军队在西班牙扮演的不光彩角色，引起了一部分左派人士的不安。但是包括左派斯塔希茨和科翁泰在内的多数政治家都认为，为了争取波兰的独立，波兰军队必须同拿破仑军队一起作战，舍此没有第二条道路。

当法国军队的主力被牵制在西班牙的时候，奥地利发动了新的进攻。1809年4月，奥地利大公查理率10万军队侵入巴伐利亚。与此同时，另一名大公斐迪南率3万军队侵入华沙公国。维也纳宫廷想一举攻下华沙，把它交给俄国或普鲁士，以换取俄国或普鲁士对法作战。约·波尼亚托夫斯基(1763—1813)率12000军队迎战斐迪南。波尼亚托夫斯基是华沙公国最杰出的将领，是贵族的政治代表。他曾经在1794年的起义中建过功勋。华沙公国成立后，担任国防大臣，但受法国元帅达乌控制。他同左派将军扎容契克有矛盾，同东布罗夫斯基将军也有矛盾。1809年4月19日，在华沙近郊拉申，波尼亚托夫斯基同两倍于己的敌人发生激战，勇敢机智地打败了敌人。第二天，波尼亚托夫斯基为了牵制敌人和不让首都落入左派手里，把华沙让给奥军，自己向加里西亚进军。波尼亚托夫斯基军队连克卢布林、扎莫什奇、散多梅希、利沃夫，受到当地波兰居民的热烈欢迎。当地居民自动组织游击队，协同波兰军队，赶走奥地利官员。这时候，斐迪南率军进攻大波兰，想以大波兰的土地换取普鲁士参战，但是遇到东布罗夫斯基率领的华沙公国军队的顽强抵抗。经过6星期的占领，斐迪南被迫放弃华沙，挥师南下，去追击波尼亚托夫斯基的军队。

在波尼亚托夫斯基的军队逼近克拉科夫的时候，4万俄军侵入加里西亚。拿破仑命令波尼亚托夫斯基不要以华沙公国的名义而以法兰西帝国皇帝的名义占领加里西亚，想以此阻止俄国的干涉。

1809年法奥双方的决战于7月5、6日在多瑙河畔的瓦格拉姆展开。拿破仑和达乌等元帅同奥地利大公查理对阵，双方各陈兵10万。华沙公国的军队参加了这场决战。经过两天激战，奥军战败，死伤近4万，法波军队也死伤甚多。查理率残部向摩拉维亚退却。波兰人乘机进入克拉科夫。

1809年10月14日，在维也纳附近肖恩布鲁恩签订了和约。拿破仑为了表彰波兰人的英勇作战，把第三次瓜分的奥占波兰（包括克拉科夫、卢布林、腊多姆和谢德耳策四个省）和扎莫希奇区并入华沙公国。拿破仑知道俄国沙皇不怀好意，由于处境困难，还想保持同俄国的友好关系，决定把塔尔诺波尔区划归俄国。

1812年对俄战争和华沙公国的覆灭

1807年的提尔西特和约对俄国贵族和商人来说不只是不幸，而且是一种耻辱。大陆封锁触犯了他们的经济利益，使他们越来越难以忍受。1808年9月，拿破仑和亚历山大在爱尔福特会见。

亚历山大发现，拿破仑只是以答应给他“东方”、自己要“西方”的诺言来诱惑他。拿破仑不仅不让他占领君士坦丁堡，甚至也不愿他占领摩尔多瓦和瓦拉几亚。拿破仑只是因西班牙的反法民族解放起义才延缓同俄国的冲突。1809 年肖恩布鲁恩和约签订后，拿破仑建议亚历山大加强法俄联盟，为此向他的妹妹安娜·巴甫洛夫娜求婚。亚历山大则要求拿破仑公开放弃波兰问题。两位皇帝互不信任，而同时又互相需要。他们在玩弄外交手腕。

1809 年 10 月 20 日，法国外交大臣尚帕尼奉拿破仑命令，向俄国政府发出照会，声称拿破仑赞成不仅从一切公文中，而且甚至从历史上抹掉波兰人和波兰这种名称。1810 年 1 月 4 日，法俄两国在彼得堡签订了秘密协定。主要内容如下：“第 1 条，波兰王国永远不得恢复。第 2 条，波兰和波兰人这种名称永远不得用于原来构成该王国的任何一部分，并且不得出现于任何一种公开的或官方的文件”。[①] 协定签字后，拿破仑正式向亚历山大的妹妹求婚。沙皇的犹豫不决和沙皇母亲玛丽亚·费多罗夫娜的嫌恶，伤害了拿破仑的自尊心。他决定另觅夫人，不准备批准上述协定。

这时候，拿破仑还需要波兰人。在即将到来的对俄战争中，波兰人是不容忽视的力量。拿破仑在同奥地利皇帝弗兰茨一世的女儿玛丽亚·路易莎结婚以后，答应波兰人的要求，决定恢复波兰。与此同时，亚历山大也在争取波兰贵族。亚历山大通过阿·查尔托雷斯基，以在沙皇的领导下恢复波兰为诱饵，争取了克·德鲁茨基—卢贝茨基第一批大贵族。他还力图争取约·波尼亚托夫斯基将军。这位将军还矢志忠于拿破仑，拒绝了沙皇的拉拢。

---

① 马克思：《关于波兰问题的历史》，第 146 页。

1810年12月31日,俄国政府允许中立国船只运载的殖民地商品进口,对法国商品则有的禁止,有的课以重税,而且尽管拿破仑尽了一切外交努力以防止战争,俄国寸步不让。拿破仑面临抉择:要么放弃大陆封锁,要么对俄国开战。

1812年6月24日,拿破仑的50万"大军"开始渡过涅曼河,侵入俄国。拿破仑认为俄国是他建立欧洲大陆霸权的最后障碍,他想在击败俄国后进攻英国,实现其统治整个欧洲的野心。拿破仑的50万军队中,有10万是华沙公国的军队。在拿破仑看来,除了法国军队外,只有波兰军队是最靠得住的,因为他们在为民族的生存而战。拿破仑有意把这次战争称为"第二次波兰战争",而把1806—1807年的战争称为"第一次波兰战争"。10万波兰军队,只有4万组成由波尼亚托夫斯基指挥的第5兵团,其余6万同其他军队混合编组。

渡河的先头部队第13团由300名波兰战士为先导,没有遇到俄军的抵抗,于6月28日进入立陶宛首都维尔诺。这一天,华沙议会开会,宣布波兰和立陶宛的重新联合,并宣布民族战争的开始。拿破仑在维尔诺成立了由大贵族组成的立陶宛临时政府(管辖立陶宛和白俄罗斯),要求在立陶宛和白俄罗斯征募兵员,建立新的军队。立陶宛和白俄罗斯的农民欢迎"大军"的到来,认为法国人的到来会给他们带来解放。在俄国军队向东撤退后,他们自动地停止服劳役和其他封建义务。在许多地方,爆发了零星的农民起义。农民焚烧庄园,抢走粮食,杀死封建主。封建贵族仓皇逃入城市。立陶宛临时政府对农民起义进行残酷的镇压。拿破仑军队到处抢劫、纵火、杀人。立陶宛和白俄罗斯农民失望后,自发地起来反对法国侵略者。拿破仑建立新军队的计划没有实现。立陶宛临时政府只建立了一支不到2万人的军队。他也没有同意把立陶宛并入波兰。这意味着，他不想采取任何会妨碍他与亚历山大议和的措施。

波兰军队在战争中坚韧不拔、英勇作战。波尼亚托夫斯基的第5兵团随主力部队追赶退往明斯克的由巴格拉吉昂指挥的俄军。8月，他的军队在斯摩棱斯克战斗中受到重大损失。9月，波兰军队在博罗迪诺战役中表现了英勇顽强、不怕牺牲的精神。在这次战役中，又遭到重大损失。波兰军队也是“大军”中最先进入莫斯科的部队。拿破仑在占领莫斯科后一无所得。“大军”受到库图佐夫指挥的俄国军队和游击队的到处袭击，粮草断绝，饥寒交迫，死亡枕藉。在10月25日的战斗中，拿破仑几乎被俘，幸被波兰骑兵救出。10月底，拿破仑下令撤退。

1812年12月，波兰军队回到华沙公国时，只剩下不到2万人。1813年1月，俄军进入华沙公国作战。波尼亚托夫斯基率残部退到克拉科夫。

1812年12月18日，拿破仑回到巴黎。1813年初，他重新组织了20万人的军队。1813年10月16至18日，拿破仑同由俄军、奥军和普鲁士军等组成的22万人的联军在莱比锡附近的平原上进行了一场在整个拿破仑时代最大的战争。波兰军队参加了这次决战。双方各损失6万多人。这时已被任命为法国元帅的波尼亚托夫斯基在这次决战中阵亡。拿破仑带领自己的军队向莱茵河撤退。11月中旬，拿破仑回到巴黎。波兰军队还参加了1814年的战争。拿破仑退位后，波兰军队由沙皇亚历山大指挥。俄军占领了华沙公国和格但斯克。华沙公国遂告覆灭。未来波兰的命运将由1815年召开的维也纳会议来决定。

华沙公国是作为拿破仑建立欧洲霸权的工具而建立起来的，随着拿破仑的溃败而遭到覆灭。但是，华沙公国也是波兰人民民族愿望的表现。波兰军队和国家机构的建立，深深地吸引了包括西里西亚、波莫瑞在内的所有波兰土地上的人民。华沙公国是波兰人民争取民族独立斗争的一个重要阶段。这一事实，迫使沙皇亚历山大重新考虑波兰问题，同意建立自治的波兰王国。

第八章

波兰王国和1830年十一月起义

(1815—1831)

第一节　波兰王国的建立

维也纳会议上的波兰问题

1814年9月底,俄国沙皇亚历山大一世和外交大臣涅谢尔罗迭、普鲁士国王腓特烈·威廉三世和首相哈登堡、英国外交大臣卡斯尔累来到奥地利首都维也纳,受到奥地利皇帝弗兰西斯一世和宰相兼外交大臣梅特涅的热烈欢迎。维也纳会议从1814年10月1日到1815年6月9日,历时8个多月。会议的宗旨是消除法国大革命的影响,恢复旧的封建统治秩序,重新划分欧洲的版图。参加会议的有来自16个国家的216名代表。阿·查尔托雷斯基作为波兰的半官方代表随亚历山大一世来到维也纳。在会议上起主要作用的是俄国、奥地利、普鲁士和英国的代表;后来,法国外交大臣塔列朗也在会议上发挥了重要作用。但是,在上述五国中,尤以英国和俄国起了举足轻重的作用。因为这两个国家的经济力量和军事力量最为强大。

英国外交大臣卡斯尔累在维也纳会议上提出英国政府从17世纪末以来奉行的欧洲均势原则。他反对俄国力量过分强大，主张恢复欧洲大陆的均势。为此，他使法国享有同四大国一样的平等地位。法国外交大臣塔列朗则提出了正统主义原则。根据塔列朗的解释，各国基督教君主都是奉上帝之命治理国家，他们都是基督教大家庭中的兄弟。任何一国君主都不应当被本国臣民所推翻。所以应当恢复被革命和拿破仑推翻的欧洲各国君主的王位。均势原则和正统主义原则基本上是一致的，都是反对革命、反对民族解放运动的。在波兰问题上，他们都主张恢复华沙公国以前的状况，即保持俄普奥三国对波兰的瓜分。

波兰问题以及与此有关的萨克森问题是维也纳会议上争论最大的问题。奥地利首相梅特涅认为，解决波兰问题的最简单办法是恢复1807年前的状态。他的意见遭到沙皇亚历山大一世的坚决反对。俄国从1813年起就占领了华沙公国，亚历山大一世要在华沙公国的基础上建立波兰王国，但可以把华沙公国的西部波兹南省等土地划给普鲁士，普鲁士还可从萨克森得到补偿。萨克森国王兼华沙公国大公腓特烈·奥古斯特曾经是拿破仑的附庸，在1813年莱比锡战役中被俘，所以他的国家成为瓜分的对象。普鲁士国王腓特烈·威廉三世不敢得罪俄国这个强大的盟国，但是要求得到全部萨克森的领土。萨克森是德意志境内经济比较发达的地区。如果普鲁士一旦得到萨克森，它就会很快地强大起来。这是奥地利和法国所不能接受的。奥地利还要求收回克拉科夫、扎莫希奇和维利乞卡盐矿区。

这样，在波兰和萨克森问题上，形成了以俄国和普鲁士为一方，以奥地利和法国为另一方之间的斗争。1814年10月23日，为了解决波兰和萨克森问题，卡斯尔累提出了3个方案：恢复1772年的波兰；恢复1791年的波兰和《五·三宪法》；把华沙公国一分为二，维斯瓦河以东归俄国，维斯瓦河以西归普鲁士，华沙归俄国，托伦归普鲁士，但是俄国沙皇不能冠有波兰国王的称号，而普鲁士则不能吞并萨克森。塔列朗支持卡斯尔累的方案，但是他想以牺牲波兰来挽救萨克森。梅特涅也支持卡斯尔累的设想。卡斯尔累的方案却激起了亚历山大一世的狂怒。沙皇决定不顾一切国家的反对，不惜为波兰问题而进行战争。沙皇的弟弟，被任命为波兰军队总司令的康斯坦丁大公命令部队作好战争准备。一场新的战争迫在眉睫。

1815年1月3日，在卡斯尔累的主持下，英国、奥地利和法国签订了一个秘密同盟条约。条约规定：三国中的一国如受到他国的进攻，其他二国立即给以军事援助；三国反对把萨克森并入普鲁士、把波兰王国并入俄国。不久，巴伐利亚、荷兰和汉诺威也加入了这个同盟条约。3个大国的同盟使俄国的侵略行径有所收敛。

1815年2月11日，双方在波兰—萨克森问题上达成了妥协。普鲁士获得2/5的萨克森和华沙公国西部的两个省（波兹南省和比得哥煦省）以及格但斯克市和托伦市，在这两个省的基础上建立波兹南大公国。奥地利获得塔尔诺波尔区和维利乞卡盐矿区。由于俄奥争夺克拉科夫，决定在克拉科夫及其毗邻地区成立“自由、独立和中立”的自由市，即克拉科夫共和国，受3个瓜分国的共同保护。在华沙公国的大部分土地上建立波兰王国，“永远归沙皇所有”，波兰王国国王由沙皇兼任。亚历山大一世答应赐给波兰王国一部宪法，并许诺使立陶宛、白俄罗斯和乌克兰同波兰王国合并。1815年5月3日，俄普奥三国签订了瓜分华沙公国的条约。维也纳会议对华沙公国的瓜分,在历史上被称为“第四次瓜分波兰”。在维也纳会议上,欧洲列强无视波兰人民的民族要求,把波兰问题当作外交斗争的筹码。但是波兰人民的斗争却迫使列强承认波兰的存在,在欧洲政治地图上消失了20年的波兰名字又重新出现了。波兰王国的建立对于发展波兰民族经济和民族文化都有积极意义。维也纳会议确定的波兰边界,延续了整整一个世纪。从这个意义上来说,“第四次瓜分”比前三次瓜分更为重要。

1815年9月26日,在亚历山大一世的倡议下,3个瓜分国君主为了维持维也纳会议所建立的欧洲反动秩序和反对一切革命运动,缔结了“神圣同盟”。欧洲大陆绝大多数的君主都陆续加入了这个同盟。沙皇俄国成为欧洲反动势力的支柱和镇压革命的欧洲宪兵。

波兰王国宪法

根据维也纳会议决定所建立的波兰王国,领土面积为128500平方公里,人口为330万。每年人口递增1.75%。1827年,人口增至414万。首都华沙人口13万。[①]

早在维也纳会议闭幕前,亚历山大一世就授命阿·查尔托雷斯基起草波兰王国宪法。1815年11月,亚历山大一世来到华沙,受到波兰贵族的隆重欢迎。11月27日,他签署了波兰王国宪法。波兰王国成为一个君主立宪制的自治国家。

宪法规定:波兰王国永远与俄罗斯帝国联合在一起,俄国沙皇是王国的世袭国王,王国执行同帝国一样的外交政策。国王统揽全国行政大权,拥有立法创议权和对议会通过的法律的否决权。国王统率王国的武装力量。国王不在时,由总督代行国王职务。

---

① 斯·凯涅维奇、维·库拉主编:《波兰通史》第2卷第2分册,第202页。

在国王领导下组成王国的政府——行政委员会。行政委员会由 5 名大臣组成，分别领导 5 个委员会：内务和警察委员会、国民教育和宗教委员会、司法委员会、财政委员会和军事委员会。宪法规定，中央和地方官员一律由波兰人充任。

波兰王国议会由参议院和众议院两院组成。参议院由国王任命的省长、市长、主教等组成，参议院议员是终身的，大多由大贵族充任。众议院由地方议会选举产生的 77 名贵族和 51 名非贵族出身的地主、新兴资产阶级代表及其知识分子组成。犹太人被剥夺了政治权利。议会每两年召开一次。贵族在新兴资产阶级的支持下，领导了议会和政府。

宪法宣布波兰语为国语，公民享有言论、出版、宗教信仰和人身不可侵犯的自由。宪法还宣布，私有财产神圣不可侵犯。

从表面看，1815 年的波兰王国宪法是当时欧洲大陆最进步的宪法之一。凡年满 21 岁的男性公民拥有土地和私有财产在 10 万兹罗提以上的均有选举权。小小的波兰王国有选举权的公民达 10 万人，而当时法国有选举权的公民只有 8 万人。但是，由于宪法赋予国王以很大权力，使他可以任意不执行或违反宪法条款，宪法规定的公民权利和自由很难实现。弱小的波兰王国同强大的封建专制的俄罗斯帝国的结合，也不能不严重地影响到王国的政治生活。尽管如此，波兰贵族由于获得了经济和政治上的统治地位，以满意的心情欢迎钦赐宪法的颁布。

波兰王国的政治

一个奇怪的现象是：为什么亚历山大一世一面组织反动的神圣同盟而另一方面却又颁布自由主义的波兰王国宪法？这主要是由于他害怕欧洲革命的缘故。波兰人在拿破仑军队中的勇敢精神使他知道波兰人是不好对付的。为此,他有必要把自己打扮成一个自由主义者和波兰人的朋友。

亚历山大一世十分重视波兰王国,任命自己的弟弟康斯坦丁大公(1779—1831)为波兰王国军队总司令,任命年轻时的朋友尼古拉·诺沃西尔采夫为沙皇的全权代表,任命昔日的雅各宾派、现在死心塌地为沙皇服务的波兰将军扎容契克为波兰王国总督。沙皇还任命了政府的各大臣。沙皇本人很少住在华沙,实际上把统治权交给康斯坦丁和诺沃西尔采夫两个人。扎容契克只不过是唯命是从的驯服工具。所以,康斯坦丁和诺沃西尔采夫对波兰的态度非常重要。

康斯坦丁是保罗一世的第二个儿子,被祖母叶卡特琳娜二世定为未来希腊帝国的君主,会说一口流利的希腊语和法语,来波兰后也学会了波兰语。他深受专制主义传统教育的影响,热衷于军事检阅,1793 年,曾被提名为波兰国王候选人。由于长兄亚历山大无男嗣,他应继承俄国皇位。1820 年,他同波兰女子约安娜·格鲁津斯卡结婚,把皇位让给了弟弟尼古拉,从此以波兰王国统治者自居。他无视宪法的存在,任意干预政府事务,迫使主张改革的军事大臣维尔霍尔斯基将军和国民教育和宗教大臣斯坦尼斯瓦夫·波托茨基辞职。波兰军队在 1794 年起义以来,经过军团和华沙公国时期,有着进步的传统,官兵平等,没有告密和体罚制度。康斯坦丁按照俄国军队的模式,改组了波兰军队,把告密和体罚制度搬到波兰。他每天早晨 8 时从贝尔凡德尔宫,在侍从的簇拥下骑马来到萨克森广场检阅和操练军队。稍不满意就施行体罚并嫁罪于军官,迫使许多军官自杀。有许多军官毅然辞职以示抗议。军队中的不满情绪日益滋长。

诺沃西尔采夫和查尔托雷斯基同是亚历山大年轻时的朋友。但是，他敌视波兰的独立事业，力图扼杀波兰的自治制度。他是一切革命运动和自由主义的敌人，是当时俄国最反动的政治家之一。他迫害一切具有自由和进步思想的人士，进行间谍特务活动，不断向沙皇进谗言，使沙皇失去对波兰爱国人士的信任。

亚历山大一世在波兰的自由主义表现，引起了俄国保守贵族的不安。他们害怕自由主义"瘟疫"传入会动摇俄罗斯帝国的专制制度。1819 年，保守贵族尼古拉·卡拉姆津向沙皇呈递了一份题为《一个俄国人的意见》的备忘录，告诫沙皇放弃复兴波兰的念头。卡拉姆津写道："陛下想要复兴作为整体的波兰，陛下是作为一个基督徒在给敌人办好事……。但是上帝赋予陛下的任务只是关心自己的祖国。波兰人绝不会成为我们真诚的兄弟和忠实的盟友。叶卡特琳娜的阴影矗立在我们的面前，她是多么地爱过你，也爱过我们的祖国。"①

亚历山大一世慑于欧洲革命运动，在俄国贵族的影响下，逐渐放弃自由主义政策，转向反动统治。

1818 年 3 月，当亚历山大一世来华沙主持波兰王国第一届议会时，他还在玩弄自由主义辞藻，许诺给波兰王国扩大版图，授命诺沃西尔采夫起草俄罗斯帝国宪法草案。他说："自由主义宪法的原则永远不会不是我关心的问题……，我希望在上帝的保佑下，这些原则的良好影响将扩大到我的权力所及的全部地区。"②他的这番话激起了一部分波兰贵族的希望，却引起了一部分俄国贵族的

---

① 路德维克·巴齐洛夫：《俄国史》第 2 卷，1983 年华沙版，第 123 页。

② 同上，第 122 页。

不安。上面所说的卡拉姆津的备忘录就是在这样的背景下写的。这届议会通过了刑法、婚姻法。一部分议员对政府不向议会提交国家预算草案提出批评。卡利什议员文采蒂·涅莫约夫斯基认为这是违反宪法的行为。一部分议员要求对宪法第16条作出具体规定,因为事实上存在着书报检查制度,出版自由云云实际上纯属空谈。这届议会在平静的气氛中结束,但亚历山大一世对议员的批评意见表示不悦。

1819年,政府加强了对书报的检查和控制,进一步限制言论和出版的自由。与此同时,秘密警察大肆活动,密告和逮捕事件层出不穷。在1820年举行的第二届议会上,以涅莫约夫斯基为代表的自由派贵族(他们是一批向资本主义经营方式过渡的封建贵族)公开提出了保卫宪法的口号。另一部分贵族要求亚历山大一世履行扩大波兰王国版图的诺言。亚历山大一世不只拒绝了议员们的要求,而且恼羞成怒,不准涅莫约夫斯基等反对派议员参加会议。由政府提交议会讨论的两个法律草案被否决。这届议会在紧张的气氛中结束。此后,亚历山大一世没有定期召开议会,直到1825年,才召集第三届议会。

波兰王国建立初期,债台高筑,财政濒临崩溃。自1821年大贵族克·卢贝茨基担任财政大臣以来,采取了紧缩开支,增加税收和实行盐、烟草等专卖措施,使财政收支趋于平衡。1829年,国家财政收入达7400万兹罗提。1830年起义前夕,财政积存达3400万兹罗提。卢贝茨基还在发展工商业、促进经济发展方面做出了重要贡献。

在这段时间里,波兰的教育事业在革新派的推动和教育大臣斯·波托茨基领导下取得了很大进步。1816年,建立了华沙大学，大学设五个系：哲学系、数学系、法律系、医学系、艺术系和神学系。此外还在基埃尔策建立了矿业学院和华沙工学院、农业研究所等单位。小学获得很大发展。1816 年有 720 所小学，学生 23000 多人。1821 年增加到 1200 多所，学生人数达到 37000 多人。[①] 1820 年 12 月，波托茨基不满康斯坦丁和诺沃西尔采夫的反动政策，被迫辞职，教育事业急转直下，学校和学生人数迅速减少。

随着尼古拉一世(1825—1855)的即位，俄国的专制制度进入了极端的反动时期。尼古拉生于 1796 年，是保罗一世的第三个儿子。从小没有继承皇位的准备。只是由于长兄亚历山大早亡、二哥康斯坦丁放弃皇位而得以即位。他急欲取消波兰王国的自治，把它并入俄国。但是，康斯坦丁却不想取消自治，因为波兰王国自治的消失，意味着他的政治生涯的终结。尼古拉一世的反动方针，使他同几乎全部的波兰贵族处于对立地位。1826 年，同俄国十二月党人有联系的波兰秘密组织爱国协会被破获，其成员被逮捕。尼古拉一世想以此为理由，取消王国的自治，但遭到王国议会的坚决反对。1830 年，法国和比利时爆发革命，以欧洲宪兵自居的尼古拉一世决定派俄军前去镇压，并利用这个机会取消波兰王国的自治。尼古拉一世同波兰王国举国上下的矛盾发展到顶点。就在这个关键时刻，爆发了 1830 年十一月起义。

第二节　波兰王国社会经济的发展

农业生产的发展

波兰王国是一个封建的农业国家，农业人口占全国居民的

---

① 斯·凯涅维奇、维·库拉主编：《波兰通史》第 2 卷第 2 分册，第 271 页。

80%以上。封建贵族和封建国家占有 70%的土地。王国初期,农业生产的发展遇到严重困难。战争造成了劳动力的短缺(人口减少了 20%)、牲畜的锐减和播种面积的减少。生产的下降超过人口的下降。经过几年的恢复,1815—1818 年间,农业生产不只满足了国内需要,而且可供出口的粮食不断增加。

波兰王国通过格但斯克出口粮食,由于普鲁士的关税政策而发生困难。在欧洲市场上,波兰的粮食遇到俄国粮食的激烈竞争。西欧各国在拿破仑战争期间发展了粮食生产,减少了粮食进口。从 1815 年起,英国和法国等国陆续实行保护关税政策,对进口的粮食课以重税。1824 年,波兰王国出口的小麦从 1818 年的 391000 科热茨,降到 69000 科热茨。[①] 波兰农业面临着严重危机。

波兰的封建庄园使用农奴劳动,沿用陈旧的三圃制耕作法进行农业生产。劳动生产率极低。收获量为种子的 3 至 4 倍,在极好的情况下,也只有 5 至 6 倍。在农奴制的东欧各国(包括俄国),农业生产的情况大致同波兰相近。而在英国等西欧国家,这时候正在经历着一场“农业革命”。轮种制代替了三圃制,废除了休耕地,扩大了耕地面积。农业机器的使用使粮食和农产品的产量成倍增加。农民逐渐成为独立的生产者。资本主义的土地关系代替了封建的土地关系。19 世纪欧洲农业发展的这种趋势,从西欧扩大到中欧、东欧和南欧,引起了欧洲农业的大发展。

为了增加收入和摆脱农业危机,波兰贵族学习西方的经验,着手改造庄园经济。他们开始用轮种制代替三圃制,从而扩大了耕

---

① 科热茨(Korzec),原波兰计量单位,1 科热茨等于 98 公斤;斯·凯涅维奇、维·库拉主编:《波兰通史》第 2 卷第 2 分册,第 204 页。

地面积。庄园开始大量种植马铃薯和饲料作物(三叶草、箭豆、豌豆等)。从 1811 到 1827 年,马铃薯的产量增加了 2 倍,达 320 万科热茨。甜菜、油菜和烟草等经济作物的播种面积也迅速扩大。养羊业迅速发展,为毛织业的发展奠定了基础。羊的头数从 1822 年的 150 万头增加到 1828 年的 240 万头。随着经济作物的增加,在贵族的庄园里建立了许多酿酒厂、制糖厂、磨粉厂、炼油厂。马铃薯代替黑麦成为酒类的主要原料。大的庄园还从西欧购买农业机器。脱谷机、收割机、播种机等近代化农业机器开始在波兰农村出现。

波兰王国政府大力扶持农业的发展。1825 年成立的土地贷款协会,给贵族以低息贷款,帮助他们发展农业。土地贷款协会在封建的庄园经济转变为资本主义的农业经济中,发挥了重要作用。政府为了发展养羊业,曾拨出专款 30 万兹罗提。

19 世纪前半期,土地已不再为封建主阶级所垄断,逐渐成为可以交换的商品。封建国家和封建贵族为了改善庄园的经营,把一部分土地出卖给新兴的资产阶级。资产阶级在土地上投资,发展农业。这也是农业生产发展的一个重要原因。

波兰王国农业生产的发展是很不平衡的。农业的进步主要表现在商品货币经济比较发达的西部各省(如卡里什省、玛佐夫舍省)。商品货币经济不发达的东部各省,农业的进步极为缓慢。

随着农业生产力的发展,农业中的生产关系也发生了相应的变化。

从 1807 年开始,波兰农村已经废除了人身依附关系。农民获得了人身自由。但是波兰农村的劳役制度却一直保存到 1864 年。没有人身依附关系的劳役制度正是 19 世纪波兰农村的特有现象。

在西欧各国(如法国),劳役制度早已被废除,但是人身依附关系一直保持到封建社会末期。而在俄国,劳役制度和人身依附关系同时存在到1861年。这种历史上的特有现象使波兰王国农村在劳役制占统治地位的情况下,出现了真正的劳动力市场,为资本主义工业的发展提供源源不断的廉价劳动力。

波兰王国政府对农村中封建主和农民的关系采取不干涉态度。为了扩大马铃薯等的播种面积和发展养羊业,封建贵族根据1807年12月的法令,任意驱赶农民,以扩大耕地面积和牧场。他们开始使用雇佣劳动。西部各省的封建贵族还对一部分富裕农民实行货币代役租,以增加现金收入。与此同时,却迫使许多农民增加服劳役的天数,把劳役时间提高到每周5至6天。此外,还迫使农民在服劳役之外又进行"强制性的雇佣劳动",每天只付不足20格罗什[①]的工钱,而一个雇佣劳动却要付1兹罗提。封建剥削的加重导致了大部分农民的贫困化。无地农民增加到80万。他们颠沛流离,在城市和农村寻找工作,成为廉价的自由雇佣劳动者。国有农民的状况比私有农民要好。从1820年起,国家逐步实行货币代役租制,劳役租的比重逐渐减少。但是这个转变过程进行得很缓慢。1830年前,劳役租仍占主要地位。驱赶农民和实行货币代役租是波兰王国原始积累的重要途径。

波兰王国农业生产力和生产关系的发展,引起了资本主义的两极分化。除了大部分农民沦为无产者和半无产者外,少部分缴纳代役租的农民却演变为农村资产者——富农。他们与正在演变为资本主义地主阶级的贵族结成联盟,共同剥削农村无产者和半

---

① 格罗什系波兰货币单位,30格罗什等于1兹罗提。

无产者。

阶级关系的变化带来了阶级斗争形式的变化。几百年来，波兰农民不堪封建压迫，大批逃亡异地。而封建主则想方设法找回逃亡的农民。逃亡和反逃亡是农村阶级斗争的重要形式。现在情况发生了变化。封建主不再为没有劳动力而耽心，主动地迫使农民离开土地。而农民为了生存却拼命保住一块糊口之地，反抗封建主的驱赶。这是 1807 年以来，波兰农村阶级斗争的新现象。

工业的发展

波兰王国由于丧失波罗的海出海口和受到普鲁士关税政策的限制，粮食和农产品的出口非常困难。以克·卢贝茨基为代表的有远见的政治家把国家工业化、城市化和发展国内市场作为摆脱经济困难的主要出路。

波兰王国拥有发展工业的必要自然条件。旧波兰矿区有着大量的矿藏和茂密的森林。东布罗沃矿区有大量的煤和铁矿。上面两个矿区位于波兰的东南部和西南部，是发展采矿业和冶金业的基地。西部各省的养羊业，是发展毛织业的基地。

由于劳役制的存在，农民虽然有了人身自由，但仍固着于土地，国内市场受到限制。彻底解决发展资本主义工业所需要的市场问题，只有把广大农民群众纳入商品货币经济轨道，这就需要废除劳役制。在当时的条件下，这是贵族所不能接受的。因此，需要开拓新的市场。这个市场就是俄国市场。1822 年，卢贝茨基在彼得堡同俄国政府签订了关税协定，把两国过境的原料和商品的关税率定为 1％到 3％，而把从普鲁士和奥地利进口的纺织品的关税率定为 40％到 100％。俄国的保护关税政策使波兰王国的工业品可以自由地进入俄国市场，而同时又免受普鲁士和奥地利工业品的竞争。

发展工业还必须解决劳动力问题。波兰王国由于废除了农民的人身依附关系而形成了庞大的非熟练的劳动力市场。为了发展工业，政府不断以特惠的条件从大波兰、西里西亚、萨克森、捷克和法国等地招徕专家、技师和大批的手工业者。

波兰王国政府还通过紧缩开支、增加税收和实行盐、酒、烟的专卖制度而进行了资本的原始积累。1828 年，政府创办了波兰银行。银行的资本周转额达 6 亿多兹罗提。

国家同封建贵族、商业资本一起，推动了 19 世纪波兰王国工业的发展。

1815—1830 年是波兰王国工业发展的重要阶段。正是在这个时期，开始形成罗兹工业区。

罗兹工业区是在原大波兰和西里西亚工业的基础上建立起来的。由于上述地区的纺织工业脱离了波兰市场，经受不住德国纺织工业的竞争而纷纷倒闭。工场主、师匠和手工业者纷纷迁入罗兹区，在那里建立新的手工工场。从 1807 年起，在罗兹和附近的兹杰什、亚历山大罗夫、康斯坦丁诺夫、托马舒夫、奥佐尔科夫、帕比亚尼策、皮沃特勒库夫等地，形成了生产呢绒和麻布的手工业居民点。当地的手工业者和外来的移民（主要是波兰人）的结合，促成了罗兹工业区的建立。

1815—1830 年间，罗兹区的纺织工业获得全面发展。呢绒工业集中在卡利什—兹杰什一带。1827 年，呢绒的总产量为 700 万沃凯奇[①]；1829 年，产值为 3500 万兹罗提。呢绒生产接受政府订

① 沃凯奇（Łokiec）系长度单位，一沃凯奇等于半米。

货，供应国内市场，特别是供应军队的需要。但是呢绒生产主要是为了出口俄国。麻布工业集中在日伊腊尔杜夫。1830 年建立的麻布工场，有 300 名工人，是全国最大的麻布工场。麻布生产主要供应国内市场的需要。棉布工业分散在罗兹、奥佐尔科夫、康斯坦丁诺夫、亚历山大罗夫、帕比亚尼策等地。棉布生产发展得较晚，但是它立足于国内市场，后来居上，不久成为罗兹区纺织工业的主要部门。1825—1830 年间，棉布的生产从 80 万沃凯奇增加到 380 万沃凯奇。1830 年左右，许多棉布手工工场，采用先进技术，引进机器，逐步转变为近代化工厂。1830 年起义后，俄国政府在波兰王国和俄国之间建筑了关税壁垒。呢绒工业受到严重打击。以国内市场为基础的棉布工业获得进一步发展。

农业技术和工业的发展，增加了对煤和铁的需要。采矿业和冶金业适应国内市场的需要而获得发展。采矿业和冶金业集中在旧波兰矿区和东布罗沃矿区。波兰王国政府对重工业的发展非常重视。1816 年在基埃尔策建立了矿业总经理处，由斯·斯塔希茨负责，受内务大臣领导，1824 年后改由财政大臣克·卢贝茨基领导。1816 年，在基埃尔策创办了矿业学校，1826 年迁至华沙。该校从国内外招聘教师，培养采矿和冶金人才。

旧波兰矿区生产的铁以水力和木炭为能源，技术比较陈旧。东布罗沃矿区则以煤炭为能源，技术比较先进。1824 年，东布罗沃矿区共生产煤 4100 吨，其中绝大部分由国家煤矿生产。1824 年，波兰王国生铁的产量为 3200 吨。在采矿业和冶金业中，除了使用雇佣劳动外，还大量使用农民的劳役劳动。

华沙是波兰王国的第三个工业中心。由于适应首都和全国的需要，华沙的工业具有多样性的特点：有纺织工业、五金工业、食品工业、化学工业等。1821 年,华沙的纺织工业开始使用蒸汽机。1830 年前,华沙共有 8 个工场使用了蒸汽机。蒸汽机的普遍使用导致了 50—60 年代的工业革命。

在英国等西欧国家,机器生产排挤手工工场生产,新的生产组织形式在旧的生产组织形式的废墟上产生。在波兰,少量的机器生产不但不排挤手工工场生产和手工业生产,而且 3 种生产组织形式长期共存。这是波兰资本主义工业化的一个特点。在日伊腊尔杜夫,既有近代化的麻布工厂,也有麻布手工工场和家庭麻布手工业。在华沙,既有五金工厂,也有五金手工工场。在许多场合,手工工场成为工厂的分厂,手工业成为工厂的"补充"。

工商业的发展引起了城市人口的增加。首都华沙的人口从 1817 年的 88000 人增加到 1829 年的 140000 人。罗兹在 1820 年只有 800 人,1828 年增加到 4000 人。随着城市化的发展,服务性的手工业和修理行业获得进一步发展。烤面包业、成衣业、制鞋业、屠宰业像雨后春笋般地发展起来。

资本主义关系的发展,导致中世纪城市行会的解体。行会组织垄断手工业生产,统一规定价格,妨碍了生产的发展。1816 年,总督颁布法令,保护手工业者的自由经营、自由出售,手工业者按行业重新组织"手工业协会",允许犹太人入会。这个法令使行会丧失了垄断生产的特权。手工业行会也由于内部分化而日趋瓦解。一部分富裕的师匠成为小企业主,一部分贫穷的师匠则沦为雇佣劳动者或隶属于商业资本家。

波兰王国从简单的商品货币经济向资本主义经济过渡的过程也是资本主义社会的两个阶级——资产阶级和无产阶级——形成的过程。波兰资产阶级由商人、工场主、银行家、股票持有者、手工业者和一部分贵族组成。同其他农业沿“普鲁士道路”发展的国家一样，波兰资产阶级的力量比较薄弱，而且具有同西欧资产阶级不同的特点。西欧资产阶级是反封建的民主革命的领导者，但波兰资产阶级基本上是不反封建的。其原因是：

第一，当封建主阶级垄断了全部劳动力，广大农民不能从封建统治下获得解放并变成雇佣工人，而资产阶级无法发展的时候，资产阶级是反封建的。19 世纪前半期，波兰农民明显地分成两部分：一部分像他们的祖先那样，5 世纪来一直为封建主而劳动；一部分把劳动力出卖给资本家，在以后的一个半世纪里，他们的子孙都这样为资本家而劳动。资产阶级和封建主阶级平分劳动力。资产阶级有了可供剥削的自由雇佣劳动，也就不反封建了。

第二，当封建主阶级垄断了土地，资产阶级不能在土地上投资和发展工业的时候，资产阶级是反封建的。19 世纪前半期，波兰的土地已经逐渐变成商品，资本家已在土地上投资，建立了许多制糖厂、锯木厂等。资产阶级有了占有土地的权利，也就不反封建了。

第三，在封建社会末期，市场问题是资产阶级生命攸关的问题。资产阶级希望在深度上和广度上发展市场。从深度上发展市场，就是使更多的农民进入市场。19 世纪前半期，农村经济的商品化，使更多农民同市场发生了关系。但是封建贵族还不容许解放农奴。所以在国内市场问题上，资产阶级同贵族的矛盾不大。从广度上发展市场，就是开辟新市场。波兰王国政府为资产阶级在俄国找到了新市场。当德国和意大利资产阶级为国家的统一和民族市场而斗争的时候，波兰王国的资产阶级虽然失去了国家的独立，却因拥有国内市场和获得俄国市场而心满意足。波兰资产阶级和封建贵族沆瀣一气，共同剥削劳动人民，对彻底废除封建制度不感兴趣，成为不反封建的阶级。

作为资产阶级的掘墓人而出现的无产阶级由破产农民、师匠、手工业工人和城市贫民组成。1815—1830年间，波兰王国约有6万工人，其中4万多是纺织工人。波兰无产阶级受剥削的程度比西欧无产阶级严重。工作时间一般为每天14至16小时，矿工的工作时间也在8小时以上。他们所得的工资却很菲薄。矿工每天工资为2至3兹罗提，辅助工人每天得1至1.5兹罗提。华沙的熟练工人每天工资3至4兹罗提，因为这里的生活费用比较高。罗兹工人每天工资1兹罗提。农奴工人每天只能得25格罗什。多数工人挣扎在饥饿线上。随着阶级矛盾的发展，出现了工人反对资本家的斗争。1824年，华沙和罗兹的工人举行了波兰历史上最早的罢工运动。

除了资产阶级和无产阶级外，波兰社会还存在着庞大的中间阶级——小资产阶级。他们主要由农民、手工业者和破产的贵族组成。除一部分分化为无产者和资产者外，许多农民仍然遭受封建压迫，同市场很少联系，靠一小块土地艰难度日。城市手工业者不但不因行会的解体而消失，反而扩大了自己的队伍。他们是城市小资产阶级的基本群众。贵族的分化使一部分人转变为资本主义的地主和企业家，另一部分人因破产而沦为小生产者和无产者。

第三节　1830年十一月起义

秘密组织

1815—1830年间，在大学生和青年军官中，建立了许多反对沙皇统治、争取民族独立的秘密革命团体。

1816年建立的华沙大学是秘密活动的中心。1817年，路德维克·马威尔贝格等4名大学生组织了“友好协会”，与克拉科夫、弗罗茨瓦夫以及柏林的大学生建立了联系。1822年，因事情败露，其成员被捕。1819年，华沙大学出现了一个新的秘密组织“自由波兰人协会”，领导人是维克多·海尔特曼、塔德乌什·克伦波维耶茨基和马乌雷采·莫赫纳茨基。协会出版“波兰十日刊”，宣传自由、平等，鼓吹欧洲革命。不久，协会被康斯坦丁破坏，大批会员被捕。

维尔诺大学是秘密活动的另一个中心。1817年，亚当·密茨凯维奇和托玛什·赞等在维尔诺大学建立了“爱知社”。1821年，“爱知社”改组为“爱德社”。1823年，诺沃西尔采夫破坏了这个组织，密茨凯维奇和赞等被捕。支持“爱知社”和“爱德社”的历史学教授约希姆·列列韦尔等被校方开除。

1819年，爱国军官瓦莱里·乌卡辛斯基少校在华沙建立了“国民共济会”。不久，康斯坦丁的秘密警察渗入该组织。1822年，乌卡辛斯基等领导人被捕。乌卡辛斯基被关在彼得堡附近的施里塞利堡要塞达38年。

1821年在华沙建立的爱国协会是当时最大的秘密革命团体。乌卡辛斯基曾参与该协会的筹建工作。在各省和军队里都有协会的组织。协会选举了中央委员会，同俄国的革命团体“南方协会”、“北方协会”和“斯拉夫人联合会”建立了联系。领导俄国革命团体的贵族革命家在波兰问题上意见不一。帕威尔·彼斯特尔和南方协会的其他领导人都承认波兰人民有在民族的边界上恢复独立的权利，北方协会的一部分成员同意彼斯特尔的立场，另一部分成员反对波兰独立。斯拉夫人联合会宣传斯拉夫各族人民结成联邦，建立民主制度。波兰革命家尤利安·卢布林斯基是联合会的创建人之一。

从1823年起，波兰和俄国的革命家就共同反对沙皇政府问题开始谈判。1824年，波兰爱国协会领导人塞韦伦·克日扎诺夫斯基同俄国南方协会领导人米哈伊尔·别斯图捷夫、谢尔盖·穆拉维耶夫—阿波斯托尔在基辅继续谈判。俄国方面建议：当俄国爆发反沙皇起义时，希望得到立陶宛军团的援助，波兰方面应作出最大努力，不使康斯坦丁从波兰王国进攻俄国起义者。波兰方面保证：如果立陶宛军团不援助俄国起义，将予以解除武装；并尽一切力量牵制康斯坦丁，不使他离开波兰王国。1825年，波俄两国革命家就波兰未来的政治制度和波俄边界问题进行谈判。波兰代表安托尼·雅布翁诺夫斯基主张建立君主立宪制度，未来的波兰将包括白俄罗斯和乌克兰。俄国的彼斯特尔则主张建立共和制度并以民族边界线为未来波俄的边界。双方因意见分歧没有达成协议。

俄国十二月党人起义失败后，爱国协会被取缔。克日扎诺夫斯基等128人被捕入狱。克日扎诺夫斯基后来死于西伯利亚流放地。

十一月起义的爆发

1830年7月，法国爆发革命。巴黎人民推翻了波旁王朝。8月，比利时爆发了反对荷兰统治的起义。9、10月间，波兰王国城乡充满了革命气氛。华沙工人举行罢工，农民骚动此伏彼起，预示着革命风暴的即将到来。

尼古拉一世决定派俄军和波兰军队前往镇压法国革命，并由一部分俄军驻守波兰王国，想以此取消波兰王国的自治。

11月29日夜，以彼得·维索茨基为首的步兵士官学校的学生发动了起义。路德维克·纳别拉克、塞委伦·戈什琴斯基等人冲入贝尔凡德尔宫康斯坦丁府邸。波兰王国军队总司令闻风逃走。起义者经瓦金基公园向三十字广场前进，沿途与沙皇骑兵队发生遭遇战。中午，起义者进入市中心，同华沙市民(工人、手工业者、城市贫民)汇合，攻占了军火库，武装了群众。起义军队攻占了银行广场和布拉格区。资产阶级见起义爆发，吓得魂飞魄散，紧闭门户，哀叹"这是多么不幸的事"。[①] 俄军和一部分忠于康斯坦丁的波兰军队撤出华沙。11月30日傍晚，华沙解放。

由贵族革命家领导的这次起义，没有明确的革命纲领和坚强的领导核心，没有立即建立新的政府。大贵族乘机篡夺了政权。卢贝茨基改组了行政委员会，吸收阿·查尔托雷斯基和约·赫沃皮茨基等人进入政府，并同康斯坦丁举行谈判，妄图扑灭起义。

12月1日，爱国协会恢复了活动。贵族革命家、历史学家列列韦尔被选为协会主席。贵族革命家马乌雷采·莫赫纳茨基在协会中发挥了重要作用。协会要求行政委员会停止同康斯坦丁谈判，建立临时政府，把起义扩大到全国。12月3日，行政委员会被迫改组为临时政府，吸收列列韦尔参加。但是，大贵族在政府中占绝对优势。12月4日，临时政府解散了爱国协会，莫赫纳茨基被迫隐藏起来。12月5日，约·赫沃皮茨基将军宣布实行独裁。他让康斯坦丁和俄国军队离开波兰王国，企图同尼古拉一世谈判并

① 雷沙德·科沃杰伊契克:《波兰王国资产阶级的形成(1815—1850)》，1957年华沙版，第259页。

消灭起义。由于起义军队和群众的坚决反对，独裁者的阴谋没有得逞，被迫辞职。1831 年 1 月 19 日，爱国协会又恢复了活动。这时候，革命运动席卷了农村，农民拒服劳役，宣布自己是“独立和自由的人”纷纷加入起义军队。1 月 25 日，在革命群众的压力下，波兰议会宣布废黜尼古拉一世，并宣布波兰独立。

波俄战争

波兰议会在爱国协会的推动下，组成民族政府。民族政府由五人组成。以大贵族阿·查尔托雷斯基为主席，列列韦尔以爱国协会的名义参加政府。文·涅莫约夫斯基和另一名卡利什人以自由派贵族的身份参加政府。此外，还有一名大贵族。民族政府任命米哈尔·拉齐维尔将军为军队总司令，准备对俄战争。起义爆发时，波兰王国军队只有 27000 人。1830 年 12 月底，扩大到 9 万人，其中 75%是农民。波兰军队拥有 140 门大炮。

1831 年 2 月初，尼古拉一世派陆军元帅伊凡·迪比奇统率 115000 侵略军和 336 门大炮开赴波兰镇压起义。俄国动员的兵力占俄国陆军的 1/3，超过两年前结束的对土耳其战争所用的兵力。迪比奇自以为兵强马壮，骄横不可一世，以为可以在冬季轻而易举地击败缺乏训练而又装备极差的波兰军队。

1831 年 2 月 5、6 日，俄军进入波兰王国。波兰军队严阵以待，英勇抵抗。2 月 14 日，在华沙东南部斯托切克战役中，由约·德韦尔尼茨基统率的波军以少胜多，打败了俄国一个师的先遣部队。接着，又在华沙东北部的多布雷战役(2 月 17 日)和东南部的瓦韦尔战役(2 月 19、20 日)中相继获胜。2 月 25 日，在格罗霍夫战役中，波军击毙击伤敌军近万名，自己损失 7000 多人，参谋长赫沃皮茨基身负重伤。在格罗霍夫战役中，表明了拉齐维尔的无能。

这次战役以后，杨·斯克日纳茨基被任命为军队总司令，伊·普龙增斯基被任命为参谋长。斯克日纳茨基作战勇敢，有指挥才能，但在政治上也是主张同沙皇妥协的。真正指挥作战的是普龙增斯基。

普龙增斯基利用间歇时间补充了军队，在春季的反攻中连获胜利。其中较大的有伊格尼战役（4 月 10 日）。这时候，霍乱袭击着俄军。迪比奇染疾命亡。许多俄国官兵被夺去了生命。与此同时，在立陶宛、白俄罗斯和乌克兰相继爆发反俄起义。俄军被迫后撤。波军乘胜追击。5 月 26 日，两军在奥斯特罗温卡发生激战。斯克日纳茨基指挥错误，波军惨败，被迫撤回华沙。

6 月底，尼古拉一世任命伊凡·帕斯凯维奇为新的侵略军总司令。这时波兰军队只有 5 万人。起义能否胜利，就看能不能发动农民，打一场人民战争，战胜强大的俄国侵略军。

起义中的农民问题

起义的成败决定于农民问题的能否解决。但是起义的各种政治力量，没有一个能提出足以解决农民问题的政治纲领，这就注定了起义的必然失败。

以阿·查尔托雷斯基为首的保守派贵族，在议会、政府和军队中占主要地位。他们指望通过正规战争和欧洲列强（英国、法国和奥地利）的干涉获得波兰的独立。查尔托雷斯基说："我认为欧洲对我们事业的好心的干预，是获得独立的唯一方法。"①他们反对任何的社会改革，更害怕人民战争。

来自卡利什的自由派贵族，也就是资产阶级化的贵族，在议

① 斯·凯涅维奇、维·库拉主编：《波兰通史》第 2 卷第 2 分册，第 443 页。

会、政府和军队中有重要影响。他们处于保守派和爱国协会的中间,主张用货币代役租代替劳役租。1831 年 2 月,当迪比奇的军队逼近华沙时,他们提出了 10 年内在国有土地上实行代役租的议案时,却被议会的多数所否决。他们也反对人民战争,把希望寄托在军队和法国的干涉上。

由贵族革命家领导的爱国协会,成分复杂,内部不统一。在它的 200 至 400 名会员中,知识分子占多数,还有商人和手工业者。除了在恢复 1772 年波兰边界的问题上有共同立场外,明显地分为两派。以协会主席约·列列韦尔和马·莫赫纳茨基为代表的温和派,在农民问题上接近自由派贵族的立场。他们主张更多地争取小资产阶级和犹太人,主张各国人民的团结,寄希望于俄国人民,不对欧洲各国政府抱不切实际的幻想。

以塔·克伦波维耶茨基、约·科兹沃夫斯基、亚·普瓦斯基为代表的激进派,主张扩大起义的社会基础,把民族起义发展为人民战争。为此,提出了立即解放农奴的口号和把土地分给参战农民的要求。他们还主张建立农民游击队,在后方打击俄国侵略军。他们寄希望于欧洲各国人民,提出了著名的口号:“为了我们和你们的自由!”

奥斯特罗温卡战役以后,广大农民对民族政府失去希望,纷纷开小差离开军队返回家乡。开小差最多的是卡利什、散多梅希和克拉科夫等省的农民。有的士兵进入山林,由家属递送食物。不少地方的农民袭击贵族庄园,受到政府的镇压。农民中流行着这样几句话:“首先砍掉贵族,再去打莫斯科人,因为贵族是我们今天不幸的原因。”

为了使起义转危为安,爱国协会中的激进派杨·沙涅茨基等人在 1831 年 5 月组织了农民之友协会，提出了逐步解放农奴的方案，遭议会否决。这样，贵族议会和政府的政策使起义遭到失败。

欧洲各国政府对起义的态度

大贵族、民族政府主席阿·查尔托雷斯基把欧洲各国政府的干涉看作是起义获得胜利的唯一途径，为此，派出人数众多的外交代表到欧洲各国首都游说。欧洲各国政府对波兰起义的态度究竟怎样呢？

普鲁士和奥地利是瓜分波兰的国家。1830—1831 年波兰起义如果获得胜利，波兰一旦获得独立，将威胁着普占波兰和奥占波兰的存在。所以，普鲁士政府和奥地利政府反对波兰起义是不难理解的。普龙增斯基将军写道："在波兰问题上的共同利益，把三个瓜分国联结在一起。他们深知，我们的胜利将导致东欧关系的改变，在维斯瓦河畔将出现亲西方的、从同英国和法国的同盟中寻求帮助的、威胁着奥地利和普鲁士的强国。我们不能期望从两个邻国中得到同情。"①

普鲁士国王腓特烈·威廉三世对法国革命和遍及德国各地的革命运动惶恐不安。波兰起义使他受到新的打击。他立即增派军队，加强对波兹南公国的防务，并封锁了普鲁士同波兰王国的边界，禁止志愿人员进入波兰王国，没收了一切运往波兰的武器、弹药和粮食。据估计，仅在西里西亚就没收了 1 万件武器和 10 万英磅的火药。② 腓特烈·威廉三世是尼古拉一世的岳父，在整个起

① 瓦·扎耶夫斯基主编：《十一月起义》，1980 年华沙版，第 375 页。
② 同上，第 384 页。

义过程中，主动与沙皇合作，共同镇压了波兰起义。在帕斯凯维奇进攻波兰期间，沙皇的侍从武官亚历山大·费多罗维奇·奥尔洛夫同普鲁士国王达成了如下协议：第一，在俄军横渡维斯瓦河前，普鲁士当局负责修建桥梁；第二，把托伦市作为俄普两国军队的仓库，由托伦向俄军供应武器、弹药和食品；第三，如果战争拖延或一旦失败，普鲁士领土将对俄军开放。[①] 波兰历史学家瓦兹瓦夫·托卡什说得好："没有普鲁士的帮助，俄国绝不会那么快地征服我们。"[②]

奥地利政府的态度有所不同。奥地利对俄国在巴尔干的扩张深感不安，希望通过波兰起义来削弱俄国，但又不希望起义成功，所以表面上采取中立态度。起义的第一个月，奥地利政府没有封锁边界，大批志愿人员和武器、弹药和粮食进入波兰王国，有力地支援了起义。后来，在俄国的压力下，奥地利封锁了边界，帮助俄国镇压起义。

对于法国来说，波兰起义使它避免了俄国的武装干涉。所以，法国公众以喜悦和同情的心情注视着波兰起义的发展。但是，拉斐德总理却利用波兰起义来改善法俄关系。他向彼得堡保证，决不因波兰起义而改变法国的政策，法国政府将始终不渝地遵守维也纳会议的条款。外交大臣塞巴斯提昂尼十分冷淡地接待从华沙派到巴黎的第一名外交代表康斯坦丁·沃利茨基。1831 年 1 月，当法国众议院讨论波兰问题要求给予波兰起义以援助时，这位外交大臣说："法国不想接受敌视俄国的立场。"[③]俄国驻巴黎大使波

① 瓦·扎耶夫斯基主编：《十一月起义》，第 392 页。

② 同上，第 371 页。

③ 同上，第 332 页。

茨措—迪—博尔哥对法国政府的态度深表满意。

1831 年 5 月，卡齐米日·佩里埃继任总理职务，继续奉行不干涉政策。塞巴斯提昂尼拒绝承认波兰为交战的一方。他还拒绝正式接见新任波兰代表、曾经在军团和华沙公国时期为法国服务过的卡·克尼亚杰维奇将军，并解释说，正式接见就意味着承认波兰独立。这时候，俄国外交大臣涅谢尔罗迭一再声称：波兰问题是纯粹的俄国内部问题。法国政府不敢也不想干预波兰问题，更不用说给予帮助了。

英国政府的态度同法国政府的态度没有多大差别。英国是支持比利时脱离荷兰而独立的。查理·格莱勋爵和他的外交大臣帕麦斯顿力图通过波兰问题，迫使俄国改变敌视比利时的立场。被派到英国的波兰代表列昂·萨别赫写道："英国的利益要求俄国在比利时问题上给予信任和支持。"①波兰起义者没有从英国得到军事和外交援助。但是，英国政府同意波兰起义者可以在英国购买武器和弹药。

起义的失败

1831 年 7 月 4 日，俄军从普乌十斯克向西进发，准备在维斯瓦河下游渡河，从西部进攻华沙。普鲁士政府为俄军提供了食品和运输工具。经过两星期的行军，到达普洛次克。斯克日纳茨基不顾普龙增斯基的劝告，不采取任何措施，轻易地让敌军渡河。7 月 21 日，俄军在没有任何抵抗的情况下，到达维斯瓦河左岸。8 月初，占领沃维奇，作好了攻打华沙的一切准备。

华沙爱国市民对于军队的不抵抗主义十分气愤。华沙被包围

---

① 瓦·扎耶夫斯基主编：《十一月起义》，第 344 页。

后，物价飞涨，投机倒把猖獗，城市贫民生活十分困难。8月15日，革命群众举行游行示威，要求惩办卖国贼，武装群众，与敌人决战。爱国协会在普瓦斯基的领导下召开群众大会，要求改变政府与军队的领导。傍晚，义愤填膺的革命群众，打开王宫广场附近的监狱，将已被扣押的十多名卖国贼和间谍吊死在路灯柱上。爱国协会主席列列韦尔和莫赫纳茨基没有参加这一天的革命行动。他们抱怨群众偏激，拒绝与群众站在一起。民族政府主席查尔托雷斯基被群众的革命行动吓破了胆，仓皇逃离华沙。政府不再存在了。8月17日，议会任命杨·克鲁科维耶茨基将军为政府主席兼军队总司令。首都形势紧张。资产阶级又紧闭门户，等待军队来维持"秩序"。不久，亨·德姆宾斯基将军的骑兵进入首都，同资产阶级的国民卫队一起维持首都的治安。德姆宾斯基解散了爱国协会，镇压了群众运动。

8月底，帕斯凯维奇开始攻打华沙。他调动了77000人的军队和390门大炮。守卫华沙的波兰军队不到4万人，大炮192门。华沙守军布置了三道防线，把兵力集中在南区。9月6日，俄军从西区沃拉发动强攻。约·索文斯基将军誓死抗敌，全体官兵壮烈牺牲。在华沙保卫战的最后时刻，工人、学生和市民再一次要求政府分发武器，武装群众，保卫首都。但是，克鲁科维耶茨基将军决定停止抵抗，投降敌人。资产阶级也要求交出城市。9月8日，克鲁科维耶茨基率残部向俄军投降。华沙陷落了。当首都落入俄军手中之后，其他地方的波兰军队还在继续抵抗。10月9日，莫德林要塞的守军停止抵抗。10月21日，最后的据点扎莫希奇投降敌人。

历时十个月的起义最后被俄军镇压了。沙俄侵略军的铁蹄踏遍了波兰王国。波兰人民陷入了深重的灾难之中。

1830—1831年的起义虽然失败了，但它具有国内和国际两方面的意义。

从国内意义看，这次起义是继1794年起义以后的又一次大规模的反俄民族大起义，在18、19世纪的民族解放运动史上占有重要地位。在两次起义中，波兰人民以弱小的正规军抗击强大的俄国军队，取得了多次胜利，打破了沙皇军队不可战胜的神话。在1794年的起义中，科希秋什科发动农民，用农民的镰刀军狠狠打击敌人。波兰的雅各宾派在起义中起了重要作用。与1794年起义比较，1830—1831年的起义具有较多的保守色彩。贵族革命家缺乏科希秋什科那样的勇气来发动农民，爱国协会的领导人也缺乏雅各宾派那样的勇气来发动城市贫民，列列韦尔和莫赫纳茨基害怕群众运动，没有参加1831年8月15日的革命行动。1830—1831年的起义虽然是贵族革命家发动的，但起义的领导权始终掌握在保守派贵族手里。所以，恩格斯说："这是一次保守的革命。"①

从国际意义看，这次"保守的革命"具有不可磨灭的功绩。当法国和比利时革命爆发后，尼古拉一世立即派迪比奇和奥尔落夫分赴柏林和维也纳，根据神圣同盟的"干涉原则"同普、奥政府商讨武装干涉问题。尼古拉一世计划把波兰军队作为前卫队，俄国军队作为主力部队开赴法国，然后入侵比利时。俄国发动的武装干涉迫在眉睫。但是，波兰起义使俄国的武装干涉成为不可能。所以，马克思说："华沙的起义把欧洲从再一次的反雅各宾战争中拯

① 马克思和恩格斯：《论波兰问题》，《马克思恩格斯选集》第1卷，第296页。

救了出来。”[①]

当沙皇的军队在镇压波兰起义时，英国和法国的资产阶级已经巩固了自己的政权，比利时已经成为独立的国家。波兰起义严重地打击了欧洲反动势力的堡垒——沙皇俄国，大大鼓舞了欧洲各国人民的革命斗争。马克思和恩格斯以及欧洲的进步人士永远纪念11月29日这个具有历史意义的日子。从此，波兰问题紧紧地同欧洲革命的命运联结在一起。

① 马克思：《1867年1月22日在伦敦纪念波兰起义大会上的演说》，《马克思恩格斯全集》第16卷，第224页。

第九章

革命年代

(1832—1849)

第一节　伟大的流亡运动

流亡运动的规模和政治派别

十一月起义失败后,沙皇政府加紧了对波兰人民的镇压,在波兰历史上出现了空前未有的政治流亡运动。这次流亡运动对波兰的革命运动发生了深刻的影响。许多起义的参加者成群结队地离开波兰经过德国向法国及其他国家逃亡。他们在欧洲各国受到当地人民的热烈欢迎。波兰政治流亡者的人数达 9000 人,其中以军人为最多。从社会成分看,有 3/4 是贵族,1/4 是城市平民和农民。他们之中有 2/3 集中在法国,其他 1/3 分散在英国、瑞士、比利时、美国和其他国家。

法国政府对波兰流亡者持不信任的甚至敌视的态度,唯恐接待波兰流亡者会损害法俄关系,还害怕波兰革命者同法国的秘密革命组织结合而引起法国社会的动乱。在社会舆论的压力下,法国政府不得不对波兰流亡者发给生活补助费并给他们安排了工作。

在波兰流亡者中间，围绕着如何争取民族独立和农民问题，展开了一场激烈的思想政治斗争。随着意见分歧的扩大，波兰流亡者逐渐分裂为两个对立的阵营，即资产阶级民主阵营和贵族保守阵营。资产阶级民主阵营的成员复杂，思想不一致，包括进步历史学家约希姆·列列韦尔领导的“波兰民族委员会”和“波兰民主协会”。贵族保守阵营以阿达姆·查尔托雷斯基公爵为首。该阵营因查尔托雷斯基在巴黎的寓所“朗贝尔旅馆”而被称为“朗贝尔旅馆派”。

列列韦尔在1831年12月15日建立了“波兰民族委员会”，其成员大多是前爱国协会的会员。委员会设在巴黎塔拉尼大街12号。委员会的宗旨是团结所有波兰的政治流亡者，为实现民族解放和波兰独立而斗争。委员会没有明确的土地革命纲领，渗透着阶级合作的精神。

由于在评价十一月起义的问题上发生意见分歧，委员会发生了分裂。1832年3月17日，贵族革命家中的民主派组成了“波兰民主协会”。协会发表了成立宣言(以后称为“小宣言”)。宣言是妥协的产物，它反映了消灭封建农奴制问题上的两种观点。资产阶级民主派企图在消灭封建农奴制的基础上建立资本主义农庄。最激进的资产阶级民主派(正在演变为革命民主主义者)则主张废除农奴制，把全部土地分配给农民。宣言中有这样一句话：“公有土地及其成果为人人所有”。这反映了一部分波兰革命者要求废除封建土地所有制、消灭地主阶级和实行土地公有的愿望。这种愿望在当时波兰的经济和政治条件下是无法实现的，是空想共产主义的表现。这一派的杰出代表是塔·克伦波维耶茨基和亚·普瓦斯基。

克伦波维耶茨基在十一月起义两周年纪念大会上的演说，被认为是波兰革命运动进入了革命民主主义阶段的标志。他的主要论点是民族解放斗争必须同农民革命相结合，只有既反对占领者又反对本国封建主，才是真正的爱国主义。他彻底揭露了查尔托雷斯基所鼓吹的“民族团结”的荒谬理论。克伦波维耶茨基还把波兰亡国和十一月起义失败的责任归咎于波兰贵族。他的演说不只引起了查尔托雷斯基集团的抗议，而且还引起了贵族自由派和资产阶级民主派的反对。1835 年，掌握“波兰民主协会”领导权的以伊·普乌桑斯基和杨·雅诺夫斯基为首的资产阶级民主派把克伦波维耶茨基和普瓦斯基开除出协会。

以查尔托雷斯基为首的贵族保守派逐渐同贵族自由派合流，主张实行自上而下的改革，废除劳役制度，保持贵族在经济上和政治上的统治地位。他们主张在 1791 年《五·三宪法》的基础上建立君主立宪制国家，而以查尔托雷斯基为未来波兰的国王。他们反对人民革命，把波兰的独立寄托在英法同俄国的战争上。他们把十一月起义的失败归结为缺乏“民族团结”和缺乏一个“强有力的政府”。因此，为了使未来的起义获得成功，必须实行“民族团结”和建立“强有力的政府”。他们力图使民族解放运动服从贵族地主阶级的利益。

波兰的政治流亡者，不论是查尔托雷斯基集团、列列韦尔集团和“波兰民主协会”，都同西欧的革命运动建立了密切的联系。他们在“为了我们和你们的自由”的口号下，积极参加欧洲革命运动。

由于波兰流亡者积极参与法国的革命运动，列列韦尔的“波兰民族委员会”于 1832 年 12 月被法国政府查封，列列韦尔被迫离开巴黎，侨居布鲁塞尔。但是，波兰流亡者在巴黎的活动没有停止。

他们组织了“人民复仇社”。1833年2月，“人民复仇社”组织了由约·扎利夫斯基上校率领的一支游击队，计划经奥地利潜入波兰，以便在国内发动新的起义。但是在加里西亚被奥地利政府逮捕入狱。1834年4月，法国里昂的纺织工人举行起义。波兰流亡者积极地参加了这次起义。

1833年春，波兰流亡者在路·奥博尔斯基上校的率领下，企图从法国的贝藏松出发前往德国的法兰克福（莱茵河畔），参加德国烧炭党人发动的起义。这次起义遭到失败。奥博尔斯基等人被拘禁在瑞士。在瑞士的波兰流亡者，同以马志尼为首的意大利流亡者建立了密切联系。

烧炭党曾经是西欧最大的革命组织。1807年，意大利烧炭党最先建立。以后，在西欧各国，先后建立了烧炭党组织。烧炭党的成分非常复杂，有自由派贵族、资产阶级、职业军官、知识分子、手工业者和农民等。烧炭党的目的是反对异族压迫、争取民族独立、推翻封建专制制度。烧炭党人的斗争方式，主要是密谋活动。他们脱离群众，对农民渴望解决的土地问题漠然置之。30年代，各国烧炭党发动的几次起义连遭失败。烧炭党也就逐渐退出历史舞台。

列列韦尔集团和克伦波维耶茨基等“波兰民主协会”中的民主派在1831—1833年间先后同总部设在巴黎的欧洲烧炭党组织建立了联系。不过，列列韦尔集团同烧炭党的右翼保持密切关系，而克伦波维耶茨基等则同烧炭党的左翼保持密切关系。他们还建立了自己的烧炭党组织，巴黎和贝藏松是波兰烧炭党的两个主要中心。波兰烧炭党的党员人数约400人。

随着烧炭党的退出历史舞台，在欧洲又出现了一个新的革命组织。这就是1834年由马志尼在瑞士首都伯尔尼建立的“青年欧洲”。列列韦尔建立的“青年波兰”成为“青年欧洲”的支部。“青年波兰”和“青年意大利”密切合作，把活动的地点集中在加里西亚和克拉科夫，计划共同发动对奥地利的战争。1836年5月，“青年波兰”的多数成员被奥地利政府逮捕，组织瓦解，其余成员加入了“波兰民主协会”。

“波兰民主协会”和“波兰人民村社”

“波兰民主协会”是19世纪30到40年代波兰流亡者的主要政治组织。会员有1000多人。总会设在巴黎。根据会员的分布情况，分为许多分会。1835年，由于意见分歧，协会发生分裂。普瓦提埃分会控制了协会的领导。维·海尔特曼成为协会的主要领导人。1836年12月4日，协会通过了区别于1832年“小宣言”的“大宣言”(又叫“普瓦提埃宣言”)。“大宣言”把波兰人民当作独立斗争的主要力量，强调国际革命力量的团结，反对查尔托雷斯基集团把希望寄托在英法政府的外交干涉上。在土地问题上，承认私有财产是社会关系的基础，抛弃了“公有土地及其成果为人人所有”的原则，规定无偿地废除封建农奴制，使农民成为自己土地的主人。协会的领导人企图在土地问题上寻找既不同于查尔托雷斯基集团鼓吹的从上而下的改良道路，也不同于革命民主主义者主张的土地革命道路的第三条道路。这实际上是不可能的。“大宣言”力图缓和贵族同农民的矛盾，渗透着阶级调和的思想，同“小宣言”相比，无疑是倒退。它的实行将促进农村资本主义关系的发展。在当时的历史条件下，“大宣言”仍具有进步意义。

国内封建农奴制危机的加深和欧洲各国的革命运动，使协会中的左派对“大宣言”感到不满。英国朴次茅斯分会和圣黑利厄尔(在泽西岛上)分会是左派的基地。这里居住着几百名前起义战士和下级军官,他们出身农民家庭,在普鲁士监狱里度过了两年多时间,于 1834 年来到英国,靠英国政府发给的微薄津贴费维持生活。来到英国后,他们组成了波兰民主协会分会。1835 年协会分裂后,他们同情和支持克伦波维耶茨基等人的主张。1836 年 12 月,“大宣言”公布后,他们提出抗议,反对背离 1832 年“公有土地及其成果为人人所有”的原则。

1835 年 10 月 30 日,朴次茅斯分会宣布成立“波兰人民村社”(格鲁琼茨)。接着,圣黑利厄尔分会也成立了“波兰人民村社”(胡曼)。“波兰人民村社”的领导人和思想家是波兰民主协会的左派领导人塔·克伦波维耶茨基、斯·沃尔采拉和泽·希温托斯瓦夫斯基。

波兰人民村社的纲领是波兰革命民主主义者的第一个纲领。纲领宣布通过农民革命来消灭地主土地所有制,通过人民武装起义来赶走外国占领者,建立民主共和国。纲领批评波兰民主协会土地纲领的妥协性,认为它不能满足无地农民对土地的要求,不是废除剥削和压迫制度,而是用资本主义剥削代替封建剥削。纲领宣布土地和一切生产资料归全民所有,由村社分配给农民永远使用。纲领反映了波兰革命民主主义者越过资本主义阶段直接进入无阶级社会的空想共产主义的理想。纲领还提出波兰人民同俄国和乌克兰及其他被压迫民族的革命运动团结合作的口号。纲领还提出建立独立于罗马教廷的民族教会的口号。波兰人民村社通过各种宣传渠道,对国内革命运动发生了重要影响。1846 年克拉科夫革命爆发后,波兰人民村社停止了活动。

“朗贝尔旅馆派”

为了争夺对波兰政治流亡者的领导权，“朗贝尔旅馆派”同卡利什的自由派贵族结成联盟。1833年，他们在巴黎建立了秘密的“民族团结联合会”，查尔托雷斯基成为联合会的“最高领袖”。联合会纲领的中心思想是实现民族团结，争取民族独立，建立以查尔托雷斯基为国王的君主立宪制国家。纲领提出通过赎买途径使农民获得土地，即通过自上而下的土地改革把封建庄园经济改造为资本主义经济。贵族革命家、前爱国协会领导人马·莫赫纳茨基成为查尔托雷斯基的狂热拥护者，为这个集团争得了许多群众。他的过早去世(1834)，削弱了“朗贝尔旅馆派”在波兰流亡者中的影响。

为了实现君主立宪的计划，“朗贝尔旅馆派”在1843年建立了公开的政治组织：“五·三君主协会”，协会的成员达1000人。大贵族瓦·扎莫伊斯基成为协会的领导人。协会在巴黎发行机关刊物《五月三日》，宣传君主立宪思想。“朗贝尔旅馆派”不断向国内派遣代表，宣传他们的政治主张。他们在普鲁士占领区的自由派贵族中找到了很多同情者和拥护者。

“朗贝尔旅馆派”因拥有比较充足的经费，建立了许多文学、科学、教育和慈善团体，为波兰的独立事业，争取了许多同情者。在伦敦建立的“波兰之友文学协会”，吸收了许多英国贵族的代表。英国帕麦斯顿政府利用这个协会攻击俄国在巴尔干和近东的政策，但绝不会为波兰问题而恶化英俄关系。

“朗贝尔旅馆派”认为英法同俄国在巴尔干和近东的冲突，将导致欧洲战争，而欧洲战争将会给波兰带来独立；为此，不惜为英法的外交政策而四处奔波，向罗马尼亚、塞尔维亚、埃及、土耳其和波斯、阿富汗等国派遣了许多代表，进行反俄宣传。1841 年，在伊斯坦布尔建立了第一个查尔托雷斯基的秘密外交机构。上述外交代表和外交机构成为英法外交的工具，没有给波兰的独立事业带来任何好处。

“朗贝尔旅馆派”的代表在巴尔干进行反对泛斯拉夫主义的宣传，支持巴尔干各族人民的民族解放斗争，要求他们既要摆脱土耳其而独立，也要防止成为俄国的附庸。查尔托雷斯基支持塞尔维亚大公亚历山大和他的外交大臣加腊沙宁建立南斯拉夫联邦的计划。查尔托雷斯基也支持罗马尼亚人民实现民族统一和民族独立的斗争。“朗贝尔旅馆派”在巴尔干的外交活动，没有给波兰的独立事业带来直接的好处，但是对巴尔干各族人民的解放斗争产生了良好影响。

第二节　国内的革命运动

瓜分国的政策和波兰社会

十一月起义失败后，沙皇政府对波兰人民实行空前未有的民族压迫政策。波兰王国的自治被取消。波兰人民被迫交付 2200 万卢布的“赔款”，负担 10 万俄军的费用。波兰军队被编入俄国军队。参加起义的军官不是被捕入狱，就是被流放到西伯利亚。起义参加者的土地和财产被没收，被分配给俄国将军。到处在建筑堡垒、要塞，波兰王国变成了军营，波兰人民被压得喘不过气来。1832 年，尼古拉一世废除了波兰王国宪法，代之以“组织法规”，把俄国的行政、货币、度量衡和关税制度逐渐推广到波兰王国，强制实行俄罗斯化政策。华沙大学被封闭。中小学的数量大大减少。

普鲁士和奥地利两国政府追随沙皇政府，也加紧了对波兰人民的民族压迫。普鲁士政府对起义的参加者实行审判，处以重刑，没收了他们的土地和财产，廉价拍卖给普鲁士容克，强制实行德意志化政策。德语被定为官方语言。从 1842 年起，德语成为波兹南小学的必修课。波兹南公国的有限自治被取消，成为普鲁士的一个普通省份。1835 年，俄普奥三国政府签订了秘密协定，在不久的将来把面积只有 1164 平方公里的克拉科夫共和国并入奥地利。三个瓜分国在波兰问题上违反维也纳会议决议的种种行径，没有引起英法两国的任何干涉。

波兰人民除遭受残酷的民族压迫外，还遭受沉重的阶级压迫。随着农业资本主义的发展，普鲁士政府从 1807 年起开始实行解放农奴的改革。获得土地的农民必须缴纳高额赎金和交出 1/3 的耕地。到 1846 年，在普占区的波兹南和波莫瑞，农民丧失了 15 万公顷以上的土地，出现了大批无地和少地的农民。在波兰王国，到 50 年代，已经有一半农民实行货币代役租制。十一月起义丝毫没有改变农村的土地关系。像普占区一样，波兰王国无地和少地的农民也越来越多。农民因缺乏土地，不得不继续为地主服劳役。奥占区的加里西亚，由于人口稠密，农民缺乏土地的现象更为严重，农村的阶级斗争更为尖锐。

面对瓜分国的高压政策和国内的阶级矛盾，一部分大贵族和资产阶级逐渐走上同瓜分国妥协的道路，专心致志从事经济和文化的发展工作，其中包括废除劳役制、实行国家工业化、发展文化教育事业等。这种工作被称为“有机工作”。从事“有机工作”的贵族，怀疑民族独立的可能性，反对民族起义。但是，波兰社会的大多数，从农民、手工业者、工人、小资产阶级到中小贵族，仍继续进行争取民族独立的斗争。反映农民和城市平民利益的革命民主主义者，顺应历史的潮流，提出了土地革命的纲领，主张通过发动农民、城市平民和工人，推翻封建制度和争取民族独立。

30年代的革命运动

30年代国内革命运动的领导权，主要掌握在侨居国外的列列韦尔集团手里，运动的中心是加里西亚和克拉科夫。运动带有贵族革命的性质。

上一节讲到的约·扎利夫斯基上校游击队的远征，揭开了国内革命运动的序幕。游击队失败的主要原因是缺乏符合农民要求的革命纲领。扎利夫斯基只争取贵族参加起义而没有去发动农民。由于缺乏群众支持而遭失败。

1835年2月，在克拉科夫建立了“波兰人民协会”。这是由列列韦尔派人来建立的革命组织。协会企图统一波兰各地区的革命活动，所以分为五个分会：克拉科夫共和国、加里西亚、波兹南、波兰王国、立陶宛和乌克兰。协会内部在农民问题上发生意见分歧。以弗·斯莫尔卡为首的自由派力图调和贵族和农民的矛盾，以扎莱斯基兄弟和古·爱伦堡为首的民主派主张“到农民中去”，发动群众，争取民族起义的胜利。为此，爱伦堡深入波兰王国农村，宣·科纳尔斯基深入乌克兰农村。1836年，“波兰人民协会”总部被破坏，许多会员被捕。协会被迫从克拉科夫迁到利沃夫。窃取协会领导权的斯莫尔卡害怕新的逮捕，在1837年停止了协会的工作。1839年初，科纳尔斯基被沙皇政府逮捕杀害。

1837年6月，协会的左派列·扎莱斯基等在克拉科夫附近的博赫尼亚建立了“波兰人民总同盟”。总同盟在矿工、手工业者和农民中间进行了大量的宣传鼓动工作，决定尽快发动起义。奥地利政府在1837年底发现了总同盟的秘密活动，以扎莱夫斯基为首的领导人被捕。加里西亚的革命活动被迫中止。

40年代的革命运动

40年代，越来越多的手工业者、农民参加革命运动。革命运动的中心转到波兰王国，运动具有革命民主主义的性质。运动的领导权由国外流亡者转到国内革命家手中。

1839年，在华沙出现了一个新的秘密组织"波兰人民同盟"。同盟的创始人是文采蒂·马祖尔凯维奇。许多手工业者和农民参加了同盟。同盟的活动中心是华沙，并在波兰王国的卢布林、温奇察、普乌土斯克、布列斯特、苏瓦乌基等地建立了自己的组织。杰出的革命民主主义者爱德华·邓博夫斯基(1822—1846)和他的表哥亨里克·卡敏斯基(1812—1865)成为同盟的著名领袖。

邓博夫斯基出身于富裕的地主家庭，和查尔托雷斯基家族有亲戚关系。他有渊博的学识，研究过黑格尔的哲学和法国空想社会主义者的著作。18岁加入了"波兰人民同盟"，毅然同家庭断绝了关系，决心献身于人民的解放和祖国的独立。他在1842—1843年创办的《科学评论》杂志，成为宣传唯物主义传播革命思想的阵地，在波兰知识分子中发生了很大影响。他直接在华沙的工人、手工业者中间做宣传鼓动工作，力求把民族起义同土地革命结合起来。为此，他同彼得·什切根尼神甫领导的"农

爱德华·邓博夫斯基

民同盟”和瓦伦蒂·斯蒂芬斯基领导的“平民同盟”建立了密切联系。他的社会理想是建立一个没有人剥削人的新的正义的社会制度。他强调指出:“自由是人民生存的目的……哪里没有私有制,那里才可能有自由。”①他不只要推翻封建制度,而且猛烈地抨击了资本主义制度,要求通过农民革命在波兰实现社会主义。邓博夫斯基不只是一个伟大的革命家,而且是马克思主义在波兰传播以前最杰出的思想家。

卡敏斯基是邓博夫斯基的亲密战友。他主张把争取波兰独立的斗争同无条件地把土地分配给农民的革命变革结合起来。他企图通过“人民战争”的道路来实现自己的政治纲领。他们两人的革命活动,有力地推动了波兰革命民主派的形成和发展。

1843 年,“波兰人民同盟”被沙皇警察破坏,许多盟员被捕。邓博夫斯基逃入波兹南。1845 年,卡敏斯基被捕入狱,不久被流放到西伯利亚,1850 年回到波兰,1865 年死于阿尔及利亚。

随着农村阶级矛盾的激化,农民的革命组织应运而生。1840 年,农奴出身的神甫彼得·什切根尼(1800—1890)在波兰王国的基埃尔策、卢布林和腊多姆一带建立了“农民同盟”。什切根尼熟悉农民,了解农民的苦难生活。他以宗教做掩护,对农民进行口头宣传,传播革命思想。他的小册子《小金书》在农民中引起了强烈的反响。这是以教皇格里高里十六世发布的对波兰农民的手谕形式出现的一份呼吁书。这本小册子用朴素而鲜明的语言宣传了农民的革命思想。小册子写道:“地主老爷们剥夺了你们的一切……

① 爱·邓博夫斯基:《社会生活中的创造性》,转引自《人民之春百周年祭》第 5 卷(文献与史料),1953 年华沙版,第 444 页。

把你们当做奴隶……他们必须归还你们……如果他们不想自愿交出,那就必须用暴力夺回,不要再对国王和地主老爷承担任何义务,不要为他们服劳役。"①

什切根尼同"波兰人民同盟"建立了联系。1844 年 10 月 12 日,什切根尼同"波兰人民同盟"领导人列昂·马祖尔凯维奇在腊多姆会晤,制定了全国起义的计划,决定由什切根尼领导的农民武装首先在克拉伊诺村发难,作为全民起义的开端。10 月下旬,什切根尼在克拉伊诺村召开农民大会,发表了充满激情的演说,举行庄严的宣誓仪式,准备立即起义。由于地主告密,什切根尼在 10 月 25 日被沙皇警察逮捕,并被流放到中俄边境的尼布楚矿区服苦役。1871 年返回波兰。"人民同盟"的组织被破坏殆尽。全民起义遂告流产。

19 世纪 40 年代,在普占区的大波兰、波莫瑞和西里西亚,也出现了革命运动。1839 年,波兰民主协会的代表卡罗尔·李贝尔特在波兹南建立了"波兹南委员会"。这个委员会脱离群众,代表自由派贵族的利益。1842 年,渔民出身的印刷工人瓦伦蒂·斯蒂芬斯基在波兹南建立了"平民同盟"。这是城市手工业者、贫民和农民的秘密革命组织。同盟把自己的活动扩大到波莫瑞和西里西亚,并同波兰王国和加里西亚的秘密组织建立了联系,酝酿发动全波起义。邓博夫斯基来到波兹南后,同斯蒂芬斯基密切合作,推动了"平民同盟"的活动。1845 年秋,由于地主告密,斯蒂芬斯基被普鲁士警察逮捕,"平民同盟"被破坏。邓博夫斯基被迫离开波兹

---

① 斯·凯涅维奇等编:《1795—1864 年波兰史史料选》,1956 年华沙版,第 573 页。

南，潜入加里西亚。全波起义的计划又一次遭到失败。

西里西亚是波兰资本主义工业最发达的地区。18 世纪时，西里西亚已经有了纺织工业、采矿工业和冶金工业。19 世纪前半期的土地改革，使许多农民丧失土地而成为雇佣工人。这里的封建剥削和资本主义剥削交织在一起，阶级矛盾和民族矛盾非常尖锐。1844 年 6 月，下西里西亚的纺织工人为了改善待遇而举行起义。起义被普鲁士军队镇压下去。起义虽然被镇压，但社会主义思想却开始在这里传播。在弗罗茨瓦夫等城市出现了最早的工人组织“正义者同盟”。该组织在 1847 年改组为“共产主义者同盟”。

第三节　1846 年克拉科夫起义

克拉科夫起义的爆发

19 世纪 40 年代后期，全欧洲酝酿着一场伟大的革命风暴。1848 年，在意大利、法国、德国和奥地利等国先后爆发了革命。在波兰历史学上，革命的 1848 年富有诗意地被称为“人民之春”。1848 年欧洲革命是继 17 世纪英国资产阶级革命和 18 世纪末法国资产阶级革命之后的第三次革命大风暴。这次资产阶级民主革命的任务是进一步扫清资本主义发展道路上的障碍、继续完成过去资产阶级革命尚未完成的任务。在 1848—1849 的革命年代中，民族问题非常突出。在德国和意大利，实现民族统一是革命的主要任务。在波兰、匈牙利、捷克、罗马尼亚等东欧各国，推翻民族压迫、建立独立的民族国家，是革命的中心任务。由于阶级矛盾和民族矛盾特别尖锐，波兰先于其他国家，于 1846 年首先举起了革命旗帜。

1845年秋，波兰国内外独立运动的领导人在波兹南经过秘密磋商，确定1846年2月22日为发动全波总起义的日子，并任命出身于军官家庭、具有军事指挥才能的路德维克·梅洛斯瓦夫斯基(1814—1878)为武装起义的总指挥。梅洛斯瓦夫斯基在侨居国外时，属于波兰民主协会中的自由派。他曾经参加过十一月起义，知道没有农民的参加，要使民族起义获得成功是不可能的。但是他又反对"人民战争"，希望在"贵族起义"和"人民战争"之间寻找中间道路。他计划在三个占领区同时发动武装起义，通过正规军队的战争战胜强大的敌人。他希望波兰的革命会立即得到欧洲革命的支持，特别是得到普鲁士和奥地利革命的支持。

1846年2月初，大地主亨里克·波宁斯基背叛革命，向波兹南的普鲁士警察局长告密，并提供了起义领导人的名单和起义计划。2月12日，梅洛斯瓦夫斯基被捕。接着，以李贝尔特为首的70名大波兰的革命者相继被捕。普占区的起义计划被彻底破坏。2月13日，奥地利政府在利沃夫逮捕了35名革命者，使加里西亚的起义成为不可能。与此同时，加里西亚农民掀起了反贵族的骚动。奥地利当局乘机进行蛊惑宣传，利用农民运动反对民族起义。在波兰王国，波兰革命者被沙皇的重兵压得不能动弹。在获悉波兹南的逮捕消息后，一部分革命者逃往国外，留在国内的取消了原定的起义计划。起义只在克拉科夫自由市爆发。

2月20日深夜，克拉科夫起义者的枪声宣告了起义的开始。以城市贫民、工人、手工业者和农民为主力的起义军向奥地利占领军发动了猛烈进攻。克拉科夫附近赫扎诺夫、雅沃日诺等地的矿工、农民、手工业者也发动起义，支援克拉科夫起义。奥地利军队闻风丧胆，在2月22日撤出克拉科夫。波兰古都克拉科夫获得解放。三天之内,起义军的人数达6000人。

2月22日,以革命民主主义者路德维克·戈什科夫斯基为首的起义者宣告"波兰共和国民族政府"成立,发表了"告波兰人民宣言"。这是一个把民族革命和民主革命结合起来的伟大纲领。宣言指出:"我们这里有2000万人,如果我们团结得像一个人一样,那么我们的威力是任何暴力压服不了的,我们将获得迄今所没有的自由。……每个人将根据他的贡献和能力使用土地,任何形式的特权将予废除……农民目前有条件使用的土地,将无条件地为其所有,无偿地取消代役租、劳役和一切类似义务,而手持武器、为民族事业而献身的人将从国有土地中得到奖励。"[①]为了实施政府的宣言,政府还颁布了一些法令,对拒不执行宣言原则的贵族处以死刑。民族政府的宣言和法令博得了城乡群众的拥护。起义能否顺利展开和取得最后胜利,取决于能否坚决贯彻宣言的原则和政府的各项法令。

这时候,在民族政府内部发生了意见分歧。具有强烈自由派观点的杨·蒂索夫斯基反对路·戈什科夫斯基的革命措施。他对扩大起义不感兴趣,而对日益高涨的农民运动感到不安。2月24日,他排挤了戈什科夫斯基等人,宣布实行独裁。当天,在加里西亚进行革命活动的邓博夫斯基,率领一支由维利乞卡盐矿工人和手工业者组成的起义队伍来到克拉科夫,被任命为蒂索夫斯基的秘书。邓博夫斯基的到来,加强了政府中的革命力量。在邓博夫斯基的倡议下,建立了"革命俱乐部",创办了《波兰共和国政府日报》,大力开展革命宣传,加强同群众的联系。民族政府还采取措

① 斯·凯涅维奇、维·库拉主编:《波兰通史》第2卷第3分册,第200—201页。

施，严惩投机倒把、囤积居奇，并改善了工人生活，提高了工人工资。对不拿起武器或临阵脱逃者处以死刑。恩格斯高度评价以邓博夫斯基为代表的波兰起义者的革命主动精神。他说："在克拉科夫……每一个既定步骤都具有民主勇气，这种勇气，我可以说，很像无产阶级的勇敢。"[①]

民族政府的革命措施，引起了克拉科夫大贵族和资产阶级的激烈反对。他们在 2 月 26 日夜策划了一起反革命政变，强迫蒂索夫斯基交出政权，企图同沙俄侵略军里应外合，把克拉科夫并入波兰王国。邓博夫斯基采取果断措施，粉碎了反革命政变，巩固了民族政府的地位。

邓博夫斯基力图把当时农民的反封建运动和反对外国占领者的民族解放运动结合起来。他深深地认识到，这是起义成败的关键。当时加里西亚农民运动的情况十分复杂。克拉科夫附近的农民由于接受了革命宣传，积极支持起义。但加里西亚的多数农民则对起义抱怀疑和观望的态度。农民由于没有受到革命宣传的影响，听信了奥地利政府的蛊惑宣传，说什么奥皇有意废除农奴制，而贵族却反对这样做，所以发动"暴乱"。这部分农民受蒙蔽，站在奥地利军队一边反对起义。对于邓博夫斯基来说，"人民和革命，这是两个不可分割的概念"，如果人民群众暂时不支持起义，那也是贵族的过失，"只要热爱人民和向他们宣告社会革命，他们就会对我们深信不疑，就会跟我们一起前进，哪怕是下地狱也罢"。[②]正是在这种思想指导下，邓博夫斯基派遣了许多人员，深入农村，

① 马克思、恩格斯：《论波兰问题》，《马克思恩格斯选集》第 1 卷，第 296 页。

② 《人民之春百周年祭》第 5 卷（文献与史料），第 492 页。

向农民宣传革命道理，力图把自发的农民运动引上正轨。

2月26日，一支500人的起义队伍在克拉科夫东南的格多夫被奥军和受蒙蔽的农民击败。2月27日，邓博夫斯基不顾个人安危，带领一支起义队伍离开克拉科夫，试图争取受蒙蔽的群众，行至波德古热，遭埋伏的奥军袭击。在自卫反击战中，邓博夫斯基冲杀在前，英勇牺牲，年仅24岁。

克拉科夫起义的失败

邓博夫斯基的牺牲，使这次起义受到致命的打击。克拉科夫的贵族和资产阶级惶恐不安，害怕农民军队进入城市，要求蒂索夫斯基立即向正在向克拉科夫进逼的俄军投降。3月2日，蒂索夫斯基交出政权，仓皇逃命。3月4日，俄军进入克拉科夫。接着，奥军也进入克拉科夫。坚持了9天的克拉科夫起义就这样失败了。起义失败后，克拉科夫共和国被并入加里西亚。俄、奥占领军对波兰起义者实行大搜捕，约有1200多人被捕入狱，其中250人被处死。

克拉科夫起义只局限在1100多平方公里的狭小范围内，而且只坚持了9天，无论是起义的范围还是起义延续的时间，都不如1830年起义，但是它的意义要比1830年的“保守革命”伟大得多，在波兰民族解放运动史和欧洲革命运动史上占有光荣的地位。它不仅揭开了波兰民族民主革命的序幕，而且也推动了欧洲各国的民族民主革命。列列韦尔称克拉科夫起义是“出现在波兰地平线上的第一次的社会革命”[①]。马克思和恩格斯高度评价克拉科夫起义。在《共产党宣言》中指出：“在波兰人中间，共产党人支持那

① 斯·凯涅维奇、维·库拉主编：《波兰通史》第2卷第3分册，第206页。

个把土地革命当做民族解放的条件的政党，即发动过 1846 年克拉科夫起义的政党。”①

加里西亚农民起义

1846 年加里西亚农民起义是波兰历史上规模较大的农民反封建起义。加里西亚的农民问题非常突出。份地的减少、劳役的增加和名目繁多的苛捐杂税，使农民迅速贫困化。1844—1845 年的歉收和洪水泛滥，导致了饥荒。农民和地主的阶级矛盾迅速激化。农民自发地袭击地主庄园，杀死地主和管家，抢走粮食和牲畜。汹涌澎湃的农民起义席卷了加里西亚的 6 个州，其中以塔尔诺夫州的规模为最大。

面对民族起义和农民起义两支革命洪流，奥地利政府惊恐万状，施展了阴谋诡计，用谎言和金钱把农民运动引入歧途，驱使农民去反对民族起义。从 2 月 19 日起，塔尔诺夫农民不断捕捉起义者。捉拿一名起义者，可以得到 5 至 10 个盾的奖赏。农民起义成为奥地利政府镇压民族起义的工具。一部分受邓博夫斯基派遣、来到加里西亚农村宣传废除农奴制度和动员参加民族起义的革命者也遭农民逮捕并死于非命。这一方面说明农民对地主的深仇大恨，另一方面也说明加里西亚农民的落后和愚昧无知。只有霍霍乌夫山民接受了革命民主主义者的宣传，掀起了反对奥地利占领者的武装斗争，但不久遭到血腥镇压。在短短的十几天里，农民捣毁了近 500 座地主庄园，杀死了近 1000 名地主和管家。在塔尔诺夫州，有 90％的地主庄园被捣毁。领导塔尔诺夫州农民起义的是雅库布·舍拉(1787—1866)。他是贫农的儿子，本人是木匠，当过

① 马克思、恩格斯：《共产党宣言》，1976 年人民出版社版，第 57 页。

农民的代表，同地主打过官司，充满了对地主阶级的仇恨。2 月 20 日，舍拉率领群众，一天之内捣毁了十几个地主庄园，他的大刀杀得地主鸡犬不留。3 月初，塔尔诺夫州的地主和管家，不是被杀就是逃走。封建农奴制度受到严重打击。农民成为农村的主人。加里西亚农民起义，在波兰王国、匈牙利、捷克、罗马尼亚和乌克兰等地引起了强烈的反应，推动了那里方兴未艾的农民运动。1848 年，农民运动的浪潮席卷了法国、德国和意大利北部。在这些遥远的国家里，传颂着加里西亚农民起义的业绩，"舍拉的大刀"的故事还出现在外国的民歌里。加里西亚农民起义在一定程度上促进了 1848 年奥地利帝国全境封建农奴制的废除，从而推动了欧洲历史的发展。

奥地利政府在镇压了克拉科夫起义后，转而对付加里西亚的农民起义。1846 年 4 月中，奥地利皇帝发布敕令，要求在加里西亚"恢复秩序"。奥地利军队奉命"平定骚乱"。1846 年夏，分散的农民起义被奥军各个击破。加里西亚农民起义遭到同克拉科夫起义一样的命运。

第四节　1848 年革命

欧洲革命运动中的波兰问题

1846 年的克拉科夫起义，不只成为波兰民族解放运动史上的转折点，而且鼓舞了欧洲各国人民的革命斗争，成为 1848 年欧洲革命的序幕。

波兰问题在欧洲革命运动中占有头等重要的地位。波兰的民族解放运动具有全欧意义，在欧洲革命史中起着任何其他国家所不能起的特殊作用。这是由波兰的历史地位和地理、战略地位所决定的。恩格斯指出："从1815年开始，某些方面甚至从法国第一次革命时期开始的欧洲反动势力，首先建立在什么基础上呢？建立在俄罗斯—普鲁士—奥地利神圣同盟的基础上。而这个同盟是靠什么结成的呢？靠瓜分波兰，这三个同盟者从瓜分波兰中取得了利益。"[①]马克思和恩格斯特别重视波兰问题。他们认为，当俄国国内还没有革命运动的时候，波兰的民族解放运动，就成为内部打击沙皇帝国的主要力量。列宁也指出："只要俄国和大多数斯拉夫国家的人民群众还在沉眠不醒，只要这些国家还没有什么独立的群众性的民主运动，波兰贵族的解放运动，不但从全俄，从全斯拉夫的民主运动的观点，就是从全欧民主运动的观点看来，都有头等重大的意义。"[②]波兰民族解放斗争的锋芒不只指向俄国，而且指向普鲁士和奥地利。波兰的革命"成了俄国、奥地利和普鲁士的革命的部分"。[③] 所以，波兰革命和欧洲革命融为一体。从地理和战略地位来说，波兰是以法国为代表的革命势力和以俄国为代表的反革命势力短兵相接的前沿阵地，是一个决战场。恩格斯说："波兰确实不同于任何其他国家。从革命的观点来看，这是欧洲大厦的基石，因为革命势力或反动势力谁能在波兰站稳脚跟，谁就能在整个欧洲取得彻底胜利。"[④]

---

① 恩格斯：《法兰克福关于波兰问题的辩论》，《马克思恩格斯全集》第5卷，第389页。

② 列宁：《论民族自决权》，《列宁全集》第20卷，第433页。

③ 恩格斯：《法兰克福关于波兰问题的辩论》，《马克思恩格斯全集》第5卷，第421页。

④ 恩格斯：《在一八六三年波兰起义纪念会上的演说》，《马克思恩格斯全集》第19卷，第40页。

其次,波兰问题之所以显得特别重要,还因为克拉科夫起义为东欧各国的民族民主革命指明了方向。因为"从 1846 年克拉科夫起义时起,争取波兰独立的斗争同时也就是反对宗法封建的专制政体而争取土地民主制(东欧民主制的唯一可能的形式)的斗争"。[①] 波兰问题超越了一个国家的范围,变成了欧洲革命的全局问题。正是在这种历史条件下,波兰的民主派同欧洲各国的民主派建立了广泛的、密切的联系和合作。1847 年,列列韦尔等作为波兰代表,参加了在伦敦召开的无产阶级第一次国际性代表大会。这次大会决定出版马克思恩格斯合写的《共产党宣言》。列列韦尔同马克思建立了深厚的革命友谊。他们是 1847 年 7 月在布鲁塞尔成立的国际民主协会的副主席。1847 年 11 月 29 日,他们以国际民主协会的名义同英国宪章派工人一起,共同组织了在伦敦举行的纪念 1830 年波兰起义 17 周年的国际大会。这是欧洲工人举行的纪念波兰起义的第一次国际大会。

当 1848 年革命高潮即将来临之际,马克思和恩格斯以高度的革命敏感性预见到沙皇俄国对欧洲革命的严重威胁。他们指出:"我们已经清楚了解到,革命只有一个真正可怕的敌人——俄国,运动越具有整个欧洲的规模,这个敌人也就越是不得不参加斗争。"[②]马克思恩格斯号召德国人民和欧洲人民同沙皇俄国开战,夺取德国革命和欧洲革命的胜利。为了实现这一目标,他们要求把俄普奥三国掠夺的波兰土地全部归还波兰,恢复 1772 年的疆界,建立波兰民主共和国。

---

① 恩格斯:《法兰克福关于波兰问题的辩论》,《马克思恩格斯全集》第 5 卷,第 391 页。

② 恩格斯:《马克思和〈新莱茵报〉》,《马克思恩格斯全集》第 21 卷,第 24 页。

1848年2月22日，在布鲁塞尔举行的纪念克拉科夫起义两周年的国际大会上，马克思强调“波兰的解放将成为欧洲所有民主主义者的光荣事业”。[①] 恩格斯号召德国人民同波兰人民结成革命同盟，共同战斗。由此可见，波兰问题是同欧洲革命紧密地联系在一起的。马克思和恩格斯对波兰问题的论述为波兰的独立事业和欧洲的革命指明了方向。

1848年波兹南起义

1848年2月22日，法国爆发了革命，巴黎的革命人民推翻了路易·菲力普的暴虐统治，迫使资产阶级宣布法兰西第二共和国成立。3月中旬，革命烈火燃烧到奥地利和普鲁士。维也纳人民推翻了梅特涅政府。普鲁士国王威廉四世被迫向柏林人民让步，宣布召开国民议会，制订宪法。欧洲革命的胜利鼓舞了为独立而战的波兰人民。侨居欧洲的波兰流亡者大批返回国内，酝酿发动新的武装起义。革命形势在普占区首先成熟。梅洛斯瓦夫斯基、李贝尔特和斯蒂芬斯基等革命领导人从监狱中释放归来，加强了波兹南的革命力量。3月20日，民族委员会成立。委员会由10人组成，其中左派代表3人——瓦·斯蒂芬斯基、雷·贝尔文斯基、耶·克劳托费尔（克罗托夫斯基）；地主资产阶级右派代表3人——占·波特沃罗夫斯基、马·米尔任斯基和雅尼谢夫斯基神甫；中间派代表2人和手工业者、农民的代表各1人。在各地城镇和农村，也成立了相应的委员会。成千上万的城市贫民、工人和农民纷纷拿起武器，组建了“镰刀军”、“射手队”等人民武装组织。在短短的几天内就创立了一支近2万人的起义武装。起义者捣毁了

① 马克思、恩格斯：《论波兰问题》，《马克思恩格斯选集》第1卷，第294页。

占领者的大批官衙,解除了一些普鲁士占领军的武装。没收了占领者的金库和财产,有效地控制了地方政权。起义者号召波兰各地区人民同心协力,把起义推向全国,通过革命途径争取祖国的独立。

窃取了政权的普鲁士资产阶级,害怕沙皇尼古拉一世会干涉德国革命,曾经计划同波兰人民一起进行反对俄国的战争,作为波兰起义军总指挥的梅洛斯瓦夫斯基也把波兰的独立寄托在普鲁士同俄国的战争上。慑于革命形势的发展,普鲁士资产阶级放弃了同俄国作战的计划,反而要求政府派遣军队镇压波兰人民的起义。而梅洛斯瓦夫斯基却不去发展人民武装力量,坐等普俄战争的爆发。他不相信人民战争的威力,醉心于组建"正规军",进行"常规战争"。他的错误军事思想,给波兹南起义带来了不可弥补的损失。

3 月 21 日,普鲁士军队进驻波兹南市。次日,波兹南居民发动了声势浩大的游行示威。民族委员会中的左派,要求立即成立临时政府,动员人民,同普鲁士占领者开战。3 月 24 日,普鲁士政府作出让步,决定对波兹南大公国实行"民族改组",同意行政机构和学校波兰化,成立国民自卫队和撤退普鲁士占领军。但是,普鲁士政府的让步,只是缓兵之计,目的是为了调集大军,扼杀波兰起义,重建殖民统治。民族委员会不顾左派的反对,接受了普鲁士政府的条件。4 月 3 日,驻波兹南普军首领科洛姆将军奉国王命令,悍然宣布波兹南大公国处于紧急状态,并开始向各地派遣讨伐军。在左派的压力下,民族委员会秘密建立了"临时政府",决定对普作战。鉴于波兰人民的战争准备,普军未敢轻启战端。普鲁士政府妄图用和平方式扑灭波兰起义。4 月 5 日,以国王特派员身份抵达波兹南的维利森将军宣称，“民族改组”的许诺只有在解除波军武装的条件下才能实现。当时起义军有1万名正规军，1万名由农民组成的“镰刀军”，如果发动农民，完全有能力抵抗普军的进攻。但是民族委员会中的右派分子同意接受这个实质上等于投降的条件，宣称这是挽救自治的唯一办法。4月11日，梅洛斯瓦夫斯基和维利森在雅罗斯瓦维茨村（在希罗达县）达成了协议。根据协议，梅洛斯瓦夫斯基同意只保留3000人的起义军，其余军队在一周内遣散完毕，维利森则答应把波兹南公国的行政权移交给波兰人。协议的消息一传出，就遭到群众的激烈反对。“镰刀军”战士高呼“这是叛卖！”

普鲁士政府得寸进尺，不断破坏协议。4月14日，把波兹南西部和北部10个县排除在“民族改组”之外，直接并入普鲁士，其借口是这些县的德国居民占多数。4月25日，普鲁士政府公然撕毁协议，对波兹南大公国进行新的分割，在总数26个县中，只给波兰人留下9个县和6个县的小块地区。波兹南市被并入普鲁士。与此同时，3万名装备精良的普军开赴各地，进行讨伐，解散各地的民族委员会，解除农民武装。忍无可忍的农民奋起反抗，用镰刀、长矛打击敌人。农民的自发斗争没有得到梅洛斯瓦夫斯基的支持。4月29日，科洛姆亲率普军，向梅洛斯瓦大斯基的波兰军队发起进攻。两军在米沃斯瓦夫发生激战。由于农民的积极参战，波军取得了辉煌胜利。5月初，在波兹南各地，出现了许多农民游击队。在左派克罗托夫斯基领导下，游击队重建了起义政权。但是，梅洛斯瓦夫斯基没有采取果断行动，发动群众，乘胜打击敌人。窃据军队要职的贵族军官害怕农民革命，拒绝执行进攻的命令，使起义军处于瓦解状态。梅洛斯瓦夫斯基在普军的进逼下且战且退。5 月 6 日，他辞去了起义军总指挥的职务，军队指挥权由右派分子接管。5 月 9 日，接管起义军指挥权的右派分子不顾下层官兵的反对，签署了投降书，从而葬送了波兹南起义。

波兹南起义只持续了不到两个月的时间，仅限于大波兰地区，而且由于主客观原因，没有发展为全民族的起义，但它有力地显示了波兰人民为民族独立而斗争的坚强决心和无比勇气。波兹南农民在起义中表现出高度的爱国主义精神和民族意识，同 1846 年加里西亚农民的表现形成鲜明的对照。波兹南起义促进了波兹南地区波兰人民的民族觉醒，振奋了波兰其他地区人民的革命精神，是波兰民族解放运动史上光荣的一页。

1848 年革命还席卷普占区的西里西亚、波莫瑞、瓦尔米亚和马祖里。波兰人民的革命斗争，迫使普鲁士政府在 1850 年 3 月颁布新的解放农奴的法令。这个法令结束了从 19 世纪初开始的解放农奴的过程，使普占区最终地进入了资本主义发展阶段。

1848 年加里西亚的革命运动

1848 年 3 月 13 日至 15 日，维也纳人民推翻了梅特涅的反动统治，加里西亚人民再次掀起民族独立斗争。3 月 15 日，克拉科夫发生了游行示威。3 月 17 日，克拉科夫市政当局不得不释放政治犯。4 月初，波兰民主协会领导人维・海尔特曼来到克拉科夫。在他的倡议下，建立了民族委员会，并着手组建国民自卫队。民族委员会号召地主在复活节(4 月 23 日)废除劳役制。与此同时，利沃夫的自由派领导人斯莫尔卡也在利沃夫建立了民族委员会，并派遣代表团到维也纳，向奥皇呈递了请愿书，要求皇上帮助波兰恢复独立，还要求宣布废除农奴制，通过赎买给予农民土地。可是，自由派贵族的土地改革方案不能满足农民的土地要求。农民坚持要求无偿地分配土地。当时，农民已经行动起来，拒绝服劳役和停止履行一切封建义务。在这种情况下，奥地利驻加里西亚总督斯塔迪奥恩匆忙在 4 月 22 日发布废除农奴制度的法令，宣称“在适当时候由政府给予补偿”。几个星期以后，奥皇发布了正式的废除农奴制敕令，而把签署日期伪造为 4 月 17 日。这样，奥地利当局把废除农奴制当作奥皇的“恩赐”而不是革命的结果。这样，既可以使农民离开革命，又可以拿“补偿”为诱饵，使贵族放弃民族要求，从而达到一箭双雕的目的。但是，农奴制度的废除是 1848 年革命的重要成果。从此，加里西亚和整个奥占区进入了资本主义发展时期。

农奴制度的废除没有停息加里西亚的革命运动。克拉科夫的民族委员会正在准备全波兰的起义。国民自卫队已经武装起来。城市贫民、工人、手工业者在市中心筑起了街垒，准备迎击来犯的奥军。4 月 26 日，奥军开始炮轰克拉科夫。国民自卫队抵抗不久就准备投降。克拉科夫人民孤立无援，被迫停止战斗。当天晚上，民族委员会签署了投降书。国民自卫队被解散。克拉科夫为奥军占领。这是 1848 年欧洲革命中反革命势力在城市巷战中取得的第一次军事胜利。

随着全欧范围内反革命力量的胜利，奥地利反动派加紧了对革命的进攻。11 月 1 日，在奥军向维也纳起义人民发动最后攻势时，加里西亚的奥军打败了利沃夫的国民自卫队。民族委员会的领导人胆战心惊，准备投降。利沃夫的工人、手工业者继续抵抗奥军的进攻。11 月 2 日，奥军加强对利沃夫的炮击。下午，民族委员会投降。奥地利当局宣布加里西亚全境戒严，解除了波兰人的一切武装，大肆搜捕波兰革命者，在维护“秩序”的借口下恢复旧制度。

欧洲革命运动中的波兰革命者

波兰革命者深知，波兰的独立是同欧洲革命的命运分不开的。他们参加了几乎所有欧洲的革命运动，为欧洲革命作出了不可磨灭的贡献。正如恩格斯后来所指出的，波兰人“经过百年来的压迫，已处于这样的境地：或者起来革命，支持西欧的一切真正的革命起义，作为解放波兰的第一步；或者就只有灭亡”。[①] 因此，“他们始终站在革命方面……在巴黎、维也纳、柏林，在意大利和匈牙利，波兰人都参加了历次革命和革命战争”。[②]

1848 年革命最先在意大利爆发。波兰革命者首先参加了意大利革命。波兰伟大的诗人、民主主义革命家亚当·密茨凯维奇在 1848 年 2 月来到罗马。3 月 29 日，他经伦巴底政府的同意，仿照 50 年前亨·东布罗夫斯基军团的榜样建立了波兰军团。波兰军团接受撒丁国王查理·阿尔伯特的领导，参加对奥地利的战争。7 月，撒丁军队战败，伦巴底被奥军占领。波兰军团转入皮蒙特作战。1849 年 2 月，罗马共和国成立后，波兰军团又为保卫罗马共和国而英勇战斗。1849 年，波兰革命者还参加了西西里岛的革命斗争，同那不勒斯的反动军队进行了浴血奋战。原波兹南起义的领导人梅洛斯瓦夫斯基被任命为西西里革命军队的总司令。他和他的战友们为保卫西西里建立了卓著战功。

1848 年 2 月巴黎爆发革命时，侨居法国的波兰革命者以极大

---

① 恩格斯：《〈论俄国社会问题〉一书导言》，《马克思恩格斯全集》第 18 卷，第 642 页。

② 恩格斯：《民主的泛斯拉夫主义》，《马克思恩格斯全集》第 6 卷，第 338—339 页。

的热情站在巴黎革命人民一边参加战斗。当巴黎工人阶级发动六月起义，同资产阶级进行历史上第一次伟大战斗时，波兰革命者毅然站在巴黎工人一边，参加了六月起义的街垒战。1849 年 3 月，密茨凯维奇在巴黎同法国、德国和意大利等国的革命者创办了《人民论坛报》。该报宣传民主共和思想，鼓吹民族民主革命，促进了欧洲革命者的国际团结。11 月，被法国资产阶级政府封闭。

人数众多的波兰革命者参加了德国各地的革命。在维也纳十月的战斗日子里，十一月起义的参加者约瑟夫·贝姆将军，实际上领导了维也纳的起义。参加维也纳街垒战的还有尤利安·戈斯拉尔等波兰革命者。起义失败后，许多波兰革命者被枪杀。贝姆脱险逃往匈牙利。在 1849 年的巴登革命中，300 名波兰革命者组成了波兰军团。刚参加了西西里革命的梅洛斯瓦夫斯基被任命为起义军总指挥。在普鲁士和巴伐利亚的反动军队占优势的情况下，梅洛斯瓦夫斯基顽强抵抗，坚持一个多月。1849 年 6 月底，巴登革命濒于失败，波兰革命战士越过国境，进入瑞士。

在罗马尼亚各公国，“人民之春”姗姗来迟。1848 年 4 月，摩尔多瓦发生革命运动，革命群众抨击君主的专横统治，要求推翻米·斯图尔扎政权。革命运动被斯图尔扎镇压。6 月，瓦拉几亚爆发革命，乔·比贝斯库大公出逃，革命者建立了临时政府。有数百名波兰革命者参加了罗马尼亚的革命运动，他们大多是 1846 年起义的战士。查尔托雷斯基派遣扎布沃斯基上校帮助格·马格鲁将军组建罗马尼亚军队。波兰革命者在布加勒斯特组成了波兰军团，与罗马尼亚革命者并肩战斗。1848 年 9 月，沙俄军队从北方，土耳其军队从南方侵入罗马尼亚。罗马尼亚军队和波兰军团战败，撤至特兰西瓦尼亚。布加勒斯特被土军占领。当时受匈牙利革命政府派遣在特兰西瓦尼亚指挥作战的约·贝姆将军，答应帮助罗马尼亚革命领导人尼·伯尔切斯库在特兰西瓦尼亚组建罗马尼亚军团。随着匈牙利革命的失败，罗马尼亚革命也就结束了。

匈牙利革命是1848年欧洲革命的最后一个高潮。参加匈牙利革命的波兰革命者人数最多。侨居匈牙利的波兰流亡者有数千人。在加里西亚革命运动被镇压后，数百名青年越过喀尔巴阡山脉进入匈牙利境内，参加匈牙利革命。波兰革命者把约瑟夫·维索茨基将军作为自己的领袖。当时约·贝姆将军也在佩斯。他把匈牙利的革命事业看作是波兰的事业。匈牙利革命领导人科苏特委任他指挥特兰西瓦尼亚的战争。科苏特曾一度任命波兰革命者邓姆宾斯基将军为起义军总司令。由维索茨基指挥的波兰军团作战勇敢，屡建奇功，一再受到科苏特的褒奖。贝姆指挥果断，力挫强敌，肃清了特兰西瓦尼亚境内的奥军。他团结罗马尼亚和匈牙利农民，平等相待，受到群众的爱戴，士兵们称他为“贝姆老爹”。1849年6月，尼古拉一世派帕斯凯维奇统率20万俄军前来匈牙利镇压革命。匈牙利和波兰的革命军队受到俄奥两国军队的夹击，处境艰难。贝姆在特兰西瓦尼亚迎战俄奥联军，遭到失败。8月，匈牙利起义军总司令戈尔盖投降敌人。邓姆宾斯基指挥的一支匈牙利军队退入巴纳特。不久，邓姆宾斯基、贝姆、维索茨基和其他波兰革命者逃入土耳其境内。落入敌手的波兰和匈牙利革命者遭到血腥屠杀。1848年欧洲革命的最后一团烈火就这样被扑灭了。

无产阶级革命导师马克思热烈赞扬和高度评价1848年欧洲革命中的波兰革命者及其国际主义和革命英雄主义，誉之为“欧洲的不死的勇士”[①]。波兰革命者在 1848 年欧洲革命中建立的丰功伟绩，是各国人民团结战斗的光辉榜样。

---

① 马克思：《1867 年 1 月 22 日在伦敦纪念波兰起义大会上的演说》，《马克思恩格斯全集》第 16 卷，第 225 页。

第十章

1863 年起义时期

(1850—1864)

第一节　封建社会末期的农民问题和资本主义工业的发展

农业生产的发展和农民问题

1848 年革命后，在普鲁士和奥地利占领区的波兰土地上废除了封建农奴制，走上了资本主义发展道路。在沙俄殖民统治下的波兰王国没有经受“人民之春”的革命风暴，依然保留着腐朽的农奴制度。资本主义工业的发展和农业生产的发展使生产关系同生产力的矛盾越来越尖锐。19 世纪中叶，波兰王国的农奴制度已经处于日薄西山、气息奄奄的境地。1863 年的一月起义终于把农奴制度送入坟墓。

19 世纪 30 到 50 年代，由于工业和城市的发展以及粮食出口的增加，波兰王国的农业获得较大发展。有 40%的庄园土地由三圃制转为轮种制。1822—1857 年间，4 种谷物的播种量增加了 2

倍，收获量增加了3倍，马铃薯的收获量增加了6倍[①]。许多庄园开始使用农业机器（播种机、收割机等）和化肥，注意土壤的改良。在此期间，谷物和马铃薯的价格上涨了1倍到2倍。

贵族地主往往通过下面三种方法增加收入：一是不断添置和改良生产工具以提高劳动生产率；二是逐步改变对农民的剥削形式，以雇佣劳动代替农民的劳役或是以代役租取代劳役租；三是地主不断扩大自营地，他们取消交错地（地主土地和农民土地互相交错的土地）和地役权（农民对公有的森林、牧场、泽泊和水源的使用权），驱赶农民，致使无地农户数目猛增。据估计，1859年，占人口70%的农民只拥有43%的土地。在1849—1859年的10年间，不到3莫尔格（1莫尔格合半公顷）土地的农户减少了64%。在330万农民（连同家属）中有130万是无地农民。1859年，在325000农户中，有182000农户实行代役租，其中一半是国有农民，90%以上的国有农民实行了代役租。[②]

从农民的状况看，国有农民的处境较好，他们有人身自由，代役租额不高。地主农民缴纳的代役租比国有农民高1至2倍，他们的负担很重，难以维持起码的生活。服劳役的农民是道地的农奴，他们过着牛马般的生活。劳役农民要求废除劳役制，代役租农民要求减轻代役租和使土地归为己有以及无地农民要求获得土地的斗争，成为农村阶级斗争的主要内容。农民拒绝服劳役和承担封建义务、袭击地主庄园、杀死地主和管家的现象层出不穷。贵族地主惊慌万状，寻找对策以摆脱危机。

---

① 斯·凯涅维奇、维·库拉主编：《波兰通史》第2卷第3分册，第333—334页。

② 同上，第337页；约·盖洛夫斯基：《波兰史(1764—1864)》，第369页。

资本主义关系的发展和农民群众的压力，迫使贵族地主放弃劳役制。他们还害怕沙皇政府的干涉，使农民问题作了有损于贵族地主利益的解决，所以纷纷讨论起农民改革的方案来。以安德烈·扎莫伊斯基为代表的大贵族，主张在不触动封建土地所有制的基础上普遍实行代役租制度。以托玛什·波托茨基为代表的自由派贵族则主张让农民通过赎买成为土地的所有者，俾使贵族地主在获得现金后实行庄园经济的现代化。上述两派贵族都没有谈到无地农民的命运。当贵族地主越来越认识到"解放"农奴已不可避免的时候，后一种主张占压倒多数。

波兰王国贵族地主对农民改革方案的讨论，在俄国也在类似的情况下进行着。列宁指出，这"是统治阶级内部的斗争，主要是地主内部的斗争，完全由于让步的程度和形式而引起的斗争。自由派也同农奴主一样，站在承认地主所有制和地主政权的立场上，怀着愤怒的心情责难鼓吹消灭这种所有制、完全推翻这种政权的一切革命思想。"[①]这两种方案都损害农民的利益，但能使农业更快地沿着"普鲁士道路"前进。

资本主义工业的发展

19 世纪 50 年代，波兰王国的工业有了较快的发展。有两个因素推动了波兰王国工业的发展。首先，沙皇政府为了把波兰王国溶化于俄罗斯帝国，从 1848 年起开始在波兰王国实行俄国的度量衡制度和货币制度。1851 年，沙皇政府撤除了波兰王国和俄国之间的关税壁垒，实行统一的关税保护政策。从政治上看，这种经济政策是反对波兰的；但是，从经济上看，却为波兰王国的工业开

① 列宁：《"农民改革"和无产阶级农民革命》，《列宁全集》第 17 卷，第 104 页。

辟了广阔的东方市场，使波兰资产阶级大受裨益。铁路建筑是推动波兰王国工业发展的另一个因素。1848 年，华沙—维也纳铁路通车。这条铁路把华沙同上西里西亚的工业中心卡托维兹连接起来，使上西里西亚的煤可以供应波兰王国的工业。1859—1862 年，华沙—柏林和华沙—哥尼斯堡（今加里宁格勒）铁路通车。1862 年，华沙—彼得堡铁路通车。这些铁路把工业区和销售市场连接起来，加速了工业的发展。波兰的纺织品可以源源不断地运往俄国，而俄国的原料（如棉花）也可以更多地运入波兰。

19 世纪 50 年代，波兰王国开始了工业革命。纺织工业最先发生工业革命，它始终是波兰最主要的工业部门，不论就工业产值而言或工人人数而言，在工业中都居首位。罗兹最大的棉布工厂——沙伊布来尔工厂在 60 年代初有 18000 个沙锭和 100 台织布机。1860 年，波兰王国有 320 个纺织工厂和 36000 工人。采矿工业和冶金工业也有较大发展。铁矿的产量从 1840 年的 25000 吨增加到 1865 年的 55000 吨；煤的产量从 1856 年的 83000 吨增加到 1864 年的 166000 吨。东布罗沃矿区是波兰王国煤炭工业和冶金工业的基地。华沙成为全国的经济中心。1863 年，人口达 165000 人。埃文斯五金工厂是华沙最大的工厂，有近 500 名工人。1840—1860 年期间，波兰王国工业产值增加 4 倍多，产值达 32000 万卢布，工人人数达 75000 人①。在罗兹、华沙和东布罗沃矿区 3 个工业中心，机器生产迅速代替手工生产。

波兰王国的工业水平远远超过普鲁士占领区（除上西里西亚外）和奥地利占领区。波兰王国成为俄国最先进的工业区之一。

① 米列尔、赫列诺夫主编：《波兰通史》第 2 卷，1955 年莫斯科版，第 93—94 页。

然而，由于农奴制的存在，极大地限制了资本主义发展所需要的商品市场和劳动力市场的扩大。1861年开始的美国南北战争，使波兰王国的棉花进口量锐减，罗兹纺织工业受到严重打击，许多工厂停产和破产，大批工人失业，工人骚动和捣毁机器的事件不断发生，敌不过机器生产的手工业者纷纷破产。城市下层无法照旧生活下去。

第二节　1863年一月起义

起义前夕欧洲的革命运动

1856年结束的克里木战争，进一步暴露了封建农奴制及沙皇专制制度的腐朽性，促进了俄国革命运动的高涨，使农奴制度的危机发展到顶点。早在1855年春，在接近克里木前线的乌克兰就爆发了农民起义。战争结束后，每年有100多起农民骚动事件。农民袭击地主庄园、杀死地主和管家的现象非常普遍。1859—1861年期间，俄国出现了革命形势。1856年4月，在缔结了巴黎和约以后，沙皇亚历山大二世(1855—1881)就开始谈论废除农奴制的问题。他在对莫斯科贵族代表的致词中提到，“从上面”解放比等待“从下面”推翻要好些。1861年3月3日(俄历2月19日)，亚历山大二世正式签署了农民改革法令和废除农奴制的诏书。但由农奴主实行的改革，是对俄罗斯农民的肆无忌惮的掠夺，高额的赎金、封建义务的保存和“割地”使农民对改革大失所望。为了土地和自由，俄国农民于1861年到1863年再次掀起革命斗争。俄国农民的革命斗争鼓舞了波兰王国农民夺取土地和争取独立的斗争。

19 世纪 50 至 60 年代是欧洲民族民主革命运动的高涨时期。1848 年革命没有解决德国和意大利的统一问题,也没有解决罗马尼亚、匈牙利的统一和独立问题。50 年代末到 60 年代,这些国家的人民再一次掀起革命运动,终于逐步实现了自己的民族愿望。

意大利的民族统一事业首先获得成功。领导意大利统一运动的有两个中心:一个是撒丁王国,一个是马志尼为代表的资产阶级共和派。当拿破仑三世成为法兰西第二帝国皇帝的时候,加富尔担任撒丁王国的首相。1858 年,加富尔和拿破仑缔结了反奥军事同盟。1859 年,意法对奥战争爆发,奥军被迫撤出伦巴底,退守威尼斯。1859 年秋,意大利北部和中部完成了统一。1860 年,加里波第率领的军队在西西里和那不勒斯推翻了西班牙波旁王族的封建统治。加里波第没有接受马志尼关于成立共和国的劝告,而同意把意大利南部并入撒丁王国。1861 年 3 月,意大利王国成立,撒丁国王维克多·厄马努埃成为意大利国王。

1859 年,罗马尼亚两个公国摩尔多瓦和瓦拉几亚的人民,利用土耳其的积弱和英法等大国的支持,选举 1848 年革命的忠实战士亚·库扎上校为君主,实现了罗马尼亚的统一和独立。虽然土耳其的宗主权一直保持到 1878 年。

匈牙利人民在 1848 年革命失败后,不断掀起摆脱奥地利统治的独立斗争。1866 年,奥地利在同普鲁士争夺德国霸权的战争中遭到失败。匈牙利人民在普鲁士和意大利的帮助下迫使奥地利政府承认匈牙利的独立地位,但处于哈布斯堡皇朝的统治之下。1867 年,奥地利帝国改组为奥匈帝国。

意大利、罗马尼亚和匈牙利的统一和独立运动是在比较有利的条件下取得胜利的。三国人民都面对一个敌人(奥地利或土耳其),而且有欧洲大国的帮助和支持。与上述三国的民族运动相比,波兰人民的民族解放任务就要艰巨得多,因为波兰人民面临着三个强大的敌人:俄国、普鲁士和奥地利,而且得不到任何欧洲大国的帮助和支持。尽管如此,具有光荣革命传统的波兰人民还是毅然发动了一场声势浩大的反对沙皇统治、争取国家独立的民族起义。这是继1848年革命后在东欧土地上出现的规模最大的革命运动,同时也是19世纪60年代欧洲资产阶级民族民主革命的重要组成部分。这次起义沉重地打击了沙皇俄国在波兰王国的殖民统治,鼓舞了欧洲各国人民反对沙俄侵略的斗争。

"红党"和"白党"

早在50年代后期,波兰王国就已出现主要由青年学生组成的秘密革命小组。这些小组没有固定的政治纲领和行动计划,但他们在华沙的工人、手工业者和城市贫民中做了大量宣传和组织工作。1861年革命形势的发展,要求各爱国小组联合,组成统一的革命组织。

雅罗斯瓦夫·东布罗夫斯基

1861年秋,在华沙形成了一个成分复杂、组织松弛的组织——"红党",它是一个由革命民主主义者领导的政治团体。参加这个组织的有工人、手工业者、城市贫民、市民、农民、青年军官、青年学生、中小贵族和中小资产阶级。此外,在彼得堡、莫斯科和基辅,都有很多的波兰革命组织,主要由青年学生和青年军官组成。

红党成立初期，没有形成明确的政治纲领。不同的阶级和阶层对波兰的形势和前途有不同的看法。因而红党内部明显地分为左、右两翼。以齐·谢拉科夫斯基(1827—1863)、齐·帕德列夫斯基(1835—1863)、雅·东布罗夫斯基(1836—1871)、瓦·符卢勃列夫斯基(1836—1908)等革命民主主义者组成的左翼，代表农民和城乡劳动者的利益。他们汲取以往波兰起义失败的教训，认为只有用革命方式消灭农村中的封建关系，广泛动员农民参加起义，把民族起义发展为土地革命，才有可能战胜强大的沙俄侵略军，恢复波兰的独立。东布罗夫斯基明确提出"人民的武装起义是恢复独立的唯一保证"的口号，一部分革命者深入农村，着手发动农民。

谢拉科夫斯基等波兰革命民主主义者大多是彼得堡总参谋学院的学员和彼得堡大学的学生。他们同以赫尔岑和车尔尼雪夫斯基为代表的俄国革命民主主义者有密切的联系和深厚的友谊。谢拉科夫斯基还同乌克兰革命诗人谢甫琴科有过密切联系。波兰革命民主主义者认为，波兰的起义只有同俄国的革命相结合才能取得胜利。红党左翼是1863年一月起义的鼓舞者和组织者，代表着波兰民族运动的正确方向。

马克思和恩格斯曾经指出，波兰起义成功有两个条件：其一是把民族起义发展为土地革命，发动"广大群众——农民——进行一场人民战争"[①]；其二是把波兰起义同俄国革命结合起来，因为"波兰的独立和俄国的革命是互为条件的"[②]。波兰革命民主主义者

① 马克思：《关于波兰问题的历史》，1979年人民出版社版，第30页。

② 恩格斯：《流亡者文献》，《马克思恩格斯选集》第2卷，第587页。

的起义计划完全符合马克思和恩格斯的科学预见。

以阿·吉莱尔、卡·马耶夫斯基和路·梅洛斯瓦夫斯基为首的红党右翼，主要代表中小贵族和中小资产阶级的利益。他们害怕民族起义转变为社会革命，主张"茅屋和宫廷之间的和平"，反对到农村去发动农民、开展土地革命，不承认农民是革命的主力军，认为城市才是反民族压迫斗争的可靠支柱，主张在城市中积极活动，建立"十人队"、"百人团"。红党右翼普遍对西方大国抱有幻想，期待着波兰问题"国际化"。梅洛斯瓦夫斯基在1848年革命失败后，长期侨居巴黎，成了约瑟夫·拿破仑亲王的密友，他把波兰独立的希望寄托在拿破仑三世身上，期望法、英等国出面干预，反对人民革命。他怀有强烈的民族主义偏见，反对同俄国的革命运动相结合，主张波兰地主保持对乌克兰和白俄罗斯农民的封建统治。

在革命力量积聚的同时，贵族地主和大资产阶级也在组织反革命力量。1858年，以安·扎莫伊斯基伯爵为首的"农业协会"成立。这个协会的宗旨是讨论发展农业生产和在维护地主阶级利益的基础上解决农民问题，避免土地革命。1861年10月，以安·扎莫伊斯基为首的"农业协会"成员和以华沙银行家列·克罗嫩贝格为首的大资产阶级组成"白党"。白党惧怕即将到来的起义，尤其反对以农民为主力军的民族起义，企图把起义纳入"合法"轨道，进行所谓"道德革命"。白党同"朗贝尔旅馆派"密切合作，宣传有补偿地解放农奴，玩弄爱国主义辞藻，认为在当前条件下不宜举行起义，而应把发展经济和文化放在首要地位。白党妄图利用人民的力量迫使沙皇政府让步，恢复波兰王国的"自治"。它仇视俄国革命，更反对同俄国革命者合作，随时准备向沙皇政府投降，并通过它镇压起义。

本来,红党应当同白党的反革命方针作坚决的斗争,向广大人民揭露白党的反动性,积极宣传武装起义的方针,做好战斗前的准备工作。但由于红党主要领导人在起义重大问题上的分歧和斗争,使红党在相当长的一段时间里未能制订出统一的纲领。吉莱尔还曾一度退出 1862 年 5 月建立的中央民族委员会,试图分裂红党。红党右翼的另一代表人物马耶夫斯基甚至秘密参加白党,暗中帮助地主、资产阶级破坏起义。红党的这种情况,不仅破坏了内部团结,大大削弱了自身的战斗力,而且没能很好地利用国内的革命形势,争取广大农民,为起义做好充分准备,给起义罩上了“先天不足”的阴影。

起义的爆发和起义初期的战况

1860 年 6 月 11 日,华沙大学生的秘密组织利用为在十一月起义中保卫沃拉的英雄索文斯基将军的遗孀举行葬礼的机会,组织了 30 年来的第一次爱国示威游行。同年 11 月 29 日,为纪念十一月起义 30 周年,华沙学生和工人又举行示威游行,“波兰还没有亡”的歌声在华沙上空回荡。华沙的爱国示威游行,打破了长期的沉寂局面,唤起了波兰人民的民族觉醒,使沙俄当局和地主、大资产阶级惶恐不安。

1861 年 2 月 25 日,华沙人民利用农业协会举行年会之际,举行了规模更大的示威游行。27 日,示威群众同沙俄军警发生冲突,有 5 名群众被打死,数千人受伤。沙皇总督亚·哥尔查科夫决定利用波兰地主和大资产阶级来平息群众的革命情绪,从华沙撤走军队,允许为死难者举行葬礼。由克罗嫩贝格组成的“城市代表团”受总督之委托维持首都的治安。与此同时,农业协会上书沙皇，呼吁恢复自治和恢复波兰学校。地主和资产阶级试图把群众的革命行动限制在“合法”的范围内。但是他们没有能阻止革命运动的发展。4月初，哥尔查科夫解散了“城市代表团”和农业协会。

1861年4月7日，华沙人民又举行大规模示威游行。翌日，沙俄军警对游行群众实行大屠杀，有100人死亡，近千人受伤。沙俄当局的血腥暴行，激起了全国人民的反抗。在4—5月间，大约有1000个村庄的18万农民参加了革命运动。他们拒绝服劳役，要求无条件地获得解放和平分土地。在许多地方农民同沙皇军警发生冲突。

与波兰王国毗邻的立陶宛、白俄罗斯和乌克兰地区也爆发了农民运动，农民要求废除农奴制，获得土地。它们同波兰王国的农民运动相互影响，相互支持。

从1862年起，红党左翼开始积极进行起义的组织工作。东布罗夫斯基在华沙工人、学生中间积极活动。康·卡林诺夫斯基在白俄罗斯农民中间进行了巨大的宣传和组织工作。

争取俄国革命力量的支持和帮助是起义准备工作的一个重要内容。1862年9月底，帕德列夫斯基和吉莱尔抵达伦敦，以中央民族委员会的名义同赫尔岑和奥加廖夫就波兰起义问题举行会谈。10月，帕德列夫斯基又秘密来到彼得堡，同赫尔岑和车尔尼雪夫斯基领导的俄国革命组织“土地与自由社”中央委员会举行会谈。鉴于车尔尼雪夫斯基被捕和起义准备尚未就绪，双方商定波兰起义不得早于1863年春举行。

沙皇政府对波兰王国出现的革命形势和波俄两国革命者的合作深感不安，加紧了对革命者的镇压。1862年8月，起义领导人东布罗夫斯基被捕。10月6日，沙俄当局决定在波兰王国实行强制性征兵，凡被怀疑具有革命情绪的波兰青年均被列入征兵名单，以此破坏起义的准备工作，将起义扼杀在萌芽状态。

在这紧急关头，红党右翼领导人吉莱尔主张无限期地推迟起义，实际上是取消起义计划。左翼领导人帕德列夫斯基认为，除了立即组织起义之外别无其他选择。他一面组织青年隐蔽疏散，一面准备提前起义。在帕德列夫斯基主持下，中央民族委员会决定在1863年1月22日举行起义。

1月22日，中央民族委员会宣布自己为临时民族政府，颁布了宣言和土地法令。宣言宣布："所有波兰的儿女们，不分信仰和民族、出身和地位，均是自由平等的国家公民。劳动农民迄今通过缴纳代役租或服劳役而拥有的土地从此无条件地和永远地为其所有"。[①] 宣言号召波兰人民、立陶宛人民参加起义，推翻沙皇统治，为建立独立、民主的波兰而斗争。土地法令宣布废除农奴制，农民将无偿获得土地，地主将从国库中得到补偿，参加起义的少地和无地农民将获得3莫尔格的土地。恩格斯称赞这是"一个在东欧提出过的所有革命纲领中最激进的革命纲领"。[②]

从1月22日夜到23日，由工人、手工业者、学生和农民组成的6000名起义军，响应临时民族政府的号召，向驻扎在波兰王国的10万俄国占领军发动了30多次攻击。波兰王国已经有30年没有自己的正规军队，起义者没有受过应有的训练，装备简陋，武器不足。许多起义者手持猎枪、镰刀和长矛同敌人作战。红党左翼在农村中严格执行土地法令，严厉打击拒不执行土地法令的贵

① 凯涅维奇、库拉主编:《波兰通史》第2卷第3分册，第466页。

② 恩格斯:《支持波兰》,《马克思恩格斯选集》第2卷，第631页。

族地主，使起义获得农民的支持，特别是在基埃尔策和卢布林等东部省份取得不少胜利。但是，帕德列夫斯基指挥的攻打战略重镇莫德林和普洛次克的战役均遭失败。从2月起，沙皇政府不断派遣增援部队围剿起义军。起义军被迫转入农村，开展游击战。在敌我力量悬殊的情况下，红党左翼力图发动农民，把民族起义发展为土地革命，以保证起义的胜利。

波兰王国起义爆发后，临时民族政府于1月29日和2月7日分别向立陶宛、白俄罗斯和乌克兰发表文告，号召他们同波兰王国人民一道反对沙皇俄国。临时民族团结政府希望把起义扩大到俄国边境，以期引起俄国的起义。红党左翼领导人谢拉科夫斯基在立陶宛、卡林诺夫斯基和符卢勃列夫斯基在白俄罗斯领导起义。立陶宛的起义规模较大。谢拉科夫斯基力图把立陶宛起义推向库尔兰。恩格斯认为"立陶宛的运动是目前最重要的，因为：(1)它超出了会议桌上的波兰的疆界；(2)农民大量参加运动；而在库尔兰附近，它甚至直接具有土地运动的性质"。[①] 沙皇政府派重兵镇压立陶宛起义。5月初，起义军被击溃。谢拉科夫斯基被捕，于6月27日英勇牺牲。立陶宛起义遭到失败。不久，白俄罗斯的起义也被镇压。

4月，波兰王国的起义也遭到严重失败。4月22日，帕德列夫斯基在普洛次克省的战斗中被捕，5月15日，英勇牺牲。随着帕德列夫斯基的牺牲，红党左翼丧失了起义的领导权。

当帕德列夫斯基率起义军在前线浴血奋战的时候，梅洛斯瓦

---

① 《恩格斯致马克思(1863年4月8日)》，《马克思恩格斯全集》第30卷，第334页。

夫斯基曾一度成为起义军的总指挥，建立了为期两周的军事独裁。在2月19至21日的战斗中，梅洛斯瓦夫斯基指挥的起义军被俄军打败，不久，逃离波兰王国重返巴黎。3月，在白党的策动下，波兹南贵族出身的曾在普鲁士军队中服过役的马·兰盖维奇将军又建立了短命的(一周)军事独裁。他在作战失败后进入奥属加里西亚，被奥地利当局逮捕。4月，吉莱尔掌握了起义领导权。他大量吸收地主和资产阶级分子，使起义的领导权逐渐转入白党手中。

“白党”和起义

1863年5月10日，临时民族政府改名为民族政府。马耶夫斯基表面上是民族政府的领导人，但权力操纵在白党手里；马耶夫斯基政府实际上就是白党政府。这个政府虽然宣称继续执行1月22日的宣言和土地法令，为争取独立和解放农奴而斗争，但实际上却竭力限制游击战争，不使民族起义发展为农民革命。

5月15日，瓦·查尔托雷斯基(阿·查尔托雷斯基之子)被民族政府任命为驻外国全权代表。民族政府的这一措施，是为了使西方国家知道波兰起义只具有民族性质。民族政府还中断了同意大利和匈牙利革命运动的联系，拒绝两国革命者派志愿人员参加波兰起义。民族政府尽量给自己涂上保守的色彩，好使西方国家放心，它力图把民族起义转变为武装示威，坐等欧洲列强的干涉，以期获得波兰的自治。

自从白党篡夺权力以后，民族政府实际上停止执行1月22日宣言和土地法令。在此以前，农民停止了服劳役和缴纳代役租，一部分参加起义的无地和少地的农民分到了土地。现在，在白党控制的地区，地主又强迫农民服劳役、缴纳代役租。当农民和地主发生冲突时，民族政府始终袒护地主。农民对民族政府失去信任而退出起义队伍者为数很多。广大群众和红党左派对民族政府的倒行逆施非常不满，曾经两次（5月23日和6月8—9日）企图推翻白党政府，重建红党政府，但都没有成功。

尽管如此，由于红党左派的努力和群众的参战，白党未能阻止起义的发展。从1863年4到8月，游击战争还在发展。据估计，在1863年3到7月间的战斗次数如下：3月——73次，4月——85次，5月——134次，6月——107次，7月——126次。在多次战役中，起义军以少胜多，不断重创敌军，迫使沙皇政府不断增派援军：1863年4月增加到27万，7月增加到34万[①]。在敌强我弱和武器装备极差的不利情况下，波兰起义者前仆后继、不怕牺牲，表现出宁死不屈的大无畏精神，出现了像米·克鲁克、马·鲍雷洛夫斯基、齐·赫米伦斯基、瓦·符卢勃列夫斯基等卓越的指挥官。

欧洲各国政府和人民对起义的态度

普鲁士政府从一开始就对起义抱敌视态度。它害怕起义扩大到普占区，希望在即将到来的对丹麦、奥地利和法国的战争和实现德国统一的斗争中得到俄国的帮助。俄国政府也力图把普鲁士引入对波兰的战争。马克思在1864年6月7日写道："俄国人以最诱人的诺言把普鲁士引入了战争，答应只要在波兰事件中能够得到普鲁士继续不断的援助，它就可以换得占领什列斯维希—霍尔施坦的美好前景。"[②]1863年2月8日，俄国外交大臣米·哥尔查科夫和普鲁士代表阿尔文斯列宾签订了共同反对波兰起义的军事协定。

---

① 凯涅维奇、库拉主编：《波兰通史》第2卷第3分册，第486页。

② 《马克思致恩格斯（1864年6月7日）》，《马克思恩格斯全集》第30卷，第401页。

法国政府力图保持同俄国的良好关系，绝不因波兰问题而损害法俄关系。但是，拿破仑三世却想扩大法国在莱茵的边界，阻止德国的统一，由于对墨西哥的冒险战争，又不敢单独同普鲁士开战。俄普军事协定签订后，法国外交力图拆散俄普同盟，因而呼吁英国和奥地利政府联合干涉波兰问题。

英国政府对波兰人民的命运漠不关心，但对削弱俄国的力量感兴趣，因为俄国在巴尔干的扩张损害了英国的利益。波兰起义牵制了俄国的军事力量，这使英国政府感到由衷的高兴。它试图利用波兰问题对俄国施加压力，逼其作出外交上的让步。

奥地利政府对波兰起义充满着矛盾心理。由于俄奥两国在巴尔干的争夺，奥地利政府希望波兰起义削弱俄国的力量。但是奥地利政府又怕起义蔓延到加里西亚，甚至影响到匈牙利和意大利北部。

1863 年 4 月 17 日，法国、英国和奥地利三国政府向俄国政府发出照会，呼吁俄国政府改变对波兰的政策。在法国和英国的影响下，瑞典、丹麦、西班牙、葡萄牙、意大利和土耳其也加入了上述外交活动。俄国政府迫于外交压力，答应对游击队员实行大赦，要他们在一个月内放下武器。哥尔查科夫在答复三国政府的照会中一方面大肆诬蔑波兰起义者，一方面不拒绝就恢复波兰和平问题进行讨论。

1863 年 6 月 17 日，上述三国政府又向俄国政府发出照会，建议就波兰问题召开维也纳会议参加国的国际会议。俄国政府以波兰问题纯属俄国内政为由，拒绝了三国的建议，并声称，波兰问题只能由三个瓜分国——俄国、普鲁士和奥地利——讨论解决。8 月中，三国政府向俄国政府发出了第三份照会，继续建议召开国际会议讨论波兰问题，又遭俄国政府拒绝。西方大国的外交干涉以失败而告终。

罗马教皇庇护九世反对波兰起义、反对用革命方法恢复波兰，谴责起义是“最有害的”。他力图利用波兰起义来加强天主教会的地位。1863 年 4 月，庇护九世在其致亚历山大二世的信中，呼吁沙皇对波兰“公正和宽容”，认为起义是由于天主教会受到限制和压迫。他要求波兰和俄国的天主教会摆脱世俗政权而独立，使天主教会成为“国中国”。

欧洲各国人民，特别是俄国人民给予波兰起义以真正的帮助。起义的突然爆发使俄国革命者感到意外。他们深知，孤立的波兰起义很难有成功的希望。尽管如此，“土地与自由社”中央委员会立即号召驻扎在波兰王国的俄军中的革命官兵，站在起义者一边，为推翻共同的敌人沙皇政府而斗争。赫尔岑在一份传单中这样写道：“我们希望波兰独立，因为我们希望俄国自由，我们同波兰人站在一起，因为同一条锁链把我们两个民族锁在一起。”[①]大约有数百名俄国革命官兵调转枪口，参加波兰起义。此外，还有大批乌克兰、白俄罗斯和立陶宛的革命者参加起义。杰出的俄国革命民主主义者安德烈·波捷勃尼亚在兰盖维奇将军的部队里作战。3 月 4 日，他率领波兰镰刀军在克拉科夫省南部斯卡瓦作战时英勇牺牲。300 多名俄国革命者的鲜血同波兰革命者的鲜血流在一起，谱写了俄波两国人民战斗团结的光荣史篇。俄国革命者还帮助流放在西伯利亚的东布罗夫斯基和在作战中身负重伤的符卢勃列夫斯基逃出俄国。这两位 1863 年起义的领导人后来成为巴黎公社

① 米列尔、赫列诺夫主编：《波兰通史》第 2 卷，第 155 页。

的英雄。在同情和支持起义的俄国官兵中有列宁夫人克鲁普斯卡娅的父亲克鲁普斯基中尉。克鲁普斯卡娅回忆说:“父亲参加当时的革命军官组织,帮助波兰人逃遁,为此几乎被下士枪毙。”①

当俄国革命者以生命来帮助波兰起义时,俄国自由派却声嘶力竭地掀起了诽谤波兰起义的运动。卡特科夫在《莫斯科新闻》中撰文指责波兰起义的“贵族”性质和奴役农民的意图,竭力贬低起义的革命性。赫尔岑和他的《钟声》杂志不怕孤立,痛斥俄国“上流社会”煽起的反波兰的沙文主义情绪。列宁高度评价赫尔岑的活动。他说:“当所有俄国的自由派狐群狗党由于赫尔岑为波兰辩护而纷纷离开他时,当整个‘上流社会’弃绝了《钟声》时,赫尔岑并没有张皇失措。他仍然捍卫波兰的自由,痛斥亚历山大二世手下的镇压者、刽子手、绞刑手。赫尔岑挽救了俄国民主派的名誉。”②

无产阶级革命导师马克思和恩格斯非常关心波兰起义。他们彼此频繁通信,交换对波兰起义的看法。1863 年 2 月 13 日,马克思致信问恩格斯:“你对波兰事件有什么看法? 有一点很明显,在欧洲又广泛地揭开了革命的纪元。”③马克思这时已对法国资产阶级失去信任,而对方兴未艾的波兰和俄国革命满怀希望。恩格斯在 2 月 17 日的信中回答说:“波兰人真行。如果他们能支持到 3 月 15 日,那整个俄国就要动起来了。”④

马克思和流亡在伦敦的赫尔岑、马志尼、科苏特、巴枯宁同波兰流亡者一起组织了国际军团。1863 年 3 月,一艘装载着 200 名

① 米列尔、赫列诺夫主编:《波兰通史》第 2 卷,第 156 页。

② 列宁:《纪念赫尔岑》,《列宁全集》中文第 1 版第 18 卷,第 14 页。

③ 《马克思恩格斯全集》第 30 卷,第 322 页。

④ 同上书,第 324 页。

志愿人员和武器的英国轮船从伦敦出发经瑞典开往立陶宛，支援波兰起义。这批志愿人员由马克思的朋友、波兰革命者泰·拉品斯基上校率领。不幸，这一行动为沙俄的侦探获悉，当轮船开抵瑞典海岸时，被慑于沙皇政府压力的瑞典政府扣留。志愿人员只好从瑞典乘小船秘密驶往立陶宛，但途中遇大风，人员及武器损失很大，致使这次行动未遂。

意大利革命领导人加里波第和匈牙利革命领导人科苏特分别组成了意大利兵团和匈牙利兵团，准备开赴波兰参加起义。在民族政府拒绝他们参加起义后，仍有数十名意大利志愿人员和数百名匈牙利志愿人员进入波兰作战。不少人在战斗中阵亡，其中有意大利革命者弗·努洛和朱·加里波第的儿子。有50多名捷克革命者和少量塞尔维亚革命者参加了波兰起义。

起义的失败

在沙皇政府不断增派侵略军的情况下，单凭匆忙组织起来的军队(最多时达20万人)是无法战胜强大敌人的。只有发动广大群众进行人民战争才能使起义转危为安。但是白党的反革命政策使起义无法发展为土地革命。起义面临着失败的危险。

1863年5月，米·穆拉维也夫被任命为西北省总督，开始对立陶宛—白俄罗斯的起义实行空前残暴的镇压。杀戮、流放、没收土地和财产、放火烧村等方法，无所不用其极。为了扑灭起义，穆拉维也夫答应凡捉拿一名起义者将得到5卢布的奖赏。如果参加起义或包庇起义者将受到严厉惩罚。各地布满了绞刑架。刀光剑影，血流成河。卡林诺夫斯基和许多革命者惨遭毒手。穆拉维也夫获得“绞刑手”的诨名。

在波兰王国，贝尔格将军被任命为副总督，奉命执行穆拉维也夫在立陶宛—白俄罗斯的反革命任务。1863年秋，在沙皇政府恐怖统治和军事扫荡的双管齐下的政策下，起义军连遭失败，克鲁克和鲍雷洛夫斯基在卢布林省的战斗中相继牺牲。赫米伦斯基要求马耶夫斯基以革命恐怖对付反革命恐怖。9月中，马耶夫斯基交出政权，逃离华沙。赫米伦斯基等红党左翼暂时控制了民族政府。民族政府改组了几个省的起义政权，剥夺了地主阶级的权力，由中央派遣的全权代表直接管理地方。由于军事形势急转直下和贝尔格的反革命恐怖政策，赫米伦斯基等红党分子不得不离开华沙。10月中旬，罗·特劳古特将军接管了政权，继续领导起义。

特劳古特着手实行军事行政改革，把分散的起义队伍编为5个兵团，在波兰王国驻4个兵团，在立陶宛驻1个兵团，实行统一的指挥和领导，并使各省的行政机关接受军事长官领导，严惩拒不执行1月22日法令的地主，凡强迫农民接受封建义务的地主处以死刑。他的政策获得了农民的积极支持。但是，由于沙俄军队已经控制了波兰王国的大部和立陶宛—白俄罗斯，加上贝尔格的恐怖统治，特劳古特的政策无法贯彻。这时候，白党和贵族地主、资产阶级已经公开投降沙皇政府。起义不可避免地失败了。

亚历山大二世决定结束波兰起义。1864年3月2日(俄历2月18日)，在俄国农民改革三周年的前夕，亚历山大二世颁布了在波兰王国废除农奴制度的敕令。敕令规定，从1864年5月1日起，废除农民的一切封建义务，农民将成为自己份地的主人。为了补偿地主因废除封建义务而遭到的损失，政府将付给地主以赎金。这笔赎金将通过税收途径向农民收回。农民还得到使用公有森林、牧地和水源的权利。无地农民将从国有土地中分到土地。1846年以后地主从农民手里夺走的土地全部归还农民。3月2日敕令还废除了地主在农村的政权，宣布农民有权参加农村自治。敕令给予农民的一切是农民在起义初期已经得到的东西。3月2日敕令和1月22日的土地法令内容相同，但具有相反的目的：1月22日的土地法令是走向消灭封建制度的第一个步骤，是动员农民争取民族独立的革命法令；3月2日敕令则是从上而下的改革，是沙皇政府对农民的让步，是为了消灭起义和保持地主阶级的统治地位。尽管如此，波兰王国农民得到比俄国农民更多的土地和自由。同1861年俄国的农民改革一样，1864年波兰王国的农民改革，也具有资产阶级性质。由于封建农奴制的废除，波兰的最后一个地区——波兰王国进入了资本主义发展阶段。

沙皇政府的改革，打破了特劳古特的春季攻势计划。农民在看到能够获得土地后，纷纷离开起义队伍。4月，特劳古特和他的4名战友被俘。8月5日，他们英勇就义。坚持了一年半多的一月起义终于被沙皇政府镇压下去。

一月起义担负着推翻沙皇政府的民族压迫、争取民族独立和废除农奴制度的双重历史任务，是一次资产阶级民族民主革命。

如果说，在“人民之春”的年代里，波兰的民族运动是欧洲革命的组成部分，那么一月起义就是俄国各族人民推翻沙皇专制制度的革命运动的一部分。波兰起义只有与俄国革命结合才能获得胜利。但是，预期的俄国革命没有爆发，这是起义失败的重要原因。

一月起义只有与农民的土地革命相结合，才能获得胜利。但是，由于无产阶级还没有成为独立的政治力量，资产阶级妥协投降，领导起义的是出身于小贵族的知识分子和由他们组成的红党左派。革命的领导力量十分薄弱，没有在农民中深深扎根。起义不久，起义领导权就被贵族地主和资产阶级组成的白党所篡夺。

白党拒不执行1月22日法令，限制起义的规模。这是起义失败的根本原因。

一月起义是一次失败了的资产阶级革命，而不是资产阶级民主革命。它的失败是欧洲革命事业的重大损失，使欧洲的反动势力得到加强。

第三节 19世纪30—50年代的波兰文化

18世纪末波兰国家灭亡后，民族文化的正常发展受到了严重的阻碍。爱国志士奋起进行了保卫和发展祖国文化的斗争，创办科学文化团体是保卫和发展文化的重要手段。1800年在华沙成立的“科学之友协会”是最早出现和有广泛影响的学者和艺术家的组织，在发展波兰科学和文化上起了重大作用。1802年创建的维尔诺大学是波兰文化活动的另一个中心。

19世纪前半期，欧洲出现了与民族民主革命运动有密切联系的新的社会文化思潮——浪漫主义。波兰的浪漫主义是在没有独立国家和在封建社会的条件下发展起来的。因此，它非常突出地反映了人民群众反对民族压迫和反对封建压迫的愿望，特别富于战斗性和革命性。浪漫主义思潮在波兰文化领域涉及的范围极为广泛，在哲学、历史学、美学、艺术等部门均有表现，但它的主要阵地却是文学（特别是诗歌）。

1830—1831年的民族起义在波兰文化的一切部门深深地打上了烙印，成为浪漫主义诗歌、音乐、戏剧、绘画取之不竭的源泉和具有魅力的创作主题，有力地促进了波兰文学艺术的繁荣。在起义中呈现出来的社会政治问题也成为哲学、历史学争论和探索的主题，促成了波兰革命民主主义世界观的形成。

十一月起义失败后，先进的文化界人士纷纷流亡西欧，巴黎成为波兰文化英华荟萃的中心，波兰国内文化生活因大批有才华的学者和艺术家的外流和沙俄占领当局的高压政策而显得格外沉静。高等学校的被封闭和科学团体的被解散，严重地阻碍了波兰科学文化的发展。

亚当·密茨凯维奇

19 世纪 30—50 年代，特别是在 1848—1849 年民族解放和农民革命的高潮中，波兰文化出现了民主化、大众化的倾向，这不仅是指它的内容和接受对象而言，而且也表现在文化界社会成分的变化。进步的小贵族和贵族家庭出身的民主知识分子是当时波兰文化的主要代表。出身于市民、工人和农民家庭的知识分子正在逐渐扩大文化界的队伍。文化正在进入社会下层。人民群众深切关怀的民族解放思想和反封建争取自由的思想成为文学的主题。民间文化成为诗人、艺术家、学者竞相学习的对象。文学艺术具有鲜明的民间色彩和淳厚的人民性。这一切都是这一时期波兰文化的突出现象。

浪漫主义诗歌

1822 年，在波兰文坛上升起了一颗光芒四射的新星，浪漫主义的革命诗人亚当·密茨凯维奇（1798—1855）发表了他的第一部诗集《歌谣和传奇》第 1 卷，从而宣告了浪漫主义文学在波兰的诞生。密茨凯维奇在他的早期作品中，渗透了反封建、反民族压迫的爱国主义的战斗精神。他的以深刻的人民性为特征的诗篇从内容到形式都溯源于民间创作。1820 年发表的歌颂自由、友谊、爱情的《青春颂》是诗人发出的战斗号召。

联合起来，朋友们！联合起来！
不管这路的崎岖和溜滑，
不管暴力和软弱阻挡着前进：
我们要以暴力抵抗暴力，
软弱呢，幼小时就要知道怎么战胜。①

弗里德里克·肖邦

稍后，密茨凯维奇发表了以爱情和献身祖国为主题的《先人祭》各卷以及其他抒情短诗。在此期间，诗人遭到沙皇政府的迫害而经历了长期的监禁、放逐和流亡的生活。1834 年，他发表了杰作——长篇诗体小说《塔杜施先生》。此后，他的诗歌创作几乎停止。在诗人生活的最后 20 年中，他是作为文学史教授（在洛桑大学和巴黎大学）、杰出的民主主义政论家（在巴黎主办《人民论坛报》）和欧洲民族解放战士出现于西欧的。

波兰最享盛誉的抒情诗人兼剧作家尤·斯沃瓦茨基（1809—1849）是与密茨凯维奇齐名的革命浪漫主义大诗人。他在短促的

① 孙用等译：《密茨凯维支诗选》，1958 年人民文学出版社版，第 5 页。

一生中，为波兰人民留下了大量美丽诗篇。诗人的诗剧《柯尔第安》(1833)是一部脍炙人口的杰作，描写了一个贵族革命家的政治悲剧。此后他曾漫游瑞士、意大利、希腊等国。1837 年后，一直寄寓巴黎。斯沃瓦茨基在他创作热情最旺盛的年代里(到 1841 年止)，写出了许多不朽的诗体小说、诗剧和抒情短篇，如《在瑞士》、《安海里》、《马泽帕》、《里拉·威尼达》、《方塔徐》和《贝尼奥夫斯基》。在这些充满爱国主义激情和横溢艺术天才的作品里，诗人鞭笞了民族叛徒、胆小鬼和残暴的外国侵略者，抒发了人民的爱国主义感情。

波兰浪漫主义诗歌的第三位大诗人是齐·克拉辛斯基(1812—1859)。他的著名诗剧《非神曲》被革命民主主义者爱·邓博夫斯基誉为“旧世界的挽歌”。但是，他的大贵族出身和保守的政治立场深刻地反映在他的创作中。他的诗歌表现了浪漫主义思潮的反动倾向。

音乐和戏剧

当浪漫主义诗歌放出异彩的时候，欧洲近代音乐的天才、最杰出的浪漫主义作曲家和钢琴家弗里德里克·肖邦(1810—1849)开始显露自己的天才。1829 年，肖邦毕业于华沙音乐学院(建于 1812 年)。1830 年，他的《F 小调协奏曲》在华沙国家剧院演奏。1831 年，他来到巴黎。不久就惊闻祖国起义失败，俄军重占华沙，忧愤难抑，于是创作了《C 小调钢琴练习曲》，又名《华沙的陷落》或《革命练习曲》。肖邦以自己的富于人民性和爱国主义激情的作品，生动地反映了波兰民族解放斗争史上充满英雄主义和民族悲剧的时代特色。肖邦的创作基本上是钢琴音乐。他给波兰和世界音乐留下了丰富遗产：上百首各种形式的波洛尼茨舞曲、马祖卡舞曲、华尔兹舞曲、夜曲、歌谣、前奏曲、幻想曲、谐谑曲、叙事曲等。肖邦的音乐是独特的，他的创造性不只在于改进和扩大了钢琴音乐的形式和表现艺术以及优美多彩的声学上的成就，更在于创造性地把波兰民间音乐的格调、民族特色以高度艺术的国际化的音乐语言和方法再现出来，开创了欧洲音乐史上的民族学派，给欧洲音乐以巨大影响。

除肖邦外，斯塔尼斯瓦夫·莫纽什科(1819—1872)是19世纪波兰最优秀的作曲家。他继承和发展了波兰的民歌和舞蹈音乐，把波兰的声乐音乐提高到前所未有的水平。他创作了400首以上的各种歌曲。他的杰出贡献还在于创建了波兰的民族歌剧，写了十多部为波兰人民喜闻乐见的歌剧，其中有著名的《哈尔卡》、《伯爵夫人》、《凶宅》等。在民间歌剧《哈尔卡》中，作曲家以爱憎分明的强烈感情和高度的艺术手法，描绘了贵族和农民这两个对立阶级的冲突，是波兰民族歌剧中永葆青春的作品。

波兰最杰出的喜剧作家亚历山大·弗雷特洛(1793—1876)继承了法国莫里哀的传统，不是以浪漫主义手法，而是以现实主义的喜笑怒骂的笔法对当时社会的丑恶现象(贪婪、吝啬、尔虞我诈、崇洋等)进行了猛烈的抨击和无情的嘲讽。他淋漓尽致地刻画了贵族和资产阶级的典型形象。他留下40部剧作，最著名的有《丈夫与妻子》、《格尔特哈勃老爷》、《贵妇与骠骑兵》、《少女的婚礼》、《复仇》等。

历史学和哲学

在波兰民族解放运动和农民运动高涨的19世纪30—50年代，产生了民主主义的历史学和哲学。杰出的历史学家约·列列韦尔(1786—1861)是当时进步思想家的代表人物。他强调人民群众在历史发展中的决定性作用，认为民族历史是人民群众劳动和斗争的历史。他的《波兰史》是19世纪波兰人民公认的最好的本国史教科书。在列列韦尔历史观点的影响下，安·莫拉契夫斯基写了多卷本的《波兰共和国史》。

40年代，波兰革命民主主义者塔·克伦波维耶茨基(1798—1847)和斯·沃尔采拉(1799—1857)提出了废除土地私有制和实行生产资料公有制的空想社会主义纲领。他们在英国建立的"波兰人民村社"就是为这个理想而斗争的革命组织。

亨·卡敏斯基(1813—1865)是杰出的革命民主主义思想家。他的著作《论波兰民族的切身真理》和《民主教义》在宣传革命民主主义中起了重大作用。在1846—1849年的革命年代里，他是人民战争的理论家。他在最重要的哲学著作《人类社会物质经济的哲学》中提出了私有制是各种剥削形式的基础及其更替的历史规律性的结论。

唯物主义哲学家爱·邓博夫斯基(1822—1846)是马克思主义在波兰传播以前波兰最杰出的思想家。在他短促的革命理论和革命实践的生涯中，在哲学、美学、文学史等方面留下了丰富的遗产，其中有《论折衷主义的某些思想》、《论未来哲学的思想》、《波兰语言文学发展概要》等。他不只是彻底的反封建战士，而且批判了西欧的资本主义制度和资产阶级国家。他是战斗的无神论者，论述了宗教是压迫人民的工具。他是一个空想共产主义者，但是也批判了圣西门和傅立叶没有彻底否定私有财产的不彻底性。他在批判黑格尔和康德的唯心主义时，提出了很多辩证法和革命的唯物主义观点。限于社会历史条件，邓博夫斯基在认识社会发展规律时，没有达到历史唯物主义的高度。在文学和美学理论中，他创造了波兰革命浪漫主义的理论，强调艺术的人民性，宣传文学艺术是人民争取自由和社会解放的工具。邓博夫斯基出身于大贵族家庭，与查尔托雷斯基家族有亲戚关系，他的革命理论和革命实践却达到了 19 世纪中叶波兰革命民主主义者的高峰，被马克思和恩格斯誉之为具有“无产阶级的勇气”。他的过早牺牲不只是波兰革命事业的重大损失，而且也是波兰文化的巨大损失。

第十一章

资本主义的发展和工人运动的兴起

(1864—1900)

第一节 国际形势和瓜分国的民族压迫政策

国际形势

19世纪后半期国际关系的一个重大变化是普鲁士的日益强大。普鲁士在同丹麦(1864)、奥地利(1866)和法国(1870—1871)战争中的胜利,导致了德意志帝国的建立。德国成为欧洲大陆最强大的国家,打破了欧洲大国之间的均势,促成了法国、英国和俄国的接近。

俄国在同土耳其战争(1877—1878)中的胜利,扩大了它在巴尔干的影响,加深了同奥地利的矛盾。

奥地利在同法国和皮蒙特的战争(1859)、同普鲁士的战争(1866)中相继遭到失败,国力大衰,经历着深刻的内部危机。1867年,奥地利帝国改组为奥匈二元帝国。

在结束俄土战争的柏林会议(1878)上,德国宰相俾斯麦是会议的主席。柏林会议推翻了俄国的"大保加利亚"计划。新成立的保加利亚公国的领土被缩小了一半多,而会议却承认奥匈对波斯尼亚——黑塞哥维那的占领。在俄国看来，俾斯麦的表现是忘恩负义的行为，因为俄国在普奥战争和普法战争中保持了善意的中立，而俾斯麦曾经答应要报效俄国。德国在柏林会议上袒护奥匈的行动激怒了俄国。柏林会议为日后的德奥同盟和俄法结盟奠定了基础。

德国为了扩大在奥匈的影响并通过它向东南欧扩张，进一步同奥匈接近，从而加深了同俄国的矛盾。1879 年 10 月，德奥两国签订了旨在反对俄国的同盟条约。1882 年 5 月，德国、奥匈和意大利在维也纳签订了三国同盟条约。

尽管三国同盟是针对俄国和法国的，俾斯麦却力图保持同俄国的友好关系。1881 年 3 月，沙皇亚历山大二世被民意党人谋杀，俄国国内形势紧张。为了共同反对波兰人民的民族解放运动和维护三个瓜分国的团结，俄国、德国和奥匈的皇帝在 1881 年 6 月签署了一个条约。这个条约被称为三皇同盟。三皇同盟一直保持到 1887 年。

法国在普法战争中遭到惨败而处于孤立和困难的境地，但它时刻准备重振旗鼓，以便有朝一日向德国报仇雪恨，收复亚尔萨斯和洛林两省。因此，德法两国从未停止相互的仇视。当德法关系达到极度紧张时，俄国就向法国表示两国的利益是共同的。为了钳制德国，俄国不愿法国进一步削弱。亚历山大二世曾经向法国大使说，法国“可以完全不要耽心我们这里发生的一切”。俄国总理大臣兼外交大臣哥尔查科夫也向法国大使表示：“欧洲需要强大和理智的法国”①。

德国的称霸欧洲大陆和德奥在巴尔干对俄国势力的排挤，使

① 柯尔曼诺娃、巴甫沃夫斯卡主编：《波兰通史》第 3 卷第 1 分册，1963 年华沙版，第 114 页。

俄国绝对不能容忍。俾斯麦为了在未来的战争中避免两线作战，曾竭力孤立法国、阻止俄法接近。当三皇同盟因俄奥矛盾的加深而无法维持时，德国又于 1887 年 6 月同俄国签订了再保险条约。1888 年 6 月，威廉二世即位，年轻的皇帝同年迈的宰相在对俄关系问题上发生了严重的意见分歧。1890 年 3 月，俾斯麦被迫辞职。新宰相卡普里维认为对俄战争不可避免，废除了再保险条约。

俄德关系的恶化，加速了俄法同盟的缔结。1892 年 8 月，俄法两国签订了军事协定。1893 年 12 月，亚历山大三世批准了这个军事协定。1894 年 1 月，法国政府也批准了俄法军事协定。至此，俄法同盟正式形成。这样，在欧洲大陆上出现了两个敌对的军事集团：一方是俄国和法国，另一方是德国、奥匈帝国和意大利。瓜分波兰的三个国家从此不再是铁板一块。1904 年 4 月，英法两国签订了瓜分殖民地埃及和摩洛哥的协定。1907 年 8 月，俄英两国签订了关于波斯、阿富汗和西藏的协定。由英法俄三国组成的三国协约最后形成。两大军事集团的最后形成使第一次世界大战不可避免。

19 世纪后半期国际形势的一个特点是有组织的国际工人运动的兴起。1863 年波兰起义被扑灭之时，正是欧洲工人运动从第一个时期转入第二个时期之际。当欧洲资产阶级转向反动、拒绝援助并出卖波兰独立事业时，欧洲无产阶级成为波兰人民的真正朋友和波兰民族独立事业的维护者。“1863 年的波兰起义曾引起英法工人对本国政府的国际暴行一致表示抗议，这次起义成为在波兰流亡者参与下创立国际的起点”。[①] 1864 年 9 月 28 日，欧洲

---

① 马克思、恩格斯：《致日内瓦一八三〇年波兰革命五十周年纪念大会》，《马克思恩格斯全集》第 19 卷，第 266 页。

工人在伦敦圣马丁堂召开大会，成立了国际工人协会，即第一国际(1864—1876)。马克思是第一国际的灵魂。国际工人协会的第一个纲领就把恢复波兰作为工人政党的一个任务。以东布罗夫斯基和符卢勃列夫斯基为首的波兰革命民主主义者加入国际，成为杰出的无产阶级国际主义战士。但是，马克思的民族政策，却遭到蒲鲁东分子的攻击。1865 年 9 月在伦敦召开的国际第一次代表大会上，蒲鲁东分子反对讨论"关于恢复统一和独立的波兰"问题。这次代表大会以绝对多数通过了恢复波兰的决议。恩格斯应马克思的请求，于 1866 年写了一组文章，标题是《工人阶级同波兰有什么关系?》，这组文章批判了蒲鲁东分子的民族虚无主义，阐明了国际在民族问题上的立场。直到逝世前，马克思和恩格斯一直把波兰的解放看作欧洲工人阶级获得解放的条件之一，不遗余力地为恢复波兰而斗争不息。

在普法战争末期，当普军包围巴黎、法国资产阶级政府卖国投降时，巴黎无产阶级在 1871 年 3 月 18 日举行了武装起义，推翻了资产阶级政权。巴黎工人的武装组织——国民自卫军中央委员会实际上成为无产阶级的政府。资产阶级政府逃往凡尔赛。3 月 26 日，巴黎工人举行了公社的选举。巴黎公社摧毁了资产阶级的国家机器，建立了无产阶级的新型国家。这是具有伟大历史意义的创举。巴黎公社由于缺乏马克思主义政党的领导和工农联盟，只存在了 72 天就被国内外反革命力量镇压下去。

巴黎公社是欧洲各国工人的国际主义事业。许多外国革命者同巴黎无产阶级并肩作战。其中有波兰人、匈牙利人、意大利人、俄国人、奥地利人、比利时人，而以波兰人为最多，其人数达 600 人。

参加巴黎公社的波兰革命者大多是 1863 年起义的参加者。他们在起义失败后流亡到法国。由于得不到法国政府的经济补助,他们生活艰苦,大多从事体力劳动,和法国工人同患难,共命运。许多波兰人民的优秀儿女,为了保卫巴黎公社,英勇作战,流血牺牲。其中最突出的是东布罗夫斯基和符卢勃列夫斯基两名将军。

早在法兰西第二帝国崩溃的时候,东布罗夫斯基就向当时的国防政府提出保卫巴黎和法国的计划。他的主要思想是用人民游击战争来对付普鲁士的侵略战争,武装 18 岁到 50 岁的男子,实行全民抗战。但是,政府首脑特罗胥不采纳他的建议,而宁愿向普鲁士投降。3 月 18 日起义爆发后,东布罗夫斯基任国民自卫军第 11 团团长。他在国民自卫军中央委员会的第一次会议上,就主张在资产阶级仓皇出逃和处于混乱状态的时候,立即向凡尔赛发动进攻,一举击败反革命的反抗。他的正确主张没有被采纳。这是革命失败的一个重要原因。4 月初,凡尔赛的梯也尔反革命政府开始进攻巴黎。4 月 7 日,东布罗夫斯基被任命为巴黎警卫区司令员。警卫区司令部设在万多姆广场。他却亲临西部防御区指挥作战。5 月 6 日,东布罗夫斯基被任命为巴黎公社军队总司令。凡尔赛军队不断用大炮猛轰巴黎。东布罗夫斯基的军队寡不敌众,损失惨重。5 月 23 日,东布罗夫斯基在守卫蒙马特尔高地时受到致命重伤而壮烈牺牲。公社战士对他的死难万分悲痛,为他举行了隆重的葬礼。

在巴黎公社时期,符卢勃列夫斯基是南部防御区的司令员。他作战英勇,指挥果断,以少胜多,多次打败敌人的进攻。5 月中旬,由于敌我力量悬殊,伊西炮台、凡夫炮台相继失守,符卢勃列夫斯基率部退守蒙卢日炮台和伊夫里炮台。后来，他奉命撤至城内，同敌人展开街垒战，直至巴黎最后被占领。符卢勃列夫斯基巧妙地摆脱了敌人的魔掌，安全地离开了巴黎。

瓜分国的民族压迫政策

1864年以后，俄国政府在波兰王国变本加厉地推行民族压迫和俄罗斯化政策。自治机构被消灭殆尽，原来各委员会（部）的职能分别归属帝国的各个部。波兰银行受俄国的财政部领导，从1885年起，成为俄罗斯国家银行华沙分行。波兰王国的名称被禁止使用，而代之以“维斯瓦边区”。由沙皇任命的总督兼任华沙军区司令，拥有无限的权力。直到第一次世界大战，波兰王国一直处于战时状态。全国布满了军队和警察。总督有权把政治上有嫌疑的分子送交军事法庭审判。在未经审判的情况下，他们就可被送往西伯利亚流放地或就地枪决。天主教会也受到严重迫害。什一税被取消。神职人员由国家任命，接受国家的薪金。信奉联合教（即希腊天主教）的居民被迫改宗东正教。

在政府、法院和学校里必须使用俄语，波兰语被禁止使用；波兰人所担任的职务被俄罗斯人所代替。波兰学校的数量也大为减少，文盲激增。因此在城市和农村，办起了许多秘密学校，用波兰语进行教学。波兰人民用这种办法抵制强制的俄罗斯化政策，以避免波兰的民族语言和文化遭到毁灭的命运。

波兰的大贵族和资产阶级对沙皇政府的民族压迫政策采取妥协、投降的政策。他们谴责民族起义和浪漫主义的传统。1866年创刊的《每周评论》成为他们宣传“有机工作”纲领的阵地。所谓“有机工作”就是要求实现阶级“平等、和谐和团结”，专心致力于发展经济和文化的工作，切莫继续毫无希望的争取独立的斗争。他们认为“三皇同盟”是欧洲政治结构的基础，号召三个占领区的波兰人民忠于三个瓜分国的君主。持这一主张的代表人物是亚·希文托霍夫斯基。大资产阶级分子列·克罗嫩贝格也提出了国家工业化和“发财吧！”的口号，希望通过对沙皇的效忠，得到广大的俄国市场。

普鲁士和德国政府的反波兰政策是同所谓的“文化斗争”联系在一起的。俾斯麦为了实现德国的统一，展开了反对分裂主义的斗争，把矛头指向天主教会。因为天主教会希望在天主教的奥地利的领导下实现德国的统一，而反对信路德宗的普鲁士领导下的德国的统一。“文化斗争”开始于 1871 年，并在 1873—1875 年达到高潮。俾斯麦和普鲁士容克认为波兰贵族和天主教僧侣是波兰民族文化的代表，是波兰社会里最不忠顺的分子，因此把天主教会当作打击的主要目标。1874 年 2 月，普鲁士当局逮捕了波兹南的大主教米·莱杜霍夫斯基、主教杨·雅尼舍夫斯基和大批神职人员。这一事件引起了波兰社会的强烈抗议。天主教会逐渐成为波兰民族的象征，它在波兰社会中的威信大为提高。1875 年以后，由于德国社会民主党的力量迅速壮大，俾斯麦逐渐放松了对天主教会的斗争。1878 年颁布的反社会主义非常法，结束了“文化斗争”。

但是，普鲁士和德国政府的日耳曼化政策却从未停止过。早在 1867 年，波兹南被并入北德意志联盟。波兹南的自治痕迹被消灭干净。在政府、法院和学校里，波兰语被禁止使用，波兰人被强迫使用德语。凡在集会中讲波兰语的都要受到严厉惩罚。德国当局有计划地取消波兰的地名和街名，而代之以德国的地名和街名。

普占区的波兰自由派贵族对德国当局的民族压迫政策也采取

妥协投降的态度，同样在“有机工作”的口号下，致力于发展经济和文化的工作。1865年，经济协会在波兹南成立。协会的主席是自由派贵族希·采格尔斯基。1870年，还建立了高等农业学校。1876年，该校被普鲁士当局封闭。

奥地利占领下的加里西亚在政治和文化方面处于特别有利的地位。1867年，加里西亚获得了自治。波兰大贵族阿·戈乌霍夫斯基被任命为加里西亚总督。地方议会管理本地的经济、文化、公共建筑和慈善事业。民族语言和民族文化也得到充分的发展。

第二节　资本主义经济的发展

俄占区

1864年以后，波兰的工业得到迅速发展。推动波兰工业发展的有以下几个因素。第一，1861年和1864年俄国和波兰农奴制的废除，扩大了商品市场，也促进了工业的发展。第二，沙皇政府用高额关税限制西欧的工业品进入俄国市场，而鼓励进口原料和半成品，这种政策有利于波兰工业的发展。第三，铁路建筑的发展和铁路运输的进一步畅通，加速了波兰商品在国内和全俄市场的运转。

从19世纪50年代开始的工业革命一直延续到80年代。工业革命使波兰的工业发生了数量和质量上的变化。在主要的工业部门，工厂生产逐渐排挤手工工场的生产。

纺织工业仍然是波兰王国工业的最主要部门。罗兹最大的棉布工厂——沙伊布来尔工厂在60年代初只有18000个纱锭和100台纺织机，在1869—1874年间，拥有46000个纱锭和1000台纺织机。到 1878 年，该厂则拥有 20 万个纱锭和 3500 台纺织机，比十年前增加了 35 倍。1870—1879 年间，纺织品的产值从 60 万卢布增加到 510 万卢布，就业工人从 330 人增加到 2656 人。规模仅次于沙伊布来尔工厂的金斯贝格工厂和波兹南斯基工厂，也获得了类似的发展。70 年代末，棉布工业的产值已达到 3200 万卢布(1860 年为 800 万卢布)，就业工人达 2 万人。棉布生产几乎全部集中在罗兹工业区，约占全国产值的 90%。

麻布生产都集中在日伊腊尔杜夫工厂。1863—1883 年间，该厂拥有的纱锭从 4000 个增加到 21000 个，纺织机从 250 台增加到 2078 台，工人从 780 人增加到 7300 人，产值从 45 万卢布，增加到 300 万卢布。除了日伊腊尔杜夫工厂以外，还有 10 多个手工工场和大批独立的手工业者和家庭手工业在进行麻布生产。1870 年，日伊腊尔杜夫工厂生产的麻布占全国麻布生产的 30%，到 80 年代初期，达到一半左右。

毛织工业集中在罗兹和比亚威斯托克。1864—1880 年间，毛织工业的产值增加了 4 倍，从 550 万卢布增加到 2400 万卢布，就业工人从 8300 人增加到 13000 人。1880 年，罗兹的毛织品生产占全国总产量的 54%。

1860—1879 年间，整个纺织工业的产值增加了 4 倍，从 1400 万卢布增加到 5900 万卢布。到 19 世纪末(1897)，波兰纺织工业的产值上升到 25100 万卢布，占全波兰王国工业产值的 53%，工人人数达 115000 人，占工业工人总数的 47.3%。[①]

---

① 柯尔曼诺娃、巴甫沃夫斯卡主编：《波兰通史》第 3 卷第 1 分册，第 382—389、540、563 页。

当波兰的纺织工业迅猛地向前发展的时候，西欧各资本主义国家正在把发展工业的重心从轻工业转移到重工业并使重工业在工业中的比重占优势，而波兰的重工业却由于农业发展缓慢和国内市场狭窄等原因发展非常缓慢，始终未能在工业中取得优势。从70年代起，随着工农业生产和铁路建筑的发展，重工业才有了较快的发展。

1878年和1879年，在东布罗沃矿区和华沙的布拉格区先后建立了两个钢铁厂，开始了钢的生产。1878年，东布罗沃矿区铁的产量为22000吨，1885年，增加到7万吨，占全国生铁产量的48%。华沙的生铁产量占全国的40%，旧波兰矿区占12%。1900年，全国生铁产量近30万吨，钢产量为226000吨。波兰王国的五金工厂从1870年的95个增加到1897年的495个，工人从3000人增加到24000人。1870—1903年间，煤的产量从30万吨增加到460万吨。1913年，又增加到683万吨。

1897年，波兰王国重工业（包括采矿工业、冶金工业和五金工业）的产值为14484万卢布，占全国工业产值的15%，有工人74000，占全部工业工人的24.4%。[①]

食品工业是波兰第三个工业部门。食品工业主要由地主出资经营。波兰王国在19世纪70年代建立了近40个近代化的制糖厂，主要分布在库特诺—沃维奇一带。由于地主庄园内甜菜种植面积的增加，食糖产量不断提高。80年代初，食糖年产量达85000吨。面粉业、酿酒业、肉类加工业和奶类加工业也有很大发展。

---

① 科斯特罗维茨卡等编：《十九和二十世纪的波兰经济史》，第182页；柯尔曼诺娃、巴甫沃夫斯卡主编：《波兰通史》第3卷第1分册，第540、563页。

1897 年，波兰王国食品工业的产值为 7772 万卢布，占全国工业产值的 8%，有工人 42000 人，占全部工业工人的 13%。[①]

由于大工业的发展，小工业（指 50 人以下的工厂或年产值在 10 万卢布以下的工厂）在工业生产中的比重有所下降。在 1870—1900 年的 30 年间，小工业的产值虽增加了 3 倍，但它在工业生产中的比重从 44%下降到 20%。

列宁在《俄国资本主义的发展》一书中，特别指出俄国和波兰王国机械化程度的提高。在 1875—1892 年的 16 年中间，蒸汽发动机马力的数量在俄国增加了两倍，每一蒸汽机的平均马力，在欧俄从 18 马力增加到 24 马力，而在波兰王国则从 18 马力增加到 41 马力。就蒸汽马力数量来看，在 1875—1878 年，罗兹工业区和东布罗沃矿区所在的彼得库夫省和华沙省在全俄中占第 7 位和第 8 位。到了 1892 年，彼得库夫省跃居首位（59063 马力），华沙省上升到第 7 位（11310 马力）。[②] 波兰王国成为俄国的主要工业区。根据 1897 年的统计，波兰王国工业产值占俄国工业总产值的 12%，而波兰王国的面积和人口仅为欧俄面积和人口的 2.48%和 9.37%。[③]

在波兰工业中居首位的罗兹纺织工业，有 70%到 80%的产品是在俄国市场上销售的。罗兹工业品在俄国市场上的倾销，引起了莫斯科纺织工业资本家的不满，他们纷纷上书沙皇政府，要求在波兰王国和俄国之间重新建立关税壁垒，以保护莫斯科的纺织工业。这就是所谓"莫斯科同罗兹的斗争"。在 1866—1891 年间，沙

① 《波兰通史》第 3 卷第 1 分册，第 540 页。

② 《列宁全集》第 3 卷，第 462 页。

③ 《波兰通史》第 3 卷第 1 分册，第 551—552 页。

皇政府曾多次建立专门委员会,以调查和研究"莫斯科同罗兹的斗争"。基于政治上的考虑,沙皇政府拒绝了关于重新建立关税壁垒的建议,但是大大提高了输入波兰王国的原料和半成品(棉花、铁等)的关税,这一措施严重地打击了罗兹的纺织工业。

19 世纪 90 年代,波兰王国的工业革命已经结束。但是,波兰的工业化过程远未结束。根据 1897 年的统计,波兰王国的总人口为 940 万,农业居民为 599 万,占全国人口的 2/3,城市工商业居民为 258 万,占全国人口 1/4 强。波兰王国已从农业国变为农业—工业国。华沙人口达到 78 万,罗兹人口达到 41 万。华沙、罗兹等八个城市集中了 42%的城市人口。波兰王国的工业工人占全国人口的 6%。[①]

普占区

普鲁士和德国的统治阶级力图使东部的波兰省份在经济上同德国融于一体,使它成为德国西部、中部工业的粮食基地和原料基地。在这种政策的指导下,波兹南和波莫瑞长期保持着农业社会的特点。这从 19 世纪末波兹南和波莫瑞两地农业人口分别占全区人口总数的 59%和 56%这一比重看出来。在 3 个占领区中,普占区的农民改革是在对地主最有利的情况下进行的。在波兹南、波莫瑞和上西里西亚,地主占有的耕地分别为 60%、57%和 52%。大土地所有制占有绝对优势。普占区的地主庄园拥有比其他两个占领区更有利的条件来发展资本主义农业经济。农业机器普遍得到应用,农业生产在三个占领区中居首位。19 世纪末,上西里西亚、波兹南和波莫瑞使用农业机器的农户占全体农户的比例分别

① 柯尔曼诺娃、巴甫沃夫斯卡主编:《波兰通史》第 3 卷第 2 分册,第 98 页。

为65%、42.6%、31%。在1880年以后的30年里，小麦的产量增加了两倍，马铃薯的产量增加了3倍多，燕麦的产量增加了近4倍，大麦的产量增加了4 $\frac{1}{3}$倍。1890—1913年间，每公顷的谷物产量增加了2至3倍。普占区谷物单位面积的产量远远超过波兰王国。1896—1900年间，波兹南和波兰王国四种谷物——黑麦、小麦、大麦和燕麦——每公顷的产量是18.4公担和8.4公担、15.7公担和10.6公担、14公担和9公担、12.6公担和7.2公担。[①]

上西里西亚因蕴藏着大量的煤矿和铁矿，发展成为波兰最重要的重工业基地，也是德国最重要的重工业基地之一。上西里西亚的重工业，不论在技术水平还是在发展速度上都高于波兰王国。19世纪末开始以电力为能源。1850年，上西里西亚的煤产量还不到100万吨，工人5500人。到1900年，煤产量增加了25倍，达2500万吨，工人增加了13倍，达7万人。1913年，煤产量又上升到4380万吨。所有煤矿都实行了机械化。1885—1895年间，蒸汽机从540台增加到930台。机械化使生产率大大提高。1850—1913年间，平均每个煤矿工人的年产量从177吨增加到355吨。在此期间，铁和钢的产量也迅速增加。1885—1900年间，生铁产量从413000吨增加到747000吨。钢的产量在1861年仅为铁产量的1%，到1900年上升到铁产量的一半。[②]

上西里西亚的煤炭工业和冶金工业虽然发展很快，但是同德国鲁尔矿区和萨尔矿区等比较，却显得落后。它们在全德工业中

① 柯尔曼诺娃、巴甫沃夫斯卡主编：《波兰通史》第3卷第1分册，第181—185页；布什科：《波兰史(1864—1948)》，1979年华沙版，第17页。

② 同上书第3卷第2分册，第57页。

的比重在下降。1872 年，上西里西亚的煤产量同多特蒙德矿区的煤产量相等，但是到 1900 年，只占多特蒙德煤产量的 89%。这说明上西里西亚的技术设备比德国西部和中部的工业区较落后。

奥占区

奥占区包括加里西亚和切欣西里西亚两个地区。加里西亚西部是波兰固有的土地，加里西亚东部是乌克兰土地。1890 年，加里西亚人口总数有 660 万，其中农村人口占 80%，城镇人口占 20%。1890 年，切欣西里西亚人口 30 万，其中有 40%从事煤矿工业，还有 40%从事农业。

加里西亚是波兰经济最落后的地区。有 2/3 的农民因缺乏土地难以维持生活。27%的农户只拥有不到 2 莫尔格(1 莫尔格等于 0.57 公顷)的土地，41%的农户也只拥有 2 至 10 莫尔格的土地。由于农村贫困，农业长期处于萧条状态。而奥地利政府只关心奥地利和捷克工业的发展以及匈牙利农业的发展，把加里西亚作为其商品销售市场、原料产地和赋税、兵员的来源。

位于克拉科夫东南部的维利乞卡和博赫尼亚是波兰传统的产盐基地。1875—1885 年间，盐产量从 38800 万吨增加到 49000 吨。克拉科夫附近还拥有煤矿和石油矿。1870—1885 年间，煤产量从 197000 吨增加到 443000 吨。1875—1885 年间，石油产量从 2 万吨增加到 65000 吨。但是，加里西亚的工业生产只占全国工业生产的 2.14%，而捷克则占 54%，切欣西里西亚占 17%。除了上述工业生产外，加里西亚的酿酒业也比较发达，可是它正处在衰退过程中。例如，1844 年加里西亚为奥地利提供 60%的伏特加酒，而在 1874—1875 年间，只提供 30%。

与加里西亚的情况相反，切欣西里西亚的工业却获得了很大发展。这里同上西里西亚一样，主要发展煤炭工业和冶金工业。煤炭产量一直持续上升。例如，1860 年的煤产量为 443000 吨，到 1880 年增加至 1625000 吨，1890 年又增加到 3466000 吨。[①] 此外，纺织工业也很发达，别尔斯克和比亚瓦的毛织品均销售于奥匈帝国和巴尔干诸国。在农业方面，地主和富农实行机械化生产，并广泛使用化肥，产量很高。与农业有关的酿酒业、制糖业和木材加工业也都很发达。

第三节　工人运动的兴起和工人政党的建立

最初的工人运动和社会主义宣传

波兰的资本主义发展比西欧各国稍晚。当波兰工人运动在 19 世纪 70、80 年代之交兴起时，西欧的工人运动已经经历了几十年的历史。所以在 1882 年波兰无产阶级的第一个政党建立时，就不需要经过一段摸索、徘徊和斗争的过程，而比较容易地接受马克思主义，并把它当作党的指导思想和理论基础。

路德维克·瓦伦斯基和他的妻子、儿子

波兰工业无产阶级的人数大

① 柯尔曼诺娃、巴甫沃夫斯卡主编:《波兰通史》第 2 卷第 1 分册，第 296、304—305、310、316 页。

约在23万到25万之间，主要集中在波兰王国的华沙、罗兹、东布罗沃矿区和上西里西亚、切欣西里西亚。在俄占区内，波兰王国的彼得库夫省和华沙省几乎集中了全波兰将近一半的工业无产阶级。普占区的工业无产阶级几乎全部集中在上西里西亚，人数约八九万。奥占区工业无产阶级的人数很少，只有二三万人，主要集中在切欣西里西亚和克拉科夫附近。

波兰无产阶级遭受阶级压迫和民族压迫，工作和生活条件极差。重工业工人法定的工作时间是每天11小时半，轻工业工人的工作时间是13至14小时。工人的工资也极为菲薄，波兰王国的工人每周工资只有2.5到10卢布。他们的居住条件极为恶劣，一般9至10人挤在一间房子里，有的甚至达13至14人。俄占区的工人连建立组织的权利也被剥夺了。普占区和奥占区的工人享有建立工会的自由，但是举行罢工要受到严厉的惩罚。

波兰王国由于工人人数最多、最集中和觉悟较高而成为波兰工人运动的基地。1871年春，华沙李尔波普钢铁厂工人为了反对延长工作日而举行了最早的罢工。接着，华沙其他工厂的工人也相继罢工。1873年，兹杰什和罗兹的纺织工人和米洛维策（在东布罗沃矿区）的煤矿工人也举行了罢工。这些最早的罢工运动虽然都被沙俄军队镇压下去，罢工领袖被捕入狱，但是它提高了无产阶级的觉悟，揭开了群众性罢工运动的序幕。

1876年底，出身于乌克兰贵族家庭的彼得堡工艺学院的学生路德维克·瓦伦斯基（1856—1889）等革命青年来到华沙，开始在工人中间进行社会主义宣传。同年，瓦伦斯基的女同学菲利宾娜·普瓦斯科维茨卡到华沙附近的斯凯尔涅维茨农村，以教师的身份在农民中间进行社会主义宣传。1877—1878年间，在华沙出现了一批工人社会主义小组和学生社会主义小组。这些小组秘密学习马克思和恩格斯的著作,在工人和学生中间进行宣传和组织工作。小组的成员达300多人。但不久,社会主义的宣传活动被沙皇警察发现。这些成员从1878年8月起到1880年3月陆续遭到逮捕。普瓦斯科维茨卡已被枪决。瓦伦斯基被迫离开波兰王国,潜往加里西亚,继续在利沃夫和克拉科夫从事革命宣传活动。1880年2月,瓦伦斯基和他的34名战友在克拉科夫被奥地利当局逮捕并交付法庭审判。这次审判成为瓦伦斯基宣传社会主义的讲坛。以后,瓦伦斯基等人被驱逐出境,侨居日内瓦。

在这之前不久,侨居在日内瓦的波兰社会主义者斯塔尼斯瓦夫·门得尔森、宣蒙·狄克什坦等人,在1879年创办了《平等》月刊。瓦伦斯基来到日内瓦后,也投入了该刊的编辑工作。这一年,《平等》月刊发表了在华沙起草并经讨论过的"波兰社会主义者纲领"。为了转移沙皇警察的注意力,该纲领被称为"布鲁塞尔纲领"。根据马克思主义的精神,它提出了在波兰通过社会革命推翻资本主义社会和建立社会主义社会的伟大任务,指出"社会主义原则的胜利是波兰人民美好未来的必要条件"。① 这一纲领比较笼统、抽象,没有把马克思主义的普遍原理同波兰的革命实际相结合而提出具体的革命任务,它反映了波兰第一代马克思主义者在思想和理论上的不成熟性。

不久,侨居在日内瓦的波兰社会主义者在波兰革命前途问题上发生意见分歧。以瓦伦斯基为代表的社会主义者坚持国际主义

---

① 斯·凯涅维奇:《波兰史(1795—1918)》,1968年华沙版,第340页;《波兰通史》第3卷第1分册,第479页。

原则，把社会主义的世界革命作为主要任务，但是，他们没有遵循马克思的教导，提出建立独立的波兰国家的要求。以鲍莱斯瓦夫·李曼诺夫斯基为代表的另一部分社会主义者则把民族独立作为他们的主要任务，而把实现社会主义的任务却看作是遥远的事情。因而在社会主义者内部发生意见分歧，导致《平等》月刊的停刊。从 1881 年 8 月起，瓦伦斯基重新创办《黎明》月刊。

“无产阶级党”的建立及其活动

1881 年是波兰历史上多事之秋，也是有希望的一年。这年年底，瓦伦斯基带着建党任务从日内瓦来到华沙。1881—1882 年的经济危机席卷全国，引起了许多工人失业。华沙和罗兹等地的工人纷纷举行罢工。沙皇政府因亚历山大二世在 1881 年 3 月 1 日被波兰革命者、民意党人赫列涅维茨基炸死而加强了对波兰人民的镇压。工人的自发罢工斗争需要有党组织的领导。这促使瓦伦斯基同社会主义小组重新建立了联系。

1882 年 8 月，波兰历史上第一个无产阶级革命政党——国际社会革命党（“无产阶级党”）正式诞生。在波兰工人运动史上“无产阶级党”又被称为“大无产阶级党”，或“第一无产阶级党”。9 月 1 日，《黎明》月刊全文公布了该党的纲领。这个纲领比“布鲁塞尔纲领”前进了一步，不只提出了马克思主义的一般原则，而且把这些原则开始运用于波兰的具体条件。纲领共分 6 章。第 4 章提出了经济和政治要求。在经济上，“使土地和劳动工具从个人所有转归劳动者集体所有和社会主义国家所有”，把雇佣劳动转变为集体劳动；在政治上，同沙皇专制制度作斗争，争取最广泛的民主自由，要求“人人参加立法”，实现宗教和民族平等、教会和国家分离等。不过，纲领有两个主要缺点：第一，它承认个人恐怖是阶级斗争的一种形式，反映了民意党人的个人恐怖政策和无政府主义思想对党的影响；第二，它没有区分最低纲领和最高纲领，直接提出社会主义革命任务而没有提出民族问题和土地问题的任务。

“无产阶级党”成立后，在华沙、日伊腊尔杜夫、罗兹、琴希托霍瓦、东布罗沃矿区、比亚威斯托克等地相继建立了组织。1883 年 9 月，开始出版党的机关刊物《无产阶级》。该党有党员数百人，党的同情者有数千人。它领导了几次重要的群众斗争。1883 年 2 月，华沙警察局长布图林发布命令，要对华沙全体女工做卫生检查，把女工同娼妓等同起来。“无产阶级党”号召全体华沙工人抵制这一侮辱女工的命令，迫使布图林撤回上述命令。同年 4 月，党还领导了日伊腊尔杜夫 8000 工人的大罢工，迫使资本家提高工人的工资、缩短工作日和照发罢工期间的工资，并撤销了工人痛恨的工厂管理人员的职务。通过这两次斗争，党开始把经济斗争和政治斗争结合起来，从而提高了工人阶级的觉悟水平。

1883 年 9 月，党遭到了无可弥补的损失，党的领袖瓦伦斯基被警察逮捕。党的活动的第一阶段宣告结束。民意党执行委员会的代表斯塔尼斯瓦夫·库尼茨基(1861—1886)成为党的领导人，开始了党的活动的第二阶段。在第二阶段里，“无产阶级党”加强了同民意党的合作，把很多力量投入个人恐怖活动。他们计划在亚历山大三世来华沙时(1884)对他进行暗杀。1884 年春夏，库尼茨基和 200 名党的积极分子陆续遭到逮捕。党的活动的第二阶段也就结束了。

1885 年 11 月 23 日，以瓦伦斯基为首的 29 名“无产阶级党”的领导人和党员在华沙法庭上受审。四名革命者：斯·库尼茨基、米·奥索夫斯基、杨·彼得鲁辛斯基、彼·巴尔多夫斯基被处绞刑。瓦伦斯基等18名革命者被流放西伯利亚16年。后来，瓦伦斯基被囚禁在彼得堡施里塞利堡要塞。1889年2月12日，“无产阶级党”的领袖、波兰第一代马克思主义者的杰出代表瓦伦斯基病死于狱中，年仅33岁。

从1884年春到1886年是党的活动的第三阶段，也是最后阶段。经过1883年和1884年两年的大逮捕，党的力量遭到严重削弱。当时领导党的活动的是年轻的女革命家玛丽亚·鲍古谢维丘芙娜(1865—1887)。1885年9月，鲍古谢维丘芙娜等40名党的领导人和党员又遭逮捕，并被囚于华沙采塔德拉监狱。1887年秋，鲍古谢维丘芙娜死于狱中，无产阶级党的组织遂告彻底瓦解。波兰王国的工人运动也进入了一个短暂的平静时期。

尽管“无产阶级党”力量很小，而且只存在了4年，但却具有不可磨灭的历史意义。它的历史功绩在于把科学社会主义的思想灌输到工人运动中去，在工人中间撒下了社会主义革命的种子。当波兰地主和资产阶级抛弃了民族旗帜，向占领当局屈膝投降的时候，“无产阶级党”是唯一同沙皇政府进行不妥协的斗争、高举社会解放和民族解放旗帜的政党。当然，“无产阶级党”还不是成熟的马克思主义政党，这表现在它容许个人恐怖活动，对革命的性质存在着错误看法，没有提出包括民族革命和土地革命在内的资产阶级民主革命任务，想毕其功于一役地实现世界社会主义革命，等等。

“第二无产阶级党”和波兰工人联合会

经过两年的平静时期，从1887至1888年起，在波兰王国各地又开始了罢工运动。以路得维克·库尔奇茨基为首的社会主义青年小组，同侨居瑞士的原“无产阶级党”党员门得尔森等人建立了联系，着手重建党的工作。1888 年初，在普占区从事革命活动的原“无产阶级党”党员马尔钦·卡斯普夏克来到华沙，正式建立了新的革命政党——“第二无产阶级党”。“第二无产阶级党”以建立无产阶级专政和社会主义制度为最高纲领，而以在俄国实行立宪制度和在波兰王国实行自治作为最低纲领。库尔奇茨基等人仍把个人恐怖活动作为斗争的重要策略，因而使党在 1888 年秋的大逮捕中遭到严重削弱。

罢工运动的发展，要求党与群众的密切联系和停止个人恐怖活动。1889 年夏，波兰工人联合会在华沙成立。它的创始人是尤利安·马尔赫列夫斯基、杨·莱德尔等。波兰工人联合会领导工人群众展开了许多次经济斗争，保卫了他们的经济利益。

1889 年，恩格斯领导的第二国际在巴黎成立。门得尔森夫妇和费利克斯·捷尔任斯基作为波兰代表团参加了第二国际的成立大会。

1890 年，“第二无产阶级党”领导了波兰历史上第一次五一游行。参加游行的有 1 万名工人。第二年，参加五一游行的工人达到 2 万人。妇女第一次参加了游行。1892 年罗兹的五一罢工运动具有更大的群众性。罢工从波兹南斯基工厂开始，很多罢工工人遭到宪兵逮捕。5 月 5 日，罢工扩大到罗兹所有工厂，演变为总罢工，参加总罢工的有 8 万工人。5 月 6 日，沙皇军队开始用武力镇压工人的罢工活动，死伤 200 多人，约有 350 人被捕。5 月 9 日，工人被迫复工。

1892 年罗兹无产阶级的罢工斗争，在历史上称为“罗兹暴动”，它对于提高波兰工人阶级的政治觉悟具有重大意义。从此以后，波兰工人运动具有更大的群众性和更大的战斗性。当第二国际的主要政党德国社会民主党逐渐离开马克思主义而走上机会主义道路的时候，波兰工人阶级正同俄国无产阶级一起，走上反对资本主义和沙皇制度的革命道路。

波兰工人运动的分裂：波兰王国社会民主党和波兰社会党的建立

19世纪90年代波澜壮阔的工人运动，要求建立一个群众性的工人政党。1893年二三月间，"第二无产阶级党"和波兰工人联合会在尤·马尔赫列夫斯基领导下实行合并，组成新的政党，取名为波兰社会党。在历史上被称为老波兰社会党，以区别于稍后成立的波兰社会党。

在此以前，侨居在国外的波兰社会主义者于1892年11月在巴黎召开了波兰社会党第一次代表大会，成立了"波兰社会主义者国外联盟"。李曼诺夫斯基主持了这次代表大会，代表中有门得尔森夫妇。巴黎代表大会通过了"波兰社会党纲领草案"，决定在国内进行建党工作。纲领草案把建立"独立的民主共和国"作为首要任务，但是没有把争取民主共和国的斗争同俄、德、奥三国无产阶级的革命斗争结合起来，因为纲领草案的作者把波兰独立的希望同瓜分国之间的战争联系在一起。他们希望在未来的战争中德奥将战胜俄国。纲领草案还提出"逐步实现土地、生产工具和交通手段的社会化"。但是，它违背了马克思主义关于无产阶级革命和无产阶级国际主义的基本原则以及"无产阶级党"的革命传统。因此，在政治纲领上的分歧使波兰的工人运动陷入了分裂状态。

1893年1月，斯·门得尔森以波兰社会主义者国外联盟的名义来到华沙，同老波兰社会党领导人建立了联系。同年7月，国内社会主义者在仔细研究"波兰社会党纲领草案"之后，拒绝了该草案，并把党的名称改为波兰王国社会民主党。

与此同时，侨居在苏黎世的波兰社会主义者罗莎·卢森堡、列昂·约吉赫斯（梯什科）、阿道尔夫·瓦尔斯基和刚来到苏黎世的马尔赫列夫斯基以及勃罗尼斯瓦夫·维索沃夫斯基等人共同起草了党的纲领，并在7月创刊的《工人事业》杂志上发表了这个纲领。

罗莎·卢森堡

1894年3月10—11日，波兰王国社会民主党第一次代表大会在华沙召开。代表大会通过了卢森堡等起草的党的纲领。这个纲领把通过社会革命推翻资本主义社会，建立社会主义社会作为党的最高纲领，而把争取八小时工作日、工厂立法、提高工资以及同俄国无产阶级一起为推翻沙皇制度而斗争作为党的最低纲领。代表大会没有估计到民族问题的重要意义，认为在资本主义社会建立独立的民族国家是不可能的，因为波兰的三个部分已深深地同三个瓜分国在经济上融于一体，只有社会主义革命才能最后解决民族问题。此外，党的纲领也没有提出广大农民极为关心的土地问题。

波兰王国社会民主党建立后，领导工人进行了声势浩大的罢工斗争。其中较大的有扎维尔切（东布罗沃矿区）矿工的罢工（1894）、比亚威斯托克纺织工人的罢工（1895）、“银行”冶金厂（东布罗沃矿区）工人的罢工（1897）。这些规模巨大的罢工运动引起了沙皇政府对波兰王国社会民主党的疯狂迫害，连续逮捕大批党员，使党在1896—1899年间停止了活动，并且失去了与侨居国外的党的领导人的联系。1899年9月，年轻的费利克斯·捷尔任斯基从流放地来到华沙，通过工人党员罗索尔父子恢复了党的活动，并同卢森堡、马尔赫列夫斯基重新建立了联系。1899年12月，波兰王国和立陶宛社会民主党人的代表在维尔诺举行会晤，决定两党实行合并。1900年8月，在华沙附近的奥特沃茨克召开了代表大会。代表大会把党的名称改为波兰王国和立陶宛社会民主党。这次代表大会成为该党第二次代表大会。

波兰社会主义者国外联盟在波兰王国社会民主党建立后，于1893年10月间建立了波兰社会党国内组织。1894年2月，召开了党的第二次代表大会，选举了由杨·斯特罗泽茨基、约瑟夫·毕苏茨基、斯塔尼斯瓦夫·沃伊切霍夫斯基和卡齐米日·彼特凯维奇组成的中央工人委员会。从1894年7月起，该党出版了党的机关报《工人报》，同时在国外发行《黎明》月刊。

费利克斯·捷尔任斯基

波兰社会党把恢复民族独立作为党的主要任务，这吸引了不少工人群众，使党的队伍得到迅速扩大。但是党的领导在政治思想上不是统一的。以斯特罗泽斯基为首的左派主张同俄国无产阶级团结，共同进行反对沙皇政府的斗争。以毕苏茨基为首的右派对俄国无产阶级革命运动抱怀疑和不信任的态度，并在工人运动中散布沙文主义情绪。1894年8

月斯特罗泽斯基被捕后，右派控制了党的领导。在国际工人运动中，波兰社会党支持德国伯恩施坦和法国米勒兰的观点，成为国际工人运动中的右翼政党。

波兰社会党和波兰王国社会民主党在民族问题上的意见分歧，引起了两党之间的激烈斗争。双方互相指责对方为“民族主义”和“民族虚无主义”。这场斗争在1896年7月召开的第二国际伦敦代表大会上达到顶点，它引起了国际工人运动领导人的重视。卡·考茨基、威廉·李卜克内西、格·普列汉诺夫等人纷纷撰文支持波兰独立的口号。为了帮助波兰王国社会民主党领导人卢森堡等在民族问题上改正错误，接受民族自决的原则和波兰独立的口号，列宁从1903到1918年，撰写了一系列有关民族问题的文章。其中主要的有《关于民族问题的批评意见》、《论民族自决权》、《社会主义革命和民族自决权》、《论尤尼乌斯的小册子》以及《关于自决问题的争论总结》。这些文章对波兰民族自决和民族独立运动，具有很大的意义。

普占区波兰社会党、加里西亚和切欣
西里西亚波兰社会民主党和“崩得”

1890年俾斯麦的反社会主义非常法被废除以后，德国社会民主党获得了合法的权利。1893年9月，在柏林成立了普占区波兰社会党，作为德国社会民主党的一个部分，享有自治的权利。普占区波兰社会党同波兰社会主义者国外联盟密切合作，在第二国际的代表大会上同波兰社会党站在一起。在1897年举行的第三次代表大会上，该党正式提出了建立独立的波兰共和国的要求。但它在群众中的影响远不如处于秘密状态的波兰王国社会民主党和波兰社会党。该党党员人数最多时达到2200人。1919年，普占区波兰社会党、加里西亚和切欣西里西亚波兰社会民主党同波兰社会党合并组成统一的波兰社会党。

1892年1月，加里西亚社会民主党在利沃夫成立。1897年，该党改称加里西亚和切欣西里西亚社会民主党，它是奥地利社会民主党的一个部分。党的领导人是伊格纳采·达申斯基。由于该党合法存在，它把主要精力都放在议会选举上，并在许多重大问题上同波兰社会党的观点接近。

1897年，波兰王国有127万犹太人，占全体居民的14.5%。他们主要从事手工业和商业。同年在维尔诺召开了犹太工人代表大会，成立了全犹太工人联合会，简称"崩得"。1898年，崩得参加了在明斯克举行的俄国社会民主工党第一次代表大会。崩得领袖亚历山大·克列梅尔被选为中央委员。崩得主张同俄国无产阶级紧密合作，为推翻沙皇制度而斗争。它反对民主集中制，主张联邦制，认为只有崩得才是犹太无产阶级的唯一代表，这个立场反映出民族主义和分裂主义的倾向。1897—1900年间，崩得领导犹太工人展开了维护工人经济利益，争取8小时工作日，召开立宪会议等民主要求的罢工斗争。波兰社会党同崩得展开了争夺犹太工人的斗争，并力图控制崩得，所以崩得把波兰社会党当作势不两立的敌人。1901年，崩得提出了民族文化自治的要求，曾受到列宁的批评。

第四节　农民运动的兴起和农民政党的建立

最初的农民运动

农民改革后，地主的大土地所有制仍占优势，广大农民缺乏土地的现象十分严重。村社的森林、牧地为地主占有。农民为使用这些森林、牧地同地主展开了激烈的斗争。所以当时农村的阶级斗争十分尖锐，尤以奥占区的加里西亚最为突出，正是在这里开始了近代最早的农民运动。

早在1861年，农民就向第一届加里西亚地方议会提出了公正解决他们使用森林和牧地的问题。这一问题成为1865—1866年地方议会讨论的主要议题。由于地主的反对，这一问题始终未获解决。1877—1889年间，农民代表被赶出地方议会，因而农民失去了通过合法途径解决使用森林和牧地问题的可能性。

天主教神甫斯塔尼斯瓦夫·斯托雅沃夫斯基，从1875年起通过他创办的两份杂志《花冠》和《蜜蜂》，在农民中进行宣传鼓动工作，号召农民团结起来，为自己的利益而斗争。他还在农民中间进行普及教育和文化的工作。斯托雅沃夫斯基的活动，引起了地主阶级的不安，被视为危险分子而受到迫害。

1886年，民主派知识分子鲍莱斯瓦夫·维斯沃乌赫在利沃夫创办了《社会评论》月刊，继续在加里西亚农民中间进行宣传鼓动工作。他号召农民起来为政治平等和消灭封建残余而斗争。但是，他没有提出消灭地主庄园和由农民分配土地的革命口号。1889年，他和他的妻子玛丽亚又创办了《人民之友》双月刊，加强了宣传鼓动工作。

1894年，维斯沃乌赫同利沃夫的进步知识分子一起组织了“波兰民主协会”。年轻的杨·斯塔宾斯基成为协会的中坚分子，他在组织农民集会，发动农民争取民主权利的斗争中发挥了重要作用。

农民党的建立

1895年7月28日，加里西亚各区的农民在热舒夫召开代表大会，正式成立了农民党。卡罗尔·莱瓦科夫斯基被选为党的主席，斯塔宾斯基被选为党的书记。《人民之友》是该党的机关刊物。农民党是近代波兰第一个农民政党，它代表中小农民的利益。代表大会通过的党纲猛烈地抨击政府的地主阶级反动本质，要求政府履行关于出版、集会、结社自由的规定，提出修改选举法，实行普遍、直接、秘密的选举。在经济上，要求建立合理的税收制度和对中小农发放贷款。但在农民党的纲领中没有提出没收地主土地和推翻地主资产阶级政权的革命任务。

第五节 19世纪后半期的波兰文化

文化发展的条件和思想倾向

19世纪后半期的波兰文化是在资本主义社会业已形成的条件下发展起来的。俄普奥三国继续占领波兰各地，俄普两国对波兰居民实行民族压迫和强制实行俄罗斯化、日耳曼化的政策，都严重地阻碍了波兰文化的发展。由于加里西亚获得了自治，克拉科夫和利沃夫就成为波兰文化的中心。华沙虽遭受俄罗斯化政策的影响，但仍是波兰重要的文化中心。

19世纪前半期占统治地位的浪漫主义思潮退出历史舞台以后，出现了新的资产阶级思潮——实证主义。实证主义批评浪漫主义的幻想和民族解放起义的不合时宜，宣扬“理性”、“科学”、“社会机体和社会和谐”等口号。波兰实证主义的思潮中心在华沙，所以它被称为华沙实证主义。华沙实证主义的代表人物是鼓吹“有机工作”的亚·希文托霍夫斯基。由于当时资产阶级正处于上升时期，所以实证主义也就成为这一时期的文化主流。到19世纪

80年代，随着波兰无产阶级登上历史舞台，无产阶级文化应运而生，并成为波兰文化中的革命核心。

自然科学的发展

由于缺乏资金和物质条件，波兰的自然科学发展缓慢。一大批有才华的科学家不得不到国外进行科学研究。尽管如此，在自然科学的某些学科上还是取得了不少进步。

在物理学和化学方面，克拉科夫雅盖洛大学的齐格蒙特・符卢勃列夫斯基（1845—1888）和卡罗尔・奥尔谢夫斯基（1846—1915）第一次解决了氧和氮的液化以及其他低温工程问题。马里安・斯莫卢霍夫斯基（1872—1917）在研究高分子理论方面也做出了卓越的贡献。玛丽亚・斯克瓦多夫斯卡—居里（1867—1934）和她的丈夫彼得・居里（1859—1906）发现的钋和镭元素，为现代原子科学奠定了基础。1903年，他们荣获诺贝尔奖。

在技术科学方面，许多杰出的科学家都在国外工作。在彼得堡交通工程学院任教的有当时欧洲最优秀的建筑学家之一的费利克斯・雅辛斯基（1856—1899）和桥梁专家斯塔尼斯瓦夫・凯尔贝支（1810—1899）。潜水艇设计师和空气动力学家斯蒂凡・德热维茨基（1844—1938）先后在俄国和法国从事研究工作。

社会科学的发展

华沙实证主义者基本上控制了波兰的哲学和社会学。实证主义哲学家尤利安・奥霍罗维奇（1850—1917）的《实证主义哲学导言和一般观点》和《实证主义与虚无主义》是实证主义哲学的代表作。实证主义哲学家在翻译和传播孔德和斯宾塞的哲学和社会学观点方面做了大量工作。在这段时期，出现了第一代马克思主义哲学家斯塔尼斯瓦夫・克鲁辛斯基（1857—1886）、路德维克・克日维茨基(1859—1941)。他们翻译出版了《共产党宣言》、《社会主义从空想到科学的发展》、《法兰西阶级斗争》、《家族、私有制和国家的起源》、《资本论》第一卷等马克思主义经典著作,为马克思主义在波兰的传播作出了贡献。

历史学是社会科学中比较发达的学科。1864 年以后,在波兰形成了两个著名的学派:克拉科夫学派和华沙学派。克拉科夫学派的代表是约瑟夫·舒伊斯基(1835—1883)、瓦莱里安·卡林卡(1826—1886)和米哈乌·鲍布任斯基(1849—1935)。这一学派在政治上同加里西亚的地主保守派有密切关系。他们反对资产阶级实证主义提倡的理性、自由主义、民主,反对启蒙时期和列列韦尔以来的革命变革的传统,认为历史是少数杰出个人(帝王将相)主观活动的结果。他们把波兰的亡国归结为斯拉夫人缺乏组织和管理国家的能力。华沙学派的代表人物是塔德乌什·科容(1839—1918)和瓦迪斯瓦夫·斯莫林斯基(1851—1926)。这一学派在政治上同华沙资产阶级有密切关系。他们反对克拉科夫学派的唯心主义史学,强调历史是劳动人民活动的结果,注重研究 16 至 18 世纪的历史,特别是政治制度、政治思想和政治理论的历史。科容著有《科希秋什科》和《波兰内政史》。斯莫林斯基著有二卷本的《波兰人民史》。华沙学派的史学观点和史学著作受到全波兰历史学家和舆论的高度评价,对提高波兰居民的民族意识起了积极作用。

文学艺术的发展

19 世纪后半期,在波兰文坛上崛起了一批优秀的现实主义作家和优秀作品。优秀作家有亨里克·显克微奇(1846—1916)、鲍莱斯瓦夫·普鲁斯(1845—1912)、艾利莎·奥若什科娃(1841—1910)、玛丽亚·柯诺普尼茨卡(1842—1910)。他们的作品揭露了农民的贫困和愚昧、工人所受的剥削和压迫以及妇女的悲惨命运，但是他们找不到产生这些社会问题的根源。他们的代表作有奥若什科娃的《玛尔塔》、《洼地》、《久而济一家》、《涅曼河上》，普鲁斯的《前哨》、《玩偶》，显克微奇的三部曲：《火与剑》、《洪流》、《伏沃迪约夫斯基先生》。他们还创作了具有很高艺术价值的历史小说，如显克微奇的《你往何处去？》、《十字军》和普鲁斯的《法老》。《你往何处去？》描写公元1世纪五六十年代罗马暴君尼禄迫害早期基督教徒的情况。小说通过一个罗马青年将领和一个信仰基督教的少女莉吉亚的痛苦曲折的爱情故事，深刻地揭露了罗马帝国皇帝的惨无人道的罪行。该书曾获得诺贝尔文学奖。女作家柯诺普尼茨卡以其强烈的人道主义和高度的艺术技巧描绘了农民的悲惨命运和他们的斗争，号召大家起来反对社会压迫和民族奴役，在她的《伊马吉那》等作品里，甚至预示了革命风暴的即将来临。

19世纪末，随着工人运动的兴起，出现了一批无产阶级的革命诗歌。其中有两首广为流传的歌曲：瓦兹瓦夫·希文齐茨基(1848—1900)的《华沙工人之歌》和鲍莱斯瓦夫·契尔文斯基(1851—1888)的《红旗歌》。在1905—1907年革命时，波兰工人高唱这两首革命歌曲，同沙皇政府展开了英勇的斗争。这些优秀歌曲汇集在1882年在日内瓦出版的歌曲集《他们要什么？》里。

现实主义的绘画艺术也大量涌现。历史画在波兰绘画中占有重要地位。历史画大师杨·马泰伊科(1838—1893)代表了波兰历史画创作的顶峰。他创作了以重大历史事件为题材的蜚声国际的杰作，其中有《格伦瓦尔德战役》、《卢布林合并》、《普鲁士朝贡》、《拉茨瓦维策战役中的科希秋什科》等。现实主义的肖像画、描绘人民日常生活的风俗画、描绘祖国锦绣河山和抒情的风景画以及墨水画也达到了高度的艺术水平，使波兰绘画艺术呈现出万紫千红、欣欣向荣的景象。

19世纪后半期也是波兰音乐繁荣的年代，声乐音乐和演奏艺术都达到了很高水平。亨里克·维尼亚夫斯基(1835—1880)是当时波兰音乐家中出类拔萃的人物。他是世界著名的作曲家和小提琴手。他的弟弟约瑟夫·维尼亚夫斯基、伊格纳采·帕德列夫斯基(1860—1940)是著名的钢琴家和作曲家。瓦迪斯瓦夫·热伦斯基(1837—1921)和齐格蒙特·诺斯科夫斯基(1846—1909)是多种交响乐、歌剧和室内音乐的创作者。

19、20世纪之交，大约在1890—1914年间，实证主义走向衰落，民族解放运动重又兴起，波兰文学受到西欧自然主义、象征主义的影响，形成了独特的现代主义文学，在文学史上称为"青年波兰"时期。这时期最杰出的作家是斯蒂凡·热罗姆斯基(1864—1925)和瓦迪斯瓦夫·莱蒙特(1867—1925)。

热罗姆斯基的主要著作是四部长篇小说:《徒劳的工作》、《无家可归的人们》、《灰烬》和《早春》。《徒劳的工作》反映沙俄当局在波兰学校推行俄罗斯化政策和爱国学生反对俄罗斯化政策的斗争。《无家可归的人们》揭示资本主义制度下波兰劳苦大众的痛苦生活，作者用象征主义手法，表达了对他们的无限同情。《灰烬》无情揭露了东布罗夫斯基将军的波兰军团被拿破仑用来镇压西班牙人民民族解放斗争的惨痛事实，具有历史反思的特点，反映了作者的民族良知。《早春》描写独立后波兰工人、农民依然如故的痛苦生活，反映作者对社会正义的追求和现实生活之间的落差所产生的失望情绪。

莱蒙特的长篇小说《福地》，描写资本主义大城市罗兹的崛起和发展，揭露资产阶级唯利是图和残酷剥削工人，展示了波兰资本主义的真实图景。他的另一部长篇小说《农民》，用大自然的季节交替全面描绘了沙俄统治下波兰农村民族矛盾和社会矛盾的复杂画面。这是一部 20 世纪初波兰农民的史诗。1924 年，莱蒙特以此巨著荣获诺贝尔文学奖。

第十二章

帝国主义时期的经济和政治。1905—1907 年革命和第一次世界大战

(1901—1918)

第一节 20 世纪初期波兰社会经济和政治的变化

社会经济的变化

19 世纪 80 至 90 年代迅速发展的波兰王国工业到 20 世纪初逐渐放慢了发展速度。造成这一情况的原因很多:1900—1903 年的世界经济危机使波兰王国的工业受到严重打击;1904 年 2 月开始的俄日战争,使波兰王国失去了远东市场,引起了许多纺织工厂的倒闭和大批工人的失业,工业生产的总值下降了 35%;沙皇政府实行不利于波兰王国工业发展的经济政策,也使波兰王国的工业产量在全俄工业中的比重大大下降。例如,在 1890—1910 年间,波兰王国的煤产量在全俄煤产量中的比重从 38.3%下降到 22.4%,铁和钢的产量从 15.8%下降到 11.1%,棉织品的产量从

19.5%下降到16.5%。1910年,波兰王国工业的总产值为8.6亿卢布,农业总产值为6.65亿卢布。[①]

工业发展的一个重要特点是生产和资本的集中,出现了垄断组织。据估计,1908年波兰王国有15个辛迪加和卡特尔。垄断组织控制了最重要的工业部门。银行资本和工业资本结合,形成了金融资本。据估计,1912年,波兰王国有196个股份公司,拥有资本54850万卢布。波兰最大的股份银行有华沙商业银行、华沙贴现银行、罗兹商业银行、罗兹商人银行。波兰银行同彼得堡银行、莫斯科银行合作,筹建了华俄道胜银行和亚速夫—顿河银行。外国资本在波兰王国的股份公司中也占有重要地位。1900年,法国和比利时资本占外国资本的68%,德国资本占25%,其他国家资本占5%。外国资本主要投资于煤矿和冶金工业。

在波兰王国的工业结构中,纺织工业仍居首位。1913年,它拥有1090个工厂(占全国工厂总数的32.8%)和165600名工人(占全国工人总数的45.6%)。重工业(包括采矿业、冶金业和五金业)占第二位,它拥有896个工厂企业(占全国工厂总数的27%)和123000名工人(占全国工人总数的33.8%)。食品工业占第三位,拥有513个工厂(占全国工厂总数的15.5%)和35300名工人(占全国工人总数的9.7%)。1913年,波兰王国共有3318个工厂和363600名工业工人。加上交通运输等部门的工人,工人总数达875000人。[②] 由于工业的发展,城市人口逐渐增加,占全国人口的1/3。

---

① 约·布什科:《波兰史(1864—1948)》,1979年华沙版,第122页。

② 柯尔曼诺娃、纳伊杜斯主编:《波兰通史》第3卷第2分册,第53页。

20世纪初，由于农业机器和化肥的增长，农业生产有了很大发展。但是，波兰王国的粮食产量还远远落在普占区的后面。1911—1913年间，波兰王国、加里西亚和波兹南每公顷土地谷物产量分别为：黑麦——10.3公担、11.1公担、17.2公担；小麦——12.4公担、11.6公担、20.3公担；大麦——11.5公担、11.4公担、19.8公担）；燕麦——9.5公担、10.8公担、19.4公担；马铃薯——95.2公担、115.8公担、158公担；甜菜——204.6公担、214.2公担、280.6公担。①

农民和地主的矛盾主要是围绕土地问题而展开的，它是农村阶级斗争中的主要矛盾。在农民改革后的40年里，农民占有的土地略有增加。但是，某些农民缺乏土地的现象在农民改革以后因人口的增长却变得更加严重。1901年，无地农民达150万，几乎占农村人口的1/4。由于农村人口过剩，大批农民被迫离乡背井，到德国甚至到美国和南美各国谋生。据估计，在1900—1914年间，离开波兰王国出外做工的约80万人。

普占区的上西里西亚仍然是波兰最大的工业中心。波兹南和波莫瑞则是发达的农业区。由于战争的需要，上西里西亚的重工业获得迅速发展。1900—1913年间，煤产量从2500万吨增加到4400万吨，而东布罗沃矿区的煤产量只有683万吨。上西里西亚的工人近100万，几占全波兰工人总数的一半。由于生产和资本高度集中，在冶金、煤矿工业中，每一大冶金厂拥有工人数百人，每一大煤矿拥有工人数千人。上西里西亚的冶金和煤炭工业，为少数由德国资本家组成的康采恩、辛迪加和卡特尔等垄断组织所控制。

---

① 布什科：《波兰史(1864—1948)》，第124页。

奥占区克拉科夫和切欣西里西亚的煤炭工业也获得较大的发展。例如，在1902—1913年间，克拉科夫—霍扎诺夫矿区的煤产量增加了2倍多，达到200万吨。切欣西里西亚的煤产量在1901—1913年间从500万吨增加到760万吨。奥占区的工业大多掌握在奥地利和德国垄断资本家手里。加里西亚的农业由于地主大土地所有制的存在，发展较为缓慢。加里西亚仍然是波兰经济最落后的地区。1902年，2公顷以下的农户竟达42%。农村无产阶级和半无产阶级达100万人。20世纪初的头十年，约有50万人被迫到国外谋生。

波兰王国的政治状况

19世纪末20世纪初，随着俄国工业的迅速发展和沙皇政府变本加厉地实行对波兰工业的歧视政策，波兰资产阶级（特别是中小资产阶级）对沙皇政府的政治态度开始发生变化，逐渐由妥协转向反对。1887年，齐格蒙特·米乌科夫斯基在苏黎世建立了波兰同盟。1893年4月，罗曼·德莫夫斯基把该同盟改组为民族同盟。他抨击了沙皇政府的民族压迫政策，这一政策阻碍了波兰经济和文化的发展。1894年4月17日，民族同盟利用1794年起义百周年的机会，在华沙组织了一次反沙皇的示威游行。参加游行的群众遭到沙皇警察的逮捕。同盟的领导人被迫逃往加里西亚。1895年，德莫夫斯基在利沃夫创办了同盟的机关刊物《全波评论》。他企图把全波兰的民众团结起来，为实现波兰的民族自治而斗争。1897年6月，民族同盟改组为国家民主党。这就是波兰资产阶级政党产生的经过。

国家民主党害怕日益强大的工人运动，反对无产阶级的国际团结，鼓吹民族主义，歧视犹太人、乌克兰人、白俄罗斯人和立陶宛人。随着大批地主分子加入党的队伍，国家民主党对沙皇政府妥协的态度越来越明显。1905 年革命爆发后，国家民主党这一妥协、投降的态度变本加厉，甚至公开反对革命。

1900—1903 年的经济危机和 1904 年开始的俄日战争，大大恶化了波兰劳动人民的生活状况。华沙、罗兹和比亚威斯托克等地的工人纷纷举行罢工。1904 年 4 月，工人运动领袖马·卡斯普夏克在保卫波兰王国和立陶宛社会民主党的秘密印刷所时，击毙了四名警察。后来，他遭到杀害。为了抗议沙皇政府的这一暴行，波兰王国和立陶宛社会民主党、波兰社会党和崩得联合组织了强大的五一游行示威。11 月 13 日，波兰社会党在华沙的格日鲍夫斯基广场又组织了一次反对征兵的大规模游行示威。同时，武装工人与军警发生了冲突。

在革命风暴即将到来的时候，波兰王国和立陶宛社会民主党在 1904 年 12 月制定了党的纲领，提出了“通过普遍、平等和秘密的选举召开立宪会议”，“推翻专制制度，建立民主共和国，实现民族自治”的口号。① 这里，要区分社会民主党的“民族自治”和国家民主党的“民族自治”有什么不同，前者是在推翻沙皇制度的基础上建立的民族自治，而后者是在保持沙皇制度的基础上建立的民族自治。当时党的领导人和理论家卢森堡认为，“波兰和俄国的经济今天正在形成为统一的复杂机体”。② 由于这一观点，要建立民族国家或实行民族自决是不可能的，所以波兰社会民主党人没有提出建立独立的波兰国家的要求。

---

① 柯尔曼诺娃、纳伊杜斯主编：《波兰通史》第 3 卷第 2 分册，第 345 页。

② 卢森堡：《波兰工业的发展》，1957 年华沙版，第 131 页。

在1901—1904年间，波兰社会党内已经明显地分为左右两派。右派被称为“元老派”，由党的创始人和90年代党的一些活动家组成，其中有毕苏茨基、沃伊切霍夫斯基、纳尔凯维奇、华西列夫斯基、佩尔、菲利波维奇等。左派被称为“少壮派”，由一些较年轻的党的活动家组成，其中有阿·布伊诺、马·霍尔维茨—瓦莱茨基、费·柯恩、安·斯特罗格等。

“元老派”在《黎明》杂志上曾发表了自己的纲领，其主要内容有：第一，为了恢复波兰独立，波兰社会党的目的是组织反对俄国的民族起义；第二，为了领导起义，必须建立一个秘密的军事组织；第三，为了保证起义的成功，必须争取国内一切渴求独立的政治力量，而且还要争取俄国各被压迫民族的支持；第四，把欧洲革命作为同盟者是不现实的，应当期望战争的爆发，战争有可能使波兰摆脱俄国而独立。[①] “元老派”对正在兴起的俄国无产阶级革命运动抱怀疑和不信任态度。1898年俄国社会民主工党建立后，他们要求俄国社会民主党人承认波兰独立和承认波兰社会党是原波兰共和国版图内波兰工人运动的唯一代表，要求俄国社会民主党人不要在波兰和立陶宛进行活动。而当俄国社会民主党人在1903年第二次代表大会上建立统一的全俄政党时，他们把俄国社会民主党人指责为大俄罗斯沙文主义者。

波兰社会党“元老派”的这一立场遭到布尔什维克党和波兰社会民主党人的一致批评，被斥之为“分裂主义”、“社会爱国主义”和“小资产阶级民族主义”。布尔什维克党支持被压迫民族的独立愿望，主张实现民族自决，但是，必须使民族运动服从无产阶级的整

---

① 杨·托米斯基：《波兰社会党(1892—1948)》，1983年华沙版，第85页。

体利益和革命利益。

列宁在 1903 年写道："……在资本主义崩溃以前，波兰的复国是不可思议的；但是也不能说绝对没有可能，不能说波兰资产阶级不可能在某种情况下站到主张独立这边来，如此等等。俄国的社会民主党丝毫也不束缚住自己的手脚。它在自己的纲领中承认民族自决权的时候，估计到各种可能性，甚至凡是可以设想到的一切情况都设想到了。……波兰社会党妄图把事情说成，它所以同德国或俄国的社会民主党人有分歧，似乎是因为后两者否认自决权，否认要求建立自由独立的共和国的权利。其实并不是这样，是他们忘掉了阶级观点，用沙文主义蒙蔽阶级观点，破坏目前政治斗争的统一，正是这些东西使我们不能认出波兰社会党是真正的工人社会民主党。"[①]在这段话里，列宁既批评了卢森堡关于波兰的复国在社会主义革命以前绝对不可能的结论，更主要地批评了波兰社会党"元老派"的民族主义。

波兰社会党"少壮派"也批评了"元老派"的立场。他们认为，波兰王国的革命是全俄革命的一部分，波兰社会党应当同俄国社会民主党密切合作，坚持阶级斗争和无产阶级的国际主义，为推翻沙皇制度和建立波兰民主共和国而奋斗。波兰社会党"少壮派"还把建立工人阶级政权和消灭私有制作为党的最终目标。

波兰社会党"元老派"领袖把波兰独立同帝国主义国家之间的战争结合起来。俄日战争爆发后，毕苏茨基等人同日本政府建立了联系，希望在后者的帮助下，在波兰王国建立兵团并举行起义，从后方打击俄国。1904 年 7 月，毕苏茨基和菲力波维奇在极端秘

---

① 列宁：《我们纲领中的民族问题》，《列宁全集》第 6 卷，第 418—419 页。

密的状况下亲赴东京，同日本政府举行谈判。日本政府除希望毕苏茨基提供军事情报外，没有给他以任何具体的帮助。毕苏茨基只好失望而归。

第二节　波兰王国的1905—1907年革命

革命的开始

波兰王国的1905—1907年革命是俄国1905—1907年革命的组成部分。

1861年农民改革后，俄国的资本主义得到迅速发展。到19世纪20世纪之交，俄国资本主义已发展到它的最高阶段——帝国主义阶段。垄断组织控制了各银行和工业企业。但是，俄国还存在着大量的农奴制残余，在农村居支配地位的仍然是大地主经济。资本主义压迫、封建压迫和民族压迫交织在一起，严重地阻碍了资本主义的正常发展。列宁指出，俄国的一个根本矛盾，“就是在我国工业中高度发展并在我国农业中也有很大发展的资本主义和仍旧是中世纪的、农奴制的土地占有制之间的矛盾”。[①] 消灭这个根本矛盾是资产阶级民主革命的主要任务。俄国资产阶级革命不像17—19世纪西欧资产阶级革命，革命的领导权不属于资产阶级，而属于无产阶级。革命的动力是无产阶级和农民。

波兰王国革命的领导力量、动力和任务基本上和俄国一样。

1905年1月22日(俄历1月9日，星期日)，彼得堡15万工人在冬宫和平游行并向沙皇呈递请愿书时，遭沙皇军警屠杀。“流血

---

① 列宁:《“俄国土地问题”的实质》,《列宁全集》第18卷,第60页。

星期日”的消息像闪电般地在波兰王国传开。1 月 23 日，波兰王国和立陶宛社会民主党向波兰王国无产阶级发出总罢工的号召，号召书说：“实现人民的政治自由取决于俄国和波兰劳动人民的团结斗争。”1 月 28 日，波兰社会党发表政治宣言，号召波兰工人举行总罢工，提出了召开立宪议会、实行政治自由、八小时工作日、规定最低工资标准和劳动保险等要求。从 1 月 27 日起，华沙、罗兹开始了总罢工。1 月 28 日，罢工规模扩大，华沙大学的学生也加入了罢工斗争。捷尔任斯基描述了当时华沙罢工的情景：“所有街道挤满了工人，他们在漫步，在热烈地交谈，三三两两地簇拥在门口和十字路口，充满了希望和斗争的决心，可以听到斗争、罢工和自由的交谈。有些地方在读号召书。”警察力图挑起波兰工人和犹太人的斗争，但是他们没有得逞，“基督徒和犹太人肩并肩地在战斗”。[①] 1 月底 2 月初，罢工运动扩大到卢布林、比亚威斯托克、东布罗沃矿区、琴斯托霍瓦等地。一至二月罢工的特点是把经济斗争和政治斗争结合起来。在罢工过程中，各地工人都提出了打倒沙皇政府、召开立宪会议、建立民主共和国和保证八小时工作日、提高工资 20% 至 50% 等要求。沙皇政府调动军队和警察来镇压罢工运动，在波兰王国实行戒严。仅华沙一地，就有 200 多工人被枪杀。

一至二月的罢工延续了三个星期，它提高了广大工人的阶级觉悟和国际主义的意识，迫使政府和资本家承认工人代表并与之谈判。由于这次罢工，工人的工资平均提高了 10% 到 20%，工作日缩短到 9 小时（重工业）和 10 小时（轻工业）。

---

① 《捷尔任斯基选集》，1955 年华沙版，第 59 页。

工人的罢工运动鼓舞了青年学生。1月28日,华沙工学院和华沙大学的学生分别举行集会,声援工人的斗争,号召学生举行罢课,为推翻沙皇政府而斗争。学生撕毁沙皇尼古拉二世的肖像,痛打特务,驱走学监,要求学校民族化。这一天,华沙的中学生也纷纷举行罢课。2月初,学生的罢课运动扩大到各省和农村。

工人的罢工运动也引起了广大农民的强烈反响。波兰王国农村的资本主义分化和农业的资本主义发展程度比俄国高。农业工人人数也较多。由于广大农民遭受残酷的阶级压迫和民族压迫,所以在1905年革命中,农村的阶级斗争特别尖锐。波兰王国农民运动中斗争的主要形式有如下三种:第一,农业工人的罢工斗争;第二,广大农民为使用森林和牧地而展开同地主和政府的斗争;第三,全体农民为实现民族解放、为恢复波兰语言和波兰学校而进行的斗争。

1905年2月,东部卢布林省和谢德耳策省的农业工人首先举行罢工,要求提高工资,缩短工作日和免费医疗。这里,地主庄园很多,规模巨大,无地和少地的农民比较多,因而阶级斗争也比较激烈。3月,农业工人的罢工运动波及西部的华沙省、卡利什省、普洛次克省和北部的苏瓦乌基省。政府派哥萨克军去镇压农业工人的罢工。3月21日,在库特诺县的农村有12人被枪杀,数十人受伤。地主被迫作出让步,把农业工人的工资提高了30%到50%,工作时间从每天16小时减少到13小时。

1864年农民改革后,波兰王国原村社所有的森林和牧地大多为地主占有。广大农民为了使用森林和牧地同地主阶级展开了持久的斗争。从1905年2月起,农民把自己的牲畜赶到森林和牧地,以表明自己拥有使用权。这一斗争主要在腊多姆省、基埃尔策省、卢布林省和谢德耳策省进行。

1905 年上半年，波兰王国绝大多数农民掀起了争取民族解放，使学校、法院民族化的斗争。1905 年 6 月，政府不得不同意在乡政府同时使用波兰语和俄语。广大中小学教师拒绝用俄语进行教学，学生撕毁用俄语编写的教科书。

波兰王国的农民运动具有民主性质，但它却是自发的。波兰王国和立陶宛社会民主党对农民问题存在着错误的看法，认为农村同城市一样，只有无产阶级和资产阶级两个阶级。党只能在无产阶级中间进行活动。社会民主党还反对在农民中间分配地主的土地，而主张把它收归社会主义国家所有。并且它认为没有必要制定专门的土地纲领，也不了解农民在资产阶级民主革命中的作用和工农联盟的意义。社会民主党在农村的影响很小，无力领导农民运动。1905 年 5 月，凡是自发性的农民运动基本上都被沙皇军队镇压下去。

罗兹工人的武装起义

1905 年 5 月俄国舰队在对马海峡的失败，推动了俄国革命的发展。从 5 月 1 日起，波兰王国和立陶宛社会民主党、波兰社会党和崩得在华沙和罗兹领导工人举行游行示威，在游行中连续发生流血事件，有数十名工人遭枪杀。这次游行演变为总罢工。社会民主党在一份五一传单中写道："波兰工人们！让沙皇政府看到你们是同俄国工人一起站在革命队伍里的。你们知道，谁是你们的敌人，谁是你们的朋友。你们的敌人是沙皇专制制度和波兰以及俄国资产阶级。你们的朋友是俄国革命的工人阶级。"[①]列宁曾高

① 米列尔·赫列诺夫主编：《波兰通史》第 2 卷，第 495 页。

度评价波兰工人的革命行动，他说："波兰和高加索已经树立了进行更高形式的斗争的榜样，那里的无产阶级已经部分地进行武装斗争，战争采取了持久的性质。"[①]

在5月的革命日子里，国家民主党力图破坏革命运动。为了反对"把俄国无政府主义引入波兰土地"和从内部分裂革命的工人运动，他们建立了民族工人联合会。国家民主党领袖德莫夫斯基说："民族工人联合会是同革命作斗争的我们的主要军队。"这个联合会提出阶级团结的口号，号召工人停止罢工，反对波兰无产阶级和俄国无产阶级的国际主义团结。他们的阴谋没有得逞。广大工人不但没有跟他们走，而且把革命推向了高潮。

罗兹工人在罢工斗争中创造出新的斗争形式。为了不让军队进驻工厂，工人们首先占领工厂。5月27日，资本家对工人占领工厂的行动非常惶恐，即请求政府增派军队。5月31日，政府增派了三个步兵团和一个骑兵团。与此同时，资本家企图用同盟歇业的手段使工人就范。而罗兹工人却以总罢工和游行示威来回答他们的挑衅。

6月18日（星期日），社会民主党罗兹组织在市郊召开一次有社会党、崩得代表参加的工人集会。在回城途中，他们遭哥萨克军队袭击，死5人，伤数十人。6月20日，罗兹工人为死难者举行葬礼并举行了盛大的游行示威。罗兹街上继续发生流血事件。6月22日，工人举行总政治罢工；傍晚，开始建筑街垒，准备武装起义。

起义是自发的。工人缺乏组织，武器不足。社会民主党和社会党罗兹组织力图阻止没有希望的起义，但为时已晚，遂决定同工

① 列宁：《莫斯科的政治罢工和街头搏斗》，《列宁全集》第9卷，第338页。

人一起战斗。6月23日，罗兹全部工厂停工，工人开始起义。据估计，罗兹共建筑了一百多个街垒。罗兹街上红旗招展。社会民主党和社会党的党员以及崩得分子，同波兰工人和犹太工人一起参加战斗。政府军队和警察向街垒射击，工人英勇还击。6月24日，大多数街垒被破坏。军队控制了形势，街上只有稀疏的枪声。据警方不完全的统计，从6月18日到25日，有151名工人被枪杀，而根据社会民主党报刊的估计，牺牲的工人在200人以上，受伤者达800多人，还有大批工人被捕。列宁充分地估计罗兹工人起义的意义。他在7月3日写道："在那些工业最发达、工人在政治上最有训练、除了经济的和一般政治的压迫以外又加上民族压迫的地方，沙皇制度的警察和军队的行动就更加猖獗，故意挑拨工人。而工人们，甚至连没有斗争准备、起初只限于防守的工人，也都通过罗兹的无产阶级向我们表明革命热情和英勇精神的新范例，而且还提供了斗争的高级形式。"①

罗兹工人六月起义被镇压后，波兰王国的革命运动没有停止。6月底，华沙工人响应波兰社会党的号召，为了营救被军事法庭判处死刑的青年工人、社会党党员斯蒂芬·奥克热雅(因谋刺警察局长被捕)而举行了抗议罢工。7月21日，奥克热雅被处死，牺牲前，高呼"革命万岁！"、"打倒沙皇政府！"等口号。9月初，工人运动领袖马尔钦·卡斯普夏克被绞死。华沙工人响应社会民主党、社会党和崩得的号召，在9月11日举行了抗议罢工。

1905年8月19日，沙皇政府为了拉拢资产阶级，取消革命，

① 列宁：《无产阶级的斗争和资产阶级的奴颜婢膝》，《列宁全集》第8卷，第504页。

公布了召开布里根杜马的宣言。国家民主党欣然接受这个宣言，并上书沙皇请求赐予波兰“广泛的自治”。但社会民主党、社会党和崩得采取同布尔什维克一样的策略，毅然抵制布里根杜马。8月21日到23日，华沙、罗兹和东布罗沃矿区的工人都掀起了抵制布里根杜马的罢工运动。9月，沙皇政府在美国朴茨茅斯同日本签订了和约，从此可以用全力对付革命。

革命高潮

10月中，革命已发展到新的更高的阶段。从10月25日起，莫斯科铁路工人的罢工很快发展为全俄总罢工。10月底，波兰王国工人响应三个工人政党的号召，坚持战斗，举行全国总罢工，把革命发展到顶点。列宁在10月31日写道：“英勇的波兰重新参加了罢工者的行列，这正是对敌人的无可奈何的愤怒的一种嘲笑，因为敌人幻想用自己的打击粉碎它，结果是使它的革命力量锻炼得更加坚强了。”[①]

十月全俄总政治罢工给沙皇制度以严重的打击。布里根杜马还未召集起来就“流产”了。10月30日，尼古拉二世颁布宣言，许诺“给予公民以人身不可侵犯、信仰、言论、集会和结社的自由”。宣言宣布吸收居民中迄今完全被剥夺选举权的阶层的代表参加杜马，确认“任何法律未经杜马同意不得生效”。沙皇在政治上的让步无疑是革命的胜利。沙皇要召开的已经不是咨询性的杜马，而是立法杜马。但是，他在革命高潮的形势下许下的诺言，目的在于制止革命的发展，利用立宪的形式争取资产阶级的支持，保持专制制度。

---

① 列宁：《全俄政治罢工》，《列宁全集》第9卷，第378页。

波兰王国的无产阶级同俄国无产阶级一样，采取抵制杜马的政策。他们没有放松战斗，继续坚持总罢工，提出了立即实行大赦、推翻专制制度、建立民主共和国的口号。在10月、11月的总罢工中，东布罗沃矿区的工人都武装了起来，解除了警察的装备，迫使军队返回营房。这样工人就成为矿区的主人。11月10日，沙皇宣布波兰王国进入战时状态，并增派军队，加强了对波兰人民的镇压。一切游行和集会都遭到禁止。全国布满了绞刑架。大批工人被枪杀。白色恐怖笼罩着波兰王国。为了减少工人伤亡，三个工人政党不得不宣布停止罢工。12月1日，沙皇政府遂宣布取消战时状态。社会民主党和社会党便利用这个时机来整顿组织，加强自己的队伍。

1905年秋冬，波兰王国的农民运动也发展到顶点。农民群众都一致行动起来，销毁一切载有沙皇的标记，在所有领域内恢复使用波兰语。他们要求立即释放政治犯，实现十月宣言中所许诺的各种自由。同时，整村、整乡、整县的农民开始拒绝缴纳赋税，抵制沙皇当局的命令。他们组织民警，建立农民委员会，行使地方政权的职能。并宣布一切森林和牧地归农民所有。他们还声援工人的罢工斗争，为政治犯提供食物等。

当时农民运动最发达的省份有腊多姆省、基埃尔策省、彼得库夫省、苏瓦乌基省、华沙省。

1905年12月21日，莫斯科工人在莫斯科工人代表苏维埃的倡议下开始了总政治罢工。翌日，罢工发展为武装起义。波兰王国的工人当时已经筋疲力尽，难以响应起义。沙皇政府在莫斯科起义那天，又一次在波兰王国宣布战时状态。波兰王国和立陶宛社会民主党深知，在这样的形势下要举行武装起义断无成功的希望，于是号召波兰无产阶级举行总政治罢工，以表示同莫斯科工人的团结一致。由于圣诞节即将到来，总罢工从 12 月 27 日开始。社会民主党、社会党和崩得共同组成了中央罢工委员会。社会民主党派勃罗尼斯瓦夫·维索沃夫斯基参加罢工委员会的领导工作。在十二月总罢工期间，罗莎·卢森堡和列昂·梯什科从柏林潜往华沙。1906 年 3 月，他们被沙皇政府逮捕。不久，莫斯科起义很快遭到失败。1906 年 1 月 2 日，中央罢工委员会号召波兰工人暂时结束罢工。

在革命的 1905 年里，波兰无产阶级英勇不屈，前仆后继，走在斗争的前列。据估计，1905 年波兰王国的工厂占全俄工厂的 15%，工业工人占 13.5%，而罢工的次数和人数却分别占 29%和 28%。[①] 上述材料，一方面说明了波兰无产阶级的觉悟程度，同时也反映了波兰王国阶级矛盾和民族矛盾的尖锐性。在这一年里，由于先进工人不断加入党的组织，波兰王国和立陶宛社会民主党和波兰社会党的党员人数从革命前的几千人增加到 3 万和 4 万。

1906—1907 年的革命退却

莫斯科起义失败后，沙皇政府对革命发动总攻击。革命力量转入退却。1906 年全俄罢工的人数从 1905 年的 2863000 减到 1106000 人。但波兰王国无产阶级的罢工斗争仍居领先地位。例如，1906 年彼得堡省每个工人罢工的次数是 1.2，莫斯科省是 0.18，而彼得库夫省每个工人罢工的次数则为 3.3，华沙省是 0.9。同年，全俄有 1467 次罢工，其中 619 次发生在波兰王国，即占 42%。到 1907 年，革命继续低落，全俄有 740 次罢工，波兰王国仍

---

① 柯尔曼诺娃、纳伊杜斯主编：《波兰通史》第 3 卷第 2 分册，第 427 页。

占全俄罢工次数的24%。[①]

沙皇政府在波兰王国的10个省继续保持战时状态，不断向农村派遣讨伐队，在军队的帮助下征收苛捐杂税，大批逮捕革命者。在这样恐怖的气氛下，波兰无产阶级在1月22日、5月1日等纪念日里仍举行了罢工。五一节的罢工运动席卷了华沙、罗兹、东布罗沃矿区、腊多姆、琴斯托霍瓦等地。1906年12月，社会民主党和社会党在罢工运动的基础上，分别建立了自己的工会组织。与此同时，国家民主党也建立了自己的工会，同工人政党争夺群众。

1906年3月，沙皇政府举行了第一届国家杜马的选举。波兰王国和立陶宛社会民主党和波兰社会党同俄国社会民主工党站在一起，抵制了第一届国家杜马的选举。国家民主党参加了这届杜马的选举，并组成了议会党团。1906年7月，沙皇政府解散了没有成为驯服工具的第一届国家杜马。1907年1月，鉴于革命已经转入低潮，抵制杜马已失去政治意义，波兰王国和立陶宛社会民主党同俄国社会民主工党一起，参加了第二届国家杜马的选举。波兰社会党继续抵制杜马的选举。国家民主党在第二届杜马中组成了最大的波兰议会党团。

在革命退却时期，波兰社会党内部的两派斗争愈演愈烈，引起了党的分裂。

1905年12月26日，为“少壮派”控制的社会党中央工人委员会在莫斯科起义爆发后向波兰工人发表宣言，号召他们举行总政治罢工，同俄国无产阶级共同战斗。这个宣言引起了“元老派”的极大不满。在他们的怂恿下，加里西亚社会民主党领袖伊·达申

① 柯尔曼诺娃、纳伊杜斯主编：《波兰通史》第3卷第2分册，第429—430页。

斯基在1906年1月发表了《致俄占区波兰社会党中央工人委员会的公开信》，批评该党的十二月宣言，认为总罢工“破坏了国家经济，不符合工人利益”，波兰工人运动有着同俄国工人运动不同的目标，要求波兰无产阶级脱离俄国无产阶级。这封信加剧了两派的斗争。1906年2月在利沃夫举行的波兰社会党第八次代表大会上，“少壮派”，即左派占据优势，他们在新选出的中央工人委员会里占多数。“元老派”，即右派集结在毕苏茨基及由他领导的秘密战斗部周围。1906年11月在维也纳举行的第九次代表大会上，波兰社会党正式发生分裂：左派称“波兰社会党左派”，右派称“波兰社会党革命派”。这时候，波兰社会党拥有55000名党员，其中近4万名是左派党员。

波兰王国和立陶宛社会民主党的政治路线也发生了很大变化。它和俄国社会民主工党的政治观点更加一致。1906年4月，在斯德哥尔摩召开的俄国社会民主工党第四次代表大会上，波兰王国和立陶宛社会民主党、崩得和拉脱维亚社会民主党，加入了俄国社会民主工党。1906年6月，波兰王国和立陶宛社会民主党在波兰南部的扎科帕内召开了第五次代表大会。代表4万名党员的50多名代表参加了大会，其中有捷尔任斯基、马尔赫列夫斯基、温什里赫特等党的领导人。卢森堡、梯什科和瓦尔斯基等领导人被关在狱中。代表大会对俄国社会民主工党内部布尔什维克和孟什维克的斗争问题上，坚决站在布尔什维克一边，重申无产阶级在资产阶级民主革命中的领导权的观点，批评孟什维克在这个问题上的错误观点。但是，代表大会仍然没有认识到农民问题和工农联盟问题的重要意义，在民族问题上仍然反对列宁民族自决的原则。

第五次代表大会选举捷尔任斯基、哈涅茨基、梯什科、莱德尔、马韦茨基、马尔赫列夫斯基、瓦尔斯基等七人为总委员会委员和候补委员，卢森堡被选举为驻第二国际国际局代表。捷尔任斯基实际上是波兰王国和立陶宛社会民主党驻俄国社会民主工党中央委员会的代表。1906 年 7 月底，卢森堡因病获释出狱。梯什科越狱逃跑。1907 年 5 月，由卢森堡、马尔赫列夫斯基、瓦尔斯基、梯什科、温什里赫特、维索沃夫斯基等人组成的波兰王国和立陶宛社会民主党代表团参加了在伦敦召开的俄国社会民主工党第五次代表大会。在这次代表大会上，波兰社会民主党人支持布尔什维克对待资产阶级和小资产阶级政党的政策。在代表大会期间，列宁和卢森堡进行了几次私人会见。卢森堡在代表大会结束以后返回德国，担任德国社会民主党的领导职务。

革命对奥占区和普占区的影响

1905—1907 年波兰王国的革命对奥占区和普占区发生了巨大影响，唤醒了这两个地区波兰居民的民族意识，推动他们为争取民族权利而斗争。

加里西亚的居民享有自治权利，但政权却掌握在地主手里。彼得堡“流血星期日”和波兰王国总罢工的消息传来以后，在普热米什尔、塔尔诺夫、雅罗斯瓦夫、热舒夫、利沃夫等地居民从 1 月 23 日起开始举行抗议集会和游行示威。2 月 2 日，在克拉科夫游行示威时，加里西亚社会民主党领袖伊·达申斯基在密茨凯维奇铜像下焚毁了沙皇尼古拉二世的肖像。游行群众同警察发生了冲突，双方死伤数十人。在这一天举行的克拉科夫群众集会上通过了声援波兰王国同胞的决议。决议称：“他们的斗争，就是我们的斗争，他们的胜利将是我们的胜利，我们希望兄弟般地分担他们的牺牲”。克拉科夫工人和知识分子建立了许多支援受难同胞的委员会。各地群众强烈地提出了普遍和平等的选举权的要求。加里西亚的五一游行具有更大的规模，除了克拉科夫、利沃夫等城市外，运动波及扎科帕内和鲍莱斯瓦夫等小城镇。罗兹的六月起义，引起了新的游行示威运动。在此期间，切欣西里西亚、利沃夫等地的罢工运动日益扩大。工人们除了要求普遍选举权外，还提出了提高工资、缩短工作日等经济要求。

奥占区波兰居民把争取普选权的斗争发展为总罢工。1905年10月20至23日在克拉科夫举行的波兰妇女代表大会，大大推动了运动的发展。代表大会要求不分性别，举行普遍的、平等的、直接的和秘密的选举。在奥地利社会民主党的统一领导下，大会决定在1905年11月28日国务会议召开之际，举行全国总罢工。这一天，奥地利所属的加里西亚、西里西亚、捷克和奥地利的绝大部分城市的工厂停工，交通瘫痪，商店关门，学校停课。奥地利当局被迫同意实行普遍、平等、直接和秘密的选举。在争取普选权的斗争中，加里西亚社会民主党和波兰农民党(1903年农民党改名为波兰农民党)在宣传和组织群众方面起了重要作用。1907年，通过选举制度的改革，加里西亚在帝国国会中的席位从78席增加到105席，加里西亚地方议会的权力也扩大了，工人和农民的代表获得了参政的机会。凡是没有使用波兰语的国家机关和企业(如邮局、铁路等)一律使用波兰语。罢工者的要求基本上得到满足。人们陶醉于已经取得的胜利。选举的胜利使工人和农民对通过议会实现改革的希望和幻想增加了。

1905—1907年的革命在普占区的工人中也引起了强烈的反响。上西里西亚的矿工和冶金工人首先举行罢工。扎布热、卡托维兹工人从1905年1月底开始罢工，要求八小时工作日和提高工资20%到30%。在2月9日举行的卡托维兹工人集会上，通过了一项在道义上和物质上支援俄国革命的决议。大波兰和波莫瑞的罢工运动开展得较晚，1905年4月，格涅兹诺工人举行的总罢工，使大波兰的罢工运动发展到高潮。建筑工人是大波兰和波莫瑞罢工运动的主力。工人们主要提出了经济要求。在1905年俄国革命和鲁尔矿区大罢工的影响下，资本家大多满足了工人的经济要求。同前三年比较，在1905—1907年间，普占区的罢工次数增加了2倍，罢工人数增加了3.5倍。在此期间，上西里西亚的罢工次数增加了3.6倍，罢工人数增加了8.5倍。[①]

1906年秋，在波兹南和波莫瑞的中小学校里，掀起了要求使用波兰语言和学校民族化的群众运动。学生纷纷举行罢课，抗议用德语进行教学。参加罢课的约有10万名学生，主要是工人和农民的子女。普鲁士当局用殴打、逮捕学生和用罚款、剥夺工作来威胁家长的办法来镇压罢课运动。这次群众运动坚持了半年，终于被镇压下去。但是，普鲁士当局被迫放弃在宗教课上不准使用波兰语的限制。

革命的意义

1905—1907年波兰王国革命是全俄资产阶级民主革命的组成部分，随着俄国革命的失败而宣告失败。但是，沙皇政府不得不作出让步，允许在学校里使用波兰语并放松了对宗教信仰的限制，许多被迫皈依东正教的东部省份的居民恢复了天主教活动。

1905—1907年革命的最重要的意义在于经过40年以后，波兰工人、农民和知识分子又开始了为民族解放和社会解放而斗争，

---

① 柯尔曼诺娃、纳伊杜斯主编：《波兰通史》第3卷第2分册，第552页。

其规模之大，远远超过1830—1831年和1863—1864年的起义。恩格斯曾经指出："每一个波兰的农民和工人，一旦从自己的闭塞状态中觉醒起来参加为共同利益进行的斗争，首先就会碰到存在民族压迫的事实，它到处都是他们前进道路上的第一个障碍。排除民族压迫是一切健康和自由的发展的基本条件。"[①]在革命过程中，只有波兰社会党把民族独立提到自己纲领的首要地位。波兰社会党中的左派把争取民族解放和争取社会主义的斗争结合起来，把波兰人民的独立斗争同俄国无产阶级的革命斗争结合起来。但是，波兰社会党中的毕苏茨基集团却把波兰的独立同帝国主义战争结合起来，反对波兰无产阶级和俄国无产阶级的国际主义团结。而波兰王国和立陶宛社会民主党则把波兰的独立同欧洲社会主义革命结合起来。他们认为，一旦欧洲社会主义革命成功，国界将取消，民族问题也就自然获得解决。然而，社会民主党人反对把民族独立写入自己的纲领。历史证明，后两种主张是不现实的，因而也是错误的。

波兰人民的斗争动摇了沙皇的民族殖民统治，震动了欧洲。1905年7月24日，德皇威廉二世和尼古拉二世在芬兰湾比尔科岛的会晤，就是企图重演以1863年的俄普同盟来共同镇压波兰起义的故伎。俄德两国皇帝的会晤，引起了法国外交界的震惊。法国开始认识到俄国这个东方盟国国内基础不稳。法国政治家深信，只有实现国家制度的改革，承认波兰王国的自治地位，才能缓和俄国的紧张局势。波兰问题虽然没有被欧洲外交界列入议事日

① 《恩格斯致考茨基(1882年2月7日)》，《马克思恩格斯全集》第35卷，第261页。

程,但是波兰人民争取独立的斗争意志,使欧洲公众认识到波兰问题是需要解决的。

在1905—1907年革命过程中,波兰无产阶级第一次登上政治舞台,领导人民群众反对沙皇专制制度的斗争。波兰工业无产阶级虽只占波兰王国全体居民的6%,但他们在总罢工和武装起义中,表现出英勇顽强、不怕牺牲的大无畏革命精神。他们在革命中得到锻炼,增长了才干,壮大了自己的组织。当资产阶级在革命中妥协投降,扮演了反革命角色的时候,无产阶级却表现出它是民族利益的代表。恩格斯在《共产党宣言1892年波兰文版序言》中写道:"这种独立只有年轻的波兰无产阶级才能争得,而当波兰无产阶级把它争到手的时候,它就会完全有保障了。"①

第三节　第一次世界大战期间的波兰问题

第一次世界大战初期的波兰问题

1914年6月28日,奥地利皇储弗兰茨·斐迪南夫妇在萨拉热窝被塞尔维亚大学生加·普林西普炸死,这一事件成为第一次世界大战的导火线。在第一次世界大战中,瓜分波兰的三个国家德国、奥匈帝国和俄国分裂成为互相厮杀的交战双方。波兰的土地成为重要战场。为了驱使波兰人民充当炮灰和争取波兰社会的同情,无论是德奥还是俄国,在战争爆发后不久,都提出了让波兰人民享有自由和独立的口号。这样,消失了50年的波兰问题又重新出现在国际政治的议事日程上。

---

① 马克思、恩格斯:《共产党宣言》,1964年人民出版社版,第20页。

1914年8月初，德军总司令部发表告波兰人民书，号召波兰人民举行起义，推翻俄国的统治，并许诺给波兰以“自由和独立”。8月9日，奥匈军队总司令部也发表了类似的宣言，号召波兰人民继承1683年维也纳战役中奥波军队共同作战的传统，为赶走“亚洲匪帮”(指俄军)而斗争，并宣告波兰的“自由和独立”即将到来。8月14日，俄军总司令尼古拉·尼古拉耶维奇大公发表告波兰人民书，号召波兰人民在俄国皇帝的领导下，同伟大的俄国结成同盟，宣布“自由的波兰即将降临”。作为俄国盟国的英法两国，把波兰问题看作纯粹是俄国的内政问题，完全支持俄国的对波政策。

在第一次世界大战爆发的新形势下，波兰各阶级、政党采取了三种不同的方针。

亲奥德方针。加里西亚的地主保守派、加里西亚社会民主党、波兰农民党、波兰社会党革命派等党派在1914年8月16日组成最高民族委员会，奉行亲奥德方针。最高民族委员会主席是克拉科夫市市长尤·莱奥教授。他们计划在打败俄国后把波兰王国同加里西亚合并，使哈布斯堡帝国成为三元(奥地利—匈牙利—波兰)帝国。毕苏茨基在加里西亚组成了“射击同盟”。8月6日，射击手们陆续进入波兰王国的基埃尔策一带，配合奥军同俄军作战。1915年，经奥地利当局同意，又建立了两个波兰兵团(西兵团和东兵团)，每个兵团有8000名战士。西兵团分为三个旅，毕苏茨基是第一旅的“司令官”。为了建立未来波兰军队的核心，他还建立了秘密的“波兰军事组织”。同年，俄军战败，波兰王国被德奥军队占领。德军掌握了战场上的主动权。毕苏茨基越来越依靠德国的支持。

亲俄、亲协约国方针。以国家民主党领袖德莫夫斯基为代表的波兰王国资产阶级奉行亲俄、亲协约国的方针，他们于1914年11月在华沙建立了波兰民族委员会。计划在俄国皇帝的领导下打败德奥、统一波兰。他们在普瓦维建立了一个人数不多的兵团，同俄军并肩作战。1915年夏俄军从波兰王国败退后，德莫夫斯基等亲俄派也撤到俄国。他们对德奥占领者束手无策，在政治上非常狼狈，只好把希望寄托在协约国身上，故被称为“消极派”。而亲奥德派则得意忘形，非常嚣张，被称为“积极派”。

德奥军队占领波兰王国后，以皮利察河和维普希河(均为维斯瓦河的支流)为界分为两个占领区，北部为德占区，南部为奥占区。德国占领当局在华沙设总督区，贝塞勒将军被任命为总督。奥地利占领当局在卢布林设总督区，库克将军被任命为总督。

反战的革命方针。两个无产阶级的革命政党——波兰王国和立陶宛社会民主党和波兰社会党左派，站在反对帝国主义战争的立场上。社会民主党人认为，在帝国主义战争的环境下，一切争取独立的斗争都是不可思议的，只有各国无产阶级的联合斗争，才能推翻帝国主义的统治，实现社会主义革命。他们谴责上面两个方针的拥护者，认为只有在社会主义的条件下才能解决波兰的独立问题。社会民主党、社会党和崩得在极端困难的条件下，组织了许多次反战运动。他们积极参加国际社会主义者在瑞士齐美尔瓦尔得(1915年9月)和昆塔尔(1916年4月)召开的反战会议，正确地把反对战争同革命结合起来。

1916年11月5日宣言

1916年的战事对德国极为不利，它发动的凡尔登战役(2月到6月)遭到严重失败，有25万人被击毙。7月，协约国军队发动了更大规模的索姆河畔战役。英国第一次使用坦克。战争的主动权已转入协约国手里。这次战役进行了五个多月，协约国和同盟国双方共伤亡100多万人。在1916年的海战中，德国也遭到失败。12月底，同盟国不得不向协约国提出和平建议，但遭到拒绝。

在这种形势下，德国深感兵力不足，希望在波兰王国能补充50万兵员。德国政府为了诱骗波兰青年充当炮灰，提出了解决波兰问题的方案，许诺建立"独立的波兰国家"。1916年11月5日，德国总督贝塞勒和奥地利总督库克分别在华沙和卢布林以两国皇帝威廉二世和弗兰茨·约瑟夫一世的名义发表宣言。宣言宣布"建立有世袭君主制和立宪制度的独立的波兰国家"，而丝毫没有谈到奥占区和普占区的波兰土地的归属问题。11月8日，贝塞勒强行发出征兵的号召书。12月底，德奥占领当局建立了临时国务会议。临时国务会议下设八个部，毕苏茨基被任命为军政部长。

11月5日的宣言和11月8日的号召书丝毫没有引起波兰社会的响应。但是奥普两个瓜分国正式宣布建立"独立的波兰国家"，这就迫使第三个瓜分国——俄国就波兰问题作出表态。因此，11月5日宣言使波兰问题进一步国际化，引起欧洲各国和美国政府的更加重视。国家民主党领袖德莫夫斯基等人便乘机在法国、英国和意大利首都加强活动，使这些国家的政府在同意恢复波兰独立的过程中起了良好的作用。

1916年12月2日，俄国总理大臣特烈波夫在国家杜马会议上提出关于建立"民族疆界内的自由的波兰"的主张。[①] 同年12月25日，沙皇尼古拉二世在给陆海军的命令中指出："从现在分裂

---

① 布什科：《波兰史(1864—1948)》，第234页。

的三个地区建立自由的波兰”[1]，是俄国在这次战争中的一项重要任务。法国和英国政府也相继发表声明，支持俄国政府在波兰问题上的立场。

1917 年 1 月 22 日，曾得到 300 万张美籍波裔选票的美国总统威尔逊在给参议院的咨文中，提出了一项“应当建立统一、独立和自主的波兰”[2]的主张。从此，波兰问题成为国际政治中的重大问题。

俄国二月革命后的波兰问题

1917 年 3 月 12 日(俄历 2 月 27 日)爆发的俄国资产阶级民主革命，推翻了沙皇政府，对第一次世界大战的进程和解决波兰问题发生了深刻影响。二月革命表明，决定战争胜负的不只是双方的军事行动，而且还决定于人民群众的行动。二月革命使波兰问题发展到新的阶段，使它有可能朝着有利于波兰人民的方向获得解决。

1917 年 3 月 27 日，彼得格勒工兵代表苏维埃发表了告波兰人民书，庄严地宣称：“在一个半世纪里压迫着波兰人民同时也压迫着俄国人民的沙皇制度，已经被无产阶级和军队的联合力量推翻了。俄国民主派坚持承认各民族政治自决的立场。兹宣告：波兰在国家和国际关系上享有完全独立的权利。我们向波兰人民致以兄弟般的问候，祝贺他们在即将到来的为在独立的波兰奠定民主共和国制度的斗争中获得成功。”[3]这个充满了俄国人民对波兰人民兄弟情谊和革命团结的文件，第一次宣告了波兰人民拥有真

① 马里安·艾凯特：《波兰政治史(1918—1939)》，1985 年华沙版，第 18—19 页。
② 同上，第 19 页。
③ 《苏波关系史文件和资料》第 1 卷，1963 年莫斯科版，第 26 页。

正独立的权利。

在革命形势下，资产阶级临时政府被迫在1917年3月30日发表由总理李沃夫签署的告波兰人民书，宣称要“在居住着多数是波兰人的全部土地上建立独立的波兰国家”，但是要同俄国结成“自由的军事同盟”。[①] 这个文件允许建立一个“独立的波兰国家”，同瓜分国以前的声明比较是前进了一步。但是它还不能给波兰人民带来真正的自由和独立。列宁指出：“一个小小的波兰和一个强大的俄国结成同盟，这实际上就是在军事上完全奴役波兰。”[②]

二月革命还深深地影响到处于德奥占领者控制下的波兰王国。波兰居民由于经济恶化，对占领当局的不满情绪日益增长。每天只有150克面包和200克马铃薯的定量供应，使广大群众不得温饱，处于挨饿状态。波兰青年认识到临时国务会议是一个傀儡政权，拒不应征入伍。他们要求独立和建立自己军队的呼声越来越高。在这种形势下，德奥占领当局命令波兰兵团宣誓效忠。1917年7月，毕苏茨基毅然退出临时国务会议，并且号召兵团战士拒绝宣誓。第一旅和第三旅的战士响应毕苏茨基的号召，拒绝宣誓，这引起了“宣誓危机”。于是，德国占领当局逮捕了毕苏茨基和他的参谋长索斯科夫斯基，并把他们关在马格德堡监狱。为了平息波兰居民的不满，德奥占领当局在1917年9月12日颁布命令，成立新的傀儡政权——“波兰王国摄政委员会和政府”。摄政委员会由华沙大主教亚·卡科夫斯基、兹·卢博米尔斯基公爵和

---

① 《苏波关系史文件和资料》第1卷，第35页。

② 列宁：《俄国社会民主工党(布)第七次全国代表会议(四月代表会议)》，《列宁全集》第24卷，第232页。

大地主约·奥斯特罗夫斯基三人组成。任政府第一任总理的是杨·库哈热夫斯基。

与此同时，原先投靠俄国的国家民主党进一步投靠了法国。1917 年 6 月，法国政府同意在法国建立波兰军队。8 月，在瑞士洛桑建立了以德莫夫斯基为主席的波兰民族委员会。不久，该委员会迁到巴黎。这个委员会是 1914 年在华沙建立的波兰民族委员会的继续。法国、英国、意大利和美国政府相继承认波兰民族委员会是“正式的波兰组织”。

十月革命为波兰独立创造前提

伟大的十月社会主义革命开辟了人类历史的新纪元，对波兰人民的命运产生了最深刻的影响。

1917 年 11 月 8 日，全俄工兵代表苏维埃第二次代表大会通过了列宁起草的和平法令，向一切交战国提出了缔结不割地不赔款的和约的建议。和平法令还提出了恢复被压迫民族自由的原则。

1917 年 11 月 16 日，苏维埃政府公布了由列宁和斯大林签署的《俄国各族人民权利宣言》，进一步阐明了关于民族政策的原则。这些原则是：一、俄国各族人民一律平等和自主；二、俄国各族人民有一直到分立和形成独立国家的自由自决权。[①] 为了实现上述原则，苏维埃政府在民族事务人民委员下设立了波兰委员，具体研究和处理波兰事务。

1918 年 8 月 29 日，苏维埃政府通过了波兰问题上最重要的法令——关于废除前俄罗斯帝国政府同普鲁士政府和奥匈政府签

---

① 《苏波关系史文件和资料》第 1 卷，第 163 页。

订的瓜分波兰的一切条约和文件的法令。法令写道:“前帝国政府同普鲁士王国和奥匈帝国就瓜分波兰而缔结的一切条约和文件,由于同民族自决原则和承认独立和统一是波兰人民不容剥夺的权利的俄国人民的革命法权意识相抵触,永远予以废除。”[①]这个法令使瓜分波兰的所有条约和文件丧失了法律效力,迫使一切帝国主义列强承认波兰人民的独立权利。由十月革命所创造的新的国际形势为波兰的独立开辟了光明的前景。

十月革命后,协约国和美国相继承认波兰人民的独立权利。英国首相劳合·乔治在1918年1月5日宣称:“一个由纯血统的波兰人组成的独立的波兰,对于东欧的稳定是迫切需要的。”[②]三天以后,即1918年1月8日,美国总统威尔逊发表了14点和平纲领。在第13点中说:“应该建立独立的波兰。它应该包括无可争议地是由波兰人居住的地区和自由而安全的出海口。它的政治和经济独立以及领土完整应由国际条约来保证。”[③]1918年6月3日,英法意三国总理在凡尔赛开会,通过了关于波兰问题的决议。决议说:“建立拥有自由出海口的统一和独立的波兰是持久和正义的和平和欧洲法律程序的一个条件。”[④]这是协约国第一次在波兰问题上正式和公开地承认必须恢复波兰的独立。但是需要指出的是,协约国和美国领导人所说的独立的波兰同真正统一的和独立的波兰相距甚远。他们故意说得含糊不清,在“纯血统波兰人”和“自由和安全的出海口”等辞句的掩饰下,为分割波兰的西部领土

---

① 《苏波关系史文件和资料》第1卷,第418—419页。

② 《剑桥波兰史》第2卷,1951年版,第488页。

③ 同上。

④ 引自米斯科:《十月革命和波兰独立的恢复》,1957年莫斯科版,第110页。

波莫瑞和西里西亚埋下了伏笔。他们这样做的目的是为了不过分削弱德国，俾使德国成为反对苏俄的强大阵地。

上面曾提到协约国和美国在波兰问题上的态度已发生变化，那么，德奥集团在波兰问题上的态度又是怎样的呢？它们继续无视波兰人民的独立愿望。1917 年 12 月，当苏俄代表团在布列斯特—里托夫斯克和平谈判中捍卫波兰人民的民族权利，主张建立统一和独立的波兰国家和要求德奥占领军从波兰撤退时，德奥不只无理加以拒绝，而且为了得到乌克兰的粮食竟同乌克兰中央拉达达成协议，把波兰东部领土赫尔姆地区划给资产阶级的乌克兰。

可是，形势的发展朝着与德奥帝国主义者的愿望相反的方向发展着。1918 年 9、10 月间，德奥军队在英美军队的强攻下连遭失败，军事形势日趋恶化。盟国保加利亚、土耳其相继退出战争。同时在十月革命的影响下，德奥两国的革命运动迅猛发展。1918 年 10 月，奥匈帝国陷于土崩瓦解。1918 年 11 月，德国爆发了资产阶级民主革命，推翻了霍亨索伦王朝的专制统治，建立了资产阶级共和国。11 月 11 日，德国同协约国在康边签订停战协定，从而结束了历时 4 年的第一次世界大战。在德奥两个帝国崩溃和革命运动高涨的大好形势下，以毕苏茨基（他本人被囚禁在德国）的"波兰军事组织"和波兰兵团为主体的波兰军队在人民群众的配合下，以摧枯拉朽之势，解除了德奥占领者的武装，把侵略者赶出波兰王国和加里西亚，开始重建自己的国家。

综上所述，十月革命不只推翻了长期压迫大多数波兰人民的俄国地主资产阶级的统治，而且推动了德国和奥匈帝国的革命，促成了这两个压迫波兰人民的君主制度的覆灭，为波兰国家的重建创造了前提。

波兰国家的重建

从1918年10月起，波兰人民开始了重建国家的过程。奥占区的军民最先解除了奥军武装，把侵略者赶出国境。1918年10月28日，在克拉科夫成立了地方政权机构——波兰清算委员会。波兰农民党领导人文·维托斯任委员会主席。

在华沙，德奥占领当局扶植的摄政委员会，从占领者手里接管了政权。1918年10月23日，组成了约·希维任斯基为首的政府，企图接管全国政权。摄政委员会因其同德奥合作而声名狼藉，得不到社会各阶层的支持，形同政治僵尸。

1918年11月7日，以加里西亚社会民主党领袖伊·达申斯基为总理的波兰共和国临时人民政府在卢布林成立。这是一个由主张独立的左翼政党组成的联合政府，有广泛的社会基础。新政府在告波兰人民书中提出了广泛的社会改革纲领（如没收大地主的土地，实行大工业、矿山和铁路的国有化和八小时工作制等）。该纲领在一定程度上反映了革命形势下劳动人民的革命要求。

由于国内外形势的变化，原来的亲德奥派和亲俄法派之间的分歧逐渐失去意义。他们为了在波兰建立资产阶级共和国和防止社会主义革命而逐渐走向联合。当时，从社会党到国家民主党都感觉到波兰缺少一个强有力的铁腕人物。这个人物就是毕苏茨基。1918年11月10日，毕苏茨基从马格德堡回到华沙。11月11日，摄政委员会宣布把全部政权移交给毕苏茨基并自行解散。卢布林政府和克拉科夫的清算委员会也宣布接受毕苏茨基领导。11月18日，毕苏茨基在卢布林政府的基础上在华沙组成联合政府，任命社会党人安·莫拉契夫斯基为总理。毕苏茨基成为波兰共和国的国家元首，统揽全国大权。

自从1795年波兰贵族共和国被灭亡以后，波兰人民经历了123年的亡国生活，终于在1918年恢复了独立，重建了自己的国家。波兰独立的恢复是由多种因素造成的。首先是由于三个瓜分国——俄国、德国和奥匈在第一次世界大战中先后遭到失败，这是出乎亲德奥派和亲俄派意料之外的事。他们原先估计在战争中总有一方是胜利者，另一方是失败者。而事实上交战双方都在战争中遭到失败，为波兰独立的恢复创造了千载难逢的机会。这在波兰历史上是罕见的现象。其次，三个瓜分国在战争中的失败，还不是恢复波兰独立的决定性因素。如果没有革命的爆发，这三个国家还能保持对波兰的瓜分。俄国的二月革命从内部推翻了波兰人民的主要敌人——沙皇制度，而十月革命彻底结束了地主资产阶级的统治，为波兰的独立奠定了基础。在十月革命影响下爆发的德奥两国的革命又推翻了这两国的君主制度，为波兰人民的解放创造了条件。所以，几乎在同时发生的这三个瓜分国的革命，是波兰能够恢复独立的决定性因素。再次，具有光荣革命传统的波兰人民利用战争和革命造成的有利形势，开展武装斗争，驱逐了德奥占领者，为民族的独立和国家的重建建立了功勋。毕苏茨基和他的军队在复兴祖国的大业中作出了贡献。毕苏茨基拒绝效忠德国占领当局，与他们分道扬镳，表现了崇高的爱国主义精神和民族气节，因而，赢得了荣誉，应当予以肯定。最后，波兰独立的恢复与法国、英国和美国的支持是分不开的。没有协约国和美国的支持，波兰的独立也是困难的。

第十三章

波兰第二共和国

(1918—1926)

第一节　边界的形成

波苏战争和东部边界

1918年11月建立的波兰共和国在历史上被称为波兰第二共和国，以表示它是1795年被俄普奥三国灭亡的波兰共和国的继续。波兰大多数人民欢欣鼓舞，欢迎祖国的复兴。但是，波兰第二共和国却遭到来自各方的非议和诽谤。劳合·乔治说，波兰的获得自由，"不是由于它自己的努力，而是由于别人的流血"；希特勒则污蔑波兰是"人为制造的国家"、是"西方民主国家的小哈叭狗，根本不能把它看作是一个有文化的民族"，它是"建立在暴力基础上的、靠警察和军队的棍棒进行统治的国家。"①

1918年底，第二共和国只拥有原波兰王国和加里西亚西部，它的四周边界均未确定，原普占区的波兰土地仍处在德军的占领

① 诺曼·戴维斯:《上帝的乐园——波兰史》第2卷，1981年剑桥版，第393页。

之下。

波兰国家元首毕苏茨基特别重视东部边界的划定，他提出了恢复1772年第一次瓜分前的“历史边界”的口号，主张使立陶宛、白俄罗斯、乌克兰同波兰组成联邦制的国家。这个计划称为“联邦方案”。毕苏茨基认为西部边界的划定在很大程度上取决于西方大国的态度，而东部边界的划定在很大程度上取决于自己的力量；鉴于苏维埃俄国受到资本主义大国的武装干涉和处于内战状态，实现“联邦方案”是可能的。国家民主党领袖德莫夫斯基反对“联邦方案”，主张放弃“历史边界”，恢复1793年第二次瓜分前的边界，把东部领土直接并入波兰。这个计划称为“合并方案”。德莫夫斯基认为过多地扩大东部领土，将使少数民族在全国人口中的比重过分增加，造成波兰政治的不稳定。根据“合并方案”，北起波罗的海畔的利耶帕亚，经明斯克，南到卡敏涅茨—波多尔斯基以西的土地，将纳入波兰版图。由于毕苏茨基掌握着国家的政权和军权，“联邦方案”取得了胜利。

1918年底到1919年初，随着德奥军队的撤退，乌克兰民族主义者在利沃夫建立了西乌克兰人民共和国。波兰居民在“波兰军事组织”的帮助下，同乌克兰民族主义者展开了争夺利沃夫的斗争。在利沃夫，波兰居民占全市人口的62%，犹太人占20%，乌克兰人只占15%。1919年4月，在法国建立的由哈勒将军指挥的6万军队回国。波兰的军事实力大增。1919年7月，波兰军队完全控制了兹勃鲁奇河以西的西乌克兰(即加里西亚东部)。这样，波兰军队处于同苏俄红军直接对峙的状态。

1919年春，毕苏茨基亲自指挥军队，展开了争夺白俄罗斯和立陶宛的斗争。维尔诺是毕苏茨基的故乡，是争夺的重点。这年

1 月，红军先后占领维尔诺、巴拉诺维奇、沃尔科维斯克、平斯克。2 月，波军在击败红军后占领了布列斯特、沃尔科维斯克；3 月，占领平斯克；4 月 16 日，占领利达；4 月 21 日，波军占领维尔诺，红军被迫东撤。对维尔诺的占领，引起了波兰和立陶宛的长期冲突。协约国（特别是法国）对波兰和立陶宛的冲突深为不安，力图从中调停，促使他们联合起来，共同对付苏维埃俄国，但是没有收到效果。

1919 年夏，波军继续击败红军，相继占领莫洛杰奇诺（7 月 2 日）、明斯克（8 月 8 日）、博勃鲁伊斯克（8 月 29 日）和波里索夫（9 月 10 日）。

毕苏茨基在占领西乌克兰后，妄图占领全部乌克兰。当时在东乌克兰存在着一个由彼得留拉组织的“乌克兰人民共和国”。他们受到红军和邓尼金白军的夹击，四处逃窜，走投无路，决定投靠毕苏茨基。1919 年 9 月 1 日，毕苏茨基同彼得留拉签订了一个共同反对红军的条约，并就以兹勃鲁奇河作为未来波兰和乌克兰的边界问题达成了协议。1919 年底，波军在乌克兰同红军和邓尼金军队处于三方鼎立的状态。

毕苏茨基在东部发动的战争，符合一部分大地主和大资产阶级的利益。波军的胜利，使他们欣喜若狂。但是大多数劳动人民，特别是农民，不了解这次战争的意义，对它漠不关心。1918 年 12 月由波兰王国和立陶宛社会民主党和波兰社会党左派合并组成的波兰共产主义工人党，强烈谴责毕苏茨基发动的侵略战争，号召工人阶级为保卫苏维埃俄国而斗争。在被占领的白俄罗斯和乌克兰地区，当地居民认为波兰地主又回来了。他们用破坏桥梁、铁路等办法打击波兰占领者。在布列斯特、卢茨克和卡敏涅茨等地还发生反对波兰占领者的武装起义。

1919年秋，当红军主力忙于反击邓尼金白军的进攻时，急欲与波兰达成停战协定。10月，双方在卢茨克附近的米卡谢维奇举行非正式会谈。波方代表是伊·博埃内尔，苏俄代表是尤·马尔赫列夫斯基。在毕苏茨基和波兰统治集团看来，邓尼金和其他白俄将军的胜利，对波兰具有比红色俄国更大的危险。红色俄国宣传“世界革命”，力图使波兰成为俄国革命通向西欧革命的桥梁，但是它承认波兰的独立。白俄将军宣布“统一和不可分割的俄罗斯”，根本不承认波兰的独立。一旦白俄获得胜利，协约国将会全力支持他们而抛弃波兰。权衡利弊，毕苏茨基和波兰统治集团宁愿红军胜利而不愿白俄胜利。在米卡谢维奇举行谈判期间，波方要求红军从战线撤退10公里，停止“共产主义宣传”，停止对彼得留拉军队的进攻，把季纳堡要塞归还拉脱维亚。谈判没有结果。1919年12月22日，苏俄政府照会波兰政府，建议继续通过和平谈判，解决边界争端。波兰政府拒不答复，并对波兰人民隐瞒了这个照会。

1919年12月8日，协约国最高委员会就波兰东部边界问题作出决定，建议以民族原则确定波兰东部边界。这条分界线北起苏瓦乌基，经比亚威斯托克地区东部，沿布格河南下经布列斯特到涅米罗夫。1920年后，这条线被称为寇松线。波兰政府拒绝接受协约国的决定。这时，红军已经粉碎了邓尼金白军的进攻，把邓尼金赶到克里木半岛。毕苏茨基决定用武力实现他的“联邦方案”，对红军发动总攻击。

1920年3月19日，波军总司令毕苏茨基被授予元帅军衔。

1920年4月25日，毕苏茨基发动了大规模的波苏战争。波军的主攻方向是基辅。毕苏茨基以为红军的主力在乌克兰，波军在彼得留拉军队的支援下，可以一举消灭红军主力于基辅附近。但不久获悉，红军主力不在乌克兰，而在北部的奥尔沙、波里索夫、维帖布斯克一带，在乌克兰只有两个军的兵力。5 月 7 日，波军攻占基辅。6 月 5 日，北线红军主力在图哈切夫斯基将军指挥下发起反攻；7 月 14 日，攻克维尔诺。格罗德诺、比亚威斯托克相继落入红军之手。南线波军主力在布琼尼将军指挥的骑兵的攻击下于 6 月 10 日撤离基辅，沿原路逃回波兰。

红军的进攻和波军的溃退，引起了波兰社会的极大震动。波兰统治集团惊惶失措。1920 年 7 月 1 日，波兰议会成立了以毕苏茨基为首的国防委员会，宣布“祖国在危殆中”，号召青年参军保卫祖国。为了动员农民参军，波兰议会在 7 月 15 日通过了土地改革的法令。从 1920 年 7 月 1 日到 8 月 20 日，有 165000 名青年报名参军。波兰军队扩大到 90 万。为了争取协约国的帮助，波兰总理瓦迪斯瓦夫·格拉布斯基在 7 月前往比利时的斯巴参加协约国领导人会议。7 月 12 日，英国外交大臣寇松勋爵致电苏俄政府，建议波俄双方实行停战，红军从协约国在 1919 年 12 月 8 日确定的分界线上后撤 50 公里。这条分界线从此称为寇松线。7 月 22 日，格拉布斯基政府致电苏俄政府，建议就停战问题进行谈判。7 月 24 日，波兰组成了有社会党、农民党参加的国防政府，由农民党的文·维托斯任总理，社会党的伊·达申斯基任副总理。

红军的胜利，在布尔什维克党的领导人中燃起了“世界革命”的希望。列宁认为寇松的照会“完全是一个骗局”，建议斯大林“迅速下令猛烈加强攻势”。[①] 7 月 30 日，在红军占领的比亚威斯托克

① 列宁：《给斯大林的话传电报》，《列宁全集》第 31 卷，第 178 页。

成立了由波兰共产党人组成的波兰临时革命委员会。尤·马尔赫列夫斯基是该委员会的主席，委员有费·捷尔任斯基、费·柯恩、约·温什里赫特、爱·普罗赫尼亚克。波兰临时革命委员会号召波兰劳动人民为推翻地主资产阶级政权和建立波兰苏维埃社会主义共和国而斗争。8月中，图哈切夫斯基指挥的红军逼近华沙。列宁满怀信心地说："如果波兰变成了苏维埃国家，华沙工人得到了他们所盼望所欢迎的苏维埃俄国的帮助，那么凡尔赛和约就会瓦解，由于战胜德国而建立起来的整个国际体系就会垮台。"①列宁相信，红军再打几天胜仗，不仅华沙必定攻破，而且凡尔赛和约也必定瓦解。

但是，列宁和波兰共产党人错误地估计了波兰形势。波兰劳动人民没有像他们预期的那样，把红军看作自己的"解放者"，而把红军当作颠覆波兰共和国的敌人。红军由于劳师远征，疲惫不堪，又远离后方，得不到供应，在1920年8月15日华沙近郊拉杰敏的决战中遭到惨重失败，被迫后撤。随着红军的撤退，波兰临时革命委员会也结束了自己的活动。波兰人把拉杰敏战役称为"维斯瓦河畔的奇迹"。从9月到10月，白俄罗斯和乌克兰的许多地方重又处在波军的占领之下。10月6日，波军重新占领维尔诺。列宁在1920年10月写道："华沙几乎不属于波兰了。……后来发生了变化。当我们逼近华沙城下时，我军疲惫不堪，已经没有足够的力量进一步取得胜利；可是，波兰军队被华沙城中的爱国主义热潮所鼓舞，感到在自己的国家里得到了支持而有了重新进攻的可

---

① 列宁：《在制革业职工代表大会上的演说》，《列宁全集》第31卷，第272页。

能。”①

1920 年 8 月 17 日，波俄双方开始在明斯克举行和平谈判，9 月 21 日，谈判地点改在里加。10 月 12 日，双方签订了初步和约。1921 年 3 月 18 日，波兰和苏俄在里加签订了正式和约。根据里加和约，西白俄罗斯和西乌克兰被并入波兰版图。由里加条约所确定的波苏边界一直保持到 1939 年 9 月 17 日。

西部边界的划定

西部边界包括大波兰、上西里西亚、波莫瑞、瓦尔米亚和马祖尔，这些地区是波兰和德国的争议区。切欣西里西亚则是波兰和捷克斯洛伐克的争议区。

1918 年 12 月，在波兹南成立了最高人民会议，作为普占区波兰的最高政权机构。最高人民会议的领导人(主要是国家民主党人)希望协约国对波兰的西部边界作出“公正的判决”，他们采取消极等待的态度。但是，“波兰军事组织”却积极准备武装起义，不等协约国作出决定，就占领大波兰，迫使协约国承认既成事实。

1918 年 12 月 27 日，大波兰起义爆发。波兰军民控制了波兹南市和波兹南省的大部分地区。1919 年 1 月 9 日，最高人民会议宣布原普占区的解放区置于它的行政管理之下。1 月底，德国资产阶级政府在镇压了柏林工人起义以后，派兵占领了波兹南省西北部的若干地区。1919 年 6 月 28 日签订的凡尔赛和约，承认波兹南省归波兰所有。如果说，波兹南问题容易解决的话，那么上西里西亚等其他地方的边界问题就很难解决了。1919 年 1 月 29

---

① 列宁：《在制革业职工代表大会上的演说》，《列宁全集》第 31 卷，第 269 页。

日，参加巴黎和会的波兰代表团团长罗·德莫夫斯基就波兰的边界问题发表了五个小时的讲话，陈述了波兰政府对解决波兰边界问题的主张。德莫夫斯基要求无条件地把波兹南、上西里西亚、西普鲁士（东波莫瑞）、瓦尔米亚、马祖尔、切欣西里西亚等地归还波兰。协约国最高委员会成立了一个由法国代表康邦为首的委员会来研究波兰的西部边界问题。法国代表支持波兰的主张，希望波兰“大而且强，非常强大”。不久，康邦的委员会提出了一个报告，大致同意波兰方面的要求，把波兹南、上西里西亚、东波莫瑞无条件地归还波兰，而在东普鲁士（瓦尔米亚、马祖尔）则由公民投票决定。但是这个报告遭到英国首相劳合·乔治的反对。英国不愿过分削弱德国，也不希望法国的盟国波兰扩大领土。美国支持英国的立场。法国在英美两国的压力下只好放弃自己的主张。根据凡尔赛和约，上西里西亚、瓦尔米亚和马祖尔将由公民投票来解决，东波莫瑞归波兰，格但斯克成为自由市（但泽自由市），由国际联盟监督管理。

上西里西亚的波兰居民（主要是工人）不满巴黎和会对波德边界的不公正的判决。他们在 1919 年 8 月 17 日举行起义，要求与祖国波兰实行统一。起义被德国军队镇压下去。1920 年 1 月，由法国、英国和意大利代表组成的盟国公民投票委员会来到上西里西亚。波兰居民在 1920 年 8 月 20 日再次举行起义，要求把上西里西亚归还波兰。1921 年 3 月 20 日，在盟国公民投票委员会的主持下，上西里西亚举行公民投票。投票前，德国当局从全德召集了 20 万据说是在上西里西亚出生的德国公民前来参加投票。参加投票的共有 119 万人，赞成并入波兰的有 479000 人和 682 个乡，赞成并入德国的有707000人和792个乡。根据公民投票的结果，盟国委员会（主要是英国和意大利的代表）决定把1/4的上西里西亚划归波兰，而把其余的3/4划归德国。1921年5月3日，上西里西亚波兰居民举行第三次起义，抗议盟国委员会的不公正判决。1921年10月，国际联盟理事会作出最后裁决，把占上西里西亚30%领土和46%人口的东部划归波兰（包括卡托维兹、普什奇纳、雷布尼克等县），把占上西里西亚70%领土和54%人口的西部划归德国（包括格利维策、比托姆、扎布热等县）①。1922年5月15日，波兰和德国在日内瓦签订了一个公约，正式确定了两国在上西里西亚的边界划分。

1920年7月11日，在瓦尔米亚和马祖尔举行了公民投票。在瓦尔米亚有5个乡、在马祖尔有3个乡划入波兰版图。

1918年11月，波兰和捷克斯洛伐克双方曾就切欣西里西亚的划分达成临时协定。协定按民族原则划分两国边界，扎奥尔扎归波兰，弗里德克县归捷克斯洛伐克。1919年1月，捷克斯洛伐克军队占领了波兰部分的切欣。双方发生流血冲突。2月3日，在协约国的干预下，双方划定了新的分界线，包括博古明和卡尔维纳矿区在内的扎奥尔扎划归捷克斯洛伐克。在1920年7月举行的斯巴会议上，协约国把别耳斯科县、弗里什塔克县和切欣县的东部（包括切欣市）划归波兰，把斯皮什和奥拉瓦划归捷克斯洛伐克。协约国对波捷边界的划分，有利于捷克斯洛伐克，使波兰方面感到不满，从而影响了两国的友好关系。

---

① 马里安·艾凯特：《波兰政治史（1918—1939）》，第54页。

第二节　社会经济和民族结构

领土与人口

根据1921年的统计，波兰第二共和国的领土面积为388000平方公里，人口为2700万，其中波兰人占69%，约1870万人。少数民族约占1/3，其中乌克兰人占14%，犹太人占7.8%，白俄罗斯人占3.9%，德意志人占3.8%，立陶宛人、俄罗斯人和捷克人占1%。① 还有800万波兰人侨居国外，其中美国400万，苏联和德国各为150万。按照宗教划分，波兰人信奉罗马天主教，乌克兰人、白俄罗斯人信奉东正教和希腊天主教，犹太人信奉犹太教，德意志人信奉福音主义新教。按照阶级划分，农民有1450万，占全国人口的53.2%，其中一半为少地农民(每户农民占有不到五公顷的土地)，工人有750万，占27.5%，其中农业工人300万。知识分子和脑力劳动者140万，占5.1%。小资产阶级300万，占11%。资产阶级30万，占1.1%。地主10万，占0.3%。②

建国初期的社会经济状况和政府的政策

第一次世界大战和波苏战争使波兰的东部、南部和中部地区遭受严重破坏。据估计，物质损失达730亿法郎。在战争中有50万人牺牲，其中10万人在对苏战争和争夺西部边界中牺牲。战争引起了农田荒芜。1918—1919年，荒芜农田达460万公顷，1920—1922年，减少到110万公顷，1923年又减少至37万公顷。

① 亨里克·杰林斯基:《波兰史(1914—1939)》，1982年弗罗茨瓦夫版，第124—125页。

② 同上，第124页。

由于战争破坏，原波兰王国在1919年的就业工人仅为1913年的14%。由于粮食和日用品的不足，在原俄占区和原奥占区不得不实行粮食、食糖、盐和煤的配给制度。这种配给制度从1918年延续到1921年底。

波兰第二共和国是一个农业—工业国，65%的人口依靠农业为生。农民缺乏土地的现象十分严重。根据1921年的统计，1013400户贫苦农民只拥有2.8%的土地，1138500户少地农民（拥有2到5公顷）只拥有11.2%的土地，861100户中农（拥有5到10公顷）拥有17.3%的土地，而437600户富裕农民（拥有10到100公顷）则拥有20%的土地，3万户大土地所有者（拥有50公顷以上）竟拥有48%的土地。①

为了缓和农村的阶级矛盾，立宪议会在1919年7月10日通过了一项土地改革法令。该法令规定凡超过180公顷（原普占区和东部少数民族地区为400公顷）的地主土地，其超额部分将通过赎买，分配给无地和少地的农民。1920年7月15日，议会又通过一项土改法令，规定按市价一半的价格收购限额以上的地主土地，农民将从政府那里得到优惠的长期贷款。从1921—1923年，共拍卖了635000公顷的私有土地。土地改革一直持续到1938年，每年约有10多万公顷的私有土地被拍卖。土地改革的实施，在一定程度上满足了农民对土地的要求。

政府还实行军事移民政策。1920年12月17日，议会通过法令，没收了前沙皇俄国和俄国军官在白俄罗斯和乌克兰的地产，把它们交给波兰军官和士兵分配。到1923年，约有7000名军官和

① 杨·托米斯基主编：《复兴的波兰（1918—1939）》，1982年华沙版，第411页。

士兵在那里安家落户。政府试图通过军事移民进一步缓和农村的阶级矛盾,并使白俄罗斯和乌克兰地区波兰化。这一政策加剧了波兰和白俄罗斯、波兰和乌克兰的民族矛盾,增加了国内政治的不稳定。

从1923年起,波兰开始出口粮食,逐渐成为粮食和牲畜(猪、牛、马)的主要出口国。但是粮食和牲畜的产量仍未恢复到战前水平。农业的发展极不平衡。西部省份的农业具有高度商品化和集约化的特点,这主要是地主和富裕农民经营的资本主义农业经济。东部和南部省份的农业具有半封建的粗放经济的特点,每公顷谷物产量仅为西部省份的60%左右,主要由大地主庄园和分散的小农经济组成。

工业的分布和发展也极不平衡。轻工业集中在中部(罗兹工业区),重工业集中在西南部(上西里西亚和东布罗沃矿区)。首都华沙是五金工业和机器制造业的中心。波兹南则是农业机器制造业的中心。东部各省几乎没有工业。工业的恢复非常缓慢。1923年,煤的产量只达到1913年的88.6%。

在交通运输方面,在原来的三个占领区内,铁路运输极为不便。为了建立国内市场和发展经济,必须建筑联接华沙和波兹南、华沙和克拉科夫、西里西亚和格但斯克三条铁路干线。

建国初期,全国货币不统一。原普占区使用德国马克,原奥占区使用奥地利克朗,原俄占区使用俄国卢布。从1922年6月起,统一使用波兰马克。1924年又改用兹罗提。财政赤字是当时难以解决的严重问题。1919—1923年,财政赤字达40亿兹罗提。为了弥补赤字,国家印发越来越多的钞票,造成了严重的通货膨胀和物价飞涨。1918年11月,美元与波兰马克的比值是1:8;1923

年12月底，美元与波兰马克的比值则为1∶6375000。由于货币贬值和物价飞涨，劳动人民的生活急速恶化，阶级斗争空前尖锐，形成了全国性的政治危机。

根据官方统计，1923年有85万工人参加了罢工。这是第二共和国时期罢工人数最多的一年。这年秋天，罢工运动达到高潮。10月，铁路工人、邮电工人、电车和公共汽车司机举行罢工，造成全国交通瘫痪、政府宣布紧急状态，在若干地区设立战时法庭，镇压工人的罢工运动。11月5日，克拉科夫工人举行总罢工。政府出动警察和军队前往镇压。11月6日，发生了严重的流血冲突。一部分军队站到工人一边。工人得到大量武器和一辆装甲车，控制了全市。由于社会党人的调停，工人在获得政府关于撤走军队和警察的许诺以后停止了罢工。在克拉科夫附近的塔尔诺夫和鲍里斯瓦夫等地也发生了工人同军警间的流血冲突。在11月的冲突中，有40名工人和士兵死亡，200多人受伤。12月16日，以文·维托斯为首的联合政府倒台。

格拉布斯基政府的财政改革

面对严重的通货膨胀和社会冲突，1923年12月17日建立的瓦迪斯瓦夫·格拉布斯基政府把平衡财政收支、控制通货膨胀和稳定物价作为政府的主要任务。格拉布斯基是当时著名的经济学家。他计划通过增加财产税、紧缩政府开支、对外借款等办法实现他的改革目的。他裁减了3万名政府工作人员。为了制止物价上涨，政府限制了粮食的出口。1924年4月，政府建立了波兰银行，发行新的货币——兹罗提，1兹罗提可以兑换180万波兰马克。从7月1日起，波兰马克停止使用。美元与兹罗提的比值是1∶5.18。格拉布斯基在1924—1925年间，先后从意大利获得1400

万美元的贷款，从法国获得4亿法郎的军事借款，向美国获得1亿美元（由于德国的反对，实际得到2600万美元）的借款。从1924年起，政府开始修筑连接上西里西亚和格但斯克、格丁尼亚的铁路。由于格但斯克辟为自由市，政府加速修筑从1922年开始的格丁尼亚新港。

经过格拉布斯基的财政改革，1924年上半年的物价基本上达到稳定，职工的实际工资有所提高，国家的财政赤字也大大减少。

1924年下半年，波兰经济遇到新的困难。许多地区的水灾，使谷物的收获量比上年减少了1/3，引起了食物价格的上涨。1925年6月，德国政府对波兰实行关税战，煤的出口遇到困难，造成了对外贸易的庞大赤字。在德国政府的影响下，美国政府停止向波兰贷款。兹罗提的地位开始动摇，引起了新的通货膨胀，工人的实际工资下降，失业人数增加，开始了新的罢工浪潮。1925年11月，格拉布斯基政府辞职，组成了亚历山大・斯克任斯基政府。该政府继续上届政府的政策，继续同通货膨胀作斗争，但是没有收到成效。1926年5月，斯克任斯基政府倒台，组成了以文・维托斯为首的第二届联合政府。

第三节 1921年宪法和议会民主制度

1921年宪法

建国初期，波兰和它的邻国一样，曾经存在过要苏维埃还是要立宪会议的问题。从1918年11月初起，波兰各地区的先进工人，在波兰王国和立陶宛社会民主党和波兰社会党左派的领导下，建立了许多工人代表苏维埃。仅原波兰王国就有100个苏维埃。

1919 年 7 月,由于社会党的分裂活动和伊·帕德列夫斯基政府的镇压,苏维埃被解散。资产阶级用武力解决了要苏维埃还是要立宪会议的问题。他们得以从容地着手制定资产阶级共和国的宪法。

早在 1919 年 1 月 20 日,就举行了立宪议会的选举。2 月 10 日,立宪议会第一次会议在华沙召开,会上成立了宪法委员会,负责起草波兰共和国的宪法。1921 年 3 月 17 日,立宪议会一致通过了该宪法,史称“三月宪法”。

三月宪法是根据法兰西第三共和国宪法(1875)的模式制定的。根据孟德斯鸠关于三权分立的原则,立法权属由两院(众议院和参议院)组成的国民议会,行政权属总统和政府,司法权属独立的法院。

宪法宣称:“波兰共和国的主权属于人民。”[①]凡年满 21 岁的公民,不分性别,享有完全的公民权,凡年满 25 岁的公民,不分性别,均有被选举权。根据普遍、秘密、直接、平等和按比例的选举原则,选举议会议员。议员任期 5 年。

由于国家民主党害怕毕苏茨基当选总统,所以对总统的权力加以很大限制。按宪法规定,经 2/3 的众议员同意,总统才有权解散众议院,解散参议院则需经 3/5 参议员同意,方始有效。总统对法律不能行使否决权。总统有权任命总理,根据总理的提名任命各部部长和其他高级文武官员,但是总理和部长不对总统负责,而只对国民议会负责。总统发布的每一个行政法令,应由总理或有关部长签署方有法律效力。共和国总统在战时不能担任武装力量

① 《中学历史资料选读》第 52 分册,1962 年华沙版,第 3 页。

总司令职务，只能根据军政部长的推荐担任武装力量总司令。总司令的活动对国民议会负责。总统由国民议会选举产生，任期七年。

可见，立法权大于行政权是三月宪法的一个重要特点。议会不只拥有全部立法权，而且决定政府的工作方针。政府在得不到议会多数支持的情况下，必须提出辞呈。由于议会党派过多，很难建立一个得到议会多数支持的稳定的政府。这是内阁频繁更迭的重要原因，也是波兰议会民主制度的一个重大弊端。

宪法确认公民有言论、集会、出版、结社、秘密通信、宗教信仰、从事科学研究等自由，并宣布私有财产是“社会制度和法律秩序最重要的基础之一”。宪法还规定实行普遍的小学免费教育，保证少数民族有保持和发展民族文化、使用民族语言的权利。

1921 年宪法是第一次世界大战后欧洲资本主义国家的一部比较民主的宪法，在波兰历史上具有进步意义。同沙皇俄国统治时期的专制制度相比较，它具有无比的优越性。这个宪法的通过是波兰政治稳定的表现，但是这种稳定是非常脆弱的。由于经济形势的恶化、国内激烈的阶级冲突和统治阶级内部的矛盾以及国际环境的险恶，它只存在了 5 年就“夭折”了。

1922 年的总统选举

1922 年 11 月，在国民议会的选举中，国家民主党、基督教民主党等右翼政党组成“基督教民族统一同盟”（简称“赫耶纳”）进行竞选。中派和左翼政党单独参加选举。在众议院选举中，右翼政党得票 29%，中派政党得票 24%（其中波兰农民党“彼雅斯特”得票 13%），左翼政党得票 25%（其中波兰社会党得票 10%，波兰农民党“解放”得票 11%，波兰共产主义工人党得票 1.4%），少数民族得票 16%。在参议院的选举中,右翼政党则获得更多的选票。

1922 年 12 月 9 日,波兰举行首任总统选举。毕苏茨基因总统权力过小,拒绝做总统候选人。当时共提出 5 名总统候选人:国家民主党的候选人是大地主毛·扎莫伊斯基伯爵,"彼雅斯特"的候选人是前社会党人斯·沃伊切霍夫斯基,"解放"的候选人是加·纳鲁托维奇教授,社会党的候选人是伊·达申斯基,少数民族的候选人是让·博杜安·德科泰纳伊。经过 5 轮投票,纳鲁托维奇教授因得到左翼、"彼雅斯特"和少数民族议员的拥护,以 289 票击败国家民主党的候选人扎莫伊斯基伯爵(他获得 227 票),当选为总统。

国家民主党因在总统选举中遭到失败,恼羞成怒,对当选总统进行了猛烈的攻击。1922 年 12 月 11 日,纳鲁托维奇总统向议会宣誓效忠,12 月 14 日,他接管了国家元首毕苏茨基的权力。但不幸于 12 月 16 日被国家民主党人埃·涅维亚多姆斯基谋害。凶手被当场抓获,不久被处死。12 月 20 日,国民议会重新选举斯·沃伊切霍夫斯基为总统。1922 年总统选举中产生的悲剧,反映了波兰各党派之间斗争的激烈,同时也给议会民主制蒙上了一层阴影。

在纳鲁托维奇总统遇刺以后,波兰议会议长马切伊·拉塔伊(波兰农民党"彼雅斯特")授命瓦迪斯瓦大·西科尔斯基将军组阁。西科尔斯基同毕苏茨基一样,也是第一次世界大战期间波兰兵团的领导人之一。新总理邀请毕苏茨基担任军队总参谋长,并任命卡·索斯科夫斯基为军政部长,还任命瓦·格拉布斯基为财政部长。西科尔斯基力图缓和国内的紧张形势和改善财政经济状况。但是,西科尔斯基政府是一个过渡政府。一旦形成议会多数和建立议会多数派的政府,这个政府必须立即辞职。

1923年5月，“基督教民族统一同盟”和波兰农民党“彼雅斯特”就建立联合政府问题达成了协议，并组成了以文·维托斯为总理、斯·格翁宾斯基为副总理的中右政府。国家民主党除担任副总理职务外，还占有外交、工商、农业和教育四个部的部长职务。维托斯政府的建立引起了“彼雅斯特”的分裂，有14名议员和3名参议员脱离了“彼雅斯特”，另组新党。波兰社会党、波兰农民党“解放”、波兰共产主义工人党等左翼政党同少数民族一起，激烈反对这个资产阶级和地主政府的建立。

“赫耶纳—彼雅斯特”政府建立后，毕苏茨基毅然离开政府官邸而迁居华沙东部的苏莱尤夫科别墅。两天后，他辞去了军队总参谋长的职务。他宣布在6月罗马尼亚国王访问以后，辞去最后一个职务——军事委员会主席。7月2日，毕苏茨基在辞去了这个政府职务后，就脱离了国家的政治生活，暂时过着“隐居”生活。

毕苏茨基在纳鲁托维奇总统遇刺后，越来越感觉到议会民主制的缺陷，开始考虑用议会外的办法从国家民主党手里夺回政权。国家民主党开动宣传机器，贬低和诋毁毕苏茨基在1920年波苏战争中的作用，使他感到不能容忍。为了反驳国家民主党对他的污蔑和给自己树碑立传，他连续写了《我的最初战斗》、《论兵团战士的价值》、《回忆加·纳鲁托维奇》、《1863年》、《1920年》等著作。毕苏茨基和他的妻子、两个女儿住在苏莱尤夫科，静观形势的发展，等待时机，以图东山再起。

“赫耶纳—彼雅斯特”政府建立后，通货膨胀达到历史上空前未有的程度，罢工的人数创第二共和国的最高纪录。全国的罢工运动和克拉科夫事件，使政府声名狼藉，如坠深渊。1923年12月，“赫耶纳—彼雅斯特”政府倒台。国内形势的转变给毕苏茨基提供了夺取政权的绝好时机。但是当时他没有作好准备，只好等待下一次机会的到来了。

第四节　波兰共产主义工人党、波兰社会党和波兰农民党

波兰共产主义工人党的建立及其早期活动

1918 年 12 月 16 日，波兰无产阶级的两个革命政党——波兰王国和立陶宛社会民主党和波兰社会党左派，在华沙召开统一代表大会，成立了波兰共产主义工人党（1925 年 2 月 1 日，改名为波兰共产党）。这是欧洲国家最早建立的共产党之一。波共的建立加强了波兰的无产阶级革命运动，推动了共产国际（第三国际）的建立。

波共第一次代表大会通过了“政治纲领”和“告波兰无产阶级书”。这两个文件反映了波共对形势的错误估计和在民族问题、农民问题以及在议会问题上的左倾错误观点。“政治纲领”强调波兰共产党人同俄国革命和德国革命的团结，越过资产阶级民主革命阶段，宣布为实现社会主义革命而斗争是波兰工人运动的首要任务，并坚决要求“全部政权必须归组织在工人代表苏维埃里的城乡无产阶级”。[①] “政治纲领”谴责莫拉契夫斯基的“人民政府”，认为它是“资产阶级统治的遮羞布”。波共认为，“为实现社会主义制度而直接斗争的时代、社会革命的时代已经到来”，[②]坚信世界革命

---

① 《波兰共产党决议汇编》第 1 卷，1953 年华沙版，第 42 页。

② 同上，第 37 页。

会立即胜利。波共过高估计波兰无产阶级的力量，而没有看到农民的革命力量，把波兰无产阶级的胜利寄托在欧洲革命（主要是俄国革命和德国革命）的胜利上。

波共认为世界革命将解决一切民族问题，结束一切民族冲突，确信建立独立的民族国家是毫无意义的，甚至是有害的。波共在其政治纲领中写道："在摧毁资本主义基础的国际社会革命时期里，波兰无产阶级拒绝诸如自治、分治、自决等建立在资本主义时期的政治形式的基础上的一切政治口号。……无产阶级将反对建立资产阶级反革命的波兰军队的一切企图、反对为民族边界而进行的一切战争。对于国际社会革命阵营来说，没有边界问题。"①

波共不了解建立独立的波兰国家的进步意义，更不理解合理的边界对于巩固波兰独立的作用。波共也不理解农民对土地的迫切要求和土地问题在资产阶级民主革命中的重要地位以及工农联盟的意义，却提出了土地国有化和建立国营农场的口号。波共拒绝参加 1919 年的立宪议会选举，从而脱离了群众。

第一次代表大会选举了由 12 人组成的中央委员会，其中委员有玛丽亚·柯秀茨卡—薇娜·科斯特热娃、马克西米伦·霍尔维茨—亨里克·瓦莱茨基、弗朗齐舍克·费德莱尔、亨里克·多姆斯基等。

波共成立时，在维斯瓦河和桑河之间的东南部农村掀起了轰轰烈烈的农民运动。塔尔诺布热格县的许多农民武装起来，占领了地主庄园，分配他们的粮食和农具，俨然形成了一个独特的"塔尔诺布热格共和国"。在其他地区，农业工人的罢工运动也此伏彼

---

① 《波兰共产党决议汇编》第 1 卷，第 42—43 页。

起，声势颇大。但是，这些孤立的农民运动，都先后被政府军队镇压下去。1919 年初，“塔尔诺布热格共和国”遭到覆灭。

波共建立后，它把大部分的力量投入工人代表苏维埃的组织工作上，力图把苏维埃转变为无产阶级专政的工具，提出了“全部政权归苏维埃！”的口号。由于没有正确的民族纲领和土地纲领，它未能在苏维埃中获得多数，而只在东布罗沃矿区拥有多数。首都华沙和罗兹的苏维埃都掌握在波兰社会党手里。社会党领导人企图使苏维埃成为资产阶级政府领导下的普通的工人群众组织。

在原波兰王国，波共曾建立 100 多个苏维埃，代表 50 多万工人群众。苏维埃领导工人实行了八小时工作日，迫使资本家提高工资。它还发动了多次经济罢工和政治罢工。各地苏维埃都建立了工人纠察队，在东布罗沃矿区，苏维埃还建立了工人赤卫队。

从 1919 年 5 月中旬起，社会党领导人开始进行分裂苏维埃的活动。他们在建立“统一和独立的波兰”的口号下，把不赞成这个口号的共产党人排挤出苏维埃，建立所谓“独立的社会主义的苏维埃”。在卢布林苏维埃内部首先发生分裂。6 月底，华沙和其他各地的苏维埃也发生分裂。7 月，帕德列夫斯基政府逮捕了东布罗沃矿区苏维埃的全部领导成员，解除了各地的工人武装。从 1919 年 11 月初起，苏维埃运动和无产阶级革命运动都遭到失败。革命转入低潮。波兰革命运动之所以失败有其主观和客观的原因。无产阶级力量的薄弱，缺乏工农联盟的思想，社会党领导人的分裂行径和波共领导在民族问题和农民问题上所犯的错误，是主观上的原因。客观原因是资产阶级力量的强大及其政权的稳定等等。

波共把世界革命看得高于一切，是一个坚持无产阶级国际主义的政党。据估计，有 10 万波兰革命者参加了俄国十月革命，他们为在俄国巩固苏维埃政权和粉碎外国武装干涉作出了不可磨灭的贡献。在俄国的波共党员建立了自己的波共旅俄中央执行委员会。其成员有费·捷尔任斯基、约·温什里赫特等8人。波共旅俄中央执行委员会加入了俄共(布),成为俄共(布)的自治组织。1919年6月,波共旅俄中央执行委员会被解散,另建立了俄共(布)中央波兰局;9月,又改组为波共执行局。据估计,1921年初在苏俄的波共党员有15000人。1921年里加和约后,许多波兰共产党员回国,但仍有一些党员长期留在苏联,为苏联的社会主义革命和建设鞠躬尽瘁,建立了丰功伟绩。他们的杰出代表是捷尔任斯基。在1926年逝世前,他曾担任过俄共(布)中央委员、全俄肃反委员会主席、俄罗斯联邦内务人民委员、俄共(布)中央组织局候补委员、俄共(布)中央政治局候补委员、苏联交通人民委员和苏联最高国民经济委员会主席等重要职务。

在波苏战争(1919—1920)期间,波共坚决反对波兰方面发动的战争,要求通过和平途径解决边界争端,而当红军进入波兰领土作战时,大部分国内党的领导人反对革命输出,认为红军进入波兰是对波兰共产主义运动的严重打击,是一个严重错误。但是在俄共(布)和旅俄波共领导人的影响下,波共中央认为红军进入波兰作战从俄国革命和世界革命的观点看是正确的。事实上,1920年7月30日在比亚威斯托克担任波兰临时革命委员会领导人的,都是从苏俄来的波共领导人。

波兰共产主义工人党第二次代表大会

波兰共产主义工人党代表波兰工人运动的左翼,从它建立以后就遭到政府的残酷迫害,实际上是处于秘密状态之下。它在理论上继承了波兰王国和立陶宛社会民主党的遗产,在民族问题和农民问题上曾经犯过严重错误。经过五年的思想演变，波共逐步克服了“左”倾错误，成为比较成熟的列宁主义政党。1923 年举行的第二次代表大会是波共思想演变的转折点。

1923 年 4 月 10 至 13 日，在索波特举行的第三次代表会议是波共的一次重要会议。这次会议准备讨论亟待解决的三个问题：统一战线问题、土地问题和民族问题。由于时间不够，只讨论了前两个问题。鉴于革命高潮已经过去，预期的世界革命还没有发生，列宁认为共产党的任务是反对资本家的进攻，团结群众，积聚革命力量，迎接新的革命高潮的到来。在 1921 年 6 月 22 日—7 月 12 日召开的共产国际第三次代表大会上，根据列宁的倡议，通过了关于建立工人统一战线的决议。在波共第三次代表会议上，在统一战线问题上党内形成了三种意见。一种意见是主张原则上接受统一战线策略，但不愿同波兰社会党建立统一战线；另一种意见是根本不接受统一战线的策略，认为这是同右翼社会党人妥协的机会主义主张；第三种意见主张接受并在波兰运用统一战线的策略，代表这一意见的有瓦尔斯基和柯秀茨卡等多数代表。经过激烈的讨论和争论，第三次代表会议才通过了关于统一战线的决议。

这次代表会议对农民问题（土地问题）进行了长时间的讨论。共产国际第二次代表大会（1920 年 7 月 19 日—8 月 7 日）通过的土地提纲使波兰共产党人受到启迪。由柯秀茨卡、瓦尔斯基等人起草的土地提纲，提出了“土地归农民”的口号。提纲的作者认为，在波兰这样一个农民占多数的国家里，单靠无产阶级的力量，革命是无法取胜的，只有建立工农联盟，实行工农革命，革命才能获得胜利。由于只有半数代表同意这一土地提纲，代表会议把土地问题留待即将召开的第二次代表大会解决。

代表会议还决定参加1922年11月举行的国民议会选举，为此成立了“城乡无产阶级同盟”，作为党的合法组织参加竞选。在这次选举中，波共获得1.4%选票和两个议席。

阿道夫·瓦尔斯基

波共第二次代表大会是在1923年9月19日至10月2日在莫斯科附近的博尔谢沃召开的。这次代表大会讨论的报告有：阿道夫·瓦尔斯基的《波兰共产主义工人党的五年》，亨里克·拉威尔的《政治形势和党的策略》，玛丽亚·柯秀茨卡的《土地提纲》和《作为革命领导力量的共产党》，爱德华·普罗赫尼亚克的关于民族问题的报告等。代表大会还通过了有关问题的决议。

瓦尔斯基在报告中总结了建党五年来的工作，指出党在提出社会主义革命口号时，没有注意到民主革命的任务和国内的革命力量，也没有认识到土地问题和民族独立的重要意义。他建议党应该团结工人、农民、小资产阶级和知识分子，为实现资产阶级民主革命的任务而斗争，首先是为解决土地问题和巩固独立而斗争。

玛丽亚·柯秀茨卡

拉威尔在报告中建议同波兰社

会党、波兰农民党"解放"结成统一战线，为推翻"赫耶纳—彼雅斯特"政府、为建立工农政府而斗争。代表大会在决议中指出："波兰的资产阶级政府已经成为波兰独立的致命危险。只有革命的胜利才能赋予波兰人民以持久的国家独立。在这个历史时刻，革命的波兰无产阶级在历史事件的舞台上不应当只充当本阶级利益的代表，而必须成为全民族的领袖和全民族利益的代表。"①代表大会确认无产阶级、农民和一切被压迫的少数民族是波兰的三大革命力量。

代表大会批准了《土地提纲》，通过了《关于工农联盟问题的决议》，提出了"土地归农民"的口号。

同时，代表大会还批准了关于民族问题的报告，通过了《为了我们和你们的自由！》（关于民族问题的决议）的决议。该决议指出："没有被征服民族的完全自由，就没有波兰人民的真正自由。"②代表大会支持白俄罗斯人民和乌克兰人民民族自决的权利，支持他们提出的关于脱离波兰、同苏维埃白俄罗斯和苏维埃乌克兰合并的要求。

第二次代表大会把争取社会主义的斗争同当前的革命任务结合起来，把无产阶级的国际主义同爱国主义结合起来，使波共在政治上变得更加成熟了。

第二次代表大会选举了由16人组成的中央委员会，其中委员有玛丽亚·柯秀茨卡、亨里克·瓦莱茨基、阿道夫·瓦尔斯基、弗朗齐舍克·费德莱尔。

---

① 《波兰共产党决议汇编》第1卷，第198页。

② 同上，第227页。

波兰共产主义工人党在二大前后把自己的活动扩大到全国。1920 年建立的西白俄罗斯共产党和西乌克兰共产党，成为波共的自治组织。1922 年，波共还建立了共产主义青年团，加强了自己在青年中的工作。但是，由于政府的迫害和逮捕，党员人数从 1919 年的 1 万余名减少到 1923 年的 6000 人。

1924—1925 年，波共由于俄共(布)内部的斗争而处于非常困难的境地。在列宁逝世前后，以斯大林为首的多数派同以托洛茨基为首的反对派之间在苏联建设社会主义的前途等问题上发生激烈的争论。波共中央在 1922 年 12 月 23 日致函共产国际执行委员会主席团和俄共(布)中央政治局，对俄共(布)内部的斗争表示不安。这封信被斯大林看作是右倾宗派活动的根据。波共党内的极左分子多姆斯基要求停止执行波共第二次代表大会的决议。在共产国际第五次代表大会(1924 年 6 月 1 日—7 月 8 日)上，成立了以斯大林为首的波兰委员会，专门研究波兰党内问题。瓦尔斯基、柯秀茨卡、瓦莱茨基等波共领导人被指责为“右倾机会主义”，波共中央被视为“托洛茨基主义的分店”。瓦尔斯基等人被迫离开了中央领导，由多姆斯基和伦斯基等“左”倾分子担任波共中央的领导职务。1925 年 1 月 14 日—2 月 5 日，波共在莫斯科召开了第三次代表大会。这次大会把反对“右倾机会主义”作为自己的主要任务，完全抛弃了二大确立的正确路线。代表大会把波兰共产主义工人党正式改为波兰共产党。1925 年 11 月 24 日—12 月 23 日，波共召开第四次代表会议，在会上多姆斯基因反对统一战线受到共产国际执行委员会主席团的批评而离开了波共中央领导工作，瓦尔斯基等人回到党的领导岗位，同时恢复了党的二大路线。

统一的波兰社会党的建立及其活动

1919年4月23日—4月26日，波兰社会党第16次代表大会、加里西亚社会民主党第15次代表大会和普占区波兰社会党第16次代表大会同时在克拉科夫召开。4月27至28日，三个政党举行统一的代表大会，宣布统一的波兰社会党成立。这次统一代表大会对达申斯基和莫拉契夫斯基的“人民政府”作了很高评价，认为它在巩固独立和奠定国家的民主基础方面作出了贡献，确认经过普选而产生的议会是最高的立法机关。

代表大会讨论了党纲草案，认为把作为阶级压迫工具的国家改造成为“人民集体意志的机关”，建立代表工人和农民利益的社会主义政府，是社会党的一项重大任务。代表大会拒绝无产阶级专政的口号和通过社会革命建立社会主义的原则。1920年5月，在社会党第17次代表大会上正式通过了党纲。代表大会选举了党的最高领导机构——由34人组成的最高委员会和由12人组成的中央执行委员会。被选为党的主席的有：勃罗尼斯瓦夫·杰明茨基、伊格纳采·达申斯基和约瑟夫·比尼什凯维奇三人。

社会党一直处于合法状态。1921年7月，在第18次代表大会召开之际，党员人数已达55000人，党领导的工会会员约50万人。

波兰社会党把自己的很大一部分力量投入议会工作。在1922年进行的议会选举中，它获得41个议席。它和波兰农民党“解放”结成同盟，支持毕苏茨基的政策，反对国家民主党组阁。

与共产党相反，社会党主张没收50公顷以上的地主土地并交由农民分配。但是，议会却通过了波兰农民党“彼雅斯特”提出的土地改革草案，这一草案把地主拥有土地的限额确定为180公顷

(西部地区为400公顷)。

当纳鲁托维奇总统被国家民主党人谋杀后,社会党领导人曾企图实行报复。他们为纳鲁托维奇举行了盛大的葬礼。1923年5月,当"赫耶纳—彼雅斯特"政府建立后,社会党组织了许多次罢工斗争,试图推翻这个政府。但是克拉科夫事件发生后,为了避免过多的流血,它不得不与该政府达成妥协,在政府撤退军队后,就结束了罢工斗争。

波兰社会党领导人分裂苏维埃的行径和同资产阶级政府妥协、合作的政策,不断引起党内左派的反对。1919—1920年间,党内形成了以塔德乌什·扎尔斯基为首的反对派。1920年,扎尔斯基等人加入了波兰共产主义工人党。1921年,又有耶日·索哈茨基和斯塔尼斯瓦夫·万楚茨基等左派领导人脱离社会党,加入了波兰共产主义工人党。

波兰社会党是第二国际的成员。在第一次世界大战后,第二国际声名狼藉,许多工人纷纷离开第二国际所属的社会民主党。有些国家的中派组织另建新党(如德国独立社会民主党、英国独立工党)。1921年初,在奥地利社会民主党领袖阿德勒的倡议下,中派政党在维也纳建立了"社会党国际劳动联盟"(即所谓第二半国际)。波兰社会党在1921年7月举行的第18次代表大会上通过决议,中断了同第二国际的关系,要求加入第二半国际。第二半国际领导人因波兰社会党积极支持波兰政府发动的波苏战争,没有同意它加入第二半国际。这样,波兰社会党在国际上陷于孤立。1923年5月,第二国际和第二半国际在汉堡实行合并,成立了社会党工人国际。波兰社会党得以加入这个组织,才摆脱了国际上的孤立。

波兰农民党

同其他东欧国家的情况一样，波兰农民在全国人口中的比例占大多数，由于地主大土地所有制的存在，农民缺乏土地的现象十分严重。为了维护农民的利益，在19世纪末就成立了农民政党。第一次世界大战期间，波兰农民党内部发生分裂，形成了许多农民政党。

最主要的农民政党是波兰农民党“彼雅斯特”和波兰农民党“解放”，较小的有波兰农民党左派、激进农民党、农民联盟等。农民政党不像工人政党那样，具有明确的政治纲领和严密的组织系统。各农民政党都站在维护私有制度的立场上，主张在议会民主制度的基础上实行土地改革。但是在这个问题上，各农民政党之间存在着很大的意见分歧。“彼雅斯特”党主张温和的有偿的土地改革，“解放”党则主张激进的无偿的土地改革。各农民政党在土地改革问题上的意见不一致，使地主阶级得以拖延和阻挠土地改革的进行。这是波兰土地改革收效不大的一个重要原因。

波兰农民政党在资产阶级议会民主制度中占有重要地位。“彼雅斯特”党在议会中居中派地位，比较接近于国家民主党和基督教民主党。在1923和1926年，它曾与上述政党联合组阁。“解放”党等政党则属于议会左派，同波兰社会党和毕苏茨基集团比较接近。“彼雅斯特”党主要在原加里西亚农村进行活动，其领导人有文·维托斯、马·拉塔伊、瓦·凯尔尼克等。“解放”党主要在原波兰王国农村进行活动，其领导人有斯·图古特、尤·波尼亚托夫斯基。波兰农民党左派也在原加里西亚活动，其领导人是杨·斯塔宾斯基。

1924年成立的独立农民党，与其他农民政党不同，有独特的政治纲领，宣布为建立工农政府而斗争，同波兰共产党密切合作，在对外政策上主张同苏联结成同盟。党的领导人有阿·费德尔凯维奇、塞·沃伊武茨基等。该党主要在中部各省活动。1927年，独立农民党被政府强制解散。

第五节 波兰的国际地位和对外政策

波兰的国际地位和对外政策的任务

波兰第二共和国在领土面积方面远比瓜分前的波兰共和国小，只有388000平方公里，但仍居欧洲第六位，次于苏联、法国、西班牙、德国和瑞典，是中东欧最大的国家。波兰位于欧洲中部，介于德国和苏联之间，战略地位重要，历来是兵家必争之地。波兰的政治地理位置，使波兰人民经受了欧洲少有的战争浩劫。维护波兰的独立和安全，实有利于欧洲的和平。

波兰对外政策的主要任务是巩固国家的独立和维护欧洲的现状。1922年1月19日，政府通过的一个由军队总参谋部起草的外交文件写道："作为一个国家，我们特别关心尽可能长久地维持我国的现状。长时期的内部稳定和和平劳动是我们特别需要的。在外部我们没有多少活动余地。从军事观点看，对外政策应当力求避免武装冲突。"①在1921—1922年担任外交部长的康斯坦丁·斯基尔蒙特说："我国对外政策的主要任务是履行和约和维持同波兰有共同利益的国家的关系。"②经过四年的第一次世界大战和两

① 杨·托米斯基主编：《复兴的波兰（1918—1939）》，第148页。

② 同上，第149页。

年波苏战争，波兰的经济遭到严重破坏，人民备受牺牲和痛苦。恢复和发展经济、统一国家、维护和巩固独立是波兰的根本利益所在。

波兰第二共和国是在俄国和德国两个邻国在战争中失败和受到严重削弱的特殊情况下建立的。随着两个邻国力量的不断强大，要维护波兰的独立和领土完整越来越困难。波兰只有指望当时欧洲的两个强国——英国和法国的帮助。

英国是战后欧洲第一个强国，对欧洲命运起着决定性的作用。波兰政府曾多次请求英国支持，但都遭到拒绝，而且受到各种非难。英国为了削弱法国，力图扶植德国，把波兰看成是法国的盟国，在波德领土争端问题上始终站在德国一边。对英国来说，波兰是一个无关紧要的国家，所以它主要从对德、对俄关系上来考虑波兰问题。英国首相劳合・乔治甚至对波兰领土西里西亚在什么地方也不知晓。他对波兰竭尽污蔑之能事，不顾历史事实地说什么波兰人民"在全部的历史过程里，没有一次表现出有能力维持持久的独立"。①

法国是欧洲第二个强国，是波兰的盟国，在巴黎和会上曾多次支持过波兰。波兰和法国有着传统的友谊，波兰政府把与法国的同盟作为对外政策的基础。而法国希望波兰强大，主要是为了牵制、削弱德国。在丧失俄国这个强大的盟国后，法国希望波兰在欧洲能够取代俄国的作用。但实际上这是做不到的。所以法国希望在东欧寻找波兰以外的盟国。捷克斯洛伐克、罗马尼亚和南斯拉夫就是这样的盟国。1921 年 2 月，波兰国家元首毕苏茨基访问法

① 杨・托米斯基主编:《复兴的波兰(1918—1939)》,第 138 页。

国，同法国政府签订了一项同盟条约。波法同盟主要是为了防止德国的侵略，但是波兰和法国的利益是不完全相同的，而且两国的关系也不是平等的，因为波兰的对外政策在很大程度上受法国的控制。当然，波兰还是一个独立的国家，而不是法国的保护国。法国有时出于自私的目的，不惜损害波兰的利益。一旦法国背弃波兰，波兰就陷入孤立无援的境地。

波德关系和波苏关系

德国以极不满意的心情看到波兰的独立，把波兰和法国看作从东西两翼包围德国的敌国。凡尔赛条约签订以后，德国无法用武力威胁波兰的独立，但是德国复仇主义者的活动却愈演愈烈。1922 年，魏玛共和国总理魏尔茨在一次讲话中指出："波兰必须受到惩罚。"德军领导人汉斯·塞克特将军也说："波兰的存在是不可容忍的，是同德国的切身需要不可调和的。波兰必须灭亡，而且一定会灭亡。"[①]波德两国的关系因 1922 年 4 月在热那亚会议期间签订的拉巴洛条约而日益紧张。根据该条约，德苏两国政府彼此同意放弃对于战争费用以及它们在战时给双方国民造成的战争或非战争的损失而索求赔偿的权利。参加热那亚会议的波兰代表团团长、外交部长斯基尔蒙特，因上述规定涉及原俄占区波兰领土问题而损害了波兰的利益，因此向德国代表团团长拉特瑙发出了抗议照会；同时，还向苏俄代表团团长契切林发出照会，要求取消拉巴洛条约中有关同里加条约相矛盾的条款。这些要求都遭到德苏两国的拒绝。所以，拉巴洛条约的签订在波兰引起了极大的不安，它害怕受到两个邻国的联合包围。尽管波德两国于 1920 年 3 月

---

① 杨·托米斯基主编：《复兴的波兰(1918—1939)》，第 137 页。

在柏林和华沙建立了各自的外交代表机构，但都没有向对方派出大使。

德国政府力图取消战争赔款，扩张军备，不放过任何机会对波兰施加压力，迫使其在领土问题上作出让步。1925 年 6 月，德国开始了对波兰的关税战，停止进口波兰的煤炭，以期引起波兰经济的混乱和政治的不稳定。与此同时，德国外交部长施特雷斯曼发动外交攻势，企图使德国恢复大国的地位。1925 年 9 月，他确定了德国外交政策的三项重大任务：第一，解决赔款问题；第二，保护侨居国外的德意志人；第三，修改东部边界，收复但泽（格但斯克）、波兰走廊，修改上西里西亚的边界。上述三项任务，特别是第二、第三项是针对波兰和捷克斯洛伐克提出的。德国政府竭力开动宣传机器，煽动复仇主义气焰，用巨额款项资助波兰和捷克斯洛伐克境内的德意志民族主义组织，鼓励他们进行分裂主义的活动。德国的复仇主义活动受到英国政府的纵容和支持，却遭到法国彭加来政府的反对。1924 年，以赫里欧为首的左翼联盟政府建立后，对德国的复仇主义活动越来越采取容忍和妥协的态度，这不能不引起波兰政府的更大不安。

里加条约签订以后，波苏关系继续处于紧张状态，双方都怀有猜疑情绪和敌意。1921 年 9 月 18 日，波兰驻莫斯科代办蒂·费里波维奇向苏俄政府发出最后通牒，要求苏方履行里加条约有关条款：释放波兰战俘，撤退波兰侨民，归还波兰财产和文物。9 月 22 日，苏方在答复的照会中，要求波方根据里加条约的条款，停止支持彼得留拉、索文科夫等匪帮的反苏活动。10 月 7 日，波兰外交部副部长杨·童布斯基和苏俄公使列夫·卡拉汉签订了一项关于撤销侨民委员会的工作和把索文科夫、彼得留拉赶出波兰的议定书。波苏关系开始有所缓和。但是在1922年4月苏德拉巴洛条约签订以后,波苏关系又重趋紧张。

苏俄政府因受资本主义的包围而深感不安,害怕随时会发生新的外国武装干涉,而波兰始终是西方国家进攻俄国的跳板,所以苏俄政府急欲同波兰签订一项互不侵犯条约。从波兰方面来说,自里加条约签订以后,它只求保持现有边界,而没有任何新的领土要求。面对德国咄咄逼人的进攻势头,波兰没有能力同时对付德俄两个邻国,所以,它很愿意同苏俄改善关系。但由于长期的不信任气氛,波苏关系一直没有得到明显改善。1922年6月,苏俄政府建议在莫斯科召开有波兰和波罗的海国家参加的裁军会议,同时缔结苏波友好条约。波兰政府在8月29日的复照中,接受了苏方的建议。9月底,应波兰政府邀请,苏俄外交人民委员契切林访问波兰,受到国家元首毕苏茨基、总理诺瓦克和外长纳鲁托维奇的接见。1922年12月2日,苏俄建议的裁军会议在莫斯科召开。苏方代表李维诺夫提出按比例裁减1/4军队的建议,即将红军保留60万,波兰军队保留22万,芬兰、爱沙尼亚、拉脱维亚、立陶宛的军队也作相应的裁减。上述建议遭到波兰和波罗的海国家的反对。12月11日,波兰代表提出签订一项互不侵犯条约的草案,建议先缔结该条约,而后解决裁军问题。苏俄代表团则主张先讨论实际的裁军问题而后缔结互不侵犯条约。12月22日,裁军会议在毫无结果的情况下结束。

1924—1926年间,由于波德关系日益紧张,波苏关系有了一定的改善。为了防止边境冲突,波苏两国于1925年8月3日在莫斯科签订了一个边界条约。波苏关系改善的另一重要标志是1925年9月27—29日契切林对波兰的访问。这位苏俄外交人民委员在华沙受到比上一次更为隆重的接待。他同波兰总统、总理和两院议长就欧洲形势充分地交换了意见，并同波兰外交部长斯克任斯基就签订互不侵犯条约问题进行了详细的讨论，为1932年签订的波苏互不侵犯条约奠定了基础。在此期间，波苏两国的贸易额增加了好几倍。契切林对波兰的访问，是在英法意等西方国家暗中同德国讨论关于保证德国西部边界的安全和洛迦诺会议即将召开的时候进行的，所以，这次访问对提高波兰的国际地位有重要意义。

波兰同其他邻国的关系

波兰和捷克斯洛伐克有着漫长的边界。波兰是一个面积较大、人口较多的欧洲国家，而捷克斯洛伐克有着发达的工业，特别是军火工业。如果两国领导人从两国的根本利益出发实行合作，取长补短，共同抵抗德国的侵略，那将对维护欧洲和平作出很大贡献。然而，阻碍两国改善关系的因素很多，除了上文讲到的领土争端以外，波、捷两国对中东欧国家领导权的争夺也是一个很重要的因素。1921年，捷克斯洛伐克和罗马尼亚、南斯拉夫组成小协约国，其矛头是指向匈牙利的复仇主义的。捷克斯洛伐克不允许波兰成为小协约国的第四个成员国，而只同意波兰和小协约国的成员国进行合作。对此，波兰常耿耿于怀，伺机报复。此外，捷克人挑动乌克兰人反对波兰人，波兰人则煽动斯洛伐克人反对捷克人。1924年，波捷关系有了一定改善。这年9月在日内瓦召开的国际联盟理事会会议上，波兰代表团和捷克斯洛伐克代表团在两国外长斯克任斯基和贝奈斯的领导下，密切合作，促使会议在10月2日批准关于和平解决国际冲突的议定书（即日内瓦议定书）。与此同时，波兰前总理、波兰农民党“彼雅斯特”领袖文·维托斯和捷克斯洛伐克总理、捷克斯洛伐克农业党领袖安·什维格拉加强了联系，进行了互访。1925 年 4 月，捷克斯洛伐克外交部长贝奈斯访问波兰，受到波兰总统沃伊切霍夫斯基的接见。1926 年 4 月，波兰外交部长斯克任斯基对捷克斯洛伐克进行了回访。两国外长的互访，进一步改善了双方的关系。但是，由于两国领导人缺乏远见，波捷两国的关系没有发生实质性的变化。

波兰和立陶宛的关系，因波兰军队占领维尔诺地区，两国一直处于紧张状态，而没有建立外交关系。立陶宛政府强烈要求把维尔诺地区归还立陶宛。1923 年 3 月 15 日，英法意三国政府在巴黎作出决定，承认波兰的东部边界。4 月，美国政府宣布同意波兰的东部边界。立陶苑和苏维埃乌克兰对西方列强的这一决定表示抗议。1924 年 4 月，立陶宛为维尔诺建市六百周年而举行的盛大纪念会，掀起了反对波兰的浪潮。波兰和立陶宛的关系开始进一步恶化。

罗马尼亚是同波兰保持良好关系的唯一邻国。第一次世界大战后，罗马尼亚因从匈牙利收复特兰西瓦尼亚、从俄国收复比萨拉比亚、从保加利亚得到南多布罗加而使它的领土和人口大大增加。1921 年 3 月，波兰和罗马尼亚缔结了同盟条约。条约是防御性的，它是针对苏俄而签订的。这一年，罗马尼亚同捷克斯洛伐克和南斯拉夫组成了小协约国。罗马尼亚加入小协约国，主要是为了防止匈牙利和保加利亚修改边界。1922 年 9 月，波兰国家元首毕苏茨基访问罗马尼亚。1923 年 6 月，罗马尼亚国王费迪南一世夫妇回访波兰。两国友好关系进入了高潮。

洛迦诺会议及其对波兰的影响

自从 1923 年鲁尔危机和 1924 年德国接受“道威斯计划”以

后，德国复仇主义者在英美的纵容下步步进逼，而法国节节退让。欧洲形势的发展越来越不利于波兰。法国要求英国保证使法国、比利时以及波兰、捷克斯洛伐克的边界不受侵犯。英国外交大臣奥斯汀·张伯伦对中东欧问题不感兴趣。他在1925年2月给英国驻巴黎大使的信中说："任何英国政府不会、也永远不会为保卫波兰走廊而牺牲一名英国掷弹兵的生命。"[①]英国政府还拒绝签署日内瓦议定书。法国政府对英国政府的行动表示失望，只好放弃原先的要求而同意只保证德国同法国和比利时的边界安全。1925年1、2月间，德国政府先后向英法两国政府提出了关于莱茵公约的备忘录，同意保证莱茵边界不受侵犯。

1925年10月5—16日，就德国草拟的莱茵公约进行讨论的外交部长会议在瑞士洛迦诺召开。参加会议的有英国、法国、德国、比利时、意大利、波兰、捷克斯洛伐克七国的外交部长。波兰外长斯克任斯基和捷克斯洛伐克外长贝奈斯未被允许参加重要会议，而只能听取会议的结果。会议的中心议题是讨论莱茵公约。法国外长白里安在洛迦诺会议上试图以东欧盟国的保护人自居，提出保证波捷边界的要求，遭到德国外长施特雷泽曼的断然拒绝。此外，会议还讨论了德国加入国联的问题，会上一致同意德国加入国联。

会议还通过了最后议定书和六个文件。其中最重要的是由英国、法国、德国、比利时、意大利签署的保证德国和法国、德国和比利时边界不受侵犯的保证条约（莱茵公约）。条约第1条规定，德

---

① 引自塔·英德鲁什恰克主编：《波兰通史》第4卷第2分册，1984年华沙版，第345页。

国和比利时、德国和法国之间的边界领土维持现状不受侵犯;第 2 条规定,双方保证不得进行任何攻击和侵犯,互不诉诸战争。其他文件是:德国和比利时仲裁协定;德国和法国仲裁协定;德国和波兰仲裁条约;德国和捷克斯洛伐克仲裁条约;法国同波兰和捷克斯洛伐克保证条约。在德国和波兰仲裁条约、德国和捷克斯洛伐克仲裁条约中,施特雷泽曼拒绝使用"不得进行任何攻击和侵犯,互不诉诸战争"等字眼,而只保证用和平方式解决领土争端。法国同波兰和捷克斯洛伐克签订的保证条约,很少有实际价值,因为法国在波兰或捷克斯洛伐克遭到德国攻击而起来援助时,必须在英国、意大利和比利时认为德国的行为属于侵略时,才能有效。由于德国的反对,这个文件只作为会议的附件列入会议的文件之中。

洛迦诺会议是德国外交的胜利,同时也是法国外交的失败。由于波兰和捷克斯洛伐克的西部边界没有得到保证,法国在东欧盟国中的信誉扫地。对于波兰和捷克斯洛伐克来说,洛迦诺会议意味着灾难的即将降临。苏联外交人民委员契切林在 1925 年 10 月 15 日从柏林致电莫斯科说:"法国已全线让步,德波边界无保证,但未经国联行政院同意,法国不得向波兰提供援助。波兰情绪沮丧,这表明法国已把波兰出卖了。"[①]洛迦诺会议没有保证德波、德捷边界不受侵犯,实际上是对凡尔赛和约的破坏,给德国对波兰和捷克斯洛伐克的侵略开了绿灯。洛迦诺会议后,德国加入了国联,而且成为国联的常任理事国,跻身于世界强国的行列。这时波兰朝野更感到德国的侵略威胁。

---

① 引自〔苏〕维戈兹基等编:《外交史》第 3 卷,1965 年莫斯科版,第 420 页。

第十四章

波兰第二共和国

(1926—1939)

第一节 "五月政变"的原因、过程和性质

约瑟夫·毕苏茨基对宪法赋予总统的有限权力深感不满。他认为他的权力,特别是对军队的权力应当是无限的、绝对的。1924年,当时担任军政部长职务的瓦·西科尔斯基将军在提出军队最高领导应接受政府和议会监督的草案时,曾受到毕苏茨基的猛烈攻击。从1923年春起,毕苏茨基被迫退出政治舞台,"隐居"苏莱尤夫科别墅,仍不断地干预国家政治。由于他在军队中和左翼政党中的影响很大,所以,当时总统、议会和政府都比较重视他的意见。

1926年5月10日第二届"赫耶纳—彼雅斯特"政府的建立,使毕苏茨基勃然大怒。次日,他向报界揭露了维托斯政府贪污、舞弊、无能等劣迹,号召全国人民为推翻这个政府而斗争。波兰社会党、波兰农民党"解放"、农民党和波兰共产党等左翼政党也纷纷发表声明,号召群众起来推翻这个政府。毕苏茨基决定发动军事政变,推翻维托斯政府,夺取全国权力。

政变的准备工作在几个月前就已开始。前任军政部长卢·热利戈夫斯基将军把几支由毕苏茨基分子指挥的军队，以演习为名，集结于华沙近郊、苏莱尤夫科附近的雷姆贝托夫。5 月 11 日，新任军政部长约·马尔切夫斯基将军命令该部队立即撤离雷姆贝托夫，返回原驻地。毕苏茨基分子不只没有执行命令，而且从华沙附近的普乌土斯克和谢德耳策继续调来军队。政变军队达 4000 多人。5 月 12 日凌晨，毕苏茨基率政变军队从雷姆贝托夫向华沙进军；傍晚，控制了布拉格，占领了两座维斯瓦河上的大桥。与此同时，驻扎在华沙的亲毕苏茨基军队也纷纷出动，占领了东火车站等战略据点。

约瑟夫·毕苏茨基

5 月 12 日，毕苏茨基派的报纸编造谣言，发布"消息"说 5 月 11 日夜间，毕苏茨基元帅的别墅遭枪击，有人企图谋杀毕苏茨基，并说这是维托斯政府干的。华沙居民信以为真，谴责政府的"暴行"。毕苏茨基在舆论上占了上风。

这天早晨，政府曾获悉发生军事政变。军政部长马尔切夫斯基将军组织忠于政府的军队实行反击，任命塔·罗兹瓦多夫斯基将军为保卫华沙的司令，任命斯·哈勒将军为参谋长，在华沙实行戒严，并准备从波兹南等地调集军队支援首都。

下午 5 时，沃伊切霍夫斯基总统同毕苏茨基会晤于波尼亚托夫斯基大桥。总统要求毕苏茨基撤退军队，用和平方式解决政府危机，遭到毕苏茨基的拒绝。

经过两天的战斗，政变部队击败了政府军的抵抗，占领了市中心和机场。总统府和政府所在地贝尔凡德尔宫落入政变分子手中。政府迁往维拉诺夫宫。由于铁路工人罢工，从波兹南和波莫瑞等地驰援的政府军无法及时来到华沙。5 月 14 日下午，维托斯政府鉴于继续抵抗已没有希望，决定总辞职。沃伊切霍夫斯基总统也向议会议长拉塔伊提交了辞呈。

经过三天的激战，双方共牺牲 379 名士兵，有 920 多人受伤。毕苏茨基的军事政变获得了成功。毕苏茨基的胜利在很大程度上是由于左翼政党和首都居民的支持。

5 月 15 日，拉塔伊议长召见毕苏茨基，就组织新政府问题进行磋商。根据毕苏茨基的提议，由卡齐米日·巴尔泰尔教授组织新政府，毕苏茨基自任军政部长。从此开始了波兰现代史上的独裁政权时期。

毕苏茨基把这次政变称为“某种没有任何革命后果的革命”。他以这种似是而非的话来掩盖政变的阶级实质，并以此来欺骗左派、安抚右派。在五月政变的日子里，波兰共产党号召工人举行罢工，支持毕苏茨基政变，把毕苏茨基看作克伦斯基式的人物，把政变看作小资产阶级反对大资产阶级的夺权斗争。广大群众考虑到毕苏茨基在第一次世界大战前曾经是波兰社会党的领导人，在他于 1908 年脱离波兰社会党以后，仍把他看作“社会主义者”和“民主战士”。其实，随着波兰第二共和国的建立，毕苏茨基同社会主义和民主越来越显得格格不入，而愈来愈多地倾向于建立独裁政权，而这是包括共产党、社会党在内的左翼政党和广大群众所没有觉察到的。广大群众都认为五月政变具有民主的进步的性质。

大约两个星期以后，波兰共产党改变了立场，认为自己犯了“政治错误”（即所谓“五月错误”），开始重新评价五月政变的性质。

1926 年 5 月 30 日，德国共产党领袖恩斯特·台尔曼在苏联《真理报》上发表题为《论波兰共产党的策略》的文章，对波共支持毕苏茨基军队的立场提出批评。1926 年 6 月 10 日，斯大林在《关于英国罢工和波兰事件》一文中，继续批评波共在五月政变中“采取了不正确的立场”，认为“波兰现在发生的斗争是两个资产阶级政派——以波兹南派为首的大资产阶级政派和以毕苏茨基为首的小资产阶级政派之间的斗争。斗争的目的是为巩固、稳定资产阶级国家。……”[①]斯大林对波兰形势作了错误估计，认为波兰面临“直接的革命形势”，波兰无产阶级应当用“革命方法改造波兰国家”。斯大林的批评给波共造成很大的政治压力，加剧了从 1924 年开始的“多数派”（瓦尔斯基、柯秀茨卡、瓦莱茨基等）和“少数派”（费德莱尔、伦斯基—列什琴斯基等）的斗争。两派都指责对方为“右倾机会主义”。在共产国际执行委员会的干预下，1927 年 5 月到 8 月举行的波共第四次代表大会把五月政变定性为“法西斯政变”，把毕苏茨基政权定性为“法西斯专政”。1928 年 8 月召开的共产国际第六次代表大会也把毕苏茨基政权称为“法西斯专政”。

毕苏茨基发动的军事政变不是一国特有的现象，在东欧各国（除捷克斯洛伐克外），几乎无例外地都发生军事政变。导致军事政变的原因很多，其中经济落后、阶级矛盾和民族矛盾的尖锐化、外部环境的恶化和议会民主制的不健全，都是重要因素。波兰历史学家普遍把波兰和东欧的独裁政权同德国和意大利的法西斯专

① 《斯大林全集》第 8 卷，第 140—153 页。

政区别开来，说它不是大资产阶级的专政，而是由军人执掌政权的资产阶级专政，是资产阶级的一个集团反对资产阶级另一个集团的斗争，因为它没有像法西斯政权那样，完全消灭议会制度、废除宪法、取缔一切政党活动，国家权力完全为一小撮法西斯魁首所掌握，而是保持议会民主制和多党制以及宪法的外表；它也不像法西斯政权那样，疯狂地进行侵略扩张和争夺世界霸权的斗争。波兰历史学家认为，波兰和东欧各国的独裁制度既不同于资产阶级议会民主制度，也不同于法西斯制度，而是介于两者之间的一种独特的国家制度。①

第二节　修改1921年宪法和镇压反对派

修改1921年宪法

毕苏茨基不想解散议会和废除宪法，而是通过合法的途径逐步建立独裁政权。

1926年6月1日，国民议会准备选举毕苏茨基为总统，但他以总统权力太小拒绝接受这一职务，建议选举他的朋友伊格纳采·莫希齐茨基教授为总统。这一天，莫希齐茨基正式当选为总统(1926—1939)。

巴尔泰尔政府建立后，立即着手宪法的修改工作，使政权的中心从议会转向总统和政府。1926年8月2日，国民议会通过了政府提出的对1921年宪法修改的草案。经过修改，大大提高了总统

---

① 参看耶·扎尔诺夫斯基主编：《中东欧的独裁制度(1918—1939)》，1983年弗罗茨瓦夫(英文)版。

和政府的权力，同时严重地削弱了议会的权力。该宪法第 4 条规定，根据政府的建议，总统有权解散国民议会的两院——众议院和参议院。这一条款剥夺了国民议会自行解散的权利。宪法第 5 条规定，总统在国民议会休会期间或根据专门法律有权颁布法令，但需经下届或下一次国民议会的追认。

巴尔泰尔政府还提出了使国家政治健全化的口号，开始清洗军队和各级政府中的反对派。所谓"健全化"，波兰语是"sanacja"，读作萨纳奇，所以人们习惯上把五月政变后的毕苏茨基政府称作萨纳奇政府。在上述被清洗军官的名单中有利沃夫军区司令瓦·西科尔斯基将军。1926 年 8 月，莫希齐茨基总统发布了一个法令，决定设置军队总监和总司令的职务。总司令不对议会和政府负责，而只对总统负责。这两个职务都由毕苏茨基担任。此后，政府大大提高服役官兵的薪金，使军队在社会上享有特殊的地位。另外，在短短几个月里政府还撤换了 11 个省（全国共有 17 个省）的省长和 1/3 的县长。

波兰政府对 1921 年宪法的修改和对军队、国家机关的清洗，曾引起了波兰社会党、波兰共产党、独立农民党和少数民族的反对。原来支持毕苏茨基的左翼政党逐渐转变为政府的反对派。于是毕苏茨基集团转而从地主阶级和大资产阶级中寻求支持。1928 年 10 月，政府进行了改组，毕苏茨基自任总理，巴尔泰尔任副总理，并吸收了两名第一次世界大战前的亲俄派兼保守派大地主亚·梅伊什托维奇和卡·涅扎皮托夫斯基为政府成员。毕苏茨基想以此扩大自己政权的社会基础。

五月政变以后，英美资本大量输入波兰。1927 年，波兰获得两笔美英借款（所谓"稳定借款"），其总额分别为 6200 万美元和

200万英镑。这是一次大战以后最大的一次向国外借款。从1926年起,波兰的经济状况开始好转。1926—1928年间,工业生产增加41%。1928年煤的产量已达到1913年的水平(4100万吨)。工业建设有了较大的发展。格丁尼亚港的建设工程在顺利进行。在上西里西亚和格丁尼亚之间铺设了铁路。农业生产也有了发展。1928年,工人的失业率降低到两次大战期间的最低水平(登记失业的人数为126400人)[①]。政府还实行土地改革。1925年,共拍卖了128000公顷地主的土地,而在1926、1927和1928年分别增加到210000公顷、245000公顷和228000公顷。

工业的发展和土地改革的进行,在一定程度上缓和了国内的阶级矛盾。五月政变后建立的萨纳奇政权,尽管有反对派的反对,还是获得了巩固。

1928年的国民议会选举

第一届国民议会到1927年11月期满,政府决定在1928年3月举行第二届国民议会的选举。为了参加竞选,毕苏茨基的亲信瓦莱雷·斯瓦韦克上校组织了"同政府合作的无党派同盟",在"根据元帅的指示为国家工作"的口号下,投入竞选运动。财政部长加布列尔·切霍维奇拨出800万兹罗提作为竞选经费。

众议院和参议院的选举确定在3月4日和11日举行。有78%的公民参加了这一届国民议会的选举。"同政府合作的无党派同盟"和其他亲政府团体获得25%的选票。右翼政党和中派政党分别获得8.7%和10%的选票。左翼政党获得30%的选票(其中波兰社会党获得13%,波兰共产党获得2.5%)。少数民族获得

① 亨·杰林斯基:《波兰史(1914—1939)》,第192—193页。

将近24%的选票。在选举以前,萨纳奇政府施展各种手段,使"同政府合作的无党派同盟"得到众议院的122个议席(共440个议席),约占总数的30%。少数民族只得到86个议席。左翼政党得到137个议席。同时,"同政府合作的无党派同盟"在参议院的选举中获得更多的选票和议席。

毕苏茨基对左翼政党在议会选举中所取得的胜利感到恼怒。在选举议会议长时,他提出副总理巴尔泰尔为候选人。但是,波兰社会党领导人伊格纳采·达申斯基却以多数票当选为众议院议长。这更使毕苏茨基恼火。因此,政府和议会的对立情绪日益高涨。这促使"同政府合作的无党派同盟"的代表猛烈抨击1921年的宪法,要求对国家的政治制度进行根本的改造。议会则要求政府对大量的财政赤字(达5.6亿兹罗提)承担法律责任,并对财政部长切霍维奇拨款800万兹罗提用作竞选经费一事加以追究。双方斗争互不相让,形成僵持局面。1928年6月底,政府又进行了改组,巴尔泰尔重新担任总理,毕苏茨基仍保留军政部长职务。巴尔泰尔曾力图缓和政府和议会的冲突,但没有奏效。

上校政府和反对派的集结——中左联盟的形成

如果说1926—1928年是从议会民主制向独裁制转变的过渡阶段,那么,从1929年起开始了真正的独裁制度的阶段。

1929年4月,建立了以卡齐米日·希维塔尔斯基少校为首的政府。毕苏茨基仍担任军政部长。在14名部长中,有6名军官(其中3名上校)。他们都是毕苏茨基的亲信。所以,人们把这届政府称为"上校政府"或"铁腕政府"。

1929年10月31日,当议会准备讨论政府的预算草案时,有近百名荷枪实弹的军官闯入议会大厅,毕苏茨基企图以武力强迫议会通过政府的预算草案。议会议长达申斯基同毕苏茨基展开了唇枪舌剑，表示绝不在刺刀的威胁下讨论国家预算，要求军官退出议会大厅。结果，双方没有达成妥协。莫希齐茨基总统宣布延期召开议会会议。

1929 年 12 月 5 日，讨论国家预算的议会会议开幕。为了同政府作斗争，议会反对派团结一致，组成了“中左联盟”。参加“中左联盟”的有三个左翼政党——波兰社会党、波兰农民党“解放”、农民党和三个中派政党——波兰农民党“彼雅斯特”、基督教民主党、国家工人党。“中左联盟”的任务是保卫议会民主制度，反对独裁政权。经过会议讨论，议会以多数票否决了政府的预算草案，并迫使第一届“上校政府”辞职。

1930 年 4 月，组成了以瓦·斯瓦韦克上校为首的第二届“上校政府”。斯瓦韦克扬言用武力镇压反对派，彻底废除议会民主制度。为了打击政府的这种嚣张气焰，反对派于 1930 年 6 月 29 日在克拉科夫召开大会通过决议，号召全国人民为保卫人民的权利和自由、为维护宪法和议会民主制度而斗争。接着，全国各地都陆续举行了反对萨纳奇政权的群众大会。8 月 25 日，斯瓦韦克政府被迫辞职，由毕苏茨基接任总理。8 月 29 日莫希齐茨基总统解散了国民议会两院，宣布在 11 月举行新的国民议会的选举。

镇压反对派和 1930 年的选举

在新的国民议会选举之前，萨纳奇政府对反对派大肆镇压。1930 年 9 月 9 日深夜，政府逮捕了 18 名反对派议员，其中 12 名是“中左联盟”的议员，5 名是乌克兰议员，并把他们关在布列斯特军事监狱。在几个星期里，又有 80 名议员遭到逮捕。他们被投入附近的普通监狱。在被捕的反对派议员中，有三度任政府总理的波兰农民党“彼雅斯特”领袖文·维托斯、基督教民主党领袖沃·柯尔方蒂、波兰农民党“解放”领导人约·普塔克、波兰社会党领导人诺·巴尔利茨基等。从1931年10月起，法院对被捕的11人进行审讯，他们被指控犯有以暴力推翻政府罪。经过审判，一人被宣布无罪，其他人被判1年半到3年的徒刑。维托斯因逃往国外未被判刑。

1930年9月中，政府派出大批军队和警察前往乌克兰和白俄罗斯镇压那里的民族运动。乌克兰民族主义恐怖组织——“乌克兰军事组织”和“乌克兰民族主义者组织”遭到残酷镇压。在乌克兰和白俄罗斯，民族文化团体被解散，民族学校被封闭，民族文物遭到破坏。许多人被捕入狱，或被鞭打致死。对乌克兰和白俄罗斯居民的“讨伐”共持续了十天。这样，政府对少数民族的镇压，就激起了乌克兰和白俄罗斯居民对波兰统治阶级的憎恨。

1930年11月16和23日，在镇压浪潮中，举行了众议院和参议院的选举。“同政府合作的无党派同盟”在众议院选举中获得47%选票，得到了249个议席，占众议院议席总数的55%，即取得了议席的绝对多数。反对派在选举中被击败。“中左联盟”只获得17.7%选票，国家民主党获得12.7%选票，共产党获得2%选票。从此，萨纳奇政府可以为所欲为地实行公开的独裁统治了。

第三节　经济危机和阶级斗争的尖锐化。1935年宪法

经济危机

1929年初，世界性的资本主义经济危机开始袭击波兰。经济

危机的最初表现是农产品价格的猛跌。接着，工业生产急遽下降。波兰的经济危机爆发得早，延续得久，表现得特别尖锐。这与波兰经济的落后和脆弱有密切关系。

波兰是资本主义体系中最薄弱的环节之一。波兰的人口占世界人口的 1.5%，而工业生产只占世界工业生产的 0.7%。许多资本主义国家从 1924 年起已进入相对稳定时期，波兰则从 1926 年才开始经济发展时期。但经济景气的时间要比其他国家短。

1932 年，经济危机达到了顶点。如果以 1928 年工业生产的指数为 100，那么 1932 年下降为 64。例如，煤的产量从 1928 年的 4860万吨降低到 1932 年的 2880 万吨，钢的产量从 1928 年的 140 万吨降低到 1932 年的 56 万吨。[①] 而且，当多数国家在 1935 年的工业生产指数已超过 100 的时候，波兰还只有 85。直到 1937 年，才达到 111。

工业危机的直接结果是大批工厂的倒闭和失业率的迅速提高。据官方估计，1931、1932 和 1933 年失业工人的人数分别为 313000、320000 和 343000。这是大大缩小了的数字。据可靠的估计，1931 年的失业工人(包括脑力劳动者)为 681000，连同家属则为 1475000。工人的失业率从 1929 年的 2.9%，上升到 1933 年的 30.4%。资本家为了转嫁危机，尽量降低工资，延长工作时间。在业工人工资所得仅够养家糊口。失业工人只有 20%能够得到政府补助。大部分工人不得温饱，行乞街头者，人数甚多。为了求得生存，许多工人背井离乡，远离祖国，到西欧各国(主要是德国)和美国寻找工作。

---

① 约·布什科:《波兰史(1864—1948)》，第 330 页。

波兰是一个农业—工业国。60%以上的居民以农业为生。农业危机特别严重，是波兰经济危机的重要特点。农业危机的主要表现是农产品价格的猛跌及其与工业品价格之间的“剪刀差”。从下列指数中可以看出危机年代工农业产品价格的“剪刀差”①：

	1928	1930	1932	1934
工业品	100	99	81	71
农业品	100	49	48	34

波兰农民在1927年可以用1公斤的猪肉换8公斤的煤或6公斤的石油或37公斤的水泥，而在1932年，只能换到2.5公斤的煤或2公斤的石油或12公斤的水泥。工农业产品价格之间的这种“剪刀差”，使农民进一步贫困化。他们的购买力进一步降低。1929年，农民人均购买33.3公斤化肥，而到1932年，只能购买7.8公斤化肥。国内市场的容量进一步萎缩。随着农业危机的加深和破产农民的增加，农村“过剩人口”的问题更加严重。1936—1937年度，“过剩人口”竟达450万，占农民人口总数的23%。② 由于“过剩人口”所造成的结果，使农民的命运更加悲惨，他们又缺乏文化和技术，很难在国外找到糊口的工作。

工人运动

波兰的经济危机给劳动群众带来了失业、破产、贫困和饥饿。资本主义社会的固有矛盾更加激化。全国各地的工人展开了声势

---

① 亨·杰林斯基:《波兰史(1914—1939)》,第207页。

② 同上,第209页。

浩大的罢工运动。他们为提高工资、缩短工作日，为失业工人的就业而展开了斗争。根据官方显然已经缩小了的统计，经济危机年代波兰罢工运动的规模如下表[①]：

年份	罢工次数	参加罢工的企业	罢工人数	损失的工作日
1929	494	4,036	217000	994000
1930	312	1161	47000	333000
1931	357	1154	107000	601000
1932	504	6219	314000	2101000
1933	631	7282	343000	3829000
1934	946	9416	369000	2956000
1935	1165	11631	450000	2008000
1936	2056	22016	675000	3950000

（材料来源：《小统计年鉴》，1931 年，第 108 页；1939 年，第 284 页）

在 1929—1930 年，经济危机的恶果还未充分表现出来，失业率不高，所以罢工运动的规模不大。从 1931 年下半年起，失业率迅速提高，罢工运动的规模就越来越大了。

1929 和 1930 年的罢工斗争大多是自发的和分散的。只有 1930 年 3 月 6 日共产党领导的失业工人的游行示威，才是有组织的。共产国际所属的几个欧洲共产党于 1930 年 2 月 2 日在杜塞尔多夫开会，会议决定把这一年的 3 月 6 日确定为反对失业日，号召欧洲各国失业工人在这一天行动起来，为争取面包和工作而斗争。据波共估计，在波兰参加这一天游行示威的失业工人有 6 万人。根据官方统计，1930 年波兰全国失业人数有 30 万。所以，可

① 亨·杰林斯基：《波兰史(1914—1939)》，第 162 页。

以看出多数失业工人还未参加这一行动。其所以造成这种情况，除萨纳奇政府的高压政策外，波共组织的薄弱和缺乏统一战线的策略是因素之一。1931 年 2 月 25 日，波共又领导了一次失业工人的游行示威。参加这次行动的较上次多，有 10 万失业工人。①

从 1931 年起，波兰的罢工运动采取了新的形式——占领式罢工。工人占领工厂、企业、矿山达数天，甚至数星期而不散。他们团结起来共同战斗，迫使资本家满足他们的经济要求。这种罢工形式，广为传播，成为当时波兰罢工的主要形式。这种罢工形式为欧洲其他国家所少有，所以被称为“波兰式罢工”。

1932 年，波兰的罢工人数比 1931 年增加了 3 倍。这一年的 3 月，东布罗沃矿区和克拉科夫附近的煤矿工人因资方削减工资而举行了罢工。3 月 16 日，波兰社会党和工会中央委员会号召全国工人实行总罢工。罗兹工业区的纺织工人、格丁尼亚的码头工人和华沙的电车工人都投入了罢工斗争。皮沃特勒库夫“霍尔滕西”玻璃厂工人的占领式罢工持续了 17 天，迫使资方恢复工人的工资和取消裁减 300 名工人的决定。据估计，有 30 万到 50 万工人参加了这次罢工。

1933 年的罢工规模比 1932 年更大。罗兹工业区 10 万纺织工人的总罢工从 3 月初坚持到 4 月初。3 月中，比亚威斯托克的纺织工人都投入了罢工斗争。东布罗沃、克拉科夫和上西里西亚三个矿区的 9 万名煤矿工人也在 3 月举行了总罢工。在罢工斗争

① 亨里克·齐梅克、卢齐安·基耶什琴斯基：《波兰共产党（1918—1938）》，1984 年华沙版，第 234 页。

中，有许多工人被军警枪杀，大批工人受伤。

波兰工人在经济危机年代的罢工斗争在资本主义国家处于领先地位。以1932年为例，波兰的罢工人数为314000，这一年美国的罢工人数为243000，德国为127000，法国为54000。只有英国的罢工人数超过波兰，为382000。①

波兰共产党在罢工运动中起了宣传鼓动和组织的作用，但是它的左倾错误，却阻碍革命运动的发展。

波兰共产党根据共产国际第6次代表大会(1928年)决议的精神，把经济危机的爆发看作社会主义革命客观条件趋于成熟的表现，认为实现社会主义革命是摆脱经济危机的唯一出路，但是历史表明，共产国际对于形势的过于乐观的估计是没有根据的，社会主义革命的前景没有随着经济危机的到来而到来。在共产国际的影响下，波兰共产党内"多数派"和"少数派"的斗争，以"少数派"的胜利而结束。在1929年6月举行的波共六中全会上，瓦尔斯基等"多数派"领导人因"右倾机会主义"被排挤出党中央领导，"少数派"的伦斯基—列什琴斯基当选为党的总书记。1929年7月举行的共产国际执行委员会第10次全会决定加强反对"共产党内的右倾机会主义"和社会民主党的斗争，把社会民主党看作"社会法西斯主义"，并把它与资产阶级国家政党和法西斯组织等同起来。根据这次全会的精神，波共把波兰社会党斥为"社会法西斯主义"，而把农民党斥为"农民法西斯主义"。

波兰共产党也没有认识到"中左联盟"在保卫议会民主制中的积极作用而拒绝与之合作，并把它同萨纳奇政府的斗争说成是资

---

① 约·布什科:《波兰史(1864—1948)》,第348页。

产阶级内部的“家庭纠纷”，从而削弱了反萨纳奇政权的斗争。1932年10月在莫吉廖夫举行的波共第6次代表大会确认，波兰和德国正处于社会主义革命的前夜，为了争取工人的多数，党有必要同社会党工人建立统一战线，但绝不能同社会党领导人建立统一战线。波共是在极端严峻的国内环境下进行秘密活动的，是萨纳奇政权的主要打击对象。据统计，有7000名党员和党的同情者被捕。1933年党员人数只有17800人(其中西乌克兰共产党党员有4600人，西白俄罗斯共产党党员有4000人)。此外，波兰共产主义青年团团员为15000人。由于党的“左”倾错误，波兰共产党严重地削弱了在群众中的影响。

随着“中左联盟”被击败，“同政府合作的无党派同盟”控制了议会，通过议会斗争走向社会主义的道路逐渐被堵塞，这在波兰社会党的党员中引起了失望和思想混乱。许多党员退党。党员的人数从1921年的55000名减少到1931年的3万名。在这种新的国内形势下，提出了社会党往何处去的问题。1931年5月在克拉科夫召开的波兰社会党第22次代表大会，就党面临的形势和任务问题进行了激烈的讨论。在大会上形成三种意见。一种意见认为，应当重建“中左联盟”，继续为维护议会民主制度而斗争。另一种意见是反对重建“中左联盟”，主张同少数民族的社会主义政党合作，开展议会外的斗争。第三种意见更为激进，不只反对“中左联盟”，而且主张同共产党合作，为推翻萨纳奇政权而斗争。持这种意见的代表把1931年3月由波兰农民党“解放”、波兰农民党“彼雅斯特”和农民党三党合并而组成的新的农民党看作农村资产阶级的代表，而不愿与之合作。最后代表大会通过了一个妥协的决议，决议强调必须动员一切力量为恢复和保卫议会民主制度而斗争，党的政治目的是同农民党合作，“建立劳动群众信任的政府”。[1] 代表大会选举伊·达申斯基为最高委员会主席，托玛什·阿尔齐舍夫斯基为中央执行委员会主席。从这次代表大会到1939年，中央执行委员会成为党的最高执行机关。

1935年7月在莫斯科举行的共产国际第7次代表大会是国际工人运动的转折点，也是波兰工人运动的转折点。鉴于国际法西斯主义的猖獗，代表大会根据共产国际执行委员会总书记格·季米特洛夫所作的报告，通过了一项建立反法西斯人民阵线的决议。反法西斯人民阵线的基础是工人阶级的统一战线。代表大会摒弃了“社会法西斯主义”的错误理论，要求各国共产党同社会民主党或社会党建立统一战线。

根据共产国际七大的精神，波兰共产党和波兰社会党在1935年7月达成了停止互相攻击的协定，为两党的合作奠定了基础。1935年9月，为了表示对统一战线的诚意，波共解散了左翼工会（拥有5万多名会员），其会员加入工会中央委员会所属的各个工会。工会会员的人数达到40万。随着工人统一战线的建立，又出现了罢工运动的新高潮。1936年，罢工人数达到675000，是1923年以来罢工运动规模最大的一年。罢工运动的中心是克拉科夫和利沃夫。1935年底至1936年初，波兰共产党、波兰社会党和农民党为了释放政治犯，开展了大规模的政治运动，迫使政府颁布大赦令，释放了3500名共产党员，并使5000名政治犯受到减刑的处理。

1937年，德国法西斯对波兰的威胁日益逼近。面对这一形

① 杨·托米斯基：《波兰社会党(1892—1948)》，1983年华沙版，第337页。

势，波兰共产党忙于制订保卫波兰独立的人民阵线纲领。正在这个关键时刻，共产国际执行委员会把波共领导人召到莫斯科，指控他们为萨纳奇警察当局和帝国主义军事谍报机关服务。因而他们都遭到逮捕并在1937和1938年被无辜杀害。随后，共产国际执行委员会在1938年初作出了解散波兰共产党的决定。在遇害的波共领导人中有阿·瓦尔斯基、玛·柯秀茨卡、亨·瓦莱茨基、爱·普罗赫尼亚克、尤·伦斯基—列什琴斯基、耶·伦格等。

农民运动

同工人运动一样，农民运动从1931年起也逐步发展壮大。经济危机是推动农民运动发展的根本原因。1931年3月15日在华沙进行的三个农民政党——波兰农民党“彼雅斯特”、波兰农民党“解放”和农民党——的合并和新的农民党的成立，进一步推动了农民运动的发展。

为了抗议垄断资本家压低农产品价格和保持较高的工业品价格，小波兰各地农民在农民党的领导下，从1931年起，开始举行罢市。他们拒绝在市场上出售农产品，也不购买任何工业品。

1932年4月18日，农业工人工会为了抗议资方削减工资，宣布10万农业工人总罢工。6月5日，博赫尼亚县（在克拉科夫东南部）的农民为了庆祝农民节，在瓦帕诺夫举行集会，遭警察枪击，死4人，伤多人。在其他各县农村，也陆续发生流血事件，有800多人被逮捕。除小波兰外，在中部的沃维奇、谢德耳策、明斯克—马佐维茨基、拉杰敏等县的农村，农民也纷纷响应罢工。

1933年农民节前后，小波兰农民反政府的斗争具有更加尖锐的性质。农民为了抗议政府的苛捐杂税，自动武装起来，解除了帮助税吏征税的警察的武装。他们和军警不断发生冲突。据估计，有300多人被捕、40名农民被枪杀、数百人受伤。农民群众还要求无偿地没收大地主的土地，主动砍伐地主的森林，没收地主的粮食。

1934和1935年，农民运动开始削弱；1936年，又重新高涨起来。据农民党估计，参加这一年农民节（5月31日）活动的农民有100万人。一个月以后，农民党在诺沃西尔策（在普舍沃尔斯克县）召开了一次盛大的农民大会，邀请军队领导人爱德华·雷茨—斯米格韦将军参加，向他递交了一份大会的决议书。决议书要求恢复议会民主制度、举行"诚实的选举"、允许维托斯回国以及修改对外政策等。

1937年1月，农民党举行非常代表大会，决定在8月15日至25日期间举行全国农民罢市。农民党的这一决定，得到了共产党的支持。在会上，农民党还提出了解散议会、举行民主选举、释放政治犯、对维托斯等实行大赦、恢复民主自由和改变对外政策等政治要求。鉴于当时西里西亚和波莫瑞面临法西斯德国的威胁，乌克兰、白俄罗斯地区的局势也不稳定，所以在上述地区没有号召农民举行罢市运动。在罢市期间，农民不断遭到军队和警察的袭击，有42人被枪杀，数百人受伤，4000人被捕。① 1937年是第二共和国时期农民运动规模最大的一年。

1935年宪法

萨纳奇政府变本加厉地推行它的高压和恐怖政策，它逮捕政治犯的人数日益增多。据统计，1926年为6000人，1929年为8700

① 亨·杰林斯基：《波兰史（1914—1939）》，第249页。

人，1935年为16000人，这一极权政府的另一突出表现是于1934年在波莱西亚的贝莱扎—卡尔图斯卡设立了集中营。根据当局的决定，任何人可以不经审判就被投入集中营。许多政治犯在精神上和肉体上遭受野蛮的摧残。他们之中绝大部分是共产党员和乌克兰、白俄罗斯的革命者和民族主义者。

“同政府合作的无党派同盟”在1930年的选举中获得了绝对多数。他们可以肆无忌惮地随意改变国家的政治制度、推翻1921年的民主宪法。1934年4月23日，在高压和恐怖的气氛下，国民议会通过了新的宪法，史称“四月宪法”。

根据“四月宪法”，国家权力的中心从议会转到总统手里。总统拥有无限的权力，他不对任何人负责，而只对“上帝和历史”负责。总统不是由国民议会直接选举，而是由两院推选出的“选举人”（共80人）选举产生。总统有权指定自己的继承人，任免总理、军队总司令和总监、最高法院院长和检察院院长，召集和解散国民议会两院。总统颁布的法令不需总理或有关部长的签署，就具有法律效力。总统的任期为七年。

按“四月宪法”规定，议会权力受到进一步削弱，它不能行使对政府的不信任权。政府在得不到议会多数的支持时，必须提出辞呈；如总统进行干预，可以不提出此项辞呈。

国民议会由参议院和众议院组成，任期为五年。参议院的1/3议员由总统任命，2/3由选举产生。在总统缺席的情况下，由参议院议长代行总统职务，而不是由众议院议长代行之。

新的选举法加强了对公民选举权的年龄限制，即从21岁增加到24岁。公民被选举权的年龄从25岁增加到30岁。同1921年的宪法相比，这部宪法是个很大的倒退。

"四月宪法"虽然还保留公民权利的若干条款，声称"国家确保公民有发展其个人才能之机会，以及信仰、言论、集会之自由"，[①]但实际上，它把公民的权利和自由剥夺殆尽。"四月宪法"是一部反民主的极权宪法。

"四月宪法"通过后不久，约·毕苏茨基于 1935 年 5 月 12 日因癌症病逝于华沙贝尔凡德尔宫，终年 68 岁。毕苏茨基逝世后，爱·雷茨—斯米格韦将军继任军队总监职务，统揽军权。1936 年，他晋升为元帅。当时，在萨纳奇集团里形成了三个派别：以爱·雷茨—斯米格韦元帅为首的军派，以伊·莫希齐茨基总统为首的总统派和以约·贝克外长为首的政府派。而斯·斯克瓦德科夫斯基将军在 1936—1939 年间一直担任总理职务，他是总统和军队总监都能接受的人物，所以不能充当政府派的代表。

1935 年 9 月，萨纳奇政府举行新的国民议会选举。波兰共产党、波兰社会党和农民党抵制这次选举。参加选举的只有选民的 46%。毕苏茨基生前曾嘱咐由瓦·斯瓦韦克担任下一届总统职务。但他死后，伊·莫希齐茨基不愿放弃总统职务，仍被当选为总统。瓦·斯瓦韦克一怒之下，即辞去了总理职务。由于统治集团的内部矛盾，臭名昭著的"同政府合作的无党派同盟"在 1935 年 10 月被解散。1937 年 2 月，由阿达姆·科茨上校领导的"民族统一阵营"宣告成立。"民族统一阵营"以"四月宪法"为行动准则，"维护国家的安宁和秩序"，并继承毕苏茨基的遗志，宣传"今日的波兰是约瑟夫·毕苏茨基的事业"。

---

① 《中学历史资料选读》第 57 分册，第 6 页。

第四节 国际形势和波兰的对外政策

波苏互不侵犯条约和波德互不侵犯宣言

洛迦诺公约签订以后，德国发动了对波兰的关税战，煽起了反对波兰的宣传，要求修改波德边界和归还但泽（格但斯克）的呼声甚嚣尘上。1927 年，德国外交部长施特雷泽曼与毕苏茨基在日内瓦会晤时，他公然要求以立陶宛和克莱彼特“换取”波莫瑞和但泽（格但斯克），遭到毕苏茨基的断然拒绝。20 年代末，波兰日益面临着德国的直接威胁。这种威胁在希特勒于 1933 年 1 月攫取德国政权以后变得更加严重。当时客观形势要求波兰统治集团必须改善同苏联的关系。

苏联是世界上唯一的社会主义国家，奉行和平外交政策。为了恢复和发展国民经济，它迫切需要和平的国际环境和睦邻关系。1926 年 6 月 24 日，苏联驻波兰公使彼得·沃依科夫向波兰外交部长奥古斯特·扎莱斯基递交了一份苏联政府关于互不侵犯条约的草案。波兰政府在复照中建议在签订波苏互不侵犯条约的同时，签订苏联同波罗的海国家（特别是芬兰、爱沙尼亚和拉脱维亚）之间的互不侵犯条约。苏联政府表示接受波兰方面的建议。

但是，波、苏关于签订互不侵犯条约的谈判因维尔诺问题遇到困难。苏联认为，维尔诺地区是立陶宛的领土。1926 年 9 月 28 日，苏联同立陶宛在莫斯科签订了互不侵犯和中立条约，重申维尔诺地区是立陶宛领土。波兰政府认为苏联政府的行动违背了 1921 年签订的里加条约。1927 年，波兰和立陶宛的关系进一步恶化。苏联外交人民委员契切林警告波兰政府：苏联政府认为对立陶宛的武装侵略就是对苏联的侵略。这样，波苏关系又趋恶化。1927 年 6 月 7 日，在华沙火车站发生了 19 岁的白俄侨民鲍里斯·科维尔达谋杀苏联公使沃依科夫的事件。凶手不久被抓获并被判处无期徒刑。沃依科夫事件又损害了波苏两国的关系。

1928 年 12 月 29 日，苏联外交人民委员李维诺夫建议波兰政府提前使关于放弃以战争作为执行国家政策工具的白里安—凯洛格公约生效。波兰政府接受了苏联政府的这一建议。1929 年 2 月 9 日，关于立即实施白里安—凯洛格公约的议定书在莫斯科签订。除苏联和波兰外，在议定书上签字的还有爱沙尼亚、拉脱维亚和罗马尼亚。从此波苏关系开始好转，两国的经济贸易和文化关系也得到迅速发展。

1931 年 9 月 18 日，由于日本帝国主义武装侵略中国东北，亚洲和太平洋地区的和平开始遭到破坏。苏联政府进行了维护集体安全和世界和平的斗争。1931 年 10 月 14 日，李维诺夫建议波兰政府签订互不侵犯条约。两国政府就条约的条文进行详细的讨论。1932 年 7 月 25 日，波苏两国签订了互不侵犯条约。条约规定：双方放弃以战争作为政策的工具，互不侵犯；缔约一方如遭到第三国进攻，另一方应严守中立；双方互不参加任何敌对性的条约和同盟，并保证通过外交途径或专门公约规定的有关调解程序，解决悬而未决的争端。条约的有效期为 3 年，后来又延长 10 年。1932 年 12 月，双方批准了这个条约。在这之前，即 1932 年上半年，苏联同芬兰、拉脱维亚和爱沙尼亚还签订了互不侵犯条约。

波苏互不侵犯条约签订后不久，波兰外交部长易人，由毕苏茨基的亲信、原外交部副部长约瑟夫·贝克上校在 1932 年 9 月 2 日接任该职。贝克和他的前任扎莱斯基不同的地方是他的反苏情绪超过反德情绪。他对两个邻国奉行所谓不偏不倚的“均势政策”。但后来的事实表明，这是不可能做到的。

希特勒上台后不久，波德关系更加恶化。1933 年 2 月，希特勒在同英国《星期日快报》记者的谈话中要求把波兰“走廊”归还德国，而且要“在短时期内”归还。希特勒分子在但泽（格但斯克）不断举行反波兰的游行示威，以挑起波德边境的冲突事件。1933 年 3 月 5 日，为了反击德国的挑衅，波兰根据毕苏茨基的命令，把运载步兵的“维利亚”运输舰驶入格但斯克湾入口处——韦斯特普拉特半岛（西盘半岛），以增援守岛部队。波兰军队随即处于戒备状态，形势十分紧张，战争大有一触即发之势。但毕苏茨基当时深知德国还未完全武装起来，无法进行实战，他想通过施加军事压力迫使德国收敛其侵略行径。这一做法果然奏效，但泽和边境的反波挑衅就此停止了。

这时候，法西斯德国处于外交上孤立、军事上无力的地位。希特勒上台后，由于疯狂地执行反共、反苏的政策，德国和苏联的关系急遽恶化。1933 年 7 月，苏联、波兰和其他国家在伦敦签订了关于侵略定义的条约。苏联政府欢迎波兰政府对德国表示的强硬态度。波苏关系得到进一步改善。

希特勒对于波苏互不侵犯条约的签订和波苏关系的不断改善，感到非常恼怒，但又无计可施。于是，他决定改变对波兰的政策。1933 年 3 月 23 日，希特勒在国会发表演说，表示愿意改善同每一个国家的关系，结束令人伤心的过去。他的这句话是对波兰说的。5 月 2 日，希特勒接见了波兰驻德国公使阿尔弗列德·维索茨基，并且发表了两国联合公报。在谈判中，希特勒曾表示绝不用武力改变波德边界，并在联合公报中宣称：“……反对旨在损害波兰在但泽的权利和利益的一切行动。”希特勒的这次谈话成为德国对波兰“新方针”的开端。两国遂停止了针对对方的攻击性宣传，结束了多年的关税战。希特勒的演说和谈话只是一种欺骗伎俩，德国的“新方针”也是权宜之计。苏联政府早就看出了希特勒的这一阴谋诡计，告诫波兰人不要上当。5 月 2 日，苏联《消息报》发表了题为《希特勒在欺骗波兰人》的社论，又一次告诫波兰人要警惕希特勒的侵略野心！

但是，毕苏茨基和贝克对希特勒的和解态度产生了错觉，认为希特勒是奥地利人，不会像普鲁士军国主义者那样，对波兰怀有刻骨的仇恨，德国的对外政策将会改弦易辙。在毕苏茨基等人看来，波兰的主要敌人不是德国，而是苏联。1933 年 9 月在日内瓦召开的国际联盟大会期间，波兰外交部长贝克和德国外交部长牛赖特就进一步改善波德关系进行了详细的谈判。1933 年 10 月，贝克派其亲信约瑟夫·利普斯基为驻柏林公使，接替维索茨基的工作。这时候，德国违反凡尔赛条约的条款，竭力发展国防工业，把陆军扩大到 13 万，把海军扩大到 2 万，并着手建立空军。10 月 19 日，德国又退出了国联。波兰对这一系列的行动却熟视无睹，置若罔闻。

1933 年 11 月 15 日，希特勒邀见新任波兰驻德国公使利普斯基。在会谈结束时，两国发表了联合公报。波兰政府和德国政府一致同意“用直接谈判的手段来解决两国共同有关的问题，并且为了巩固欧洲和平在相互的关系中放弃使用武力”。

1933 年 11 月 25 日，应德方的要求，毕苏茨基邀见了德国公使莫尔特克。莫尔特克向毕苏茨基递交了一份德波互不侵犯宣言的草案。经过两个月的谈判，德波互不侵犯宣言于 1934 年 1 月

26日在柏林签字。代表双方签字的是德国外交部长牛赖特和波兰驻德国公使利普斯基。在德波互不侵犯宣言(也叫德波互不侵犯条约)中规定:两国政府承担义务,不使用武力解决争端问题,双方将通过协商解决相互的关系问题。条约的有效期为10年。条约签订后,双方的公使馆即升格为大使馆。

波德互不侵犯条约的签订,加强了法西斯德国的国际地位,破坏了波苏关系,在波法关系中也打进了一个楔子。这个条约使奥地利和捷克斯洛伐克受到严重打击。德国利用这个条约,为了争取"生存空间"而积极扩军备战。波兰在条约签订后开始倒向德国一边,在国际上陷于孤立。毕苏茨基—贝克的对德政策,使波兰在这个"互不侵犯条约"还远没有期满之前就被德国灭亡。

德国吞并奥地利和慕尼黑会议期间的波兰对外政策

1935—1938年,波德关系表面上没有发生任何变化,但由于德国军事力量的急遽增长而酝酿着深刻的危机。以雷茨—斯米格韦为首的军方觉察到德国的威胁,感受到加强波法关系的重要。他告诫全军要"保持对德国的警惕","德国的武装是针对我国的"。[①] 为此他在1936年9月访问法国,从法国获得了巨额军事贷款。但是,外交部长贝克却继续奉行亲德政策,支持德国的侵略行动。1936年3月,当德国破坏凡尔赛条约和洛迦诺公约,把军队开进莱茵非军事区时,贝克以沉默表示支持。1936—1937年,德国和意大利、日本结成法西斯联盟,即所谓"柏林—罗马—东京轴心"。国际法西斯沆瀣一气,更加猖獗。

① 塔·英德鲁什恰克主编:《波兰通史》第4卷第4分册,1978年华沙版,第264页。

1938年，法西斯德国开始了大规模的军事行动。侵略对象是奥地利和捷克斯洛伐克。它在吞并奥地利和肢解捷克斯洛伐克过程中得到了波兰的支持。

保持奥地利的独立和防止德奥合并是凡尔赛体系的重要支柱。第一次世界大战后，战胜国禁止德奥合并，并以此制止德国经济和军事实力的膨胀和防止德国帝国主义的侵略扩张。希特勒上台后，千方百计准备吞并奥地利。1937年11月5日，他制定了吞并奥地利和肢解捷克斯洛伐克的计划。1938年1月，贝克通过驻柏林使馆获悉了这个计划。1938年2月，希特勒的助手戈林来波兰东部狩猎（从1935年起，他每年来波兰狩猎，这是第四次也是最后一次）同贝克会晤时，在吞并奥地利问题上，他获得了贝克的同意和支持。英国首相张伯伦和法国总理达拉第在这个问题上采取了绥靖政策。

1938年3月12日，德国军队源源不断地开入奥地利。在此以前，奥地利总理许士尼格被迫辞职，希特勒的奥地利纳粹党徒赛斯—英夸特接管了政权。这样，希特勒就顺利地完成了德奥合并的计划。

波兰政府认为奥地利事件是奥地利的"内部事务"。贝克后来说："在奥地利问题上，我们没有任何利益。"[①]波兰统治集团甚至认为，德国兼并奥地利会使德国的侵略从东部向南部转移。

正当欧洲局势混乱、人们心神不定的时候，波兰政府仿效法西斯德国，在维尔诺集结军队，并于3月17日向立陶宛政府发出最后通牒，强迫它在48小时内承认维尔诺区为波兰所有并同波兰建

① 塔·英德鲁什恰克主编：《波兰通史》第4卷第4分册，第284页。

立外交关系。3 月 18 日,雷茨—斯米格韦率军至维尔诺进行威胁。3 月 19 日,立陶宛政府被迫同意波兰政府的要求。3 月 31 日,在科甫诺和华沙两国政府各自建立了公使馆。波兰政府的这一侵略行径,给欧洲社会留下了丑恶的形象。波兰更陷于孤立。

德奥合并以后,希特勒的下一个侵略目标是捷克斯洛伐克。希特勒以保护 300 万苏台德德意志人为借口,要求捷克斯洛伐克同意把苏台德区并入德国。德国瓜分捷克斯洛伐克有着重要的政治和经济目的。它占领捷克斯洛伐克可以控制多瑙河流域,包围波兰,瓦解小协约国,破坏法国在东欧的同盟体系和消灭东欧的民主基地,同时对加强德国的经济和军事潜力(因捷克工业,特别是军火工业十分发达)也起着不可低估的作用。

1938 年 5 月 12 日,波兰政府在莫希齐茨基总统主持下举行会议,讨论波兰对捷克斯洛伐克的态度问题。参加会议的有雷茨—斯米格韦元帅、斯克瓦德科夫斯基总理和贝克外长等主要军政领导人。会议以后,波兰政府配合德国政府,发动了强大的反对捷克斯洛伐克的宣传运动。波兰政府以保护切欣波兰居民为借口,要求收复 1919 年被捷克斯洛伐克侵占的切欣(面积 1871 平方公里,人口 22 万)。波兰政府还煽动斯洛伐克人反对捷克斯洛伐克共和国。

英国首相张伯伦和法国总理达拉第继续推行绥靖政策,要求捷克斯洛伐克总统爱德华·贝奈斯停止抵抗,接受德国的要求。1938 年 9 月 29 日,张伯伦、达拉第和希特勒、墨索里尼在慕尼黑开会,讨论捷克斯洛伐克问题。在捷克斯洛伐克代表没有参加的情况下,慕尼黑会议决定把苏台德区交给德国。10 月 1 日,德国军队占领了苏台德区。

9月30日，波兰政府向捷克斯洛伐克政府发出最后通牒，要求在24小时内把切欣的两个县交给波兰。捷克斯洛伐克政府被迫接受波兰政府的要求。10月2日，波兰军队占领了切欣的两个县（即扎奥尔扎）。两天后，波兰军队又占领了斯皮什和奥拉瓦的一部分（220平方公里）。

1939年3月15日，德国军队占领布拉格，建立了“捷克和摩拉维亚保护国”和“斯洛伐克国”。捷克斯洛伐克共和国从此遭到灭亡。这一天，匈牙利军队占领了外喀尔巴阡乌克兰。几天以后，德国军队又占领了立陶宛的克莱彼特（默默尔）。

波兰政府参加对捷克斯洛伐克瓜分的行动，遭到波兰共产党、波兰社会党、农民党等党派的猛烈抨击和国际舆论的谴责。这一行动加速了波兰自己的灭亡，在波兰第二共和国外交史上留下了最可耻的一页。

第二次世界大战爆发前夕波兰的对外政策

希特勒德国在肢解捷克斯洛伐克以后，把波兰作为下一个侵略目标。1938年10月24日，德国新任外交部长里宾特洛甫在同波兰驻柏林大使利普斯基谈话时，提出了一项波德争端问题“总解决”的方案，其中包括把但泽（格但斯克）自由市划归德国；德国有权建立一条通过波兰走廊连接德国和东普鲁士的公路和铁路。此外，波兰还必须加入1936年德日两国签订的反共产国际公约。作为交换，德国保证波兰现有的边界，并将波德条约延长25年。接受这个建议，将使波兰成为德国的卫星国。波兰政府和贝克外长在接到利普斯基的报告后，拒绝了这个建议。1939年1月初，希特勒在贝希特斯加登接见来访的贝克时，又一次提出了上述建议。波兰政府和贝克鉴于形势严重，便于同年1月8日在莫希齐茨基总统的主持下讨论了德国政府的这项建议，并决定坚决加以拒绝。这时候，贝克意识到他的对德政策已经破产，同德国的继续合作已经不可能。他决定引咎辞职，但是莫希齐茨基总统要他继续留任。2月，里宾特洛甫访问华沙再一次向贝克提出上述建议，贝克又拒绝了他的要求。从此，贝克把希望寄托在英国和法国政府的援助上。这时他和雷茨—斯米格韦在对外政策问题上的意见，才由分歧转向一致。

1939年3月21日，应里宾特洛甫的要求，贝克亲赴柏林同希特勒会见。希特勒以最后通牒式的口吻命令贝克接受德国政府的建议，又遭贝克拒绝。希特勒恼羞成怒，他的党羽开始在但泽（格但斯克）进行破坏活动，准备发动暴乱，占领这个城市。3月23日，雷茨—斯米格韦命令两个师的波兰军队在波莫瑞集结，以防事变发生。波德的军事冲突已经不可避免。

自从1939年3月15日德军占领全部捷克斯洛伐克以后，英国公众认识到希特勒德国是欲壑难填的，慕尼黑政策显然已经破产。他们害怕一旦波兰在德国侵略面前投降，德国的实力将会急遽增加，而英国在欧洲的领导地位将因此动摇。3月31日，在群众舆论的压力下，英国首相张伯伦在国会演说中，提出了英国对波兰领土完整的保证。4月6日，贝克应邀访问伦敦，波英两国签订了安全保证条约。4月13日，法国政府也提出了对波兰安全的保证。除波兰外，罗马尼亚和希腊等这些可能受到德国侵略的国家，也接受了英法两国的安全保证。

1939年4月28日，希特勒以波兰接受英法保证为由，宣布废止1934年签订的波德互不侵犯宣言。在这以前，即4月3日，希特勒已经批准了所谓“白色方案”，要求德国军队在这年8月底以前作好进攻波兰的准备。

1939年5月，波兰军队参谋部同法英军队参谋部分别在巴黎和华沙举行军事谈判。5月19日，波法两国签订了一份议定书。议定书规定，在波兰遭到德国侵略时，法国将用主要兵力攻击德国；而在法国或比利时遭到德国侵略时，波兰军队也将同样攻击德国。并规定法国政府立即给予波兰政府以军事和财政援助。但是上述议定书的实现延至波法缔结政治条约以后，而波法条约则拖到1939年9月4日才签订。法国政府竭力拖延对波兰承担援助义务。慕尼黑政策的拥护者还制造舆论说："我们不愿为但泽(格但斯克)而死亡。"5月30日，波英军事谈判宣告结束。英国也没有具体承担义务，只许诺一旦战争爆发，英国将派出6个师的陆军驰援法国，派空军袭击德国的军事目标，并答应给波兰以军事和财政援助。

英法两国政府知道，要遏制德国的侵略和防止战争的爆发，必须使德国在东西两方受敌，所以没有苏联的参加是不行的。从1939年4月中旬起，英法苏三国开始在莫斯科举行关于缔结互助条约的谈判。

根据英法建议，当侵略者进攻波兰、罗马尼亚和希腊等国，英法两国因此卷入战争时，苏联应立即援助这些国家。苏联建议把互助条约的范围扩大到波罗的海国家，并且，当侵略者进攻苏联的邻国拉脱维亚、爱沙尼亚和芬兰而苏联因此卷入反侵略战争时，英法两国亦应承担立即援助苏联的义务。但是，英法只希望苏联承担援助义务，而不愿意对苏联承担援助义务。英法苏谈判中产生的另一问题是"过境权"问题。苏联不同德国接壤，如果苏联军队履行援助义务，帮助波兰和罗马尼亚进行反侵略战争，就必须通过波兰和罗马尼亚领土。否则，苏联就无法援助英法的盟国——波兰和罗马尼亚。8月中旬，法国政府向波兰和罗马尼亚政府提出红军通过波兰和罗马尼亚领土的建议时，遭到这两个政府的断然拒绝，因为他们害怕红军的进驻会使波兰和罗马尼亚丧失西乌克兰、西白俄罗斯和比萨拉比亚。贝克并在8月18日的答复中说，波兰在任何场合下绝不允许苏联军队通过自己的领土。在贝克看来，英法对波兰的保证足以制止德国对波兰的侵略，而同苏联的结盟只会激怒希特勒，加速战争的到来。英法苏谈判遂陷入了僵局。

希特勒见英法苏谈判破裂，喜出望外，派里宾特洛甫赴莫斯科同苏联签订互不侵犯条约。8月23日正午，里宾特洛甫飞抵莫斯科。当晚，苏联外交人民委员莫洛托夫同里宾特洛甫签订了苏德互不侵犯条约。条约规定：缔约双方相互不使用武力；缔约一方成为第三国敌对行动的对象时，另一方将不给予该第三国任何支持；缔约任何一方不得加入旨在直接或间接反对另一方的任何国家集团；如果相互之间发生纠纷，两国将通过和平方法解决。苏德互不侵犯条约有效期为10年。条约附有一项秘密议定书，把东欧划分为苏联和德国的势力范围。议定书规定：在波罗的海国家发生领土和政治变化的情况下，立陶宛北部边界将成为苏德利益范围的边界；在波兰发生领土和政治变化的情况下，那累夫河、维斯瓦河和桑河一线将成为苏德利益范围的边界；在东南欧，苏联强调它在比萨拉比亚的利益，德国宣布它对这一地区完全没有兴趣。9月28日，苏德两国对秘密议定书中划定的势力范围进行了调整：立陶宛被划入苏联势力范围，华沙以东的波兰中部地区被划入德国势力范围。

苏德互不侵犯条约的签订，使苏联解除了英法搞“祸水东引”

的忧虑，赢得了近两年的和平。条约使德国免除了东西两线作战的危险，可以全力准备发动对波兰的侵略战争了。希特勒决定在8月26日发动对波兰的战争。但是有两件事促使希特勒改变发动战争的日期。这两件事是：(1)8月25日，英国同波兰签订了互助条约；(2)这天下午，墨索里尼通知希特勒，说意大利没有作好战争的准备。因此，直到8月31日德国政府才向波兰政府发出最后通牒，要求交出但泽(格但斯克)和同意在波莫瑞修建公路和铁路。最后通牒没有送交波兰政府，只是在德国电台上广播。希特勒决定在1939年9月1日4时45分发动对波兰的战争。

第五节　波兰第二共和国的文化

教育

在1918年前，波兰文化教育落后，俄占区文盲占全体居民的65%，奥占区占56%，普占区占0.6%。1919年2月9日，国家元首毕苏茨基颁布义务教育法令，规定7至14岁学龄儿童免费入七年制小学。政府还制订了发展中等和高等学校的计划。从此，波兰的文化教育开始逐渐发展。小学从1910—1911学年的18404所增加到1938—1939学年的28881所，小学生人数达495万。中学从1922—1923学年的762所增加到1938—1939学年的789所。1918年建国时，波兰只有3所大学(克拉科夫大学、华沙大学、利沃夫大学)和4所专门学院(华沙工学院、利沃夫工学院、普瓦维农林学院和克拉科夫艺术学院)。1919年以后陆续恢复和创办了一批高等学校，其中有波兹南大学(1919)、维尔诺大学(1919)、卢布林天主教大学(1919)、克拉科夫矿业学院(1919)、华沙高等农业学校(1921)、华沙艺术学院(1923)、国立师范学院(1920)、华沙政治学院(1922)、维尔诺政治学院(1922)、华沙高等新闻学校(1929)。共计达27所,其中国立16所,私立11所。首都华沙是全国的教育中心,有10所高等学校。到1932—1933学年,全国共有51770名大学生,而战前只有16000名,每千个居民中有1.4个大学生。波兰大学生的人数,同英国和意大利相等。

政府还发展职业教育。1936—1937学年,有717所中等职业学校,在校学生91万,有28所高等职业学校,在校学生5万。国家每年用于教育的开支占国家预算的15%,这在当时欧洲是比较高的。捷克斯洛伐克的教育经费仅占国家预算的10%,保加利亚占13%,法国占12%;比瑞典(占16%)和德国(占17%)稍低些。由于教育事业的发展,文盲的人数不断减少。1921年,文盲占全体居民的33.1%,到1931年下降到22.1%。大约90%的学龄儿童都能入学。但劳动人民子女进入中等和高等学校仍非常少。

文学

在波兰第二共和国时期,小说和诗歌获得了很大发展。在小说方面,仍以现实主义流派占主导地位。在以独立后波兰的社会现实为题材的作品中,作家所持的社会立场不尽相同,但它们在思想艺术方面却比19世纪现实主义文学有进一步的提高。这些著作除了从各方面深刻地揭露了资本主义社会的黑暗外,还广泛地反映了波兰劳动人民遭受压迫的状况和他们的革命斗争。在诗歌创作中,虽然存在各种流派和社团,但现实主义仍占主导地位。

小说创作的代表作家有玛丽亚·东布罗夫斯卡、列昂·克鲁奇科夫斯基、索菲亚·纳乌科夫斯卡和万达·华西列夫斯卡。

玛丽亚·东布罗夫斯卡(1889—1965)生于波兹南省卡利什附

近的鲁索夫村。父亲是佃农，曾参加过十一月起义。东布罗夫斯卡从小接受家庭爱国主义教育，熟悉农民生活。她的大学生活是在洛桑、布鲁塞尔和伦敦度过的。从20年代起，她就开始文学创作，早期创作的短篇小说集有《祖国的孩子们》(1921)、《樱桃枝》(1922)、《童年的微笑》(1923)。这些作品以自己的童年生活为题材，反映了作家对人民和祖国的热爱。短篇小说集《从别处来的人们》(1925)主要描写1905年前后的农村生活，反映了当时农民备受压迫的悲惨命运，表现了他们对于美好未来的向往。30年代创作的长篇小说《黑夜与白昼》是东布罗夫斯卡的代表作。小说通过对主人公鲍古米尔·尼赫西克和巴尔巴拉·奥斯特辛斯卡一家三代的生活经历和他们复杂的社会关系的描写，深刻地反映了1863年一月起义失败后(中经1905年革命)到第一次世界大战初期几乎达半个世纪的波兰社会生活，这部小说是一部史诗式的作品。作品通过深刻的现实主义表现手段，不仅真实地反映了许多重大的历史事变，而且塑造了许多典型人物的形象。小说主人公鲍古米尔出身于爱国贵族家庭，参加过一月起义。起义后，靠租地主土地谋生。他一面受地主剥削，一面又反过来剥削他的雇工。1905年革命后，地主把他多年苦心经营的农庄卖了出去，他在精神上受到严重打击，忧愤而死。他的女儿阿格涅什卡和她的情人马尔青，热爱祖国，参加过1905年革命，后来追随毕苏茨基，走上了脱离工农群众的错误道路，结果也一事无成。《黑夜与白昼》无论是在思想上或艺术上，在20世纪现实主义文学中，都占有重要地位。

列昂·克鲁奇科夫斯基(1900—1962)出身于克拉科夫的一个工人家庭，大学化学系毕业后在工业部门工作。1926—1933年间又在东布罗沃煤矿区的职业学校任教，熟悉工人和农民的生活。

他的代表作——长篇历史小说《柯尔第安和乡下佬》(1932),以1830年十一月起义时的波兰王国为背景,塑造了农民反对封建压迫和参加民族起义的英雄形象,揭示了这次起义失败主要由于贵族革命家没有提出解决农民问题的办法。作家斯沃瓦茨基在其诗剧《柯尔蒂安》中曾歌颂了贵族革命家柯尔蒂安,而克鲁奇科夫斯基在其小说《柯尔第安和乡下佬》中则歌颂了乡下佬。

索菲亚·纳乌科夫斯卡(1884—1954)出身于华沙的一个知识分子家庭,父亲是20世纪初著名的社会活动家。她的主要作品有短篇小说集《血的秘密》(1917)、长篇小说《爱密尔伯爵》(1920)、《亨涅特和特莱莎的浪漫史》(1923)、《牧场上的房子》(1925)、《界线》(1935)。这些作品揭露了帝国主义战争给被压迫民族带来的深重灾难,反映了下层劳动人民的悲惨命运和上流社会的寄生、腐朽性。

万达·华西列夫斯卡(1905—1965)出身于克拉科夫一个知识分子家庭。她父亲是波兰社会党的主要活动家。她的童年生活是在农村度过的,很了解农民遭受压迫的痛苦;1927年,毕业于克拉科夫大学波文系。她的主要作品有长篇小说《一天的面貌》(1934)、《祖国》(1935)、《轭下的土地》(1937)。《祖国》取材于20世纪初至30年代的农村生活,反映了贫苦工农反抗沙俄、奥地利占领者以及同他们相勾结的波兰地主资本家的斗争。《轭下的土地》描写了发生在布格河畔一个落后农村里的故事。该村农民因不堪地主奥斯特辛斯基伯爵的压迫而起来反抗,焚烧了地主的庄园。由于反抗的自发性,斗争终于遭到失败。

诗歌创作的代表是尤利安·杜维姆(1894—1953)、安东尼·斯沃尼姆斯基(1895—1965)和瓦迪斯瓦夫·勃罗涅夫斯基

(1892—1962)。

杜维姆的诗歌创作，内容十分丰富，有诗集《窥视上帝》(1918)、《跳舞的苏格拉底》(1920)、《第七个秋天》(1922)、《第四集诗》(1923)、《血语》(1926)、《黑林村》(1929)、《吉卜赛的圣经》(1933)、《热情的诗篇》(1936)。杜维姆的战前创作，一方面描绘了许多城市劳动者，如电报员、小公务员、消防队员、泥瓦匠、裁缝、女工等的形象，反映了这些"普通人"的不幸命运，另一方面也对那些"长嘴巴"、"粗脖子"的官僚、资本家进行了辛辣的讽刺。诗人善于刻画鲜明的形象，运用丰富多彩的民间语言和日常口语。他的作品在人民中流传很广。

斯沃尼姆斯基的作品有《十四行诗集》(1917)、《黑色的春天》(1918)、《没有格子的窗户》(1935)和《德国人》(1937)。诗人在这些作品中反映了对旧世界的不满和反抗，也写出了他个人的痛苦经历和对祖国、对和平的热爱。

勃罗涅夫斯基是两次大战期间最杰出的革命诗人。他在中学读书时因参加秘密革命组织被沙俄政府逮捕。第一次世界大战时，曾加入毕苏茨基的兵团，后来参加对苏俄的战争。在列宁著作的影响下，他接受了马克思主义，加入了波兰共产党。勃罗涅夫斯基的作品有《风车》(1923)、《三声排炮》(1925)、《城上的烟雾》(1927)、《关怀和歌》(1932)、《最后的喊声》(1939)和长诗《巴黎公社》(1929)。诗人站在革命的立场上，对资本主义社会的黑暗表示了强烈的反抗。五月政变后，国内阶级矛盾和民族矛盾日益尖锐，萨纳奇政府对共产党和工农革命运动进行残酷镇压，诗人喊出了"我不向这个世界投降"，这反映了一个共产党人的坚强革命意志。他要使他的诗"成为战斗中飘扬的旗帜"、"大风中举起的火炬"，

"用歌声战斗到死"。他坚信资本主义"一定会走到毁灭的历史途程上",社会主义的"春天总会到来"。

自然科学

波兰独立后,侨居国外的科学家纷纷回国,他们不顾国内生活水平的低下和研究条件的简陋,在短短的20年里,取得了许多研究成果。

在数学方面,华沙大学的瓦兹瓦夫·谢尔宾斯基、齐格蒙特·雅尼舍夫斯基和斯蒂凡·马祖尔凯维奇三名教授在1920年创办了《数学基础》杂志,该杂志不久成为世界性的学术刊物,用多种文字出版。他们在集合论、实函数论和数理逻辑的研究上达到世界先进水平。利沃夫大学的尤留什·桑德尔在1938年获得了普里克斯·马拉克斯国际数学奖金。他在代数和数论方面作出了贡献。

在物理学方面,斯蒂凡·平可夫斯基教授在华沙大学建立了实验物理研究所,该所在放射性和光激发光的研究方面突破了国际上已有的成绩。1936年,国际第一届光激发光学术会议就是在华沙召开的。华沙工学院米切斯瓦夫·沃尔夫科教授发明了液态氦的变种,被称为 He_2。后来证明这是唯一的量子流体。该学院的沃伊切赫·鲁宾诺维奇教授还在多极辐射理论方面作出了新贡献。

在天文学方面,克拉科夫大学的塔德乌什·巴纳显微奇教授发明了"克拉科夫扬算法"。这种算法不只应用于天文学,而且也应用于大地测量学和工程学。

在化学方面,华沙工学院的沃伊切赫·希文托斯瓦夫斯基教授发明了新的蒸发热计算方法和多种量热器。他还发明了一种精密仪器——沸点计。这种仪器后来被各国科学研究机构广泛采用。

第十五章

波兰人民反对法西斯德国占领者的民族解放战争

(1939—1945)

第一节　1939年的卫国战争。法西斯德国的占领政策和最初的抵抗运动

1939年的卫国战争

1939年9月1日法西斯德国对波兰的进攻,开始了持续6年的第二次世界大战。波兰军民同仇敌忾,共同抗战,把抗德战争坚持到最后胜利,为战胜法西斯德国作出了贡献。

德国动员了65个师的作战部队和2800辆坦克、2000架飞机、1万门大炮和海军舰只,从陆地、空中和海上进攻波兰,侵波德军达185万[①]。根据希特勒制定的侵波计划(代号为"白色方案"),德军分为北集团军(第3、4军)和南集团军(第8、10和14

① 《第二次世界大战百科辞典》,1975年华沙版,第667页。

军)。北集团军从西波美拉尼亚(即西波莫瑞)和东普鲁士进攻东波美拉尼亚(即东波莫瑞)的波军,在消灭那里的波军后,沿维斯瓦河两岸向华沙推进,南集团军从捷克的西里西亚和斯洛伐克进攻波属西里西亚和小波兰,然后向罗兹和华沙方向推进。两个集团军南北合击,消灭波军主力于维斯瓦河以西。

波兰政府对德军的进攻缺乏准备,幻想德国在灭亡捷克斯洛伐克以后进攻苏联。直到 1939 年 8 月 31 日,才由总统莫希齐茨基宣布总动员,作好战斗准备的只有 24 个师和 11 个旅以及 800 辆坦克、400 架飞机、4300 门大炮,占波军总兵力 135 万人的 70%,约 95 万人。[①] 波军由 6 个军("波莫瑞"、"莫德林"、"波兹南"、"罗兹"、"克拉科夫"、"喀尔巴阡")和 1 个后备军("普鲁士")组成,防守在西部 1600 公里的防线上,等待法国和英国在西欧开辟新的战场。

1939 年 9 月 1 日拂晓 4 时 45 分,德国陆军从北西南三个方向突袭波兰,德国空军对军事目标、铁路和城镇进行猛烈轰炸,德国海军也袭击波兰沿海的军事目标和城市。德军的突袭使波军猝不及防,陆军和空军仓促上阵,奋勇迎战。

9 月 3 日,英国和法国政府分别向德国宣战。英法两国尽管向德国宣战,但没有履行自己关于"保证"的义务,更没有给波兰政府以任何实质性的军事援助。波兰政府曾多次呼吁英法政府给予空中支援,均遭拒绝。波兰在敌我力量悬殊的情况下,孤军奋战,遭到失败。

9 月 1 日至 9 日,波军主要防线被突破。德军占领了"走廊"

---

① 《第二次世界大战百科辞典》,第 668 页。

地带、波兹南和西里西亚，攻入波兰腹地。在9天的保卫战中，波兰官兵在当地居民的支持下英勇作战，表现了宁死不屈的大无畏精神。驻守在格但斯克附近韦斯特普拉特半岛（西盘半岛）的182名战士，从9月1日起，在亨·苏哈尔斯基少校的指挥下，同3400名装备优良、又有空军和海军支援的敌人展开了英勇的搏斗，在水断粮缺的情况下，坚持了7天7夜。9月5日，波军总司令雷茨—斯米格韦元帅下令波军撤至维斯瓦河和桑河一线。为了保卫维斯瓦河—桑河防线，波军最高统帅部又组织了两个军："华沙"和"卢布林"。从9月9日到22日，在华沙西部的布祖拉河附近发生了1939年战争中的最大一次战役。"波兹南"和"波莫瑞"两军被优势敌人包围，损失惨重。德军缩小了包围圈，直扑华沙。

从9月5日起，波兰政府和最高统帅部开始撤离华沙。9月7日，雷茨—斯米格韦元帅和最高统帅部撤到布列斯特；莫希齐茨基总统和政府撤到卢布林。到9月17日，波军大部被击溃。波兰政府已无力组织大规模的抵抗。

9月17日凌晨3时，苏联副外交人民委员波将金召见波兰驻苏联大使瓦·格日博夫斯基，向他递交了苏联政府的照会。照会称：鉴于波军的失败，苏联政府认为有必要援助遭到战争威胁的白俄罗斯和乌克兰居民。同一天，苏联外交人民委员莫洛托夫发表广播演说，声明苏联政府不能对波兰局势袖手旁观，为此，命令红军越过边界，以保护西白俄罗斯和西乌克兰居民的生命财产。当天，苏军有60万越过波苏边境线，进驻波兰东部的西白俄罗斯和西乌克兰。波军由于遭到突然打击，溃不成军，约有20万人被俘。10月22日和24日，西乌克兰国民议会和西白俄罗斯国民议会分别宣布同苏维埃乌克兰和苏维埃白俄罗斯合并。1939年11月2

日，苏联最高苏维埃批准了西乌克兰和西白俄罗斯同苏维埃乌克兰和苏维埃白俄罗斯合并的要求。

9月17日晚，莫希齐茨基总统、雷茨—斯米格韦元帅、斯克瓦德科夫斯基总理和贝克外长等政府要员进入罗马尼亚国境。罗马尼亚政府在德国的压力下，把他们拘留起来。

这时候，波军的残余部队还在卢布林省、华沙、莫德林和黑耳半岛等地进行孤立而顽强的抵抗。从9月16日起，开始了英勇的华沙保卫战。华沙军民在市长斯·斯塔任斯基领导下，同强大的敌人展开了浴血战争。敌人的飞机和大炮对华沙进行狂轰滥炸，造成了首都居民的重大伤亡。9月28日，华沙陷落。两天后，莫德林也停止了抵抗。10月2日，黑耳半岛被德军占领。10月2日至5日，在卢布林以北的科茨克进行了卫国战争中的最后一次战役。德军占领了布格河以西的波兰领土。波兰共和国就此灭亡了。

在历时36天的卫国战争中，波军伤亡20万，被俘40万至42万，德军伤亡45000人。[①] 波兰失败的原因很多，主要有以下三点：第一，这是一场力量悬殊的战争。德国占领捷克以后，领土面积增加了30%，达到632000平方公里，人口8600万，而波兰只有388000平方公里的领土和3500万人口。当时，波德两国的军事力量对比是：步兵1∶1.8，炮兵1∶5，坦克1∶6.5，空军1∶7。[②] 第二，波兰的溃败是战前毕苏茨基—贝克政府奉行所谓“均势政策”，实际上是亲德反苏政策的结果。第三，波兰的战败，是法国和英国背信弃义、不履行诺言的结果。当时德国在西线只有20多个

---

① 《第二次世界大战百科辞典》，第670页。

② 瓦·尤尔盖维奇、维·别甘斯基等编：《历史上的军事技术策略和战略》，1976年华沙英文版，第647页。

师，而法国就有100多个师。如果法英在西线发动进攻，使德国在东西两线作战，波兰就有可能得救。

波兰虽然灭亡了，但是波兰人民的斗争，牵制了30至35个师的德军兵力并使德国不得不花几个月到半年的时间来准备新的侵略战争，从而延缓了德寇对包括法国和英国在内的欧洲国家的入侵。

法西斯德国的占领政策

波兰人民曾经遭受过123年的亡国苦难，现在又一次受到纳粹德国更加野蛮的血腥统治。德国法西斯在占领波兰以后，对波兰人民实行种族灭绝的政策，妄图永远消灭波兰。1939年10月8日和12日，根据希特勒的两个命令，波兰的西部土地，包括波莫瑞、大波兰、西里西亚、东布罗沃矿区、罗兹省和克拉科夫省的一部分以及玛佐夫舍的北部、苏瓦乌基县被并入德国版图，其面积为9万多平方公里，人口约1000万。与1914年相比，德国的边界向东伸展了250公里。在其余的18万平方公里的波兰土地上设置了总督区，由希特勒的亲信汉斯·弗兰克任总督。总督府设在克拉科夫。总督区分为四个省：克拉科夫、华沙、卢布林、腊多姆，人口约1200万。

德寇在占领波兰后不久，就开始大批逮捕和屠杀波兰人。法西斯的屠刀首先挥向知识分子和犹太人。他们妄图毁灭波兰的科学和文化。到1940年春，在并入德国的西部土地上，共建立了600多处杀人刑场，每处约有数千人被杀害。德寇在波兰建立了数千个集中营和死亡营，其中有震惊世界的奥斯威辛集中营。从1940到1945年，在这里被杀害的有来自30多个国家的400万人。他们还在各个城镇把犹太人集中在一起，建立犹太区，对犹太人进行集体枪杀。据估计，被杀害的达500万。在6年占领期间，波兰人在集中营和死亡营被杀害的有410万，在大搜捕中被屠杀或在监狱中被折磨而死的有170万。此外,还有250万波兰人被驱赶到德国从事强制劳动。[①] 总之,波兰民族遭到历史上空前未有的灾难。

最初的抵抗运动

波兰人民没有被杀绝和征服,他们从祖国灭亡的第一天起,就开始了抗击德寇、解放祖国的抵抗运动。最初的抵抗运动是分散的和自发的,主要形式是帮助被打败的波军官兵隐蔽起来或转移武器,然后组成十多人到几百人的游击队,分散在西里西亚、喀尔巴阡山和基埃尔策的森林地带。当时,由亨·多布让斯基少校领导的一支200多人的游击队,活跃在基埃尔策省山区,曾多次重创德军。直到1940年6月,才被敌人消灭。

当莫希齐茨基总统等被拘留在罗马尼亚以后,波兰国家政权已经瘫痪,为了继续领导抗德战争,莫希齐茨基宣布辞职并根据1935年宪法,在取得法国驻罗马尼亚大使的同意后,决定由瓦迪斯瓦夫·拉奇凯维奇接任总统职务。1939年9月30日,拉奇凯维奇总统授命萨纳奇政府的反对派瓦迪斯瓦夫·西科尔斯基将军在法国巴黎建立波兰政府。11月22日,迁至西部的翁热。波兰流亡政府由四个政党:

瓦迪斯瓦夫·西科尔斯基

① 瓦·尤尔盖维奇、维·别甘斯基等编:《历史上的军事技术策略和战略》,第635页。

国民党(由国家民主党改组而成)、劳动党(由基督教民主党等组成)、农民党和社会党组成。该政府成立后,即着手在国内建立秘密军事组织。早在 1938 年 9 月 27 日,原波军高级军官在华沙就建立了一个最早的秘密军事组织,取名“为波兰的胜利服务”。11 月 13 日,流亡政府把“为波兰的胜利服务”改组为“武装斗争联盟”,由斯·罗韦茨基上校领导。1940 年,流亡政府在国内设立代表处,领导国内的抵抗运动。同年 6 月 30 日,罗韦茨基被正式任命为“武装斗争联盟”的总司令,晋升为少将。1942 年 2 月 14 日,“武装斗争联盟”被改组为国家军。

1939—1940 年间,农民党在国内建立了“农民卫队”,后改名为“农民营”。农民营主要活动在基埃尔策省和卢布林省的农村,它的战士主要是农村青年。农民营的总司令是弗·卡敏斯基。

希特勒德国占领波兰以后,波兰共产主义运动经历着最困难的时期。由于共产国际在 1938 年错误地解散了波兰共产党,原波共党员请求重新建党的要求遭到拒绝,使波兰在德寇占领初期缺乏无产阶级政党的领导。按共产国际执行委员会的规定,如未经它的同意,不能建立新党。但是,波兰共产党人在当时极端困难的条件下,还是建立了许多秘密抵抗组织,如“苏联之友协会”、“人民波兰”、“解放斗争同盟”、“锤子与镰刀”等。

1939 年 9 月底,波兰社会党领导机构鉴于德寇占领和党内形成分裂局面,宣布解散波兰社会党。10 月中,右翼领导人托玛什·阿尔齐舍夫斯基等人在华沙重新建立了“波兰社会党(自由、平等、独立)”,该党参加了在法国建立的流亡政府。左翼社会党人在 1940 年 9 月 1 日成立了“波兰社会主义者”及其秘密武装组织“战斗民警队”。

据德国占领当局估计，1940 年中在总督区参加具有不同政治观点的抵抗运动者约有 10 万人，共建立了 300 多支游击队。[①]

当时，波兰人民参加反法西斯抵抗运动的形式是多种多样的。例如，开展游击战；破坏敌人的交通运输；为盟军提供军事情报；领导人民实行经济怠工、拒缴农产品和捣毁机器；拯救囚犯、犹太人和保卫居民的生存权利；开展反法西斯和爱国主义的宣传教育工作，激发群众的民族意识等。

第二节　波兰流亡政府的外交政策和波苏关系

"两个敌人"的政策

以西科尔斯基将军为首的波兰流亡政府，把从法西斯德国的占领下解放波兰作为自己的主要任务。这一举动赢得了国内外人士的信任和拥护。西科尔斯基政府成立不久，就得到了法国、英国和美国政府的承认。该政府是一个四党联合的政府，在政治上明显地分成两派：以西科尔斯基总理为首的温和派和以拉奇凯维奇总统和扎莱斯基外长为首的萨纳奇派。在 1939 年 11 月被任命为国内事务委员会主席（相当于部长）的索斯科夫斯基将军，也是萨纳奇派。西科尔斯基身兼三职——总理、军政部长和军队总司令。内政部长斯·科特是他的好友。在政府里，两派力量旗鼓相当，不相上下。但是，由于国内外广大人民和官兵憎恨莫希齐茨基—雷茨—斯米格韦—贝克执行的祸国殃民政策，所以萨纳奇派声名狼

① 约·布什科：《波兰史（1864—1948）》，第 453 页。

藉。而西科尔斯基将军却享有很高的威信。法国、英国和美国政府也支持西科尔斯基将军。

1939年12月18日，波兰政府公布了政府施政纲领，宣布“通过波兰及其军队最有效地参加战争，从敌人的占领下解放波兰共和国领土，使波兰拥有直接和辽阔的出海口和能保证持久安全的国界，是政府的首要任务”。[①] 波兰政府认为，波兰不只同德国处于战争状态，而且同苏联处于战争状态。所以，波兰面临着两个敌人：德国和苏联，其中德国是主要敌人。波兰政府不承认苏联对西乌克兰和西白俄罗斯的占领，要求在战后恢复对这两个地区的主权。它还要求收回格但斯克和把曾经臣属波兰的东普鲁士并入波兰。

1940年1月4日，波兰政府同法国政府签订了军事条约，着手在法国建立一支10万人的军队。但这个计划后来没有完全实现。当时波兰军队总数只有84000人，其中一半是在1939年战争失败后从波兰辗转撤往法国的士兵。1940年4月9日，德军进攻丹麦和挪威，丹麦当天投降。波兰政府曾派出一个独立旅5000人，同英法军队一起驰援挪威。在攻占挪威北部城市纳尔维克的战役(从5月28日到6月4日)中，波兰旅发挥了重要的作用。6月10日，挪威被德军占领，波兰旅撤回法国。波兰军队在保卫法国的战争中曾作出了重大牺牲。他们守卫马其诺防线的南北两侧，在汝拉区、阿尔萨斯、洛林、洛里昂、贡比涅和布莱塔尼亚等地奋勇抗击德寇。1940年6月22日，贝当政府投降德国后，波兰战士仍继续抵抗。

① 瓦·古拉主编:《1939—1945年波兰土地上的战争和占领》,1985年华沙版,第38页。

1940年6月底，波兰政府从法国迁到英国伦敦，有25000名官兵同时撤到英国。

1940年7月，波兰政府因在对苏关系问题上的意见分歧而发生严重危机。由于当时法西斯德国占领了大部分西欧国家，包括英国首相邱吉尔在内的一些英国政治家预料到德苏战争将不可避免，于是力图加强英苏两国之间的合作。作为有远见的政治家，西科尔斯基深知苏联对波兰的重要意义，所以他给英国政府写了一份备忘录，希望能在苏联的领土上建立一支30万人的波兰军队。这份备忘录未得到总统拉奇凯维奇和外交部长扎莱斯基的同意。7月18日，拉奇凯维奇总统解除了西科尔斯基的总理职务，并任命扎莱斯基为总理，其理由是波兰当前面临"两个敌人"，同苏联的任何妥协都是背叛国家的行为。这里，萨纳奇派所挑起的政府危机，曾引起了军队官兵和政府温和派的强烈不满。7月20日，拉奇凯维奇总统被迫收回成命，恢复了西科尔斯基的总理职务。

1940年8月5日，波兰政府同英国政府签订了军事协定。在英国政府的帮助下，波兰第一军团(有34000人)在苏格兰建立。第一军团在不列颠之战中为保卫英伦三岛而建立了不少功勋。希特勒为了切断伦敦和沿海地区的联系，使这个英国最大的城市处于瘫痪，命令空军集中2600多架飞机对英国狂轰滥炸。波兰飞行员同英国飞行员一起在空战中奋勇杀敌，保卫了伦敦。在三个多月(从1940年7月10日至10月31日)的空战中，英波空军共损毁敌机1733架，其中270架是由波兰飞行员击中的。[①] 这样，就

① 瓦·尤尔盖维奇、维·别甘斯基等编：《历史上的军事技术策略和战略》，第681页。

使希特勒妄图用空军炸出一条入侵英国通道的狂妄计划，终因空战的失败而宣告破产。

波苏外交关系的建立

1941 年 6 月 22 日，德国法西斯背信弃义地撕毁了 1939 年签订的苏德互不侵犯条约，大举突袭苏联。苏德战争爆发。英美两国政府相继发表声明，支持苏联反对德国法西斯的战争。7 月 12 日，英苏两国签订了互助协定。在这之前，即 6 月 23 日西科尔斯基就发表广播演说，表示波兰人民支持苏联反对德国侵略的立场并建议恢复两国的外交关系。

1941 年 7 月 4 日，西科尔斯基和苏联驻伦敦大使伊凡·马伊斯基进行正式谈判。谈判持续了几个星期。争论的焦点是领土问题。波方要求恢复 1921 年里加条约所规定的波苏边界。苏方则主张坚持民族自决原则，按民族原则划分波苏边界。最后，双方同意把边界问题留待战争结束时解决。7 月 30 日，波苏双方签署了协定。协定第一条称："苏联政府认为 1939 年签订的关于变更波兰领土的苏德条约业已失效。波兰政府声明，波兰不同任何第三国签订任何反对苏联的协定。"[①]协定规定两国恢复外交关系，双方都承担义务，在战争中互相给予各种援助和支持。苏联政府同意在苏联境内建立波兰军队。协定的议定书还规定，苏联政府对作为战俘或由其他充分原因而在苏联境内受监禁的波兰公民，实行特赦。波苏协定不需批准，立即生效。

波苏协定曾引起了波兰政府内萨纳奇派的反对。他们认为在领土问题解决以前，绝不能同苏联签订协定。7 月 27 日，外交部

---

① 斯·阿·戈尼昂斯基等著:《外交史》第 4 卷，1975 年莫斯科版，第 215 页。

长扎莱斯基提出辞职。接着，索斯科夫斯基也辞去国内事务委员会主席职务。拉奇凯维奇总统曾以辞职相威胁，但是，他没有勇气辞去这一职务。嗣后，政府进行了局部改组。外交部长由爱·拉琴斯基接任。农民党的斯·米柯瓦伊契克担任副总理兼内政部长并兼管国内事务。原内政部长斯·科特被任命为驻苏大使。

1941 年 8 月 14 日，波苏两国签订了军事协定。协定规定波兰军队人数为 3 万人(2 个步兵师、1 个预备团)。他们将在苏联境内同红军一起作战。后来，波兰军队又扩大到 75000 人(7 个师、1 个旅)。波兰军队由曾经被苏军俘虏的瓦·安德斯将军指挥，其装备由苏联提供，所需经费向苏联贷款，战后归还。

1941 年 11 月 30 日，西科尔斯基访问苏联。12 月 3 日至 4 日，西科尔斯基同斯大林在克里姆林宫举行了两次会谈。当时德寇正逼近莫斯科，苏联在军事上和经济上发生严重困难，苏联方面对波军的装备和补给遇到阻力。于是，安德斯将军提出了波军由苏联转入伊朗并由英国提供装备和补给的主张。在征兵时，双方对西乌克兰和西白俄罗斯居民的国籍问题发生争执。这次会谈就是要解决在苏联境内波军的前途问题。所以，会谈是在十分紧张的气氛下开始的。斯大林说："我们没有你们也行。我们可以把一切给你们。我们自己应付得了。我们将得到波兰然后把它交给你们，对此你们将会说什么呢？"①后来气氛转为缓和，斯大林同意撤走波军 25000 人，其余的留在苏联，同苏军一起作战。斯大林还表示苏联同意波兰在战后恢复奥得河以东的固有土地，如果波兰军队投入战斗，波苏边界可以在和平会议前由双方协商解决。他幽

---

① 耶日·托波尔斯基：《波兰史纲》，第 790 页。

默地说:“不要忐忑不安,我们不会欺侮你们的。”[1]12 月 4 日,波苏双方签署了友好互助宣言。

波苏关系的破裂

波苏联合宣言签署后,西科尔斯基又遭到反对派的攻击。这时候,英国政府鉴于它在近东的利益受到轴心国的威胁,急需波兰军队前往驰援,要求斯大林同意波兰军队撤往伊朗。1942 年 4 月,怀有强烈反苏情绪的安德斯,不相信苏联的力量,不愿与红军一起作战,把 3 万多名军队和 1 万多名平民撤到伊朗。西科尔斯基要求把撤退后剩下的军队留在苏联。但是,安德斯在英国的帮助下于 1942 年 8 月把留下的这支 45000 人的军队和 25000 名平民撤出苏联。这样,就彻底破坏了 1941 年的波苏军事协定和波苏宣言。撤到伊朗的军队被编成波兰第二军团。第二军团同英军一起,在近东、北非和欧洲各个战场奋勇作战,为击败德国法西斯作出了重要贡献。

波兰军队从苏联全部撤走以后,苏联政府认为同波兰流亡政府在领土问题上达成协议是没有希望的,同它继续合作已经没有必要,转而支持在苏联境内的左派组织。

纳粹德国乘机利用日益恶化的波苏关系。1943 年 4 月 13 日,德国宣传机器大肆宣传在斯摩棱斯克以西的卡廷森林发现有 1 万多名波兰军官的尸体,说他们是在撤退前被苏军杀害的。两天后,苏联政府发表声明,否认这是苏方干的。卡廷事件在西方的波兰人中激起了极大的愤慨。西科尔斯基政府要求国际红十字会派调查团去当地调查。斯大林致函邱吉尔和罗斯福,指责波兰流

---

① 耶日·托波尔斯基:《波兰史纲》,第 791 页。

亡政府与法西斯德国沆瀣一气，对苏联进行挑衅。1943年4月25日，苏联政府以此为借口，断绝了同波兰流亡政府的外交关系。邱吉尔力图阻止波苏两国关系的破裂，但没有奏效。事实证明，卡廷血案是苏联内务部在1940年3至5月一手策划的。1990年4月13日，苏联政府正式承认卡廷事件是苏方干的。

马尔采利·诺沃特科

帕威尔·芬特尔

第三节　波兰工人党的建立和抵抗运动的壮大。全国人民代表会议的建立

波兰工人党的建立

苏德战争爆发以后，重新建立无产阶级革命政党的时机已经成熟。经共产国际执行委员会的同意，侨居在苏联的波兰共产党人组成了建党小组。1941年12月27日深夜，由马尔采利·诺沃

特科、帕威尔·芬特尔等六人组成的建党小组的座机在华沙郊区降落。他们与华沙共产党人的秘密组织接上了关系。1942 年 1 月 5 日，在华沙克拉辛斯基街 18 号共产党人尤·雷迪盖尔家里召开了建党会议。参加会议的有解放斗争同盟、苏联之友协会、锤子与镰刀、无产者等 10 个组织的代表。在会上宣布新的工人阶级政党——波兰工人党的诞生，决定建立党领导下的武装组织——人民近卫军，并就建立广泛的反法西斯民族阵线问题进行了讨论。会议选举了党的领导机构——临时中央委员会和它的三人领导小组（后称书记处）。三人领导小组成员是马·诺沃特科、帕·芬特尔和鲍·莫沃耶茨。1 月 10 日，波兰工人党发表了告工人、农民、知识分子和全体爱国者书，提出了建立反法西斯民族阵线、实现民族解放和社会解放的纲领。波兰工人党还宣布在苏联的帮助下解放祖国，建立民主、独立的波兰。

1942 年 3 月，人民近卫军正式成立。人民近卫军的总司令是鲍·莫沃耶茨，以后由弗·尤兹维耶克接任。人民近卫军主要是在基埃尔策、卢布林、华沙和克拉科夫等省坚持游击战争，在全国建立了五个战区：华沙战区、卢布林战区、基埃尔策—腊多姆战区、克拉科夫战区和罗兹战区。

1942 年 11 月 28 日，鲍·莫沃耶茨出于个人野心，指使他的弟弟齐·莫沃耶茨杀害了党的创始人、中央书记处书记马·诺沃特科。莫沃耶茨兄弟被党的法庭处死。重新改组的书记处由帕·芬特尔、瓦·哥穆尔卡、弗·尤兹维耶克三人组成。1943 年 11 月 14 日，帕·芬特尔和中央委员玛·福尔纳尔斯卡被希特勒的秘密警察——盖世太保逮捕并遭杀害。新的书记处由瓦·哥穆尔卡、鲍·贝鲁特、弗·尤兹维耶克三人组成。这个书记处一直保持到

1944 年 7 月人民政权的建立止。

1943 年 1 月,波兰工人党建立了自己的青年组织——青年斗争联盟。青年斗争联盟的领导人是汉卡·萨维茨卡,她在 1943 年 3 月被捕牺牲后,由杨·克拉西茨基接任;克拉西茨基在 1943 年 9 月被捕牺牲后,青年斗争联盟的领导人又由索菲亚·雅沃尔斯卡接任。青年斗争联盟在动员爱国青年,配合人民近卫军破坏敌人后方等方面,作出了重大的贡献。

波兰工人党的建立是波兰反法西斯抵抗运动的转折点。波兰工人党高举民族解放和社会解放的旗帜,开展武装斗争,进行广泛的民族统一战线工作,为建立独立和民主的波兰奠定了基础。

波兰爱国者联盟和人民军队的诞生

1939 年波兰第二共和国崩溃后,有 200 万波兰居民涌入苏联境内(其中 100 万原来就居住在西乌克兰和西白俄罗斯)。北起阿尔汉格尔斯克,南到乌拉尔和哈萨克斯坦,都有波兰人定居。波兰共产党人主要集中在乌法(共产国际执行委员会所在地)、萨拉托夫和古比雪夫。由万达·华西列夫斯卡和阿尔弗勒德·兰普(原波兰共产党中央政治局委员)创办的《新视野》双周刊成为波兰进步侨民的喉舌。1943 年 1 月 4 日,华西列夫斯卡和兰普以《新视野》编辑部的名义,从萨拉托夫给苏联人民委员会副主席莫洛托夫写信,要求在苏联建立波兰侨民的政治组织。经苏联政府同意,波兰爱国者联盟于 1943 年 2 月在莫斯科成立。6 月 9 至 10 日,波兰爱国者联盟召开了第一次代表大会,选举万·华西列夫斯卡为主席。

1943 年 4 月底,华西列夫斯卡鉴于苏联政府已与波兰流亡政府断绝了外交关系,以波兰爱国者联盟的名义,写信给斯大林,要求在苏联建立波兰的人民军队。斯大林派朱可夫参加波兰军队的组建工作。斯大林原打算让苏联军官担任波兰军队的最高领导，由于华西列夫斯卡不同意，遂决定由齐格蒙特·贝林格担任这一领导职务。1943 年 5 月，在梁赞附近的谢列齐(奥卡河畔)建立了第一支人民军队——以民族英雄塔·科希秋什科命名的波兰第一步兵师。从 1943 年底到 1944 年初，又建立了以亨·东布罗夫斯基和罗·特劳古特命名的第二步兵师和第三步兵师。由三个师 25000 人组成波兰第一军团。1944 年 4 月将第一军团改名为波兰第一军，由齐·贝林格将军任军长。1943 年 9 月 1 日，在希特勒德国进攻波兰四周年的时候，第一师开赴斯摩棱斯克前线作战。10 月 12 日，在列宁诺投入战斗。这一天被定为波兰建军节。在以后三天的激战中，攻占了德军在列宁诺的主要阵地。从此，波军和苏军在苏德战场上，为解放被占领的苏联和波兰领土，为彻底击败德寇团结战斗到胜利。

从 1944 年 4 月到 7 月，在苏联又组成了第四步兵师、第五步兵师和第六步兵师。这三个师组成波兰第二军，由卡罗尔·希维尔切夫斯基将军任军长。此外，还建立了第一装甲旅、第一骑兵旅、五个炮兵旅、两个空军中队和一支由亚历山大·萨瓦茨基领导的游击队。波兰解放前夕，在苏联的波军共达 107000 人。

国内抵抗运动的壮大

1941 年底，德国法西斯制定了“东方问题总解决计划”。为了争取“德国的生存空间”，西起波兰东到拉多加湖和黑海之间的约 4500 万居民将被强迫迁往西伯利亚等地或在肉体上被消灭，欧洲各地和德国本部的德意志人将迁来这里定居。这个罪恶计划是建立在击败苏联的基础上的。由于苏军的胜利，这个计划也随着破产。

德国法西斯在占领区内挑起各民族之间的冲突。它在夺得西乌克兰以后把这一地区并入总督区,成为总督区的第五个省:加里西亚省。在这里,它不断挑起乌克兰人和波兰人之间的仇恨。作为波兰本土的比亚威斯托克地区却受东普鲁士的行政管辖,并在当地煽动德意志人残害波兰人。

从1942年11月起,德寇强迫总督区卢布林省内扎莫什奇、托马舒夫、比乌戈拉伊、赫鲁别舒夫四个县的居民全部迁出。从1942年11月到1943年7月,共有11万居民被迁走,其中有3万儿童。他们或被投入集中营或送到德国从事强制劳动。许多人逃入森林,因饥寒交迫而致死者不计其数。儿童则被送往德国内地,接受德意志化的教育。

德寇的暴行也激起了广大农民群众的反抗。波兰农民营在国家军和人民近卫军的配合下同敌人进行了多次激战,其中较大的有1942年12月30日在扎莫什奇县沃伊达村的战斗和1943年2月1日在托马舒夫县扎博雷切诺村的战斗。这些斗争,迫使敌人停止它的强迫迁徙活动。

1942年3月,德国法西斯开始了灭绝犹太人的活动。在灭亡波兰后,他们把各城市的犹太人都集中在犹太区。这是变相的集中营。犹太区大小不一,小的可容纳几千人,大的则容纳几万人甚至几十万人。每个犹太区都用围墙和铁丝网围了起来,犹太人外出必须佩戴黄色标记,否则严禁外出。凡外出未归者,一经查出,格杀不论。纳粹匪徒可任意闯入犹太人住宅,抢掠烧杀、奸淫妇女,无所不为。华沙犹太区内共有50万犹太人,从7月到9月,约有40多万犹太人被运往华沙省的特列布林卡等死亡营,遭到杀害。到1943年4月，华沙犹太区只剩下7万人。为了彻底消灭这批犹太人，德寇决定把他们都送往死亡营。1943年4月19日，犹太战斗组织在人民近卫军和国家军的帮助下，领导犹太人举行了二次大战期间规模最大的犹太人起义，以反对敌人的暴行。德寇使用飞机、大炮和坦克，把犹太区变为废墟，历时一个月的起义遭到血腥镇压。幸存者被送到特列布林卡死亡营，在那里被集体枪杀。与此同时，在比亚威斯托克和维尔诺的犹太区也发生了犹太人起义。

波兰的抵抗运动在斗争中不断壮大，在斯大林格勒战役以后，更加如火如荼地开展起来。游击队不断袭击敌人的餐厅、咖啡馆、电影院。华沙、克拉科夫等大城市是游击队经常出没的地方。游击队的活动造成了敌人的重大伤亡，使敌人不得不派出整师的正规军来征剿。1944年，游击队同敌军在齐特诺、博罗夫斯基森林、苏莱尤夫等地进行了许多次大规模的战斗。据估计，大小战斗有1万次以上，共歼敌15万。波兰人民的游击战争大大消耗和牵制了敌人的兵力，有力地支援了苏军的反攻。

波兰是欧洲大陆的战略中心。在1939—1941年间，波兰是德国准备入侵苏联的基地。在1942—1943年间，波兰成为德苏战场的直接后方。在1944—1945年间，它又成为苏德战争的主要战场。德国通往苏德战场的铁路运输几乎全部经过波兰，公路运输经过波兰的占75%。在波兰过境的德军在1942—1943年有40万到60万，1944年增加到75万至100万。对敌人交通运输的破坏，使他们在兵员上和军用物资上遭受损失，将大大减轻苏军的压力，加速战争的胜利。人们一般把游击队破坏敌人铁路运输的斗争称为“铁轨战”。1943年，游击队进行了460次破坏铁路运输的斗争，平均每月 40 次，破坏敌人 170 辆军用列车。从 1944 年 1 月到 7 月，他们同苏联游击队相配合，仅在卢布林一地就进行了 545 次“铁轨战”。游击队对敌人的铁路和公路运输的袭击达 2500 次，破坏了 700 个火车头和 2 万个车厢。[①]

波兰游击队的谍报网遍布国内各地并深入德国内地，向盟军提供了大批重要情报。1943 年春，国家军的情报部在侦察德国军方试验新式武器 V_1、V_2 型火箭以后，把情报送给英军最高当局。这年 8 月 18 日，英国空军根据这一情报轰炸了在佩纳明德的导弹发射场，使希特勒妄图以新式武器取胜的阴谋遭到破产。1944—1945 年间，人民军(1944 年 1 月，由人民近卫军与农民营和其他武装力量合并组成)向苏军最高统帅部提供了德军在克拉科夫、格丁尼亚和格但斯克等地集结的情报。波兰游击队的这些情报活动，加速了德国法西斯的灭亡。

波兰游击队还领导人民进行各种形式的怠工和破坏活动，如降低劳动生产率，破坏机器，拒缴农产品，消灭敌人的岗哨等，据估计，在 1941—1944 年间，各种怠工活动达数十万次。每当收获季节，游击队便同敌人进行“粮食战”，有时使敌人得不到任何粮食。

在第二次世界大战期间，波兰抵抗运动的一个明显特点就是运动的普遍性，参加运动的人数在 100 万以上，游击队的人数达 51 万(其中国家军 30 万，农民营 15 万，人民近卫军 6 万)，仅次于苏联(120 万)和南斯拉夫(80 万)。有 20 万人在同敌人的斗争中壮烈牺牲。波兰人民的抵抗运动是欧洲反法西斯力量的重要组成

① 瓦・尤尔盖维奇、维・别甘斯基等编：《历史上的军事技术策略和战略》，第 664—665 页。

部分，是战胜法西斯德国的巨大因素。

全国人民代表会议的建立

红军的节节胜利，为波兰工人党夺取全国政权创造了有利条件。同人民近卫军一样，波兰工人党在国内的威信逐渐提高。为了加速民族解放战争的胜利，它号召建立反法西斯民族阵线。1943 年 1 月，波兰工人党向流亡政府驻国内代表处和国家军提出了就建立民族阵线问题进行谈判，但没有得到答复。同年 2 月，哥穆尔卡以波兰工人党中央委员会的名义，直接同代表处的代表、农民党人杨·彼卡乌凯维奇进行谈判。不久，彼卡乌凯维奇被捕，谈判暂告中断。2 月底，代表处向波兰工人党提出了双方谈判的先决条件，其中有：承认伦敦波兰政府和国内代表处的最高权力；同入侵波兰国土的每一个敌人进行不妥协的斗争；承认 1939 年前的波兰边界不容侵犯。这些条件表明，流亡政府继续奉行“两个敌人”的政策。代表处并要求波兰工人党和人民近卫军无条件地接受伦敦政府的领导，这是波兰工人党无法接受的条件。

1943 年 4 月 25 日，波兰流亡政府同苏联的外交关系断绝以后，波兰工人党开始考虑建立没有流亡政府参加的民族阵线和人民政权。1943 年 7 月 4 日，西科尔斯基将军在埃及视察军队返回伦敦途中，因飞机失事在直布罗陀上空遇难。由副总理米柯瓦伊契克继任总理，索斯科夫斯基将军继任军队总司令。在此之前(6 月 30 日)，国家军总司令罗韦茨基将军被捕，接替他的是塔·布尔—科莫罗夫斯基。改组后的流亡政府在对待苏联的态度上，特别是在领土问题上，变得更加强硬，谈判协商的道路就此被堵塞了。

1943 年 11 月 1 日，波兰工人党中央公布了题为《我们为什么而战斗？》的纲领宣言，提出了建立独立和民主的波兰的政治纲领。该宣言称：解放后的波兰将是一个“自由和独立的波兰”；“国家政权应该掌握在代表工人、农民和知识分子利益的人的手里”；[①]国家将实行大工业、银行和交通运输的国有化，实行土地改革；将建立公正合理的波兰边界，在西部和北部应当恢复波兰固有的土地，在东部则应按民族自决的原则建立民族边界。宣言号召各爱国党派为建立反法西斯民族阵线和代行议会职能的全国人民代表会议而斗争。

1943 年 11 月 28 日至 12 月 1 日，苏美英三国首脑会议在德黑兰召开。在会上除讨论 1944 年 5 月 1 日以前在法国北部开辟第二战场以外，还讨论了波兰的边界问题。斯大林在会上提出了以奥得河为波兰西部边界的建议，这一建议基本上获得罗斯福和邱吉尔的同意，但同时邱吉尔认为波兰国家应当处在奥得河和寇松线之间(包括东普鲁士)。斯大林希望苏联能得到波罗的海港口哥尼斯堡和克莱彼特及其附近的东普鲁士地区。波兰工人党支持德黑兰会议的召开，认为它为该党纲领宣言的实现创造了有利的外部条件。

波兰工人党由哥穆尔卡负责筹备全国人民代表会议的工作。12 月 15 日，公布了由哥穆尔卡起草的《波兰民主的社会政治和军事组织宣言》，宣言阐明了全国人民代表会议的宗旨和任务。它的任务是：“加速占领者的失败，同全国人民一起为自由、独立和主权的波兰而斗争；把波兰的未来建立在同所有盟国，首先是同苏联和捷克斯洛伐克这样的邻国的诚挚的友好和合作的基础上；把现在

---

① 《波兰工人党纲领文献(1942—1948)》，1984 年华沙版，第 149—150 页。

和过去几个世纪里被德国通过暴力实行日耳曼化的所有波兰土地并入波兰国家；根据居住在东部土地上的居民的意愿，在同苏联友好协商的基础上确定波兰的东部边界；在广泛的政治和经济民主的基础上改造波兰；无偿地没收地主的土地并交给农民和农业工人分配，对国民经济有决定性意义的大工业、银行和交通运输实行国有化。"①

宣言还宣布建立人民军和在适当时候建立临时政府。在宣言上签字的有波兰工人党、人民近卫军总司令部、波兰社会党左派、农民党左派、青年斗争联盟等政党和团体。

1943 年 12 月 31 日夜到 1944 年 1 月 1 日，全国人民代表会议第一次会议在华沙召开。参加会议的有 22 名代表，其中波兰工人党 8 名、波兰社会主义者工人党（即波兰社会党左派，成立于 1943 年 4 月 11 日）5 名、农民党 5 名、无党派人士 2 名、崩得代表 1 人、知识分子代表 1 人。

全国人民代表会议第一次会议决定在人民近卫军、农民营等革命军队的基础上组成人民军，任命米·罗拉—日米尔斯基将军为人民军总司令、弗·尤兹维耶克上校为总参谋长。会议选举鲍·贝鲁特（波兰工人党）为全国人民代表会议主席团主席、爱·奥苏布卡—莫拉夫斯基（波兰社会主义者工人党）为副主席。不久，波兰爱国者联盟承认全国人民代表会议为波兰人民唯一合法的政权。这样，就出现了两个平行的政权：一个是在波兰本土的全国人民代表会议，另一个是在伦敦的波兰流亡政府。随着红军的逼近波兰，两个政府的夺权斗争渐趋尖锐化。

---

① 《波兰工人党纲领文献（1942—1948）》，第 525 页。

第四节 波兰东部的解放和波兰民族解放委员会的建立。华沙起义。全国的解放

波兰东部的解放和波兰民族解放委员会的建立

1944 年春夏，苏军连续向德军发起强大进攻，先后解放了乌克兰和白俄罗斯。7 月，苏军及与之并肩战斗的波兰第一军(属白俄罗斯第一方面军)跨过布格河进入波兰境内，开始了解放波兰领土的战争。人民军游击队在德军后方也发起进攻，配合苏波军队夹击敌军。7 月 22 日，苏波军队解放了卢布林省的边境小城赫尔姆。7 月 23 日夜—24 日凌晨，攻克东部省城卢布林。7 月 26 日，连克普瓦维和登布林，直抵维斯瓦河畔。参加这次波兰东南部解放战争的是由康·罗科索夫斯基指挥的白俄罗斯第一方面军。

在波兰东部即将解放的时候，全国人民代表会议代表团同波兰爱国者联盟主席团于 1944 年 7 月 6 日在莫斯科就成立临时执行机构问题进行协商。7 月 21 日，全国人民代表会议在贝鲁特主席主持下召开，决定成立波兰民族解放委员会。7 月 22 日，全国人民代表会议颁布了关于建立波兰民族解放委员会的法令。

波兰民族解放委员会由波兰工人党、波兰社会党左翼、农民党左翼和进步知识界的代表组成。该委员会决定由左翼社会党人爱·奥苏布卡—莫拉夫斯基担任主席兼外交部长，农民党的安·维托斯担任副主席兼农业和土改部长。另一名副主席是万达·华西列夫斯卡。其他主要成员是：国防部长米·罗拉—日米尔斯基上将，国防部副部长齐·贝林格中将，情报和宣传部长斯·英德里霍夫斯基，公安部长斯·拉德凯维奇，国民经济和财政部长杨·

斯·哈纳曼。

1944 年 7 月 22 日，波兰民族解放委员会在赫尔姆发表《告波兰人民书》，史称“七月宣言”。这一宣言向波兰和世界人民宣告波兰人民政权的诞生。

七月宣言宣布：“全国人民代表会议是波兰政权唯一合法的源泉”，“伦敦流亡‘政府’及其在国内的代表机构是欺世盗名和非法的政权”，“波兰民族解放委员会代表全国人民代表会议执掌解放区的政权。……波兰民族解放委员会将通过省、县、市和乡人民会议和它的全权代表执掌政权。”①

宣言确定彻底击溃法西斯德国是人民波兰当前的主要任务。宣言提出了通过土地改革消灭地主阶级，没收德寇财产，接管大中工业、银行、交通运输等民族民主革命的纲领。宣言还提出以民族分界线划定波苏边界，以奥得河和乌日茨—尼斯河为波德边界。宣言宣布波兰对外政策的原则是同邻邦苏联和捷克斯洛伐克结成永久的同盟，同英美法等其他盟国友好相处。

全国人民代表会议还作出了关于把人民军和在苏联境内建立的波军合并组成统一的波兰人民军的决定，任命米·罗拉—日米尔斯基将军为波兰人民军总司令，齐·贝林格将军和亚·萨瓦茨基将军为副总司令，马·斯彼哈尔斯基上校为总参谋长。从 8 月 1 日起，波兰民族解放委员会迁往卢布林。在华沙解放前，卢布林成为波兰的临时首都。

波兰民族解放委员会的成立意味着资产阶级和地主统治波兰的结束，并确定 7 月 22 日为波兰复兴节（即国庆节）。从此，波兰

---

① 《波兰工人党纲领文献(1942—1948)》，第 555—556 页。

人民进入了一个新的历史时期。

波兰民族解放委员会成立后,立即得到苏联政府的承认。7月26日,波兰民族解放委员会代表爱·奥苏布卡同苏联政府代表莫洛托夫,在莫斯科签订第一个互助合作协定。苏联政府认为苏军是在一个主权和友好国家同德寇作战,解放区的一切民政事务和经济生活均由波兰民族解放委员会负责管理。为了彻底击溃共同的敌人,波兰军队应接受苏军最高统帅部的指挥。两国政府还签订了一项关于波兰边界的秘密议定书,确定以奥得河和乌日茨—尼斯河为波兰的西部边界,把什切青和施维诺威斯切划入边界的波兰一侧,确定以"寇松线"为波苏边界线。苏联政府保证将在国际会议上为实现这个边界而努力。

华沙起义

全国人民代表会议和波兰民族解放委员会的成立与苏波军队的胜利进军,使伦敦波兰政府和国家军感到惶恐不安。1944年7月下旬,国家军总司令部制定了一个代号为"风暴"的华沙起义计划。起义的日期定在1944年8月1日。起义的政治目的是在苏波军队解放华沙之前在华沙建立政权,然后以"国家主人"的身份迎接苏军的到来。波兰流亡政府企图以此造成既成事实,迫使苏联政府承认这个政权是波兰唯一合法的政府,并剥夺全国人民代表会议和波兰民族解放委员会的权力。所以,华沙起义的军事目的是反对德国法西斯,其政治目的则是反对苏联和波兰人民政权。起义是在敌我力量的对比尚处于不利的条件下匆忙发动的。起义前夕,华沙的国家军只有5万人,装备极差,武器弹药不足,而德军在维斯瓦河中游却拥有优势兵力,装备精良,又有重武器坦克、大炮和飞机等,双方力量悬殊很大。而且波兰流亡政府既没有把起义计划告诉苏军统帅部，也没有让波兰工人党和人民军知道起义计划的内容，以取得他们的支持。所以，华沙起义是一次冒险的军事行动。

1944 年 8 月 1 日 17 时，国家军总司令布尔—科莫罗夫斯基将军发出了向德军进攻的命令。国家军战士在市中心、北区和南区同时向德军据点发动进攻。在华沙的 2000 名人民军战士闻讯起义，在鲍·柯瓦尔斯基少校的指挥下奋勇地投入战斗。当时华沙 100 万居民不分男女老幼，同仇敌忾，勇敢参战。他们用简陋的武器，甚至用汽油瓶、砖头、石块打击敌人。经过四天战斗，起义军民只控制了市中心的若干据点和几个区，而重要据点和维斯瓦河上的大桥仍为德军控制。从 8 月 5 日起，德寇调集了一个军的兵力，支援华沙德国守军。起义军转入守势，开始进行防御战。在西部的沃拉、奥霍塔两个区和古城，战斗特别激烈，敌人用大炮和飞机狂轰滥炸，并用坦克进攻。仅在 8 月 5、6 两日，沃拉区就有 5 万军民牺牲。沃拉、奥霍塔和古城相继被德寇占领。起义军民控制的地区逐渐缩小，最后只剩下维斯瓦河西岸的狭长地带。起义军民遭到严重伤亡，但战斗一直继续到 10 月 2 日。

当华沙起义爆发时，白俄罗斯第一方面军的先头部队在维斯瓦河中游一带作战，德军在华沙北部那累夫河和维斯瓦河会合处作垂死抵抗。苏军的进攻在华沙东部的拉杰敏和伏沃敏被阻挡。直到 9 月初，波兰第一军和苏联第 47 军、第 70 军才突破德军维斯瓦河和那累夫河防线，向西推进。9 月 15 日，波兰第 1 师和苏联第 47 军解放了维斯瓦河东岸的布拉格区。但是，波兰第 1 师的渡河作战遭受失败。渡河的部队不是被歼灭就是被俘虏。华沙起义得不到外来援助，只坚持了 63 天，终于被占优势的敌人镇压下去。

10月2日，布尔—科莫罗夫斯基将军率残部向德军投降。在华沙起义中有20万军民阵亡，其中有18000名战士。德军损失26000人。起义失败后，希特勒命令彻底毁灭华沙城，把一座雄壮美丽的城市夷为一片废墟。

波兰民族解放委员会改组为波兰共和国临时政府

波兰民族解放委员会在半年的工作中取得了很大成绩。在维斯瓦河和布格河之间的解放区建立了省、县、市、乡各级人民会议。各级人民会议开始了恢复国民经济和土地改革的工作。参加波兰民族解放委员会的各个政党的力量不断壮大，它们之间的合作不断加强。1944年下半年波兰工人党的党员人数在半年里从5000人增加到21000人。波兰社会主义者工人党恢复了波兰社会党的名称，共有党员8000人。波兰社会党的右翼组织——波兰社会党（自由、平等、独立）更加孤立。农民党左翼在农村的影响不断扩大，它同波兰工人党、波兰社会党合作的加强，显示了工农联盟的力量。民主党是知识分子和手工业者的政党，也参加人民政权的建设。

与此同时，伦敦流亡政府却发生了分裂。农民党右翼领袖、政府总理斯·米柯瓦伊契克在邱吉尔和罗斯福的压力下同意与波兰民族解放委员会谈判，而政府的多数部长却拒绝谈判。1944年11月29日，斯·米柯瓦伊契克辞去了总理职务，由波兰社会党右翼领袖托·阿尔齐舍夫斯基接任。当时，农民党和一部分劳动党、社会党的党员成为政府的反对派，使伦敦流亡政府几乎处于分崩离析的局面。

1944年12月31日，全国人民代表会议在贝鲁特主持下，通过了把波兰民族解放委员会改组为波兰共和国临时政府的决定。

担任临时政府总理的是爱·奥苏布卡—莫拉夫斯基(波兰社会党),第一副总理是瓦·哥穆尔卡(波兰工人党),第二副总理是斯·耶努什(农民党)。临时政府由17人组成,波兰工人党、波兰社会党和农民党各占5人,民主党2人。1945年1月5日,临时政府得到苏联政府的承认;不久,捷克斯洛伐克和南斯拉夫政府也相继加以承认。

1945年2月4至11日在雅尔塔举行的苏美英三国首脑会议,进一步讨论了波兰边界问题和组织波兰民族统一临时政府的问题。罗斯福和邱吉尔同意以寇松线为波兰的东部边界线。同时,罗斯福希望苏联政府把利沃夫市和利沃夫省的油田让给波兰。莫洛托夫代表苏联政府建议波兰西部边境应以什切青市向南沿奥得河,再向前沿西尼斯河(即乌日茨—尼斯河)为界。由于罗斯福和邱吉尔害怕将来迁移的德国人太多,会引起麻烦,所以他们反对以西尼斯河为界。最后决定:波兰的东部边界应依照寇松线,而在若干地区则作了对波兰有利的自5公里到8公里的逸出。波兰必须在北方和西方获得广大的领土的让予。关于这些领土的让予范围,应在适当时机征询新的波兰民族统一临时政府的意见。至于波兰西部边界的最后确定,应待和会召开时解决。

雅尔塔会议决定在临时政府的基础上进行改组,以容纳国内外的波兰一些民主领袖。这个新政府被称为波兰民族统一临时政府。会议授权莫洛托夫(苏联外长)、哈里曼(美国驻苏大使)、克拉克·克尔(英国驻苏大使)组成一个委员会,并以该委员会的名义,在莫斯科与现临时政府的成员以及国内外的其他波兰民主领袖进行磋商,以便根据上述方针改组现政府。新政府成立后,苏美英三国立即同波兰政府建立了外交关系,并互派大使。

全国的解放

从1944年底至1945年初，苏波军队发动了冬季攻势，从东、北、南三面包围了华沙。1月17日，华沙获得解放。苏波军队开始了维斯瓦河—奥得河战役，以肃清波兰西部的德军。从3月到4月，沿海城市科沃布热克、格丁尼亚、格但斯克和什切青也相继解放。第1军和苏联白俄罗斯第1、第2方面军进抵奥得河畔。在历史上曾经属于波兰后来被德国侵占的奥得河以东的土地，又重新回到波兰的怀抱之中。

当第1军同苏联的白俄罗斯第1、第2方面军从北部追击敌人时，第2军同苏联乌克兰第1方面军从南部追击敌军，解放了古都克拉科夫(1月18日)和西里西亚(3月)。从此，苏波军队解放了波兰全部领土。

1945年4月初，美英军队在意大利和西线的胜利进攻，同苏军在东线的胜利进攻相配合，这决定了法西斯德国的最后灭亡。苏波军队南北合击，直指希特勒老巢——柏林。5月初，第2军渡过乌日茨—尼斯河，向德累斯顿推进。第2军还参加了布拉格战役，为解放捷克斯洛伐克首都作出了贡献。5月6日至9日，波军突破柏林以东的德军防线。经过三天巷战，终于把波兰的白红国旗插在勃兰登堡的城门上。在柏林战役中，波军共伤亡27000人。

波兰人民在击败法西斯德国的伟大事业中作出了重大贡献。波兰在第二次世界大战中丧失了603万人，合每千人牺牲220人，是损失最大的一个欧洲国家。波兰也是抵抗运动兴起最早、持续时间最久的欧洲国家。所以，波兰人民在反法西斯战争史上写下了自己的光辉篇章。

第十六章

波兰人民共和国

(1945—1955)

第一节　国民经济的恢复和人民政权的巩固(1945—1949)

民族统一临时政府的建立和边界的最后确定

根据雅尔塔会议的决议,以鲍·贝鲁特为首的临时政府代表同以斯·米柯瓦伊契克为首的伦敦流亡政府代表于1945年6月17日至21日在莫斯科就组织民族统一临时政府问题达成了协定,并决定增选斯·格拉布斯基(伦敦)和文·维托斯(国内)为全国人民代表会议副主席。6月28日,民族统一临时政府宣告成立。它由21名成员组成:波兰工人党7名,波兰社会党6名,农民党6名(其中4名是米柯瓦伊契克集团),民主党2名。政府总理是爱·奥苏布卡—莫拉夫斯基,副总理是瓦·哥穆尔卡(从1945年11月起兼任收复地区部部长)和斯·米柯瓦伊契克(兼任农业和土改部部长)。尽管有米柯瓦伊契克等资产阶级代表人物参加政府,但没有改变人民政权的性质,国防部、公安部、外交部、工业部、对外贸易部和宣传部等仍由波兰工人党等左翼政党掌握，七月宣言仍然是政府的施政纲领。民族统一临时政府立即得到苏联、法国、英国和美国等反法西斯盟国的承认。与此同时，西方盟国撤销了对以阿尔齐舍夫斯基为首的伦敦流亡政府的承认。1945 年 10 月 16 日，波兰外交部长文·日莫夫斯基在联合国宪章上签字，波兰便成为联合国的创始国之一。

当时民族统一临时政府面临的一个重要任务是确定波兰的边界。波兰的东部边界实际上早在 1944 年 7 月就已解决，需要解决的是西部边界问题。从 1945 年 7 月 17 日至 8 月 2 日，在波茨坦举行的苏美英三国首脑会议对波兰的西部边界作出了决定。以鲍·贝鲁特为首的波兰代表团应邀参加了这次会议。斯大林建议以奥得河和西尼斯河为波兰的西部边界。贝鲁特向美英两国首脑和外长提交了备忘录并申述了波兰政府关于以奥得河和西尼斯河为西部边界的立场。但是，杜鲁门和邱吉尔却提出了以奥得河和东尼斯河为界的建议。这一建议将使什切青、弗罗茨瓦夫以及弗罗茨瓦夫以西的地区都划在德国一边。由于斯大林的坚持，三国政府首脑一致同意以前德国的东部领土，即自施维诺威斯切以西的波罗的海沿奥得河至与尼斯河西段的会流处，再沿西尼斯河至捷克斯洛伐克边境，包括一部分东普鲁士和以前的但泽自由市，均由波兰政府管辖。波茨坦会议确定的波兰西部边界应在以后召开的和平会议上予以确认。由于德国以后分裂为两个国家，和平会议一直没有召开。1950 年 7 月，波兰人民共和国和德意志民主共和国缔结了确认波兰西部边界的条约。1970 年 12 月波兰人民共和国和德意志联邦共和国缔结的条约，也承认了波兰的西部边界。

1945 年 8 月 16 日，波兰和苏联签订了两国边界条约。在此以前，1945 年 4 月 21 日，波苏两国曾签订了友好互助和战后合作条约。1946 年，波兰和捷克斯洛伐克调整了两国在切欣的边界，并于 1947 年 3 月签订了友好互助条约。这样，波兰的边界问题终于最后得到解决。

波兰的领土总面积为 312677 平方公里，其中包括西部和北部的收复地区面积为 103000 平方公里。同 1939 年以前波兰的领土面积（388000 平方公里）比较，虽然减少了 77000 平方公里，但战后波兰的领土大大向西移动。西部地区是工业化程度比较高的地区，并入苏联的布格河以东的地区则是农业区。从工业化和经济发展的角度来看，战后的领土变动，对波兰是有利的。

根据 1946 年 2 月 14 日的全国人口调查，波兰人口有 2400 万，比战前减少了 1100 万。波兰由一个少数民族占 1/3 的多民族国家转变为单一的民族国家。

土地改革和工业国有化

在人民政权建立以后，波兰立即进行各项社会改革。1944 年 9 月 6 日，波兰民族解放委员会根据七月宣言的精神，颁布了一项实行土地改革的法令。法令规定，无偿地没收德国、德国公民和波奸的土地和财产（包括房屋、牲畜和农具）以及耕地面积超过 50 公顷以上的地主土地（在西部地区，即波莫瑞、波兹南和西里西亚三省为 100 公顷以上）。被没收的土地除了一部分用来建立国营农场和拨作其他用途外，均由土地改革委员会在农民群众的参加下分配给农业工人、无地和少地农民以及一部分中农。获得土地的农民必须向国家缴纳相当于一年土地平均收获量的现金，规定在 10 至 20 年内缴清。国家将利用这笔资金发放农业贷款，兴修水利或用于发展农业生产的其他措施上。土地改革是一场民族民主革命，它的矛头首先指向德国法西斯及其帮凶，一般地主可以在邻县获得5公顷的土地，或终身享受国家干部6级的工资待遇（国家干部工资共分12级），在抗德战争中有立功表现者，将得到更为宽厚的待遇。

土地改革是在激烈的阶级斗争中进行的。由于民族解放战争尚未结束，国内的政治局势尚未稳定，反动派利用农民的动摇情绪，煽动农民拒绝接受土地。一部分地主分子焚烧农具，杀害耕畜，破坏土改。天主教会的上层分子也参加了反对土改的罪恶活动。为了打击反动派的活动，工人党号召广大党员、工人阶级和人民军战士组成土改突击队，奔赴农村，发动农民群众为完成土改的任务而斗争。到1944年12月底，广大农民在工人阶级和军队的帮助下基本上实行了维斯瓦河以东地区的土地改革。

1945年1月17日，临时政府颁布了关于土地改革的补充法令，以便在维斯瓦河以西的地区进行土地改革。由于西部地区地多人少，中农的利益受到更多的照顾。农民群众在土改中表现出比1944年更高的政治积极性。当时米柯瓦伊契克以副总理兼农业土改部长的身份力图破坏土地改革，他反对没收100公顷以下的地主土地，要求农民将已没收的土地归还地主，这在一部分农民中引起了思想混乱。以波兰工人党为首的革命力量及时制止了米柯瓦伊契克的破坏行径，保证了1945年土地改革的顺利进行。

经过两个阶段的土地改革，共没收了610万公顷的地主土地，约有110万农户分到土地，其中814000户是新建的，254000户中小农扩大了土地。新建农户的平均耕地为5.4公顷，在收复区为7.9公顷。[①] 土地改革消灭了地主阶级，使农村中农化，富农在土

① 约·布什科：《波兰史（1864—1948）》，第505页。

改中没有受到触动。在土地改革进行过程中，建立了4500个国营农场，它们拥有50万公顷的土地，占全部耕地面积的9%。国家还接管了约85%的森林。所以，土地改革是一场民族民主革命，但在某种程度上超越了民族民主革命的范畴，因为实行土改使波兰农村出现了社会主义因素。同时，土地改革又巩固了工人阶级领导的、以工农联盟为基础的人民民主政权，为国民经济的恢复和发展创造了有利条件。

在1945—1947年间，波兰政府完成了大量的遣返和移民工作。从波兰西部遣返德国的德国人达220万，从波兰东部遣回苏联的乌克兰人、白俄罗斯人和立陶宛人有53万。与此同时，从苏联遣返波兰的波兰居民达170万，从英国、法国和其他西方国家返回波兰的有230万人。他们大多被安置在波兰西部和北部地区。此外，从人口稠密的东部、中部地区向西部和北部地区移民的居民达270万。到1950年底，收复区的居民已达590万。

七月宣言只提到没收德寇的财产而没有直接提出工业国有化的要求，这主要是为了在民族解放战争中争取本国资产阶级的支持。以后在全国解放时，国家接管了绝大部分的工厂、矿山、银行和交通运输企业，交由工人组成的工厂委员会管理。

1946年1月3日，全国人民代表会议通过了由波兰工人党和波兰社会党共同起草的关于国民经济基本部门国有化的法令草案。根据该法令：凡原属德国（不论是国家的还是私人的）和波奸的企业无偿地实行国有化；对雇佣50名以上职工的一切企业，或职工虽不足50名，但对国家经济生活具有重要意义的企业，则通过赎买予以国有化。而米柯瓦伊契克和他创建的波兰农民党（建于1945年8月）反对这个法令，提出只对具有100名以上职工的企业实行国有化的建议。他们还要求对资本家给予最大的补偿。他们的目的是要保存为波兰资产阶级所占有的中等企业,因为拥有100名以上职工的大企业大多为外国资本家所有。波兰工人党、波兰社会党和民族统一临时政府拒绝了他们的建议。到1948年底,波兰政府将5870个企业收归国有。国营企业的产品总值占全部工业品产值的90%左右。

从1947年5月起,政府发动了所谓"商业战",把全部批发商业和一部分零售商业也收归国有。

大、中工业和商业的国有化不只超出了民族民主革命的范围,而且具有社会主义革命的特征,它在经济上摧毁了资产阶级的统治基础,为建立社会主义的国营经济创造了条件。

波兰工人党第一次代表大会

1945年12月6至13日,波兰工人党在华沙召开了第一次代表大会。代表大会总结了建党4年来,特别是人民政权建立一年半以来党的工作,指出了党的政治路线的正确性,并阐明波兰作为一个人民民主国家,将根据本国的特点,逐步地、和平地朝着社会主义道路前进。瓦·哥穆尔卡在其政治报告中指出:"当前,我们的国家具有人民国家的特征,最重要的问题是坚决地沿着人民民主的路线发展下去,逐步地把反动分子排除出去。"① 在讨论这个政治报告中,有的代表提出了教条主义和照搬苏联经验的主张(如立即在波兰推行农业集体化),但这种意见遭到大多数代表的反对。代表大会认为,目前波兰的政权不是俄国的苏维埃政权,更不是西方国家的资产阶级民主政权,而是人民民主政权,应当通过波

---

① 耶日·雅盖沃:《通向社会主义的波兰道路》,1984年华沙版,第117页。

兰的特殊道路走向社会主义。爱·奥哈布在发言中指出："对于我们来说，通向社会主义的波兰道路不是一句空话，如果我们真正希望，我们就不能按照别人的模式前进，我们必须沿着波兰的特殊道路前进。……我们面临的不是作为当前任务的社会主义问题。我们应当把注意力集中在当前任务上。"①所以，"通向社会主义的波兰道路"，就逐渐成为全党注意的中心。波兰工人党第一次代表大会是一次富有创造性的探索社会主义道路的大会。

代表大会号召全党加强工人阶级的统一战线，加强同波兰社会党、农民党和民主党的合作，团结更多的爱国民主力量，扩大和巩固民族阵线，孤立以斯·米柯瓦伊契克为首的波兰农民党，争取在 1947 年的议会选举中获得胜利。为了适应形势的需要，代表大会要求同党内的宗派主义作斗争，使波兰工人党成为一个民族的、群众性的、拥有百万党员的大党。代表大会通过了党章和关于政治问题的决议。党章规定，波兰工人党的最终目的是在波兰建成社会主义。代表大会还通过了恢复国民经济的三年计划（1947—1949）草案，选举了党的中央委员会。瓦·哥穆尔卡当选为中央委员会总书记。

瓦迪斯瓦夫·哥穆尔卡

在第一次代表大会前夕，波兰工人党拥有 235000 名党员。在

① 耶日·雅盖沃：《通向社会主义的波兰道路》，第 121 页。

1946年一年，党员就已发展到555000人。到1948年12月，即波兰统一工人党成立由波兰工人党和波兰社会党合并组成前夕，波兰工人党已经成为百万党员的大党。

1946年的全民投票和1947年的立法议会选举

从1944年7月波兰民族解放委员会的成立到1945年6月民族统一临时政府的建成和1945年8月波兰边界的最后确定，是在新的波兰版图内建立人民政权的阶段。从1945年8月到1947年1月的立法议会选举，则是人民政权的巩固阶段。

民族统一临时政府建立后，波兰国内的阶级斗争十分尖锐和复杂。斯·米柯瓦伊契克在1945年8月底创建的波兰农民党，成为合法的反对党，公开与波兰工人党为首的民主力量较量。由卡·波皮耶尔领导的劳动党也取得了合法地位。1946年中，劳动党为左翼民主力量所控制，采取同波兰工人党合作的态度。该党在1949年宣布解散，党员加入了民主党。以齐·茹瓦夫斯基为首的波兰社会党"自由、平等、独立"由公开转入地下状态，展开了反对人民政权的斗争。1945年，国家军和流亡政府驻国内代表处相继解散，他们隐藏了武器，建立了秘密的反革命组织"国家武装力量"和"自由和独立"，进行暗杀和隐蔽的破坏活动。前流亡政府的第四个政党国民党也转入地下活动，他们建立了"国家军事联盟"的反革命武装组织。此外，在东南各省（比亚威斯托克、卢布林、热舒夫、克拉科夫、基埃尔策）流窜着由乌克兰极端民族主义分子组成的反革命武装组织——乌克兰起义军。这股反革命匪帮在战争期间曾经为德国法西斯服务，战后到处杀人放火，进行破坏活动。在1945—1948年间，被他们无辜杀害的群众达15000人。

民族统一临时政府除动员人民军和警察镇压反革命的活动

外，还成立了公安军。为了分化和瓦解敌人，政府在1945年8月2日曾颁布了大赦令，有42000人获得赦免，他们大多是受蒙蔽的前国家军战士。但是仍有一批反革命分子继续与人民为敌，负隅顽抗，他们把复辟资本主义的希望寄托在波兰农民党及其首领米柯瓦伊契克身上。他们还指望英美同苏联的冲突和第三次世界大战的爆发。

波兰工人党为了提高群众的觉悟和孤立反动派，决定在1947年议会选举前举行一次全民投票。1946年4月27日，全国人民代表会议颁布了一项在1946年6月30日举行全民投票的法令。每个公民将对下面三个问题作出回答："同意"或"不同意"。这三个问题是：一、你是不是同意取消参议院？二、你是不是同意在未来的宪法里写上由土地改革和国民经济基本部门国有化所建立的经济制度，同时保留私营企业的合法权利？三、你是不是同意把波兰国家的西部边界定在波罗的海、奥得河和乌日茨—尼斯河？

在全民投票前，组成民主阵线的波兰工人党等四个政党（波兰工人党、波兰社会党、农民党和民主党）展开了声势浩大的政治宣传运动，要求人民群众表示三个"同意"。全国各地举行了拥护人民民主制度的群众大会和各种集会。1945年6月9日，波兰农民党发生第一次分裂，建立了波兰农民党"新解放"。"新解放"号召党员支持人民民主制度，在全民投票中写上三个"同意"。但波兰农民党号召党员在第一个问题上投反对票。劳动党要求党员根据自己的意愿进行投票。非法的反对派要求他们的支持者写上两个或三个"不同意"。

在1946年6月30日的全民投票中，有投票权的有13604451人，参加投票的有11857986人，占投票总数的85.3%。其中有效票 11530531 张。对第一个问题回答“同意”的有 7844522 人，占总数的 68.2%。对第二个问题回答“同意”的有 8896105 人，占总数的 77.1%。对第三个问题回答“同意”的有 10534697 人，占总数的 91.4%。[①]

全民投票以后，反动派更陷于孤立。他们把最后的希望寄托在 1947 年 1 月举行的立法议会选举上。早在全民投票前，波兰工人党就建议由六个合法政党提出共同的候选人名单，议会议席按下列原则分配，即波兰工人党、波兰社会党、波兰农民党、农民党各占 20%，民主党和劳动党各占 10%。波兰工人党的建议得到波兰社会党、农民党和民主党的支持，却遭到波兰农民党的反对。波兰农民党提出反建议，要求把 75%的议席给两个农民政党，即波兰农民党将得到 70%的议席，农民党将得到 5%的议席。这个建议遭到波兰工人党等民主政党的坚决拒绝。在这种情况下，波兰工人党同波兰社会党、农民党和民主党组成民主阵线，共同参加选举。

1947 年 1 月 19 日，全国人民以饱满的政治热情参加了解放以后的第一次议会选举。有 89.9%的选民参加了这次选举。以波兰工人党为首的民主阵线获得选民总数的 80.1%的选票，444 个议席总数中得到 394 个议席；波兰农民党获得 10.3%的选票和 28 个议席；劳动党获得 4.7%的选票和 12 个议席；波兰农民党“新解放”获得 3.5%的选票和 7 个议席；其他社会团体（包括天主教会）获得 1.4%的选票和 3 个议席。[②]

---

① 约·布什科：《波兰史（1864—1948）》，第 520 页。

② 同上，第 522 页。

1947年2月4日，议会选举农民党领袖瓦·柯瓦尔斯基为议会议长。2月5日，议会选举工人党领导人鲍·贝鲁特为共和国总统。2月6日，社会党总书记约·西伦凯维兹受命组织新政府，担任部长会议主席；工人党总书记瓦·哥穆尔卡任第一副主席；农民党总书记安·科日茨基任第二副主席。在24名政府成员中，波兰工人党占7名，波兰社会党7名，农民党5名，民主党3名，劳动党2名。2月19日，议会通过了《关于波兰共和国最高机构的体制和活动范围的基本法规》，简称"小宪法"。在1952年正式宪法通过以前，"小宪法"曾起了临时宪法的作用。2月22日，政府颁布了第二个大赦令，有6万人得到赦免。7月2日，议会通过了业经全国人民代表会议第11次（最后一次）会议（1946年9月21日）批准的恢复国民经济的三年计划（1947—1949）。

1947年10月，波兰农民党头子斯·米柯瓦伊契克贝大势已去，悄悄离开波兰，前往伦敦，后在美国定居。随着反动派的退出政治舞台，人民政权遂告巩固。

为恢复国民经济而斗争

波兰人民在第二次世界大战中遭到浩劫，约有600多万人丧失了生命，占全国总人口的22%。国民财产的损失占国家财产总数的38%，工业企业被破坏60%到70%。在3万多个工厂企业中，约有60%遭到彻底的或严重的破坏。农业的损失为战前财产的35%。在文化和艺术方面所遭受的物质损失占战前财产的43%，学校和科学研究机构被破坏了60%。波兰的城市遭到严重损毁，首都华沙几乎成为一片废墟，弗罗茨瓦夫、格但斯克、什切青等城市的破坏率达50%到75%。

重建国家、恢复被战争破坏的国民经济成为波兰人民的迫切任务。早在1944年2月3日，全国人民代表会议就作出了重建华沙的决定。波兰人民以空前未有的爱国主义热情投入了重建家园的紧张劳动。侨居国外的爱国波侨积极捐款，支援祖国的经济恢复工作。到1946年底，工业生产已恢复到战前的70%，国民收入达到战前的50%，农业生产得到逐步恢复。首都华沙也在日新月异地发生变化。

根据恢复国民经济的三年计划（1947—1949），到1949年底，生产资料的生产按人均计算将比1938年增加1.5倍，消费资料的生产将增加25%，农业产量将比战前增加10%，国民收入将比战前增加63%。人民群众的生活水平也将超过战前。三年计划把发展消费资料的工业（食品工业和纺织工业）放在重要地位，以便较快地改善严重恶化的人民生活。三年计划在教育方面的任务是普及五年制义务教育，保证多数儿童能进入七年制学校。

三年计划是在极端困难的条件下开始执行的。除了战争的破坏所引起的困难外，1947年春的水灾和这年夏季的旱灾所引起的农业歉收，使城市居民的食品供应更为紧张。此外，商人投机倒把和囤积居奇越来越猖獗。在这种形势下，政府发动了前面曾经提到的“商业战”，取缔了投机倒把和囤积居奇等非法活动。

为了完成三年计划，工人阶级用实际行动开展社会主义劳动竞赛。1947年7月，工人党党员、矿工文·普斯特罗夫斯基向煤矿工人发出了开展劳动竞赛的号召，得到了他们的热烈响应。普斯特罗夫斯基每年以超过二至三倍的定额完成了自己的生产任务，为工人群众树立了榜样。1947年秋，两个最大的工业部门的工人——煤矿工人和纺织工人都投入了热火朝天的社会主义劳动竞赛。1948年，劳动竞赛遍及到农村。仅1947年，工业生产就超额完成5%，比1946年增长33%，比1938年增长10%。由于自然条件不好，农业生产因扩大耕地面积仍比1946年增长8%。1948年，工业生产超额完成14%，比1947年增长37%，比战前增长40%，按人均计算，比战前增加1倍。农业产值按人均计算也超过了战前水平。

截至1949年11月1日止，三年计划已提前两个月完成。1949年的工业生产比1948年增加了22%，工业总产值超过战前48%，按人均计算为战前的1.5倍。工业的高速度发展是同高投资分不开的。3年内工业投资占总投资的比重：1947年——35.4%，1948年——36.2%，1949年——40.3%。高投资、高速度带来了高就业。3年内工业就业人口从124万增加到180万，为战前的1倍。与此同时，农业的投资却减少了。1947年为15.9%，1948年为12.9%，1949年为11.4%。之所以造成这种情况，是同当时工业部长希·明兹（工人党政治局委员）的指导思想分不开的。他力图优先发展重工业，为社会主义工业化准备条件，并一劳永逸地解决失业问题。由于他的坚持，原来主张优先发展消费品生产的中央计划局局长被迫辞职。1949年初，中央计划局被解散，建立了国家经济计划委员会。1949年，农业总产量没有达到战前水平，为战前的92%，但按人均计算，则超过战前的27%。国民收入比战前提高25%。[①]

在三年计划期间，文化教育事业有了很大发展。1945—1946学年，学龄儿童的入学率为93.6%，1949—1950学年，入学率达

① 上述数字引自瓦·古拉：《波兰人民共和国（1944—1974）》，1976年华沙版，第282—284页。

96.7%。小学生总数为335万，中学生总数为22万。在此期间，各类职业学校的学生人数从17万增加到53万，大学生人数从56000增加到116000。除了恢复原有的44所高等学校外，还新创办了许多高等学校，其中有弗罗茨瓦夫大学、罗兹大学、卢布林大学，计增加到66所。图书馆也获得很大发展。大众图书馆从1947年的934个增加到1949年的3883个。各种专业图书馆从535个增加到851个。图书发行量比战前增加1倍，1949年共发行7290万册。还开展了大规模的扫除文盲工作。解放后，波兰有300万文盲，通过举办各种读书班，使100万人会读书写字，摘去了文盲的帽子。到六年计划期间(1950—1955)，波兰已经成为没有文盲的文明国家。

1948年的转折和波兰统一工人党的建立

1948年夏，波兰的政治风云突变。波兰工人党发生了危机，改变了党的政治路线，瓦·哥穆尔卡被迫辞去总书记职务，由鲍·贝鲁特取代。1948年的转折是人民波兰政治生活中的第一次转折。这是一次具有教条主义、宗派主义性质的转折，它结束了人民民主阶段，走上苏联模式的社会主义道路。

波兰工人党的危机开始于1948年6月3日召开的中央全会。鉴于波兰工人党和波兰社会党将在1948年9月实行合并，需要对两党的历史和波兰工人运动的传统进行总结，所以在这次全会上，哥穆尔卡作了关于波兰工人运动传统的报告。对于这个问题的争论就成为危机的爆发点。

哥穆尔卡首先对波兰王国和立陶宛社会民主党作出了评价。他说:“它的功绩在于体现了工人运动中深厚的国际主义和工人阶级国际团结的思想，向工人灌输了对帝国主义、对一切压迫和暴政的仇恨。我们认为这些是波兰社会民主党向波兰工人运动最优秀传统提供的宝贵贡献，统一党应当建立在这些最优秀的传统之上。”①随后他批评了波兰社会民主党在反对民族独立口号和在民族问题上所犯的错误。

哥穆尔卡认为，波兰共产党的最大贡献是“不倦地同反苏主义作斗争”，“同萨纳奇法西斯制度作斗争”。他说，波共克服了波兰社会民主党的错误，承认民族自决权，但却不恰当地提出“波兰苏维埃共和国”的口号，犯了“教条主义”和“宗派主义”的错误。②

哥穆尔卡对波兰社会党的评价被认为是右倾民族主义的重要表现。他说：“波兰社会党在民族问题上采取完全另一种立场。从历史发展的角度来评价这种立场时，应当承认，波兰社会党在波兰独立问题上表现出更多的政治现实主义，它比波兰社会民主党具有更多的政治现实感。”但他批评波兰社会党在提出波兰独立口号时，没有把民族解放斗争同社会解放斗争结合起来，而把“独立的希望同瓜分国之间的帝国主义战争结合在一起”。他认为“争取独立的斗争是波兰社会党的最优秀传统，应当作为统一党的基础”。③

哥穆尔卡的报告，遭到政治局贝鲁特、贝尔曼、明兹等多数人的反对，被认为是“对资产阶级民族主义和改良主义传统的重大让步”。④

---

① 布·西兹德克：《波兰工人党领导关于波兰工人运动传统的争论》，1983年华沙版，第8页。

② 同上。

③ 同上，第9页。

④ 杨·普塔申斯基：《三次转折中的第一次转折或关于哥穆尔卡的轶事》，1983年华沙版，第95页。

波兰工人党党内危机随着国际共产主义运动中出现的苏南冲突问题而越发加剧。

1947年，在美苏两大国之间出现了冷战气氛，国际形势开始紧张起来。为了“协调”欧洲共产主义运动，斯大林决定建立共产党和工人党情报局。1947年9月22至27日，在波兰西南部的什克拉尔斯卡——波伦巴召开了九国共产党和工人党代表会议，成立了情报局。鉴于波兰共产党遭到的不幸命运和共产国际的经验教训，哥穆尔卡对在战后成立一个由一个党控制的共产主义国际组织是持反对态度的。不久，苏联共产党（布）同南斯拉夫共产党发生冲突。1948年6月20日，情报局第二次会议在布加勒斯特召开。贝尔曼和萨瓦茨基代表波兰工人党参加了这次会议。会议在听取了联共（布）代表日丹诺夫所作的关于南斯拉夫共产党形势的报告后，通过了关于南斯拉夫共产党形势的决议。决议指责南共“民族主义”、对联共（布）和苏联持不友好态度以及在国内政策上背离马克思列宁主义。这次会议还决定在东欧各人民民主国家开展农业集体化运动。1948年7月6日，波兰工人党召开中央全会，由萨瓦茨基传达了情报局第二次会议的决议并通过了相应的决议。哥穆尔卡因身体不适没有参加这次全会，但对情报局的两个决议均持怀疑和反对态度。

哥穆尔卡对情报局的态度和对苏南冲突问题的态度为斯大林获悉后，他的问题加重了，即由党内的意见分歧变为对联共（布）、对苏联的态度问题。1948年8月31日至9月3日，波兰工人党在华沙召开中央全会，由贝鲁特作了《关于党的领导右倾民族主义倾向及其克服办法》的报告。根据这个报告，中央全会通过了《关于党的领导右倾民族主义倾向及其克服办法的决议》，解除了哥穆尔卡总书记的职务，选举贝鲁特为总书记。从此，1945 年第一次党代表大会通过的政治路线被摒弃，教条主义和宗派主义在党内占了统治地位。1949 年 11 月，哥穆尔卡被解除了党内一切职务。同时被解除职务的还有他的同事克利什科、洛加—索文斯基和斯彼哈尔斯基。1951 年 8 月 2 日，哥穆尔卡和他的妻子索菲亚在波兰南部疗养地克雷尼策被捕入狱。不久，斯彼哈尔斯基等人也相继被捕。

波兰工人党和波兰社会党在反法西斯民族解放战争和巩固人民政权的斗争中逐渐从思想上和组织上走向联合。波兰工人党在建立和扩大民族阵线的过程中，把同社会党人的合作放在首要地位，不断批评自己队伍中的宗派主义倾向。早在 1945 年 6 月召开的波兰社会党第 26 次代表大会上，波兰工人党总书记瓦·哥穆尔卡就提出了工人阶级两个政党统一的建议。1947 年 5 月召开的波兰工人党中央全会，把实现两党的统一作为党的主要任务。但是，两党在国家的作用、经济模式和社会主义改造的速度等问题上还存在着意见分歧。社会党害怕建立像苏联那样高度集权的国家，希望在一个较长的时期里保持国营经济、合作社经济和城乡私人经济三种经济成分的共存，批评工业部长希·明兹在管理工业方面独断专横、不征求社会党的意见和过早、过快地实行商业国有化。为了在合并中取得平等地位，社会党也提出了建立一个有百万党员的党的口号，大规模地发展新党员。

1948 年 3 月，两党中央举行联席会议，决定实行合并，合并的时间定在 9 月。在此期间，东欧各国共产党同社会民主党先后合并。罗马尼亚共产党同罗马尼亚社会民主党在 2 月实行合并，组成了罗马尼亚工人党。4 月，匈牙利共产党同匈牙利社会民主党合并，组成了匈牙利劳动人民党。捷克斯洛伐克共产党同捷克斯洛伐克社会民主党合并，组成了捷克斯洛伐克共产党。8月，保加利亚工人党（共产党）同保加利亚社会民主党合并，组成了保加利亚共产党。德国东部的德国共产党同德国社会民主党早在1946年4月就已统一成为德国统一社会党。波兰两个工人政党的合并，由于波兰工人党在6月发生危机，延至1948年12月实行。

鲍莱斯瓦夫·贝鲁特

1948年12月14日，波兰工人党第2次代表大会和波兰社会党第28次代表大会同时在华沙举行。两个代表大会分别通过实行两党合并和建立波兰统一工人党的决议。12月15日，两个代表大会的代表在华沙工学院礼堂举行波兰统一工人党第一次代表大会。大会历时七天，听取和讨论了鲍·贝鲁特和约·西伦凯维兹分别作的关于波兰统一工人党思想基础的报告和关于波兰社会党的报告，通过了《波兰统一工人党思想宣言》、波兰统一工人党党章和《发展和改造波兰经济的六年计划的指令》。12月21日，选举了中央委员会。当天，一中全会选举了中央政治局。政治局由11名正式委员和4名候补委员组成，正式委员是：鲍·贝鲁特、耶·贝尔曼、约·西伦凯维兹、弗·尤兹维耶克、希·明兹、斯·拉德凯维奇、亚·腊帕茨基、马·斯彼哈尔斯基、罗·萨姆布罗夫斯基、亚·萨瓦茨基、亨·希维翁特科夫斯基。鲍·贝鲁特当选为中央委员会主席。

波兰统一工人党的成立,表面上结束了波兰工人运动半个多世纪的分裂状态,但原有分歧依然存在。从此,波兰工人运动进入了社会主义建设和社会主义改造的新时期。波兰统一工人党拥有160万党员,其中100万是原工人党党员,60万是原社会党党员。它是波兰社会主义建设事业的领导力量。

1949年9月25日,农民党同波兰农民党实行合并,成立了统一农民党。统一农民党拥有26万党员,其中23万是前农民党党员。瓦·柯瓦尔斯基当选为统一农民党最高执行委员会主席。这一年,劳动党宣布解散,其党员加入了民主党。这样,在波兰形成了波兰统一工人党、统一农民党、民主党三个政党长期共存和联合执政的政治局面。

大清洗

在波兰统一工人党成立前后,在波兰和东欧各国都发生了类似苏联20世纪30年代末的大清洗。东欧国家的大清洗同冷战形势和苏南冲突有着密切关系。1949年11月,情报局在匈牙利召开会议,通过《在杀人犯和间谍掌握中的南斯拉夫》的决议。在东欧各国展开了反对民族主义和清除"铁托分子"的运动。1949年10月,匈牙利劳动人民党政治局委员、外交部长拉伊克被处决。1949年12月,保加利亚共产党政治局委员、副总理科斯托夫被处决。1952年12月,捷克斯洛伐克共产党总书记斯兰斯基和外交部长克利门蒂斯被处决。

相比之下,波兰的大清洗是比较温和的。1949年1月,哥穆尔卡被免去副总理和收复地区部部长职务,奥苏布卡—莫拉夫斯基被免去行政部长职务。1949年11月11日到13日,波兰统一工人党举行一届三中全会，听取了贝鲁特作《在当前形势下党在提高革命警惕性斗争中的任务》的报告。中央全会把哥穆尔卡、克利什科、洛加—索文斯基、斯彼哈尔斯基等人开除出党。中央全会增选波裔苏联元帅罗科索夫斯基为中央委员和政治局委员。斯大林指派罗科索夫斯基担任波兰国防部长。他带来苏联将官和校官，控制波兰武装力量。波兰党政军大权掌握在贝鲁特、贝尔曼、明兹和罗科索夫斯基四人手中。1951 年 5 月，斯彼哈尔斯基、克利什科、洛加—索文斯基、宾可夫斯基、柯马尔将军、柯钦斯基将军相继被捕。同年 8 月 2 日，哥穆尔卡和他的妻子索菲娅在波兰南部克雷尼策疗养地被捕。苏联大使一再催促贝鲁特尽快审讯和处决哥穆尔卡和斯彼哈尔斯基，但被拒绝，使他们得以在 1956 年平反昭雪和东山再起。

对反对派的逮捕始于 1945 年。这年 3 月，苏联保安部队以讨论筹建民族统一临时政府为名，诱捕了前国家军司令列·奥库利茨基，伦敦流亡政府副总理、驻国内代表处代表杨·杨科夫斯基，民族统一会议(地下议会)主席卡·普扎克，流亡政府部长、国民党领袖斯·亚休科维奇等 16 人，把他们押解到莫斯科。6 月 18 日，苏联军事法庭对这 16 名处于地下状态的反对派进行审讯。6 月 21 日，他们因“从事反对苏联的破坏、间谍活动”，被判处 10 年、8 年、5 年、1.5 年不同的监禁。哥穆尔卡认为，苏联保安机关的做法是无法无天的行为，要求斯大林释放他们。1951 年，又有大批原国家军和人民军的高级将领被捕，其中 19 人因“叛国罪”，被判处死刑，70 多人被判处终身监禁。约有 1500 人被判处 10—15 年徒刑。1952 年，又有一批军官被处死。在 1950—1953 年，共有 37 名高级军官被处死，其中有不少是 1939 年抗德战争中的英雄。

1953年春，前国防部长人民军司令罗拉—日米尔斯基元帅被捕。1953年9月，波兰天主教会领袖、红衣主教斯·维辛斯基和五名主教被捕。

在波兰这样一个有着民主自由传统的国家，出现斯大林主义的滥捕、滥杀现象，在波兰历史上是空前的，它必将激起人民的不满和反抗，其后果是不堪想象的。

第二节 发展经济和建设社会主义基础的六年计划(1950—1955)

六年计划及其执行情况

根据1948年12月波兰统一工人党第一次代表大会所通过的指令，发展经济和建设社会主义基础的六年计划乃是大力发展生产力、实现社会主义工业化、提高劳动人民物质福利和发展文化的宏伟计划。这是以苏联的实践为蓝本而制定的。而建设社会主义基础的条件是：大大提高生产力的水平，特别是生产资料的生产水平；在国民经济的所有部门限制和排除资本主义因素；在自愿的基础上把农民的小商品经济引向社会主义的发展道路，逐步消灭产生资本主义的根源；大大提高劳动人民的物质福利，改善他们的生活条件和提高他们的文化水平。

六年计划规定工业生产将比1949年增长85%到95%。煤的产量将增长28%，达到9500万吨。钢的产量将增长90%，达到380万吨。农业生产将增长35%到45%，国家将为农民提供5万到6万台拖拉机和其他大型农业机器。国民收入将提高70%到80%。劳动人民的平均生活水平将提高55%到60%。

六年计划规定的指标是比较高的，它要求工业生产的年增长率为11%到12%。尽管如此，1950年7月举行的波兰统一工人党五中全会又提高了六年计划的各项指标：工业生产将增长158%；农业生产将增长63%；煤的产量计划达到1亿吨；钢的产量计划达到460万吨。修改六年计划的客观原因是朝鲜战争的爆发和国际形势的紧张，主观原因是党的主要领导人认为：不只在恢复时期，而且在工业化时期，长期保持工业发展的高速度是可能的。1950年7月21日，议会批准了波兰统一工人党五中全会修改的六年计划。

在执行六年计划的过程中，明显地可以分为三个阶段：1950年，1951—1953年，1954—1955年。

1950年的计划执行得比较好。工业生产超额7.4%完成计划，产值比1949年增加30.8%。1950年的投资比1949年增长38%。1950年工业生产之所以能超额完成计划，在很大程度上是三年计划投资的结果，计划中的失误还没有暴露出来。这一年，农业生产也超额7.5%完成计划。这是气候条件好和农民因取消义务交纳制度而发挥积极性的结果。

在1951—1953年间，由于对重工业（首先是国防工业）的投资过多，对轻工业和农业的投资相应减少。国民经济出现了严重的不平衡。在这三年里，国民收入只增加45%，而积累则增加161%。1953年的投资总额为658亿兹罗提，比1949年增加1倍多。积累增长的速度为国民收入增长速度的3倍多。由于人口的自然增长和工业就业人口的猛增，职工的实际工资增加很少或没有增加，一部分职工的实际工资反而有所减少。

由于社会主义工业化的结果，在波兰建立了造船工业、汽车工业、航空工业、拖拉机工业、采矿机械工业、重型电气制造工业、精密光学仪器工业、综合化学工业、人造纤维工业和制药工业等新的工业部门，出现了许多大型工业企业，如克拉科夫附近的列宁冶金联合厂，华沙附近的热兰轿车工厂，华沙附近的乌尔苏斯拖拉机厂，格但斯克和格丁尼亚的造船厂等。波兰工业的布局也更加合理。除了西里西亚工业区、罗兹工业区、华沙工业区外，在波兰东部的卢布林省、热舒夫省、比亚威斯托克省还建立了新的工业基地。在这三年里，生产资料的工业生产每年平均增长 22%。

与此同时，国家对农业的投资占总投资的百分比从 1950 年的 9.5%，减少到 1951 年的 7.7% 和 1952 年的 7.4%，1953 年稍有增加，上升到 8%，其中大部分用来生产拖拉机和化学肥料并用作对国营农场和农业生产合作社的拨款。国家对个体农民很少关心，因而农民的投资能力和生产积极性有所下降。由于推行限制富农政策和违法乱纪事件的不断发生，许多富裕农民遭到破产。国家对轻工业的投资也只占总投资的 16%。

由于投资比例失调的结果，使工业就业人数大量增加，但农产品和消费品的生产却日益减少，因而破坏了市场平衡的原则，引起了物价的上涨。这样，就使劳动人民对六年计划渐渐失去希望，对波兰统一工人党和政府产生了怀疑和埋怨情绪。

1953 年 7 月，由于朝鲜战争结束，国际形势趋于缓和。波兰统一工人党中央决定调整六年计划中最后两年(1954—1955)的计划。1954 年 3 月 10 至 17 日举行的波兰统一工人党第二次代表大会对 1954 和 1955 年的计划进行了调整，决定削减对重工业的投资，停建 200 个大型工业企业，扩大对轻工业和农业的投资。1954—1955 年工业生产平均增长速度降为 11%，其中生产资料的生产增长

12.3%，消费资料的生产增长10.4%。这两年对农业的投资增加到10.3%和13.5%。1954年农业生产比1953年增长9%，比1949年增长13%。这是六年计划期间农业生产发展最快的一年。

由于执行六年计划的结果，1955年工业的总产值比1949年增长了1.7倍，波兰的工业化达到了相当水平，从一个农业—工业国变为工业—农业国。全国工人人数增加了250万，达到650万。1955年，在波兰的国民收入中，工业占44%，而农业只占27%；国民收入比1938年增长1.7倍，但是，在国民收入（其中包括农业生产、消费品生产）和职工的实际工资方面的增长还没有完成计划；农业生产只比1949年增长13%。这一年大部分职工的实际工资都没有提高，只有重工业和国防工业职工的工资稍有提高。六年计划期间，在农村建立了9700个农业生产合作社，入社农户达205000，占全部农户的6%。他们拥有164万公顷耕地，占全部耕地的8%。国营农场的耕地面积扩大到254万公顷，职工人数达30万。但是，在农村以中农（5至14公顷）为主的个体经济仍占重要地位，他们拥有3/4以上的耕地。富农（15公顷以上）在全体农户中的比重从1948年的6%下降到1955年的3.5%。

六年计划期间，文化教育和科学事业也获得很大发展。高等学校增加到76所，在校学生人数达到158000人。高等学校的教师从1948—1949学年的3000人增加到1955—1956学年的16618人，其中教授和副教授有4118人。从三年计划时期开始的扫除文盲工作已经结束，彻底消灭了文盲。由于书籍便宜，读书、看报蔚然成风。大众图书馆像雨后春笋般地发展起来。在六年计划期间，大众图书馆从3883个增加到5110个。1952年成立的波兰科学院为波兰科学的全面发展奠定了基础。

波兰人民共和国宪法和国家的政治生活

1951年5月26日,立法议会成立了以鲍·贝鲁特为首的宪法起草委员会。波兰统一工人党、统一农民党和民主党的代表以及各方面的专家参加了这个委员会。宪法草案在全国进行讨论,有25000人发表了书面意见。1952年7月22日,立法议会通过了波兰人民共和国宪法。

这个宪法以1936年苏联宪法为蓝本,带有明显的苏联印记,不符合波兰历史传统。波兰国名由波兰共和国改为波兰人民共和国,波兰的国徽由红色天幕下带王冠的白鹰改为红色天幕下的白鹰,废除了传统的总统制,设置国务委员会,作为国家的集体元首。

宪法第1章阐述了政治制度,第1条宣称:"波兰人民共和国是人民民主国家。波兰人民共和国的权力属于城乡劳动人民。"第3条规定波兰人民共和国的任务是:"保卫城乡劳动人民的胜利果实,保障他们的权利和自由不受敌人侵犯;通过国家工业化和消灭经济、技术和文化的落后状况,保证国家生产力的发展和不断增长;依靠公有企业,组织计划经济;限制、排挤和消灭剥削工人和农民的社会阶级;保证不断提高人民群众的物质福利、健康状况和文化水平;保证民族文化的全面发展。"

第2章(第7—14条)阐述社会经济制度。第7条称:"波兰人民共和国建立在生产资料、商品交流、交通和信贷的公有化基础上,在国民经济计划的基础上发展国家的经济和文化生活……。国家对对外贸易实行垄断。波兰人民共和国计划经济政策的根本目的是不断发展国家的生产力,不断提高劳动群众的生活水平,巩固祖国的防御和独立力量。"

第3章(第15—28条)阐述国家的最高政权机关。第15条称:“波兰人民共和国议会是国家的最高权力机关。…… 议会通过法律并对其他政权机关和国家行政的工作实行监督。”①议会任期四年,每年召开两次会议。议会选举议长、副议长,主持议会会议。议会议员有对政府工作提出质问的权利。部长会议主席或有关部长必须在七天内对议员的质询作出回答。为了研究政府的工作,议会可以成立专门的委员会。议会在第一次会议上选举国务委员会。国务委员会由主席、四名副主席、一名秘书和九名委员组成。议长和副议长可以被选为国务委员会副主席或委员。国务委员会的职能有:组织议会选举,根据法律颁布法令,任命驻外使节和接受外国使节的国书,批准和废除条约,在局部地区或全国宣布战时状态。

第 4 章(第 29—33 条)阐述国家的最高行政机关。波兰人民共和国政府——部长会议是国家的最高行政机关。部长会议由主席、副主席和各部部长组成,由议会任命,对议会负责,议会休会期间对国务委员会负责。

第 5 章(第 34—45 条)阐述国家的地方政权机关——各级人民会议。第 6 章(第 46—56 条)阐述最高法院和最高检察院的职能。第 7 章(第 57—79 条)阐述公民的基本权利和义务。凡年满 18 岁的公民均有选举权,凡年满 21 岁的公民均有被选举权。选举是普遍的、平等的、直接的和秘密的。

1952 年 10 月 26 日,举行了波兰人民共和国第一届议会的选举。有 15495891 名公民参加了选举,占选民的 95%。由波兰统一工人党、统一农民党和民主党组成的民族阵线提出的候选人,共

---

① 《波兰人民共和国宪法》,1956 年华沙版,第 50—58 页。

获得99.8%选票。在全部425名议员中,波兰统一工人党占273名,统一农民党占90名,民主党占25名,无党派人士占37名。

在11月20日举行的第一届议会第一次会议上,杨·邓博夫斯基教授当选为议长,波兰统一工人党中央政治局委员亚·萨瓦茨基当选为国务委员会主席。鲍·贝鲁特被任命为部长会议主席。部长会议副主席是:约·西伦凯维兹、希·明兹、塔·盖德、彼·雅罗谢维奇、斯·英德里霍夫斯基、泽·诺瓦克、瓦·德沃拉科夫斯基、康·罗科索夫斯基(波裔苏联元帅,1949年11月被苏联政府派遣来波,担任国防部长,1956年10月,奉召回国)。

约瑟夫·西伦凯维兹

1948年12月波兰统一工人党第一次代表大会以后,波兰党和国家的权力掌握在少数几个政治局委员手里。他们是:鲍·贝鲁特、雅·贝尔曼、希·明兹、斯·拉德凯维奇、罗·萨姆布罗夫斯基等。贝尔曼主管安全和意识形态工作。拉德凯维奇是公安部长。明兹主管经济。萨姆布罗夫斯基主管党务工作。在斯大林关于随着社会主义事业的进展,阶级斗争日益尖锐化的错误理论指导下,政治局成立了一个专门委员会,从事国家安全工作。这个委员会的主席是贝鲁特,负责实际工作的是贝尔曼和拉德凯维奇。他们无视宪法原则,凌驾于党和国家政权之上,以莫须有的罪名逮捕了一批在民族解放战争中作出贡献的原人民近卫军、原人民军、原农民营和原国家军的官兵，使他们受到审讯和迫害。在干部工作中实行宗派主义的政策，选拔干部不根据思想觉悟和业务能力，而是任人唯亲。许多正直有为的党员和公民受到不信任和怀疑。在经济工作中，损害了个体农民和个体手工业者的利益，在农业合作化过程中违背了自愿原则。在个人崇拜的气氛下，党内关系和党群关系日趋紧张。

国家政治生活不民主的现象还表现在没有发挥议会和其他两个政党——统一农民党和民主党应有的作用上。宪法赋予议会有广泛的监督权力。但是由于权力的高度集中，使议会失去了对政府的监督能力。在第一届议会任期期间（1952 年 11 月 20 日到 1956 年 11 月 20 日），议会的立法活动也很薄弱。这一届议会只通过 42 个法律，而其中 31 个是在 1956 年通过的。第二届、第三届和第四届议会却分别通过了 174、93、60 个法律。波兰统一工人党同统一农民党和民主党的平等协商原则遭到破坏。民族阵线名存实亡。1953 年 3 月 5 日，斯大林逝世。1954 年召开的波兰统一工人党第二次代表大会，提出了集体领导原则和党内生活民主化。在这次代表大会上，贝鲁特当选为党中央第一书记。他辞去了部长会议主席的职务，由西伦凯维兹接任。但是，党内生活和国家的政治生活没有发生根本的变化。

波兰的对外政策

同苏联和其他社会主义国家结成友好同盟是波兰人民共和国外交政策的基础。1945 年 4 月 21 日在莫斯科由斯大林和奥苏布卡—莫拉夫斯基签订了波苏友好互助战后合作条约，规定两国关系“建立在平等、尊重主权和互不干涉内政的原则上”。条约规定实行政治、经济、文化、科学技术和军事上的全面合作。有效期 20

年。

1945 年 8 月 16 日，波苏两国政府在莫斯科签订了补偿战争损失的协定。根据协定，苏联放弃了在波兰领土上的一切德国财产，并把 15%的赔款以德国工业设备的形式交付波兰，作为交换，波兰将按特种价格供给苏联一定数量的煤。1947 年 3 月 5 日，双方政府签订了一项议定书，把原来规定的按优惠价格交付的煤的数量减掉一半。这一天，双方政府还签订了科学技术合作协定。协定规定，双方交换科学技术情报和交流工业生产方面的经验。1948 年 1 月 26 日，双方政府签订了 1948—1952 年换货协定和苏联向波兰提供贷款的协定。六年计划期间，苏联共向波兰提供了 22 亿卢布的贷款(相当于 5 亿多美元)。1953 年 11 月 4 日，双方政府签订了关于波兰停止向苏联供应煤的议定书。波兰以特种价格向苏联供应煤的协定，损害了波兰的利益。经过 1956 年 11 月两国党政代表团的谈判，苏联方面放弃了波兰对苏联所欠的 22 亿卢布的债务，作为对波兰因向苏联提供煤而造成的损失的补偿。为了表示波苏友好，波苏两国政府于 1954 年 7 月 10 日在华沙签订了关于苏联在华沙建造文化科学宫的协定。1955 年 7 月 21 日，文化科学宫交付使用。苏联政府同时把苏联工程技术人员和工人因修建文化科学宫而建造的“友谊村”作为礼物送给波兰。

波兰政府还同其他社会主义国家建立了友好合作关系。1946 年 3 月 19 日，波兰政府同南斯拉夫政府签订了友好互助合作条约。1947 年 3 月 10 日，同捷克斯洛伐克政府签订了友好互助合作条约。1948 年 6 月 1 日，同保加利亚政府签订了友好互助合作条约。1948 年 6 月 18 日，同匈牙利政府签订了友好互助合作条约。1949 年 1 月 26 日，同罗马尼亚政府签订了友好互助合作条约。1945 年 11 月 6 日，波兰同阿尔巴尼亚建立了外交关系。1946 年 7 月 10 日，波兰同朝鲜民主主义人民共和国建立了外交关系。1949 年 10 月 4 日，波兰同中华人民共和国建立了外交关系。1949 年 10 月 18 日，波兰同德意志民主共和国建立了外交关系。1950 年 2 月 4 日，波兰同越南民主共和国建立了外交关系。1950 年 4 月 14 日，波兰同蒙古人民共和国建立了外交关系。波兰同社会主义国家发展双边关系的同时，还发展了多边关系。1949 年 1 月 5—8 日，波兰、苏联、保加利亚、捷克斯洛伐克、罗马尼亚、匈牙利六国代表在莫斯科成立了经济互助委员会。不久，阿尔巴尼亚和德意志民主共和国也加入了经互会。1955 年 5 月 14 日，上述八个欧洲社会主义国家在华沙缔结了友好合作互助条约，简称华沙条约。条约有效期为 20 年。

波兰政府根据不同社会制度和平共处的原则，发展了同资本主义国家的友好关系。到 1956 年底，波兰同 55 个国家建立了外交关系。波兰是第二次世界大战中损失最大的国家，所以更加懂得和平的重要意义。波兰是联合国的创始国之一。波兰代表积极参加联合国和它所属的各个委员会的工作，为维护世界和平作出了自己的贡献。

第十七章

波兰人民共和国

(1956—1970)

第一节　1956年的转折和第一个五年计划(1956—1960)

1956年的政治形势和波兹南事件

1954年3月召开的波兰统一工人党第二次代表大会没有给党内和国内的政治生活带来根本性的变化,群众的不满情绪继续增长。1955年1月举行的二届三中全会,通过了《关于充分尊重党内生活的列宁主义原则和集体领导原则,克服党和国家机关中的官僚主义错误的决议》。这次全会批评了破坏社会主义法纪的现象,决定解散公安部,成立公安事务委员会。哥穆尔卡在1954年12月获得了自由,但是1948年《关于党的领导右倾民族主义倾向及其克服办法的决议》没有被撤销。平反错案的工作进展缓慢,受到很大的阻力。

1956年2月召开的苏联共产党第20次代表大会,推动了波兰和其他东欧社会主义国家的民主化过程。苏共中央第一书记赫鲁晓夫所作的《关于克服个人崇拜及其后果》的报告，揭露了斯大林的严重错误，在以贝鲁特为首的波兰统一工人党代表团和波兰社会中引起了强烈震动。1956 年 2 月 19 日，苏联共产党、意大利共产党、芬兰共产党、保加利亚共产党和波兰统一工人党在莫斯科发表通告，宣布 1938 年共产国际执行委员会关于解散波兰共产党的决定是完全没有根据的，因而恢复波兰共产党的名誉。这件事也在波兰统一工人党代表团中引起震动。1956 年 3 月 12 日，波兰统一工人党中央第一书记鲍·贝鲁特因肺炎和心肌梗塞病逝于莫斯科。3 月 20 日，波兰统一工人党二届六中全会选举爱·奥哈布为党中央第一书记。5 月 6 日，党中央政治局解除了政治局委员耶·贝尔曼和斯·拉德凯维奇的职务。

苏共第二十次代表大会以后，波兰的政治危机日益发展。广大党员和群众对党领导的批评不只涉及政治方面，而且也涉及经济和文化等方面。工人阶级和知识分子要求根本改变党的政治路线。党的新领导采取了一系列旨在消除前一时期错误的措施，其中包括派弗·马祖尔和亚·萨瓦茨基就恢复哥穆尔卡名誉和党籍等问题同哥穆尔卡进行谈判。由于意见不一致，始终未能制订出一个明确的政治纲领。就在这样的情况下发生了波兹南流血事件。

1956 年 6 月 28 日晨，波兹南采盖尔斯基工厂的工人因领导没有调整不合理的劳动定额和工资制度上街游行。9 时左右，在城堡广场及其附近聚集了几万人。愤怒的工人冲进监狱，释放了犯人，占领了武器库，又进攻法院、检察院大楼以及公安厅的办公楼。工人同警察发生冲突。波兹南市当局无力控制局面。中央派国防部副部长斯·波普瓦夫斯基将军率军队前往波兹南恢复秩序。下午 5 时，全市秩序恢复。6 月 30 日傍晚，军队撤出。在波兹南事件中，有 55 人丧生，500 人受伤，在受伤的人中又死了 19 人。

6 月 28 日是星期四，人们把这一天称为“黑暗的星期四”。波兹南事件是工人群众不满情绪的总爆发。在这一天的事件中，混入了一些流氓和敌视社会主义的分子。在 1956 年 10 月波兰统一工人党二届八中全会上，新的党中央第一书记哥穆尔卡才对波兹南事件作出了比较全面的评价。他说：“当波兹南工人跑到这个城市的大街上去的时候，他们抗议的并不是人民波兰，并不是社会主义。他们抗议的是我们社会制度普遍存在的并且也是他们痛苦地感觉到的弊病，抗议的是对于社会主义——那是他们的理想——的基本原则的歪曲。……把痛心的波兹南悲剧说成是帝国主义特务和挑衅分子闹出来的，这种笨拙的企图在政治上是非常幼稚的。”①

波兹南事件是 1956 年政治危机尖锐化的表现，它震撼了全波兰，在世界上产生了反响。

1956 年 7 月 18 日至 28 日，波兰统一工人党二届七中全会在国内形势十分紧张的气氛下在华沙召开。七中全会对波兹南事件作出了评价。会议的决议指出：波兹南事件是工人因提高生活水平的愿望没有实现而失望的结果；但是，同时又是暗藏的反革命组织在与波兰为敌的外国势力的唆使下，利用工人的不满情绪，进行罪恶的挑衅和武装骚动，来反对人民政权。全会对改善工人的生活和劳动条件给予很大注意，决定提高和调整那些收入较低的职工的工资和奖金，修改企业不合理的劳动定额，彻底改善劳动安全

---

① 《关于波兰目前局势》，1957 年世界知识出版社版，第 9 页。

及卫生条件，从1957年1月1日起，提高低工资多子女的家庭的津贴。由于采取上述措施，有360万职工的工资得到提高，一年内用于这方面的资金达70亿兹罗提。七中全会还恢复了哥穆尔卡、斯彼哈尔斯基、克利什科等前党中央领导人的党籍。在全会上，党的领导已明显地分为两派：普瓦夫派和纳托林派。前者以萨姆布罗夫斯基为首，他们经常在华沙普瓦夫街的一座大楼里集会，故名普瓦夫派。后者以诺瓦克为首，他们经常在华沙郊区纳托林集会，故名纳托林派。七中全会虽然作出了许多正确的决定，由于党内分裂，仍未能控制形势的发展。

二届八中全会

1956年10月19日，波兰统一工人党二届八中全会在紧张和热烈的气氛中召开。全国人民的眼睛都注视着华沙。首都工人和学生连日举行集会，要求结束前一时期波兰统一工人党所犯的“错误和偏差”，实现政治路线的根本转变。10月10日，首都报纸公布了政治局委员和政府副总理明兹辞职的消息。不久，传来了哥穆尔卡出席10月12、15和17日政治局会议的消息，这预示着这位久经折磨的无产阶级革命家即将重返党的领导岗位。人们欢呼雀跃，把党和国家的希望寄托在他身上。哥穆尔卡1905年生于热舒夫省克罗斯诺县的一个石油工人家庭。因家境清寒，17岁就当上了工人。1926年，加入了波兰共产党。曾多次被捕入狱。第二次世界大战期间，他一直在国内领导抵抗运动。1943年，他成为波兰工人党书记。在1945年举行的波兰工人党第一次代表大会上，他当选为党中央总书记。由于他坚持独立自主原则和根据本国特点建设社会主义，在1948年被指责为“右倾民族主义倾向”并离开了党的领导岗位。他是个人崇拜的受害者。他生活朴素，平易近人,受到群众的爱戴。

八中全会由第一书记奥哈布主持。他建议增选哥穆尔卡、斯彼哈尔斯基、克利什科和洛加—索文斯基为中央委员。奥哈布还宣布,苏联共产党中央代表团已经飞抵华沙,代表团成员有:赫鲁晓夫、莫洛托夫、米高扬、卡冈诺维奇。苏共代表团未经邀请即来华沙,使中央委员们感到恼怒和激动。全会接受奥哈布的建议,委托政治局和哥穆尔卡同苏共代表团谈判。全会暂告休会。政治局委员和哥穆尔卡遂离开中央委员会大厦前往贝尔凡德尔宫同苏共代表团举行谈判。赫鲁晓夫在苏联批判个人崇拜,实行改革,于1955年前往贝尔格莱德,实现了同南斯拉夫关系的正常化,受到波兰人民的支持。他现在来到华沙,对哥穆尔卡和波兰的变革却满腹疑虑。波兰统一工人党代表团以极大的耐心对苏共代表团进行解释,使他们相信,波兰不会做出任何有损于苏联和整个社会主义阵营的事情,波兰人能够自己解决好自己的问题,并消除积累下来的、在社会上引起严重后果的不正常状态。波兰方面建议,在八中全会以后,将派代表团去莫斯科,届时将告知全部情况并就两国合作问题进行谈判。谈判从19日上午一直进行到20日清晨,苏共代表团终于放心并登机返回莫斯科。

10月20日,八中全会继续举行。政治局委员萨瓦茨基向全会通报了同苏共代表团谈判的经过。罗科索夫斯基元帅解释了驻波苏军调动的情况。然后由哥穆尔卡作纲领性的报告。

哥穆尔卡对前一时期的工业政策作了尖锐的批评。他说:“六年计划的目的,是要提高工人阶级和全国人民的生活水平。但是,在六年计划结束以后,在五年计划的第一年里,我们面对着日益增长的巨大经济困难。为了扩充工业,我们订立了大笔的投资贷款合同，而当我们需要偿还首批到期的贷款时，我们发现我们处在无力偿还的破产境地。我们不得不要求贷款人同意延期偿还。很明显，我们国民经济的领导者没有能够了解这样一个简单的事实：应该这样来管理贷款，也就是说应该把这些贷款这样来投资，使我们能够在规定的期限内用这些贷款所创造的生产来付还债权人。”他也对农业政策作了批评：“在过去六年中，党发动了争取农业生产集体化的运动。在这个时期里，成立了大约 1 万个农业合作社，参加的农户大约占 6%。今天，在有了六年计划的经验之后，值得更近一些来看一看：在过去一个时期中党的农业政策的经济后果是怎样的。在我国的情况下，正如每一个没有多余的土地可供利用的国家的情况一样，农村政策的特点应该是不断努力加紧农业生产。要使波兰能够靠本国的资源来养活本国的人民，只有增加单位面积产量，增加每一公顷土地的农业产量。”[①]他列举 1955 年个体农户、农业合作社和国营农场每公顷的产量，说明个体农户比农业合作社高 16.7%，又比国营农场高 37.2%。

哥穆尔卡主张改变社会主义建设的模式，在企业里建立工人委员会，实行工人自治；在农村，对于发展前途小、只会赔钱的农业合作社，应当不予贷款，建议予以解散。他认为，在波兰农村普遍建立农业合作社的道路是漫长的。

在政治方面，哥穆尔卡提出加强议会和地方各级人民会议的作用，使议会成为真正的国家权力的最高机构。

八中全会根据哥穆尔卡的报告，通过了《关于党在目前的政治和经济任务的决议》，决议指出，党的主要任务是有计划地改善城

① 《关于波兰目前局势》，第 3—5 页。

乡劳动人民的生活条件，实行深刻的社会主义民主化。八中全会实现了政治的转折，确立了新的政治路线，结束了政治危机。10月21日，全会选举了政治局和书记处。政治局由9人组成：瓦·哥穆尔卡、约·西伦凯维兹、斯·英德里霍夫斯基、伊·洛加—索文斯基、耶·莫拉夫斯基、爱·奥哈布、阿·腊帕茨基、罗·萨姆布罗夫斯基、亚·萨瓦茨基。哥穆尔卡当选为第一书记。新的政治局保证实现党的统一，为克服面临的困难而斗争。

1956年11月15至18日，以哥穆尔卡为首的党政代表团访问苏联，同以赫鲁晓夫为首的苏联党政代表团就两国的政治和经济关系进行了会谈，发表了波苏联合声明。联合声明重申：将在完全平等、尊重领土的不可侵犯、尊重国家独立和主权、互不干涉内政的基础上发展两国之间的关系。苏联取消了22亿卢布的债务，作为补偿波兰经济由于按低价向苏联提供煤炭而遭受的损失（上章第二节已述及）。两国还达成了下列协议：苏联向波兰提供7亿卢布的贷款，在1961—1962年偿还；苏联以贷款形式向波兰提供140万吨粮食，1960年后开始偿还。此外，两国还就遣返应在1945年遣返而未遣返的一批波兰人（约224000人）达成了协议。两国还就根据华沙条约而临时驻扎在波兰的苏军的有关问题达成了原则协议。1956年12月17日，两国政府签订了关于暂时驻扎在波兰的苏联军队的法律地位的协定。协定规定：驻波苏军不得以任何方式侵犯波兰的主权完整，不得干涉波兰的内政，军队的驻扎、调动、演习，均须经波兰政府同意。上述问题的解决，大大缓和了波兰人民的情绪，提高了波兰的国际地位，使波苏关系建立在平等的基础上。

第二届议会的选举和国家的政治生活

新的政治路线带来了新的胜利。1957 年 1 月举行的第二届议会选举反映了波兰民族的大团结。

1956 年 12 月，波兰统一工人党、统一农民党和民主党以及工会、青年组织、妇女组织、天主教进步组织，共同组成了民族统一阵线。波兰统一工人党中央政治局委员、国务委员会主席亚·萨瓦茨基当选为民族统一阵线主席。民族统一阵线比民族阵线具有更大的代表性。参加民族统一阵线的政党和群众组织，一致拥护波兰统一工人党二届八中全会的路线。

在协商的基础上，民族统一阵线提出了统一的候选人名单。根据新的选举法，选票上的名单比应当选的议员数多 50%，这样可以使选民有自由选择的权利。参加 1957 年 1 月 20 日选举的选民达 94%以上。在 16833000 多个选民中，有 16563000 多个选民（占 98.4%）选举民族统一阵线的候选人。这是对波兰统一工人党新的政治路线的支持和信任的表现。八中全会后刚释放的红衣主教斯·维辛斯基和以他为首的天主教主教团，号召教民投票支持民族统一阵线的候选人。这是人民波兰历史上前所未有的现象。

第二届议会议员共有 458 名，其中波兰统一工人党 238 名，统一农民党 115 名，民主党 41 名，无党派人士 64 名。

1957 年 2 月 20 日，第二届议会举行第一次会议，选举统一农民党副主席切·维策赫为议会议长，选举亚·萨瓦茨基为国务委员会主席，任命约·西伦凯维兹为部长会议主席。2 月 27 日，议会批准了部长会议的组成名单。斯·伊格纳尔（统一农民党主席）、彼·雅罗谢维奇（波兰统一工人党）和泽·诺瓦克（波兰统一工人党)被任命为部长会议副主席。

第二届议会进行了富有成效的工作,共通过了174项法律,而第一届议会只通过了42项法律,是历届议会中成绩卓著的一届议会。在议会休会期间,国务委员会只颁布了1项法令。这与过去的情况完全相反,1955年议会只通过1项法律,而国务委员会则颁布了26项法令。这表明立法权又回到了议会。在议会开会期间,议员们能够自由地开展讨论和辩论,充分表达自己的意见,转达选民的愿望。人们感觉到,民主化的春风已经吹到波兰大地。

二届八中全会以后,波兰统一工人党加强了同统一农民党的合作。1957年1月,两党共同制定了关于新的农业政策的指示。它的主要内容是鼓励农民的生产积极性,最大限度地提高个体农民的生产效益,为此大量增加对农民的矿物肥料、农业机器和建筑材料的供应,提高农产品的收购价格。由于贯彻了自愿原则,强迫和勉强入社的农民退出农业生产合作社。一年之内,农业生产合作社由近1万个减少到1500个。农民在自愿的基础上建立了许多农业小组。农业小组是个体农民的互助组织,他们集资购买农业机器,共同使用。波兰统一工人党和统一农民党把农业小组当作农民合作运动的低级形式。统一农民党是在农民运动中产生并代表农民利益的政党,其党员有70%以上是农民。在前一时期,统一农民党的活动受到严格的限制,党的组织无法发展。1956年10月以后,党恢复了独立活动,党的组织迅速发展。1959年11月,统一农民党召开了第三次代表大会,把提高农业生产、发展农村合作运动、实现农业现代化作为党的主要任务。代表大会选举斯·伊格纳尔为最高委员会主席,约·米哈尔斯基、鲍·波德德沃尔内、切·维策赫为最高委员会副主席。党员的人数达到233000人。

1958年1月,民主党召开了第六次代表大会。代表大会总结了该党在社会主义建设中的作用,强调在承认波兰统一工人党的领导地位时,应充分发挥自己的独立作用,动员手工业者、其他城市中产阶层和知识分子为社会主义建设作出更大的贡献。代表大会选举了新的中央委员会,斯·库尔琴斯基当选为中央委员会主席,耶·约德沃夫斯基、弗·莱霍维奇、杨·卡·温德为中央委员会副主席。

波兰最大的群众组织——工会,在1958年4月召开了第四次代表大会。代表大会确定工会的任务是动员工人阶级参加企业管理,实行工人自治。八中全会以后,成立了5600个工人委员会。工人委员会的权力很大,它以集体的名义管理全民所有制的企业。1958年12月20日,议会通过了关于工人自治的法律,确定工会的任务是监督企业的经济活动、评价生产效果和分配企业的基金。工会还有关心职工的劳动、生活条件和组织文化娱乐活动的任务。1960年底,波兰工会有613万会员。波兰工会中央理事会主席是波兰统一工人党中央政治局委员伊·洛加—索文斯基。

1948年成立的波兰青年联盟,在社会主义建设事业中发挥了重要作用。青年工人响应波兰青年联盟的号召,开展了社会主义劳动竞赛。波兰青年联盟在动员知识青年参加扫盲运动、提高农村文化水平的工作中作出了重要贡献。波兰青年联盟是波兰统一工人党领导的青年群众组织。1955年,联盟的盟员达200万。由于党犯了严重错误,联盟中央也不可避免地犯了许多错误。1957年1月,联盟领导错误地解散了波兰青年联盟。在它的基础上建立了社会主义青年联盟和农村青年联盟。此外,大学生还建立了波兰大学生联盟,少年儿童建立了波兰童子军联盟。

1957年5月15至18日，波兰统一工人党举行九中全会。党的第一书记哥穆尔卡作了《党的政策中的关键问题》的报告。他进一步阐述了通向社会主义的波兰道路的内容。他说："八中全会确定了我国社会主义建设的发展形式的三个方针。第一是工人委员会，第二是扩大人民会议的权力，第三是发展各种不同的农民自治的经济形式。这三个方针构成了波兰走向社会主义道路的重要因素。"①他还分别阐述了工人委员会的任务、下放中央权力和扩大地方人民会议的自治、农民自治的道路等三个问题。哥穆尔卡还提出了在思想战线上同时展开反对教条主义和修正主义的问题，而把修正主义作为党内的主要危险。他呼吁全党结束党内宗派斗争："现在已是彻底结束旧时期、八中全会以前的时期、宗派活动和党内斗争时期的时候了，而且早已是时候了。"②根据哥穆尔卡的报告，九中全会通过了《关于目前形势和党的最重要的任务的决议》。决议指出："在苏共第20次代表大会以后的时期中，特别是在波兰统一工人党八中全会上，党克服了教条主义和宗派主义。……在目前情况下，修正主义是党内主要的思想上的危险，因为它破坏党的思想与政治团结，不信任党的队伍与工人阶级的社会主义建设的正确性与适当性。"③

以哥穆尔卡为首的波兰统一工人党中央之所以采取上述方针，是同当时党内、国内和国际共产主义运动的状况分不开的。在反对教条主义、宗派主义的时候，党内的确有人提出了"绝对民主"、"充分自由化"的口号。社会上的反社会主义力量妄图在八中

① 《一年来的波兰局势》，1958年世界知识出版社版，第3页。

② 同上，第44页。

③ 同上，第67页。

全会后实现“第二阶段”的转变，使波兰离开社会主义道路。在国际共产主义运动内部，由于匈牙利事件的发生，越来越多的人把修正主义当作主要危险。为了反对“修正主义”，波兰统一工人党十中全会(1957 年 10 月)通过了审查党员的决议。审查党员的工作延续到 1958 年 5 月，共有 203000 名党员被开除出党，占全部党员人数的 16%。

经济体制改革的尝试

导致 1956 年波兰危机的原因很多，有政治的、经济的和波苏关系方面的因素，但经济问题是导火线。要想解决危机问题，只有改变经济模式，提高劳动生产率，不断改善劳动人民的生活。

从八中全会到 1959 年，波兰统一工人党和政府开始了经济体制改革的尝试。改革的主要内容是下放中央权力，扩大地方自主权和企业自主权。1956 年 11 月 15 日，议会颁布法令，取消了权限极大的国家经济计划委员会，代之以计划委员会。计划委员会的职责只是制订国家的经济政策、制订长远和年度的经济计划、评价计划执行的情况。1956 年 12 月 1 日，议会建立了经济委员会，作为政府的咨询机构。领导经济委员会的是波兰统一工人党中央委员、世界著名的经济学家奥斯卡·兰格教授。这个委员会集中了波兰最优秀的经济学家和经济工作者。

兰格教授是马克思主义经济学家，曾在美国大学任教，熟悉经济学的最新成就。他试图运用最新的经济分析方法、计量经济学、程序设计，建立波兰的经济模式。他使中央计划同分散管理相结合，在中央计划的领导下，实行工人自治和农村合作自治。在价格问题上，他坚持应该尊重价值规律，但价格主要应由国家来规定，他主张使经济规律为社会主义经济服务，实行非中央集权化，避免官僚主义和由此引起的不良后果。

1956 年以后，中央各部实行了改组，由原来的 38 个部减少到 25 个部，取消了许多介于部和企业之间的行政机构——管理局，代之以实行经济核算、自负盈亏的经济实体——联合公司。联合公司对所属企业的产、供、销有决策权。由于中央各部的取消，企业的领导权下放给省、县和市人民会议主席团。各联合公司归所在的省、县和市人民会议主席团领导。

根据 1956 年 11 月 19 日议会颁布的工人委员会法，工人委员会的职权包括：制订企业的生产计划；确定企业的发展方针；监督企业行政，对企业活动作出评价，交上级机关审核；对企业的结构和规章制度的改变提出意见；对企业基金的分配提出意见；规定劳动定额、工资等级和奖励办法。工人委员会的委员是由企业职工直接选举产生的。企业职工通过工人委员会参与对企业的管理，体现了工人阶级当家做主，提高了全体职工的生产积极性。

关于设置“企业基金”的法令引起了普遍的重视。这笔资金是用来鼓励劳动集体的。从这笔资金中可以提出一部分用于发放奖金、建筑住宅、托儿所或维修职工住房。法令规定，以货币形式分配给集体的那部分基金，不得超过全部工资基金的 8.5%。

工人委员会的工作同当时的经济体制越来越发生矛盾。企业行政（厂长或经理）和国家机关的干部感到工人委员会的权力太大。他们要求限制工人委员会的权限。波兰的工人委员会是从南斯拉夫学习来的。哥穆尔卡在九中全会的报告中提出有必要采取不同于南斯拉夫的工人自治形式。在 1958 年 4 月召开的工会第四次代表大会上，他提出了建立工人自治代表会议的主张。根据 1958 年 12 月 20 日的工人自治法，工人自治代表会议由工人委员会、工会委员会和党组织的代表组成。工人自治代表会议的主要任务是调整国家利益和企业利益的关系。工人委员会在企业中的主导地位丧失了。工人自治代表会议的建立引起了工人的抗议，在一些地方发生了罢工。

第一个五年计划(1956—1960)及其执行情况

继续社会主义建设的第一个五年计划(1956—1960)是在1957年7月12日由议会通过的。五年计划的主要任务是“在现有条件下，尽最大的可能改善居民的物质状况，同时为下一个五年我国社会主义经济的进一步发展和消费品的进一步增长创造前提”。[①] 五年计划把提高人民生活水平放在首位，是波兰统一工人党调整方针的继续，同时又为以后的进一步社会主义工业化奠定基础，所以被称为“过渡性的计划”。

五年计划规定的各项指标如下：国民收入增长46%，职工的实际工资增长23%，农业生产增长23%，工业生产增长49.6%。五年计划的总投资额为4172亿兹罗提，超过三年计划和六年计划之和(3930亿兹罗提)。[②] 五年计划是由计划委员会拟订的，在当时条件下是切实可行的。

在五年计划的前三年里，职工的实际工资增长很快。1960年的工资基金比1955年增加63%，达到1320亿兹罗提。矿工、钢铁工人的工资增加得最多。一部分低工资的职工提高了工资。从1958年9月1日起，中小学教师的工资有很大提高。在五年计划的后两年里，由于国家加速发展电力工业、化学工业、造船工业和

---

① 安·耶杰尔斯基、巴·佩兹：《人民波兰经济史》，1980年华沙版，第160页。

② 同上。

机械工业，积累的比重增加了，消费的比重减少了。1959年积累增加到23.1%，1960年增长到24.2%，而国民收入只增长了5%和4%。

五年计划的绝大多数项目都完成了任务。工业生产比1955年增长了59.6%，即超额完成10%的任务。这是工人提高生产积极性和劳动生产率的结果。1960年煤的产量突破1亿吨，钢的产量达到668万吨。职工的实际工资增长了23%。农业生产增长了20%。由于执行新的农业政策，农民的生产积极性提高了。消灭了所有荒地。有45万农民参加了农业小组。1959年6月，波兰统一工人党和统一农民党共同作出决定，使农业小组成为拥有农业基金和农业机器的农民自治组织。

波兰统一工人党第三次代表大会

1959年3月10至19日，波兰统一工人党召开了第三次代表大会。代表大会在听取和讨论了哥穆尔卡所作的中央委员会总结报告后，通过了《关于党的基本政治任务的决议》。决议撤销了1948年第一次代表大会关于党内右倾民族主义倾向的决议，认为这个决议"是没有根据的、错误的"。决议认为"修正主义是目前阶段党的主要危险"。由于审查党员的工作继续进行，到1959年底，党员的人数减少到1018466名。这是波兰统一工人党成立以来党员人数最少的时候。

代表大会根据英德里霍夫斯基所作的《1959—1965年国民经济发展的指示》，通过了第二个五年计划（1961—1965）的指标：1965年工业生产将比1960年增长50%，农业生产将增长20%，国民收入将增长40%，实际工资将增长23%到25%，投资总额将增长46%。在新的五年计划期间，国营经济将接受100万名青年就业,1961 年 2 月,议会略作修改,即通过了第二个五年计划。

代表大会还听取了奥哈布所作的《关于党的农村政策的指示》和萨姆布罗夫斯基作的《关于修改党章的报告》,通过了《关于党的农村政策指示的决议》和《波兰统一工人党党章》。代表大会选举了中央委员会。中央委员会选举了由 12 人组成的政治局,其成员如下:约·西伦凯维兹、爱·盖莱克、瓦·哥穆尔卡、斯·英德里霍夫斯基、泽·克利什科、伊·洛加—索文斯基、耶·莫拉夫斯基、爱·奥哈布、阿·腊帕茨基、马·斯彼哈尔斯基、罗·萨姆布罗夫斯基、亚·萨瓦茨基。瓦·哥穆尔卡当选为中央委员会第一书记。中央委员会还选举了书记处,其成员如下:耶·阿尔布赖赫特、爱·盖莱克、瓦·哥穆尔卡、维·雅罗辛斯基、泽·克利什科。

波兰统一工人党第三次代表大会,意味着放弃"波兰道路",结束了贯彻二届八中全会路线的时期。在这个时期里,波兰统一工人党领导全国人民克服了政治危机,战胜了经济困难,改善了劳动人民的生活,加强了全党和全国人民的团结,这是人民波兰历史上的重要时期。

第二节　第二个和第三个五年计划期间的经济和政治(1961—1970)

国民经济的发展

波兰经济学家把 1959—1970 年称为社会主义工业化的第二个阶段。这 12 年包括第一个五年计划的最后两年(1959—1960)和第二个五年计划(1961—1965)、第三个五年计划(1966—1970)的 10 年。

第二个五年计划的完成情况不好，只有工业生产完成了计划规定的指标，其中生产资料的生产比1960年增长了59.9%（计划为57.2%），就业的人数增加了1276000名，大大突破了原定的计划。但是其他的指标都没有完成计划。国民收入增长了35.2%，而计划为40.6%。职工的实际工资增长了8%，而计划为23%。消费资料的生产增长了37%，而计划为44%。农业生产增长了14.5%，而计划为22%。

没有完成计划的客观因素是1962—1964年气候不好，农业连续三年歉收。1962年四种谷物的产量比1961年减少了200万屯，即由1540万吨减少到1340万吨。1963年，猪的头数比上一年少了200万头。政府没有采取相应的措施来提高农业和畜牧业的生产（如提高收购价格、发展饲料生产等），不得不从国外购买1200万吨的粮食和饲料。没有完成计划的主要原因是投资计划的错误，这是重回社会主义建设的旧模式、优先发展重工业的结果。由于农产品（包括肉类）和大众消费品的不足，出现了同50年代初期市场供应紧张的类似情况。群众的不满情绪日益增长。

波兰统一工人党第四次代表大会（1964年6月15至20日）按原方针制定了第三个五年计划（1966—1970）的指标。1966年11月议会在通过第三个五年计划时作了适当修改，规定的各项指标如下：工业生产增长44%，农业生产增长17%，投资增长38%，国民收入增长34%，就业人口增加150万，职工的实际工资增长10%。[①]

计划的制订者希望通过科学技术的进步、提高劳动生产率，降

① 安·耶杰尔斯基、巴·佩兹：《人民波兰经济史》，第264页。

低原料、燃料和动力的消耗，增加出口，停止谷物进口等办法来完成第三个五年计划。他们对计划和管理体制的改革寄予很大希望。1956 年底成立的以兰格教授为首的经济委员会，由于遇到官僚主义的种种阻力收效甚微。哥穆尔卡实际上已经放弃了改革的打算。第三个五年计划关于计划和管理体制改革只是局部性的改革，没有收到较大的效果。完善计划体制的要点是：国民经济计划应在企业和其他经济组织在新的经济年度开始前，能够确定它们的详细计划任务时予以通过；计划要有连续性，长期的远景规划应当定期予以实现；进一步完善保持平衡的方法，在经济分析的工作中，应当采用计量经济学方法和最佳方案法。管理体制改革的主要内容是：提高联合公司在整个工业部门中的作用；在联合公司中广泛运用经济核算的原则；加强联合公司销售组织的作用及公司对国内外市场需要的调查，以及根据调查结果制定正确的长期生产规划所担负的责任；随着联合公司的作用和自主权的加强，应当提高工人自治在决定企业内部事务方面的作用。

第三个五年计划规定的工业生产和投资任务都超额完成，但是农业生产仍然没有完成计划的指标。1970 年农业生产比 1965 年增长了 9.5%，而计划为 17%。农业生产没有完成计划的客观原因是 1969 和 1970 年因气候条件不好而引起的农业歉收。由于农业生产没有完成计划，市场上的食品和肉类供应更加紧张。这是 1970 年“十二月危机”的经济根源。

在社会主义工业化第二阶段的 12 年里，波兰建立了一批新的工业区：塔尔诺布热格硫磺工业区、普沃次克石油化学工业区、雷布日克煤矿区、普瓦维氮肥工业区、格沃古夫—累格尼察铜矿区、科宁的褐煤和铝矿区。波兰是世界上最大的硫酸出产国之一，是第二个硫酸出口国。波兰的工业布局更加合理，工业区星罗棋布，撒满全国，战前经济落后的东部地区都有了比较发达的工业。在波兰形成了三个工业区群。第一类工业区群由五个老的工业区组成。它们是：上西里西亚工业区、华沙工业区、罗兹工业区、克拉科夫工业区、瓦夫布日赫工业区。第二类工业区群由波兹南工业区、格但斯克工业区、比得哥煦—托伦工业区、旧波兰工业区、沃波累工业区、别耳斯科工业区、什切青工业区组成。第三类工业区群由格沃古夫—累格尼察工业区、塔尔诺布热格工业区、普沃次克工业区、普瓦维工业区、科宁工业区、雷布日克工业区组成。

1970 年，波兰的煤产量达到 1.4 亿吨。波兰是世界上最大的产煤国之一。1970 年出口的煤达 2900 万吨。1970 年电力的产量为 645 亿千瓦。1971 年人均产量为 2134 千瓦，远比捷克斯洛伐克和民主德国少，它们的人均产量分别为 3257 千瓦和 3870 千瓦。1970 年钢的产量为 1180 万吨。1971 年人均产量为 389 公斤，远比捷克斯洛伐克和苏联少，它们的人均产量分别为 823 公斤和 434 公斤。

同工业的成就相比较，农业的进步就显得黯然失色。1970 年的工业总产值比 1950 年增长了 7 倍，而农业总产值只增长 60%。在 1950—1970 年间，四种谷物的产量从 1160 万吨增加到 1540 万吨，马铃薯的产量从 3610 万吨增加到 5030 万吨。四种谷物每公顷的平均产量从 12.7 公担增加到 19.6 公担。马铃薯每公顷的平均产量从 138 公担增加到 184 公担。牛和猪的存栏数分别从 720 万头和 940 万头增加到 1080 万头和 1340 万头。① 由于人口的自

① 引自《1978 年统计年鉴》，1979 年华沙版，转引自《人民波兰经济史》附表。

然增长和工业人口的迅速增长，农业和畜牧业的发展远远不能适应需要。1970 年四种谷物产量比 1969 年减少 250 万吨，牛和猪的存栏数也分别减少 20 万头和 100 万头。所以，1970 年市场供应情况特别紧张。

波兰统一工人党、统一农民党和波兰政府企图通过农业小组来提高农业生产并把农民引上合作化的道路。到 1968 年，在 87％的村建立了农业小组，约有 54％的农民加入了农业小组。为了发展农业生产，在 1959 年建立了农业发展基金。但是，这笔基金为数不大，农村到处感到缺乏建筑材料、化学肥料和农业机器。波兰农业单位面积的产量远远落后于西欧各国，也落后于两个邻国：民主德国和捷克斯洛伐克。波兰农业往何处去仍然是一个急待解决的问题。

波兰经济学家卡·里茨在《波兰的消费和经济增长》一书(1968 年，华沙)中指出，波兰的工业发展和国民收入的增长比别国快，而消费的增长却比别国慢。1950 年，职工的平均工资为 551 兹罗提，1970 年增加到 2235 兹罗提，即名义工资增加了 4 倍。在 1961—1970 年期间，工业生产年平均增长 8.5％，国民收入年平均增长 6％，实际工资年平均增长 2％。他认为农业落后是人民生活水平提高缓慢的重要原因之一。他以一个职工家庭的开支说明 1965 年波兰职工的生活状况。以收入为 100，各项开支如下：食品——50.2，衣着——17.7，房租——7.9，电费和煤气——4.9，医疗卫生——4.5，教育、文化娱乐、旅游——8.4，酒和烟——4.1，交通和邮电——2.3。四口之家每月的生活费用约 4210 兹罗提，必须有两个人工作才能维持起码的生活。所以，同发达国家比较，波兰人民的生活水平是比较低的。

人民波兰的工资变化的一个特点是脑力劳动者的工资下降，他们的工资同体力劳动者的工资趋于相等。1935 年，脑力劳动者的月工资为 274 兹罗提，体力劳动者的月工资为 98 兹罗提。以体力劳动者的工资为 100，则脑力劳动者的工资为 280。而在 1967 年，两者的比例关系是 100∶107。[①] 这种不合理的工资制度是知识分子中间不满情绪滋长的重要原因。

第二阶段的社会主义工业化给波兰的社会结构带来了深刻的变化。1960 年，全国人口为 2978 万，其中城市人口 1420 万，占全国人口的 48.2％。1970 年，全国人口增加到 3259 万，其中城市人口 1700 万，占全国人口的 52.2％。在十年里，城市人口增加了 280 万，即增加 20％。在此期间，农村人口从 1520 万增加到 1558 万，即增加 2.5％。在农村人口中，有 43％是靠从事非农业劳动维持生活的。1970 年，只有 29.5％的居民靠农业为生。在公有经济中工作的职工达 10435000 人，其中在农业部门工作的职工有 758000 人。工人阶级成为全国人数最多的阶级，其人数达到 680 万。

在这 10 年里，劳动知识分子的队伍迅速扩大。1970 年，大学毕业的知识分子为 65 万，比 1960 年增加了一半多。工程技术人员几乎增加了 1 倍，即从 232000 增加到 427000。知识分子在国家经济和政治、文化中的作用日益增长。此外，手工业者、私营工商业者的人数约占全国人口的 2.6％。

在这 10 年里，教育、文化和科学也获得了很大发展。普及了八年制义务教育。中等教育和高等教育获得进一步发展。大学生

① 引自安·耶杰尔斯基、巴·佩兹：《人民波兰经济史》，第 281—282 页。

的人数从1960—1961学年度的165700增加到1970—1971学年度的330800。在战前的波兰，每万个居民中有14.4个大学生，而在1970—1971学年度，每万个居民中则有100个大学生。高等学校从76所增加到85所。新增加了两所综合大学——西里西亚大学（在卡托维兹）和格但斯克大学。报刊和书籍的发行量激增。1960年报纸的发行量为15.23亿份，1970年增加到23.50亿份。结合建国一千周年，民族统一阵线开展了“建国一千年，建立一千所学校”的活动，提出了“让波兰成为人人受教育的国家”的爱国主义口号。

1968年三月事件

知识分子和大学生中间的不满情绪，导致了1968年三月事件的发生。三月事件的情况比较复杂，它与当时的外部条件有着不可分割的联系。

1967年6月以色列在美国支持下发动的对阿拉伯国家的侵略战争，在一部分波兰犹太人中间引起了强烈反响。一部分犹太族军官暗地里举行集会，庆祝以色列军队的胜利，甚至想奔赴以色列参加战争。他们的行动受到舆论的谴责，在社会上掀起了反对“犹太复国主义”的斗争。这件事激起了犹太族波兰公民对政府的不满。

促成1968年三月事件的另一个外部因素是1968年初的捷克斯洛伐克政局。1968年3月，在捷克斯洛伐克掌握政权达12年之久的诺沃提尼被迫下台，以党中央第一书记杜布切克为首的改革派，主张奉行独立自主的对外政策，正在酝酿着一场深刻的改革运动。捷克斯洛伐克的政治局势成为波兰三月事件的催化剂。

1968年1月，华沙民族剧院重新上演19世纪伟大爱国诗人亚当·密茨凯维奇的反俄诗剧《先人祭》。《先人祭》的上演，轰动了首都，每场座无虚席。当演员朗诵着激烈的反俄台词，台下观众也跟着朗诵，全场热烈欢呼。《先人祭》的演出变成了反苏大示威。哥穆尔卡遂下令禁演。

3 月初，华沙形势紧张。波兰作家协会华沙分会对禁演《先人祭》提出了抗议。华沙的大学生在政治反对派雅·库龙、卡·莫泽列夫斯基和阿·米赫尼克等人的组织和鼓动下举行游行示威。3 月 8 日，华沙大学学生占领了校舍。政府派民兵和武装工人驱散了学生，逮捕了一批学生。在 3 月 8 日的反政府行动中，有不少前高级干部家庭出身的犹太族青年学生参加。在克拉科夫和其他城市也发生了类似事件。

1968 年 3 月 19 日，哥穆尔卡在华沙文化科学宫同华沙党的积极分子的会见中，阐明了禁演《先人祭》的原因，既谴责了“犹太复国主义”，也抨击了排犹运动。他认为绝大多数犹太族波兰公民是把波兰当作唯一的祖国的，是爱国的。他号召全党保持团结并表示要改正党在高等学校的工作。

三月事件以后，以哥穆尔卡和西伦凯维兹为首的波兰党和政府，没有重视经济问题和群众中日益滋长的不满情绪，却被卷入了由苏共中央领导人勃列日涅夫策划的对捷克斯洛伐克内部事务的干涉。1968 年 7 月 14 至 15 日，哥穆尔卡和西伦凯维兹以东道主的身份，欢迎五个社会主义国家的最高级会议在华沙召开。这次会议向捷克斯洛伐克共产党中央发出了公开信，向他们提出了武装入侵的警告。8 月 20 日晚，苏联、波兰、民主德国、匈牙利和保加利亚五国的 20 万军队入侵捷克斯洛伐克，颠覆了这个国家的合法政权，扼杀了这个国家的改革运动。

1968年11月11至16日，波兰统一工人党在华沙召开了第五次代表大会。这次代表大会制定了第四个五年计划(1971—1975)的草案，选举了新的中央委员会。五届一中全会选举了由12人组成的政治局。他们是：瓦·哥穆尔卡、约·西伦凯维兹、爱·盖莱克、鲍·雅什楚克、斯·英德里霍夫斯基、泽·克利什科、斯·科乔韦克、瓦·克鲁切克、伊·洛加—索文斯基、马·斯彼哈尔斯基、雷·斯柴莱茨基、约·泰伊赫马。哥穆尔卡勉强继续当选为第一书记。他知道自己的地位已经动摇，激动地说："这恐怕是我最后一次的代表大会了。"①

在1961—1970年间，波兰统一工人党党员的人数增加了1倍多，达到232万人，但是党员的质量却降低了。党的集体领导原则遭到破坏。党的最高权力集中在由哥穆尔卡、克利什科、雅什楚克、洛加—索文斯基和斯柴莱茨基组成的所谓"核心小组"手里。在此期间，国务委员会主席曾两次易人。1964年8月7日，亚·萨瓦茨基病逝。第三届议会选举爱·奥哈布为国务委员会主席。1968年4月11日，第四届议会选举国防部长马·斯彼哈尔斯基为国务委员会主席。国防部长职务由沃·雅鲁泽尔斯基接任。

1970年十二月事件

哥穆尔卡在下台之前，实现了他保障奥得河和乌日茨—尼斯河边界的夙愿。1970年12月7日，德国社会民主党主席勃兰特以联邦德国总理的身份访问波兰，同波兰总理西伦凯维兹签订了承认奥得河和乌日茨—尼斯河为波兰西部边界的协定。

哥穆尔卡在他执政的最后几年，越来越脱离现实、越来越专横

---

① 《哥穆尔卡的生平活动》，1985年华沙版，第761页。

跋扈，容不得批评意见，害怕任何改革，漠视群众关于改善生活的要求。权力的高度集中，使党和政府合而为一。政治局和书记处的会议很少召开。政府实际上是由政治局，更确切地说，是由中央书记处指挥，似乎摆脱了对议会所负的宪法责任。在这种情况下，议会和人民会议的权限受到严重限制。在1956年10月以后建立起来的波兰统一工人党同统一农民党和民主党的同盟合作关系重新遭到破坏。严重的官僚主义体制压抑着一切有生机的东西。面对1969和1970年因农业歉收而造成的经济困难，哥穆尔卡决定采取冻结工资和提高物价的办法来平衡市场的供求关系。这就招致了在更大的规模上重演1956年的波兹南事件。

1970年12月12日，部长会议决定从12月13日起提高食品的价格，其中肉和肉制品提价17.6%，面粉提价16%，牛奶提价8%，奶制品提价25%，鱼提价11.7%。其他补贴更多的商品的价格涨得还要多。在此之前一系列不盈利的工业品的价格也上涨了。为了对涨价后果实行部分补偿，降低了生产盈利很高的许多工业品（如药品、收音机、电视机、人造纤维等）的价格。最困难的是肉类，由于进口饲料，肉类的生产始终无法满足需要。40多年，波兰城市居民在肉店门口排长队的现象，看来还会长期地存在下去。政府决定提高畜产品的收购价格。

从经济角度来看，特别是考虑到严重的歉收，调整物价是有理由的。但是这个关系到千家万户的重大决定既没有同群众商量，也没有向群众做宣传解释工作，而且提价的时间恰恰选择在圣诞节前群众大量采购的时候。这就引起了全社会的普遍愤怒。

12月14日上午，当哥穆尔卡正在主持五届六中全会的时候，传来了格但斯克造船工人停工集合，要求同波兰统一工人党格但斯克省委代表谈判的消息。政治局委员兼副总理斯·科乔韦克和格但斯克省委第一书记阿·卡尔科什卡主动建议，由他们和负责造船工业的重工业部长弗·卡伊梅等前往格但斯克。哥穆尔卡和西伦凯维兹同意了他们的建议。

下午 1 时，当科乔韦克一行抵达格但斯克时，数千名游行队伍陆续进入北方造船厂、工学院和广播电台，呼吁人们参加他们的队伍。下午 3 时左右，内务部副部长亨·斯瓦布奇克到达格但斯克，试图用民警驱散游行队伍。民警防线太弱，不足以制止群众的行动。群众中有人抢劫商店、捣毁交通车辆，企图烧毁省委大楼。经哥穆尔卡同意，政治局委员泽·克利什科和伊·洛加—索文斯基以及国防部副部长格·科尔钦斯基于当晚 10 时半到达格但斯克。三名政治局委员、一名副总理、重工业部长、国防部副部长和内务部副部长云集格但斯克，仍没有能阻止事态的发展。

第二天，12 月 15 日晨，党和国家的最高领导人在党中央大厦政治局会议厅开会，研究沿海城市发生的事件。参加会议的有：第一书记哥穆尔卡、国务委员会主席斯彼哈尔斯基、部长会议主席西伦凯维兹、负责经济事务的政治局委员雅什楚克、负责安全和军队事务的政治局候补委员莫查尔、负责党内事务的斯柴莱茨基和国防部长雅鲁泽尔斯基等。会议过程中又传来了罢工已扩展到格但斯克附近的格丁尼亚和索波特，而且发生了伤亡事件。哥穆尔卡决定对工人使用武力。他责成西伦凯维兹将决定转达给国防部副部长科尔钦斯基将军。在 12 月 15 日格但斯克的冲突中，有 6 人死亡，300 多人受伤，省委大楼被烧毁，54 家商店被抢劫，19 辆汽车被毁坏。12 月 16 至 18 日，在格丁尼亚、什切青、埃尔布拉格等城市相继发生人员伤亡。什切青受到的损失更加严重。动乱继续到12月22日。

在十二月事件中，有44人死亡，受伤的有1164人。有19座公共建筑物被烧毁，220家商店遭哄抢。按当时价格计算，在格但斯克沿海地区损失达1.05亿兹罗提，在什切青损失达3亿兹罗提。

12月19日，哥穆尔卡因精神紧张，患了重病，被送进医院。他向西伦凯维兹和克利什科宣布辞去第一书记的职务。政治局在西伦凯维兹主持下开会，决定免去哥穆尔卡第一书记和政治局委员职务，决定解除雅什楚克、克利什科、斯彼哈尔斯基和斯柴莱茨基政治局委员职务。政治局还建议。由盖莱克任第一书记，选举雅罗谢维奇为政治局委员并提名他为部长会议主席。

12月20日，波兰统一工人党举行五届七中全会，选举盖莱克为党中央第一书记，通过了政治局建议的人事变动。新当选的政治局委员有彼·雅罗谢维奇、爱·巴比乌赫、斯·奥尔绍夫斯基、米·莫查尔等。12月23日，第五届议会接受斯彼哈尔斯基辞去国务委员会主席的请求，选举西伦凯维兹为国务委员会主席，任命雅罗谢维奇为部长会议主席。这样结束了持续14年的“哥穆尔卡时期”(1956—1970)，开始了为期10年的“盖莱克时期”(1971—1980)。

第十八章

波兰人民共和国

(1971—1989)

第一节 波兰统一工人党第六次代表大会和第六届议会的选举

波兰统一工人党第六次代表大会和党的新方针

1970年十二月事件是人民波兰发展的又一个转折点。在五届七中全会上,组成了新的领导班子。党中央第一书记爱·盖莱克生于1913年,矿工出身,在法国和比利时工作过。1931年加入法国共产党。战争时期,参加过比利时的抵抗运动。战后,他回到波兰,先在中央委员会工作,后来担任卡托维兹省委第一书记,经常深入群众,同工人促膝谈心,在西里西亚煤矿工人中享有盛誉。他深知波兰生活水平的低下,对于工人阶级要求改善生活的愿望非常同情和支持。

爱德华·盖莱克

新总理彼·雅罗谢维奇，曾经是在苏联组建的波兰军队的将军，经历了从列宁诺战役到柏林战役的全部过程。战后，长期在西伦凯维兹政府中担任副总理，主管经济工作。新的领导班子逐渐形成新方针和新的工作作风。盖莱克和雅罗谢维奇以及领导班子的其他成员亲自来到格但斯克和什切青等地，同工人们会见，听取他们的意见，请工人阶级支持领导班子，使国家摆脱危机。盖莱克向工人们说："请你们帮帮忙！"工人们答应说："我们帮忙！"

经过与150个最大的工厂职工的协商，政府撤销了1970年12月12日关于提高食品价格的决定。1971年1月9日，政府决定冻结食品价格两年（到1972年底），并拨款86亿兹罗提，以改善工资最低和多子女家庭的物质生活条件，提高养老金和退休金的最低标准。政府还通过了扩大住宅建筑的决议。政府的新方针受到了工人群众的拥护和支持。

1971年2月6至7日，波兰统一工人党召开五届八中全会。这次全会对十二月危机的原因进行了分析，决定提前一年召开第六次代表大会。全会撤销了哥穆尔卡的中央委员的职务，把克利什科、雅什楚克开除出中央委员会，接受洛加—索文斯基辞去政治局委员、科乔韦克辞去政治局委员兼书记处书记职务的要求。这样，前领导班子的主要成员全部离开党的领导岗位。

八中全会认为波兰已完成了工业革命，应当转向科学和技术革命。盖莱克指出："长期战略的总方针应该是我国国民经济的现代化和走上科学技术革命的道路"。[①] 全会决定，成立一个专家小组，负责制定经济体制改革的方案。这个小组称为国家和经济活

① 波兰《新路》月刊1971年5月专刊。

动现代化党政委员会。这个委员会进行了许多规划工作，以便实行重要的体制改革。但是不久，委员会的工作受到限制，实际上是中断了。关于体制改革只剩下一个不明确的口号：党实行领导，政府实行管理。这个口号在党政分工和加强雅罗谢维奇总理领导经济和政府的地位中起了积极作用。

波兰统一工人党第六次代表大会于 1971 年 12 月 6 至 11 日在华沙召开。这次代表大会制定了社会主义建设进一步发展的纲领，规定了第四个五年计划(1971—1975)的主要指标。在这个五年计划期间，国民收入将增长 38％至 39％，即从 1970 年的7560亿兹罗提增加到 1975 年的 10450 亿兹罗提，工业生产将增长 48％至 50％，农业生产将增长 18％至 21％，实际工资将增长 17％至 18％，对工业的投资将增长 53％，达 14000 亿兹罗提，其中消费品工业的投资几乎增加一倍，就业人数将增加 200 万。

第六次代表大会制定的发展纲领是一个高投资、高速度、高消费的方针。代表大会认为，70 年代将是波兰经济发展的决定性年代，在科学技术革命的基础上，可以发挥有科学文化知识的年青一代的能力，使波兰经济达到发达资本主义国家(法国、英国和联邦德国)的水平。但是，投资所需要的巨额资金在相当程度上是依靠资本主义国家的短期和长期贷款。由于东西方和解，世界市场出现了有利的行情，波兰领导人有可能毫无顾忌地向世界敞开大门，并从西方得到巨额贷款。一旦世界市场的行情发生变化，而波兰又缺乏偿付能力，上述发展纲领就将无法实现。

第六次代表大会对于发展社会主义民主、提高议会和人民会议的作用、加强波兰统一工人党同统一农民党和民主党的团结合作给予很大注意。

第六次代表大会选举了新的中央委员会，有50%中央委员是新当选的。六届一中全会选举了由11名委员和4名候补委员组成的政治局。政治局委员是：爱·巴比乌赫、爱·盖莱克、亨·雅布翁斯基、米·雅盖尔斯基、彼·雅罗谢维奇、沃·雅鲁泽尔斯基、瓦·克鲁契克、斯·奥尔绍夫斯基、弗·什拉赫齐茨、杨·什德拉克、约·泰伊赫马。爱·盖莱克当选为党中央第一书记。

第六届议会的选举

1972年3月19日，举行了第六届议会的选举。有97.94%的选民参加了选举。由波兰统一工人党、统一农民党和民主党组成的民族统一阵线的候选人获得99.53%的选票。在460名议员中，波兰统一工人党占255名，统一农民党占117名，民主党占39名，无党派人士占49名。在第六届议会第一次会议上，选举统一农民党主席斯·古茨瓦为议会议长，选举华沙大学历史系教授、波兰统一工人党中央政治局委员亨·雅布翁斯基为国务委员会主席，任命彼·雅罗谢维奇为部长会议主席。被任命为部长会议副主席的有米·雅盖尔斯基(波兰统一工人党)、约·泰伊赫马(波兰统一工人党)、兹·托马尔(统一农民党)、杨·米特伦加(波兰统一工人党)。议会还通过了第四个五年计划(1971—1975)草案。

第二节　1971—1980年经济和政治的变化

新方针的成就

在1971—1975年间，政府采取了一系列旨在提高人民生活水平的措施。在1972—1973年，政府取消了农民的一切义务交售，提高了农产品的收购价格，一切通过合同进行收购。从1974年起,全部农村居民获得公费医疗的待遇。由于有数百万职工提高了工资,职工的平均月工资在 1972 年底达到 2500 兹罗提。1972 年 10 月,根据波兰统一工人党中央政治局的建议,政府决定把冻结食品价格的期限延长到 1973 年底。从 1972 年 5 月 1 日起,中小学教师的工资有很大提高,并且增加了许多社会福利。从 1973 年起,政府提高了大学生的助学金。1971—1973 年,居民的总收入增加了 2500 亿兹罗提,1973 年的实际工资比 1970 年增长了 24%,大大超过了五年计划规定的指标。到 1973 年底,有 640 万职工(占全体职工的 2/3)提高了工资。劳动人民的生活水平有了显著的提高。在这五年里,共建筑了 1125000 套居民住宅。住宅质量大大高于 60 年代。普遍有了现代化的家用电器设备和现代化的生活用具。越来越多的家庭有了小汽车。

第四个五年计划由于工人阶级和全体人民的忘我劳动而超额完成了:国民收入增长了 62%,工业生产增长了 73%,农业生产增长了 22%,对外贸易增长一倍以上,劳动生产率也大大提高。国民经济发展的速度大大高于以往三个五年计划所取得的发展速度。投资总额也超过了原定计划,达到 19000 亿兹罗提,几乎等于上个五年的两倍。1973 年,波兰工业生产为 1938 年的 20 倍。1975 年,煤产量达到 17200 万吨,钢产量达到 1500 万吨,电力产量达到 972 亿千瓦。在第四个五年计划期间,波兰人口达到3500万,就业人数达到 1100 万,按人口平均的年国民收入达到 3000 美元。肉、牛奶、鸡蛋的消费量都达到历史上最高的水平。1975 年,人均肉和肉制品的消费量为 78.4 公斤,牛奶的消费量为 272 公斤,鸡蛋的消费量为 12 公斤,糖的消费量为 43 公斤,蔬菜的消费量为 94 公斤。波兰人民的消费水平大大地接近了发达资本主义国家的消费水平。

在这五年里，波兰完成了行政区域的改革，由原来 17 个省增加到 49 个省，取消了县和区，建立了乡。改革的目的是促进行政管理现代化，密切中央与地方的联系，发挥地方在社会主义建设中的积极性，更好地动员全国人民参加社会主义建设。决定取消县是鉴于县是官僚主义者的安乐窝，既逃避自下而上的监督，又逃避自上而下的监督。同时，还进行了具有重大意义的干部制度的改革，取消了省人民会议主席团，恢复了过去曾经设立过的省长职位。现在省长成为省里第一号的行政首长。这样做符合波兰人民对历史传统的爱好。乡长成为基层行政单位的首长。行政区域改革后，乡的作用将大大加强。

这次行政区域的改革是人民波兰历史上的一件大事，但是没有在群众中进行充分的酝酿和讨论，有些草率从事，引起了一系列混乱。改革耗费巨资，影响了居民住房的建筑和其他福利事业的进展。改革还引起了行政人员的激增，增加了国家的财政负担，这是始料所不及的。

新方针的失败和 1976 年 6 月事件

到了 70 年代中期，波兰又面临着新的困难。这时，世界上出现了经济危机将要到来的征兆，这表现为通货膨胀加剧、石油涨价和关闭某些市场等。这一切都深深地影响到波兰的经济。西方国家实行关税保护政策，限制波兰商品的进口。而波兰商品质量的低下又无法在西方市场进行竞争，许多商品被迫运回国内按低价在国内销售。国际收支状况日益恶化。波兰的外债已达 170 亿美元。波兰已没有偿付外债的能力。国内的状况也越来越坏。70 年代最初三年风调雨顺，农业丰收。从 1974 年起，连年干旱、水灾

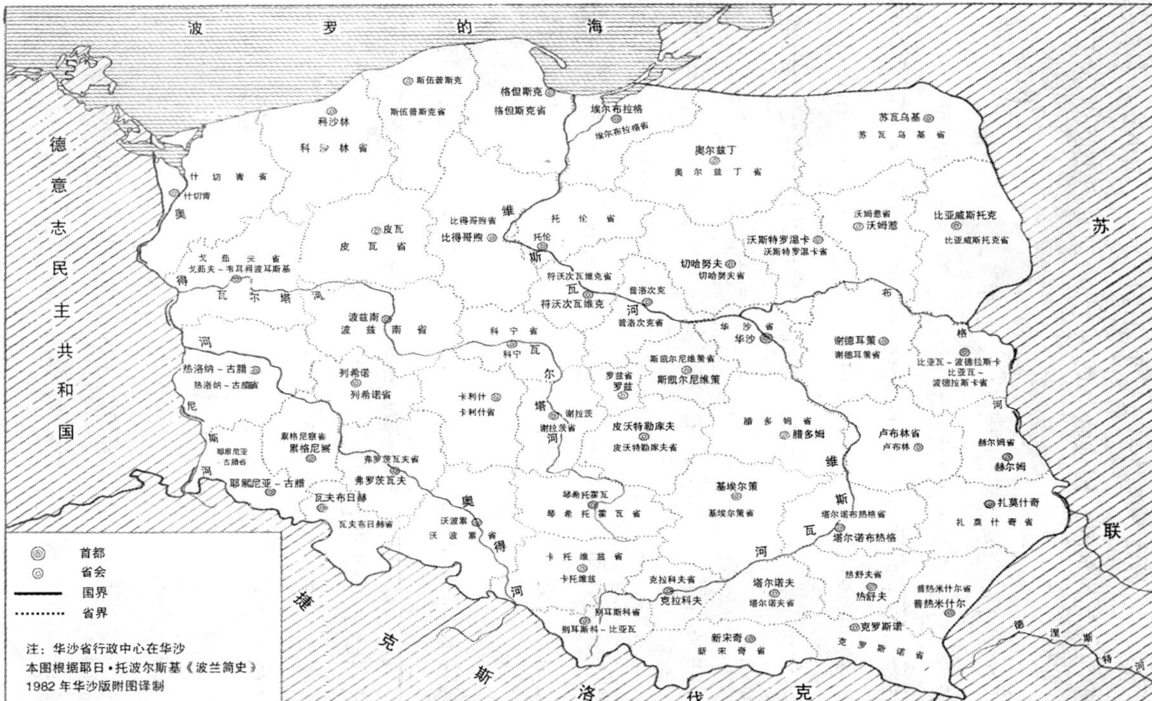

波兰人民共和国行政区图

和严寒，农业歉收。波兰年复一年地进口近千万吨小麦，同时还需要进口大量的饲料。国内食品的供应，特别是肉类的供应又趋紧张。

在这样的形势下，继续贯彻六大的新方针就很困难了。早在1972年底，就有人提出“我们跑得太快了！”头脑清醒的政治家和经济学家要求削减投资、降低消费，以避免新的经济危机的发生。但是这种理智的意见却遭到漠视。以盖莱克为首的新领导已经为第四个五年计划的胜利而陶醉，他们决定继续执行既定方针，绝不后退。

1975年12月8至12日，波兰统一工人党在华沙召开了第七次代表大会。盖莱克作了题为《为社会主义建设的进一步高速度发展——为劳动人民生活水平的进一步提高而奋斗》的报告。报告提出了第五个五年计划(1976—1980)的指标。他要求在新的五年里，把投资额增加7000亿至7400亿兹罗提，比1971到1975年期间增长37%到40%。1976至1980年期间，实际工资将增加16%至18%，同上一个五年计划的指标相近。到1980年，平均每人的肉类消费量将达79至81公斤，鱼类消费量将增加到10公斤。为了达到上述消费标准，农业生产将增长15%至16%。农业生产的首要任务是发展畜牧业生产，使这一生产增长16%至18%。到1980年，牛的存栏数应达1500万头，生猪2350万头。在1976至1980年的计划中，将为居民提供1525000套住宅，比上一个五年计划增加40万套。1980年工业产值将增长48%至50%，国民收入将增长40%至42%。[①] 1976年12月17日，议会

---

① 波兰《新路》月刊，1976年第1期。

通过了第五个五年计划。

1976年初，经济形势日趋恶化。在基本食品涨价逐年推迟的情况下，工资不断增长便增加了对市场食品，尤其是对肉类供应的压力，以至达到不能控制的程度，而农业的连年歉收，更促成了市场形势的恶化。与此同时，政府以行政手段，取消了许多小型公有工业，更使居民感到日用品的不足。商店门前的排队现象达到“更高的水平”。人们不只排队买肉、鱼和各种食品，而且也买自动洗衣机、高级电冰箱、家用电器设备以及锁、叉、皮鞋油、牙膏、草纸等日常用品。华沙等大城市的供应情况已经不好，人们流露出的埋怨情绪到处可见。中小城市的供应情况更坏，那里的居民更感到委屈，好像自己是“二等公民”。

1976年6月，政府认识到用对农产品的巨额补贴来维持目前的价格已经无法继续下去，必须提高肉类和其他食品的价格。也就是说，采用六年前哥穆尔卡时期的做法，而这种做法却引起了波罗的海沿海地区的动乱，导致了哥穆尔卡的下台。但不这样做又有什么办法呢？在波兰统一工人党和政府领导多次讨论以后，决定提高食品价格。彼·雅罗谢维奇总理决定采取一次性大涨价的方案，把肉、肉制品和鱼的价格提高69%，把黄油的价格提高60%，把糖的价格提高1倍。6月24日，雅罗谢维奇在议会上作了从6月26日起提高食品价格的报告。对于因提价造成的损失，政府给予补贴。但补贴的办法却使人失望。它按工资的多寡确定递增的百分比，工资越高补贴越多，工资越低补贴越少。

当议会通过涨价的方案后，在群众中立即掀起了强大的抗议运动。

在腊多姆市，瓦尔泰尔机械厂的工人从6月25日晨8时开始罢工,随后2000名工人走上街头,号召其他工厂的工人参加示威游行。10时,2000群众来到省委大楼,要求省委书记向中央转达撤销涨价的要求。省委书记随即用电话向中央委员会书记杨·什德拉克汇报并许诺在下午2时答复。下午,游行群众与警察发生冲突,省委大楼被烧。在冲突中有2人死亡。

同一天,华沙郊区“乌尔苏斯”拖拉机厂工人举行罢工,走上街头,要求撤销涨价的决定。上午9时半,2000群众拦截近郊火车,使列车停止运行,发生了毁坏车厢事件。傍晚,群众与警察发生冲突,多人受伤。

在普沃次克—玛佐维茨基石油冶炼和化工厂的300工人在上午10时举行集会,要求撤销涨价决定。下午4时20分,200多群众走向市区并向党委大楼出发。5时许,省委书记接见了群众并表示向中央反映群众的要求。在这里没有发生伤亡事故。

为了避免事态的扩大,波兰统一工人党和政府决定撤销涨价的决定。25日晚8时,部长会议主席雅罗谢维奇通过电视向全国人民宣布了政府关于撤销提高食品价格的决定。全国恢复了秩序。但是群众不知道撤销涨价会维持多久,市场上立即出现了一股抢购风,人心惶惶,一片混乱。政府决定从7月份开始实行凭票供应制度。

1976年六月事件以后,波兰的政治状况更加复杂。1976年9月17日,反对派库龙、米赫尼克等建立了“保卫工人委员会”,公开进行反对波兰统一工人党和政府的活动。参加保卫工人委员会的还有许多知名的作家、艺术家和经济学家。

70年代末,国家和教会的关系也复杂化了。波兰绝大多数公民信仰天主教,农村多数党员是天主教徒,天主教会的影响很大。

建立正常的国家同天主教会的关系，对于稳定全国政治具有重要意义。1978 年 10 月 16 日，前克拉科夫主教卡罗尔·沃伊蒂瓦被选为罗马天主教教皇，改名为约翰·保罗二世。这件事轰动了波兰，大大提高了天主教会的地位。1979 年 6 月 2 至 10 日，约翰—保罗二世访问他的祖国——波兰。教皇在访问华沙时，同盖莱克举行了会见。教皇所到之处——华沙、克拉科夫、琴希托霍瓦等地，人们像潮水般地淹没了街道、广场和路边的空地，盛况空前。教皇要求波兰天主教徒热爱祖国，拥护政府，也希望政府尊重波兰公民的信仰和其他权利。教皇的访问使天主教会的威信提高到空前未有的程度，而波兰统一工人党和政府的威信却大大降低了。

波兰统一工人党第八次代表大会

盖莱克没有从 1976 年六月事件中得出有益的结论，无视国民经济中存在的严重问题和人民群众中滋长的不满情绪，却作出了进行大规模宣传运动的决定。按照爱·巴比乌赫的说法，这一运动要“把昨天的事件改变成为对第一书记、对党、对中央委员会、对政府和部长会议主席的支持”。各省举行大规模的群众大会，打着“盖莱克同志，我们与您在一起”的口号，同时谴责腊多姆和乌尔苏斯的事件是流氓闹事。与此同时，宣传机器——报纸、电台和电视，宣传 70 年代的成就，诸如：我们的国家越来越富裕，人民的生活条件越来越好，等等。但是有一个经常宣传的口号：“建设第二个波兰”，却不再出现了。为了争取群众，大量发展党员，波兰统一工人党第八次代表大会（1980 年 2 月）前夕，党员人数达到 310 万。

上述做法没有起到预期的作用。因为市场形势越来越糟，商品匮乏的现象更加严重。出现了投机倒把和黑市市场。干部贪污和行贿受贿等现象不断被揭露。工资制度混乱和不合理使人们难以忍受。一个20岁的青年工人每月能挣到15000兹罗提,而同一工厂的工程师只能拿到他的一半。医学院毕业的医生的起点工资却只有3000兹罗提。根据1976年的材料,约有100万人因为工资过低而需要经常的国家补助。由于农民享受免费医疗,而医院和医生却没有相应增加,许多病人无法住院治疗,有些重病人死在医院的走廊里。药品的短缺也越来越严重。住房状况的改善是宣传工作的重要内容。但是住房问题也很严重。年轻夫妇结婚申请住房要等10年,甚至要等15年。约有64%的年轻夫妇没有自己的住房。少数有幸而得到住房者又因没有托儿所、幼儿园而焦躁不安。波兰工人阶级人数多、文化水平高,对政府的要求也高。他们认为工会是站在"政府一边的",是"政府的工具"。他们要求直接与政府对话,切实地解决面临的经济问题。

波兰统一工人党第八次代表大会于1980年2月11至15日在华沙召开。这次代表大会的主要任务是制定1981到1985年的经济发展计划。盖莱克代表中央政治局作了题为《为社会主义波兰的进一步发展,为波兰人民的幸福而奋斗,1981至1985年国家社会经济发展的主要设想》的报告。代表大会批准了这个报告。盖莱克的报告没有对七大(1975年12月)以后的一段时期内日益增长的灾难性的经济困难进行分析,而从整个10年的平均数字来加以掩饰,并且提出今后5年发展的各项指标。他的报告表明党的领导对形势的严重性估计不足,而且表明缺乏自我批评的勇气。盖莱克在报告中提出了治理维斯瓦河的规划。这个规划要解决贯穿全国的最大河流流域的基础设施、水利工程、运输和环境保护等方面的问题。他还提出了建立新的经济管理体制的主张。这个体制将确定体现价格的作用。这是一个急待解决的问题。不改变价格制度,波兰的一切改革都无从着手。但是如何实行改革,这是盖莱克面临的一大难题。

第八次代表大会选举了新的中央委员会。八届一中全会选举了政治局。盖莱克继续当选为党中央第一书记。雅罗谢维奇离开了政治局。在1980年4月举行的第八届议会上,雅罗谢维奇辞去了部长会议主席的职务。议会任命巴比乌赫为部长会议主席。盖莱克企图通过更换部长会议主席的办法来缓和群众的不满。离开政治局的还有奥尔绍夫斯基。新的政治局除盖莱克外,还有:爱・巴比乌赫、兹・格鲁津、亨・雅布翁斯基、米・雅盖尔斯基、沃・雅鲁泽尔斯基、斯・卡尼亚、阿・卡尔科什卡、爱・科瓦尔奇克、瓦・克鲁契克、耶・乌卡谢维奇、杨・什德拉克、安・维尔布兰、卡・弗热什奇克。在1980年4月2日举行的第八届议会第一次会议上,雅布翁斯基重新当选为国务委员会主席。

第三节 1980年危机

危机的爆发

新政府总理巴比乌赫进行了一系列人事调整,撤换了几百名不称职的干部和企业经理。1980年7月,政府认为不能继续冻结肉类和其他食品的价格,国家不能继续用大量补贴维持现有价格,决定用议价的办法提高肉类和其他食品的价格。

政府的决定立即引起了工人的抗议运动。卢布林省什维德尼克的工人最先举行罢工。接着,华沙"乌尔苏斯"拖拉机厂的工人、华沙"热兰"汽车厂的工人、西里西亚的矿工和罗兹的纺织工人相继举行罢工。8月14日,罢工运动波及格但斯克、格丁尼亚、索波特;随后又扩大到什切青。巴比乌赫呼吁工人体谅政府的困难,许诺给工人增加工资,但是没有得到工人的响应。这次罢工运动没有发生骚乱和冲突。工人没有走上街头,而是成立了罢工委员会,同政府进行谈判。

8月24日,波兰统一工人党举行八届四中全会,免除了爱·巴比乌赫和耶·乌卡谢维奇的政治局委员职务,选举斯·奥尔绍夫斯基和约·平科夫斯基为政治局委员。同一天,国务委员会解除了巴比乌赫的部长会议主席职务,任命平科夫斯基为部长会议主席。8月26日,工会也进行了改组,杨·什德拉克辞去工会中央理事会主席职务,由中央候补委员、冶金工人罗·杨科夫斯基接任。

8月30日,以副总理卡·巴尔齐科夫斯基为首的政府代表团同以马·尤尔奇克为首的什切青罢工委员会经过谈判签订了协议。8月31日,以副总理米·雅盖尔斯基为首的政府代表团同以莱·瓦文萨为首的三联城(格但斯克、格丁尼亚和索波特)罢工委员会签订了协议。9月3日,以副总理亚·科佩奇为首的政府委员会同西里西亚雅斯特任比罢工委员会的代表签订了协议。协议的主要内容如下:政府承认新的工会组织——独立自治"团结"工会(简称"团结"工会)为独立的工会,不受党和政府的领导,罢工工人承认波兰统一工人党在国家中的领导地位,尊重波兰人民共和国宪法;保证罢工的权利以及罢工者和援助罢工者的人身安全;尊重宪法所保证的言论自由、报刊和出版自由,不禁止独立办报,使宣传工具为持各种信仰的人士所共有。

1980年9月5至6日,波兰统一工人党举行八届六中全会,解除了爱德华·盖莱克第一书记和政治局委员的职务，选举斯塔尼斯瓦夫·卡尼亚为第一书记，选举卡·巴尔齐科夫斯基、安·扎宾斯基为政治局委员。

党和政府领导成员的频繁更迭和政府同工人之间协议的签订，没有能阻止1980年危机的发展。1980年危机成为人民波兰最大的经济和政治危机。

“团结”工会

“团结”工会在1980年8月成立后，很快在全国各行业中建立了自己的组织，成为全国最大的工会组织。它在格但斯克建立了全国委员会，莱赫·瓦文萨被选为全国委员会主席。他是格但斯克列宁造船厂的电工，在1970年12月的罢工运动中成为中心人物，很快成为罢工工人的领袖。

“团结”工会的宗旨是维护工人阶级的利益，监督政府的工作，消除社会弊端，实行工人自治和地方自治。当时工人们谈论得多的是工资问题。除了通货膨胀、兹罗提贬值外，工人们感到不满的是工资差别悬殊，最高工资比最低工资高11倍。这是连反对平均主义的经济学家都无法接受的。他们认为社会上能够接受的高低工资之间的差别应该最高不超过5倍。但波兰最低工资为2000兹罗提，中等水平的工资，教师为4590兹罗提，工人为3500至7000兹罗提，工程师为6900兹罗提，医生为8000兹罗提，而一些大企业的经理和高级官员的工资为28000至3万兹罗提。

更加激起工人愤怒的是高级官员的贪污。华沙流行着各种小报，小报揭露广播电视委员会主席、波兰统一工人党中央委员、议员马·什切潘斯基拥有巨额财富、私人快艇、7辆小轿车、住宅和别墅，并在国外购置私人财产。小报要求对这一情况进行追究。

后来，这个事情被证实了。什切潘斯基被开除出中央委员会、被开除出党、被剥夺议员资格。检察院对他提出公诉。他被判处多年徒刑。被揭露的还有外贸部官员行贿受贿、积聚财富的丑事。

到 1980 年底，波兰的外债达到 230 亿美元。波兰的经济走向崩溃。人们对波兰统一工人党和政府的领导感到失望，纷纷加入“团结”工会。除了军队、警察和政府机关外，农村、学校都建立了“团结”工会组织。参加“团结”工会的有将近 1/3(100 万)的波兰统一工人党党员和相当数量的中央委员。“团结”工会成为全国最大的群众团体，会员人数达 1000 万。

“团结”工会的成员极其复杂，有着各种不同的政治主张，分为温和派和激进派。保卫工人委员会的领导人成为“团结”工会的顾问。“团结”工会的领导班子大多由缺乏政治经验的青年工人组成，偏激情绪很强，逐渐走上同波兰统一工人党和政府对抗的道路。

1981 年 2 月 11 日，约瑟夫·平科夫斯基辞去了部长会议主席职务，议会任命沃依切赫·雅鲁泽尔斯基为部长会议主席。他还继续担任国防部长职务。新总理向全国人民发出号召，要求保持 3 个月 90 天的和平工作日，以便政府在这段时间里做好食品供应、增加短缺药品的生产、整顿投资、增加出口、支援农村等工作。政府建立了同“团结”工会合作的专门委员会。政府认为多生产煤、多出口煤是减轻经济危机的必要手段，号召矿工在自愿的基础上在星期六继续工作(波兰每周工作五天，星期六、星期日是休息日)。但是这个计划被“团结”工会中的某些人破坏了。90 天的和平工作日也被“团结”工会发动的罢工破坏了。政府和“团结”工会之间的裂痕越来越深。波兰进入了一个异乎寻常的艰难时期。

波兰统一工人党第九次非常代表大会

1981年7月14至20日，波兰统一工人党在华沙召开第九次非常代表大会，对面临的危机进行了分析并提出了克服危机的方针。党中央第一书记斯·卡尼亚在工作报告中指出："造成目前社会经济危机的主要原因是70年代深化了的生产力的巨大发展同一成不变的国民经济管理领导体制以及整个社会生活之间的矛盾"。他认为1980年危机同以往几次危机的区别在于，"冲突的范围异常之广，罢工持续时间长"。"危机的广度和深度是由70年代所采取的经济政策、社会政策和决定中的许多错误主张造成的结果。首先应该列举的是波兰欠资本主义国家的债务大大超过了可允许的一切界限。所借的贷款未能有效地加以利用。投资过度增长，国民收入下降，贷款却又必须偿还，这就造成了范围甚广的不协调。国民经济深刻的不平衡状态，导致出现了广泛的通货膨胀现象。农业政策中的错误对形势起了非常根本性的作用，造成食品的严重不足"。卡尼亚认为危机的政治原因是"党的领导同工人阶级之间的联系遭到削弱和破坏"，"党，首先是党的中央委员会、政治局在行使职能时不民主，结果影响到国家职能中的许多领域"。[①] 他重申为继续实现1980年8、9月协议而努力，认为这是摆脱危机的基本条件之一。他提出了革新和协商的路线，认为这是摆脱危机的根本途径，而革新路线的实质是恢复社会对党和人民政权的信任。

代表大会通过了《发展社会主义民主、加强波兰统一工人党在社会主义建设和稳定国家社会经济中的领导作用的纲领》。鉴于

① 波兰《新路》月刊，1980年第8期。

1982年是波兰第一个无产阶级政党——“无产阶级党”诞生一百周年，代表大会通过了关于纪念波兰工人运动一百周年的决议。

代表大会选举了由200人组成的中央委员会，绝大部分中央委员是新当选的，只有16人是上届中央委员。九届一中全会选举了由14名委员和2名候补委员组成的政治局。斯·卡尼亚当选为党中央第一书记。在政治局委员中有卡·巴尔齐科夫斯基、沃·雅鲁泽尔斯基、斯·卡尼亚、斯·奥尔绍夫斯基、亨·雅布翁斯基。

代表大会把犯有严重错误和对这次危机负有严重责任的爱·盖莱克、彼·雅罗谢维奇、爱·巴比乌赫、杨·什德拉克、耶·乌卡谢维奇等开除出党。

协商路线的失败

波兰统一工人党第九次非常代表大会提出的协商路线遭到“团结”工会极端分子的抵制。从1981年8月6日开始的政府同“团结”工会领导人关于停止抵制和恢复公共秩序的谈判中断了。罢工浪潮此伏彼起。在腊多姆、罗兹、皮沃特勒库夫、弗罗茨瓦夫、热洛纳—古腊，都发生了罢工。在华沙，议长街和耶路撒冷大街之间的拐角处被封锁三天，那里是波兰统一工人党中央委员会的所在地。“团结”工会的领导人在保卫工人委员会顾问的策划下，违背了工会的宗旨，逐渐把“团结”工会变为反政府的组织。

1981年9月5至10日和9月26日至10月7日，“团结”工会在格但斯克举行了第一次代表大会，通过了一个文件，提出了建立“自治的波兰”的主张。文件还提出了经济改革的方案，主张建立一个高于一切的“国民经济社会委员会”。这个文件的核心思想是反对波兰统一工人党的领导和反对社会主义。“团结”工会第一次代表大会呼吁东欧社会主义国家的工人在自己的国家建立类似“团结”工会的工会组织。莱赫·瓦文萨在这次代表大会上当选为“团结”工会全国委员会主席。

“团结”工会第一次代表大会以后，国内形势进一步恶化。罢工浪潮越演越烈。整个国家生活完全瘫痪，生产秩序被打乱，交通运输经常中断，经济濒临崩溃的边缘。“团结”工会的极端分子发出了夺权的信号。

在社会冲突迅速加剧的气氛下，波兰统一工人党举行了九届四中全会(1981年10月16至18日)。斯·卡尼亚辞去了党中央第一书记的职务。四中全会选举沃·雅鲁泽尔斯基为党中央第一书记。许多中央委员批评党中央领导软弱无力，纵容反社会主义势力，使党的各级组织瘫痪。有的发言指出：大批诚实的党员不仅失去了对党的领导的信任，而且对阻止党和国家瓦解的过程完全失去信心；因此，许多党员纷纷交出党证，离开了党。有的中央委员发出了“拯救波兰”的呼吁，要求党中央领导立即采取果断措施，制止控制着“团结”工会领导的敌对分子和冒险分子的活动，因为他们的活动使一切旨在阻止国家瓦解、使国家生活正常化和改善社会状况的措施无效。

沃伊切赫·雅鲁泽尔斯基

波兰统一工人党同统一农民党和民主党以及天主教会共同寻找摆脱危机的出路。在国家混乱、人民遭受苦难的日子里，天主教会害怕混乱状态会引起外国军队的入侵，表现出一定的民族和解精神。红衣主教斯·维辛斯基不断向教徒宣讲约翰—保罗二世的手谕，希望教徒在极其困难的时期，需要保持和平、镇静、谨慎和对整个波兰民族的责任感。维辛斯基在1981年5月26日逝世后，约·格莱姆普继任红衣主教职务。10月21日、11月4日，波兰统一工人党中央第一书记、政府总理沃·雅鲁泽尔斯基两次会晤红衣主教约·格莱姆普，就摆脱危机和建立民族协商阵线问题取得了一致意见。但是，波兰统一工人党、统一农民党、民主党和天主教会一致同意的民族协商阵线的方案却被“团结”工会拒绝了。波兰统一工人党第九次非常代表大会制定的协商路线失败了。12月11至12日，“团结”工会领导人在格但斯克开会决定在1970年十二月事件周年纪念日在格但斯克和华沙发动更大的游行示威，迫使波兰统一工人党中央和政府采取非常措施。

波兰进入战时状态

1981年12月13日，国务委员会根据波兰人民共和国宪法第33条，宣布全波兰从当日起进入战时状态。同一天，根据国务委员会的法令，成立了以沃·雅鲁泽尔斯基大将为首的救国军事委员会。

雅鲁泽尔斯基向全国人民发表了广播讲话，阐明了波兰进入战时状态的必要性和迫切性。他首先说：“我们的祖国已经处于深渊的边缘。数代人的成就和从废墟上建立起来的波兰家园正在遭到毁灭。国家机构正在停止活动。正在萎缩的经济，每天都要经受新的打击。生活条件使人民感到负担日益沉重。……过去的几个月是政府辛勤工作的时期，是同巨大困难搏斗的时期。遗憾的是，国民经济被变成了政治斗争的舞台。对政府活动的敌意破坏致使政府行动的效果同作出的努力和我们的愿望不相符合。……民族大协商的倡议赢得了千百万波兰人的支持。这一倡议为巩固人民政权和扩大改革范围创造了可能性。目前，这种希望已成泡影。……在这种形势下，无所作为对人民来说就是犯罪。……必须防止和阻止'团结'工会领导人公开宣告对抗的道路。正是在今天，当人们熟悉的为纪念十二月事件周年日举行大规模政治示威，包括在华沙市中心举行示威的日期临近的时候，我们必须宣告：那一悲剧不能重演。不允许，我们也无权允许预言要举行的示威变为燃成全国熊熊大火的火花。人民自卫的本能必须起作用。必须在冒险主义分子将祖国推进兄弟残杀的深渊之前就束缚住他们的手脚。"①

雅鲁泽尔斯基认为宣布波兰进入战时状态是避免内战，防止外国武装干涉，使国家摆脱危机和免于崩溃的唯一道路。

他宣布已经拘留了"团结"工会的领导人和其他非法组织的极端分子，还拘留了对在70年代导致国家深刻危机负有责任或以权谋私的几十个人。其中有：爱·盖莱克、彼·雅罗谢维奇、兹格鲁津、耶·乌卡谢维奇、杨·什德拉克、塔·弗热什奇克。全国约有数千人被拘捕。

雅鲁泽尔斯基重申波苏同盟是波兰外交政策的基础，波兰仍然是华沙条约国的成员国，是社会主义大家庭的一员。

国务委员会关于宣布全国进入战时状态的法令颁布后，军队进驻工厂、矿山、企业。全国局势基本稳定，只在西里西亚"武耶克"煤矿有9人被枪杀。1981年12月16和17日，在格但斯克发

① 波兰《人民论坛报》，1981年12月14日。

生工人骚动，有196人受伤。12月20日以后，全国形势逐渐走向稳定，生产和经济生活逐渐恢复正常。由于实行战时状态，西方国家对波兰施加经济压力，取消了一切贷款，使生产和市场销售进一步下降。1982年的国民收入比1981年低。政府从苏联得到原料、商品和贷款，在一定程度上减轻了经济困难。

1983年5月，根据波兰统一工人党的倡议，成立了民族复兴爱国运动。著名作家杨·多布拉琴斯基当选为民族复兴爱国运动全国委员全主席。民族复兴爱国运动的成立，使波兰统一工人党民族协商路线受到新的考验。

经过19个月的战时状态，波兰的局势已经稳定，国务委员会主席亨·雅布翁斯基在1983年7月20日举行的议会上宣布，从1983年7月22日起在波兰全境取消战时状态，同时宣布对1000人实行大赦，允许所有离开波兰的公民返回祖国。

人民波兰的最后岁月

取消战时状态以后，雅鲁泽尔斯基政府致力于恢复经济的工作，从1983年起执行恢复经济的三年计划。在1983—1985年的3年里，经济持续增长，国民收入逐步提高。1985年底，工业生产恢复到1980年危机前的水平，但是国民收入和人民生活水平还没有恢复到70年代中期的水平。国家基本上保证了凭票定量的商品供应。

1985年10月13日，波兰举行了第九届议会的选举。在2600万选民中有2000万选民参加了选举，占78.86%。选民的投票率是1947年以来最低的。被取缔的“团结”工会呼吁抵制选举。这次选举表明，波兰大多数选民是赞同波兰统一工人党和政府的民族协商和振兴经济的纲领的。在新选出的460名议员中，上届议员仅占这届议员的20%(87名)。波兰统一工人党245名，占53%，统一农民党106名，占23%，民主党35名，占8%，无党派人士75名，占16%。这届议员的年龄比以往各届年轻。30岁以下的15名，30至39岁的85名，40至49岁的152名，50至59岁的141名，60至69岁的55名，70岁以上的只有12名。

1985年11月6日，第九届议会第一次会议选举统一农民党最高委员会主席罗·马利诺夫斯基为议会议长。根据民族复兴爱国运动全国委员会主席杨·多布拉琴斯基的推荐，波兰统一工人党中央第一书记沃·雅鲁泽尔斯基当选为国务委员会主席。根据沃·雅鲁泽尔斯基的推荐，波兰统一工人党中央政治局委员、经济学教授兹·梅斯内尔被任命为部长会议主席。新组成的部长会议有两个特点：部长会议主席和五名副主席全部是经济专家；他们的平均年龄为49.8岁，最年轻的43岁，年龄最大的梅斯内尔也只有56岁。

第九届议会第一次会议宣布释放300名政治犯。

梅斯内尔批评了盖莱克的高消费方针，认为波兰是一个中等发达的国家，不应盲目模仿最富国家的消费模式，在波兰不可能做到人人有一辆汽车，应当根据波兰的实际情况发展经济，提高人民生活，摒弃不适合波兰特点的社会主义模式，实行经济体制改革，发展生产。由于群众对党和政府的信任危机尚未克服，仍存在着消极和冷漠的情绪，生产积极性还没有达到应有水平，生产的增长将是缓慢的。梅斯内尔强调，波兰的未来将取决于经济任务的完成。只要有了正确的领导和安定团结的政治局面，波兰人民才能排除万难，力挽狂澜。

梅斯内尔政府继续执行改革方针，力图尽快摆脱僵化的中央集权模式，加速改革进程。1987年4月，担任副总理的无党派人士、著名经济学家兹·萨多夫斯基全面主持改革事宜。政府制定了1986—1990年经济发展战略，计划在五年内国民收入增长16%—19%，工业产值增长16%，农业产值增长10%。在新政府执政的头三年里，国民收入继续增长：1985年——3.4%，1986年——5%，1987年——2%。通货膨胀率从1982年的104%下降到1985年的15%和1986年的17.5%，1987年又上升到26%。

以雅鲁泽尔斯基为首的波党领导，对改革的艰巨性和长期性认识不足，急于求成。1986年6月举行的波兰统一工人党第十次代表大会通过了加速改革的决定，错误地宣布第一阶段改革任务已经完成，开始进入改革的第二阶段。第二阶段的任务是取消物价补贴，使价格改革一步到位，实现财政预算平衡。1987年11月，政府公布了第二阶段价格——收入改革的政策原则。计划从1988年1月起将消费品和劳务价格平均提高40%，基本食品价格上涨110%。政府决定把这个计划交付全民公决。根据11月29日全民公决的结果，只有44.2%的选民支持政府的改革计划。这个计划超出了人民群众的承受能力而告失败。政府不得不放慢改革速度。外债负担也严重困扰着波兰。1986年底，外债达382亿美元，人均欠债1000美元，户均欠债4000美元。

人民生活艰难，五年来有50万人出国谋生，自杀人数增加，1981年有2900人，1986年增加到4400人。① 人民的不满情绪迸发。1983年6月和1987年6月，罗马教皇约翰·保罗二世第二

---

① 安德热依·阿尔贝特：《波兰现代史(1914—1993)》第2卷，1994年伦敦版，第854页。

次和第三次对波兰的访问，使波兰的政治天平进一步倒向反对派一边。在被取缔的团结工会的煽动下，波兰出现了新的罢工高潮。1988年4—5月和8—9月，全国出现了1982年以来最大的罢工浪潮。罢工工人要求恢复团结工会的合法地位。广大群众丧失了对政府和改革的信心。

1988年9月20日，梅斯内尔总理引咎辞职。9月27日，议会根据波兰党的推荐，任命著名的党内自由派、政治局委员、中央书记米·拉科夫斯基为新的政府总理。新总理提出国有企业商业化和扩大私有经济的举措，关闭了亏损的格但斯克造船厂，引起了工人的抗议。

在经济危机和政治罢工的双重压力下，波兰统一工人党十届七中全会(1988年6月13—14日)研究了国内形势，作出了承认团结工会的合法地位和召开圆桌会议的决定。8月31日，波党政治局委员、政府内务部长切·基什恰克和政治局委员斯·乔塞克和团结工会领导瓦文萨、天主教主教东布罗夫斯基举行第一次会晤。波党代表要求瓦文萨劝说工人结束罢工，作为召开圆桌会议的条件。9月3日，罢工结束。基什恰克通知瓦文萨，圆桌会议将于9月6日开始。由于波党内部意见分歧，圆桌会议被推迟。

关系到波兰党和国家命运的波兰统一工人党十届十中全会于12月20日在华沙开幕。这次全会分两个阶段进行。第一阶段从1988年12月20—21日，第二阶段从1989年1月16—18日。时间之长是史无前例的。

十中全会就承认团结工会合法地位和实行政治多元化、工会多元化问题展开了激烈的争论和辩论。雅鲁泽尔斯基的开幕词充满激情，具有为党的政策辩解的特点。他说："这次全会是在特殊，也可以说是在转折时刻召开的。……有人说，党投降了，正在同敌人谈判，搞机会主义，缺乏原则性。也有人指责说，党妨碍改革的进展，抱住过时的公式和教条，推行‘斯大林主义的残余’。有人指责我，说我‘实施了战时状态’。也有人说，我‘倡议召开圆桌会议’。我最近在议会说过，如果12月13日不实施战时状态，如果这几年不搞革新的话，那么今天不会有具有深刻意义的、求实的对话。在危急形势下通过采取非常手段拯救国家，今天通过达成谅解巩固国家——两者不仅不矛盾，而且是有利于波兰安定和发展的、彼此和谐的、符合逻辑的思想和行动。”

由于两种意见，互不相让，会议延长到18日凌晨3时。雅鲁泽尔斯基声明，如果得不到全会支持，他将同政治局委员、内务部长基什恰克，政治局委员、国防部长西维茨基和政治局委员、总理拉科夫斯基一起辞去党政职务。全会通过对雅鲁泽尔斯基信任投票的方式，通过了两个具有关键意义的文件：《党内改革是革新和改革战略取得成功的条件》和《关于政治多元化和工会多元化问题的立场》。

第一个文件强调，波党致力于创建社会主义现代化形式，坚决消除“斯大林主义”时期形成的官僚主义——中央集权的政治和经济管理体制的残余，主张建立以议会民主的社会主义国家和公民社会为基础的社会政治制度，实行立法、行政和司法的三权制衡；发展与统一农民党和民主党的三党联盟，为承认宪法并在宪法范围内从事活动的反对派提供议会席位，波党将有意识地放弃取代国家政权机构的做法。

第二个文件有条件承认波兰团结工会，为圆桌会议扫清了道路。文件说：“政治多元化和工会多元化作为波兰人民共和国制度主张的一个因素，已经变成波兰社会——政治现实的重要组成部分。”

1989 年 2 月 6 日至 4 月 5 日，举世瞩目的波兰圆桌会议经过近半年的政治僵持和艰苦谈判之后，在波兰部长会议大厦举行。参加会议的有来自各党派、天主教会、团结工会和其他反对派的代表 57 人。政府方面的首席代表是内务部长基什恰克。团结工会方面的首席代表是瓦文萨。

经过几周艰难的讨价还价，双方达成了历史性的妥协，通过了三个文件：（一）关于工会多元化的立场；（二）政治体制改革的原则；（三）关于社会和经济政策及体制改革问题的立场。根据这三个文件，政府同意团结工会重新登记合法化，团结工会则保证“遵守宪法，不成为政党，不破坏社会安定，不非法接受西方援助”；波兰的政治体制实行议会民主，增设参议院，实行总统制，总统由议会和参议院联席会议，即国民大会选举产生。圆桌会议还就第十届议会的议席分配达成协议：35％（161 席）归反对派，65％（229 席）归波兰统一工人党及其盟党统一农民党、民主党以及亲政府的天主教组织，参议院 100 个席位（波兰 49 个省，每省 2 席，华沙省和卡托维兹省各 3 席）通过自由选举产生；波兰将继续改革，建立新的经济秩序。

1989 年 4 月 17 日，华沙省法院宣布团结工会为合法组织。

圆桌会议的召开和它通过的历史性协议，不只对波兰今后的历史发展产生深远影响，也为东欧的政治多元化、多党制开了先河。

圆桌会议结束后的第二天，即 4 月 7 日，波兰议会通过宪法修正案、工会法修正案、议会选举法、参议院选举法、农会法、结社法等六项法案，使圆桌会议达成的协议法律化。宪法修正案规定增设参议院，恢复战前的两院制，由总统制取代国务委员会制。波兰迅速朝议会民主制方向转变。

波兰议会根据圆桌会议达成的协议，决定于 1989 年 6 月 4 日和 18 日分两阶段进行第十届议会和参议院选举。这次选举还不是自由选举，而是实行部分按比例分配和部分自由选举的原则。

团结工会在 1989 年 4 月 17 日恢复合法地位以后，全力投入大选前的准备工作，从美国等西方国家接受竞选经费。波兰政府新闻局发表声明予以揭露，谴责西方国家干涉波兰内政。5 月 8 日，由历史学家米赫尼克担任主编的团结工会机关报《选举日报》开始在华沙发行。曾经被封闭的团结工会杂志《团结周刊》重新发行。团结工会提出了 261 名候选人名单和竞选纲领。

大选的形势对波兰统一工人党极为不利。照拉科夫斯基的话说，波党是“背着满满一袋石头向坡上走”，这袋石头是“过去几十年的错误，急剧而悲剧性的转变，几年来不利的经济形势、债务、波折以及日常生活困难等等”。5 月 4 日，波党召开全国代表会议，动员全党参加竞选。会议通过的《竞选纲领》强调对过去采取批判立场不是否定一切，对未来采取深化改革的立场不是否定社会主义。

在 1989 年 6 月 4 日的第一轮选举中，以波党为首的执政联盟遭到惨败，在议会按比例分配的 299 个席位中只得到 2 席，而在参议院 100 个席位中未获 1 席。而反对派却一举拿下议会按比例分配给它的 161 个席位的 160 席，在参议院中赢得了 100 个席位中的 92 席。

经过 6 月 18 日的第二轮选举，在议会 460 个席位中，执政联盟占 65％的席位，其中波兰统一工人党占 173 席，统一农民党占

76 席，民主党占 27 席，天主教社会联盟和帕克斯协会等 4 个组织占 23 席。团结工会占 35%的席位，共 161 席。在参议院 100 席中，团结工会占 99 席，另一席为个体农民所占。

西方政治家对波兰大选的结果惊喜不已。美国总统布什在第一轮选举后，立即作出反应。他说，波兰选举结果表明，波兰"正在走向自由和民主"。法国总统密特朗于 6 月 14 日飞抵华沙，对波兰进行为期 3 天的国事访问。他先后会晤了雅鲁泽尔斯基和瓦文萨，宣布给波兰总额 80 亿法郎的贷款，同意延期偿还拖欠的法国债务的 1/3(总额为 200 亿法郎)。

1989 年 7 月 4 日，新选出的议会和参议院分别举行首次会议，选举议长并举行宣誓仪式。拉科夫斯基总理代表政府提出辞呈，由于总统尚未选出，直到 8 月 2 日才获议会批准。

根据修改后的波兰宪法，在议会和参议院选举一个月内由两院联席会议(国民大会)选举共和国总统。以波兰统一工人党为首的执政联盟推荐波党第一书记、国务委员会主席雅鲁泽尔斯基为总统候选人。但是遭到团结工会方面的反对，理由是他在 1981 年 12 月下令实行"战时状态"，镇压团结工会。在美国总统布什于 7 月 9—11 日访问波兰后，团结工会改变了态度，同意选举雅鲁泽尔斯基为总统。1989 年 7 月 19 日，国民大会两院议员选举总统，雅鲁泽尔斯基是唯一的候选人。他以 270 票，比半数仅多 1 票，当选共和国总统。在 7 月 28 日举行的波兰统一工人党 10 届 13 中全会上，雅鲁泽尔斯基辞去了中央第一书记的职务，由即将卸去总理职务的拉科夫斯基担任党中央第一书记。

8 月 17 日，经多方协商以后，雅鲁泽尔斯基总统要求著名的团结工会顾问、《团结周刊》主编、1927 年出生的塔德乌什·马佐维耶茨基组阁。8 月 24 日，波兰议会正式任命马佐维耶茨基为政府总理。这样，40 年来在东欧国家中出现了第一个由非共产党人领导的政府。

第四节 人民波兰的文化

随着社会主义建设的发展和人民生活水平的逐步提高，波兰的教育、科学和文化获得了蓬勃的发展。

教育是文化发展的基础。1946 年，波兰约有 300 万文盲，占 9 岁以上全国人口的 18%。人民政府开展了扫除文盲的工作，在 50 年代就一劳永逸地消灭了文盲，实行了八年制的初等义务教育。1950—1951 年度，中学生的人数为 50 万，1979—1980 年度，增加到 240 万。在此期间，大学生的人数从 12.5 万增加到 50 万。1979—1980 年度，波兰有近一百所高等学校。由于教育事业的发展，波兰人民的文化素质大为提高。70 年代末，在国营经济工作的职工，有一半以上受过中等教育、职业教育和高等教育。

1952 年，波兰科学院成立。波兰科学院在克拉科夫、波兹南、弗罗茨瓦夫、卡托维兹和罗兹设有分院。在“科学为人民”的方针指引下，波兰的科学事业发展很快，在数学、理论物理、原子物理、光学等方面居世界领先地位。在地质学、地理学、生物学方面也有较大发展。在医学领域，即在免疫学、血液学、遗传学、矫形学、眼外科、药理学等方面都获得举世瞩目的突破。在社会科学领域，由于坚持马克思主义的方法论，在逻辑学、社会学、经济学、历史学、考古学、法律学方面都取得了重大成就，出现了一大批世界知名的学者，其中有逻辑学家和社会学家塔·科塔尔宾斯基、卡·艾杜凯维奇,经济学家奥·兰格和米·卡莱茨基,历史学家耶·托波尔斯基、亚·盖什托尔。

人民波兰的文学获得了长足的长展,除了老一代作家外,又涌现出一大批新一代的作家。玛·东布罗夫斯卡、雅·伊瓦什凯维奇、瓦·勃罗涅夫斯基、耶·安德热耶夫斯基、卡·布兰迪斯、塔·布雷扎、尤·杜维姆等是两代作家的杰出代表。战后初期的作品大多反映波兰人民在反法西斯民族解放战争中的英勇斗争和建设新社会的主人翁精神。卡·布兰迪斯的《公民们》,反映波兰劳动人民在波兰统一工人党领导下进行社会主义经济和文化建设的生动场面。康维茨基的《在建筑工地上》,反映新一代工人在参加社会主义建设中成长的过程。莫尔森尼克的《约翰娜煤井》,反映波兰煤矿工人争取解放斗争和投身社会主义建设的历程。

1956年以后,人民波兰文学在内容、形式、体裁、题材上都向着多样化的方向发展。一种称为"准小说"的文学形式,只有不多的故事情节,既有点像特写,又有点像报道,也似研究文章,它涉及当代生活中的政治、文化各个方面的问题。作者往往抓住一个问题,借题发挥,大发议论。如卡·布兰迪斯的《致Z夫人的信》(1959),塔·布雷扎的《青铜的大门》(1960)都属于这类作品。

小说创作也在朝着多样化的方向发展。不少作家借鉴欧美现代文学的成就,进行多种多样的尝试,采用了一些新的表现手法来阐述当代人遇到的问题。耶·安德热耶夫斯基在他的长篇小说《跳着走上山》(1963)中就使用了许多当代技术术语来揭示当代文明的弊病。雅·伊瓦什凯维奇的《升腾》(1969)是一部模仿法国存在主义代表作家加缪的《堕落》并反其意而用之的作品。加缪的《堕落》描写书中的主人公在某天夜里遇到一个姑娘从桥上跳进塞纳河自尽,他本来是能够拯救这个姑娘的,但他没有下这个决心。自此以后他的道德观便开始崩溃,把自己的渺小和怯弱看成人的本性。《升腾》中的主人公则是一个关在法西斯监狱里身患重病的波兰青年,他亲眼看到德国宪兵把一个犹太姑娘拖到院子里剥光衣服后枪杀了,他很想救这个姑娘,但却无能为力。

60 年代的政治小说多是波兰在 50 年代里出现的激烈的政治斗争的回响。耶·普特拉门特的长篇小说《缺乏信任的人们》(1967)涉及的是 1955 年波兰统一工人党二届三中全会以前社会上存在的压抑气氛和人们的心理状态,它暗示出政治上的不民主是导致人们之间彼此猜疑、互不信任、社会生活极不正常的根源。

70 年代涌现出一种新的小说题材,反映大型现代企业的组织者和领导者的才干和魄力以及他们所作出的牺牲的所谓"经理小说"。这是跟当时"发展经济,建设第二个波兰"的口号相呼应而出现的。1956 年十月事件以后,波兰曾出现了一个被称为"我们的小稳定"时期。1968 和 1970 年的动荡破坏了这种稳定。70 年代初党提出了宏伟的经济建设纲领,人们恢复了信心,渴望出现新的稳定。在这个充满幻想的时期,人们的社会热情有所增长。但是敏感的作家看出了暂时稳定中蕴藏着不稳定的因素,表面的热情掩盖着社会中存在的冷漠和消极。"经理小说"就是从许多生活的侧面反映这种稳定中的不稳定,说明表面的稳定掩盖着高度的社会紧张。所谓"经理小说"是由于一部成功的电视连续剧《经理们》而得名。这类小说的主人公多是有专业知识、有组织能力和领导才干的企业经理、处于领导岗位的工程技术人员,他们都是有理想、有抱负的专家,但是他们的雄才大略往往难以施展,因为他们几乎处处受到官僚主义、思想僵化的党的干部和种种社会歪风邪气的阻挠，他们每取得一点成就都得付出代价。这类小说的价值在于它几乎是预报了70年代的经济建设纲领会以失败告终，而80年代出现的社会政治经济危机势不可免。这类小说中的代表作有耶·耶西翁科夫斯基的《苏尔马克》(1977)和更早一点出版的瓦·比布林斯基的《事件》。

1980年，当波兰处于严重的经济危机和激烈的社会冲突之际，波兰文坛出现了令人欣喜的事。旅美诗人切斯瓦夫·米沃什(1911—　)获得了诺贝尔文学奖。他是继显克维奇、莱蒙特之后，获此殊荣的第三位波兰作家。他的诗歌继承和发展了波兰现实主义和浪漫主义诗歌传统，“以毫不妥协的深刻性揭示了人在充满剧烈矛盾的世界上所遇到的威胁”，“表现了人道主义的态度和艺术特点”，代表作有《白昼之光》(1953)、《无名的城市》(1969)、《太阳从何处升起，何处下落》(1974)、《珍珠颂》(1981)、《无垠的土地》(1984)等。

第十九章

波兰第三共和国

(1989—2001)

第一节　马佐维耶茨基政府

政府的组成

1989 年 9 月 12 日，波兰议会批准了马佐维耶茨基总理的政府组成：

塔·马佐维耶茨基

总理——塔·马佐维耶茨基(团结工会)；

副总理——莱·巴尔采罗维奇(团结工会)；

副总理——切·基什恰克(波兰统一工人党)；

副总理——切·雅尼茨基(统一农民党)；

副总理——杨·雅诺夫斯基(民主党)；

外交部部长——克·斯库比谢夫斯

基(无党派人士);

国防部部长——弗·西维茨基(波兰统一工人党);

内务部部长——切·基什恰克(兼);

财政部部长——莱·巴尔采罗维奇(兼);

农业部部长——切·雅尼茨基(兼);

司法部部长——亚·本特科夫斯基(统一农民党);

文化艺术部部长——伊·齐文斯卡(团结工会);

环境保护部部长——布·卡明斯基(统一农民党);

卫生部部长——安·科西尼亚克—卡梅什(统一农民党);

劳动和社会政策部部长——雅·库龙(团结工会);

教育部部长——亨·萨姆索诺维奇(团结工会);

国内市场部部长——亚·马茨凯维奇(民主党);

国土规划和建设部部长——亚·帕森斯基(团结工会);

工业部部长——塔·塞雷伊奇克(团结工会);

对外经济合作部部长——马·希文齐茨基(波兰统一工人党);

运输、航运和邮电部部长——亚·维耶隆德克(波兰统一工人党);

政府办公厅主任——雅·阿姆布罗齐亚克(团结工会);

经济委员会主任——维·切恰科夫斯基(团结工会);

中央计划局局长——耶·奥夏滕斯基(团结工会);

科学技术局局长——杨·雅诺夫斯基(兼)。

另外还有3名有明确分工的部长。在24名政府成员中,团结工会12名,波兰统一工人党和统一农民党各4名,民主党3名,无党派人士1名。

巴尔采罗维奇的改革计划

马佐维耶茨基政府面临着严峻的经济形势。通货膨胀是经济危机的最主要表现。1989 年 8 月，通胀率为 39.5%，9 月为 34.4%，10 月为 54.8%。1989 年财政赤字达到 49 亿兹罗提，占国内生产总值的 8%。[①] 生产效益低下，外债急增，浪费现象严重，缺乏市场机制。巴尔采罗维奇副总理通过取消面包、奶、肉等的食品补贴、提高酒类价格、增加税收等办法，减少财政赤字。1989 年 10 月，他制定了财政经济改革的主要原则：1）实行财政改革，力争预算平衡；2）实行市场机制；3）改变所有制。为了实行市场机制，必须保持兹罗提同美元的稳定汇价（9500 兹罗提＝1 美元）。为了改变所有制结构，必须实行广泛的私有化计划，取消对土地、住宅和建筑物买卖的限制。1989 年 12 月，政府向国际货币基金和世界银行获得 10 亿美元贷款，为实现反通货膨胀纲领奠定了基础。根据国际货币基金专家和美国经济学家杰弗里·萨克斯的建议，巴尔采罗维奇在波兰实行放开价格的激进改革，即所谓休克疗法。1989 年 12 月 27 日，政府出台了 11 个经济改革法律。1990 年 1 月 1 日，波兰开始步入长期而艰难的从社会主义计划经济向资本主义市场经济转型的道路。巴尔采罗维奇成为波兰激进式改革的设计师。

休克疗法出台后，通胀率明显下降。1990 年 1 月为 78.6%，2 月降至 23.8%，3 月降至 4.3%，4 月降至 7.5%。在商业领域明显看到自由市场的发展。职工的实际工资却明显下降。根据中央统计局的估计，1990 年职工实际工资下降 23.9%，个人消费下降 15.5%。如果考虑到居民的灰色收入，实际工资和个人消费的下

---

① 安托尼·杜贝克：《第三共和国的最初年代（1989—2001）》，2002 年克拉科夫版，第 88—89 页。

降要低于上述百分比。总之,改革带来了人民生活水平的降低,引发了各地工人的罢工运动。

1990 年 7 月 13 日,波兰议会通过国有企业私有化法,建立所有制改造部,领导国有企业的私有化。与此同时,媒体不断披露侵吞国有财产的丑闻和黑幕。

巴尔采罗维奇的改革计划,抑制了通货膨胀,使波兰从计划经济向市场经济转轨的道路上迈开了重要的一步。

政治制度的变革

1989 年 12 月 29 日,议会通过了修改宪法的重要决定:波兰国名恢复传统的波兰共和国,确定波兰共和国是“民主法制国家”;删去宪法中同苏联和其他社会主义国家结盟和波兰统一工人党领导地位以及社会主义、计划经济等条款。宪法修改还包括把波兰国徽恢复为戴王冠的白鹰。这意味着波兰人民共和国历史正式结束,波兰第三共和国历史从此开始。

1990 年 7 月 6 日,根据马佐维耶茨基总理的建议,议会免去了基什恰克的内务部长职务和西维茨基的国防部长职务,任命克·科兹沃夫斯基为内务部长,彼·科沃杰伊奇克为国防部长。波兰统一工人党人被赶出内务部和国防部。清除波兰统一工人党的工作在省级领导中进行。到 1990 年 6 月,在 49 个省中,有 23 个省的省长被撤换。

新的政治舞台

在六月选举失败以后,波兰统一工人党处于瓦解状态。1990 年 1 月 27—29 日,波兰统一工人党第十一次代表大会在华沙召开。1 月 27 日,以塔·费什巴哈为首的少数代表离开会场,他们建立了波兰社会民主联盟(PUS)。1991 年,因人数太少,波兰社会民主联盟解散，其盟员加入劳动联盟（UP）。多数代表（1196人）在1月28日建立波兰共和国社会民主党（SdRP），选举亚历山大·克瓦希涅夫斯基为党的主席，莱谢克·米莱尔为总书记。该党继承波兰统一工人党党产，组成民主左翼俱乐部。该党初建时有4.6万名党员。1月30日，波兰统一工人党停止活动。

1989年11月26—27日，统一农民党第十一次非常代表大会在华沙召开。代表大会把党改名为波兰农民党"复兴"（PSL"O"），选举卡·奥莱夏克为最高执行委员会主席，斯·东布罗夫斯基和罗·雅盖林斯基为副主席。

1989年11月11—12日，一个新的波兰农民党成立，但把成立代表大会称为第二次代表大会，这是为了继承1945年米柯瓦伊契克创立的波兰农民党，该党称波兰农民党（米）（PSL〈M〉），选举弗·卡明斯基为主席，罗·巴尔托什奇为副主席。1990年5月5日，波兰农民党"复兴"和波兰农民党（米）合并，成立统一的波兰农民党（PSL），选举罗·巴尔托什奇为主席，组成以约·齐赫为主席的波兰农民党议会俱乐部。

另一个农民政党是1989年9月由约·希利什建立的波兰农民党"团结"（PSL"S"），它原是团结工会的一部分，由个体农民组成。

在波兰政治舞台上活动的政党还有莱·莫楚尔斯基的独立波兰联盟（KPN）、雅·科尔文—米凯的现实政策联盟（UPR）、杨·利普斯基的波兰社会党（PPS）。1990年6月建立的自由民主大会（KLD）颇具政治影响，该党主席是雅·莱万多夫斯基，副主席是多·图斯克，后来当上总理的杨·别莱茨基是该党主席团成员。1989年10月28日建立的基督教民族统一（ZChN）与天主教会有密切关系，党的主席是维·赫扎诺夫斯基。民主党仍继续活动。

根据1990年7月28日议会通过的政党法，只要有15人联名在华沙省法院注册，即可成为合法政党，到1990年10月30日，波兰有154个政党。根据政党法，每个政党的财务是公开的，不得接受外国的财政援助。如果政党企图以暴力改变宪法规定的国家制度，宪法法庭根据司法部长的建议，宣布予以取缔。

团结工会阵营的分裂

团结工会阵营是由许多政治派别在反对波兰统一工人党和现实社会主义的旗帜下结成的松散政治联盟。随着这一目标的实现，团结工会发生了“上层战争”（瓦文萨语），走向四分五裂。团结工会掌权伊始，就发生了瓦文萨和马佐维耶茨基的冲突。1989年8月31日，两人在格但斯克会晤时，瓦氏提醒马氏“是我使你成为总理”，马氏回答：“是的，但我是总理。”马氏要做独立的总理，不愿做受人摆布的总理。两人在公民委员会问题上发生意见分歧。为了组建政府和从事议会活动，团结工会在1988年12月和1989年6月先后建立了公民委员会和公民议会俱乐部。为了避免权力分散，团结工会全国执行委员会作出了解散公民委员会地方委员会的决定，但因遭到接近马佐维耶茨基的盖雷梅克和米赫尼克的反对而未能执行。

瓦文萨决定惩罚不听话的马佐维耶茨基。1989年9月，他任命团结工会全国执行委员会书记雅·卡琴斯基为《团结周刊》主编。《团结周刊》是马佐维耶茨基一手创办的刊物，在他当总理以后，已由他的副手杨·德沃拉克任主编。从此，卡琴斯基领导的《团结周刊》成为瓦文萨的工具，而由盖雷梅克和米赫尼克领导的《选举日报》则成为马佐维耶茨基政府的喉舌。团结工会阵营分裂为两派已成为众所周知的事实。

1990年5月12日，卡琴斯基以《团结周刊》为基地，建立了“中派协商(PC)”组织，提出加速改革，提前举行议会和总统选举等要求。中派协商在公民议会俱乐部有25名议员和7名参议员。他们主张总统由国民大会选举，推举瓦文萨为总统候选人。5月23日，政府发言人亚·哈尔作出反应，认为总统应由普遍的、直接的选举产生，现在选举总统为时过早。7月16日，马佐维耶茨基的拥护者在华沙建立了“公民运动—民主行动(ROAD)”组织。他们在公民议会俱乐部有30名议员和24名参议员。6月27日，政治上中右的团结工会成员组成了“民主右翼论坛(FPD)”。团结工会阵营处于四分五裂状态。

第一任总统选举：瓦文萨当选

1990年7月26日，团结工会主席瓦文萨会晤雅鲁泽尔斯基总统，要他尽早结束总统任期。中派协商发动签名运动逼雅氏下台。

莱·瓦文萨

1990年9月27日，议会通过了《总统选举法》，规定总统由普遍、直接、秘密、和平等方式选举产生。凡年满35岁的公民皆可参加竞选，但必须获得10万公民的签名支持。凡获得50%以上选票的候选人就当选为总统。如在第一轮选举中没有一个候选人获50%以上选票，将举行第二轮投票，由票数最多的两名候选人进行竞选，获得多数票者即当选为总统。

截止1990年10月25日，向国家选举委员会登记的总统候选人有6名。他们是：罗·巴尔托什奇(波兰农民党)、弗·齐莫谢维奇(波兰共和国社会民主党)、塔·马佐维耶茨基(团结工会)、莱·莫楚尔斯基(独立波兰联盟)、斯·蒂明斯基(从加拿大回国的企业家)、莱·瓦文萨(团结工会)。

在1990年11月25日举行的第一轮投票中,有1670万公民参加,参选率为60.6%。6名候选人的得票如下:

莱·瓦文萨:6569889 (33.96%);

斯·蒂明斯基:3397605 (23.10%);

塔·马佐维耶茨基:2973264 (18.08%);

弗·齐莫谢维奇:1514025 (9.21%);

罗·巴尔托什奇:1176175 (7.15%);

莱·莫楚尔斯基:411516 (2.50%)。

在第一轮选举中,没有一个候选人获得50%以上选票。1990年12月9日进行了第二轮选举,由瓦文萨和蒂明斯基进行竞争。共有1465万公民参加投票,参选率为53.39%。投票结果是:

莱·瓦文萨:10622696 (74.25%);

斯·蒂明斯基:3683098 (25.75%)。

1943年出生、曾是格但斯克造船厂电工的团结工会主席莱赫·瓦文萨当选为总统。1990年12月22日,瓦文萨向国民大会宣誓。波兰第二共和国末任总统雷·卡乔罗夫斯基从伦敦不远万里来到华沙王宫向瓦文萨移交了波兰共和国印章。雅鲁泽尔斯基没有应邀参加新总统受职仪式。莱·瓦文萨成为波兰第三共和国的首任总统。瓦文萨当选总统后,辞去了团结工会主席职务。

外交政策

在马佐维耶茨基政府存在的16个月里,波兰邻国的政局相继发生剧变。匈牙利、捷克斯洛伐克、民主德国、保加利亚等国通过和平方式进行政权交接，只有罗马尼亚在1989年12月发生流血冲突，齐奥塞斯库夫妇毙命。在苏联，戈尔巴乔夫进行的改革加深了苏联的经济和政治危机。1990年5月，叶利钦成为俄罗斯联邦最高苏维埃主席，架空了戈尔巴乔夫苏联总统的权力。苏联正在瓦解。在这种形势下，波兰外长斯库比谢夫斯基争得了苏联对波兰新政府的支持。1989年11月，马佐维耶茨基总理访问苏联，同戈尔巴乔夫总统举行会晤，顺访卡廷，向死难波兰军官献了花圈。1990年4月，苏联政府发表声明，承认卡廷血案系斯大林的内务人民委员部所为。波苏两国就苏军撤离波兰问题开始谈判。

1989年11月9—14日，联邦德国总理科尔访问波兰。1990年7月，波兰外长斯库比谢夫斯基参加了在巴黎举行的德国问题“2＋4”外长会议。这次会议确认奥得—尼斯河是波兰和统一后德国的界河。1990年10月3日，统一的德国成立。11月14日，波兰外长斯库比谢夫斯基和德国外长根舍在华沙签订条约，确认奥得—尼斯河是波德界河。

第二节　别莱茨基政府

政府的组成

瓦文萨当选总统后，马佐维耶茨基政府辞职。1990年12月29日，总统提名由杨·克·别莱茨基组织政府。别莱茨基只有39岁，原是格但斯克—格丁尼亚—索波特三联城的团结工会活动家，是自由民主大会的领导成员，公民议会俱乐部议员，知名度不高，对瓦文萨极为忠顺。

1991年1月4日，议会以276票通过了总统的提名。1月22

日，议会通过了总理建议的政府组成人员：

总理——杨·别莱茨基(自由民主大会)；

副总理——莱·巴尔采罗维奇(无党派人士)；

外交部部长——克·斯库比谢夫斯基(无党派人士)；

国防部部长——彼·科沃杰伊奇克(无党派人士)；

内务部部长——亨·马耶夫斯基(无党派人士)；

财政部部长——莱·巴尔采罗维奇(兼)；

农业部部长——亚·坦斯基(无党派人士)；

工业部部长——安·扎维希拉克(自由民主大会)；

所有制改造部部长——雅·莱万多夫斯基(自由民主大会)；

国土规划和建设部部长——亚·格拉平斯基(中派协商)；

环境保护部部长——马·诺维茨基(公民运动—民主行动)；

司法部部长——维·赫扎诺夫斯基(基督教民族统一)；

劳动和社会政策部部长——米·博尼(无党派人士)；

文化艺术部部长——马·罗斯特沃罗夫斯基(无党派人士)；

教育部部长——罗·格温博茨基(无党派人士)；

对外经济合作部部长——达·莱德沃罗夫斯基(无党派人士)；

邮电部部长——耶·斯莱扎克(民主党)；

运输部部长——埃·瓦利古尔斯基(无党派人士)；

国内市场部部长——切·斯科夫罗内克(无党派人士)；

政府办公厅主任——克·扎宾斯基(中派协商)；

中央计划局局长——耶·埃塞蒙特(中派协商)；

科学技术局局长——斯·阿姆斯泰达姆斯基(无党派人士)。

在 21 名政府成员中，有 12 名无党派人士，3 名自由民主大会成员，3名中派协商成员，1名民主党党员，1名基督教民族统一成员，1名公民运动—民主行动成员。

经济衰退

别莱茨基政府执政的1991年，波兰出现了经济衰退，生产下降，失业增加，财政赤字上升。1991年工业生产比1990年下降11.9%，国内生产下降7%。这主要是国有企业不能适应市场经济的需要而减产。1991年前9个月，私营工业生产增加20.3%，但不能弥补国有工业生产的下降。财政赤字从年初的43亿兹罗提增加到年末的310亿兹罗提，占国内生产的3.3%。1991年，失业人口翻了近一番，达到215.56万，失业率为12.2%。农民收入下降15%。[①] 各地出现了零星的罢工运动。

从1991年1月1日起，经互会国家的贸易不再用卢布而是用自由外汇结算。6月28日，经互会国家在布达佩斯作出解散经互会的决定。1991年，波兰对苏联的输出额减少了50%，而波兰却必须继续从苏联进口石油和天然气，对苏联的贸易造成300—400亿兹罗提的逆差。

别莱茨基—巴尔采罗维奇政府制定了以加速所有制改造为中心的反经济衰退纲领，确定了1128家国有企业私有化的目标。政府还作出了贬低兹罗提汇价的决定，把兹罗提同美元的汇率定为11000∶1。

政党的演变

塔·马佐维耶茨基在总统选举失败后辞去了总理职务，1990年12月2日建立了民主联盟（UD）。1991年5月11—12日，公

① 安托尼·杜贝克：《第三共和国的最初年代（1989—2001）》，第176页。

民运动—民主行动和民主右翼论坛同民主联盟合并。塔·马佐维耶茨基当选为民主联盟主席,雅·库龙和瓦·弗拉塞纽克和亚·哈尔当选为副主席。以兹·布雅克为首公民运动—民主行动,反对并入民主联盟,成立了民主社会运动(RDS)。以雷·布加伊为首的公民议会俱乐部的议员于1991年7月20日组成劳动团结协会。1992年6月7日,上述两个组织统一为劳动联盟(UP)。1991年7月波兰社会民主联盟解散后,许多盟员加入劳动联盟。雷·布加伊是劳动联盟的领袖。劳动联盟成为仅次于波兰共和国社会民主党的左翼政党。

1991年2月,为了迎接即将到来的第一届议会选举,亚·克瓦希涅夫斯基和弗·齐莫谢维奇号召左翼政党和组织组成选举联盟。7月16日,波兰共和国社会民主党同工会全波协商会议、波兰社会主义青年联盟、民主妇女联盟等10多个左翼组织组成了民主左翼联盟(SLD)。这是波兰第三共和国最有影响的政治组织。

1991年春,波兰农民党发生分裂。4月17日,党的主席罗·巴尔托什奇同波兰农民党"团结"领袖发表关于共同行动的宣言,引起原统一农民党党员的不满。1991年6月29日,波兰农民党召开非常代表大会,选举31岁的瓦·帕夫拉克为党的主席。7月19日,罗·巴尔托什奇组建了波兰农民基督教论坛"祖传遗产"。1992年1月14日改名为波兰祖传遗产党(PP "O")。

瓦文萨没有像马佐维耶茨基那样组成自己的政党。除团结工会和公民委员会外,中派协商是他的依靠力量。由于瓦文萨和卡琴斯基的矛盾在1991年日趋尖锐,中派协商不再成为瓦文萨的依靠力量,他显得更加孤立。1991年3月,拥有3万名党员的中派协商召开第一次代表大会,选举雅·卡琴斯基为主席。中派协商同1991年12月建立的基督教民族统一在1991年4月6日组成中派公民协商(POC)参加议会选举。1991年1月,有3300名党员的基督教民族统一举行第二次代表大会,维・赫扎诺夫斯基连任党的主席。

1991年5月11—12日,在1990年总统选举中作为一匹"黑马"出现的斯・蒂明斯基创立了X党,召开第一次代表大会。他当选为主席,该党拥有5500名党员。

1991年2月22—25日,团结工会第三次代表大会在华沙召开。马・克扎克莱夫斯基以51.25%的选票战胜莱・卡琴斯基当选为新一届团结工会主席。

天主教会的扩张

现实社会主义在波兰的失败为天主教会的扩张创造了条件。天主教会力求在社会生活中全面实现基督教的伦理原则。它的扩张愿望受到社会民主党、社会民主联盟和民主联盟、自由民主大会等政党的抵制。《选举日报》、《政治》周刊等有影响的报刊,动员舆论抵制天主教会的扩张。

1990年5月2日,天主教主教团通过决议,要求恢复1961年被取消的中小学的宗教课。在人民波兰时期,政府把学校当作对学生进行科学世界观教育的场所,不准在学校开设宗教课。在1956年特殊的政治气氛下政府允许在学校开设宗教课,但在1961年又被取消。1990年8月3日,教育部长亨・萨姆索诺维奇以指令的方式同意恢复学校的宗教课,前提是学生家长和学生有此要求。经过调查,约有95.8%学生要求恢复宗教课。所以,从1990年9月新学年开始,中小学恢复了宗教课。

妇女堕胎问题引起了波兰社会的一场争论。在人民波兰,妇女堕胎是自由的。天主教会却认为妇女堕胎违反基督教伦理。1989年议会上有37名参议员提出了禁止堕胎的法律草案，只有在怀孕危及母亲生命或因犯罪行为而使妇女受孕的情况下才可以堕胎。这条法律草案引起了争论。1991年1月25日，议会审议法律草案。民主左翼议会俱乐部建议拒绝讨论这项法律草案。表决结果是124票赞成，213票反对，32票弃权。建议被否决。议会决定广泛征求社会意见。禁止堕胎的法律草案被推迟表决。

1991年6月1—9日，罗马教皇约翰—保罗二世对波兰进行第四次访问，这也是政权更迭后的第一次访问。

第一届议会选举

1991年波兰第三共和国第一届议会选举是战后第一次普遍、平等、直接、秘密的自由选举。选举运动充满火药味。波兰人民共和国末任总理米·拉科夫斯基因关闭亏损的格但斯克造船厂被团结工会告上国务法庭。民主左翼联盟在选举运动中提出“不能再这样下去”的口号，谴责团结工会政府把大批国有企业廉价或无价转为私人所有，导致大批工人失业。弗·齐莫谢维奇质问团结工会议员，那些导致成千上万的国有企业破产的人，为什么没有被告上国务法庭？

议会选举在1991年10月27日举行，1189万公民参加了选举，参选率为43.2%，比1990年总统选举和1989年议会选举的参选率都低。100个参议院议席的分配如下：民主联盟，21；团结工会，12；天主教选举行动，9；中派公民协商，9；波兰农民党，9；农民协商，7；自由民主大会，6；独立波兰联盟，4；民主左翼联盟，4；基督教民主党，3；基督教民主，1；大波兰联盟，1；德意志少数民族，1；无党派人士，13。

马佐维耶茨基的民主联盟在议会选举中获得12.3%的选票，62席，是议会第一大党，马佐维耶茨基和库龙等人以较高票当选议员。民主左翼联盟获得11.99%选票，60席，是议会第二大党，克瓦希涅夫斯基、齐莫谢维奇和米莱尔也以较高票当选议员。波兰农民党获得9.22%选票，50席。天主教选举行动获得8.98%选票，50席。独立波兰联盟获得8.88%选票，51席。自由民主大会获得7.49%选票，37席。农民协商获得5.47%选票，28席。团结工会获得5%选票，27席。

第一届议会的特点是460个议席被20个政党和组织分割，没有一个政党或政党联盟能独立组织政府，甚至中右政党的组合也只有近200个议席，无法形成议会的多数，这一情况决定了新政府的不稳定性。

外交政策

别莱茨基政府积极开展对邻国的外交政策。在波兰的推动下，华沙条约缔约国代表于1991年7月1日在布拉格作出结束华沙条约组织活动的决定。1991年10月26日，波兰和苏联在莫斯科签订了关于苏联军队从波兰撤离的协定。协定规定，苏军撤离完毕的时间是1992年11月15日。12月10日，波苏两国还签订了苏军从民主德国撤离过境波兰的协定。这一天，波苏两国签订了睦邻和友好合作条约。两星期后，这个条约成为波兰和俄罗斯联邦关系的基础。

随着苏联的瓦解，波兰同原苏联各共和国建立了外交关系。1991年12月2日，波兰承认乌克兰独立，同乌克兰建立了外交关系。爱沙尼亚、拉脱维亚和立陶宛在1991年8月脱离苏联而独立。12月，波兰承认三国独立。1990年10月，波兰外长斯库比谢夫斯基访问明斯克。1992年3月2日,波兰和白俄罗斯建立外交关系。

1991年2月15日,波兰总统莱·瓦文萨、捷克斯洛伐克总统瓦·哈韦尔和匈牙利总理约·安托尔在匈牙利布达佩斯附近的维谢格拉德会晤,就三国合作和欧洲一体化问题发表了宣言。三国领导人在“消除极权主义残余”和建立议会民主制与市场经济方面取得了一致意见。维谢格拉德集团开始形成。同年10月5—6日,三国领导人在波兰克拉科夫会晤,就三国加入北大西洋公约问题交换了看法。1991年11月30日,三国领导人在华沙就三国加入欧洲经济共同体和建立维谢格拉德集团国家自由贸易区开始谈判。波兰分别同捷克斯洛伐克和匈牙利签订了睦邻友好合作条约。

1991年6月17日,波兰和德国在波恩签订了睦邻友好合作条约。这是两国在1990年11月14日签订边界条约后友好睦邻关系进一步发展。1991年10月18日,别莱茨基政府从德国得到5亿马克的赠与,作为对战争时期波兰遭受损失的赔偿。1991年4月21日,波兰政府同巴黎俱乐部签订协定,把波兰债务减少50%。1991年9月,别莱茨基总理访问美国,宣布了波兰加入北约的决心。

第三节 从奥尔谢夫斯基政府到苏霍茨卡政府

少数派联合政府

1991年11月25日,第一届议会选举维·赫扎诺夫斯基(基督教民族统一)为议会议长。次日,参议院选举奥·海乌霍夫斯基(团结工会)为参议院议长。

瓦文萨总统先后提名由民主联盟的库龙和盖雷梅克组阁,但遭到中派协商领袖雅·卡琴斯基的坚决反对。经过多方协商,瓦文萨总统任命中派协商候选人杨·奥尔谢夫斯基为总理。12月6日,议会以250票通过总统对新总理的任命。12月23日,杨·奥尔谢夫斯基组成了少数派联合政府。政府不设副总理。政府组成人员如下:

总理——杨·奥尔谢夫斯基(中派协商);

外交部部长——克·斯库比谢夫斯基(无党派人士);

国防部部长——杨·帕雷斯(无党派人士);

内务部部长——安·马切雷维奇(基督教民族统一);

财政部部长——卡·卢特科夫斯基(无党派人士);

农业部部长——加·雅诺夫斯基(农民协商);

司法部部长——兹·迪卡(基督教民族统一);

卫生部部长——马·米希凯维奇(无党派人士);

文化艺术部部长——安·西青斯基(无党派人士);

教育部部长——安·斯泰尔马霍夫斯基(无党派人士);

劳动和社会政策部部长——耶·克罗皮夫尼茨基(基督教民族统一);

对外经济合作部部长——亚·格拉宾斯基(中派协商);

工业部部长——安·利普科(基督教民主党);

邮电部部长——马·鲁辛(无党派人士);

运输部部长——埃·瓦利古尔斯基(无党派人士);

环境保护部部长——斯·科兹沃夫斯基(无党派人士);

国土规划和建设部部长——安·迪亚科诺夫(中派协商);

所有制改造部部长——托·格鲁谢茨基(无党派人士);

不管部部长——阿·巴拉茨(农民协商);

政府办公厅主任——沃·弗沃达尔奇克(中派协商);

中央计划局局长——耶·埃塞蒙特(中派协商)。

这是一届少数派联合政府,由4个中右小党组成,在议会中只有114席,把两个议会大党民主联盟和民主左翼联盟排斥在外。在政府20名部长中,中派协商4名,基督教民族统一3名,农民协商2名,基督教民主党1名,无党派人士10名。这届政府具有明显的不稳定性,只存在了6个月。

鉴于国内生产的下降,奥尔谢夫斯基政府把遏制经济衰退作为自己的主要任务,为此采取一系列措施:增加对农业和建筑业的贷款,放慢私有化速度,减轻税收,控制进口等。中央计划局局长埃塞蒙特制定了《1992年社会经济政策纲领》。在6个月里,生产下降停止,出现了最早的经济复苏迹象。1992年第一季度工业生产比上年同期增长8.7%,4—12月比上年同期增长1.5%。这意味着持续两年的生产下降得到遏制。这是团结工会三届政府共同努力的结果。

为了增加政府的稳定性,奥尔谢夫斯基总理于3月15日同马佐维耶茨基就民主联盟加入联合政府问题举行谈判,但是在外交部、国防部和内务部三个部的人事安排上没有取得一致意见,谈判失败。与此同时,瓦文萨总统和奥尔谢夫斯基总理在国防部的人事安排上发生冲突。国防部长帕雷斯未经总统同意就让他的前任、海军中将彼·科沃杰伊奇克退休,瓦文萨总统却要任命他为军队总监。3月25日,总统致函总理,要求免去帕雷斯的国防部长职务,后者拖延不办。5月28日,内务部长马切雷维奇提出审查包括瓦文萨总统在内的政要,指控他们与前安全机关有联系。1992年5月29日,根据总统的建议,议会多数派决定对奥尔谢夫斯基政府进行不信任投票。不信任投票在 6 月 4 日举行，有 273 名议员投了不信任票，少数派联合政府垮台。瓦文萨总统提名 32 岁的波兰农民党主席瓦尔德玛尔·帕夫拉克为总理候选人。

组阁未成的帕夫拉克总理

1992 年 6 月 5 日，议会以 261 票支持、149 票反对通过了瓦·帕夫拉克为政府总理。帕夫拉克希望建立一个由波兰农民党、民主联盟和自由民主大会等党组成的多数派稳定政府，但遭到团结工会、中派协商和基督教民族统一等党的反对。经过 33 天的努力，帕夫拉克组织新政府的努力失败。7 月 3 日，帕夫拉克向总统辞职。

苏霍茨卡政府

经过频繁的协商，瓦文萨总统于 1992 年 7 月 8 日授命民主联盟的哈娜·苏霍茨卡女士组织联合政府。7 月 10 日，议会以 233 票支持、61 票反对、113 票弃权通过哈·苏霍茨卡为政府总理。政府设 2 名副总理，组成人员如下：

总理——哈·苏霍茨卡(民主联盟)；

副总理——亨·戈雷谢夫斯基(基督教民族统一)；

副总理——帕·翁奇科夫斯基(基督教民主党)；

政府办公厅主任——马·罗基塔(民主联盟)；

外交部部长——克·斯库比谢夫斯基(无党派人士)；

国防部部长——雅·奥内什凯维奇(民主联盟)；

财政部部长——耶·奥夏滕斯基(民主联盟)；

内务部部长——安·米尔恰诺夫斯基(无党派人士)；

农业部部长——加·雅诺夫斯基(农民协商)；

司法部部长——兹·迪卡(基督教民族统一)；

卫生部部长——安·沃伊蒂瓦(农民基督教党);

环境保护部部长——齐·霍尔特马诺维奇(农民协商);

劳动和社会政策部部长——雅·库龙(民主联盟);

教育部部长——兹·弗利索夫斯基(基督教民族统一);

中央计划局局长——耶·克罗皮夫尼茨基(基督教民族统一);

经济委员会主任——亨·戈雷谢夫斯基(兼);

社会委员会主任——帕·翁奇科夫斯基(兼);

对外经济合作部部长——安·阿伦达尔斯基(自由民主大会);

工业部部长——瓦·涅维亚罗夫斯基(农民协商);

运输部部长——兹·雅沃尔斯基(基督教民族统一);

邮电部部长——克·基里安(自由民主大会);

国土规划和建设部部长——安·布拉特科夫斯基(无党派人士);

所有制改造部部长——雅·莱万多夫斯基(自由民主大会);

同欧洲经济共同体一体化事务部部长——杨·别莱茨基(自由民主大会);

企业事务部部长——兹·埃斯蒙特(波兰经济纲领);

同议会和政党联络部部长——耶·卡明斯基(农民协商)。

在苏霍茨卡政府24名成员中,民主联盟和基督教民族统一各5名,自由民主大会和农民协商各4名,无党派人士3名,基督教民主党、农民基督教党和波兰经济纲领各1名。这是一个由7个政党组成的联合政府。联合政府在议会中占有微弱多数,一旦出现分裂,就很难保证政府的稳定。

联合政府建立时，国内经济形势尚未明显好转，罢工人数仍在增加：1990 年为 11.57 万，1991 年为 22.15 万，1992 年达到 75.25 万。1992 年国内生产增长 2.6%。1993 年经济形势明显好转。罢工人数降至 38.32 万，1992 年国内生产增长 3.8%，但比 1989 年还低 14%。工业生产增长 6.2%。私有经济第一次占国内生产的一半以上。上述数字意味着经济衰退的结束。但是相当多的职工实际工资降低，失业率居高不下。1992 年底有 250.9 万人失业，失业率为 14.3%。1993 年有 288.9 万人失业，失业率达 16.4%。

不久，执政党民主联盟发生分裂，以亚·哈尔为首的右翼论坛退出民主联盟，另建新党，称民主右翼论坛，后改名为保守党。民主左翼联盟上升为议会第一大党。民主联盟在 1993 年 4 月 24—25 日举行第二次代表大会。塔·马佐维耶茨基再次当选为主席。雅·库龙等三人当选为副主席。

1992 年小宪法

早在 1989 年 12 月，人民共和国第十届议会和参议院就分别成立了各自的宪法委员会，分别起草了临时性的小宪法草案，因在总统和议会的权限问题上意见相左被弃用。1991 年 11 月第三共和国第一届议会选举后，新成立的宪法委员会加速起草小宪法。1992 年 8 月，议会和参议院通过小宪法。10 月 17 日经瓦文萨总统签署生效。小宪法确定议会（众议院）议员名额为 460 名，参议院名额为 100 名。任期均为 4 年。总统由普选产生，任期 5 年。总统领导国家的安全、国防和外交事务，有任免政府总理和根据总理的建议任命各部部长的权力，有权宣布战时状态和紧急状态。有权解散议会和行使立法否决权。议会否决总统的否决权必须有三分之二以上到会议员(到会议员必须占议员总数二分之一以上)同意。议会和参议院如果在政府提交财政预算草案三个月内不通过,总统有权解散议会和参议院。

小宪法是瓦文萨的总统制主张同民主左翼联盟、波兰农民党、民主联盟等政党的议会制主张的妥协,使议会、总统和政府的权力处于平衡,它规定了波兰共和国总统—议会制的政治制度。

反堕胎法

关于禁止妇女堕胎的争议持续不断。天主教会和天主教政党为了捍卫"基督教价值观",坚决主张通过反堕胎法,民主左翼联盟和劳动联盟等左翼政党则坚决反对通过反堕胎法。劳动联盟领袖雷·布加伊建议就堕胎问题举行全民公决,但未获议会通过。1993年1月7日,议会以213票支持、171票反对、29票弃权,通过了名为"关于计划家庭、保护人类胎儿和容许堕胎的条件"的法律。法律规定,妇女堕胎要被剥夺公民自由权2年,但在下列情况下可以堕胎:妊娠危及妇女生命;为了拯救妇女生命而导致婴儿死亡;因犯罪行为而导致妇女怀孕。这个法律的通过和实施意味着天主教会和基督教伦理对波兰社会具有决定性影响。

解散议会

1993年上半年,波兰各地罢工运动此伏彼起。工薪阶层因实际工资降低而举行罢工。4月的教师罢工声势浩大。以安·莱佩尔为首的农民"自卫"组织不满农产品价格偏低,试图冲击议会引起同警察的冲突。4月8日,农业部长加·雅诺夫斯基(农民协商)因不满农产品最低价格的规定而辞职,引发了苏霍茨卡政府危机。农民协商议会俱乐部转为政府的反对派。政府失去了议会微弱的多数。5月18日,团结工会全国委员会通过它的议会俱乐部提出对政府不信任案。5月28日，445名议员就议会对政府不信任案进行表决，223名议员主张政府辞职，138名议员反对政府辞职。根据小宪法第66条，在议会通过对政府的不信任投票时，总统可以接受政府辞职，也可以解散议会。5月29日，瓦文萨总统解散议会和参议院。

通向西方的道路

波兰位于欧洲中部，从10世纪建国和按拉丁仪式接受基督教时起，就是西欧文明的一部分。由于冷战，波兰脱离了西欧，加入了东方集团，拉大了同西欧的差距。1989年剧变以后，历届波兰政府都把接近西欧、回归欧洲作为对外政策的主要任务。

1992年10月7日，苏霍茨卡总理访问布鲁塞尔北大西洋公约组织总部。她宣称："成为北大西洋联盟的正式会员是我们的战略目标。"由此开始了波兰加入北约的7年历程。

1992年9月11日，波兰、捷克斯洛伐克和匈牙利提出加入欧洲经济共同体的申请。1993年10月30日，欧洲经济共同体改名为欧洲联盟。

1993年1月，捷克和斯洛伐克分家，维谢格拉德集团由三国变为四国。捷克总理瓦·克劳斯开始对一国加入更感兴趣，而对同波兰、匈牙利一起加入北约和欧盟失去热情。斯洛伐克和匈牙利因匈牙利少数民族在斯洛伐克的不良境遇和两国在多瑙河边界建立水坝问题发生争端。维谢格拉德集团的凝聚力减弱。

1992年10月14日，俄罗斯政府向波兰政府提交关于卡廷罪行的复印文件，显示对波兰的友好。1992年10月28日，俄罗斯军队从波兰撤退完毕，留下6000名士兵，他们是为从德国撤退过境波兰的俄罗斯士兵服务的。1993年9月17日，最后一批俄罗斯士兵离开波兰。波俄关系转入正常状态。

1993 年 5 月,瓦文萨总统访问基辅,同乌克兰总统克拉夫丘克签订了地区合作协定等四个文件。波乌关系朝着良好方向发展。波兰同白俄罗斯的关系没有像波兰—乌克兰关系那样好。波兰同立陶宛关系因 1920 年波兰军队入侵维尔诺尔受到损害。1994 年 4 月 26 日,瓦文萨总统访问立陶宛,同布拉藻斯卡斯总统签订了友好睦邻合作条约。波兰—立陶宛关系得到改善。

第四节　民主左翼联盟和波兰农民党执掌政权

第二届议会选举

第三共和国第二届议会选举在 1993 年 9 月 19 日举行。新的选举法规定:只有得票 5%以上的政党和 8%以上的政党联盟才能获得议席。这一规定使许多小党不能进入议会,有利于大的政党和政党联盟。

以弗·齐莫谢维奇为主席的民主左翼联盟把同失业作斗争、实行公正的稳定的农业政策(低息贷款、冻结债务、限制食品进口)、加速经济发展、提高退休金的标准、实行有限制的私有化政策、实行一院制议会制、反对教权主义、反对禁止堕胎等作为竞选纲领。波兰农民党在选举中提出“波兰需要好管家”的口号,隐含着对民主联盟苏霍茨卡政府的批评,继续为捍卫农民利益而斗争。民主联盟的竞选纲领包含同失业作斗争、整顿经济秩序、改善国家安全状况等。

鉴于团结工会阵营四分五裂,莱赫·瓦文萨总统仿照 1928—1935 年约瑟夫·毕苏茨基建立“同政府合作的无党派联盟”的做法，组建了“支持改革无党派联盟(BBWR)”作为总统的政党。联盟的领袖是安·奥莱霍夫斯基，他曾任杨·奥尔谢夫斯基政府的财政部长。瓦文萨提出“每人1亿兹罗提”的口号，即由政府发给每个成年公民1亿兹罗提用以购买国有企业，这是彻底的私有化口号，也是一种乌托邦式的口号，具有蛊惑人心的特点。他希望团结工会成为联盟的核心。但是有180万会员的团结工会于1993年6月25—27日在绿山举行第五次全国代表大会，决定单独参加议会选举，使瓦文萨的希望落空。

共有1442万公民参加了1993年9月19日的议会选举，参选率为52.8%，比1991年低10个百分点。100个参议员的席位作如下安排：民主左翼联盟，37；波兰农民党，36；团结工会，9；民主联盟，4；支持改革无党派联盟，2；劳动联盟，2；自由民主大会，1；中派协商，1；无党派人士，4；其他委员会候选人，4。

在议会选举中，民主左翼联盟获得20.41%选票，171席；波兰农民党获得15.40%选票，132席；民主联盟获得10.59%选票，74席；劳动联盟获得7.28%选票，41席；独立波兰联盟获得5.77%选票，22席；支持改革无党派联盟获得5.41%选票，16席。团结工会只获得4.9%选票，没有席位。所以，第二届议会是六党议会。民主左翼联盟和波兰农民党在议会和参议院都获得绝对多数的席位。团结工会在掌权后内讧不断，四分五裂，其政治影响日益减弱。波兰选民把希望的目光投向“后共产党人”——民主左翼联盟。

帕夫拉克联合政府的组成

第二届议会选举后，民主左翼联盟和波兰农民党领导人就组织联合政府和主要人选达成了协定：总理和参议院议长由波兰农民党代表担任，议会议长由民主左翼联盟代表担任。1993 年 10 月 14 日，议会和参议院分别召开第一次会议。议会选举约·奥莱克西（民主左翼联盟）为议长，约·齐赫（波兰农民党）为副议长，还有两名副议长由奥·克日扎诺夫斯卡（民主联盟）和亚·马瓦霍夫斯基（劳动联盟）担任。参议院选举亚·斯特鲁齐克（波兰农民党）为议长，雷·恰尔内（民主左翼联盟）为副议长，还有两名副议长是佐·库拉托夫斯卡（民主联盟）和斯·尤尔恰克（团结工会）。

波兰农民党主席瓦尔德玛尔·帕夫拉克被推荐为总理，得到瓦文萨总统的认可。10 月 26 日，议会通过了总统对帕夫拉克的总理任命和新政府的组成。新政府组成如下：

瓦·帕夫拉克

总理——瓦·帕夫拉克（波兰农民党）；

副总理——马·博罗夫斯基（民主左翼联盟）；

副总理——弗·齐莫谢维奇（民主左翼联盟）；

副总理——亚·乌恰克（波兰农民党）；

政府办公厅主任——米·斯特龙克（波兰农民党）；

外交部部长——安·奥莱霍夫斯基（支持改革无党派联盟）；

国防部部长——彼·科沃杰伊奇克（无党派人士）；

内务部部长——安·米尔恰诺夫斯基（无党派人士）；

农业部部长——安·希米耶坦科(波兰农民党);

财政部部长——马·博罗夫斯基(兼);

司法部部长——弗·齐莫谢维奇(兼);

工业部部长——马·波尔(劳动联盟);

文化部部长——卡·德伊梅克(无党派人士);

教育部部长——亚·乌恰克(兼);

运输部部长——博·利贝拉兹基(无党派人士);

卫生部部长——雅·佐霍夫斯基(民主左翼联盟);

劳动和社会政策部部长——莱·米莱尔(民主左翼联盟);

邮电部部长——安·齐业林斯基(无党派人士);

对外经济合作部部长——莱·波德坎斯基(波兰农民党);

环境保护部部长——斯·热利霍夫斯基(波兰农民党);

国土规划和建设部部长——巴·布利达(民主左翼联盟);

所有制改造部部长——维·卡奇玛雷克(民主左翼联盟);

经济委员会主任——马·博罗夫斯基(兼);

社会委员会主任——弗·齐莫谢维奇(兼);

科学技术研究委员会主任——维·卡尔切夫斯基(无党派人士);

中央计划局局长——米·皮耶特雷维奇(波兰农民党)。

在21名政府成员中,波兰农民党7名,民主左翼联盟6名,亲民主左翼联盟和波兰农民党的无党派人士6名,劳动联盟1名(后转入民主左翼联盟),支持改革无党派联盟1名。这届联合政府实际上是民主左翼联盟和波兰农民党两党政府,被称为红绿政府。

政府内部的冲突和政府同总统的冲突

由于在私有化问题上的分歧意见,两党政府也未能避免内部冲突。冲突起因是1993年秋全国最大的银行之一——西里西亚银行的私有化。为了通过出售股票实现该银行的私有化,财政部故意压低股票出场价,以50万兹罗提(旧兹罗提)一股上市。1994年1月股票暴涨了12倍。据说,股票大多为银行的职工所买。他们在短短的日子里成为拥有几十亿兹罗提的巨富。波兰农民党认为这是对国家财产的掠夺。帕夫拉克总理在1月28日解除了主管西里西亚银行私有化的财政部副部长斯·卡瓦莱茨的职务,由此引发了帕夫拉克总理和副总理兼财政部长博罗夫斯基之间的冲突。两人的矛盾还表现在对食品经济银行的财政援助上。与波兰农民党有利益关系的处于亏损状态的食品经济银行亟须得到政府的财政援助,但没有得到博罗夫斯基的认可。2月4日,博罗夫斯基提出辞职。民主左翼联盟领袖克瓦希涅夫斯基建议由达·罗萨蒂接替博罗夫斯基担任副总理兼财政部长,但遭到帕夫拉克总理的拒绝。最后,双方同意由民主左翼联盟的经济学家格·科沃德科接任副总理兼财政部长。

从两党政府建立时起,政府与瓦文萨总统的冲突不可避免。瓦文萨在1993年议会选举中失败后,拒不放弃前几年(1989—1993)拥有的广泛权力。

1994年2月,议会否决了总统的两个法律草案:一个是10万公民有权向议会提出宪法草案,另一个是由国民大会通过的重要法律被全民公决否决后,议会应自行解散。这样开始了总统同议会—政府的冲突。瓦文萨恼羞成怒,召回了他在宪法委员会的议会代表。他把怨恨集中在民主左翼联盟身上。当两党因博罗夫斯基副总理兼财政部长辞职而引发政府危机时,瓦文萨总统拒绝批准罗萨蒂接任博罗夫斯基的职务,引起了民主左翼联盟的愤怒,后者要求修改小宪法，限制总统的权力。民主左翼联盟放弃了对罗萨蒂的提名后，瓦文萨总统的代表返回宪法委员会工作。

瓦文萨总统和政府的冲突还表现在国防部长人选上。根据小宪法的规定，国防部、外交部、内务部由总统亲自领导，人事大权掌握在总统手里。自两党政府建立后，民主左翼联盟在三个部安插了副部长，使三个部不再成为总统垄断的机关。瓦文萨对此十分不满。1994 年秋，总参谋长塔·维莱茨基力图摆脱国防部的领导，同国防部长科沃杰伊奇克发生冲突，却得到总统的支持，后者企图通过总参谋长直接控制军队。在 1992 年奥尔谢夫斯基政府时曾经受到总统保护的科沃杰伊奇克却被总统免去了国防部长的职务。总统任命兹·奥康斯基为新的国防部长。这事不仅引起民主左翼联盟的抗议，也引起波兰农民党的不满。

任总理已一年半的帕夫拉克表现出年轻(35 岁)缺乏经验的弱点和延误改革的错误，受到各方面的批评。1995 年 1 月，他在免除奥莱霍夫斯基外交部长职务问题上与瓦文萨总统发生冲突，不得不辞去总理职务。事情的起因是这样的：1994 年 10 月 23 日在华沙东火车站发生了俄罗斯商人遭波兰警察殴打的事件。为这一事件，俄罗斯方面取消了 1994 年 11 月初计划中的俄罗斯总理切尔诺梅尔金对波兰的访问。帕夫拉克总理批评外交部长奥莱霍夫斯基损害了波俄关系。1995 年 1 月 13 日，奥莱霍夫斯基辞去外交部长职务。此事激怒了瓦文萨，他迫使帕夫拉克总理辞职。

1995 年 3 月 1 日，议会接受帕夫拉克辞职，推举现任议会议长约瑟夫·奥莱克西为总理。

奥莱克西政府

1995 年 3 月 3 日，议会以 272 票支持、99 票反对和 13 票弃权通过了奥莱克西政府的组成。政府组成人员如下：

总理——约·奥莱克西(民主左翼联盟)；

副总理——格·科沃德科(民主左翼联盟)；

副总理——罗·雅盖林斯基(波兰农民党)；

副总理——亚·乌恰克(波兰农民党)；

政府办公厅主任——马·博罗夫斯基(民主左翼联盟)；

外交部部长——瓦·巴尔托谢夫斯基(无党派人士)；

国防部部长——兹·奥康斯基(无党派人士)；

内务部部长——安·米尔恰诺夫斯基(无党派人士)；

财政部部长——格·科沃德科(兼)；

司法部部长——耶·雅斯凯尔尼亚(民主左翼联盟)；

中央计划局局长——米·皮耶特雷维奇(波兰农民党)；

经济委员会主任——格·科沃德科(兼)；

科学研究委员会主任——亚·乌恰克(兼)；

农业部部长——罗·雅盖林斯基(兼)；

卫生部部长——雅·佐霍夫斯基(民主左翼联盟)；

教育部部长——雷·恰尔内(民主左翼联盟)；

文化部部长——卡·德伊梅克(无党派人士)；

工业部部长——克·希切尔斯基(波兰农民党)；

邮电部部长——安·齐亚林斯基(无党派人士)；

运输部部长——博·利贝拉兹基(无党派人士)；

环境保护部部长——斯·热利霍夫斯基(波兰农民党)；

劳动和社会政策部部长——莱·米莱尔(民主左翼联盟)；

对外经济合作部部长——雅·布哈奇(波兰农民党)；

国土规划和建设部部长——巴·布利达(民主左翼联盟)；

所有制改造部部长——维·卡奇玛雷克(民主左翼联盟)。

在21名政府成员中,民主左翼联盟9名,波兰农民党6名,无党派人士6名(其中2名由民主左翼联盟推荐,1名由波兰农民党推荐)。民主左翼联盟在新的两党政府中占有明显优势。

经济增长

波兰社会因激进的经济改革遭受前所未有的经济困难,希望有一个稳定的社会经济和政治环境。1992—1993年,波兰出现了经济复苏和增长的可喜现象。在以后的几年里,波兰经济进入了快速发展的时期。每年国内生产增长的指数如下①:1992年,2.6%;1993年,3.8%;1994年,5.2%;1995年,7%;1996年,6.1%,这一年波兰在后社会主义国家中率先恢复到1989年的生产水平;1997年,6.9%,超过1989年11.8%。与此同时,职工工资相应提高:1994年,0.5%;1995年,3%;1996年,5.7%;1997年,6.8%。失业率有所下降:1994年,16.0%;1995年,14.9%;1996年,13.6%;1997年,10.5%。② 1995年财政赤字保持在2.5%以下,通货膨胀率降至21.6%。从1995年1月1日起发行新兹罗提,以1新兹罗提兑换1万旧兹罗提。

随着经济状况的好转,国外投资明显增长:1994年为12.8亿美元,1995年增至25.1亿美元,1996年达到52亿美元。美国、德国和意大利是主要投资国。1994年9月14日,波兰政府同伦敦俱乐部签订了减少波兰债务132亿美元(近一半)的协定。

1994—1997年波兰经济改革的设计师是副总理兼财政部长

---

① 格·科沃德科:《从休克到治疗:后社会主义转轨的政治经济》,上海远东出版社2000年版,第86页。

② 格·科沃德科:《从休克到治疗:后社会主义转轨的政治经济》,第492页。

格·科沃德科。他摒弃了1989—1992年的激进式的休克疗法，采用稳健的渐进式的转轨政策。科沃德科的“波兰战略”强调国有企业的商业化，而不是私有化，因而放慢了私有化的进程。1995年私有成分在国内生产总值中占58%，1996年上升到65%。波兰的人均国内生产总值从1990年的1630美元，增长到1997年的3510美元。波兰经济发展的骄人成绩无不使每个波兰人感到欣慰。科沃德科把波兰经济的发展同东亚“四小虎”相比，未免有夸大之嫌。

奥莱克西—科沃德科政府的政绩有目共睹。反对派不甘心在第二届议会中的失败，重新集聚起来，迎接1995年12月的总统选举。以雅·卡琴斯基为首的中派协商联合各党在1993年10月组成了中右集团秘书处(SUC)。1993年11月11日是波兰国庆日，现实政策联盟、保守党、基督教民主党等右翼小党组成第二个反对派中心——“11月11日协商(PJL)”。与此同时，民主联盟第三次代表大会(1994年3月)通过了同自由民主大会合并的决定。两党在1994年4月23—24日举行统一代表大会，把党的名称改为自由联盟，选举塔·马佐维耶茨基为主席，多·图斯克为副主席。1995年4月1—2日，自由联盟召开第二次代表大会，选举莱·巴尔采罗维奇为主席，塔·塞雷伊奇克为副主席，推举雅·库龙为总统候选人。自由联盟成为民主左翼联盟和波兰农民党政府的主要反对派。

第二任总统选举：克瓦希涅夫斯基当选

根据1990年的总统选举法，每个总统候选人必须有10万公民的签名。最后向国家选举委员会登记的候选人有13名，年龄最小的是36岁的瓦·帕夫拉克，最大的是69岁的塔·齐亚林斯基，平均年龄52岁。8名候选人具有大学学历，3名中学学历，2名职业中学学历。

共有18203218名波兰公民参加了1995年11月5日的第二任总统选举，参选率为64.7%，略高于1990年的总统选举(60.6%)。获得最多选票的前五名总统候选人是：

亚历山大·克瓦希涅夫斯基——6275670(35.11%)；

莱赫·瓦文萨——5917328(33.11%)；

雅采克·库龙——1646946(9.22%)；

杨·奥尔谢夫斯基——1225453(6.86%)；

瓦尔德玛尔·帕夫拉克——770419(4.31%)。

亚历山大·克瓦希涅夫斯基

由于没有一位候选人得票率达到50%以上，根据总统选举法，由得票最多的前二名总统候选人在第二轮投票中进行竞选。第二轮投票在1995年11月19日举行。亚·克瓦希涅夫斯基以9704439票(51.72%)战胜得票9058176(48.28%)的莱·瓦文萨，当选波兰第三共和国第二任总统。克瓦希涅夫斯基当选总统后，辞去了社会民主党主席职务。

亚·克瓦希涅夫斯基于1954年11月15日出生于今西波莫瑞省科沙林市比亚沃加尔特乡的一个医生家庭。1977年毕业于格但斯克大学交通经济系。同年加入波兰统一工人党。1985 年任体育部部长，是当时最年轻的内阁成员。1990 年 1 月波兰统一工人党第十一次代表大会宣布解散后，他受推荐担任新建立的波兰共和国社会民主党主席。新党有 4.6 万名党员。1991 年，社会民主党与其他左翼组织组成民主左翼联盟，克瓦希涅夫斯基成为民主左翼联盟的领袖。

齐莫谢维奇政府

在克瓦希涅夫斯基当选总统时，在波兰政治舞台上出现了轰动一时的政治丑闻。现任总理奥莱克西被指控同俄罗斯谍报机关有联系。丑闻的制造者是即将离任的内务部长米尔恰诺夫斯基和总统瓦文萨。他们根据国家安全局军官马·扎哈尔斯基等四人提供的代号为“奥林”的间谍资料，于 1995 年 12 月 21 日向议会提出对奥莱克西总理的间谍指控。奥莱克西断然否认对他的指控，认为这是“肮脏的挑衅”。社会民主党领导人挺身而出，为奥莱克西辩护，指责瓦文萨唯恐天下不乱，恣意挑起事端。在米尔恰诺夫斯基指控奥莱克西的当天，瓦文萨匆忙把扎哈尔斯基等四人晋升为将军。1996 年 1 月 24 日，华沙军区检察院开始侦查这一案件。奥莱克西被迫辞去总理职务。经过三个月的侦查，华沙军区检察院检察长斯·戈尔凯维奇上校宣布：对约·奥莱克西的间谍指控，查无实据，停止侦查。鉴于国家安全局在此案处理上的错误，局长格·切姆平斯基等人被免职。波兰农民党议员准备把米尔恰诺夫斯基告上国务法庭，指控他破坏法纪。由右翼一手制造的“奥莱克西间谍案”不了了之。

奥莱克西辞去总理职务后，由民主左翼联盟的弗·齐莫谢维奇在 1996 年 2 月 7 日第三次组成民主左翼联盟和波兰农民党联合政府。政府组成人员如下：

总理——弗·齐莫谢维奇(民主左翼联盟)；

副总理——格·科沃德科（民主左翼联盟）；

副总理——罗·雅盖林斯基（波兰农民党）；

副总理——米·皮耶特雷维奇（波兰农民党）；

政府办公厅主任——莱·米莱尔（民主左翼联盟）；

外交部部长——达·罗萨蒂（无党派人士）；

国防部部长——斯·多布让斯基（波兰农民党）；

内务部部长——兹·谢米翁特科夫斯基（民主左翼联盟）；

财政部部长——格·科沃德科（兼）；

农业部部长——罗·雅盖林斯基（兼）；

司法部部长——莱·库比茨基（无党派人士）；

工业部部长——克·希切尔斯基（波兰农民党）；

邮电部部长——安·齐亚林斯基（无党派人士）；

运输部部长——博·利贝拉兹基（无党派人士）；

卫生部部长——雅·佐霍夫斯基（民主左翼联盟）；

文化艺术部部长——兹·波德坎斯基（波兰农民党）；

教育部部长——耶·维亚特尔（民主左翼联盟）；

建设部部长——巴·布利达（民主左翼联盟）；

劳动和社会政策部部长——安·邦奇科夫斯基（无党派人士）；

中央计划局局长——米·皮耶特雷维奇（兼）；

科学研究委员会主任——亚·乌恰克（波兰农民党）；

对外经济合作部部长——雅·布哈奇（波兰农民党）；

所有制改造部部长——维·卡奇玛雷克（民主左翼联盟）；

环境保护部部长——斯·热利霍夫斯基（波兰农民党）。

在21名政府成员中，民主左翼联盟和波兰农民党各占8名，无党派人士5名。齐莫谢维奇政府是奥莱克西政府的继续，保持着政策的连续性。

第五节　波兰共和国宪法。从布泽克右翼政府到米莱尔左翼政府

波兰共和国宪法

早在1993年第二届议会选举时，民主左翼联盟许诺尽快通过新宪法，并成立了以亚·克瓦希涅夫斯基为主席的宪法委员会。经过三年的准备、修改，国民大会于1997年4月2日通过了波兰共和国宪法。5月25日，波兰全国对波兰共和国宪法举行公民投票，参加投票的公民只有42.86%，有52.71%公民同意。7月16日，克瓦希涅夫斯基总统签署宪法，完成了宪法制订的全部法律手续。从1997年10月17日起，波兰共和国宪法生效。宪法由13章243条组成，是战后最详细的一部宪法。

宪法第一章共和国共28条。宪法规定："波兰共和国是实现社会公正原则的民主法治国家"（第2条）。"波兰共和国最高权力属于人民。人民通过自己的代表行使权力"（第4条）。"宪法是波兰共和国最高法律"（第8条）。"波兰共和国制度建立在立法权、行政权和司法权分立和均衡的基础上。立法权由议会和参议院行使。行政权由波兰共和国总统和部长会议行使，司法权由法院和法庭行使"（第10条）。"波兰共和国保护财产和继承权"（第21条）。"以经济活动的私有制、社会伙伴的团结、对话与合作为基础的社会市场经济是波兰共和国经济制度的基础"（第20条）。"家庭农场是国家农业制度的基础"（第23条）。"天主教会和其他宗教团体是平等的"，"波兰共和国和天主教会的关系由她同罗马教廷签订的条约和法律确定"（第25条）。"波兰共和国的武装力量为国家的独立和领土的完整以及边界的安全和不可侵犯服务"（第26条）。

宪法第二章个人和公民的自由、权利和义务共57条。它规定:“个人自由受法律保护。每个人应当尊重其他人的自由和权利。任何人不能强制别人做法律没有禁止他做的事情”(第31条)。“波兰共和国妇女和男子在家庭、政治、社会和经济生活中享有平等权利”(第33条)。“每个人有在波兰共和国领土上迁移和选择居住地点的自由,有离开波兰共和国领土的自由”(第52条)。“每个人有信仰和宗教自由”(第53条)。“凡年满18岁的波兰公民有权参加全民公决和选举波兰共和国总统、议员、参议员和地方自治机关代表的权利”(第62条)。“忠于波兰共和国和关心大众福祉是波兰公民的义务”(第82条)。“每人有义务遵守波兰共和国法律”(第83条)。“保卫祖国是波兰公民的义务。服兵役的义务由法律规定”(第85条)。

宪法第三章法律的源泉共8条。

宪法第四章议会和参议院共31条。“议会和参议院行使波兰共和国的立法权。议会在宪法和法律条文规定的范围内实施对部长会议工作的监督”(第95条)。“议会由460名议员组成。议会的选举是普遍、平等、直接、按比例和秘密投票方式进行”(第96条)。“参议院由100名议员组成。参议院的选举以普遍、平等、直接和秘密投票方式进行”(第97条)。“议会和参议院每届任期4年。议会和参议院的选举由共和国总统主持。有三分之二议员通过,议会可以缩短任期。议会任期缩短同时也是参议院任期缩短。共和国总统在听取议会议长和参议院议长的意见后可以缩短议会和参议院的任期”(第98条)。“在宪法规定的条件下,议会和参议院在议会议长主持下召开联合会议,即国民大会”(第114条)。“部长会议主席和部长会议其他成员有义务在21天内答复议员的质询”(第115条)。“议会以波兰共和国名义作出战争状态和签订和约的决定。如果议会不能召开会议,由共和国总统宣布战争状态”(第 116 条)。“立法权创议权归议员、参议员、共和国总统和部长会议。有 10 万名享有选举权公民的团体也享有立法创议权”(第 116 条)。“对国家有特别重要的问题可以举行全民公决。全民公决由议会或总统主持”(第 125 条)。

宪法第五章波兰共和国总统共 20 条。“波兰共和国总统是波兰共和国最高代表和国家政权连续性的保证人”(第 126 条)。“波兰共和国总统由人民通过普遍、平等、直接和秘密投票选举产生。任期 5 年,可以连任一届。凡年满 35 岁有选举权的波兰公民可以当选。总统候选人必须有 10 万有选举权公民的签名”(第 127 条)。“共和国总统选举的有效性由最高法院认定”(第 129 条)。“共和国总统是波兰共和国武装力量最高统帅”(第 134 条)。“国家安全会议是共和国总统在国内事务和国家外部安全的咨询机关”(第 135 条)。

宪法第六章部长会议和政府行政共 17 条。“部长会议执行波兰共和国的国内和外交政策,领导政府行政”(第 146 条)。“部长会议由部长会议主席和各部部长组成”(第 147 条)。“共和国总统任命部长会议主席。根据部长会议主席的建议组成部长会议。部长会议主席在总统任命的 14 天内向议会提出政府施政纲领,获得议会半数以上议员(到会的议员必须在半数以上)的信任投票方为有效”(第 154 条)。“部长会议成员因触犯宪法和法律和因职务犯罪要向国务法庭承担责任。议会根据共和国总统或 115 名以上议员,即五分之三法定议员的建议,通过决议把该部长会议成员交付国务法庭制裁”(第 156 条)。“部长会议成员对部长会议的工作向议会承担集体责任。部长会议成员对自己管辖的事务向议会承担个人责任”(第 157 条)。“有半数以上议会议员表示对部长的不信任,共和国总统就得撤销这名部长的职务”(第 159 条)。“根据部长会议主席的建议,共和国总统改组部长会议”(第161条)。

宪法第七章地方自治共10条。

宪法第八章法院和法庭共28条。“法院和法庭是独立于其他政权的独特政权”(第173条)。“法院和法庭以波兰共和国名义作出判决”(第174条)。“最高法院、高级地方法院、行政法院和军事法院行使波兰共和国司法权”(第175条)。“履行职权的法官是独立的,只服从于宪法和法律。法官不能隶属政党、工会,不能从事与法官独立原则不相容的公众活动”(第178条)。“最高法院行使对各级地方法院和军事法院判决的监督。最高法院院长由共和国总统任命,任期6年”(第183条)。“最高行政法院和各级行政法院行使对公众行政工作的监督。最高行政法院院长由共和国总统任命,任期6年”(第184、185条)。“宪法法庭就下列案件作出判决:国际法律和国际条约是否与宪法一致;国家中央机关发布的法律条款是否与宪法一致,是否与业已批准的国际条约和法律一致;各政党的目的和活动是否与宪法一致”(第188条)。“宪法法庭解决国家中央宪法机关之间权限的争端。宪法法庭的裁决是最终的,必须执行”(第189、190条)。“宪法法庭由议会选举的15名法官组成,任期15年。宪法法庭庭长、副庭长由共和国总统任命”(第194条)。“共和国总统、部长会议主席及其成员、波兰国家银行行长、最高监察院院长、全国广播电视委员会成员、武装力量总司令、议会议员、参议院议员在任职时因触犯宪法和法律,要接受国务法庭的审判”(第198条)。“国务法庭由庭长、2名副庭长和16名由议会选举的法官组成。国务法庭庭长由最高法院院长担任”(第199条)。

宪法第九章国家监察机关和权利的保护共14条。“最高监察院是国家最高监察机关。最高监察院隶属于议会。最高监察院按集体原则工作”(第202条)。“最高监察院监督政府行政机关、波兰国家银行和其他国家工作人员的工作”(第 203 条)。“最高监察院院长由议会经参议院同意任命。任期 6 年,可以连任一届”(第 205 条)。“公民权利代言人捍卫个人和公民的自由和权利。公民权利代言人由议会经参议院同意任命,任期 5 年。公民权利代言人不能参加政党、工会,不能从事公众活动。公民权利代言人每年向议会和参议院报告自己的工作和报告个人和公民自由和权利的状况”(第 208、209、212 条)。“全国广播和电视委员会捍卫言论自由、报道权利和广播电视中的公众利益。全国广播和电视委员会成员由议会经参议院和总统同意任命,不能参加政党、工会,不能进行公众活动”(第 213、214 条)。

第三届议会选举

1997 年 9 月,左翼政府任期届满,将举行第三届议会选举。这一年,国内生产增长 6.9%,超过 1989 年 11.8%。在对外政策上取得不少成就。1996 年 7 月,波兰加入了经济合作和发展组织。1997 年 7 月,波兰应邀参加加入北约组织的谈判。1997 年 5 月 31 日到 6 月 10 日,罗马教皇约翰—保罗二世第五次访问波兰。但是天有不测风云,1997 年 7 月波兰发生了 20 世纪最大的洪灾,西南部许多地方为洪水吞没,死 55 人,财产损失几十亿美元。对于这场突如其来的自然灾害,政府显得措手不及,救灾行动迟缓,出现许多纰漏,受到全国舆论的责难。这成为民主左翼联盟在议会选举中失败的重要原因。

在选举前,议会在 1997 年 6 月 27 日修改了政党法,把建立政党的最低人数从 15 人提高到 1000 人。这次议会选举,主要是民主左翼联盟和团结工会之间的较量。议会选举在 1997 年 9 月 21 日举行,有 1360 万公民参加,参选率为 47.93%,略低于 1993 年。团结选举行动位居榜首,获得 33.83%选票,202 席(43.7%)。民主左翼联盟位居第二，获得27.13%选票，164席(35.65%)。自由联盟获得13.37%选票，60席。波兰农民党获得7.31%选票，27席。重建波兰运动获得5.56%选票，6席。在参议院选举中，团结工会获得51席，民主左翼联盟只获得28席，自由联盟获得8席，重建波兰运动获得5席。波兰农民党获得3席，无党派人士获得5席。

布泽克右翼联合政府和行政区改革

1997年10月20日，第三届议会第一次会议选举马·普瓦任斯基(团结选举行动)为议长，马·博罗夫斯基(民主左翼联盟)、杨·克鲁尔(自由联盟)、弗·斯泰法纽克(波兰农民党)、斯·扎荣茨(团结选举行动)为副议长。次日，参议院选举阿·格热希科维亚克(团结选举行动)为议长，多·图斯克(自由联盟)、安·赫罗诺夫斯基(团结选举行动)、塔·热梅科夫斯基(民主左翼联盟)为副议长。

10月17日，亚·克瓦希涅夫斯基总统任命团结选举行动和团结工会领袖马·克扎克莱夫斯基的顾问耶日·布泽克教授为总理。11月11日，议会以260票通过了对布泽克政府的信任投票。新的联合政府组成人员如下：

总理——耶·布泽克(团结选举行动)；

副总理——莱·巴尔采罗维奇(自由联盟)；

副总理——雅·托玛谢夫斯基(团结选举行动)；

政府办公厅主任——维·瓦伦齐亚克(团结选举行动)；

外交部部长——布·盖雷梅克(自由联盟)；

国防部部长——雅·奥内什凯维奇(自由联盟)；

财政部部长——莱·巴尔采罗维奇(兼)；

国库部部长——埃·翁萨奇(团结选举行动)；

内务部部长——雅·托玛谢夫斯基(兼)；

经济部部长——雅·斯泰因霍夫(团结选举行动)；

农业部部长——雅·雅尼谢夫斯基(团结选举行动);

司法部部长——哈·苏霍茨卡(自由联盟);

劳动部部长——隆·科莫沃夫斯基(团结选举行动);

文化艺术部部长——约·弗鲁克—纳扎罗娃(自由联盟);

教育部部长——米·汉德凯(团结选举行动);

卫生部部长——埃·马克塞莫维奇(团结选举行动);

邮电部部长——马·兹德罗耶夫斯基(团结选举行动);

运输部部长——埃·莫拉夫斯基(自由联盟);

社会改革部部长——泰·卡明斯卡(团结选举行动);

环境保护部部长——杨·希什科(团结选举行动);

欧洲一体化委员会主任——雷·恰尔内茨基(团结选举行动);

科学研究委员会主任——安·维什涅夫斯基(团结选举行动);

消除水灾后果事务部部长——耶·维齐克(团结选举行动);

政府战略研究中心主任——耶·克罗皮夫尼茨基(团结选举行动);

专门服务协调部部长——雅·帕乌比茨基(团结选举行动)。

在23名政府成员中,团结选举行动占17名,自由联盟有6名。布泽克两党联合政府的建立,意味着团结工会阵营重新取得政权。这是1989年以来波兰政治力量的第三次重大变化。

布泽克政府继续前几届政府的政策,把加入北约和欧盟,实现欧洲一体化作为最重要的外交任务。1997年12月,经过几个月的谈判,波兰、捷克和匈牙利三国代表在布鲁塞尔同北约代表签订了关于三国加入北约的议定书。经过北约成员国和三国议会的批准后,波兰将正式成为北约组织的成员国。1999年3月12日,波兰正式成为北约组织的成员国。

1989年以后,波兰在由计划经济向市场经济转轨中取得了很大成绩,私营经济在1996年已占国内生产总值的65%,市场经济已经形成。从1998年3月起，波兰和捷克、匈牙利、斯洛文尼亚、爱沙尼亚同欧盟就入盟问题开始谈判。波兰等五国成为欧盟首批入选国。

1990年以来，政府为了适应加入欧盟和加速市场经济发展的需要，就开始了关于行政区改革的讨论，但一直未能取得一致意见。布泽克政府决定减少省的设置，恢复县的设置，建立省、县、乡三级行政区，把1975年5月盖莱克—雅罗谢维奇政府建立的49个省减少为12个省。政府的改革计划在议会和参议院讨论时被修改。参议院主张建立15个省。克瓦希涅夫斯基总统主张建立17个省。

1998年7月18日，议会通过建立16个省的法律，从1999年1月1日起生效。这16个省是：西波莫瑞省（省会什切青）、波莫瑞省（格但斯克）、瓦尔米—马祖尔省（奥尔兹丁）、波德拉谢省（比亚威斯托克）、卢布斯克省（戈茹夫—大波兰）、大波兰省（波兹南）、库雅维—波莫瑞省（比得哥煦）、马佐夫舍省（华沙）、下西里西亚省（弗罗茨瓦夫）、西里西亚省（卡托维兹）、小波兰省（克拉科夫）、喀尔巴阡省（热舒夫）、圣十字省（凯尔采）、罗兹省（罗兹）、奥波莱省（奥波莱）、卢布林省（卢布林）。16个省设立了308个县和65个县级市。全国共有2489个乡。

1998年7月16日，议会通过了省议会选举法。10月11日，在各省举行省议会选举。民主左翼联盟在9个省（西波莫瑞省、卢布斯克省、瓦尔米—马祖尔省、库雅维—波莫瑞省、大波兰省、下西里西亚省、罗兹省、圣十字省、奥波莱省）获胜。团结选举行动在6个省（波莫瑞省、马佐夫舍省、波德拉谢省、卢布林省、小波兰省、喀尔巴阡省）获胜。在西里西亚省议会选举中，民主左翼联盟和团结选举行动取得同等数量的席位。在省议会选举中，民主左翼联盟获得的选票比1997年9月议会选举中获得的选票多18万张，而团结选举行动却减少了50万张。这说明政治力量的对比在悄悄发生变化。究其原因，是联合政府内部团结选举行动和自由联盟发生冲突。巴尔采罗维奇副总理的财政政策、医疗改革、税收改革、减少失业政策等受到政府战略研究中心主任克罗皮夫尼茨基的抨击。巴尔采罗维奇要求布泽克总理免去克罗皮夫尼茨基的职务，否则自由联盟退出联合政府。1999 年 6 月，巴尔采罗维奇、苏霍茨卡、塞雷伊奇克三名部长退出政府。不久，盖雷梅克和奥内什凯维奇二名部长也退出政府。布泽克右翼政府摇摇欲坠。

波兰共和国行政区域图

（1998 年 7 月 18 日国民大会通过）

第三任总统选举:克瓦希涅夫斯基连任

亚·克瓦希涅夫斯基在总统任职期内,由于他个人的政治才能,成为波兰最有威望的政治家。即使在团结选举行动和自由联盟的中右政府执政期间,他也能运筹帷幄,从容应对。他的贤内助约兰塔从事深得人心的慈善活动,也帮助他提高了威信。这一切有利于他重新当选。

第三任总统选举在 2000 年 10 月 8 日举行。经国家选举委员会认可参加总统竞选的有 12 名总统候选人。参加总统选举的公民占有选举权公民的 61.12%,参选率略低于 1995 年的总统选举。亚·克瓦希涅夫斯基在第一轮选举中获得 9485224 票,以 53.90%选票连任总统。第二名是 1993 年曾任外交部长的安·奥莱霍夫斯基。第三名是团结工会和团结选举行动主席马·克扎克莱夫斯基。第四名是波兰农民党主席雅·卡利诺夫斯基。

第四届议会选举

在布泽克政府最后两年,国内经济形势转坏,生产增长下降。1998 年国内生产增长 4.8%,2001 年跌至 1.1%。失业率上升到 17.4%,达到第三共和国的新高。财政赤字达到 880 亿美元。社会不满情绪蔓延。

在对政府不利的形势下,政府内部却不断出现政治和经济丑闻。2001 年 4 月 1 日,前体育部长雅·登布斯基在华沙一家饭店门前遭枪击身亡。经调查,他与犯罪集团有联系。2000 年 2 月,他在担任体育和旅游局长时,曾接受《选举日报》记者的采访,指控团结选举行动一名高级官员强迫他寻找克瓦希涅夫斯基在梅斯内尔、拉科夫斯基和马佐维耶茨基政府担任体育部长时的证据,于是他被免去了体育和旅游局长的职务。2001 年 7 月,国防部副部长罗·谢雷米切夫拥有一套与他的收入不相称的豪宅被媒体曝光。在国家安全局侦查此案时,他的助手(也是债权人)逃往瑞典。与此同时,运输部长约·维齐克也因同类问题被曝光。

2001 年 9 月 23 日,在对右翼不利的形势下,波兰举行第四届议会选举,有 1300 万有选举权的公民参加选举,参选率为 46.29%,略低于上届议会选举的参选率。民主左翼联盟和劳动联盟的组合获得 530 万票(占 41.04%)和 216 席。居第二位的是 2001 年 1 月从自由联盟分裂出来的公民纲领党(PO),其领袖是多·图斯克和安·奥莱霍夫斯基、马·普瓦任斯基,他们获得 160 万票(占 12.68%)和 65 席。居第三位的是农民"自卫"党,其领袖是安·莱佩尔,他们获得 130 万票(占 10.20%)和 53 席。2001 年 3 月从团结选举行动分离出来的法律和正义党(PiS)获得 9.5%票和 44 席。波兰农民党获得 8.98%票和 42 席。在参议院 100 议员的选举中,民主左翼联盟—劳动联盟获得 75 席,团结选举行动、法律和正义党、公民纲领党和自由联盟获得 15 席,波兰农民党获得 4 席,农民"自卫"党获得 2 席,波兰家庭联盟获得 2 席,无党派人士获得 2 席。

10 月 19 日,第四届议会第一次会议选举马·博罗夫斯基(民主左翼联盟)为议长,选举雅·沃伊切霍夫斯基(波兰农民党)、多·图斯克(公民纲领党)、托·纳温奇(劳动联盟)、安·莱佩尔(农民"自卫"党)为副议长。参议院选举隆·帕斯图夏克(民主左翼联盟)为议长。

左翼重新掌权——米莱尔政府

2001 年 10 月初,亚·克瓦希涅夫斯基总统任命民主左翼联盟的莱谢克·米莱尔为总理。10月10日，组成了民主左翼联盟—劳动联盟—波兰农民党联合政府。政府由总理、3名副总理和14名部长组成。在18名政府成员中，民主左翼联盟13名，波兰农民党2名，劳动联盟1名，无党派人士2名。政府组成人员如下：

莱·米莱尔

总理——莱·米莱尔（民主左翼联盟）；

副总理——马·贝尔卡（民主左翼联盟）；

副总理——雅·卡利诺夫斯基（波兰农民党）；

副总理——马·波尔（劳动联盟）；

政府办公厅主任——马·瓦格内尔（民主左翼联盟）；

外交部部长——弗·齐莫谢维奇（民主左翼联盟）；

国防部部长——耶·什玛伊津斯基（民主左翼联盟）；

内务部部长——克·雅尼克（民主左翼联盟）；

财政部部长——马·贝尔卡（兼）；

农业部部长——雅·卡利诺大斯基（兼）；

经济部部长——雅·皮耶霍塔（民主左翼联盟）；

国库部部长——维·卡奇玛雷克（民主左翼联盟）；

基础设施部部长——马·波尔（兼）；

环境保护部部长——斯·热利霍夫斯基（波兰农民党）；

司法部部长——巴·皮夫尼克（无党派人士）；

文化部部长——安·策林斯基（民主左翼联盟）；

教育部部长——克·韦巴茨卡(民主左翼联盟);

卫生部部长——马·瓦平斯基(民主左翼联盟);

劳动部部长——耶·哈乌斯内尔(民主左翼联盟);

科学研究委员会主任——米·克莱贝尔(无党派人士);

政府新闻发言人——米·托贝尔(民主左翼联盟)。

2001 年 10 月 26 日,议会以 306 票支持和 140 票反对、1 票弃权,通过了对新政府的信任投票。

第四届议会的选举和民主左翼联盟—劳动联盟—波兰农民党联合政府的建立,标志着波兰在 1989 年以后形成的政治力量对比发生了又一次变化。民主左翼联盟第三次执政。

米莱尔政府面临严峻的经济形势。国内生产增长缓慢:2001 年增长 1.1%,2002 年增长 1.3%,2003 年估计增长 3.5%。财政赤字达 4.9%。煤炭工业是波兰传统的支柱行业。由于煤炭生产过剩,缺乏销售市场,政府不得不作出关闭一批国营煤矿的决定,引起了罢工抗议浪潮。2002 年 10 月,煤矿工人组成全国罢工总指挥部,领导全国罢工运动。2003 年 9 月 26—27 日在斯塔洛瓦—沃拉举行的团结工会第 16 次全国代表大会,责成全国委员会就当前国内严峻的经济形势向政府提出严正交涉,采取包括总罢工在内的一切手段,保障工人的工资,保证对失业工人的救助,控制失业率的上升。2002 年工人失业率达 18.1%,2003 年降到 17.8%。

米莱尔联合政府经过一年零四个月的执政于 2003 年 3 月 1 日解体。波兰农民党为了同农民"自卫"党竞争,不敢跟民主左翼联盟过分接近,特别在涉及农民利益时,经常同左翼发生矛盾,扮演既当执政派又当反对派的奇怪角色,使联合政府联而不合,无法正常工作。农民党最终退出政府，联合政府解体。执政的左翼联盟和劳动联盟议员总数仅占议席总数的46.9%(216席)，成为少数派政府，执政形势空前严峻。

2002年10月27日和11月10日，波兰分两轮举行地方议会选举，还直接选举市长、县长和乡长。左翼在13个省胜出，成绩尚可，但在罗兹、比得哥煦、什切青等原左翼城市丧失市长职务，更不用说格但斯克、弗罗茨瓦夫等原来就不占优势的城市。全国16个省会城市中，左翼人士任市长者仅4个，从而大大增加了执政难度。

2002年7月当议会酝酿把第二套电视节目私有化时，电影制片商列弗·雷温通过《选举日报》发行者阿戈拉公司总裁试图向民主左翼联盟议员行贿1750万美元，以便议会作出对其有利的法律规定，不久事情败露。“雷温丑闻”案情重大，涉及政府有关部门负责人，议会设立了侦查委员会调查此案。经过调查，此案与米莱尔总理无关。虽然如此，民主左翼联盟支持率下降，反对派要求米莱尔政府辞职。媒体还报道了内务部承认民主左翼联盟官员与斯塔拉霍维采市的黑社会有关联的消息，3月份两名官员因被控欺诈及与当地犯罪组织有关联而被捕。2003年6月14日，议会举行对米莱尔政府信任投票，以236票对213票的微弱多数，通过对米莱尔政府的信任案。左翼和反对派达成协议，第五届议会提前到2004年6月13日举行。米莱尔政府执政到新政府建立。

2002年12月13日欧盟赫尔辛基峰会决定在2004年5月1日接纳波兰等10国为正式成员国，这使政府赢得社会一定好评。2003年6月7日和8日波兰就是否加入欧盟举行全民公决。据6月8日晚公布的正式统计结果，58.85%的选民参加了这次公决，其中77.45%投票支持加入欧盟。从2004年5月1日起，欧盟将由现在的15国扩大为25国。在新加入欧盟的10国中，波兰领土最大，人口最多，其国内生产总值为10国总和的48.7%，军事力量为59.4%。波兰加入欧盟，将改变欧盟力量的对比。波兰人通过公决支持加入欧盟，这对欧盟既是机遇，也是挑战。虽然波兰幅员大，人口多，地缘政治重要，但其人均国内生产总值仅及欧盟人均水平的42%，对于欧洲市场来说，较为落后的波兰经济意味着巨大的投资和产品销售机遇。近10年来投入中东欧各国的外资中，约35%流入波兰。与此同时，波兰的农业问题、基础设施和社会福利等是欧盟必须面对的严重挑战。加入欧盟意味着波兰将成为欧盟农业基金和结构基金的主要受益者。在入盟后的3年中，波兰只需向欧盟缴纳65亿欧元共同预算，却可以得到200亿欧元的各种补贴。据农业部长透露，入盟后第一年就有高达90%的波兰农民可以得到欧盟的扶持。波兰加入欧盟，为波兰，也为欧洲历史揭开了新的一页。

大 事 年 表

公元前 1300—公元前 400 年	乌日茨文化，斯拉夫人开始形成。
公元 6—9 世纪	封建国家雏形的出现。
约 960—992	波兰王公梅什科一世统一波兰。
966	波兰按拉丁仪式接受基督教。
992—1025	勇敢的鲍莱斯瓦夫一世在位时期。
1004—1018	波兰一德意志战争。
1025	鲍莱斯瓦夫一世加冕为波兰国王。
1025—1034	梅什科二世在位时期。
1037—1038	最早的农民起义。
1034—1058	卡齐米日一世在位时期。
1058—1079	大胆的鲍莱斯瓦夫二世在位时期。
1079—1102	瓦迪斯瓦夫一世在位时期。
1102—1138	歪嘴的鲍莱斯瓦夫三世在位时期。
1138	鲍莱斯瓦夫三世留下遗嘱，把国家分给他的四个儿子，封建割据时期开始。
1138—1146	瓦迪斯瓦夫二世在位时期。
1146—1173	鲍莱斯瓦夫四世在位时期。
1173—1177	梅什科三世在位时期。
1177—1194	卡齐米日二世在位时期。
1194—1227	白色的莱谢克号称波兰大公。
1222	波兰王公讨伐普鲁士人。
1226	玛佐夫舍王公康拉德邀请条顿骑士团征讨普鲁士人。
1241、1257、1287	鞑靼蒙古三次入侵波兰。

1300—1305	捷克瓦茨拉夫二世加冕为波兰国王。
1305—1306	捷克瓦茨拉夫三世继任波兰国王。
1309	条顿骑士团占领东波莫瑞。
1314	矮子瓦迪斯瓦夫(沃凯塔克)统一大波兰、小波兰。
1320	矮子瓦迪斯瓦夫(沃凯塔克)加冕为波兰国王,称瓦迪斯瓦夫一世。
1333—1370	伟大的卡齐米日三世在位时期。
1364	克拉科夫大学建立。
1370	彼雅斯特王朝结束。
1370—1382	波兰和匈牙利实行王朝联合,匈牙利国王路易在克拉科夫加冕为波兰国王。
1374	科希策特权。
1384	路易幼女雅德薇嘉加冕为波兰国王。
1385	克列沃条约,波兰和立陶宛实行王朝联合。
1386	立陶宛大公雅盖洛娶雅德薇嘉为妻,加冕为波兰国王,称瓦迪斯瓦夫二世。雅盖洛王朝开始。
1386—1434	瓦迪斯瓦夫二世在位时期。
1410.7.15	波兰、立陶宛、罗斯联军在格伦瓦尔德战役大败条顿骑士团。
1411	同骑士团订立托伦和约。
1434—1444	瓦迪斯瓦夫三世在位时期。
1440—1444	瓦迪斯瓦夫三世接受匈牙利王位,称瓦迪斯瓦夫一世(乌拉斯洛一世)。
1447—1492	卡齐米日四世·雅盖洛契克在位时期。
1454	涅沙瓦条令。
1454—1466	波兰与条顿骑士团之间的十三年战争。
1466	托伦和约,收复东波莫瑞。
1471	卡齐米日四世的儿子瓦迪斯瓦夫·雅盖洛契克接受捷克王位。
1473—1543	伟大天文学家哥白尼生活的年代。
1490—1516	瓦迪斯瓦夫·雅盖洛契克接受匈牙利王位,称瓦迪斯瓦夫二世(乌拉斯洛二世)。
1492—1501	杨一世·奥尔布拉赫特在位时期。

1501—1506	亚历山大·雅盖洛契克在位时期。
1506—1548	齐格蒙特一世在位时期。
1525	条顿骑士团还俗,称普鲁士公国,成为波兰藩属。
1548—1572	齐格蒙特二世在位时期。
1558—1582	立沃尼亚战争。
1569	波兰和立陶宛在卢布林订立合并条约,成立波兰共和国。
1572	雅盖洛王朝结束。
1573	自由选王制确立,法国瓦洛亚家族的亨利当选波兰国王。
1576—1586	斯蒂凡·巴托雷在位时期。
1587—1632	齐格蒙特三世在位时期。
1600—1608	波兰—瑞典战争。
1604—1606	波兰扶植伪季米特里,武装入侵俄国。
1607—1610	波兰支持伪秀米特里二世。
1612	驻守莫斯科的波兰军队投降。
1619	波兰和俄国在德乌林诺签订停战协定。
1632—1648	瓦迪斯瓦夫四世在位时期。
1632—1634	波兰—俄国战争。
1648	鲍格丹·赫麦尔尼茨基领导的乌克兰民族起义。
1648—1668	杨二世·卡齐米日在位时期。
1651	科·纳皮尔斯基领导的农民起义。
1652	第一次运用自由否决权。
1654—1667	波兰—俄国战争。
1667	波俄在安德鲁索沃签订停战协定。
1669—1673	米哈乌·科雷布特·维希尼奥维茨基在位时期。
1672—1699	波兰—土耳其战争。
1683	波兰、奥地利联军在维也纳近郊大败土耳其军队。
1674—1696	杨三世·索别斯基在位时期。
1686	波俄缔结“永久和约”。
1697—1733	奥古斯特二世在位时期。
1699	波土签订卡尔洛维茨和约。
1700—1721	北方战争。
1733—1735	波兰王位继承战争。
1733—1763	奥古斯特三世在位时期。
1740	普鲁士占领西里西亚,腓特烈二世成为普鲁士国王。

1764—1795	斯坦尼斯瓦夫·奥古斯特·波尼亚托夫斯基在位时期。
1772	俄普奥三国第一次瓜分波兰。
1791.5.3	议会通过宪法。
1792	俄国武装入侵波兰。
1793	俄普两国第二次瓜分波兰。
1794	塔代乌什·科希秋什科领导的抗俄民族起义。
1795	俄普奥三国第三次瓜分波兰，波兰共和国灭亡。
1797	亨·东布罗夫斯基在意大利建立波兰军团。
1798—1858	伟大爱国诗人密茨凯维支生活的年代。
1807—1815	华沙公国。
1810—1849	杰出音乐家肖邦生活的年代。
1815	维也纳会议，波兰王国建立。
1816	华沙大学建立。
1821	秘密爱国团体——爱国协会成立。
1822—1846	伟大革命民主主义者邓博夫斯基生活的年代。
1830.11.29	波兰王国反俄民族起义爆发。
1830.11—1831	十一月起义。
1832	波兰民主协会在法国成立。
1835	波兰人民村社在英国成立。
1844	什切根尼领导的农民同盟成立，西里西亚纺织工人起义。
1846	克拉科夫起义，加里西亚农民起义。
1848	波兹南起义，普占区、奥占区废除农奴制度。
1863.1.22	波兰王国反俄民族起义爆发。
1863.1—1864	一月起义。
1864.3.2	波兰王国废除农奴制度。
1856—1889	波兰第一代马克思主义者的杰出代表路德维克·瓦伦斯基生活的年代。
1866—1925	波兰和国际工人运动杰出的活动家尤利安·马尔赫列夫斯基生活的年代。
1871—1919	波兰和国际工人运动杰出的活动家罗莎·卢森堡生活的年代。
1877—1926	波兰和俄国杰出的无产阶级革命家费利克斯·捷尔任斯基生活的年代。

1882	波兰第一个无产阶级革命政党“无产阶级党”成立。
1882—1886	“无产阶级党”的活动年代。
1887—1892	“第二无产阶级党”的活动年代。
1889	波兰工人联合会成立。
1892.5	罗兹工人举行五一罢工(“罗兹暴动”)。
1892.11	波兰社会党在巴黎成立。
1893	波兰王国社会民主党成立。
1897	国家民主党成立。
1900	波兰王国和立陶宛社会民主党成立。
1905—1907	波兰王国革命。
1905.6.22—24	罗兹工人武装起义。
1906	波兰社会党发生分裂,成立波兰社会党左派。
1914	第一次世界大战爆发。
1915	德奥军队占领波兰王国,毕苏茨基建立“波兰军事组织”和波兰兵团。
1916.11.5	德奥两国皇帝发表宣告,许诺建立“波兰国家”。
1917	德奥建立傀儡政权——摄政委员会,德国占领当局逮捕毕苏茨基。
1918	解除德奥占领者的武装,大波兰起义。
1918.8.29	苏俄政府废除沙皇政府为瓜分波兰而签订的一切条约,承认波兰人民有独立的权利。
1918.11.7	波兰共和国临时人民政府在卢布林成立。
1918.11.10	毕苏茨基回到华沙。
1918.11.11	毕苏茨基接管全国政权。
1918.12.16	波兰王国和立陶宛社会民主党同波兰社会党左派合并成立波兰共产主义工人党。
1919、1920、1921	西里西亚波兰人民举行三次起义,要求该地区归并波兰。
1919—1920	波兰—苏俄战争。
1921.3.17	通过波兰共和国宪法,确立议会民主制度。
1921.3.18	波苏签订里加和约。
1923.5	“赫耶纳—彼雅斯特”政府建立,毕苏茨基下野。
1923.9—10	波兰共产主义工人党第二次代表大会。

1925.1—2	波兰共产主义工人党第三次代表大会，党的名称改为波兰共产党。
1926.5	毕苏茨基发动军事政变，建立独裁政权。
1929—1933	经济危机年代。
1932	波苏互不侵犯条约签订。
1934	波德互不侵犯宣言签订。
1935.4.23	通过新的宪法，确立独裁体制。
1935.5.12	毕苏茨基逝世。
1938.1	共产国际决定解散波兰共产党。
1939.9.1	德国法西斯进攻波兰，第二次世界大战爆发。
1939.9.17	苏军占领波兰东部(西乌克兰和西白俄罗斯)。
1939.9.30	以西科尔斯基将军为首的波兰流亡政府在巴黎成立。
1940.6	波兰流亡政府迁至伦敦。
1941.7.30	波兰和苏联建立外交关系。
1942.1	波兰工人党成立。
1943.2	波兰爱国者联盟在苏联成立。
1943.4.25	波苏中断外交关系。
1943.5	波兰人民军队——“科希秋什科第一师”在苏联建立。
1944.1.1	全国人民代表会议成立，鲍·贝鲁特任全国人民代表会议主席。
1944.7	苏波军队开始解放波兰。
1944.7.22	波兰民族解放委员会在赫尔姆成立，发表《告波兰人民书》。
1944.8.1	华沙起义爆发。
1944.12.31	波兰民族解放委员会改组为波兰共和国临时政府。
1945.1.17	华沙解放。
1945.4.21	波苏友好互助战后合作条约在莫斯科签订。
1945.6	民族统一临时政府成立。
1945.7—8	苏美英三国首脑波茨坦会议最后确定波兰的西部边界在奥得河和乌日茨—尼斯河。
1945.8.16	波苏边界条约签订，以“寇松线”为界。
1945.12	波兰工人党第一次代表大会，瓦·哥穆尔卡当选为党中央总书记。
1944—1946	实行土地改革和工业国有化。

1946.6	就国家制度问题举行公民投票。
1947.1	举行立法议会选举,贝鲁特当选为共和国总统,西伦凯维兹被任命为部长会议主席。
1947—1949	执行恢复国民经济的三年计划。
1948.8—9	波兰工人党举行中央全会,通过了所谓党内存在"右倾民族主义"的决议,哥穆尔卡被解除了总书记职务,由贝鲁特接任总书记。
1948.12	波兰工人党和波兰社会党实行合并,成立波兰统一工人党,贝鲁特当选为中央委员会主席。
1949.1	经济互助委员会在莫斯科成立,波兰是经互会成员国。
1950.7	议会通过六年计划(1950—1955)的法令。
1951.10	波兰科学院成立。
1952.7.22	议会通过波兰人民共和国宪法。
1952.11.20	第一届议会第一次会议选举亚·萨瓦茨基为国务委员会主席,任命贝鲁特为部长会议主席。
1954.3.10—17	波兰统一工人党举行第二次代表大会,贝鲁特当选为党中央第一书记;国务委员会任命西伦凯维兹为部长会议主席。
1955.1	波兰统一工人党举行二届三中全会,决定解散公安部,成立公安事务委员会。
1955.5	签订华沙条约,波兰是华沙条约成员国。
1956.2.19	波兰统一工人党同苏联共产党、芬兰共产党、保加利亚共产党和意大利共产党在莫斯科发表联合声明,认为1938年共产国际解散波兰共产党是毫无根据的。
1956.3.12	贝鲁特病逝于莫斯科。
1956.3.20	波兰统一工人党二届六中全会选举爱·奥哈布为党中央第一书记。
1956.6.28	发生波兹南流血事件。
1956.10 19—25	波兰统一工人党举行二届八中全会,哥穆尔卡当选为党中央第一书记。
1957.1	举行第二届议会选举,亚·萨瓦茨基继续当选为国务委员会主席,约·西伦凯维兹被任命为部长会议主席。
1957.7.12	议会通过五年计划(1956—1960)的法令。

1959.3.10—19	波兰统一工人党召开第三次代表大会,这次大会撤销了1948年关于右倾民族主义的决议,通过了1959—1965年国民经济发展的指示,哥穆尔卡仍当选为党中央第一书记。
1964.8.7	波兰统一工人党中央政治局委员、国务委员会主席亚·萨瓦茨基病逝。议会选举爱·奥哈布为国务委员会主席。
1965.6.24	第四届议会第一次会议选举爱·奥哈布为国务委员会主席,任命约·西伦凯维兹为部长会议主席。
1966.11.11	议会通过第三个五年计划(1966—1970)的法令。
1967.6.12	波兰同以色列断绝外交关系。
1968.3.8	华沙发生“三月事件”。
1968.4.11	沃·雅鲁泽尔斯基担任国防部长,马·斯彼哈尔斯基任国务委员会主席。
1968.8.21	波兰军队同苏联等国军队一起入侵捷克斯洛伐克。
1968.11.11—16	波兰统一工人党举行第五次代表大会,哥穆尔卡当选为党中央第一书记。
1970.12.7	波兰同联邦德国签订条约,奥得—尼斯河的边界得到承认。
1970.12.12	波兰政府决定从12月13日起提高食品价格。
1970.12.14—22	波罗的海沿海城市工人举行罢工和游行示威,抗议政府提高食品价格,造成流血事件。
1970.12.20	波兰统一工人党举行五届七中全会,解除了哥穆尔卡党中央第一书记职务,选举爱·盖莱克为党中央第一书记。
1970.12.23	议会解除约·西伦凯维兹的部长会议主席职务,任命彼·雅罗谢维奇为部长会议主席,解除马·斯彼哈尔斯基的国务委员会主席职务,选举约·西伦凯维兹为国务委员会主席。
1971.1.8	部长会议决定冻结食品价格二年(到1972年底)。
1971.2.15	部长会议宣布1970年12月12日关于提高食品价格的决定无效。
1971.12.6—11	波兰统一工人党举行第六次代表大会,这次大会制定了社会主义建设进一步发展的纲领,规定了第四个五年计划(1971—1975)的主要指标,盖莱克当选为党中央第一书记。

1972.3.28—29	第六届议会第一次会议选举亨·雅布翁斯基为国务委员会主席,任命彼·雅罗谢维奇为部长会议主席。
1972.6.8	议会通过第四个五年计划(1971—1975)的法令。
1975.12.8—12	波兰统一工人党举行第七次代表大会,代表大会提出了第五个五年计划(1976—1980)的指标,盖莱克当选为党中央第一书记。
1976.2.10	议会通过修改波兰人民共和国宪法的法律。
1976.3.25—27	第七届议会第一次会议选举亨·雅布翁斯基为国务委员会主席,任命彼·雅罗谢维奇为部长会议主席。
1976.6.24	彼·雅罗谢维奇向议会提出关于提高若干食品价格的建议,议会支持政府的建议。
1976.6.25	腊多姆、乌尔苏斯和波沃次克等地工人举行罢工抗议政府提高食品价格,彼·雅罗谢维奇收回了政府关于涨价的建议。
1976.9.17	反政府的保卫工人委员会成立。
1976.12.17—18	议会通过第五个五年计划(1976—1980)的法令。
1978.10.16	克拉科夫主教卡罗尔·沃伊蒂瓦当选为罗马教皇,称约翰·保罗二世。
1979.6.2—10	罗马教皇约翰·保罗二世访问波兰,在华沙同盖莱克会见。
1980.2 11—15	波兰统一工人党举行第八次代表大会,制定了1981—1985年的经济发展计划,盖莱克当选为党中央第一书记。
1980.2.18	议会解除了雅罗谢维奇部长会议主席职务,任命爱·巴比乌赫为部长会议主席。
1980.4.2—3	第八届议会第一次会议选举亨·雅布翁斯基为国务委员会主席,任命爱·巴比乌赫为部长会议主席。
1980.7	政府实行肉类和食品议价价格,激起罢工浪潮。
1980.8	沿海城市和其他城市成立罢工委员会;波兰统一工人党举行八届五中全会,解除了巴比乌赫等人政治局委员职务,选举约·平科夫斯基等人为政治局委员;国务委员会解除了巴比乌赫部长会议主席职务,任命平科夫斯基为部长会议主席;什切青、格但斯克罢工委员会分别同政府代表团达成协议。

1980.10.4—6	波兰统一工人党八届六中全会解除盖莱克党中央第一书记职务，选举斯·卡尼亚为党中央第一书记。
1981.2	议会任命沃·雅鲁泽尔斯基为部长会议主席，免去平科夫斯基部长会议主席职务；雅鲁泽尔斯基号召工人保持九十天的和平工作日。
1981.3	“团结”工会组织四小时的警告性罢工。
1981.5.26	红衣大主教斯·维辛斯基病逝。
1981.7.14—20	波兰统一工人党举行第九次非常代表大会，提出了革新和协商路线；卡尼亚当选为党中央第一书记。
1981.9—10	“团结”工会举行第一次代表大会，莱·瓦文萨当选为“团结”工会全国委员会主席。
1981.10.16—18	波兰统一工人党举行九届四中全会，卡尼亚辞去党中央第一书记职务，选举雅鲁泽尔斯基为党中央第一书记。
1981.11.4	波兰统一工人党中央第一书记雅鲁泽尔斯基会见红衣大主教约·格莱姆普。
1981.12.11—12	“团结”工会全国委员会在格但斯克开会，决定在1970年十二月事件周年纪念日在格但斯克和华沙发动盛大的游行示威。
1981.12.13	以雅鲁泽尔斯基大将为首的救国军事委员会成立，国务委员会宣布全国进入战时状态，拘留了“团结”工会绝大部分领导成员和盖莱克等32名前党政主要领导人。
1982.9.1	哥穆尔卡逝世。
1983.5	民族复兴爱国运动第一次代表大会在华沙召开。
1983.7.21	国务委员会主席亨·雅布翁斯基宣布从1983年7月22日起取消战时状态。
1985.11	第九届议会第一次会议选举雅鲁泽尔斯基为国务委员会主席，任命兹·梅斯内尔为部长会议主席。
1987.6.8—14	罗马教皇约翰·保罗二世第三次访问波兰。
1988.8.31	基什恰克和瓦文萨会晤。
1988.9.20	兹·梅斯内尔辞去部长会议主席职务。
1988.9.27	议会任命米·拉科夫斯基为部长会议主席。
1988.12.20—21 1989.1.16—18	波兰统一工人党十届十中全会决定承认团结工会合法地位和召开圆桌会议。

1989.2.6—4.5	圆桌会议通过关于工会多元化、政治多元化、设置参议院、建立总统制的协议。
1989.4.17	华沙省法院宣布团结工会为合法组织。
1989.6.4—18	第十届议会和参议院选举。
1989.7.4	米·拉科夫斯基辞去部长会议主席职务。
1989.7.19	沃·雅鲁泽尔斯基当选总统。
1989.8.24	第十届议会任命塔·马佐维耶茨基为总理。
1989.12.29	波兰国名由波兰人民共和国改为波兰共和国,即波兰第三共和国。
1990.1.27	波兰统一工人党第十一次代表大会通过《波兰统一工人党停止活动的决议》。
1990.1.28	波兰共和国社会民主党建立,亚·克瓦希涅夫斯基当选为主席,莱·米莱尔当选为总书记。
1990.12.9	莱·瓦文萨当选波兰第三共和国首任总统。
1991.1.4	杨·别莱茨基被任命为总理,组成团结工会第二届政府。
1991.6.1—9	罗马教皇约翰·保罗二世第四次访问波兰。
1991.6.28	经互会解散。
1991.7.1	华沙条约组织解散。
1991.10.27	第一届议会自由选举。马佐维耶茨基领导的民主联盟获胜。
1991.12.23	杨·奥尔谢夫斯基被任命为总理,组成了少数派联合政府。
1992.7.10	哈·苏霍茨卡政府建立。
1992.8.2	议会通过"小宪法"。
1993.1.7	议会通过反堕胎法。
1993.5.28	议会通过对苏霍茨卡不信任案。
1993.5.29	瓦文萨总统解散议会和参议院。
1993.9.19	第二届议会选举。民主左翼联盟获胜。
1993.10.26	瓦·帕夫拉克组成民主左翼联盟和波兰农民党联合政府。
1994.4.24	民主联盟和自由民主大会合并组成自由联盟,马佐维耶茨基当选主席。
1995.3.1	约·奥莱克西组成第二届民主左翼联盟和波兰农民党联

	合政府。
1995.11.19	亚·克瓦希涅夫斯基在总统选举中获胜,当选第二任总统。
1996.2.1	弗·齐莫谢维奇组成第三届民主左翼联盟和波兰农民党联合政府。
1996.10.3	波兰女诗人维·希姆博尔斯卡获诺贝尔文学奖。
1997.4.2	国民大会通过波兰共和国宪法。5月25日全民公决通过,10月17日生效。
1997.5.30—6.10	罗马教皇约翰·保罗二世第五次访问波兰。
1997.7	波兰南部发生千年大水灾,造成生命财产重大损失。
1997.9.23	第三届议会选举。团结选举行动获胜。
1997.11.11	耶·布泽克组成团结选举行动和自由联盟联合政府。
1998.7.18	议会通过法律,把原来49个省改为16个省,建立省、县、乡三级行政区。
1999.3.12	波兰、匈牙利、捷克加入北大西洋公约组织。
2000.10.8	亚·克瓦希涅夫斯基在总统选举中获胜,连任总统。
2001.9.23	第四届议会选举。民主左翼联盟获胜。
2001.10.10	莱·米莱尔组成民主左翼联盟、劳动联盟和波兰农民党联合政府。

附 录 一

彼雅斯特王朝世系表

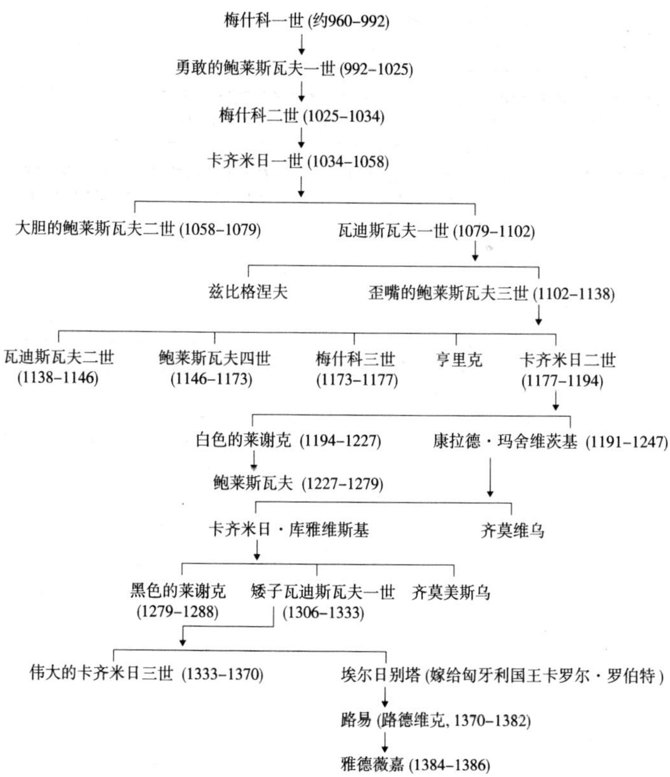

附录二

雅盖洛王朝世系表

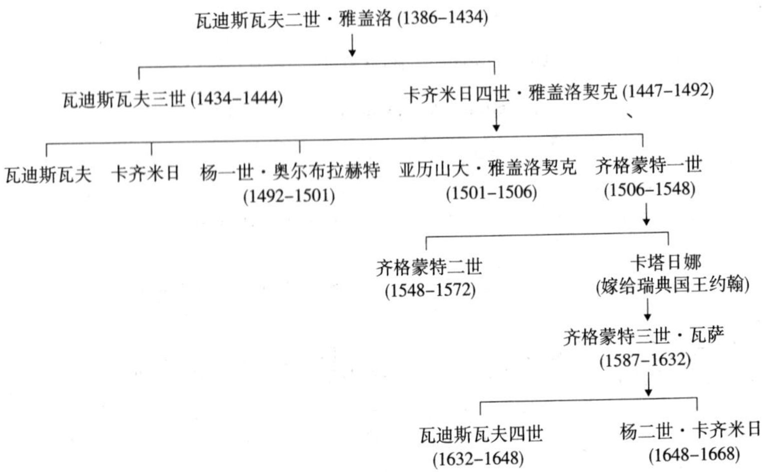

附录三

自由选王名单

亨利·瓦洛亚(1573—1575)
斯蒂凡·巴托雷(1576—1586)
齐格蒙特三世·瓦萨(1587—1632)
瓦迪斯瓦夫四世·瓦萨(1632—1648)
杨二世·卡齐米日·瓦萨(1648—1668)
米哈乌·科雷布特·维希尼奥维茨基(1669—1673)
杨三世·索别斯基(1674—1696)
奥古斯特二世·韦丁(1697—1733)
斯坦尼斯瓦夫·列什琴斯基(1704—1711、1733—1736)
奥古斯特三世·韦丁(1733—1763)
斯坦尼斯瓦夫·奥古斯特·波尼亚托夫斯基(1764—1795)

附 录 四

波兰第二共和国国家元首、总统和总理名单

(1918—1939)

约瑟夫·毕苏茨基(1918.11—1922.12 国家元首)
加布列尔·纳鲁托维奇(1922.12 总统)
斯坦尼斯瓦夫·沃伊切霍夫斯基(1922.12—1926.5 总统)
伊格纳策·莫希齐茨基(1926.5—1939.9 总统)
安德烈·莫拉契夫斯基(1918.11—1919.1 总理)
伊格纳策·巴德莱夫斯基(1919.1—1919.12 总理)
莱昂波德·斯库尔斯基(1919.12—1920.6 总理)
瓦迪斯瓦夫·格拉布斯基(1920.6—1920.7 总理)
文策特·维托斯(1920.7—1921.9 总理)
安托尼·波尼科夫斯基(1921.9—1922.6 总理)
阿尔多尔·希利文斯基(1922.6—1922.7 总理)
尤利安·诺瓦克(1922.7—1922.12 总理)
瓦迪斯瓦夫·西科尔斯基(1922.12—1923.5 总理)
文策特·维托斯(1923.5—1923.12 总理)
瓦迪斯瓦夫·格拉布斯基(1923.12—1925.11 总理)
亚历山大·斯克任斯基(1925.11—1926.5 总理)
文策特·维托斯(1926.5 总理)
卡齐米日·巴尔泰尔(1925—1926.9 总理)

约瑟夫·毕苏茨基(1926.5—1928.6 总理)
卡齐米日·巴尔泰尔(1928.6—1929.4 总理)
卡齐米日·希维塔尔斯基(1929.4—1929.12 总理)
卡齐米日·巴尔泰尔(1929.12—1930.3 总理)
瓦莱里·斯瓦韦克(1930.3—1930.8 总理)
约瑟夫·毕苏茨基(1930.8—1930.12 总理)
瓦莱里·斯瓦韦克(1930.12—1931.5 总理)
亚历山大·普里斯托尔(1931.5—1933.5 总理)
耶努什·延杰耶维奇(1933.5—1934.5 总理)
莱昂·科兹沃夫斯基(1934.5—1935.3 总理)
瓦莱里·斯瓦韦克(1935.3—1935.10 总理)
马里安·科希恰乌科夫斯基(1935.10—1936.5 总理)
弗利齐安·斯克瓦德科夫斯基(1936.5—1939.9 总理)

附 录 五

波兰第二共和国流亡政府总统和总理名单

（1939—1945—1990）

瓦迪斯瓦夫·拉奇凯维奇（1939.9—1947.6 总统）
瓦迪斯瓦夫·西科尔斯基（1939.9—1943.7 总理）
斯坦尼斯瓦夫·米柯瓦伊契克（1943.7—1944.10 总理）
托玛什·阿尔齐舍夫斯基（1944.10—1947.7 总理）
奥古斯特·扎莱斯基（1947.7—1972.4 总统）
塔德乌什·布尔—科莫罗夫斯基（1947.7—1949.4 总理）
塔德乌什·托玛谢夫斯基（1949.4—1950.8 总理）
罗曼·奥杰任斯基（1950.9—1954.1 总理）
耶日·赫雷涅夫斯基（1954.1—1954.3 总理）
斯坦尼斯瓦夫·卡特—马茨凯维奇（1954.6—1955.8 总理）
胡果·汉凯（1955.8—1955.9 总理）
安东尼·帕亚克（1955.9—1965.12 总理）
亚历山大·扎维沙（1965.12—1972.4 总理）
斯坦尼斯瓦夫·奥斯特罗夫斯基（1972.4—1979.9 总统）
阿尔弗雷德·乌尔班斯基（1972.7—1976.7 总理）
卡齐米日·萨巴特（1976.7—1986.4 总理）
爱德华·拉琴斯基（1979.9—1986.4 总统）
卡齐米日·萨巴特（1986.4—1989.7 总统）
雷沙德·卡乔罗夫斯基（1989.7—1990.12 总统）

附录六

波兰人民共和国总统、国务委员会主席和总理名单

（1944—1989）

鲍莱斯瓦夫·贝鲁特（1944.7—1952.8 全国人民代表会议主席团主席，共和国总统）

亚历山大·萨瓦茨基（1952.9—1964.8 国务委员会主席）

爱德华·奥哈布（1964.8—1969.6 国务委员会主席）

马里安·斯彼哈尔斯基（1969.6—1970.12 国务委员会主席）

约瑟夫·西伦凯维兹（1970.12—1972.3 国务委员会主席）

亨里克·雅布翁斯基（1972.3—1985.11 国务委员会主席）

沃伊切赫·雅鲁泽尔斯基（1985.11—1989.7 国务委员会主席）

沃伊切赫·雅鲁泽尔斯基（1989.7—1990.12 总统）

爱德华·奥苏布卡—莫拉夫斯基（1944.7—1947.2 波兰民族解放委员会主席，政府总理）

约瑟夫·西伦凯维兹（1947.2—1952.11 总理）

鲍莱斯瓦夫·贝鲁特（1952.11—1954.3 总理）

约瑟夫·西伦凯维兹（1954.3—1970.12 总理）

彼得·雅罗谢维奇（1970.12—1980.2 总理）

爱德华·巴比乌赫（1980.2—1980.8 总理）

约瑟夫·平科夫斯基（1980.8—1981.2 总理）

沃伊切赫·雅鲁泽尔斯基（1981.2—1985.11 总理）

兹比格涅夫·梅斯内尔(1985.11—1988.9 总理)
米耶奇斯瓦夫·拉科夫斯基(1988.9—1989.8 总理)

附 录 七

波兰第三共和国总统和总理名单

（1989—2001）

莱赫·瓦文萨（1990.12—1995.12 总统）

亚历山大·克瓦希涅夫斯基（1995.12—2000.12 总统）

亚历山大·克瓦希涅夫斯基（2000.12—2005.12 总统）

塔德乌什·马佐维耶茨基（1989.9—1990.12 总理）

杨·别莱茨基（1991.1—1991.11 总理）

杨·奥尔谢夫斯基（1991.12—1992.6 总理）

瓦尔德玛尔·帕夫拉克（1992.6—1992.7 总理）

哈娜·苏霍茨卡（1992.7—1993.9 总理）

瓦尔德玛尔·帕夫拉克（1993.10—1995.3 总理）

约瑟夫·奥莱克西（1995.3—1996.1 总理）

弗沃季米尔·齐莫谢维奇（1996.2—1997.9 总理）

耶日·布泽克（1997.10—2001.9 总理）

莱谢克·米莱尔（2001.10—2004.5 总理）

人名译名对照表

A

Ajdukiewicz, Kazimierz　艾杜凯维奇，卡齐米日

Aleksander, Jagiellończyk　亚历山大，雅盖洛契克

Aleksander I, car　亚历山大一世，沙皇

Aleksander II, car　亚历山大二世，沙皇

Aleksander III, car　亚历山大三世，沙皇

Aleksy Michajłowicz, car　阿历克塞·米哈伊诺维奇，沙皇

Alvensleben Gustav　阿尔文斯列宾·古斯塔夫

Ambroziak, Jacek　阿姆布罗齐亚克，雅采克

Amsterdamski, Stefan　阿姆斯泰达姆斯基·斯蒂凡

Anders Władysław　安德斯·瓦迪斯瓦夫

Andrzejewski, Jerzy　安德热耶夫斯基，耶日

Anna Iwanowna, carowa　安娜·伊凡诺芙娜，女沙皇

Antall, Jozsef　安托尔，尤若夫

Arciszewski, Tomasz　阿尔齐舍夫斯基，托玛什

Arendarski, Andrzej　阿伦达尔斯基，安德热依

August II　奥古斯特二世

August III　奥古斯特三世

B

Babiuch, Edward　巴比乌赫，爱德华

Baciareli, Marcela　巴恰雷利，马尔采拉

Baezkowski, Andrzej　邦奇科夫斯基，安德热依

Bagration, Piotr　巴格拉吉昂，彼得

Bakunin, Michail　巴枯宁，米哈伊尔

Balazs, Artur　巴拉茨，阿尔图尔

Balcerowicz, Leszek　巴尔采罗维奇，莱谢克

Barcikowski, Kazimierz　巴尔齐科夫斯基，卡齐米日

Bardowski, Piotr　巴尔多夫斯基，彼得

Barlicki, Norbert　巴尔利茨基，诺贝特

Barss, Franciszek　巴尔斯，弗兰齐舍克

Bartel, Kazimierz　巴尔泰尔，卡齐米日

Bartholdy, Godfryd　巴多尔德，戈德弗里德

Bartoszcze, Roman　巴尔托什奇，罗曼

Bartoszewski, Władysław　巴尔托谢夫斯基，瓦迪斯瓦夫

Batory, Stefan　巴托雷，斯蒂凡

Batu-chan　拔都汗

Beck, Józef　贝克，约瑟夫
Belka, Marek　贝尔卡，马雷克
Bem, Józef　贝姆，约瑟夫
Benesz, Edward　贝奈斯，爱德华
Bentkowski, Aleksander　本特克夫斯基，亚历山大
Berg, Fiodor　贝尔格，费多尔
Berling, Zygmunt　贝林格，齐格蒙特
Berman, Jakub　贝尔曼，雅古布
Bernstein, Edward　伯恩施坦，爱德华
Berrecci　贝雷奇
Berwiński, Ryszard　贝尔文斯基，雷沙德
Bestużew, Michair　别斯图捷夫，米哈伊尔
Bibescu, Gheorge　比贝斯库，乔治
Bielecki, Jan　别莱茨基，杨
Bierut, Bolesław　贝鲁特，鲍莱斯瓦夫
Biron, Ernest　比隆，恩斯特
Bismark, Otto　俾斯麦，奥托
Blida, Barbara　布利达，巴尔巴拉
Bobińska, Celina　鲍宾斯卡，采琳娜
Bobrzyński, Michal　鲍布任斯基，米哈乌
Bogusławski, Wojciech　鲍古斯瓦夫斯基·沃伊切赫
Bohuszewiczówna, Maria　鲍古谢维丘芙娜·玛丽亚
Bolesław I Chrobry　勇敢的鲍莱斯瓦夫一世
Bolesław II Śmiały　大胆的鲍莱斯瓦夫二世
Bolesław III Krzywousty　歪嘴的鲍莱斯瓦夫三世
Bolesław IV Kędzierzawy　卷发的鲍莱斯瓦夫四世
Bolesław V Wstydliwy　腼腆的鲍莱斯瓦夫五世
Bolesław Pobozny　虔诚的鲍莱斯瓦夫
Bolesław I　鲍莱斯拉夫一世（捷克大公）
Bolesław II　鲍莱斯拉夫二世（捷克大公）
Boni, Michał　博尼，米哈乌
Borelowski, Marcin　鲍雷洛夫斯基，马尔钦
Bór-Komorowski, Tadeusz　布尔—科莫罗夫斯基，塔德乌什
Borowski Marek　博罗夫斯基，马雷克
Brandys Kazimierz　布兰迪斯，卡齐米日
Branicki, Ksawery　勃兰尼茨基·克萨韦雷
Bratkowski, Andrzej　布拉特科夫斯基，安德热依
Bratkowski, Stefan　布拉特科夫斯基，斯蒂凡
Brazauskas, Algirdas　布拉藻斯卡斯，阿尔吉尔达斯
Breza, Tadeusz　布雷扎，塔德乌什
Brezniew, Leonid　勃列日涅夫，列奥尼德
Broniewski, Władysław　勃罗涅夫斯基，瓦迪斯瓦夫
Brzetysław I　布热蒂斯拉夫一世（捷克大公）
Buchacz, Jacek　布哈奇，雅采克
Bugaj, Ryszard　布加伊，雷沙德
Bujak, Zbigniew　布雅克，兹比格涅夫
Butulin, Wasyl　布图林，瓦西里
Buyno, Adam　布伊诺，阿达姆
Buzek, Jerzy　布泽克，耶日

C

Caprivi, Leo　卡普里维，列昂
Castelreagh, Henry　卡斯尔累，亨利
Cavour　加富尔
Ceausescu, Nicolae　齐奥塞斯库，尼古拉
Cegielski, Hipolit　采盖尔斯基，希波利特
Celiński, Andrzej　策林斯基，安德热依
Chamberlain, Austen　张伯伦，奥斯汀
Chamberlain, Neville　张伯伦，涅维尔

Chełkowski, August 海乌科夫斯基,奥古斯特
Chłopicki, Józef 赫沃皮茨基,约瑟夫
Chmieleński, Zygmunt 赫米伦斯基,齐格蒙特
Chmielnicki, Bohdan 赫麦尔尼茨基,鲍格丹
Chodkiewicz, Jan 霍德凯维奇,杨
Chopin, Frederyk 肖邦,弗里德里克
Chronowski, Andrzej 赫罗诺夫斯基,安德热依
Chruszczow, Nikita 赫鲁晓夫,尼基塔
Chrzanowski, Wiesław 赫扎诺夫斯基,维斯瓦夫
Churchill, Winston 邱吉尔,温斯顿
Cimoszewicz, Włodzimierz 齐莫谢维奇,弗沃齐米日
Colomb, Friedrich 科洛姆,腓特烈
Curie, Maria Składowska 居里夫人,玛丽亚·斯克瓦多夫斯卡
Curzon, George 寇松,乔治
Cuza, Aleksander 库扎,亚历山大
Cyrankiewicz, Józef 西伦凯维兹,约瑟夫
Cywińska, Izabella 齐文斯卡,伊萨贝拉
Czaplińsk, Daniel 恰普林斯基,达尼尔
Czarnecki, Ryszard 恰尔内茨基,雷沙德
Czarniecki, Stefan 查尔涅茨基,斯蒂凡
Czarńy, Ryszard 恰尔内,雷沙德
Czartoryski, Adam Jerzy 查尔托雷斯基,阿达姆·耶日
Czartoryski, Michał 查尔托雷斯基,米哈乌
Czartoryski, Władysław 查尔托雷斯基,瓦迪斯瓦夫
Czechowicz, Gabriel 切霍维奇,加布列尔
Czernyszewski, Nikołaj 车尔尼雪夫斯基,尼古拉
Czerwieński, Bolesław 契尔文斯基,鲍莱斯瓦夫
Cziczerin, Gieorgij 契切林,格奥尔基

D

Daladier, Eduard 达拉第,爱德华
Daszyński, Ignacy 达申斯基,伊格纳采
Davout, Louis 达乌,路易斯
Dąbal, Tomasz 童巴尔,托玛什
Dąbrowska, Jan 东布罗夫斯卡,杨
Dąbrowska, Maria 东布罗夫斯卡,玛丽亚
Dąbrowski, Jan Henryk 东布罗夫斯基,杨·亨里克
Dąbrowski, Jarosław 东布罗夫斯基,雅罗斯瓦夫
Dąbrowski, Jerzy 东布罗夫斯基,耶日
Dąbrowski, Stanisław 东布罗夫斯基,斯塔尼斯瓦夫
Dejmek, Kazimierz 德伊梅克,卡齐米日
Dekert, Jan 德凯特,杨
Dembiński, Henryk 德姆宾斯基,亨里克
Dembowski, Edward 邓博夫斯基,爱德华
Dembowski, Jan 邓博夫斯基,杨
Denikin, Anton 邓尼金,安东
Denisko, Joachim 德尼斯科,约希姆
Diakonow, Andrzej 迪亚科诺夫,安德热依
Dikształjn, Szymon 狄克什坦,宣蒙
Długosz, Jan 德乌戈什,杨
Dmochowski, Franciszek 德莫霍夫斯基,弗兰齐舍克
Dmowski, Roman 德莫夫斯基,罗曼
Dobraczyński, Jan 多布拉琴斯基,杨
Dobrzański, Henryk 多布让斯基,亨里克
Dobrzański, Stanisław 多布让斯基,斯塔尼斯瓦夫
Drucki-Lubecki, Ksawery 德鲁茨基—卢贝茨基,克萨委雷
Drzewiecki, Stefan 德热维茨基,斯蒂凡

Dworakowski, Władysław 德沃拉科夫斯基,瓦迪斯瓦夫
Dybicz, Iwan 迪比奇,伊凡
Dyka, Zbigniew 迪卡,兹比格涅夫
Dzieduszycki, Walerian 杰杜宣茨基,瓦莱里
Dzierzyński, Feliks 捷尔任斯基,费利克斯

E

Ehrenberg, Gustaw 爱伦堡,古斯塔夫
Engels, Fryderyk 恩格斯,弗里德里希
Eryk XIV 艾立克十四世
Eysmont, Zbigniew 埃斯蒙特,兹比格涅夫
Eysymontt, Jerzy 埃塞蒙特,耶日

F

Fedorowicz, Taras 费多罗维奇,塔拉斯
Ferdynard I 斐迪南一世
Fiderkiewicz, Alfred 费德尔凯维奇,阿尔弗列德
Fiedler, Franciszek 费德莱尔,弗兰齐舍克
Filipowicz, Tytus 菲利波维奇,蒂图斯
Finder, Paweł 芬特尔,帕威尔
Fiodor, Iwanowicz, car 费多尔·伊凡诺维奇,沙皇
Firlej, Jan 菲尔莱伊,杨
Fiszbach, Tadeusz 费什巴赫,塔德乌什
Flisowski, Zdobysław 弗利索夫斯基,兹多贝斯瓦夫
Fornalska, Małgorzata 福尔纳尔斯卡·玛乌戈扎塔
Franciszek I 弗兰西斯一世
Frasyniuk, Władysław 弗拉塞纽克,瓦迪斯瓦夫
Fryderyk, August 腓特烈,奥古斯特
Fryderyk I 腓特烈一世
Fryderyk II 腓特烈二世
Fryderyk III 腓特烈三世
Fryderyk Wilhelm II 腓特烈·威廉二世
Fryderyk Wilhelm III 腓特烈·威廉三世

G

Garasanin, Ilija 加腊沙宁,伊利亚
Garibaldi, Giuseppe 加里波第,朱塞普
Gede, Tadeusz 盖德,塔德乌什
Genscher, Hans-Dietrich 根舍,汉斯—狄特里希
Geremek, Bronisław 盖雷梅克,布罗尼斯瓦夫
Giedymin 格底敏
Gierek, Edward 盖莱克,爱德华
Gieysztor, Aleksander 盖什托尔,亚历山大
Giller, Agaton 吉莱尔,阿加通
Glapiński, Adam 格拉平斯基,亚当
Glemp, Józef 格来姆普,约瑟夫
Głębiński, Stanisław 格翁宾斯基,斯坦尼斯瓦夫
Głębocki, Robert 格温博茨基,罗伯特
Głowacki, Wojciech 格沃瓦茨基,沃伊切赫
Gniede, Kazimierz 盖德,卡齐米日
Godunow, Borys 戈都诺夫,鲍里斯
Goering, Hermann 戈林,海尔曼
Gołuchowski, Artur 戈乌霍夫斯基,阿尔多尔
Gomułka, Władysław 哥穆尔卡,瓦迪斯瓦夫
Gorbaczow, Michaił 戈尔巴乔夫,米哈伊

尔
Gorczakow, Aleksander 哥尔查科夫,亚历山大
Gorczakow, Michaił 哥尔查科夫,米哈伊尔
Goryszewski, Henryk 戈雷谢夫斯基,亨里克
Goslar, Julian 戈斯拉尔,尤利安
Goszczyńsk, Seweryn 戈什琴斯基,塞委伦
Goszkowski, Franciszek 戈什科夫斯基,弗兰齐舍克
Grabski, Stanisław 格拉布斯基,斯坦尼斯瓦夫
Grabski, Władysław 格拉布斯基,瓦迪斯瓦夫
Grey, Charles 格莱,查理
Gronkiewicz-Waltz, Hanna 格龙凯维奇—瓦尔茨,哈娜
Grudzień, Zdzisław 格鲁津,兹齐斯瓦夫
Grudzińska, Joanna 格鲁津斯卡,约安娜
Gruszecki, Tomasz 格鲁谢茨基,托玛什
Grzaśkowiak, Alicja 格热希科维亚克,阿莉恰亚
Grzegosz VII 格里哥里七世
Grzegosz XVI 格里哥里十六世
Grzybowski, Władysław 格日博夫斯基,瓦迪斯瓦夫
Grzymułtowski, Krzysztof 格日姆托夫斯基,克日什托夫
Gucwa, Stanisław 古茨瓦,斯坦尼斯瓦夫
Gustaw, Adolf 古斯塔夫,阿道夫

H

Hall, Aleksander 哈尔,亚历山大
Haller, Józef 哈勒,约瑟夫
Handke, Mirosław 汉德凯,米罗斯瓦夫
Hanecki, Jakub 哈涅茨基,耶古布
Haneman, Jan Stefan 哈纳曼,杨·斯蒂凡
Hardenberg 哈登堡
Harriman, Averell 哈里曼,埃伐勒尔
Hausner, Jerzy 哈乌斯内尔,耶日
Haval, Vaclav 哈韦尔,瓦茨拉夫
Heltman, Wiktor 海尔特曼,维克多
Henryk I Brodaty 大胡子亨里克一世
Henryk II Pobozny 虔诚的亨里克二世
Henryk III 亨里克三世
Henryk Walezy 亨利·瓦洛亚
Henryk II, ces. 亨利二世,德意志皇帝
Henryk III, ces. 亨利三世,德意志皇帝
Henryk IV, ces. 亨利四世,德意志皇帝
Henryk V, ces. 亨利五世,德意志皇帝
Hercen, Aleksander 赫尔岑,亚历山大
Hitler, Adolf 希特勒,阿道夫
Hortmanowicz, Zygmunt 霍尔特马诺维奇,齐格蒙特
Horwitz-Walecki, Maksimilian 霍尔维茨—瓦莱茨基,马克西米伦
Hube, Michal 胡贝,米哈乌
Hunyady, Jan 胡尼奥迪,亚诺什
Hus, Jan 胡斯,杨

I

Ibrahim, Ibn Jakub 易卜拉欣,伊本·雅古布
Igelstrom, I. A. 伊格尔斯特罗姆
Ignar, Stefan 伊格纳尔,斯蒂凡
Innocenty II 英诺森二世
Innocenty III 英诺森三世
Iwan IV, car 伊凡四世,沙皇
Iwaszkiewicz, Jaroslaw 伊瓦什凯维奇,雅罗斯瓦夫

J

Jabłonowski, Antoni 雅布翁诺夫斯基，安托尼
Jabłoński, Henryk 雅布翁斯基，亨里克
Jadwiga 雅德薇嘉
Jagieliński, Roman 雅盖林斯基，罗曼
Jagielski, Mieczysław 雅盖尔斯基，米切斯瓦夫
Jan I, Olbracht 杨一世·奥尔布拉赫特
Jan II, Kazimierz 杨二世·卡齐米日
Jan III, Sobieski 杨三世·索别斯基
Jan III, Waza 约翰三世·瓦萨
Janicki, Czesław 雅尼茨基，切斯瓦夫
Janik, Krzysztof 雅尼克，克日什托夫
Janisław 雅尼斯瓦夫
Janiszewski, Jacek 雅尼谢夫斯基，雅采克
Janiszewski, Jan 雅尼舍夫斯基，杨
Jan, Luksemburczyk 约翰·卢森堡
Janowski, Gabriel 雅诺夫斯基，加布列尔
Janowski Jan 雅诺夫斯基，杨
Jan PawełII 约翰·保罗二世
Jarosiński, Witold 雅罗辛斯基，维托尔德
Jaroszewicz, Piotr 雅罗谢维奇，彼得
Jaruzelski, Wojciech 雅鲁泽尔斯基，沃伊切赫
Jasiński, Feliks 雅辛斯基，费利克斯
Jasiński, Jakub 雅辛斯基，雅古布
Jaskiernia, Jerzy 雅斯凯尔尼亚，耶日
Jaszczuk, Bolesław 雅什楚克，鲍莱斯瓦夫
Jaśkiewicz, Jan 雅希凯维奇，杨
Jaworski, Zbigniew 雅沃尔斯基，兹比格涅夫
Jędrychowski, Stefan 英德里霍夫斯基，斯蒂凡
Jędrzejewicz, Janusz 延杰耶维奇，耶努什
Jelcyn, Borys 叶利钦，鲍里斯
Jerzyz Podiebrad 波迭布拉迪的耶日
Jodłowski, Jerzy 约德沃夫斯基，耶日
Jogiches, Leon 约吉赫斯，列昂
Józef II 约瑟夫二世
Józwiak-Witold, Franciszek 尤兹维耶克—维托尔德，弗兰齐舍克
Jurczak, Stefan 尤尔恰克，斯蒂凡

K

Kaczmarek, Wiesław 卡奇玛雷克，维斯瓦夫
Kaczorowski, Ryszard 卡乔罗夫斯基，雷沙德
Kaczyński, Jarosław 卡琴斯基，雅罗斯瓦夫
Kaczyński, Lech 卡琴斯基，莱赫
Kadłubek, Wincenty 卡德乌贝克，文采蒂
Kakowski, Aleksander 卡科夫斯基，亚历山大
Kalecki, Michał 卡莱茨基，米哈乌
Kalinka, Walerian 卡林卡，瓦莱里
Kalinowski, Jarosław 卡林诺夫斯基，雅罗斯瓦夫
Kalinowski, Konstanty 卡林诺夫斯基，康斯坦丁
Kamieński, Franciszek 卡敏斯基，弗兰齐舍克
Kamieński, Henryk 卡敏斯基，亨里克
Kamińska, Teresa 卡明斯卡，泰蕾莎
Kamiński, Bronisław 卡明斯基，布罗尼斯瓦夫
Kamiński, Franciszek 卡明斯基，弗兰齐舍克
Kamiński, Jerzy 卡明斯基，耶日
Kania, Stanisław 卡尼亚，斯坦尼斯瓦夫
Karamzin 卡拉姆津
Karczewski, Witold 卡尔切夫斯基，维托

尔德
Karkoszka, Alojzy 卡尔科什卡,阿洛伊莎
Karol IV 查理四世
Karol X Gustaw 查理十世·古斯塔夫
Karol XII 查理十二世
Karol, Robert 卡罗尔,罗伯特
Kasprzak, Marcin 卡斯普夏克,马尔钦
Katarzyna II, carowa 叶卡特琳娜二世,女沙皇
Kautsky, Karl 考茨基,卡尔
Kawalec, Stefan 卡瓦莱茨,斯蒂凡
Kazimierz I 卡齐米日一世
Kazimierz II 卡齐米日二世
Kazimierz III 卡齐米日三世
Kazimierz IV 卡齐米日四世
Kazimierz, Jagiellończyk 卡齐米日,雅盖洛契克
Kazimierz, Sprawiedliwy 正义的卡齐米日
Kettler, Gotard 克特莱尔,戈塔尔德
Kiejstut 凯伊斯图特
Kieniewicz, Stefan 凯涅维奇,斯蒂凡
Kierbedź, Stanisław 凯尔贝支,斯坦尼斯瓦夫
Kiernik, Władysław 凯尔尼克,瓦迪斯瓦夫
Kietlicz, Henryk 凯特利奇,亨里克
Kilian, Krzysztof 基里安,克日什托夫
Kiliński, Jan 基林斯基,杨
Kisiel, Adam 基谢尔,阿达姆
Kiszczak, Czesław 基什恰克,切斯瓦夫
Kleiber, Michał 克莱贝尔,米哈乌
Kliszko, Zenon 克利什科,泽农
Kluk, Krzysztof 克鲁克,克日什托夫
Kniaziewicz, Karol 克尼亚杰维奇,卡罗尔
Kochanowski, Jan 科哈诺夫斯基,杨
Kociołek, Stanisław 科乔韦克,斯坦尼斯瓦夫
Kohl, Helmut 科尔,赫尔摩特
Kołłataj, Hugo 科翁泰,胡果
Kołodko, Grzegorz 科沃德科,格热戈什
Kołodziejczyk, Piotr 科沃杰伊奇克,彼得
Komołowski, Longin 科莫沃夫斯基,隆京
Kon, Feliks 柯恩,费利克斯
Konarski, Szymon 康纳尔斯基,宣蒙
Koniecpolski, Stanisław 科涅茨波尔斯基,斯坦尼斯瓦夫
Konopnicka, Maria 科诺普尼茨卡,玛丽亚
Konrad I 康拉德一世
Konrad II 康拉德二世
Konstanty, Pawłowicz 康斯坦丁,巴甫洛维奇
Kopernik, Mikołaj 哥白尼,尼古拉
Kopruluch 吉普里利
Korczyński, Grzegosz 科尔钦斯基,格里哥里
Korfanty, Wojciech 柯尔芳蒂,沃伊切赫
Kormanowa, Zanna 柯尔曼诺娃,让娜
Korwin-Mikke, Janusz 科尔文—米凯,雅努什
Korybut, Zygmunt 科雷布特,齐格蒙特
Korzon, Tadeusz 科容,塔德乌什
Korzycki, Antoni 科日茨基,安托尼
Kosiniak-Kamysz, Andrzej 科西尼亚克—卡梅什,安德热依
Kosiński, Krzysztof 科辛斯基,克日什托夫
Kossuth, Lajos 科苏特,拉约什
Kostka-Napierski, Aleksander 科斯特卡—纳皮尔斯基,亚历山大
Koszutska, Maria 柯秀茨卡,玛丽亚
Kościatkowski, Marian 科希恰乌科夫斯基,马里安
Kościuszko, Tadeusz 科希秋什科,塔德乌什
Kot, Stanisław 科特,斯坦尼斯瓦夫
Kotarbiński, Tadeusz 科塔尔宾斯基,塔德乌什
Kowalski, Bolesław 柯瓦尔斯基,鲍莱斯瓦夫
Kowalski, Władysław 柯瓦尔斯基,瓦迪斯瓦夫
Kozłowski, Jan 科兹沃夫斯基,杨
Kozłowski, Krzysztof 科兹沃夫斯基,克

日什托夫
Kozłowski, Leon 科兹沃夫斯基，列昂
Kozłowski, Stefan 科兹沃夫斯基，斯蒂凡
Krajewski, Henryk 克拉耶夫斯基，亨里克
Krajewski, Michał 克拉耶夫斯基，米哈乌
Krasicki, Ignacy 克拉西茨基，伊格纳采
Krasiński, Zygmunt 克拉辛斯基，齐格蒙特
Krauthofer-Krotowski, Jakub 克劳托费尔—克罗托夫斯基，耶古布
Krawczuk, Leonid 克拉夫丘克，列奥尼德
Kręcpowiecki, Tadeusz 克伦波维耶茨基，塔德乌什
Król, Jan 克鲁尔，杨
Kronenberg, Leopold 克罗嫩贝格，列奥波德
Kropiwnicki, Jerzy 克罗皮夫尼茨基，耶日
Kruczek, Władysław 克鲁契克，瓦迪斯瓦夫
Kruczkowski, Leon 克鲁切科夫斯基，列昂
Kruk, Michał 克鲁克，米哈乌
Krukowiecki, Jan 克鲁科维耶茨基，杨
Krusiński, Stanisław 克鲁辛斯基，斯坦尼斯瓦夫
Krzaklewski, Marian 克扎克莱夫斯基，马里安
Krzywicki, Ludwik 克日维茨基，路德维克
Krzyzanowski, Seweryn 克日扎诺夫斯基，塞韦伦
Krzyźanowska, Olga 克日扎诺夫斯卡，奥尔加
Kubicki, Leszek 库比茨基，莱谢克
Kulczycki, Ludwik 库尔奇茨基，路德维克
Kulczyński, Stanisław 库尔琴斯基，斯坦尼斯瓦夫
Kunicki, Stanisław 库尼茨基，斯坦尼斯瓦夫
Kuratowska, Zofia 库拉托夫斯卡，佐菲娅
Kuron, Jacek 库龙，雅采克
Kuroń, Jacek 库龙，雅采克
Kwaśniewski, Aleksnader 克瓦希涅夫斯基，亚历山大
Kwiatkowski, Engeniusz 克维特科夫斯基，埃乌格纽什

L

Laffitt, Jacaues 拉斐德，雅科斯
Lampe, Alfred 兰普，阿尔弗雷德
Lange, Oskar 兰格，奥斯卡
Langiewicz, Marian 兰盖维奇，马里安
Lauer, Henryk 拉威尔，亨里克
Lechowicz, Włodzimierz 莱霍维奇，弗拉基米尔
Leder, Jan 莱德尔，杨
Ledóchowski, Mieczysław 莱杜霍夫斯基，米切斯瓦夫
Ledworowski, Dariusz 莱德沃罗夫斯基，达留什
Lelewel, Joachim 列列韦尔，约布姆
Lenin, Władzimierz 列宁，弗拉基米尔
Leopold II 列奥波德二世
Lepper, Andrzej 莱佩尔，安德热依
Leszczyński, Stanisław 列什琴斯基，斯坦尼斯瓦夫
Leszczyński-Leński, Juliusz 列什琴斯基—伦斯基，尤里什
Leszek, Biały 白色的莱谢克
Leszek, Czarny 黑色的莱谢克
Lewakowski, Karol 莱瓦科夫斯基，卡罗尔
Lewandowski, Janusz 莱万多夫斯基，雅努什

Libelt, Karol 李贝尔特，卡罗尔
Liberadzki, Bogusław 利贝拉兹基，博古斯瓦夫
Liebknech, Wilhelm 李卜克内西，威廉
Limanowski, Bolesław 李曼诺夫斯基，鲍莱斯瓦夫
Lipko, Andrzej 利普科，安德热依
Lipski, Jan 利普斯基，杨
Lipski, Józef 李普斯基，约瑟夫
Lloyd, George 劳合，乔治
Loga-Sowiński, Ignacy 洛加一索文斯基，伊格纳采
Lubart 卢巴特
Lubliński, Julian 卢布林斯基，尤利安
Lubomirski, Hieronim 卢博米尔斯基，希罗尼姆
Ludwik XIV 路易十四
Ludwik XV 路易十五
Ludwik, Filip 路易，菲力普
Ludwik, Jagiellończyk 路德维克，雅盖洛契克
Ludwik Wegierski 匈牙利的路易
Luksemburg, Róza 卢森堡，罗莎
Lutkowski, Karol 卢特科夫斯基，卡罗尔

Ł

Łańcucki, Stanisław 万楚茨基，斯坦尼斯瓦夫
Łapiński, Mariusz 瓦平斯基，马留什
Łapiński, Teofil 拉品斯基，泰奥菲尔
Łaski, Jan 瓦斯基，杨
Łączkowski, Paweł 翁切科夫斯基，帕维尔
Łubieński, Henryk 乌宾斯基，亨里克
Łubieński, Konstanty 乌宾斯基·康斯坦丁
Łuczak, Aleksander 乌恰克，亚历山大
Łukasiewicz, Ignacy 乌卡谢维奇，伊格纳采
Łukasiewicz, Jerzy 乌卡谢维奇，耶日
Łukasiński, Walerian 乌卡辛斯基，瓦莱里
Łybacka, Krystyna 韦巴茨卡，克雷斯蒂娜

M

Mably 马布里
Maciej, Korwin 马提亚，科尔温
Macierewicz, Antoni 马切雷维奇，安托尼
Mackiewicz, Aleksander 马茨凯维奇，亚历山大
Madaliński, Antoni 马达林斯基，安托尼
Maghiero 马格鲁
Majewski, Henryk 马耶夫斯基，亨里克
Majewski, Karol 马耶夫斯基，卡罗尔
Majski, Iwan 马伊斯基，伊凡
Maksymilian I 马克西米伦一世
Maksymilian II 马克西米伦二世
Maksymowicz, Eugeniusz 马克塞莫维奇，埃乌盖纽什
Malczewski, Józef 马尔切夫斯基，约瑟夫
Malionwski, Tomasz 马林诺夫斯基，托玛什
Małachowski, Aleksander 马瓦霍夫斯基，亚历山大
Małachowski, Stanisław 马瓦霍夫斯基，斯坦尼斯瓦夫
Małecki, Antoni 马韦茨基，安托尼
Marchlewski, Julian 马尔赫列夫斯基，尤利安
Marcinkowski, Karol 马尔钦科夫斯基，卡罗尔
Maria, Theresa 玛丽亚，特莱莎
Marks, Karol 马克思，卡尔
Matejko, Jan 马泰伊科，杨

Mauersberger, Ludwik　马威尔贝格，路德维克
Mazepa, Iwan　马泽帕，伊凡
Mazowiecki, Tadeusz　马佐维耶茨基，塔德乌什
Mazurkiewicz, Wincenty　马祖尔凯维奇，文采蒂
Mazzini, Giuseppe　马志尼，朱塞普
Mendelson, Stanisław　门得尔森，斯坦尼斯瓦夫
Mendog　门多格
Messner, Zbigniew　梅斯内尔，兹比格涅夫
Metternich　梅特涅
Meysztowicz, Aleksander　梅伊什托维奇，亚历山大
Michalski, Józef　米哈尔斯基，约瑟夫
Michnik, Adam　米赫尼克，亚当
Mickiewicz, Adam　密茨凯维奇，亚当
Mielzyński, Maciej　米尔任斯基，马切依
Mierosławski, Ludwik　梅洛斯瓦夫斯基，路德维克
Mieszko I　梅什科一世
Mieszko II　梅什科二世
Mieszko III　梅什科三世
Mikołaj I, car　尼古拉一世，沙皇
Mikołaj II, car　尼古拉二世，沙皇
Mikołajczyk, Stanisław　米柯瓦伊契克，斯坦尼斯瓦夫
Milczanowski, Andrzej　米尔恰诺夫斯基，安德热依
Millerand, Alexandre　米勒兰，亚历山大
Miller, Leszek　米莱尔，莱谢克
Miłosz, Czesław　米沃什，切斯瓦夫
Minc, Hilary　明兹，希拉里
Miodowicz, Alfred　米奥多维奇，阿尔弗雷德
Mircza Stary　老米尔恰
Miśkiewicz, Marian　米希凯维奇，马里安
Mitręga, Jan　米特伦加，杨
Mniszech, Jerzy　姆尼什克，耶日
Mniszech, Maryna　姆尼什克，玛琳娜
Mochnacki, Maurycy　莫赫纳茨基，马乌雷采
Moczar, Mieczysław　莫查尔，米切斯瓦夫
Moczulski, Leszek　莫楚尔斯基，莱谢克
Modzelewski, Karol　莫泽列夫斯基，卡罗尔
Morawski, Eugeniusz　莫拉夫斯基，埃乌盖纽什
Mołojec, Bolesław　莫沃耶茨，鲍莱斯瓦夫
Mołotow, Wiaczesław　莫洛托夫，米切斯拉夫
Moniuszko, Stanisław　莫纽什科，斯坦尼斯瓦夫
Montesquieu　孟德斯鸠
Moraczewski, Jędrzej　莫拉契夫斯基，英德烈
Morawski, Jerzy　莫拉夫斯基，耶日
Modzewski, Andrzej Frycz　莫泽夫斯基，安德烈·弗雷奇
Mościcki, Ignacy　莫希齐茨基，伊格纳采
Murawiew-Apostoł, Sergiusz　穆拉维耶夫—阿波斯托尔，谢尔盖
Murawiew, Michaił　穆拉维耶夫，米哈伊尔
Muskata, Jan　穆斯卡塔，杨
Mussolini, Benito　墨索里尼，贝尼托

N

Nabielek, Ludwik　纳别拉克，路德维克
Nałęcz, Tomasz　纳温奇，托玛什
Nałkowski, Wacław　纳乌科夫斯基·瓦兹瓦夫
Napieralski, Adam　纳皮拉尔斯基·阿达姆
Napoleon I　拿破仑一世
Napoleon III　拿破仑三世

Napoleon,Józef 拿破仑,约瑟夫
Naruszewicz,Adam 纳罗谢维奇,阿达姆
Narutowicz,Gabriel 纳鲁托维奇,加布列尔
Natkowska,Maria 纳乌科夫斯卡,玛丽亚
Nesselrode,Karol Robert 涅谢尔罗迭,卡尔·罗伯特
Neurath,Konstantin 牛赖特,康斯坦丁
Niemcewicz,Julian 涅姆采维奇,尤利安
Niemojowski,Wincenty 涅莫约夫斯基,文采蒂
Niewiadomski,Eligiusz 涅维亚多姆斯基,艾利居什
Niewiarowski,Wacław 涅维亚罗夫斯基,瓦茨瓦夫
Niezbytowski,Karol 涅扎皮托夫斯基,卡罗尔
Noskowski,Zygmunt 诺斯科夫斯基,齐格蒙特
Nowak,Julian 诺瓦克,尤利安
Nowak,Zenon 诺瓦克,泽农
Nowicki,Maciej 诺维茨基,马切依
Nowosilcow,Nikołaj 诺沃西尔采夫,尼古拉
Nowotko,Marceli 诺沃特科,马尔采利

O

Oborski,Ludwik 奥博尔斯基,路德维克
Ochab,Edward 奥哈布,爱德华
Ochorowicz,Julian 奥霍罗维奇,尤利安
Ogariow,Nikołaj 奥加廖夫,尼古拉
Ogiński,Michał 奥京斯基,米哈乌
Okrzeja,Stefan 奥克热雅,斯蒂凡
Okoński,Zbigniew 奥康斯基,兹比格涅夫
Olechowski,Andrzej 奥莱霍夫斯基,安德热依
Oleksy,Józef 奥莱克西,约瑟夫
Olesiak,Kazimierz 奥莱夏克,卡齐米日
Oleśnicki,Zbigniew 奥莱希尼茨基,兹比格涅夫
Olgierd 奥尔盖德
Olszewski,Jan 奥尔谢夫斯基,杨
Olszewski,Karol 奥尔谢夫斯基,卡罗尔
Olszowski,Stefan 奥尔绍夫斯基,斯蒂凡
Onyszkiewicz,Janusz 奥内什凯维奇,雅努什
Orłow,Aleksander 奥尔洛夫,亚历山大
Orłow,Aleksiej 奥尔洛夫,阿历克塞
Orłowski,Aleksander 奥尔洛夫斯基,亚历山大
Orzeszkowa,Eliza 奥热什科娃,艾利莎
Osiatyński,Jerzy 奥夏滕斯基,耶日
Osóbka-Morawski,Edward 奥苏布卡—莫拉夫斯基,爱德华
Osslińsk,Hieronim 奥索林斯基,希罗尼姆
Ossowski,Michał 奥索夫斯基,米哈乌
Ostroróg,Jan 奥斯特洛罗格,杨
Ostroróg,Mikołaj 奥斯特洛罗格,米柯瓦伊
Otto I 奥托一世
Otto II 奥托二世
Otto III 奥托三世

P

Paderewski,Ignacy 帕德列夫斯基,伊格纳采
Padlewski,Zygmunt 帕德列夫斯基,齐格蒙特
Palmerston,Henry 帕麦斯顿,亨利
Pałubicki,Janusz 帕乌比茨基,雅努什
Panin,Nikita 潘宁,尼基塔
Parkosz,Jakub 帕尔科什,雅库布
Parys,Jan 帕雷斯,杨
Paskiewicz,Iwan 帕斯凯维奇,伊凡

Pastusiak, Longin 帕斯图夏克，隆金
Paszyński, Aleksander 帕森斯基，亚历山大
Paweł I, car 保罗一世，沙皇
Pawlak, Waldemar 帕夫拉克，瓦尔德玛尔
Pawlikowski, Józef 帕夫利科夫斯基，约瑟夫
Pełka 佩乌卡
Perier, Casimir 佩里埃，卡齐米日
Perl, Feliks 佩尔，费利克斯
Pestel, Paweł 彼斯特尔，帕威尔
Petlura, Semen 彼得留拉，西曼
Piechota, Jacek 皮耶霍塔，雅采克
Piekałkiewicz, Jan 彼卡乌凯维奇，杨
Pietkicwicz, Kazimierz 彼特凯维奇，卡齐米日
Pietrewicz, Mirosław 皮耶特雷维奇，米罗斯瓦夫
Pietrusiński, Jan 彼得鲁辛斯基，杨
Piłsudzki, Józef 毕苏茨基，约瑟夫
Pińkowski, Józef 平科夫斯基，约瑟夫
Piotr I, car 彼得一世，沙皇
Pius IX 庇护九世
Pius X 庇护十世
Piwnik, Barbara 皮夫尼克，巴尔巴拉
Plechanow, Georgij 普列汉诺夫，格奥尔基
Płaskowicka, Filipina 普瓦斯科维茨卡，菲利宾娜
Płażyński, Maciej 普瓦任斯基，马切依
Płuzanski, Ignacy 普乌桑斯基，伊格纳采
Poczobut, Marcin 波乔布特，马尔钦
Podedworny, Bolesław 波德德沃尔内，鲍莱斯瓦夫
Podkański, Lesław 波德坎斯基，莱斯瓦夫
Podkański, Zdzisław 波德坎斯基，兹齐斯瓦夫
Pol, Marek 波尔，马雷克
Poniatowski, Józef 波尼亚托夫斯基，约瑟夫
Poniatowski, Juliusz 波尼亚托夫斯基，尤里什
Poniatowski, Stanisław August 波尼亚托夫斯基，斯坦尼斯瓦夫·奥古斯特
Poniński, Henryk 波宁斯基，亨里克
Popiel, Karol 波皮耶尔，卡罗尔
Potiebnia, Andrzej 波捷勃尼亚，安德烈
Potocki, Ignacy 波托茨基·伊格纳采
Potocki, Stanisław 波托茨基，斯坦尼斯瓦夫
Potocki, Szczęsny 波托茨基，什岑斯纳
Potocki, Tomasz 波托茨基，托玛什
Potworowski, Gustaw 波特沃罗夫斯基，古斯塔夫
Pozzodiborgo 波茨措—迪—博尔哥
Prądzyński, Ignacy 普龙琴斯基，伊格纳采
Próchniak, Edward 普罗赫尼亚克，爱德华
Próchnik, Adam 普罗赫尼克，阿达姆
Prus, Bolesław 普鲁斯，鲍莱斯瓦夫
Pryster, Aleksander 普里斯托尔，亚历山大
Przemysł I 普热梅斯乌一世
Przemysł II 普热梅斯乌二世
Pstrowski, Wincenty 普斯特罗夫斯基，文采蒂
Pułaski, Aleksander 普瓦斯基，亚历山大
Putek, Józef 普塔克，约瑟夫
Putrament, Jerzy 普特拉门特，耶日

R

Raczkiewicz, Władysław 拉奇凯维奇，瓦迪斯瓦大
Raczyński, Edward 拉琴斯基，爱德华
Raczyński, Ignacy 拉琴斯基，伊格纳采
Radek, Karol 拉狄克，卡罗尔
Radkiewicz, Stanisław 拉德凯维奇，斯坦

尼斯瓦夫
Radziwiłł,Artur 拉吉维尔,阿尔多尔
Radziwiłł,Janusz 拉吉维尔,雅努什
Radziwiłł,Jerzy 拉吉维尔,耶日
Radziwiłł,Michał 拉吉维尔,米哈乌
Radziwiłł,Mikołaj 拉吉维尔,米柯瓦伊
Rakoczy,Jerzy 拉科奇,耶日
Rakowsk,Mieczysław 拉科夫斯基,米切斯瓦夫
Rapacki,Adam 腊帕茨基,阿达姆
Rapacki,Marian 腊帕茨基,马里安
Rataj,Maciej 拉塔伊,马切依
Rej,Mikołaj 赖伊,米柯瓦伊
Repnin,Nikołaj 莱普宁,尼古拉
Reymont,Władysław 莱蒙特,瓦迪斯瓦夫
Ribbeintrop,Joachim 里宾特洛甫,约希姆
Robert,Karol 罗伯特,卡罗尔
Rokita,Jan Maria 罗基塔,杨·马里亚
Rokosowski,Konstanty 罗科索夫斯基,康斯坦丁
Rola-Zymierski,Michał 罗拉—日米尔斯基,米哈乌
Romanow Michaił,car 罗曼诺夫,米哈伊尔,沙皇
Roosevelt,Franklin 罗斯福,富兰克林
Rosati,Dariusz 罗萨蒂,达留什
Rosół,Antoni 罗索尔,安托尼
Rosół,Jan 罗索尔,杨
Rostworowski,Emanuel 罗斯特沃罗夫斯基,艾马努埃尔
Rostworowski,Marek 罗斯特沃罗夫斯基,马雷克
Rousseau 卢梭
Rowecki,Stefan 罗韦茨基,斯蒂凡
Rozwadowski,Tadeusz 罗兹瓦多夫斯基,塔德乌什
Rusin,Marek 鲁辛,马雷克
Rutkowski,Jan 路特科夫斯基,杨
Rydygier,Juliusz 雷迪盖尔,尤里什
Rydz-Śmigły,Edward 雷茨—斯米格韦,爱德华
Ryng,Jerzy 伦格,耶日
Rzemykowski,Tadeusz 热梅克夫斯基,塔德乌什
Rzewuski,Seweryn 热武斯基,塞委伦

S

Sachs,Jeffrey 萨克斯,杰弗里
Sadowski,Zdzisław 萨多夫斯基,兹齐斯瓦夫
Samsnowicz,Henryk 萨姆索诺维奇,亨里克
Sapieha,Leon 萨别赫,列昂
Sawicka,Hanka 萨维茨卡,汉卡
Scheibler,Karol 沙伊勃莱尔,卡罗尔
Schuschnigg,Kurt 许士尼格,库特
Sebastiani 塞巴斯提昂尼
Seyda,Marian 赛伊德,马里安
Siciński,Andrzej 西青斯基,安德热依
Siciński,Władysław 西青斯基,瓦迪斯瓦夫
Siemiątkowski,Zbigniew 谢米翁特科夫斯基,兹比格涅夫
Siemomysł 齐莫梅斯乌
Siemowit 齐莫维特
Sierakowski,Zygmunt 谢拉科夫斯基,齐格蒙特
Siervers 西维尔斯
Sikorski,Władysław 西科尔斯基,瓦迪斯瓦夫
Sinkiewicz,Henryk 显克维奇,亨里克
Sinkiewicz,Jarosław 显克维奇,雅罗斯瓦夫
Siwicki,Florian 西维茨基,弗洛里安
Skirmunt,Konstanty 斯基尔蒙特,康斯坦丁
Składkowski,Felicjan Sławoj 斯克瓦德

科夫斯基,弗利齐·斯瓦沃伊
Skowronek,Czesław 斯科夫罗内克,切斯瓦夫
Skrzynecki,Jan 斯克日纳茨基,杨
Skrzyński,Aleksander 斯克任斯基,亚历山大
Skubiszewski,Krzysztof 斯库比谢夫斯基,克日什托夫
Skulski,Leopold 斯库尔斯基,列昂波德
Slezak,Jerzy 斯莱扎克,耶日
Słabek,Henryk 斯瓦贝克,亨里克
Sławek,Walery 斯瓦韦克,瓦莱里
Słowacki,Juliusz 斯沃伐茨基,尤里什
Smoleński,Władyslaw 斯莫林斯基,瓦迪斯瓦夫
Smolka,Franciszek 斯莫尔卡,弗兰齐舍克
Smoluchowski,Marian 斯莫卢霍夫斯基,马里安
Sochacki,Jerzy 索哈茨基,耶日
Sosnkowski,Kazimierz 索斯科夫斯基,卡齐米日
Sowiński,Józef 索文斯基,约瑟夫
Spychalski,Marian 斯彼哈尔斯基,马里安
Stackelberg 斯塔克尔贝格
Stadion,Franz 斯塔迪奥恩,弗兰茨
Stalin,Józef 斯大林,约瑟夫
Stapiński,Jan 斯塔宾斯基,杨
Starzyński,Stefan 斯塔任斯基,斯蒂凡
Staszic,Stanisław 斯塔希茨,斯坦尼斯瓦夫
Stefaniuk,Franciszek 斯泰法纽克,弗兰齐谢克
Stefański,Piótr 斯蒂芬斯基,彼得
Stefański,Walenty 斯蒂芬斯基,瓦伦蒂
Steinhoff,Janusz 斯泰因霍夫,雅努什
Steinkeller,Piotr 斯塔因凯莱尔,彼得
Stelmachowski,Andrzej 斯泰尔玛霍夫斯基,安德热依
Stojałowski,Stanisław 斯托雅沃夫斯基,斯坦尼斯瓦夫
Strąk,Michał 斯特龙克,米哈乌
Strózecki,Jan 斯特罗泽斯基,杨
Strug,Andrzej 斯特罗格,安德烈
Struzik,Adam 斯特鲁齐克,亚当
Strzelecki,Ryszard 斯特什莱茨基,雷沙德
Sturdza,Michaił 斯图尔扎,米哈伊尔
Suchalski,Henryk 苏哈尔斯基,亨里克
Suchocka,Hanna 苏霍茨卡,哈娜
Sułkowski,Józef 苏乌科夫斯基,约瑟夫
Suworow,Aleksander 苏沃洛夫,亚历山大
Syryjczyk,Tadeusz 塞雷伊奇克,塔德乌什
Szaniecki,Jan 沙涅茨基,杨
Szela,Jakub 舍拉,雅古布
Szeptycki,Stanisław 谢普蒂茨基,斯坦尼斯瓦夫
Szlachcic,Franciszek 什拉赫齐茨,弗兰齐舍克
Szmajdziński,Jerzy 什玛伊津斯基,耶日
Szujski,Józef 舒伊斯基,约瑟夫
Szujski,Wasyl 舒伊斯基,瓦西里
Szwalbe,Stanisław 什瓦尔贝,斯坦尼斯瓦夫
Szydlak,Jan 希德拉克,杨
Szymborska,Wisława 希姆博尔斯卡,维斯瓦娃
Szyr,Eugeniusz 希尔,埃乌格纽什
Szyszko,Jan 希什科,杨

Ś

Ściegienny,Piotr 什切根尼,彼得
Ścierski,Klemens 希切尔斯基,克莱门斯
Ślisz,Józef 希利什,约瑟夫
Śliwiński,Artur 希利文斯基,阿尔多尔
Śmietanko,Andrzej 希米耶坦科,安德热依

Śniadecki, Jan 希尼亚德茨基,杨
Świącicki, Marcin 希文齐茨基,马尔钦
Świącicki, Wacław 希文齐茨基,瓦茨瓦夫
Świątkowski, Henryk 希维翁特科夫斯基,亨里克
Świdrygiełło 希维德雷盖洛
Świerczewski, Karol 希维尔切夫斯基,卡罗尔
Świerzyński, Józef 希维任斯基,约瑟夫
Świętochowski, Aleksander 希文托霍夫斯基,亚历山大
Świętopełk 希文托佩乌克
Świnka, Jakub 希文卡,耶古布
Świtalski, Kazimierz 希维塔尔斯基,卡齐米日

T

Talleyrand, Charles 塔列朗,查理
Tański, Adam 坦斯基,亚当
Tejchma, Józef 泰伊赫马,约瑟夫
Tepper, Piotr 泰佩尔,彼得
Thalmann, Ernst 台尔曼,恩斯特
Thiers, Adolf 梯也尔,阿道夫
Thugutt, Mieczysław 图古特,米切斯瓦夫
Thugutt, Stanisław 图古特,斯坦尼斯瓦夫
Tiso, Józef 蒂索,约瑟夫
Tito, Jósip Broz 铁托,约瑟普·布罗兹
Tober, Michał 托贝尔,米哈乌
Tokoly 特克利
Tomal, Zdzisław 托玛尔,兹齐斯瓦夫
Tomasz I 托玛什一世
Tomasz II 托玛什二世
Tomaszewski, Janusz 托玛谢夫斯基,雅努什
Topolski, Jerzy 托波尔斯基,耶日
Trembecki, Stanisław 特雷姆贝茨基,斯坦尼斯瓦夫
Trochu, Louis 特罗胥,路易斯
Trocki, Lew 托洛茨基,列夫
Truman, Harry 杜鲁门,哈里
Trzeciakowski, Witold 切恰科夫斯基,维托尔德
Tuchaczewski, Michaił 图哈切夫斯基,米哈伊尔
Tusk, Donald 图斯克,唐纳德
Tuwim, Julian 杜维姆,尤利安
Tymiński, Stanisław 蒂明斯基,斯塔尼斯瓦夫
Tyssowski, Jan 蒂索夫斯基,杨

U

Uchański, Jakub 乌汉斯基,耶古布
Ulryk, Von Junging 乌尔里希,冯·容根
Unszlicht, Józef 温什里赫特,约瑟夫

W

Wacław II 瓦茨拉夫二世
Wacław III 瓦茨拉夫三世
Wagner, Marek 瓦格纳尔,马雷克
Walendziak, Wiesław 瓦伦齐亚克,维斯瓦夫
Waligórski, Ewaryst 瓦利古尔斯基,埃

瓦雷斯特
Wałęsa,Lech 瓦文萨,莱赫
Warski,Adolf 瓦尔斯基,阿道夫
Waryński,Ludwik 瓦伦斯基,路德维克
Wasilewska,Wanda 华西列夫斯卡·万达
Wasilewski,Leon 华西列夫斯基·列昂
Wasilewski,Tadeusz 华西列夫斯基·塔德乌什
Wasyl III 瓦西里三世
Wąsacz,Emil 翁萨奇,埃米尔
Wende,Jan Karol 温德杨·卡罗尔
Wesołowski,Bronisław 维索沃夫斯基,勃罗尼斯瓦夫
Wiatr,Jerzy 维亚特尔,耶日
Widzyk,Jerzy 维齐克,耶日
Wielądek,Adam 维耶隆德克,亚当
Wielopolski,Aleksander 维吕波尔斯基,亚历山大
Wieniawski,Henryk 维尼亚夫斯基,亨里克
Wieniawski,Józef 维尼亚夫斯基,约瑟夫
Wilecki,Tadeusz 维莱茨基,塔德乌什
Wilhelm I 威廉一世
Wilhelm II 威廉二世
Wilhelm,Firstonberg 威廉,菲尔斯滕堡
Willisen,Wilhel 维利森,威廉
Wilson,Thomas 威尔逊,托玛斯
Wiszniewski,Andrzej 维什涅夫斯基,安德热依
Witold 维托尔德
Witos,Andrzej 维托斯,安德烈
Witos,Wincenty 维托斯,文采蒂
Władysław I 瓦迪斯瓦夫一世
Władysław II 瓦迪斯瓦夫二世
Władysław IŁokietek 瓦迪斯瓦夫一世·沃凯塔克
Władysław II Jagiełło 瓦迪斯瓦夫二世·雅盖洛
Władysław III 瓦迪斯瓦夫三世
Władysław,Odnic 瓦迪斯瓦夫,奥德尼茨
Włodarczyk,Wojciech 弗沃达尔奇克,沃伊切赫
Włodkowic,Paweł 弗沃德科维兹,帕威尔
Włodzimierz I 弗拉基米尔一世
Włodzimierz,Monomach 弗拉基米尔,莫诺马赫
Wnuk-Nazarowa,Joanna 弗鲁克—纳扎罗娃,约阿娜
Wojciechowski,Janusz 沃伊切霍夫斯基,雅努什
Wojciechowski,Stanisław 沃伊切霍夫斯基,斯坦尼斯瓦夫
Wojciechowski,Tadeusz 沃伊切霍夫斯基,塔德乌什
Wojewódzki,Sylwester 沃伊武茨基,塞尔维斯泰尔
Wojkow,Piotr 沃伊科夫,彼得
Wojtyła,Andrzej 沃伊蒂瓦,安德热依
Wolicki,Konstanty 沃利茨基,康斯坦丁
Worcell,Stanisław 沃尔采拉,斯坦尼斯瓦夫
Wójcik,Zbigniew 沃伊齐克,兹比格涅夫
Wróblewski,Walery 符卢勃列夫斯基,瓦莱里
Wróblewski,Zygmunt 符卢勃列夫斯基,齐格蒙特
Wybicki,Józef 维比茨基,约瑟夫
Wycech,Czesław 维策赫,切斯瓦夫
Wychowski,Jan 威霍夫斯基,杨
Wysłouch,Bolesław 维斯沃乌赫,鲍莱斯瓦夫
Wysocki,Józef 维索茨基,约瑟夫
Wysocki,Piotr 维索茨基,彼得
Wyspianski,Stanislaw 维斯皮安斯基,斯坦尼斯瓦夫
Wyszyński,Stefan 维申斯基,斯蒂凡

Z

Zabłocki,Wasyli 扎布沃茨基,瓦西里
Zabrzydowski,Mikołaj 泽布日多夫斯基,米柯瓦伊
Zając,Stanisław 扎荣茨,斯塔尼斯瓦夫
Zajączek,Józef 扎容契克,约瑟夫
Zaleski,August 扎莱斯基,奥古斯特
Zaleski,Bronisław 扎莱斯基,勃罗尼斯瓦夫
Zaleski,Leon 扎莱斯基,列昂
Zaliwski,Jóezf 扎利夫斯基,约瑟夫
Zambrowski,Roman 萨姆布罗夫斯基,罗曼
Zamoyski,Andrzej 扎莫伊斯基,安德烈
Zamoyski,Jan 扎莫伊斯基,杨
Zamoyski,Władysław 扎莫伊斯基,瓦迪斯瓦夫
Zan,Tomasz 赞,托玛什
Zapolya,Jan 扎波利亚,杨
Zawadzki,Aleksander 萨瓦茨基,亚历山大
Zawiślak,Andrzej 扎维希拉克,安德热依
Zdrojewski,Marek 兹德罗耶夫斯基,马雷克
Zieliński,Andrzej 齐亚林斯基,安德热依
Zieliński,Tadeusz 齐亚林斯基,塔德乌什
Zych,Józef 齐赫,约瑟夫
Zygmunt I 齐格蒙特一世
Zygmunt II 齐格蒙特二世
Zygmunt III 齐格蒙特三世
Zygmunt,Luksemburczyk 齐格蒙特,卢森堡

Ż

Żabiński,Krzysztof 扎宾斯基,克日什托夫
Żarski,Tadeusz 扎尔斯基,塔德乌什
Żeleński,Władysław 热伦斯基,瓦迪斯瓦夫
Żelichowski,Stanisław 热利霍夫斯基,斯塔尼斯瓦夫
Żeligowski,Lucjan 热利戈夫斯基,卢齐扬
Żeromski,Stefan 热罗姆斯基,斯蒂凡
Żizka,Jan 日兹卡,杨
Żochowski,Jacek 佐霍夫斯基,雅采克
Żółkiewski,Stanisław 茹凯夫斯基,斯坦尼斯瓦夫
Żukow,Gieorgij 朱可夫,格奥尔基
Żuławski,Zygmunt 茹瓦夫斯基,齐格蒙特